I

LECIONÁRIO DOMINICAL

A-B-C

Coleção Lecionários

Autor: Sagrada Congregação para o Culto Divino
· *Palavra do senhor I - lecionário dominical anos abc*
· *Palavra do senhor II - lecionário semanal.*
· *Palavra do senhor III - lecionário para as missas dos santos, dos comuns, para diversas. necessidades e votivas.*
· *Palavra do senhor IV - lecionário do pontifical romano.*

MISSAL ROMANO

Restaurado por Decreto do Sagrado
Concílio Ecumênico Vaticano Segundo e
Promulgado pela autoridade do Papa Paulo VI

PALAVRA DO SENHOR

I

LECIONÁRIO DOMINICAL

A-B-C

A-B-C

Tradução portuguesa da 2ª edição típica
para o Brasil realizada e publicada pela
Conferência Nacional dos Bispos do Brasil
e aprovada pela Sé Apostólica.

Lit. n. 135/94

APROVAÇÃO

O texto do LECIONÁRIO DAS MISSAS DOS DOMINGOS E ALGUMAS SOLENIDADES E FESTAS DO ANO A, B, C (Lecionário Dominical) apresentado por PAULUS, concorda com os originais aprovados pela Comissão Episcopal de Textos Litúrgicos (CETEL) da CNBB e confirmados pela Congregação do Culto Divino e Disciplina dos Sacramentos.

Rio de Janeiro, 22 de fevereiro de 1994.

Fr. Alberto Beckhäuser, OFM

Coordenador de Traduções e Edições
de Textos Litúrgicos da CNBB

Seja um leitor preferencial **PAULUS**.
Cadastre-se e receba informações sobre nossos lançamentos
e nossas promoções: paulus.com.br/cadastro
Televendas: **(11) 3789-4000 / 0800 016 40 11**

Impressão e acabamento
PAULUS

1ª edição, 1994
23ª reimpressão, 2025

© PAULUS – 1994

Rua Francisco Cruz, 229 • 04117-091 – São Paulo (Brasil)
Tel.: (11) 5087-3700
paulus.com.br • editorial@paulus.com.br

ISBN 978-85-349-0346-2

P. n. 85/1994

PROMULGAÇÃO

Na qualidade de Presidente da Conferência Nacional dos Bispos do Brasil, tendo em vista a versão brasileira do Lecionário Dominical, Ano A, B, C, aprovada pela Comissão Episcopal de Traduções Litúrgicas (CETEL) e confirmada pela Sagrada Congregação do Culto Divino e Disciplina dos Sacramentos, mediante o protocolo 2374/93/L, de 22 de dezembro de 1993, levamos ao conhecimento de todos e promulgamos os referidos atos para que produzam todos os seus efeitos a partir de 16 de abril de 1995 — Páscoa da Ressurreição do Senhor.

Brasília, na festa da Cátedra de São Pedro, 22 de fevereiro de 1994.

† Luciano Pedro Mendes de Almeida, SJ
Presidente da Conferência Nacional dos Bispos do Brasil

Lit. n. 92/94

APRESENTAÇÃO

A primeira preocupação da Comissão de Liturgia, logo após o Concílio, foi editar os textos do novo Lecionário, aprovado pela Sé Apostólica, a fim de possibilitar o uso da língua vernácula na Missa.

Foi assim improvisado um Lecionário haurido das Bíblias que o Episcopado brasileiro havia aprovado para uso litúrgico. Esse Lecionário se limitou ao Dominical, ao Ferial e ao Santoral. Nunca foram publicados em português os textos das Missas para diversas circunstâncias.

Posteriormente foi feito um trabalho de tradução, limitado ao Dominical, em caráter experimental. Ainda hoje estão em uso em nossas igrejas a edição primitiva e a experimental. Essa última se divulgou muito graças aos folhetos litúrgicos que a utilizaram. Ambas nunca foram confirmadas pela Sé Apostólica.

A edição oficial foi retardada pelas divergências no seio do Episcopado acerca do tratamento na segunda ou terceira pessoa, e também do estilo mais erudito ou mais popular. Além disso as opiniões divergiam acerca do texto base: tradução dos originais ou da Vulgata.

Agora é publicado o Lecionário oficial, confirmado pela Sé Apostólica, e elaborado segundo instruções da mesma. O texto base é da Néo Vulgata. Quanto ao tratamento, depois de uma votação indecisa da Assembleia Geral, a Presidência e Comissão Episcopal de Pastoral optaram unanimemente pela segunda pessoa.

A edição é em três volumes: o dominical, abrangendo os anos A, B e C, o Semanal e o Santoral, incluindo as leituras das Missas Rituais e para diversas circunstâncias.

O trabalho de tradução, executado por vários peritos, durou cerca de quatro anos. Depois veio a demora enevitável da confirmação em Roma e da montagem dos três volumes.

Como era de esperar, sendo a tradução obra de vários peritos, apesar da revisão feita pela Comissão Episcopal de Traduções e Edições Litúrgicas, CETEL, há diferenças entre um livro e outro. Mas era inexequível confiar toda a tradução a uma só pessoa, como pensamos no início. A necessidade de colocar os novos textos no uso litúrgico nos obrigou a aceitar esse método, válido, mas imperfeito.

É justo salientar o bom trabalho da Congregação para o Culto Divino e Disciplina dos Sacramentos ao confirmar a tradução, corrigindo algumas falhas que nos escaparam aqui no Brasil.

A edição em três volumes do Lecionário representa a "Bíblia Litúrgica" que, completada pelos outros textos dos Livros Sagrados, vai constituir a "Bíblia Catequético-Litúrgica" projetada pela CNBB.

Esta publicação é, pois, um passo de grande alcance para nossas celebrações litúrgicas, e o coroamento de um longo e penoso trabalho de Assessores e Peritos.

Brasília, 22 de fevereiro de 1994.

† CLEMENTE JOSÉ CARLOS ISNARD, OSB
Responsável pela Linha 4 da CNBB

CONGREGAÇÃO DO CULTO DIVINO E DISCIPLINA DOS SACRAMENTOS

Prot. n. 2374/93/L

Para o Brasil

Por solicitação do Exmo. Dom Clemente José Carlos Isnard, OSB, Presidente da Comissão Nacional de Liturgia, feita em nome da Conferência Nacional dos Bispos do Brasil, em requerimento datado de 25 de novembro de 1993, em virtude das faculdades concedidas a esta Congregação pelo Sumo Pontífice JOÃO PAULO II, de bom grado aprovamos o Lecionário das Missas dos Domingos e algumas solenidades e festas do Ano A, B, C, e sua versão portuguesa, conforme consta em exemplar anexo.

No texto a ser impresso, inclua-se integralmente este Decreto pelo qual a Sé Apostólica concede a aprovação solicitada. Além disso, sejam enviados a esta Congregação dois exemplares do texto impresso.

Revogam-se as disposições em contrário.

Dado na Sede da Congregação do Culto Divino e Disciplina dos Sacramentos, a 22 de dezembro de 1993.

ANTÔNIO M. Card. JAVIERRE
Prefeito

† GERALDO M. AGNELO
Arcebispo Secretário

SAGRADA CONGREGAÇÃO
PARA O CULTO DIVINO

DECRETO DE APROVAÇÃO DAS LEITURAS BÍBLICAS

Prot. n. 1758/70

DECRETO

Pelo *Ordo Lectionum Missae*, aprovado pelo Sumo Pontífice Paulo VI através da Constituição Apostólica *Missale Romanum* no dia 3 de abril de 1969, esta Sagrada Congregação para o Culto Divino, que já havia publicado o *Elenco das Leituras Bíblicas* por decreto de 25 de maio de 1969, dispôs que também se elaborasse um Lecionário, que apresentasse em latim o texto integral de todas as leituras.

Esta Sagrada Congregação publica agora esta edição latina do Lecionário do Missal Romano e a declara típica.

Revogam-se as disposições em contrário.

Da sede da Sagrada Congregação para o Culto Divino, na festa de São Jerônimo, dia 30 de setembro de 1970.

Benno Card. Gut
Prefeito

A. Bugnini
Secretário

SAGRADA CONGREGAÇÃO
PARA O CULTO DIVINO

Prot. n. 106/69

DECRETO

O Conselho para a Execução da Constituição sobre a Sagrada Liturgia preparou e o Sumo Pontífice Paulo VI aprovou através da Constituição Apostólica *"Missale Romanum"*, no dia 3 de abril de 1969, o Elenco das Leituras da Sagrada Escritura na Missa (*Ordo Lectionum MissaE*) segundo o que prescreveu a Constituição sobre a Sagrada Liturgia, que se preparasse mais ricamente para os fiéis a mesa da Palavra de Deus, os tesouros bíblicos fossem mais largamente abertos, de tal forma que dentro de um ciclo de tempo estabelecido se lessem ao povo as partes mais importantes da Sagrada Escritura (art. 51).

Por isso, esta Sagrada Congregação para o Culto Divino, por especial mandado do Sumo Pontífice, promulga este *Elenco das Leituras da Missa*, estabelecendo que comece a vigorar a partir do dia 30 de novembro, primeiro domingo do Advento deste ano de 1969. No próximo ano litúrgico usar-se-á a série B das leituras dominicais e a série II da primeira leitura nos dias de semana do Tempo comum.

Visto que no presente Elenco apenas se apresentam as indicações para cada leitura, confere-se às Conferências Episcopais a tarefa de prepararem os textos integrais nas línguas vernáculas, observadas as normas estabelecidas pela Instrução para a elaboração das versões populares, oferecida pelo Conselho para a Execução da Constituição sobre a Sagrada Liturgia, a 25 de janeiro de 1969. Os textos em versão popular sejam tomados de traduções da Sagrada Escritura já legitimamente aprovados e confirmados pela Sé Apostólica para cada região, ou se forem novas traduções, sejam propostos para a confirmação por parte desta Sagrada Congregação.

Revogam-se todas as disposições em contrário.

Da sede da Sagrada Congregação para o Culto Divino, Domingo de Pentecostes, dia 25 de maio de 1969.

Benno Card. Gut
Prefeito

A. Bugnini
Secretário

SAGRADA CONGREGAÇÃO
PARA OS SACRAMENTOS E O CULTO DIVINO

Prot. CD 240/81

DECRETO

Segunda Edição típica

O *Elenco das Leituras da Missa*, cuja primeira edição típica foi impressa no ano de 1969, foi promulgado no dia 25 de maio do mesmo ano por especial mandado do Sumo Pontífice Paulo VI, segundo as normas da Constituição da Sagrada Liturgia, para que se dessem às Conferências Episcopais as indicações pertinentes sobre cada uma das leituras bíblicas do mesmo, e assim se pudessem preparar as traduções do Lecionário nas línguas vernáculas das diferentes nações.

Nessa primeira edição faltavam as indicações bíblicas para as leituras dos Rituais dos Sacramentos e outros ritos que se publicaram depois de maio de 1969. Além disso, uma vez terminada a edição da nova Vulgata da Sagrada Escritura, a Constituição Apostólica "Scripturarum Thesaurus" determinou, a 25 de abril de 1979, que o texto da nova Vulgata devia ser utilizado futuramente como texto típico para o uso litúrgico.

Como já se esgotou a primeira edição, pareceu-nos oportuno preparar uma segunda edição, que, em relação à primeira, apresenta as seguintes modificações:

1. Enriqueceu-se o texto da "Introdução".
2. Seguindo as normas da Constituição Apostólica "Scripturarum Thesaurus", nas citações dos textos bíblicos usou-se a edição da nova Vulgata da Sagrada Escritura.
3. Foram inseridas todas as indicações bíblicas para as leituras que se encontram nos Rituais dos Sacramentos e dos Sacramentais, publicados depois da primeira edição do *Elenco das Leituras da Missa*.
4. Foram acrescentadas, também, as indicações bíblicas para as leituras de algumas Missas "para diversas necessidades" e para as outras Missas que foram incluídas, pela primeira vez, na segunda edição do Missal Romano do ano de 1975.
5. Com relação às celebrações da Sagrada Família, do Batismo do Senhor, da Ascensão e de Pentecostes, foram incluídas as indicações bíblicas das leituras opcionais, a fim de que os textos dessas celebrações, distribuídos entre os domingos e festas ao longo dos ciclos A, B e C no Lecionário, ficassem completos.

O Sumo Pontífice João Paulo II aprovou com a sua autoridade esta segunda edição do *Elenco das Leituras da Missa*, e a Sagrada Congregação para os Sacramentos e o Culto Divino, agora, a promulga e declara como típica.

As Conferências Episcopais deverão fazer nas edições vernáculas as modificações introduzidas nesta segunda edição.

Revogam-se todas as disposições em contrário.

Sagrada Congregação para os Sacramentos e o Culto Divino, 21 de janeiro de 1981.

James R. Card. Knox
Prefeito

Virgílio Noè
Secretário

ELENCO DAS LEITURAS DA MISSA

INTRODUÇÃO GERAL

PROÊMIO

CAPÍTULO I

PRINCÍPIOS GERAIS PARA A CELEBRAÇÃO
LITÚRGICA DA PALAVRA DE DEUS

1. Algumas premissas

A) Importância da palavra de deus na celebração litúrgica

1. Muitas e importantes coisas foram ditas sobre o valor da Palavra de Deus e sobre a restauração do uso da Sagrada Escritura nas celebrações litúrgicas, seja no Concílio Vaticano II[1], seja no magistério dos Sumos Pontífices[2], seja nos vários documentos publicados depois do Concílio pelas Congregações da Santa Sé[3]. Alguns princípios de maior importância foram também oportunamente recordados e brevemente ilustrados na *Introdução do Elenco das Leituras da Missa* (*Ordo Lectionum MissaE*), publicado em 1969[4].

Agora, porém, por ocasião desta nova edição do *Elenco das Leituras da Missa*, já que de muitos lugares se pedia que tais princípios fossem tratados com maior amplidão, foi preparada esta redação maior e mais clara da Introdução. Nela, após ter-se apresentado em linhas gerais a relação entre a Palavra de Deus e a celebração litúrgica[5], tratar-se-á

---

1. Cf. especialmente em Concílio Vaticano II: Constituição sobre a Sagrada Liturgia, Sacrosanctum Concilium, n. 7,24,33,35,48,51,52,56; Constituição dogmática sobre a Revelação Divina, Dei Verbum, n. 1,21,25,26; Decreto sobre a Atividade Missionária da Igreja, Ad Gentes, n. 6; Decreto sobre o Ministério e a Vida dos Presbíteros, Presbyterorum Ordinis, n.18.
2. Cf. entre os pronunciamentos orais ou escritos dos Sumos Pontífices, principalmente de Paulo VI: Carta Apostólica Ministeria quaedam, de 15 de agosto de 1972, n. V, in AAS 64 (1972), p. 532; Exortação Apostólica Marialis cultus, de 2 de fevereiro de 1974, n. 12, in AAS 66 (1974), p. 125-26; Exortação Apostólica Evangelii nuntiandi, de 8 de dezembro de 1975, n. 28, in AAS 68 (1976), p. 24-25; n. 43, ibid. p. 33-34; n. 47, ibid, p. 36-37; de João Paulo II: Constituição Apostólica Scripturarum thesaurus, de 25 de abril de 1979, in edição da Nova Vulgata Bibliorum Sacrorum, Tipografia Poliglota Vaticana, 1979, p. V-VIII; Exortação Apostólica Catechesi tradendae, 16 de outubro de 1979, n. 23, in AAS 71 (1979), p. 1.296-97; n. 27, ibid, p. 1.298-99; n. 48, ibid, p. 1.316; Carta Dominicae Cenae, de 24 de fevereiro de 1980, n. 10, in AAS 72 (1980), p. 134-37.
3. Cf. Sagrada Congregação dos Ritos: Instrução Eucharisticum Mysterium, de 25 de maio de 1967, n. 10, in AAS 59 (1967), p. 547-48; Sagrada Congregação para o Culto Divino: Instrução Liturgicae instaurationes, de 5 de setembro de 1970, n. 2, in AAS 62 (1970), p. 695-96; Sagrada Congregação para o Clero: Directorium catechisticum generale, de 11 de abril de 1971, in AAS 64 (1972), p. 106-07; n. 25, ibid, p. 114; Sagrada Congregação para o Culto Divino: Instrução Geral sobre o Missal Romano, n. 9,11,24,33,60,62,316,320; Sagrada Congregação para a Educação Católica: Instrução sobre o ensino da Liturgia nos seminários, In ecclesiasticam, de 3 de junho de 1979, n. 11,52; ibid, Apêndice, n. 15; Sagrada Congregação para os Sacramentos e o Culto Divino, Instr. Inaestimabile Donum, de 3 de abril de 1980, n. 1, 2, 3, in AAS 72 (1980), p. 333-34;
4. Cf. Missal Romano, Elenco das Leituras da Missa (Tipografia Poliglota Vaticana, 1969), IX-XII (Introdução); Decreto de promulgação, in AAS 61 (1969), p. 548-49.
5. Cf. Concílio Vaticano II: Constituição sobre a Sagrada Liturgia Sacrosanctum Concilium, n. 35,56; Paulo VI, Exortação Apostólica Evangelii nuntiandi, de 8 de dezembro de 1975, n. 28,47, in AAS 68 (1976), p. 24-25 e 36-37; João Paulo II: Carta Dominicae Cenae, de 24 de fevereiro de 1980, n. 10,11,12, in AAS 72 (1980), p. 134-146.

mais particularmente da Palavra de Deus na celebração da Missa , para depois se apresentarar, em concreto, a especial estrutura do *Elenco das Leituras da Missa*.

B) Termos que se utilizam para designar a palavra de deus

2. Ainda que para esta matéria possa parecer realmente necessária uma delimitação dos termos, para maior clareza e exatidão do sentido, nesta introdução, no entanto, utilizaremos as mesmas palavras usadas nos documentos conciliares e pós-conciliares, e chamaremos indistintamente Sagrada Escritura ou palavra de Deus aos livros inspirados pelo Espírito Santo, porém evitando toda confusão de nomes e coisas[6].

C) Valor litúrgico da palavra de deus

3. Nas diferentes celebrações e nas diversas assembleias, das quais os fiéis participam de maneira admirável, exprimem-se os múltiplos tesouros da única palavra de Deus, seja no transcorrer do ano litúrgico, em que se recorda o mistério de Cristo em seu de-senvolvimento, seja na celebração dos sacramentos e sacramentais da Igreja, seja nas respostas de cada fiel à ação interna do Espírito Santo[7]. Desse modo, a mesma celebração litúrgica, que se sustenta e se apoia principalmente na palavra de Deus, converte-se num acontecimento novo e enriquece a palavra com uma nova interpretação e eficácia. Por isso, a Igreja continua fielmente na Liturgia o mesmo sistema que usou Cristo na leitura e interpretação das Sagradas Escrituras, visto que ele exorta a aprofundar o conjunto das Escrituras, partindo do "hoje" de seu acontecimento pessoal[8].

2. Celebração litúrgica da palavra de Deus

A) Característica própria da palavra de deus na ação litúrgica

4. Na celebração litúrgica a palavra de Deus não se exprime sempre do mesmo modo[9], nem penetra sempre nos corações dos fiéis com a mesma eficácia; mas Cristo está sempre em sua palavra[10] e, realizando o mistério da salvação, santifica os homens e presta ao Pai o culto perfeito[11].

Mais ainda, a economia da salvação que a palavra de Deus não cessa de recordar e prolongar, alcança seu mais pleno significado na ação litúrgica, de modo que a celebração litúrgica se converta numa contínua, plena e eficaz[12] apresentação desta palavra de Deus.

---

6. Assim, por exemplo, *Palavra de Deus, Sagrada Escritura, Antigo* e *Novo Testamento, Leitura(s) da Palavra de Deus, Leitura(s) da Sagrada Escritura, Celebração(ões) da Palavra de Deus etc*.

7. Um só e mesmo texto, por isso, pode ser lido e usado sob diversos aspectos e em diversas ocasiões e celebrações litúrgicas da Igreja durante o ano. Isso se deve ter presente na homilia, na exegese pastoral e na catequese. Conforme os índices colocados no presente volume, todos podem usar, por exemplo, os caps. 6 ou 8 da Epístola aos Romanos, nos diversos tempos litúrgicos do ano C nas diversas celebrações de sacramentos e sacramentais.

8. Cf. Lc 4,16-21; 24,25-35.44-49.

9. Assim por exemplo, *Proclamação ou Leitura* etc., na celebração da Missa (cf. *Instrução Geral sobre o Missal Romano*, n. 21,23,95,131,146,234,235); assim sobretudo as celebrações da palavra de Deus no *Pontifical e Ritual Romano e na Liturgia das Horas*, instauradas pelo Decreto do Sacrossanto Concílio Ecumênico Vaticano II.

10. Cf. Concílio Vaticano II. Constituição sobre a Sagrada Liturgia, *Sacrosanctum Concilium*, n. 7,33; Mc 16,19-20; Mt 28,20; Santo Agostinho, *Sermão* 85,1: "A boca de Cristo é o evangelho. Está sentado no céu, mas não deixa de falar na terra" (PL 38,520; cf. também *In Jo Ev. Tract*. XXX, 1: PL 35,1632; CCL 36,289) e do *Pontifical Romano Germânico* esta frase: "O Evangelho porém é lido, no qual Cristo fala ao povo com a sua boca, para que o Evangelho chame novamente como se o próprio Cristo falasse ao povo" (cf. V. Vogel - R. Elze, ed., *Le Pontifical Romano-germanique du dixième siècle. Le Texte*, I. Cidade do Vaticano, 1963, XCIV, 18, p. 334) ou "Quando vem o próprio Cristo, isto é, o Evangelho, deixamos as muletas, porque não precisamos mais de ajuda humana" (op. cit., XCIV, 23, p. 335).

11. Cf. Concílio Vaticano II: Const. sobre a Sagrada Liturgia, *Sacrosanctum Concilium*, n. 7.

12. Cf. Hb 4,12.

Assim, a palavra de Deus, proposta continuamente na Liturgia, é sempre viva e eficaz[12] pelo poder do Espírito Santo, e manifesta o amor ativo do Pai, que nunca deixa de ser eficaz entre os homens.

B) A palavra de Deus na economia da salvação

5. A Igreja anuncia o mesmo e único mistério de Cristo quando proclama, na celebração litúrgica, o Antigo e o Novo Testamento. Com efeito, no Antigo Testamento está latente o Novo, e no Novo se faz patente o Antigo[13]. O centro e a plenitude de toda a Escritura e de toda a celebração litúrgica é Cristo[14]: por isso deverão beber de sua fonte todos os que buscam a salvação e a vida.

Quanto mais profundamente se compreender a celebração litúrgica, mais profundamente também se estimará a importância da palavra de Deus; e o que se diz de uma, pode-se afirmar da outra, visto que ambas lembram o mistério de Cristo e o perpetuam cada qual a seu modo.

C) A palavra de Deus na participação litúrgica dos fiéis

6. Na ação litúrgica, a Igreja responde fielmente o mesmo "Amém" que Cristo, mediador entre Deus e os homens, pronunciou, de uma vez para sempre, ao derramar seu sangue, a fim de selar, com a força de Deus, a nova aliança no Espírito Santo[15].

Quando Deus comunica a sua palavra, sempre espera uma resposta, que consiste em escutar e adorar "em Espírito e verdade" (Jo 4,23). O Espírito Santo, com efeito, é quem faz com que esta resposta seja eficaz, para que se manifeste na vida o que se escuta na ação litúrgica, segundo aquelas palavras: "Sede por isso executores da palavra, e não apenas ouvintes" (Tg 1,22).

As atitudes corporais, os gestos e palavras com que se exprime a ação litúrgica e se manifesta a participação dos fiéis, não recebem seu significado unicamente da experiência humana, de onde são tirados, mas também da palavra de Deus e da economia da salvação, à qual se referem. Por isso, os fiéis tanto mais participam da ação litúrgica, quanto mais se esforçam, ao escutar a palavra de Deus nela proclamada, por aderir intimamente à palavra de Deus em pessoa, Cristo encarnado. Assim, procurem que o que celebram na liturgia seja uma realidade em sua vida e costumes e, inversamente, o que fizerem em sua vida se reflita na liturgia[16].

3. A palavra de Deus na vida do povo da "aliança"

A) A palavra de Deus na vida da Igreja

7. A Igreja cresce e se constrói ao escutar a palavra de Deus, e os prodígios que de muitas formas Deus realizou na história da salvação fazem-se presentes, de novo, nos sinais da celebração litúrgica, de um modo misterioso, mas real; Deus, por sua vez, vale-se da comunidade dos fiéis que celebra a liturgia, para que a sua palavra se propague e seja conhecida, e seu nome seja louvado por todas as nações[17].

---

13. Cf. Santo Agostinho in *Quaestionum in Heptateuchum liber* 2,73 (PL 34,623, CCL, 33,106); Concílio Vaticano II: Const. dogm. sobre a Revelação Divina, *Dei Verbum*, n. 16.

14. Cf. S. Jerônimo: "Pois, se conforme o apóstolo Paulo (1Cor 1,24) Cristo é a força e a sabedoria de Deus, aquele que não conhece as Escrituras, não conhece a força e a sabedoria de Deus. Quem ignora as Escrituras, ignora o Cristo" (*Commentarii in Isaiam prophetam, Prologus*, in: PL 24, 17 A; CCL 73,1); Concílio Vaticano II, Const. dogm. sobre a Revelação Divina, *Dei Verbum*, n. 25.

15. Cf. 2Cor 1,20.22.

16. Cf. Concílio Vaticano II: Const. sobre a Sagrada Liturgia, *Sacrosanctum Concilium*, n. 10.

17. Cf. 2Ts 3,1.

Portanto, sempre que a Igreja, congregada pelo Espírito Santo na celebração litúrgica[18], anuncia e proclama a palavra de Deus, se reconhece a si mesma como o novo povo, no qual a aliança antigamente travada chega agora à sua plenitude e perfeição. Todos os cristãos, que pelo batismo e a confirmação no Espírito se convertem em mensageiros da palavra de Deus, depois de receberem a graça de escutar a palavra, devem anunciá-la na Igreja e no mundo, ao menos com o testemunho de sua vida.

Esta palavra de Deus, que é proclamada na celebração dos divinos mistérios, não só se refere às circunstâncias atuais, mas também olha para o passado e penetra o futuro, e nos faz ver quão desejáveis são as coisas que esperamos, para que, no meio das vicissitudes do mundo, nossos corações estejam firmemente postos onde está a verdadeira alegria[19].

B) A PALAVRA DE DEUS NA EXPLICAÇÃO QUE DELA FAZ A IGREJA.

8. Por vontade de Cristo, o novo povo de Deus está formado por uma admirável variedade de membros; por esta razão, são também vários os ofícios e as funções que correspondem a cada um, no que se refere à palavra de Deus. Os fiéis a escutam e a meditam, mas somente a explicam aqueles a quem, pela sagrada ordenação, corresponde a função do ministério, ou aqueles aos quais foi confiado este ministério.

Assim, em sua doutrina, vida e culto, a Igreja perpetua e transmite a todas as gerações tudo o que ela é e tudo o que ela crê, de tal modo que, ao longo dos séculos, vai caminhando continuamente para a plenitude da verdade divina, até que nela mesma se realize completamente a palavra de Deus[20].

C) RELAÇÃO NECESSÁRIA ENTRE A PALAVRA DE DEUS PROCLAMADA E A AÇÃO DO ESPÍRITO SANTO

9. Para que a palavra de Deus realmente produza nos corações aquilo que se escuta com os ouvidos, requer-se a ação do Espírito Santo, por cuja inspiração e ajuda a palavra de Deus se converte no fundamento da ação litúrgica e em norma e ajuda de toda a vida.

Assim pois, a atuação do Espírito Santo não só precede, acompanha e segue toda a ação litúrgica, mas também sugere[21] ao coração de cada um tudo aquilo que, na proclamação da palavra de Deus, foi dito para toda a comunidade dos fiéis; e, ao mesmo tempo que consolida a unidade de todos, fomenta também a diversidade de carismas e a multiplicidade de atuações.

D) ÍNTIMA RELAÇÃO ENTRE A PALAVRA DE DEUS E O MISTÉRIO EUCARÍSTICO

10. A palavra de Deus e o mistério eucarístico foram honrados pela Igreja com a mesma veneração, embora com diferente culto. A Igreja sempre quis e determinou que assim fosse, porque, impelida pelo exemplo de seu Fundador, nunca deixou de celebrar o mistério pascal de Cristo, reunindo-se para ler "todas as passagens da Escritura que a ele se referem" (Lc 24,27) e realizando a obra da salvação, por meio do memorial do Senhor e dos sacramentos. Com efeito, "a pregação da palavra é necessária para o

---

18. Cf. Coletas pela Santa Igreja, in *Missal Romano*, Paulus Editora p. 842,843,845, e Ed. Vozes p. 698 e 700; S. Cipriano, *"De oratione dominica"* 23, in PL 4,553; CSEL 3/2, 285; CCL 3 A, 105; Santo Agostinho, Sermão 71, 20, 33, in PL 38, 463s.
19. Cf. Oração do 21º Domingo do Tempo Comum no *Missal Romano*, Paulus Editora e Ed. Vozes p. 365.
20. Cf. Concílio Vaticano II: Const. dogm. sobre a Revelação Divina, *Dei Verbum*, n. 8.
21. Cf. Jo 14,15-17.25-26; 15,26-16,15.

próprio ministério dos sacramentos, visto que são sacramentos da fé, a qual nasce, da palavra e dela se alimenta"[22].

Espiritualmente alimentada nestas duas mesas[23], a Igreja, em uma, instrui-se mais, e na outra santifica-se mais plenamente; pois na palavra de Deus se anuncia a aliança divina, e na Eucaristia se renova esta mesma aliança nova e eterna. Numa, recorda-se a história da salvação com palavras; na outra, a mesma história se expressa por meio dos sinais sacramentais da Liturgia.

Portanto, convém recordar sempre que a palavra divina que a Igreja lê e anuncia na Liturgia conduz, como a seu próprio fim, ao sacrifício da aliança e ao banquete da graça, isto é, à Eucaristia. Assim, a celebração da missa, na qual se escuta a palavra e se oferece e se recebe a Eucaristia, constitui um só ato de culto divino[24], com o qual se oferece a Deus o sacrifício de louvor e se realiza plenamente a redenção do homem.

---

22. Concílio Vaticano II: Decreto sobre o Ministério e a Vida dos Presbíteros, *Presbyterorum Ordinis*, n. 4.
23. Cf. Concílio Vaticano II: Const. sobre a Sagrada Liturgia, *Sacrosanctum Concilium*, n. 51; Decreto sobre o Ministério e a Vida dos Presbíteros, *Presbyterorum Ordinis*, n. 18, e Const. dogm. sobre a Revelação Divina, *Dei Verbum*, n. 21; Decreto sobre a Atividade Missionária da Igreja, *Ad Gentes*, n. 6. Cf. *Instrução Geral sobre o Missal Romano*, n. 8, no livro Reunidos em nome de Cristo, Paulus Editora.
24. Concílio Vaticano II: Constituição sobre a Sagrada Liturgia, *Sacrosanctum Concilim*, n. 56.

PARTE I

A PALAVRA DE DEUS NA CELEBRAÇÃO DA MISSA

CAPÍTULO II

A CELEBRAÇÃO DA LITURGIA DA PALAVRA NA MISSA

1. Elementos e ritos da liturgia da palavra

11. "As leituras tiradas da Sagrada Escritura, com os cânticos que se intercalam, constituem a parte principal da liturgia da palavra; a homilia, a profissão de fé e a oração universal ou oração dos fiéis a desenvolvem e concluem"[25].

A) As leituras bíblicas

12. Não é permitido que na celebração da missa as leituras bíblicas, juntamente com os cânticos tirados da Sagrada Escritura, sejam suprimidas, nem abreviadas nem, coisa ainda mais grave, substituídas por outras leituras não bíblicas[26]. É por meio da própria palavra de Deus, transmitida por escrito, que "Deus continua falando a seu povo"[27], e mediante o uso constante da Sagrada Escritura, o povo de Deus se faz mais dócil ao Espírito Santo por meio da luz da fé, e assim pode dar ao mundo, com sua vida e seus costumes, o testemunho de Cristo.

13. A leitura do Evangelho constitui o ponto alto da liturgia da palavra, para o qual a assembleia se prepara com as outras leituras, na ordem indicada, isto é, a partir do Antigo Testamento até chegar ao Novo.

14. O que mais contribui para uma adequada comunicação da palavra de Deus à assembleia por meio das leituras é a própria maneira de proclamar dos leitores, que devem fazê-lo em voz alta e clara, tendo conhecimento do que leem. As leituras, tiradas de edições aprovadas[28], segundo a índole dos diferentes idiomas, podem ser cantadas, mas de tal forma que o canto não obscureça as palavras, mas as esclareça. Se forem feitas em latim, observe-se o indicado no *Ordo Cantus Missae*[29].

15. Na liturgia da palavra, antes das leituras, e especialmente antes da primeira, podem-se fazer algumas admoestações breves e oportunas. É preciso levar muito em consideração o gênero literário dessas admoestações. Convém que sejam simples, fiéis ao texto, breves, bem preparadas e adaptadas em tudo ao texto, ao qual servem de introdução[30].

---

25. *Instrução Geral sobre o Missal Romano*, n. 33. O texto completo da IGMR foi publicado por Paulus Editora, sob o título Reunidos em nome de Cristo.
26. Cf. Sagrada Congregação para o Culto Divino: *Instrução Liturgicae instaurationes* de 5 de setembro de 1970, n. 2, in AAS 62 (1970), p. 695- 696; João Paulo II: Carta *Dominicae Cenae*, de 24 de fevereiro de 1980, n. 10, in AAS 72 (1980), p. 134-137; Sagrada Congregação para os Sacramentos e o Culto Divino: Instr. *Inaestimabile Donum*, de 3 de abril de 1980, n. 1, in AAS 72 (1980), p. 333.
27. Concílio Vaticano II: Constituição sobre a Sagrada Liturgia, *Sacrosanctum Concilium*, n. 33.
28. Cf. abaixo, n. 111, p. 59.
29. Cf. *Missal Romano, Ordo Cantus Missae*, ed. typ. 1972, Introdução n. 4,6,10.
30. Cf. *Instrução Geral sobre o Missal Romano*, n. 11.

16. Na celebração da missa com o povo, as leituras devem ser feitas sempre do ambão[31].

17. Entre os ritos da liturgia da palavra é preciso levar em consideração a veneração especial devida à leitura do Evangelho[32]. Quando se dispõe de um Evangeliário, que nos ritos de entrada tenha sido levado processionalmente por um diácono ou por um leitor[33], é conveniente que este mesmo livro seja tirado do altar por um diácono[34] ou, se não houver diácono, por um sacerdote e seja levado para o ambão, acompanhado pelos ministros que levam velas e incenso ou outros sinais de veneração, conforme o costume. Os fiéis estão de pé e veneram o livro dos Evangelhos com suas aclamações ao Senhor. O diácono que vai anunciar o Evangelho, inclinado diante do presidente da assembleia, pede e recebe a bênção. No caso de não haver diácono, o sacerdote se inclina diante do altar e diz em voz baixa a oração: *Ó Deus todo-poderoso, purificai-me o coração e os lábios...*[35].

No ambão, aquele que proclama o Evangelho saúda os fiéis, que estão de pé, lê o título da leitura, faz o sinal da cruz na fronte, na boca e no peito; a seguir, se for utilizado incenso, incensa o livro e, finalmente, lê o Evangelho. Ao terminar, beija o livro, dizendo secretamente as palavras prescritas.

A saudação *Proclamação do Evangelho de Jesus Cristo e Palavra da Salvação* ao terminar, é bom que se cantem para que o povo, por sua vez, possa aclamar do mesmo modo, mesmo quando o Evangelho for lido. Dessa forma, exprime-se a importância da leitura evangélica e se promove a fé dos ouvintes.

18. No final das leituras, a conclusão Palavra do Senhor pode ser cantada por um cantor, diferente do leitor que proclamou a leitura, e todos dizem a aclamação. Desse modo, a assembleia honra a palavra de Deus recebida com fé e com espírito de ação de graças.

B) O SALMO RESPONSORIAL

19. O salmo responsorial, chamado também gradual, dado que é "uma parte integrante da liturgia da palavra"[36], tem grande importância litúrgica e pastoral. Por isso, é preciso instruir constantemente os fiéis sobre o modo de escutar a palavra de Deus que nos é transmitida pelos salmos, e sobre o modo de converter estes salmos em oração de Igreja. Isso "se realizará mais facilmente quando se promover com diligência, entre o clero, um conhecimento mais profundo dos salmos, segundo o sentido com que se cantam na sagrada liturgia, e quando se fizer que participem disso todos os fiéis com uma catequese oportuna"[37].

Também podem ajudar algumas breves admoestações, nas quais se indique o porquê daquele salmo determinado e da resposta, em sua relação com as leituras.

20. O salmo responsorial preferencialmente deve ser cantado. Há duas formas de cantar o salmo depois da primeira leitura: a forma responsorial e a forma direta. Na forma responsorial, que se deve preferir enquanto for possível, o salmista ou o cantor do salmo canta as estrofes do salmo, e toda a assembleia participa cantando a resposta. Na forma direta, o salmo é cantado sem que a assembleia intercale a resposta, e o cantam,

---

31. Cf. ibid. n. 272, e abaixo n. 32 a 34, p. 22.
32. Cf. Instrução Geral sobre o Missal Romano n. 35, 95.
33. Cf. ibid. n. 82-84.
34. Cf. ibid. n. 94, 131.
35. Cf. Ordinário da Missa, n. 11, Paulus Editora e Ed. Vozes p. 400.
36. Instrução Geral sobre o Missal Romano, n. 36.
37. Paulo VI: Const. Apostólica Laudis canticum, na Liturgia das Horas, instaurada pelo Decreto do Sacrossanto Concílio Ecumênico Vaticano II e promulgada pela autoridade do Papa Paulo VI (Tipografia Poliglota Vaticana, 1971); Cf também Concílio Vaticano II: Constituição sobre a Sagrada Liturgia, Sacrosanctum Concilium, n. 24,90; Sagrada Congregação dos Ritos: Instrução sobre a Música na Sagrada Liturgia, Musicam Sacram, de 5 de março de 1967, n. 39, in AAS 59 (1967), p. 311; Liturgia das Horas, Introdução Geral, n. 23 e 109; Sagrada Congregação para a Educação Católica: Ratio fundamentalis, n. 53.

ou o salmista ou o cantor do salmo sozinho, e a assembleia escuta, ou então o salmista e os fiéis juntos.

21. O canto do salmo ou da resposta contribuem muito para compreender o sentido espiritual do salmo e para meditá-lo profundamente.

Em cada cultura deve-se utilizar tudo aquilo que possa favorecer o canto da Assembleia, e especialmente as faculdades previstas no *Elenco das Leituras da Missa*[38], referentes às respostas para cada tempo litúrgico.

22. O salmo que segue a leitura, se não for cantado, deve ser recitado da maneira mais adequada para a meditação da palavra de Deus[39].

O salmo responsorial é cantado ou recitado por um salmista ou por um cantor, estando no ambão[40].

C) A ACLAMAÇÃO ANTES DA LEITURA DO EVANGELHO

23. Também o "Aleluia" ou, segundo o tempo litúrgico, a aclamação antes do Evangelho, "têm por si mesmos o valor de rito ou de ato"[41], mediante o qual a assembleia dos fiéis recebe e saúda o Senhor que vai falar, e professa a sua fé cantando.

O "Aleluia" e as outras aclamações antes do Evangelho devem ser cantados, estando todos de pé, de modo que todo o povo cante unanimemente, e não somente o cantor que o inicia, ou o coro[42].

D) A HOMILIA

24. A homilia, como parte da liturgia da palavra[43], que ao longo do ano litúrgico expõe, a partir do texto sagrado, os mistérios da fé e as normas da vida cristã, a partir da Constituição litúrgica do Concílio Vaticano II, muitas vezes e com muito interesse foi recomendada e até prescrita para certas ocasiões. Na celebração da missa, a homilia, que normalmente é feita pelo próprio presidente[44], tem como finalidade que a palavra de Deus anunciada, juntamente com a liturgia eucarística, seja como "uma proclamação das maravilhas realizadas por Deus na história da salvação ou mistério de Cristo"[45]. Com efeito, o mistério pascal de Cristo, anunciado nas leituras e na homilia, realiza-se por meio do sacrifício da missa[46]. Cristo está sempre presente e operante na pregação de sua Igreja[47].

Assim, pois, a homilia, quer explique as palavras da Sagrada Escritura que se acaba de ler, quer explique outro texto litúrgico[48], deve levar a assembleia dos fiéis a uma ativa participação na Eucaristia, a fim de que "vivam sempre de acordo com a fé que

---

38. Cf. abaixo, n. 89-90.
39. Cf. *Instrução Geral sobre o Missal Romano*, n. 18 e 39.
40. Cf. *ibid*, n. 272 e abaixo, n. 32ss., p. 22.
41. Cf. *Instrução Geral sobre o Missal Romano*, n. 39.
42. Cf. também *ibid*, n. 37-39; *Missal Romano, Ordo Cantus Missae, Praenotanda*, n. 7-9; *Gradual Romano*, 1974, *Praenotanda* n. 7; *Graduale simplex*, 2ª. ed. tip. 1975, *Praenotanda* n. 16.
43. Concílio Vaticano II: Constituição sobre a Sagrada Liturgia, *Sacrosanctum Concilium*, n. 52; cf. Sagrada Congregação dos Ritos: Instrução *Inter Oecumenici*, de 26 de setembro de 1964, n. 54, in AAS 56 (1964), p. 890.
44. Cf. *Instrução Geral sobre o Missal Romano*, n. 42.
45. Concílio Vaticano II: Constituição sobre a Sagrada Liturgia, *Sacrosanctum Concilium*, n. 35,2.
46. Cf. *ibid*, n. 6 e 47.
47. Cf. Paulo VI: Encíclica *Mysterium Fidei*, de 3 de setembro de 1965, in AAS 57 (1965), p. 753; Concílio Vaticano II: Decreto sobre a Atividade Missionária da Igreja, Ad Gentes, n. 9; Paulo VI: Exortação Apostólica *Evangelii nuntiandi*, de 8 dezembro de 1975, n. 43, in AAS 69 (1976), p. 33-34.
48. Cf. Concílio Vaticano II: Constituição sobre a Sagrada Liturgia, *Sacrosanctum Concilium*, 35,2; *Instrução Geral sobre o Missal Romano*, n. 41.

professaram"⁴⁹. Com essa explicação viva, a palavra de Deus que se leu e as celebrações que a Igreja realiza podem adquirir maior eficácia, com a condição de que a homilia seja realmente fruto de meditação, devidamente preparada, não muito longa e nem muito curta, e que se levem em consideração todos os presentes, inclusive as crianças e o povo, de modo geral as pessoas simples⁵⁰.

Na concelebração, a homilia, ordinariamente, é feita pelo celebrante principal ou por um dos concelebrantes⁵¹.

25. Nos dias em que ela for prescrita, a saber, nos domingos e festas de preceito, deve-se fazer a homilia em todas as missas que se celebram com assistência do povo, sem excluir as missas que se celebram na tarde do dia precedente⁵². Também deve haver homilia nas missas celebradas para as crianças ou para grupos particulares⁵³.

Recomenda-se muito a pregação da homilia nos dias de semana do Advento, da Quaresma e do Tempo pascal, para o bem dos fiéis que participam regularmente da celebração da missa; e também em outras festas e ocasiões nas quais há maior assistência de fiéis na Igreja⁵⁴.

26. O sacerdote celebrante profere a homilia na cadeira, de pé ou sentado, ou no ambão⁵⁵.

27. Não pertencem à homilia os breves avisos que se devam fazer à assembleia, pois seu lugar é em seguida à oração depois da comunhão⁵⁶.

E) O SILÊNCIO

28. A liturgia da palavra deve ser celebrada de tal maneira que favoreça a meditação; por isso, deve-se evitar a pressa, que impede o recolhimento. O diálogo entre Deus e os homens, que se realiza com a ajuda do Espírito Santo, requer breves momentos de silêncio, adequados à assembleia presente, para que neles a palavra de Deus seja acolhida interiormente e se prepare uma resposta, por meio da oração. Podem-se guardar estes momentos de silêncio, por exemplo, antes de comentar a liturgia da palavra, depois da primeira e da segunda leitura, e ao terminar a homilia⁵⁷.

F) A PROFISSÃO DE FÉ

29. O símbolo ou profissão de fé, dentro da missa, quando as rubricas o indicam, tem como finalidade que a assembleia reunida dê seu consentimento e sua resposta à palavra de Deus ouvida nas leituras e na homilia, e traga à sua memória, antes de começar a celebração do mistério da fé na Eucaristia, a norma de sua fé, segundo a forma aprovada pela Igreja⁵⁸.

---

49. Concílio Vaticano II: Constituição sobre a Sagrada Liturgia, *Sacrosanctum Concilium*, n. 10.
50. Cf. João Paulo II: Exortação *Catechesi Tradendae*, de 16 de outubro de 1979, n. 48, in AAS (1979), p. 1316.
51. Cf. *Instrução Geral sobre o Missal Romano*, n. 165.
52. Cf. *ibid*, n. 42, e também Sagrada Congregação dos Ritos: Instrução *Eucharisticum mysterium*, de 25 de maio 1967, n. 28, in AAS 59 (1967), p. 556-557.
53. Cf. Sagrada Congregação para o Culto Divino, Instrução *Actio pastoralis*, de 15 de maio de 1969, n. 6g, in AAS 61 (1969), p. 809; *Diretório para Missas com Crianças*, de 1º de novembro de 1973, n. 48, in AAS 66 (1974), p. 44.
54. Cf. *Instrução Geral sobre o Missal Romano*, n. 42, 338; *Rito do Matrimônio*, n. 22, 42,57; *Rito das exéquias*, n. 41,64.
55. Cf. *Instrução Geral sobre o Missal Romano*, n. 97.
56. Cf. *ibid*, n. 139.
57. Cf. *ibid*, n. 23.
58. Cf. *ibid*, n. 43.

G) A ORAÇÃO UNIVERSAL OU ORAÇÃO DOS FIÉIS

30. Na oração universal, a assembleia dos fiéis, iluminada pela palavra de Deus, à qual de certo modo responde, pede normalmente pelas necessidades da Igreja universal e da comunidade local, pela salvação do mundo, pelos que se encontram em qualquer necessidade e por grupos determinados de pessoas.

Sob a orientação do celebrante, um diácono, um ministro ou alguns fiéis proporão oportunamente algumas breves petições compostas com sábia liberdade, mediante as quais "o povo, exercendo o seu ofício sacerdotal, roga por todos os homens"[59]. Dessa forma, recolhendo o fruto da liturgia da palavra, a assembleia poderá passar mais adequadamente para a liturgia eucarística.

31. O sacerdote preside a oração universal estando na cadeira; e as intenções são enunciadas do ambão[60].

A assembleia participa da oração de pé, dizendo ou cantando a invocação comum depois de cada intenção, ou então orando em silêncio[61].

2. Coisas que ajudam a celebrar devidamente a liturgia da palavra

A) O LUGAR ONDE SE PROCLAMA A PALAVRA DE DEUS

32. No recinto da Igreja deve existir um lugar elevado, fixo, adequadamente disposto e com a devida nobreza, que ao mesmo tempo corresponda à dignidade da palavra de Deus e lembre aos fiéis que na missa se prepara a mesa da palavra de Deus e do corpo de Cristo[62], e que ajude da melhor maneira possível a que os fiéis ouçam bem e estejam atentos durante a liturgia da palavra. Por isso se deve procurar, segundo a estrutura de cada igreja, que haja uma íntima proporção e harmonia entre o ambão e o altar.

33. Convém que o ambão, de acordo com a sua estrutura, seja adornado com sobriedade, ou de maneira permanente ou, ao menos ocasionalmente, nos dias mais solenes.

Dado que o ambão é o lugar de onde os ministros proclamam a palavra de Deus, reserva-se por sua natureza às leituras, ao salmo responsorial e ao precônio pascal. A homilia e a oração dos fiéis podem ser pronunciadas do ambão, já que estão intimamente ligadas a toda a liturgia da palavra. Mas não é conveniente que subam ao ambão outras pessoas, como o comentarista, o cantor, o dirigente do coro[63].

34. Para que o ambão ajude, da melhor maneira possível, nas celebrações, deve ser amplo, porque em algumas ocasiões têm que estar nele vários ministros. Além disso, é preciso procurar que os leitores que estão no ambão tenham suficiente luz para ler o texto e, na medida do possível, bons microfones para que os fiéis possam escutá-los facil-mente.

B) OS LIVROS PARA ANUNCIAR A PALAVRA DE DEUS NAS CELEBRAÇÕES

35. Os livros de onde se tiram as leituras da palavra de Deus, assim como os ministros, as atitudes, os lugares e demais coisas lembram aos fiéis a presença de Deus que fala a seu povo. Portanto, é preciso procurar que os próprios livros, que são sinais e símbolos

---

59. Cf. ibid, n. 45.
60. Cf. ibid, n. 99.
61. Cf. ibid, n. 47.
62. Cf. acima, nota 23.
63. Cf. Instrução Geral sobre o Missal Romano, n. 272.

das realidades do alto na ação litúrgica, sejam verdadeiramente dignos, decorosos e belos[64].

36. Sendo sempre o anúncio evangélico o ponto alto da liturgia da palavra, as duas tradições litúrgicas, a ocidental e a oriental, mantiveram uma diferença entre o Evangelho e as demais leituras. Com efeito, o livro dos Evangelhos era elaborado com grande cuidado, adornado e venerado mais do que qualquer outro lecionário. Assim, pois, é muito conveniente que também em nossos dias, nas catedrais, nas paróquias e igrejas maiores e mais concorridas, haja um Evangeliário, formosamente adornado e diferente do livro das demais leituras. Este é o livro entregue ao diácono na sua ordenação, e na ordenação episcopal é colocado e sustentado sobre a cabeça do eleito[65].

37. Por último, os livros das leituras que se utilizam na celebração, pela dignidade que a palavra de Deus exige, não devem ser substituídos por outros subsídios pastorais, por exemplo, pelos folhetos que se fazem para que os fiéis preparem as leituras ou as meditem pessoalmente.

CAPÍTULO III

OFÍCIOS E MINISTÉRIOS NA CELEBRAÇÃO DA LITURGIA DA PALAVRA NA MISSA

1. Funções do Presidente na liturgia da palavra

38. Quem preside a liturgia da palavra, ainda que escute a palavra de Deus proclamada aos outros, continua sendo sempre o primeiro ao qual se confiou a função de anunciar a palavra de Deus, compartilhando com os fiéis, sobretudo na homilia, o alimento que esta palavra contém. Embora ele deva cuidar por si mesmo ou por outros que a palavra de Deus seja proclamada adequadamente, a ele corresponde, ordinariamente, preparar algumas admoestações que ajudem os fiéis a escutar com mais atenção, e principalmente fazer a homilia, para facilitar-lhes uma compreensão mais profunda da palavra de Deus.

39. Em primeiro lugar, é necessário que quem deve presidir a celebração conheça perfeitamente a estrutura do *Elenco das Leituras da Missa*, a fim de que possa fazê-las frutificar nos corações dos fiéis; além disso, com oração e estudo compreenda muito bem a relação entre os diversos textos da liturgia da palavra para que, aproveitando o Ordo Lectionum, faça entender convenientemente o mistério de Cristo e sua obra salvífica.

40. Quem preside pode usar amplamente as diversas opções propostas no Lecionário no que se refere às leituras, respostas, salmos responsoriais, aclamações antes do

---

64. Cf. Concílio Vaticano II: Constituição sobre a Sagrada Liturgia, *Sacrosanctum Concilium*, n. 122.
65 . Cf. *Rito das Ordenações*, p. 62, n. 24; p. 92, n. 21; p. 127s., n. 24; p. 108, n. 25; p. 174, n. 25.

Evangelho[66], mas de comum acordo[67] com todos os interessados, sem excluir os fiéis naquilo que lhes diz respeito[68].

41. O presidente exerce, também, a sua função própria e o ministério da palavra de Deus quando pronuncia a homilia[69].

Com efeito, a homilia conduz os irmãos a uma compreensão saborosa da Sagrada Escritura; abre as almas dos fiéis à ação de graças pelas maravilhas de Deus; alimenta a fé dos presentes acerca da palavra que na celebração se converte em sacramento pela intervenção do Espírito Santo; finalmente, prepara os fiéis para uma comunhão fecunda e os convida a praticar as exigências da vida cristã.

42. Cabe ao presidente introduzir, ocasionalmente, os fiéis com alguma admoestação à liturgia da palavra, antes da proclamação das leituras[70]. Estas admoestações poderão ser de grande ajuda para que a assembleia escute melhor a palavra de Deus, já que promovem a fé e a boa vontade. Pode exercer essa função por meio de outras pessoas, por exemplo, o diácono ou um comentarista[71].

43. O presidente, dirigindo a oração universal e, se for possível, relacionando as leituras daquela celebração e a homilia com a oração, por meio da admoestação inicial e da oração conclusiva, conduz os fiéis à liturgia eucarística[72].

2. Função dos fiéis na liturgia da palavra

44. A palavra de Cristo reúne, faz crescer e alimenta o povo de Deus; "isso vale especialmente para a liturgia da palavra na celebração da missa, na qual o anúncio da morte e ressurreição do Senhor e a resposta do povo que escuta se unem inseparavelmente com a própria oblação, pela qual Cristo confirmou com o seu sangue a nova Aliança, oblação de que participam os fiéis com o desejo e com a recepção do sacramento"[73]. Com efeito, "não somente quando se lê 'o que se escreveu para nosso ensinamento' (Rm 15,4), mas também quando a Igreja ora, canta ou age, a fé dos assistentes se alimenta e suas almas se elevam para Deus, a fim de tributar-lhe um culto espiritual e receber a sua graça com maior abundância"[74].

45. Na liturgia da palavra, pela fé com que escuta, também hoje a assembleia dos fiéis recebe de Deus a palavra da aliança, e deve responder a esta palavra com a fé, para que se vá convertendo cada vez mais em povo da nova Aliança.

O povo de Deus tem o direito de receber abundantemente o tesouro espiritual da palavra de Deus, o que se consegue com o uso do Ordo Lectionum, com a homilia e com a ação pastoral. Na celebração da missa, os fiéis escutem a palavra de Deus com tal devoção interior e exterior que cada dia neles aumente a vida espiritual e os introduza cada vez mais no mistério que se celebra[75].

---

66. Cf. abaixo, n. 78-91.
67. Cf. *Instrução Geral sobre o Missal Romano*, n. 318-320; 324-325.
68. Cf. *ibid*, n. 313.
69. Cf. *ibid*, n. 42; Sagrada Congregação para os Sacramentos e o Culto Divino: Instrução *Inaestimabile Donum*, de 3 de abril de 1980, n. 3, in AAS 72 (1980), p. 334.
70. Cf. *Instrução Geral sobre o Missal Romano*, n. 11.
71. Cf. *ibid*, n. 68.
72. Cf. *ibid*, n. 33, 47.
73. Cf. Concílio Vaticano II: Decreto sobre o Ministério e a Vida dos Presbíteros, *Presbyterorum Ordinis*, n. 4.
74. Concílio Vaticano II: Constituição sobre a Sagrada Liturgia, *Sacrosanctum Concilium*, n. 33.
75. Cf. *Instrução Geral sobre o Missal Romano*, n. 9.

46. Para que possam celebrar vivamente o memorial do Senhor, lembrem-se os fiéis de que a presença de Cristo é uma só, tanto na palavra de Deus, "pois quando se lê na Igreja a Sagrada Escritura, é ele quem fala", como "especialmente sob as espécies eucarísticas"[76].

47. A palavra de Deus, para que seja acolhida e traduzida na vida dos fiéis, exige uma fé viva[77], que cresce continuamente ao escutar a palavra de Deus proclamada.

Com efeito, as Sagradas Escrituras são, sobretudo na proclamação litúrgica, uma fonte de vida e de força, segundo o que diz São Paulo, quando afirma que o Evangelho é uma força de salvação para todo o que crê[78]; por isso, o amor às Escrituras contribui para o vigor e a renovação de todo o povo de Deus[79]. Portanto, é muito conveniente que todos os fiéis estejam sempre dispostos a escutar com alegria a palavra de Deus[80]. A palavra de Deus, quando é anunciada pela Igreja e levada à prática, ilumina os fiéis pela atuação do Espírito Santo, e os impele a viver na totalidade o mistério do Senhor[81]. A palavra de Deus, recebida com fé, move o homem, do fundo do seu coração, à conversão e a uma vida resplandecente de fé pessoal e comunitária[82], visto que a palavra de Deus é o alimento da vida cristã e a fonte de toda a oração da Igreja[83].

48. A íntima relação entre a liturgia da palavra e a liturgia eucarística na missa conduzirá os fiéis a estarem presentes, já desde o princípio[84], e a participarem atentamente. Enquanto possível, eles se prepararão para escutar a palavra de Deus, adquirindo de antemão um profundo conhecimento das Sagradas Escrituras. Além disso, terão o desejo de alcançar a compreensão litúrgica dos textos que se leem e a vontade de responder por meio do canto[85]. Dessa forma, por meio da palavra de Deus escutada e meditada, os fiéis podem dar uma resposta cheia de fé, esperança e amor, de oração e entrega de si mesmos, não somente durante a celebração da missa, mas também em toda a vida cristã.

3. Ministérios na liturgia da palavra

49. A tradição litúrgica assinala a função de proclamar as leituras bíblicas, na celebração da missa, a ministros: leitores e diácono. Mas se não houver diácono nem outro sacerdote, o celebrante deve ler o Evangelho[86], e no caso em que não haja leitor[87], todas as demais leituras.

50. Na liturgia da palavra da missa, cabe ao diácono anunciar o Evangelho, fazer de vez em quando a homilia, se parecer conveniente, e propor ao povo as intenções da oração universal[88].

51. "Na celebração eucarística o leitor tem um ministério próprio, reservado a ele, ainda que haja outro ministro de grau superior"[89]. É preciso dar a devida importância ao

---

76. Concílio Vaticano II: Constituição sobre a Sagrada Liturgia, *Sacrosanctum Concilium*, n. 7.
77. Cf. Concílio Vaticano II: Constituição sobre a Sagrada Liturgia, *Sacrosanctum Concilium*, n. 9.
78. Cf. Rm 1,16.
79. Cf. Concílio Vaticano II: Constituição dogmática sobre a Revelação Divina, *Dei Verbum*. n. 21.
80. Cit. in Concílio Vaticano II: Constituição dogmática sobre a Revelação Divina, *Dei Verbum*, n. 21.
81. Cf. Jo 14,15-26; 15,26; 16,4.5-15.
82. Cf. Concílio Vaticano II: Decreto sobre a Atividade Missionária da Igreja, *Ad Gentes*, n. 6 e 15; e também Constituição sobre a Revelação Divina, *Dei Verbum*, n. 26.
83. Concílio Vaticano II: Constituição sobre a Sagrada Liturgia, *Sacrosanctum Concilium*, n. 24. e também Sagrada Congregação para o Clero: *Directorium Catechisticum generale*, de 11 de abril de 1971, n. 25, in AAS 64 (1972), p. 114.
84. Cf. Concílio Vaticano II: Constituição sobre a Sagrada Liturgia, *Sacrosanctum Concilium*, n. 56; e também Sagrada Congregação para os sacramentos e o Culto Divino: *Instrução Inaestimabile Donum*, de 3 de abril de 1980, n. 1, in AAS 72 (1980), p. 333-334.
85. Cf. Concílio Vaticano II: Constituição sobre a Sagrada Liturgia, *Sacrosanctum Concilium* n. 24 e 35.
86. Cf. Instrução Geral sobre o *Missal Romano*, n. 34.
87. Cf. ibid, n. 96.
88. Cf. ibid, n. 47,61,132; Sagrada Congregação para os Sacramentos e o Culto Divino: Instrução *Inaestimabile Donum*, de 3 de abril de 1980, n. 3, in AAS 72 (1980), p. 334
89. *Instrução Geral sobre o Missal Romano*, n. 66.

ministério do leitor, conferido por ato litúrgico. Os que foram instituídos como leitores, se os houver, devem exercer sua função própria, pelo menos nos domingos e festas, durante a missa principal. Além disso, pode-se confiar a eles o encargo de ajudar na organização da liturgia da palavra e de cuidar, se for necessário, da preparação de outros fiéis que, por designação temporânea, devem fazer as leituras na celebração da missa[90].

52. A assembleia litúrgica precisa ter leitores, ainda que não tenham sido instituídos para esta função. Por isso, é preciso procurar que haja alguns leigos, os mais aptos, que estejam preparados para desempenhar este ministério[91]. Se houver vários leitores e várias leituras a serem feitas, convém distribuí-las entre eles.

53. Se não houver diácono na missa, a função de propor as intenções da oração universal caberá a um cantor, especialmente quando estas intenções forem cantadas, ou a um leitor, ou a outra pessoa[92].

54. O sacerdote diverso daquele que preside, o diácono e o leitor instituído, quando sobem ao ambão para ler a palavra de Deus na missa, devem usar as vestimentas sagradas próprias de seu ofício. Porém os que ocasionalmente, e mesmo ordinariamente, desempenham o ofício de leitor podem subir ao ambão com sua roupa normal, mas respeitando os costumes das diversas regiões.

55. "Para que os fiéis cheguem a adquirir uma estima viva da Sagrada Escritura pela audição das leituras divinas, é necessário que os leitores que desempenham este ministério, embora não tenham sido oficialmente instituídos nele, sejam realmente aptos e estejam cuidadosamente preparados"[93].
  Essa preparação deve ser em primeiro lugar espiritual, mas é necessária também a preparação técnica. A preparação espiritual supõe pelo menos dupla instrução: bíblica e litúrgica. A instrução bíblica deve encaminhar-se no sentido de que os leitores possam compreender as leituras em seu contexto próprio e entender à luz da fé o núcleo central da mensagem revelada. A instrução litúrgica deve facilitar aos leitores certa percepção do sentido e da estrutura da liturgia da palavra e a relação entre a liturgia da Palavra e a liturgia eucarística. A preparação técnica deve capacitar os leitores para que se tornem sempre mais aptos na arte de ler diante do povo, seja de viva voz, seja com a ajuda de instrumentos modernos para a amplificação da voz.

56. Cabe ao salmista, ou cantor do salmo, cantar de forma responsorial ou direta o salmo ou outro cântico bíblico, o gradual e o "*Aleluia*", ou outro cântico interlecional. Ele mesmo pode iniciar o "*Aleluia*" e o versículo, se parecer conveniente[94].
  Para exercer esta função de salmista, é muito conveniente que em cada comunidade eclesial haja leigos dotados da arte de salmodiar e de uma boa pronúncia e dicção. O que se disse anteriormente sobre a formação dos leitores também se aplica aos salmistas.

57. Também o comentador exerce um verdadeiro ministério litúrgico quando, de um lugar adequado, propõe à comunidade dos fiéis explicações e admoestações oportunas, claras, sóbrias, cuidadosamente preparadas, normalmente escritas e antecipadamente aprovadas pelo celebrante[95].

---

90. Cf. Paulo VI: Carta Apostólica *Ministeria quaedam*, de 15 de agosto de 1972, n. V, in AAS 64 (1972), p. 532.
91. Cf. Sagrada Congregação para os Sacramentos e o Culto Divino: Instrução *Inaestimabile Donum*, de 3 de abril de 1980, n. 2 e 18, in AAS 72 (1980), p. 334; cf. também Sagrada Congregaç∆o para o Culto Divino: *Diretório para Missas com Crianças*, de 1º de novembro de 1973, n. 22,24,27, in AAS 6 (1974), p. 43.
92. Cf. *Instrução Geral sobre o Missal Romano*, n. 47, 66, 151; cf. também Conselho para Execução da Constituição sobre a Sagrada Liturgia: *De oratione communi seu fidelium* (Cidade do Vaticano, 1966), n. 8.
93. *Instrução Geral sobre o Missal Romano*, n. 66.
94. Cf. *ibid*, n. 37a e 67.
95. Cf. *ibid*, n. 68.

PARTE II

ESTRUTURA DO ELENCO DAS LEITURAS DA MISSA

CAPÍTULO IV

DISTRIBUIÇÃO GERAL DAS LEITURAS DA MISSA

1. Finalidade pastoral do Elenco das Leituras da Missa

58. O *Elenco das Leituras da Missa*, tal como se encontra no Lecionário do Missal Romano, foi realizado, em primeiro lugar, para obter um fim pastoral, seguindo o espírito do Concílio Vaticano II. Para conseguir esse fim, não só os princípios em que se baseia o novo Ordo, mas também a escolha dos próprios textos que se colocam a seguir, foram revistos e elaborados várias vezes, com a cooperação de muitas pessoas de todo o mundo, versadas em matérias exegéticas, litúrgicas, catequéticas e pastorais. O *Elenco das Leituras da Missa* é o resultado desse trabalho comum.

Esperamos que uma contínua leitura e explicação da sagrada Escritura ao povo cristão na celebração eucarística, segundo este *Elenco das Leituras da Missa*, seja muito eficaz para alcançar a finalidade exposta várias vezes pelo Concílio Vaticano II[96].

59. Nessa reforma pareceu conveniente elaborar um só *Elenco das Leituras da Missa*, rico e abundante quanto possível, de acordo com a vontade e as normas do Concílio Vaticano II[97], mas que, ao mesmo tempo, por sua forma se acomodasse aos determinados costumes e exigências das Igrejas particulares e das assembleias celebrantes. Por essa razão, os encarregados de elaborar essa reforma se preocuparam em salvaguardar a tradição litúrgica do rito romano, sem detrimento de uma grande estima pelo valor de todas as formas de seleção, distribuição e uso das leituras bíblicas nas demais famílias litúrgicas e em algumas Igrejas particulares, valendo-se daquilo que já havia sido comprovado por experiência e procurando ao mesmo tempo evitar alguns defeitos existentes na tradição precedente.

60. Portanto, o presente *Elenco das Leituras da Missa* é uma distribuição das leituras bíblicas que possibilita aos cristãos o conhecimento de toda a palavra de Deus, conforme uma adequada explicação. Durante todo o ano litúrgico, mas sobretudo no tempo da Páscoa, da Quaresma e do Advento, a escolha e distribuição das leituras tende a que, de maneira gradual, os cristãos conheçam mais profundamente a fé que professam e a história da salvação[98]. Por isso, o *Elenco das Leituras da Missa* corresponde às necessidades e desejos do povo cristão.

61. Ainda que a ação litúrgica por si mesma não seja uma forma de catequese, inclui, não obstante, um caráter didático que se exprime também no Lecionário do Missal

---

96. Cf. por exemplo Paulo VI: Const. Apost. *Missale Romanum*: "Tudo isso foi assim ordenado para aumentar cada vez mais nos fiéis 'a fome da Palavra de Deus' que, sob a direção do Espírito Santo, deve levar o povo da nova Aliança à perfeita unidade da Igreja. Por estas determinações esperamos que tanto os sacerdotes como os fiéis venham a se preparar mais santamente para a Ceia do Senhor e ao mesmo tempo, meditando de maneira mais profunda as Sagradas Escrituras, se alimentem sempre mais com as palavras do Senhor. Assim, conforme as exortações do Vaticano II, as Sagradas Escrituras se tornarão para todos uma fonte perene de vida espiritual, o meio precípuo para a transmissão da doutrina cristã e, por fim, como que a medula de toda a formação teológica". No *Missal Romano*, Paulus Editora - Ed. Vozes, p. 20

97. Cf Concílio Vaticano II: Constituição sobre a Sagrada Liturgia, *Sacrosanctum Concilium*, n. 35 e 51.

98. Cf. Paulo VI: Constituição Apostólica *Missale Romanum*: "Desta forma aparece mais claramente o desenvolvimento do mistério da salvação, a partir das palavras reveladas", in *Missal Romano*, Paulus Editora - Ed. Vozes p. 20.

Romano⁹⁹, de maneira que com razão pode ser considerada como um instrumento pedagógico para estímulo da catequese.

Com efeito, o *Elenco das Leituras da Missa* oferece os fatos e palavras principais da história da salvação, tomando-os da Sagrada Escritura, de tal modo que esta história da salvação, que a liturgia da palavra vai recordando passo a passo, em seus diversos momentos e eventos, aparece diante dos fiéis como algo que tem uma continuidade atual, ao se fazer presente de novo o mistério pascal de Cristo, celebrado pela Eucaristia.

62. Outra razão pela qual se compreende também a conveniência e a utilidade pastoral de um só Elenco das Leituras do Lecionário da missa no rito romano é o fato de que todos os fiéis, principalmente aqueles que por diversos motivos nem sempre participam da mesma assembleia, ouçam em qualquer parte, em determinados dias e tempos, as mesmas leituras e as meditem aplicando-as às circunstâncias concretas, inclusive naqueles lugares em que, por falta de sacerdote, um diácono ou outra pessoa delegada pelo bispo dirige a celebração da palavra de Deus¹⁰⁰.

63. Os pastores que quiserem dar uma resposta mais apropriada, tirada da palavra de Deus, às circunstâncias especiais de suas próprias comunidades, sem esquecer que eles devem ser antes de mais nada arautos da totalidade do mistério de Cristo e do Evangelho, podem usar, segundo a conveniência, as possibilidades que o mesmo *Elenco das Leituras da Missa* oferece, sobretudo por ocasião da celebração de alguma missa ritual, votiva, ou em honra dos santos ou para diversas circunstâncias. Levando em consideração as normas gerais, concedem-se faculdades particulares quanto às leituras da palavra de Deus nas celebrações da missa para grupos particulares¹⁰¹.

2. Princípios na elaboração do Elenco das Leituras da Missa

64. Para alcançar a finalidade própria do *Elenco das Leituras da Missa*, a escolha e distribuição das perícopes foi feita levando-se em consideração a sucessão dos tempos litúrgicos e também os princípios hermenêuticos que os estudos exegéticos de nosso tempo permitiram descobrir e definir.

Por isso, pareceu conveniente expor aqui os princípios observados na elaboração do *Elenco das Leituras da Missa*.

A) Seleção de textos

65. A sucessão de leituras do "próprio do tempo" foi disposta da seguinte maneira: nos domingos e festas propõem-se os textos mais importantes, para que, num conveniente espaço de tempo, possam ser lidas diante da assembleia dos fiéis as partes mais relevantes da palavra de Deus. A outra série de textos da Sagrada Escritura, que de certa forma completam o anúncio de salvação desenvolvido nos dias festivos, assinala-se para os dias de semana. No entanto, nenhuma das duas séries dessas partes principais

---

99. Cf. Concílio Vaticano II: Constituição sobre a Sagrada Liturgia, *Sacrosanctum Concilium*, n. 9,33; Sagrada Congregação dos Ritos, Instrução *Inter Oecumenici*, de 26 de setembro de 1964, n. 7 in AAS 56 (1964), p. 878; João Paulo II: Exortação apostólica *Catechesi tradendae*, de 16 de outubro de 1979, n. 23 in AAS 71 (1979), p. 1296-1299.

100. Cf. Concílio Vaticano II: Constituição sobre a Sagrada Liturgia, *Sacrosanctum Concilium*, n. 35,4; Sagrada Congregação dos Ritos: Instrução *Inter Oecumenici*, de 26 de setembro de 1964, n. 37-38, in AAS 56 (1964), p. 884.

101. Cf. Sagrada Congregação para o Culto Divino: Instrução *Actio pastoralis*, de 15 de maio de 1969, n. 6, in AAS 61 (1969), p. 809; *Diretório para Missa com Crianças*, de 1 de novembro de 1973, n. 41-47, in AAS 66 (1974), p. 43; Paulo VI: Exortação Apostólica *Marialis cultus*, de 2 de fevereiro de 1974, n. 12, in AAS 66 (1974), p. 125-126.

do *Elenco das Leituras da Missa*, isto é, a dominical-festiva e a série dos dias de semana, depende uma da outra. Mais ainda, a ordem das leituras dominical-festiva desenvolve-se num triênio, ao passo que a dos dias de semana o faz num biênio. Por isso, a ordem das leituras dominical-festiva procede de maneira independente da dos dias de semana, e vice-versa.

A sucessão de leituras propostas para as demais partes do *Elenco das Leituras da Missa*, tais como a série de leituras para as celebrações dos santos, para as missas rituais ou por diversas necessidades, ou as votivas, ou as missas de defuntos, rege-se por normas próprias.

B) Distribuição das leituras nos domingos e festas

66. As características do *Elenco das Leituras da Missa* para os domingos e festas são as seguintes:

1. Toda missa apresenta três leituras: a primeira, do Antigo Testamento; a segunda, do Apóstolo (isto é, das Epístolas dos apóstolos ou do Apocalipse, segundo os diversos tempos do ano); a terceira, do Evangelho. Com esta distribuição sublinha-se a unidade do Antigo e do Novo Testamento, e da História da salvação, cujo centro é Cristo e seu mistério pascal que celebramos.

2. O fato de que para os domingos e festas se proponha um ciclo de três anos é para que haja uma leitura mais variada e abundante da Sagrada Escritura, já que os mesmos textos não voltarão a ser lidos, a não ser depois de três anos[102].

3. Os princípios que regulam a ordem das leituras dos domingos e festas são os chamados de "composição harmônica" ou de "leitura semicontínua". Emprega-se um ou outro princípio, segundo os diversos tempos do ano e as características especiais de cada tempo litúrgico.

67. A melhor composição harmônica entre as leituras do Antigo e do Novo Testamento tem lugar quando a própria Escritura a insinua, isto é, naqueles casos em que os ensinamentos e fatos expostos nos textos do Novo Testamento têm uma relação mais ou menos explícita com os ensinamentos e fatos do Antigo Testamento. No presente Elenco das Leituras da Missa, os textos do Antigo Testamento foram selecionados principalmente por sua congruência com os textos do Novo Testamento, especialmente com o Evangelho que se lê na mesma missa.

No tempo do Advento, Quaresma e Páscoa, isto é, naqueles tempos dotados de importância e característica especiais, a composição entre os textos das leituras de cada missa baseia-se em princípios especiais.

No entanto, nos domingos do Tempo comum, que não tem uma característica peculiar, os textos da leitura das Epístolas e do Evangelho se distribuem segundo a ordem da leitura semicontínua, ao passo que a leitura do Antigo Testamento se compõe harmonicamente com o Evangelho.

68. O que era conveniente para os tempos anteriormente citados não pareceu oportuno aplicá-lo também para os domingos do Tempo comum, de modo que neles houvesse

---

102. Os vários anos recebem as letras A, B, C. Para saber qual seja o ano A ou B ou C, se procede desta maneira: recebe a letra C aquele ano cujo número pode ser dividido por 3. Assim, contando do início da era cristã, o ano 1 teria sido ano A, o ano 2 ano B, o ano 3 ano C, também os anos 6, 9, 12... de novo ano C. Por exemplo, o ano de 1980 é ano C, o ano seguinte, 1981, ano A, 1982 ano B e 1983 de novo ano C. E assim por diante. Evidentemente, cada ciclo começa, como o ano litúrgico, com a primeira semana do Advento, que cai no ano civil anterior.

Os anos de cada ciclo são denominados pelo evangelho sinótico que é proclamado durante o Tempo comum numa leitura semicontínua. Assim, o primeiro ano do ciclo é chamado ano de Mateus, o segundo e o terceiro, ano de Marcos e de Lucas, respectivamente.

certa unidade temática que tornasse mais fácil a instrução das homilias. O genuíno conceito da ação litúrgica está em contradição, com efeito, com semelhante composição temática, já que tal ação litúrgica é sempre a celebração do mistério de Cristo e, por tradição própria, usa a palavra de Deus, movida não só por algumas inquietações de ordem racional ou externa, mas pela preocupação de anunciar o Evangelho e levar os fiéis para a verdade plena.

C) Distribuição das leituras para os dias de semana

69. A distribuição das leituras para os dias de semana foi feita com estes critérios:
1. Toda missa apresenta duas leituras: a primeira do Antigo Testamento ou do Apóstolo (isto é, das Epístolas dos apóstolos ou do ApocalipsE), e no Tempo pascal, dos Atos dos Apóstolos; a segunda, do Evangelho.
2. O ciclo anual do tempo da Quaresma ordena-se segundo princípios peculiares que levam em consideração as características desse tempo, a saber, sua índole batismal e penitencial.
3. Também nos dias de semana do Advento e dos tempos do Natal e da Páscoa, o ciclo é anual e portanto as leituras não variam.
4. Nos dias de semana das trinta e quatro semanas do Tempo comum, as leituras evangélicas se distribuem num só ciclo que se repete cada ano. A primeira leitura, ao contrário, distribui-se em duplo ciclo que se lê em anos alternados. O ano primeiro emprega-se nos anos ímpares; o segundo, nos anos pares.

Desse modo, também no Elenco das Leituras da Missa para os dias de semana, da mesma forma que nos domingos e festas, põem-se em prática os princípios da composição harmônica e da leitura semicontínua, de maneira semelhante, quando se trata daqueles tempos que ostentam características peculiares ou do Tempo comum.

D) As leituras para as celebrações dos santos

70. Para as celebrações dos santos oferece-se dupla série de leituras:
1. Uma no Próprio, para as solenidades, festas e memórias, principalmente se para cada uma delas se encontram textos próprios. Ou então, indica-se algum texto mais adequado, dentre os que se encontram no Comum, de preferência a outros.
2. Outra série, mais ampla, encontra-se nos Comuns dos santos. Nesta parte, primeiro propõem-se os textos próprios para as diversas categorias de santos (mártires, pastores, virgens etc.); depois uma série de textos que tratam da santidade em geral, e que podem ser empregados à livre escolha, desde que se remeta aos Comuns para a escolha das leituras.

71. No que se refere à ordem em que estão colocados os textos nesta parte, ajudará saber que se encontram agrupados na ordem em que devem ser lidos. Assim, encontram-se primeiro os textos do Antigo Testamento, depois os textos do Apóstolo, em seguida, os salmos e versículos interlecionais e, finalmente, os textos do Evangelho. Estão colocados dessa maneira para que o celebrante os escolha à vontade, levando em consideração as necessidades pastorais da assembleia que participa da celebração, a não ser que se indique expressamente algo diferente.

E) As leituras para as missas rituais, Para diversas necessidades, votivas e de defuntos

72. Nessa mesma ordem são colocados os textos das leituras para as missas rituais, para diversas necessidades, votivas e de defuntos: oferecem-se vários textos juntos, como nos Comuns dos santos.

F) Principais critérios aplicados na seleção
 e distribuição das leituras

73. Além desses princípios, que regulam a distribuição das leituras em cada parte do *Elenco das Leituras da Missa*, há outros de caráter mais geral, que podem ser enunciados da seguinte maneira:

1. *Reserva de alguns livros segundo os tempos litúrgicos*

74. Pela importância intrínseca do assunto e por tradição litúrgica, no presente Elenco das Leituras da Missa alguns livros da Sagrada Escritura reservam-se para determinados tempos litúrgicos. Por exemplo, respeita-se a tradição, tanto ocidental (ambrosiana e hispânicA) como oriental, de ler os Atos dos Apóstolos no Tempo pascal, já que este livro serve grandemente para fazer ver como a vida da Igreja encontra suas origens no mistério pascal. Conserva-se, também, a tradição, tanto ocidental como oriental, de ler o Evangelho de São João nas últimas semanas da Quaresma e no Tempo pascal.

A leitura de Isaías, principalmente da primeira parte, é atribuída por tradição ao Tempo do Advento. Não obstante, alguns textos desse livro são lidos no Tempo do Natal. No Tempo do Natal lê-se também a primeira carta de São João.

2. *Extensão dos textos*

75. Com relação à extensão dos textos guarda-se um termo médio. Fez-se uma distinção entre as narrações, que demandam certa extensão maior do texto e que geralmente os fiéis escutam com atenção, e aqueles textos que, pela profundidade de seu conteúdo, não podem ser muito extensos.

Para alguns textos mais longos, prevê-se dupla forma, a longa e a breve, segundo a conveniência. Essas abreviações foram feitas com grande cuidado.

3. *Os textos mais difíceis*

76. Por motivos pastorais, nos domingos e solenidades evitam-se os textos bíblicos realmente difíceis, seja objetivamente, porque suscitam árduos problemas de índole literária, crítica ou exegética, seja também, pelo menos até certo ponto, porque são textos que os fiéis dificilmente poderiam entender. Contudo, era inadmissível não proporcionar aos fiéis as riquezas espirituais de alguns textos pela simples razão de serem difíceis de entender, quando esta dificuldade deriva de uma insuficiente formação cristã, da qual nenhum fiel deve estar privado, ou de uma insuficiente formação bíblica, que todo pastor de almas deve possuir abundantemente. Algumas vezes, uma leitura difícil torna-se fácil por sua harmonia com outra leitura da mesma missa.

4. *Omissão de alguns versículos*

77. A tradição de algumas liturgias, sem excluir a própria liturgia romana, às vezes costumava omitir alguns versículos das leituras da Escritura. Certamente, deve-se admitir que essas omissões não podem ser feitas com superficialidade, para que não aconteça que fiquem mutilados o sentido do texto ou o espírito e o estilo próprios da Escritura. Contudo, salvando sempre a integridade do sentido no essencial, pareceu conveniente, por motivos pastorais, conservar também nesta ordem a tradição mencio-nada. Do contrário, alguns textos ficariam excessivamente longos, ou haveria a necessidade de omitir totalmente algumas leituras de não pouca importância para os fiéis, porque, ou contêm uns poucos versículos que, do ponto de vista pastoral, são menos proveitosos, ou incluem algumas questões realmente muito difíceis.

3. Princípios a serem aplicados no uso do Elenco das Leituras da Missa

A) Faculdade de escolher alguns textos

78. No *Elenco das Leituras da Missa*, às vezes se concede ao celebrante a faculdade de escolher a leitura de um ou outro texto, ou de escolher um texto entre os diversos propostos ao mesmo tempo para a mesma leitura. Isso raramente acontece nos domingos, solenidades e festas, para que não fique diluída a índole própria de algum tempo litúrgico, ou não se interrompa indevidamente a leitura semicontínua de algum livro; pelo contrário, essa faculdade dá-se com mais facilidade nas celebrações dos santos e nas missas rituais, para as diversas necessidades, votivas e de defuntos.

Essa faculdade, juntamente com outras, indicadas na *Instrução Geral sobre o Missal Romano* e no *Ordo Cantus Missae*[103], têm finalidade pastoral. O sacerdote, portanto, ao organizar a liturgia da palavra, "levará em consideração mais o bem espiritual de toda a assembleia do que as suas preferências pessoais. Além disso, deve ter presente que uma escolha desse tipo deverá ser feita de comum acordo com os que celebram com ele e com os outros que deverão tomar parte na celebração, sem excluir os próprios fiéis na parte que mais diretamente a eles se refere"[104].

1. *As duas leituras antes do Evangelho*

79. Nas missas em que se propõem três leituras é preciso fazer efetivamente três leituras. Não obstante, se a Conferência Episcopal, por motivos pastorais, permitir que em alguma parte se façam somente duas leituras[105], a escolha entre as duas primeiras deve ser feita de modo que não se desvirtue o projeto de instruir plenamente os fiéis sobre o mistério da salvação.* Por isso, a não ser que em algum caso se indique de outro modo, entre as duas primeiras leituras é preciso preferir aquela que esteja mais diretamente relacionada com o Evangelho, ou aquela que, segundo o projeto antes mencionado, seja de mais ajuda para realizar durante algum tempo uma catequese orgânica, ou aquela que facilite a leitura semicontínua de algum livro[106].

2. *Forma longa ou breve*

80. Ao escolher entre as duas formas em que se apresenta um mesmo texto, é preciso guiar-se também por um critério pastoral. Com efeito, às vezes se dá uma forma longa e outra breve do mesmo texto. Nesse caso é preciso atender a que os fiéis possam escutar com proveito a forma mais curta ou a mais extensa, e também à possibilidade de que escutem o texto mais completo, que depois será explicado na homilia.

3. *Duplo texto proposto*

81. Quando se concede a faculdade de escolher entre um ou outro texto já determinado, ou quando se deixa à escolha, será mister atender à utilidade dos que participam.

---

103. Cf. *Instrução Geral sobre o Missal Romano*, n. 36-40; *Ordo cantus Missae* (Tipografia Poliglota Vaticana, 1972), n. 5-9.
104. *Instrução Geral sobre o Missal Romano*, n. 313.
105. *Ibid*, n. 318; Sagrada Congregação para os Sacramentos e Culto Divino: Instrução *Inaestimabile Donum*, de 3 de abril de 1980, n. 1, in AAS 72 (1980), p. 333-334.
* A CNBB (XI *Assembleia Geral - 1970*) decidiu que, por motivos pastorais, podem ser feitas duas leituras apenas na celebração.
106. P. ex.: no tempo da Quaresma, continuam as leituras do Antigo Testamento, propostas de acordo com a evolução da história da salvação; nos domingos do tempo comum é proposta a leitura semicontínua de uma Carta. Nestes casos convém que o Celebrante escolha uma ou outra leitura de maneira sistemática, durante vários domingos seguidos, para garantir uma sequência na catequese; não convém de nenhum modo que se leia, sem obedecer a uma ordem, uma vez o Antigo Testamento, outra vez uma Carta, sem nexo entre os textos que se seguem.

Isso pode acontecer quando se teme que um dos textos escolhidos apresente dificuldades para a assembleia. Nesse caso, deve-se optar pelo texto mais fácil ou mais conveniente para a assembleia reunida. Pode também acontecer que o mesmo texto deva ser proclamado de novo dentro de alguns dias, no domingo ou num dia de semana que seguem imediatamente, de maneira que uma vez ele seja leitura própria e a outra vez seja leitura de livre escolha por motivos pastorais. Nesse caso, deve-se ver se é melhor repetir esse texto ou substituí-lo por outro.

4. *As leituras dos dias de semana ou feriais*

82. Na ordem das leituras dos dias de semana, propõem-se alguns textos para cada dia de cada semana, durante todo o ano; portanto, como norma geral, se tomarão essas leituras nos dias que lhes são assinalados, a não ser que coincida uma solenidade ou uma festa, ou uma memória que tenha leituras próprias.[107]

No *Elenco das Leituras da Missa* para os dias de semana, é preciso ver se durante aquela semana, em razão de alguma celebração que nela coincida, se deverá omitir alguma ou algumas leituras do mesmo livro. Verificando-se este caso, o sacerdote, tendo em vista a distribuição das leituras de toda a semana, deverá prever que partes omitirá, por serem de menor importância, ou a maneira mais conveniente de unir estas às demais, quando são úteis para uma visão de conjunto do assunto de que tratam.

5. *As celebrações dos santos*

83. Para as celebrações dos santos propõem-se, quando elas existem, leituras próprias, isto é, que tratam da mesma pessoa do santo ou do mistério que a missa celebra. Essas leituras, embora se trate de uma memória, devem ser feitas no lugar das leituras correspondentes ao dia de semana. Quando se dá esse caso numa memória, o *Elenco das Leituras da Missa* o indica expressamente em seu lugar.

Às vezes, dá-se o caso de leituras apropriadas, isto é, que sublinham algum aspecto peculiar da vida espiritual ou da atividade do santo. Em tal caso, não parece que se deva impor o uso dessas leituras, a não ser que o motivo pastoral o aconselhe realmente. Geralmente, indicam-se as leituras que existem nos Comuns, para facilitar a escolha. Trata-se apenas de sugestões: em vez da leitura apropriada ou simplesmente proposta, pode-se escolher qualquer outra dos Comuns indicados.

O sacerdote que celebra com participação do povo procurará em primeiro lugar o bem espiritual dos fiéis e evitará impor-lhes as próprias preferências. Procurará de maneira especial não omitir com frequência e sem motivo suficiente as leituras indicadas para cada dia no Lecionário semanal, pois é desejo da Igreja que os fiéis disponham da mesa da palavra de Deus ricamente servida[108].

Há também leituras comuns, isto é, as que figuram nos Comuns para uma determinada categoria de santos (por exemplo, mártires, virgens, pastores) ou para os santos em geral. Como nestes casos se propõem vários textos para uma mesma leitura, cabe ao celebrante escolher o que mais convenha aos ouvintes.

Em todas as celebrações, além dos Comuns aos quais se remete em cada caso, sempre que o aconselhe algum motivo especial, as leituras podem ser escolhidas do Comum dos Santos e Santas.

84. Além disso, nas celebrações dos santos é preciso levar em consideração o seguinte:

---

107. Cf. *Instrução Geral sobre o Missal Romano* n. 319.
108. Cf. *Instrução Geral sobre o Missal Romano*, n. 316, c; Concílio Vaticano II: Constituição sobre a Sagrada Liturgia, *Sacrosanctum Concilium*, n. 51.

a) Nas solenidades e festas devem-se empregar sempre as leituras que se encontram no Próprio ou no Comum; nas celebrações do calendário geral indicam-se sempre leituras próprias.

b) Nas solenidades dos calendários particulares devem propor-se três leituras: a primeira do Antigo Testamento (no Tempo pascal, dos Atos dos Apóstolos ou do ApocalipsE), a segunda, do Apóstolo e a terceira, do Evangelho, a não ser que a Conferência Episcopal tenha determinado que deve haver só duas leituras[109].

c) Nas festas e memórias em que há somente duas leituras, a primeira pode ser escolhida do Antigo Testamento ou do Apóstolo, a segunda, do Evangelho. Todavia, no Tempo pascal, segundo o costume tradicional da Igreja, a primeira leitura deve ser do Apóstolo, a segunda, na medida do possível, do Evangelho de São João.

6. As outras partes do *Elenco das Leituras da Missa*

85. No *Elenco das Leituras da Missa* para as missas rituais, indicam-se os mesmos textos que já foram promulgados nos respectivos Rituais, excetuando, como é natural, os textos pertencentes às celebrações que não se podem juntar com a missa[110].

86. O *Elenco das Leituras da Missa* para diversas necessidades, votivas e de defuntos, apresenta diversidade de textos que podem prestar uma valiosa ajuda para adaptar essas celebrações às características, às circunstâncias e aos problemas das diversas assembleias que delas participam[111].

87. Nas missas rituais, para diversas necessidades, votivas e de defuntos, quando se propõem vários textos para a mesma leitura, a escolha se faz com os mesmos critérios anteriormente descritos para escolher as leituras do Comum dos Santos.

88. Quando alguma missa ritual estiver proibida e, segundo as normas indicadas em cada rito, se permitir tomar uma leitura daquelas propostas para as missas rituais, deve-se atender ao bem comum espiritual dos que participam[112].

B) O SALMO RESPONSORIAL E A ACLAMAÇÃO ANTES DA LEITURA DO EVANGELHO

89. Entre esses cantos tem especial importância o salmo* que segue à primeira leitura. Como norma, deve-se tomar o salmo indicado para a leitura, a não ser que se trate de leituras do Comum dos santos, das missas rituais, para diversas necessidades, votivas ou de defuntos, já que nesses casos a escolha cabe ao sacerdote celebrante, que agirá segundo a utilidade pastoral dos participantes.

Entretanto, para que o povo possa mais facilmente dizer a resposta salmódica, o *Elenco das Leituras da Missa* assinala alguns textos de salmos e de respostas escolhidos para os diversos tempos do ano ou para as diversas categorias de santos, os quais poderão ser empregados em vez do texto que corresponde à leitura, sempre que o salmo for cantado[113].

90. O outro canto, que se faz depois da segunda leitura, antes do Evangelho, é determinado em cada missa e está relacionado com o Evangelho, ou então é deixado à livre escolha entre a série comum de cada tempo litúrgico ou do Comum.

---

109. Cf. *Instrução Geral sobre o Missal Romano*, n. 318.
110. Cf. *Rito da Penitência* "Introdução", n. 13.
111. Cf. *Instrução Geral sobre o Missal Romano*, n. 320.
112. Cf. *ibid*, n. 313.
* As melodias dos Salmos Responsoriais e das Aclamações ao Evangelho encontram-se no "Hinário Litúrgico", volumes 1, 2 e 3. Paulus Editora, São Paulo.
113. Cf. *Elenco das Leituras da Missa*, 2ª edição típica (Tipografia Poliglota Vaticana, 1981), n. 173-174.

91. No tempo da Quaresma pode-se empregar alguma das aclamações propostas mais adiante[114]; ela precede e segue o versículo antes do Evangelho.

CAPÍTULO V

DESCRIÇÃO DO *ELENCO DAS LEITURAS DA MISSA*

92. Para ajudar os pastores de almas a conhecer a estrutura do *Elenco das Leituras da Missa*, para que o usem de forma viva e com proveito dos fiéis, parece oportuno dar dele uma breve descrição, pelo menos no que se refere às principais celebrações e aos diversos tempos do ano litúrgico, em atenção aos quais se escolheram as leituras segundo as normas antes indicadas.

1. Tempo do Advento

A) Domingos

93. As leituras do Evangelho têm uma característica própria: referem-se à vinda do Senhor no final dos tempos (primeiro domingo), a João Batista (segundo e terceiro domingos), aos acontecimentos que prepararam de perto o nascimento do Senhor (quarto domingo).

As leituras do Antigo Testamento são profecias sobre o Messias e o tempo messiânico, tiradas principalmente do livro de Isaías.

As leituras do Apóstolo contêm exortações e ensinamentos relativos às diversas características deste tempo.

B) Dias de semana

94. Há duas séries de leituras, uma desde o princípio até o dia 16 de dezembro, a outra do dia 17 ao 24.

Na primeira parte do Advento lê-se o livro de Isaías, seguindo a ordem do livro, sem excluir aquelas perícopes mais importantes que se leem também aos domingos. Os Evangelhos destes dias estão relacionados com a primeira leitura.

A partir da quinta-feira da segunda semana começam as leituras do Evangelho sobre João Batista; a primeira leitura é uma continuação do livro de Isaías ou um texto relacionado com o Evangelho.

Na última semana antes do Natal, leem-se os acontecimentos que prepararam imediatamente o nascimento do Senhor, tirados do Evangelho de São Mateus (cap. 1) e de São Lucas (cap. 1). Para a primeira leitura foram selecionados alguns textos de diversos livros do Antigo Testamento, levando em consideração o Evangelho do dia; entre eles se encontram alguns vaticínios messiânicos de grande importância.

2. Tempo do Natal

A) Solenidades, festas e domingos

95. Na vigília e nas três missas do Natal, as leituras, tanto proféticas como as demais, foram tiradas da tradição romana.

---

114. Cf. *ibid*, n. 223.

No domingo dentro da oitava do Natal, festa da Sagrada Família, o Evangelho é da infância de Jesus, as outras leituras falam das virtudes da vida doméstica.

Na oitava do Natal e solenidade de Santa Maria, Mãe de Deus, as leituras tratam da Virgem, Mãe de Deus, e da imposição do santíssimo nome de Jesus.

No segundo domingo depois do Natal, as leituras tratam do mistério da Encarnação.

Na Epifania do Senhor, a leitura do Antigo Testamento e o Evangelho conservam a tradição romana; na leitura apostólica, lê-se um texto relativo à vocação dos pagãos à salvação.

Na festa do batismo do Senhor, os textos referem-se a esse mistério.

B) Dias de semana

96. Desde o dia 29 de dezembro, faz-se uma leitura contínua de toda a primeira carta de São João, que já se começou a ler no dia 27 de dezembro, festa do mesmo São João, e no dia seguinte, festa dos santos Inocentes. Os Evangelhos referem-se às manifestações do Senhor. Leem-se os acontecimentos da infância de Jesus, tirados do Evangelho de São Lucas (dias 29 e 30 de dezembro), o primeiro capítulo do Evangelho de São João (31 de dezembro a 5 de janeiro), e as principais manifestações do Senhor, retiradas dos quatro Evangelhos (7 a 12 de janeiro).

3. Tempo da Quaresma

A) Domingos

97. As leituras do Evangelho são distribuídas da seguinte maneira:

No primeiro e segundo domingos conservam-se as narrações das tentações e da transfiguração do Senhor, mas lidas segundo os três sinóticos.

Nos três domingos seguintes foram recuperados, para o ano A, os evangelhos da samaritana, do cego de nascença e da ressurreição de Lázaro; esses, por serem de grande importância em relação à iniciação cristã, podem ser lidos também nos anos B e C, sobretudo quando há catecúmenos.

Todavia, nos anos B e C há também outros textos, a saber: no ano B, alguns textos de São João sobre a futura glorificação de Cristo por sua cruz e ressurreição; no ano C, alguns textos de São Lucas sobre a conversão.

No domingo de Ramos da Paixão do Senhor, foram escolhidos para a procissão os textos que se referem à solene entrada do Senhor em Jerusalém, tirados dos três Evangelhos sinóticos; na missa lê-se o relato da Paixão do Senhor.

As leituras do Antigo Testamento referem-se à história da salvação que é um dos temas próprios da catequese quaresmal. Cada ano há uma série de textos que apresentam os principais elementos dessa história, desde o princípio até a promessa da nova aliança.

As leituras do Apóstolo foram escolhidas de tal forma que tenham relação com as leituras do Evangelho e do Antigo Testamento e haja, na medida do possível, uma adequada conexão entre as mesmas.

B) Dias de semana

98. As leituras do Evangelho e do Antigo Testamento foram escolhidas de modo que tivessem uma relação mútua; elas tratam de diversos temas próprios da catequese quaresmal, em consonância com o significado espiritual desse tempo. Desde a segunda-feira da quarta semana, oferece-se uma leitura semicontínua do Evangelho de São João, na qual se incluem aqueles textos deste Evangelho que melhor correspondem às características da Quaresma.

Como as leituras da samaritana, do cego de nascença e da ressurreição de Lázaro agora se leem aos domingos, mas somente no ano A (e nos outros anos de maneira opcional), previu-se que possam ser lidas, também nos dias de semana; por isso, no começo da terceira, quarta e quinta semanas, acrescentaram-se algumas "missas opcionais" que contêm esses textos; essas missas podem ser empregadas em qualquer dia da semana correspondente, em lugar das leituras do dia.

Nos primeiros dias da Semana Santa, as leituras consideram o mistério da paixão. Na missa do Crisma, as leituras sublinham a função messiânica de Cristo e sua continuação na Igreja, por meio dos sacramentos.

4. Tríduo sacro e Tempo pascal

A) Sacro tríduo pascal

99. Na quinta-feira santa, na missa vespertina, a recordação do banquete que precedeu o êxodo ilumina, de maneira especial, o exemplo de Cristo ao lavar os pés dos discípulos e as palavras de Paulo sobre a instituição da Páscoa cristã na Eucaristia.

A ação litúrgica da sexta-feira santa chega ao seu momento culminante no relato segundo São João da paixão daquele que, como o Servo do Senhor, anunciado no livro de Isaías, tornou-se realmente o único sacerdote a oferecer-se a si mesmo ao Pai.

Na vigília pascal da noite santa, propõem-se sete leituras do Antigo Testamento, que lembram as maravilhas de Deus na história da salvação, e duas do Novo, a saber, o anúncio da ressurreição, segundo os três evangelhos sinóticos, e a leitura apostólica sobre o batismo cristão como sacramento da ressurreição de Cristo.

Para a missa do dia da Páscoa propõe-se a leitura do Evangelho de São João sobre o encontro do sepulcro vazio. Podem-se ler também, caso se prefiram, os textos dos evangelhos propostos para a noite santa, ou, quando houver missa vespertina, a narração de Lucas sobre a aparição aos discípulos que iam para Emaús. A primeira leitura é retirada dos Atos dos Apóstolos, que se leem durante o Tempo pascal, em vez da leitura do Antigo Testamento. A leitura do Apóstolo refere-se ao mistério da Páscoa vivido na Igreja.

B) Domingos

100. Até o terceiro domingo da Páscoa, as leituras do Evangelho relatam as aparições de Cristo ressuscitado. As leituras do bom Pastor são proclamadas no quarto domingo da Páscoa. No quinto, sexto e sétimo domingos da Páscoa leem-se passagens escolhidas do discurso e da oração do Senhor depois da última ceia.

A primeira leitura é tirada dos Atos dos Apóstolos, no ciclo dos três anos, de modo paralelo e progressivo; dessa forma, em cada ano oferecem-se algumas manifestações da vida, testemunho e progresso da Igreja primitiva.

Para a leitura apostólica, no ano A, lê-se a primeira carta de São Pedro; no ano B, a primeira carta de São João, e no ano C, o Apocalipse; esses textos estão de acordo com o espírito de uma fé alegre e uma firme esperança, próprios desse tempo.

C) Dias de semana

101. A primeira leitura é tirada dos Atos dos Apóstolos, como nos domingos, de modo semicontínuo. No Evangelho, dentro da oitava da Páscoa, leem-se os relatos das aparições do Senhor. Depois, faz-se uma leitura semicontínua do Evangelho de São João, do qual se tiram, agora, os textos de cunho pascal, para completar assim a leitura já começada no tempo da Quaresma. Nesta leitura pascal ocupam uma grande parte o discurso e a oração do Senhor depois da ceia.

D) Solenidades da ascensão e pentecostes

102. A solenidade da Ascensão conserva como primeira leitura a narração do evento segundo os Atos dos Apóstolos, e esse texto é completado pelas leituras apostólicas acerca do Cristo elevado à direita do Pai. Na leitura do Evangelho cada ciclo apresenta o texto próprio segundo as variantes de cada evangelista.

Na missa que se celebra na tarde da vigília de Pentecostes oferecem-se quatro textos do Antigo Testamento, para que se escolha um deles, que ilustram o múltiplo significado da solenidade. A leitura apostólica explica como o Espírito realiza a sua função na Igreja. Finalmente, a leitura evangélica recorda a promessa do Espírito feita por Cristo, quando ainda não havia sido glorificado. Na missa do dia, toma-se como primeira leitura a narração que nos fazem os Atos dos Apóstolos do grande acontecimento de Pentecostes, ao passo que os textos do Apóstolo manifestam os efeitos da atuação do Espírito na vida da Igreja. A leitura evangélica traz à memória como Jesus, na tarde do dia da Páscoa, torna os discípulos participantes do Espírito, ao passo que os outros textos opcionais tratam da ação do Espírito nos discípulos e na Igreja.

5. Tempo comum

A) Distribuição e seleção dos textos

103. O Tempo comum começa na segunda-feira que segue o domingo depois do dia 6 de janeiro e termina na terça-feira antes da Quaresma, inclusive; recomeça na segunda-feira depois do domingo de Pentecostes e termina antes das primeiras Vésperas do primeiro domingo do Advento.

O Elenco das Leituras da Missa contém leituras para os 34 domingos e as semanas que os seguem. Às vezes, porém, as semanas do Tempo comum são apenas 33. Além disso, alguns domingos ou pertencem a outro tempo litúrgico (o domingo em que se celebra o Batismo do Senhor e o domingo de Pentecostes), ou ficam impedidos por uma solenidade que coincide com eles (por exemplo: a Santíssima Trindade, Jesus Cristo Rei do Universo).

104. Para ordenar corretamente o uso das leituras estabelecidas para o Tempo comum, deve-se observar o seguinte:

1) O domingo em que se celebra a festa do Batismo do Senhor ocupa o lugar do 1º domingo do Tempo comum; portanto, as leituras da Semana I começam na segunda-feira depois do domingo após o dia 6 de janeiro. Se a festa do Batismo do Senhor se celebra na segunda-feira depois do domingo em que se celebrou a Epifania, as leituras da Semana I começam na terça-feira.

2) O domingo que segue a festa do Batismo do Senhor é o 2º do Tempo comum. Os outros numeram-se em ordem progressiva, até o domingo que precede o início da Quaresma. As leituras da semana em que ocorre a Quarta-feira de Cinzas interrompem-se depois do dia que precede essa quarta-feira.

3) Ao recomeçar as leituras do Tempo comum depois do domingo de Pentecostes, é preciso levar em consideração o seguinte:

— Se os domingos do Tempo comum são 34, toma-se a semana que segue imediatamente à semana cujas leituras foram lidas em último lugar antes da Quaresma[115].

---

115. Assim, por exemplo, quando forem seis semanas antes da Quaresma, na segunda-feira depois de Pentecostes começa a sétima semana. A solenidade da Santíssima Trindade ocupa o lugar de um domingo do Tempo comum.

— Se os domingos do Tempo comum são 33, omite-se a primeira semana que se deveria tomar depois de Pentecostes, para conservar assim, no final do ano litúrgico, os textos escatológicos assinalados para as duas últimas semanas[116].

B) Leituras para os domingos

105. 1) *Leituras do Evangelho*

O 2º domingo do Tempo comum ainda se refere à manifestação do Senhor, celebrada na solenidade da Epifania, pela perícope tradicional das bodas de Caná e outras duas, também elas tiradas do Evangelho de São João.

A partir do 3º domingo começa a leitura semicontínua dos três evangelhos sinóticos; esta leitura se ordena de tal forma que apresenta a doutrina própria de cada Evangelho, à medida que se vai desenrolando a vida e a pregação do Senhor.

Além disso, graças a essa distribuição, consegue-se uma certa harmonia entre o sentido de cada Evangelho e a evolução do ano litúrgico. Com efeito, depois da Epifania leem-se os começos da pregação do Senhor, que têm uma estreita relação com o batismo e as primeiras manifestações de Cristo. No final do ano litúrgico chega-se espontaneamente ao tema escatológico, próprio dos últimos domingos, já que os capítulos do Evangelho que precedem o relato da paixão tratam deste tema, de maneira mais ou menos ampla.

No ano B intercalam-se, depois do 16º domingo, cinco leituras do capítulo 6 do Evangelho de São João (o "discurso sobre o pão da vida"); esta intercalação faz-se de modo conatural, já que a multiplicação dos pães no Evangelho de São João substitui a mesma narração segundo São Marcos. Na leitura semicontínua de São Lucas do ano C antepõe-se ao primeiro texto (isto é, o 3º domingo) o prólogo do Evangelho em que se explica a intenção do autor, e para o qual não se encontrava um espaço adequado em outro lugar.

106. 2) *Leituras do Antigo Testamento*

Estas leituras foram selecionadas em relação às perícopes evangélicas, com o fim de evitar uma excessiva diversidade entre as leituras de cada missa e sobretudo para evidenciar a unidade de ambos os Testamentos. A relação entre as leituras da missa torna-se evidente através da cuidadosa escolha dos títulos que se encontram no princípio de cada leitura.

Ao selecionar as leituras procurou-se, na medida do possível, fazer que fossem breves e fáceis. Mas previu-se, também, que nos domingos fosse lido o maior número possível dos textos mais importantes do Antigo Testamento. Estes textos foram distribuídos sem uma ordem lógica, atendendo apenas à sua relação com o Evangelho; todavia, o tesouro da palavra de Deus ficará de tal forma aberto que todos os que participam da missa dominical conhecerão quase todas as passagens mais importantes do Antigo Testamento.

107. 3) *Leituras do Apóstolo*

Para esta segunda leitura propõe-se uma leitura semicontínua das cartas de São Paulo e de São Tiago (as cartas de São Pedro e de São João são lidas no Tempo pascal e no Tempo do Natal).

A primeira Carta aos Coríntios, por ser muito longa e tratar de diversos temas, foi distribuída nos três anos do ciclo, no princípio deste Tempo comum. Também pareceu

---

116. Quando as semanas antes da Quaresma forem, por exemplo, cinco, omite-se a sexta e, na segunda-feira depois de Pentecostes, começa a sétima semana.

oportuno dividir a Carta aos Hebreus em duas partes, a primeira das quais se lê no ano B, e a outra no ano C.

Convém advertir que foram escolhidas somente leituras bastante breves e não muito difíceis para a compreensão dos fiéis.

A Tabela II que se encontra mais adiante[117] indica a distribuição das Cartas nos domingos do Tempo comum para os três anos do ciclo.

C) Leituras para as solenidades do senhor no Tempo comum

108. Para as solenidades da Santíssima Trindade, do Santíssimo Sacramento do Corpo e do Sangue de Cristo e do Sagrado Coração de Jesus escolheram-se alguns textos que correspondem às principais características dessas celebrações.

As leituras do 34º e último domingo celebram Jesus Cristo, Rei do Universo, esboçado na figura de Davi, proclamado no meio das humilhações da paixão e da cruz, reinante na Igreja, e que deve voltar no fim dos tempos.

D) Leituras para os dias de semana

109. 1) Os Evangelhos ordenam-se de tal modo que em primeiro lugar se lê o de São Marcos (semanas 1ª-9ª), depois o de São Mateus (semanas 10ª-21ª), finalmente o de São Lucas (semanas 22ª-34ª). Os capítulos 1-12 de São Marcos leem-se integralmente, excetuando-se apenas duas perícopes do capítulo 6 que se leem nos dias de semana de outros tempos. De São Mateus e São Lucas lê-se tudo aquilo que não se encontra em São Marcos. Aqueles versículos que no Evangelho têm uma índole totalmente própria ou que são necessários para entender adequadamente a continuidade do Evangelho leem-se duas ou até três vezes. O discurso escatológico lê-se integralmente em São Lucas, e desse modo essa leitura coincide com o final do ano litúrgico.

110. 2) Na primeira leitura vão se alternando os dois Testamentos, várias semanas cada um, segundo a extensão dos livros que se leem.

Dos livros do Novo Testamento lê-se uma parte bastante notável, procurando dar uma visão substancial de cada uma das Cartas.

Quanto ao Antigo Testamento, não era possível oferecer mais do que aquelas passagens escolhidas que, na medida do possível, dessem a conhecer a índole própria de cada livro. Os textos históricos foram selecionados de modo que deem uma visão de conjunto da história da salvação antes da encarnação do Senhor. Era praticamente impossível colocar os relatos muito extensos: em alguns casos foram selecionados alguns versículos, com a finalidade de abreviar a leitura. Além disso, algumas vezes se ilumina o significado religioso dos fatos históricos por meio de alguns textos tirados dos livros sapienciais, que se acrescentam em forma de proêmio ou de conclusão, a uma determinada série histórica.

No Elenco das Leituras da Missa para os dias de semana do Próprio do Tempo entram quase todos os livros do Antigo Testamento. Omitiram-se unicamente alguns livros proféticos muito breves (Abdias, Sofonias) e um livro poético (o Cântico dos Cânticos). Entre aquelas narrações escritas com uma finalidade exemplar, que exigem uma leitura bastante extensa para que se entendam, leem-se os livros de Tobias e de Rute; os outros são omitidos (Ester, JuditE). Não obstante, encontram-se alguns textos destes livros nos domingos e nos dias de semana de outros tempos.

A tabela III, que figura mais adiante[118], indica a distribuição em dois anos dos livros de ambos os Testamentos nos dias de semana do Tempo comum.

No final do ano litúrgico leem-se os livros que estão em consonância com a índole escatológica deste tempo, a saber, Daniel e o Apocalipse.

---

117. Cf., abaixo, Tabela II, p. 46.

CAPÍTULO VI

ADAPTAÇÕES, TRADUÇÕES PARA A LÍNGUA VERNÁCULA E INDICAÇÕES DO *ELENCO DAS LEITURAS DA MISSA*

1. Adaptações e traduções

111. Na assembleia litúrgica, a palavra de Deus deve ser proclamada sempre, ou com os textos latinos preparados pela Santa Sé ou com as traduções em língua vernácula aprovadas para o uso litúrgico pelas Conferências Episcopais, segundo as normas vigentes[119].

112. O Lecionário da missa deve ser traduzido integramente, sem excetuar a *Introdução*, em todas as suas partes. Se a Conferência Episcopal considerar necessário e oportuno introduzir algumas acomodações, estas devem obter antes a confirmação da Santa Sé[120].

113. Devido ao tamanho do Lecionário, as edições dele constarão necessariamente de vários volumes, acerca dos quais não se prescreve nenhum gênero de divisão. Cada volume deverá incluir os textos em que se explica a estrutura e a finalidade da parte correspondente.

Recomenda-se o antigo costume de editar separadamente o livro dos Evangelhos e das outras leituras do Antigo e do Novo Testamento.

Mas, caso se julgue conveniente, poder-se-á editar separadamente o Lecionário dominical — no qual se poderá incluir uma seleção do santoral — e o Lecionário ferial. O dominical poderá ser dividido acertadamente segundo o ciclo dos três anos, de modo que em cada ano se tenha tudo em sequência.

Onde se encontrar alguma distribuição que pareça mais apta para o uso pastoral, há liberdade para pô-la em prática.

114. Juntamente com as leituras devem colocar-se sempre os textos dos cantos; mas é permitido fazer livros que contenham somente os cantos. Recomenda-se que se imprima o texto dividido em estrofes.

115. Sempre que a leitura conste de partes diversas, essa estrutura do texto deverá manifestar-se claramente na disposição tipográfica. Recomenda-se também que os textos, inclusive os não poéticos, se imprimam em forma de verso, para facilitar a proclamação das leituras.

116. Quando uma mesma leitura apresenta as formas longa e breve, convém colocá-las separadamente, para que se possa ler com facilidade uma e outra; mas se essa separação não parecer oportuna, deve-se encontrar a maneira mais conveniente para que um e outro texto possam ser proclamados sem erro.

---

118. Cf., abaixo, Tabela III, p. 47.
119. Cf. Conselho para a Execução da Constituição sobre a Sagrada Liturgia: Instr. *De popularibus Interpretationibus conficiendis*, de 25 de janeiro de 1969. Notitiae 5 (1969), p. 3-12; *Declaratio circa interpretationes textuum liturgicorum "ad interim" paratas!* Notitiae 5 (1969), p. 69; Sagrada Congregação para o Culto Divino: *Declaratio de interpretatione textuum liturgicorum:* Notitiae 5 (1969), p. 333-334 (cf. também *Responsiones ad dubia*, in Notitiae 9 (1973), p. 153-154); *De unica interpretatione textuum liturgicorum:* Notitiae 6 (1970). p. 84-85; Sagrada Congregação para os sacramentos e o Culto Divino: *Epistula ad Praesides Conferentiarum Episcopalium de linguis vulgaribus in S. Liturgiam inducendis:* Notitiae 12 (1976), p. 300-302.
120. Cf. Sagrada Congregação para o Culto Divino: Instrução *Liturgicae instaurationes*, de 5 de setembro de 1970, n. 11, in AAS 62 (1970), p. 702-703; *Instrução Geral sobre o Missal Romano*, n. 325.

117. Nas traduções em línguas vernáculas não se deve omitir o título que precede o texto. A esse texto pode-se acrescentar, caso se julgue oportuno, uma admoestação que explique o sentido geral da perícope, com algum sinal adequado ou com caracteres tipográficos distintos, para que se veja claramente que se trata de um texto opcional[121].

118. Em cada volume se acrescentará, oportunamente, um índice bíblico das perícopes, como se encontra no *Elenco das Leituras da Missa*[122], para que se possam encontrar com facilidade nos Lecionários da missa os textos necessários ou úteis para determinadas ocasiões.

2. Indicações para cada leitura em particular

Propõe-se para cada leitura a indicação do texto, do título e as palavras iniciais, com relação aos quais deve-se observar o seguinte:

A) INDICAÇÃO DO TEXTO

119. A indicação do texto (isto é, do capítulo e dos versículos) dá-se sempre segundo a edição da nova Vulgata, excetuando os salmos[123]; às vezes se acrescenta uma indicação ao texto original (hebraico, aramaico ou grego), sempre que houver discrepância. Nas traduções em língua vernácula, de conformidade com o que decretar a autoridade competente em cada língua, pode-se seguir a numeração que corresponde à versão aprovada pela mesma autoridade para o uso litúrgico. Mas convém que haja sempre uma cuidadosa indicação dos capítulos e versículos, que se colocará também dentro do próprio texto à margem dele, quando isso se julgar oportuno.

120. Daí se segue que nos livros litúrgicos deve haver a "indicação" do texto, que se deve ler na celebração, e que não se coloca no *Elenco das Leituras da Missa*. Essa indicação se fará segundo as seguintes normas que podem ser modificadas por decisão das autoridades competentes, segundo os costumes e conveniências de cada lugar ou de cada língua:

121. 1) Dir-se-á sempre "Leitura do livro..." ou "Leitura da Carta", ou "Proclamação do santo Evangelho", e não "Princípio" (a não ser que em alguns casos especiais pareça oportuno), ou "Continuação".

122. 2) Conservar-se-á o uso tradicional quanto ao nome dos livros, excetuando os seguintes casos:
 a) Quando houver dois livros do mesmo nome se dirá "primeiro livro" e "segundo livro" (por exemplo, dos Reis, dos Macabeus) ou então "primeira Carta", "segunda Carta".
 b) Empregar-se-á o nome mais usado na atualidade nos seguintes livros:
  "1º e 2º livro de Samuel", em vez de 1º e 2º livro dos Reis;
  "1º e 2º livro dos Reis", em vez de 3º e 4º livro dos Reis;
  "1º e 2º livro das Crônicas", em vez de 1º e 2º livro dos Paralipômenos;
  "Livros de Esdras e Neemias", em vez de 1º e 2º livro de Esdras.
 c) É preciso distinguir entre si os livros sapienciais, com os seguintes nomes: Livro de Jó, dos Provérbios, do Eclesiastes ou Coelet, do Cântico dos Cânticos, da Sabedoria, do Eclesiástico ou Sirac.

---

121. Cf. *Instrução Geral sobre o Missal Romano*, n. 11, 29, 68a, 139.
122. Cf. *Elenco das Leituras da Missa*, 2ª edição típica (Tipografia Poliglota Vaticana, 1981) p. 453-458.
123. O número dos salmos é indicado na ordem que se encontra no livro dos Salmos que a Pontifícia Comissão para a Nova Vulgata editou no ano de 1969 na Tipografia Poliglota Vaticana.

d) Quanto aos livros que na nova Vulgata figuram entre os profetas, se dirá: "Leitura do Livro de Isaías, de Jeremias, de Baruc", e "Leitura da Profecia de Ezequiel, Daniel, Oseias... de Malaquias", inclusive naqueles livros que alguns consideram não verdadeiramente proféticos.

e) Dir-se-á "Lamentações" e "Carta aos Hebreus", sem mencionar Jeremias nem Paulo.

B) Título

123. Cada texto traz um título cuidadosamente estudado (formado quase sempre com palavras do mesmo texto), em que se indica o tema principal da leitura e, quando for necessário, a relação entre as leituras da missa.

C) As palavras iniciais

124. As palavras iniciais são como de costume: "Naquele tempo", "Naqueles dias", "Irmãos", "Caríssimos", "Diz o Senhor". Omitem-se, quando no texto houver uma suficiente indicação de tempo ou de pessoas, ou quando pela própria natureza do texto essas palavras não forem oportunas. Nas traduções em línguas vernáculas, essas fórmulas poderão ser mudadas ou omitidas, por decisão das autoridades competentes.

Depois dessas palavras, vem o começo da leitura propriamente dito, tirando ou acrescentando algumas palavras segundo for necessário para entender o texto separado de seu contexto. No Elenco das Leituras da Missa dão-se as convenientes indicações, quando o texto consta de versículos descontínuos, se isso obrigar a introduzir alguma mudança no texto.

D) Aclamação final

125. No final das leituras, para facilitar a aclamação do povo, convém colocar as palavras que o leitor pronuncia: "Palavra do Senhor", ou outras do mesmo teor, segundo os costumes de cada lugar.

Tabela I

TABELA DOS TEMPOS
e das principais festas móveis do ano litúrgico

Ano do Senhor	Ciclo Anual	Ciclo Ferial	Quarta-feira de Cinzas	Páscoa	Ascensão (no Brasil)	Pentecostes	Semanas do Tempo Comum					Primeiro domingo do Advento
							Antes da Quaresma		Depois do Tempo Pascal			
							Até o dia	Até a semana	Do dia	Da semana		
2008*	f e	A – B	5 fev.	23 março	4 maio	11 maio	4 fev.	4	12 maio	6		30 nov.
2009	d	B – C	25 fev.	12 abril	24 maio	31 maio	24 fev.	7	1 jun.	9		29 nov.
2010	c	C – A	17 fev.	4 abril	16 maio	23 maio	16 fev.	6	24 maio	8		28 nov.
2011	b	A – B	9 março	24 abril	5 jun.	12 jun.	8 março	9	13 jun.	11		27 nov.
2012*	A g	B – C	26 fev.	8 abril	20 maio	27 maio	20 fev.	7	28 maio	8		2 dez.
2013	f	C – A	13 fev.	31 março	12 maio	9 maio	12 fev.	5	20 maio	7		1 dez.
2014	e	A – B	5 março	20 abril	1 jun.	8 jun.	4 março	8	9 jun.	10		30 nov.
2015	d	B – C	18 fev.	5 abril	17 maio	24 maio	17 fev.	6	25 maio	8		29 nov.
2016*	c b	C – A	9 fev.	27 março	8 maio	15 maio	8 fev.	5	16 maio	7		27 nov.
2017	A	A – B	1 março	16 abril	28 maio	4 jun.	28 fev.	8	5 jun.	9		3 dez.
2018	g	B – C	14 fev.	1 abril	13 maio	20 maio	13 fev.	6	21 maio	7		2 dez.
2019	f	C – A	6 março	21 abril	2 jun.	9 jun.	5 março	8	10 jun.	10		1 dez.
2020*	e d	A – B	25 fev.	12 abril	24 maio	31 maio	24 fev.	7	1 jun.	9		29 nov.
2021	c	B – C	17 fev.	4 abril	16 maio	23 maio	16 fev.	6	24 maio	8		28 nov.
2022	b	C – A	2 março	17 abril	29 maio	5 jun.	1 março	8	6 jun.	10		27 nov.
2023	A	A – B	22 fev.	9 abril	21 maio	28 maio	21 fev.	7	29 maio	8		3 dez.

* Ano bissexto.

Tabela II

Ordem da segunda leitura dos domingos do Tempo comum

DOMINGO	ANO A	ANO B	ANO C
2	1ª Coríntios 1-4	1ª Coríntios 6-11	1ª Coríntios 12-15
3	"	"	"
4	"	"	"
5	"	"	"
6	"	"	"
7	"	2ª Coríntios	"
8	"	"	"
9	Romanos	"	Gálatas
10	"	"	"
11	"	"	"
12	"	"	"
13	"	"	"
14	"	"	"
15	"	Efésios	Colossenses
16	"	"	"
17	"	"	"
18	"	"	"
19	"	"	Hebreus 11-12
20	"	"	"
21	"	"	"
22	"	Tiago	"
23	"	"	Filêmon
24	"	"	1ª Timóteo
25	Filipenses	"	"
26	"	"	"
27	"	Hebreus 2-10	2ª Timóteo
28	"	"	"
29	1ª Tessalonicenses	"	"
30	"	"	"
31	"	"	2ª Tessalonicenses
32	"	"	"
33	"	"	"

Tabela III

Ordem da primeira leitura nos dias de semana do Tempo comum

SEMANA	ANO I	ANO II
1	Hebreus	1º Samuel
2	"	"
3	"	2º Samuel
4	"	2º Samuel; 1º Reis 1-16
5	Gênesis 1-11	1º Reis 1-16
6	"	Tiago
7	Eclesiástico	"
8	"	1ª Pedro; Judas
9	Tobias	2ª Pedro; 2ª Timóteo
10	2ª Coríntios	1º Reis 17-22
11	"	1º Reis 17-22; 2º Reis
12	Gênesis 12-50	2º Reis; Lamentações
13	"	Amós
14	"	Oseias; Isaías
15	Êxodo	Isaías; Miqueias
16	"	Miqueias; Jeremias
17	Êxodo, Levítico	Jeremias
18	Números, Deuteronômio	Jeremias, Naum; Habacuc
19	Deuteronômio; Josué	Ezequiel
20	Juízes, Rute	"
21	1ª Tessalonicenses	2ª Tessalonic.; 1ª Coríntios
22	1ª Tessalonic.; Colossenses	1ª Coríntios
23	Colossenses; 1ª Timóteo	"
24	1ª Timóteo	"
25	Esdras; Ageu, Zacarias	Provérbios, Eclesiastes
26	Zacarias; Neemias; Baruc	Jó
27	Jonas, Malaquias, Joel	Gálatas
28	Romanos	Gálatas; Efésios
29	"	Efésios
30	"	"
31	"	Efésios; Filipenses
32	Sabedoria	Tito, Filêmon; 2ª e 3ª João
33	1º e 2º Macabeus	Apocalipse
34	Daniel	"

ABREVIATURAS DOS LIVROS DA BÍBLIA

Ab	Abdias	Jr	Jeremias
Ag	Ageu	Js	Josué
Am	Amós	Jt	Judite
Ap	Apocalipse	Jz	Juízes
At	Atos dos Apóstolos		
		Lc	Evangelho de Lucas
Br	Baruc	Lm	Lamentações
		Lv	Levítico
Cl	Colossenses		
1Cor	1ª Coríntios	Mc	Evangelho de Marcos
2Cor	2ª Coríntios	1Mc	1º Macabeus
1Cr	1º Crônicas	2Mc	2º Macabeus
2Cr	2º Crônicas	Mq	Miqueias
Ct	Cântico dos Cânticos	Ml	Malaquias
		Mt	Evangelho de Mateus
Dn	Daniel		
Dt	Deuteronômio	Na	Naum
		Ne	Neemias
Ecl	Eclesiastes	Nm	Números
Eclo	Eclesiástico		
Ef	Efésios	Os	Oseias
Esd	Esdras		
Est	Ester	1Pd	1ª Pedro
Ex	Êxodo	2Pd	2ª Pedro
Ez	Ezequiel	Pr	Provérbios
Fl	Filipenses	Rm	Romanos
Fm	Filêmon	1Rs	1º Reis
		2Rs	2º Reis
Gl	Gálatas	Rt	Rute
Gn	Gênesis		
		Sb	Sabedoria
Hab	Habacuc	Sf	Sofonias
Hb	Hebreus	Sl	Salmos
		1Sm	1º Samuel
Is	Isaías	2Sm	2º Samuel
		Tb	Tobias
Jd	Judas	Tg	Tiago
Jl	Joel	1Tm	1ª Timóteo
Jn	Jonas	2Tm	2ª Timóteo
Jó	Jó	1Ts	1ª Tessalonicenses
Jo	Evangelho de João	2Ts	2ª Tessalonicenses
1Jo	1ª de São João	Tt	Tito
2Jo	2ª de São João		
3Jo	3ª de São João	Zc	Zacarias

LECIONÁRIO DOMINICAL

ANO A

TEMPO DO ADVENTO

1º DOMINGO DO ADVENTO

PRIMEIRA LEITURA

*O Senhor reúne todas as nações
para a paz eterna do Reino.*

Leitura do Livro do Profeta Isaías   2,1-5

¹ Visão de Isaías, filho de Amós,
sobre Judá e Jerusalém.
² Acontecerá, nos últimos tempos,
que o monte da casa do Senhor
estará firmemente estabelecido
no ponto mais alto das montanhas
e dominará as colinas.
A ele acorrerão todas as nações,
³ para lá irão numerosos povos e dirão:
"Vamos subir ao monte do Senhor,
à casa do Deus de Jacó,
para que ele nos mostre seus caminhos
e nos ensine a cumprir seus preceitos";
porque de Sião provém a lei
e de Jerusalém, a palavra do Senhor.
⁴ Ele há de julgar as nações
e arguir numerosos povos;
estes transformarão suas espadas em arados
e suas lanças em foices:
não pegarão em armas uns contra os outros
e não mais travarão combate.
⁵ Vinde, todos da casa de Jacó,
e deixemo-nos guiar pela luz do Senhor.

Palavra do Senhor.

Salmo responsorial   Sl 121(122),1-2.4-5.6-7.8-9 (℟. cf. 1)

℟. Que ale**gri**a, quando me di**ss**eram: "Vamos à **ca**sa Se**nhor**!"

¹ Que ale**gri**a, quando ou**vi** que me di**ss**eram: *
"Vamos à **ca**sa do Se**nhor**!"

² E a**go**ra nossos **pés** já se de**têm**, *
Jerusal**ém**, em tuas **por**tas.   ℟.

⁴ Para **lá** sobem as **tri**bos de Isra**el**, *
as tribos do Se**nhor**.
Para lou**var**, segundo a **lei** de Israel, *
o **no**me do Se**nhor**.
⁵ A **se**de da justiça lá está *
e o **tro**no de Da**vi**.   ℟.

⁶ Ro**gai** que viva em **paz** Jerusa**lém**, *
e em segurança os que te **a**mam!
⁷ Que a **paz** habite **den**tro de teus **mu**ros, *
tranquili**da**de em teus pa**lá**cios!   ℟.

⁸ Por a**mor** a meus ir**mãos** e meus a**mi**gos, *
peço: "A paz esteja em **ti**!"
⁹ Pelo a**mor** que tenho à **ca**sa do Se**nhor**, *
eu te de**se**jo todo **bem**!   ℟.

SEGUNDA LEITURA

A salvação está mais perto de nós.

Leitura da Carta de São Paulo aos Romanos   13,11-14a

Irmãos:
¹¹ Vós sabeis em que tempo estamos,
pois já é hora de despertar.
Com efeito, agora a salvação está mais perto de nós
do que quando abraçamos a fé.
¹² A noite já vai adiantada,
o dia vem chegando:
despojemo-nos das ações das trevas
e vistamos as armas da luz.
¹³ Procedamos honestamente, como em pleno dia:
nada de glutonerias e bebedeiras,
nem de orgias sexuais e imoralidades,
nem de brigas e rivalidades.
¹⁴ᵃ Pelo contrário, revesti-vos do Senhor Jesus Cristo.

Palavra do Senhor.

Aclamação ao Evangelho   Sl 84,8

℟. Aleluia, Aleluia, Aleluia.
℣. Mostrai-nos, ó Senhor, vossa bondade
e a vossa salvação nos concedei!   ℟.

EVANGELHO

Ficai atentos e preparados!

✠ **Proclamação do Evangelho de Jesus Cristo segundo Mateus   24,37-44**

Naquele tempo, Jesus disse aos seus discípulos:
37 "A vinda do Filho do Homem será como no tempo de Noé.
38 Pois nos dias, antes do dilúvio, todos comiam e bebiam,
casavam-se e davam-se em casamento,
até o dia em que Noé entrou na arca.
39 E eles nada perceberam
até que veio o dilúvio e arrastou a todos.
Assim acontecerá também na vinda do Filho do Homem.
40 Dois homens estarão trabalhando no campo:
um será levado e o outro será deixado.
41 Duas mulheres estarão moendo no moinho:
uma será levada e a outra será deixada.
42 Portanto, ficai atentos!
porque não sabeis em que dia virá o Senhor.
43 Compreendei bem isso: se o dono da casa
soubesse a que horas viria o ladrão,
certamente vigiaria e não deixaria
que a sua casa fosse arrombada.
44 Por isso, também vós ficai preparados!
Porque na hora em que menos pensais,
o Filho do Homem virá".

Palavra da Salvação.

2º DOMINGO DO ADVENTO

PRIMEIRA LEITURA

Julgará os humildes com justiça.

Leitura do Livro do Profeta Isaías   11,1-10

Naqueles dias,
1 Nascerá uma haste do tronco de Jessé
e, a partir da raiz, surgirá o rebento de uma flor;
2 sobre ele repousará o espírito do Senhor:
espírito de sabedoria e discernimento,
espírito de conselho e fortaleza,
espírito de ciência e temor de Deus;
3 no temor do Senhor encontra ele seu prazer.
Ele não julgará pelas aparências que vê
nem decidirá somente por ouvir dizer;
4 mas trará justiça para os humildes
e uma ordem justa para os homens pacíficos;
fustigará a terra com a força da sua palavra
e destruirá o mau com o sopro dos lábios.
5 Cingirá a cintura com a correia da justiça
e as costas com a faixa da fidelidade.
6 O lobo e o cordeiro viverão juntos
e o leopardo deitar-se-á ao lado do cabrito;
o bezerro e o leão comerão juntos
e até mesmo uma criança poderá tangê-los.
7 A vaca e o urso pastarão lado a lado,
enquanto suas crias descansam juntas;
o leão comerá palha como o boi;
8 a criança de peito vai brincar
em cima do buraco da cobra venenosa;
e o menino desmamado
não temerá pôr a mão na toca da serpente.
9 Não haverá danos nem mortes
por todo o meu santo monte:
a terra estará tão repleta do saber do Senhor
quanto as águas que cobrem o mar.
10 Naquele dia, a raiz de Jessé
se erguerá como um sinal entre os povos;
hão de buscá-la as nações, e gloriosa será a sua morada.
Palavra do Senhor.

Salmo responsorial   Sl 71(72),1-2.7-8.12-13.17 (℟. cf. 7)

℟. Nos seus **di**as a justiça florirá.

1. Dai ao **Rei** vossos po**der**es, Senhor **Deus**, *
vossa justiça ao descen**den**te da realeza!
2. Com justiça ele go**ver**ne o vosso **povo**, *
com equi**dad**e ele **jul**gue os vossos **po**bres.   ℟.

7. Nos seus **di**as a justiça florirá *
e grande **paz**, até que a **lu**a perca o **bri**lho!
8. De mar a **mar** estende**rá** o seu domínio, *
e desde o **ri**o até os con**fins** de toda a **ter**ra!   ℟.

12. Liberta**rá** o indi**gen**te que su**pli**ca, *
e o **po**bre ao qual nin**guém** quer aju**dar**.
13. Terá **pe**na do indi**gen**te e do infe**liz**, *
e a **vi**da dos hu**mil**des salvará.   ℟.

17. Seja ben**di**to o seu **no**me para **sem**pre! *
E que **du**re como o **sol** sua memória!
Todos os **po**vos serão **ne**le abençoados, *
todas as **gen**tes canta**rão** o seu louvor!   ℟.

SEGUNDA LEITURA

Cristo salva toda a humanidade.

Leitura da Carta de São Paulo aos Romanos   15,4-9

Irmãos:
4. Tudo o que outrora foi escrito,
foi escrito para nossa instrução,
para que, pela nossa constância
e pelo conforto espiritual das Escrituras,
tenhamos firme esperança.
5. O Deus que dá constância e conforto
vos dê a graça da harmonia e concórdia,
uns com os outros, como ensina Cristo Jesus.
6. Assim, tendo como que um só coração e a uma só voz,
glorificareis o Deus
e Pai do Senhor nosso, Jesus Cristo.

⁷ Por isso, acolhei-vos uns aos outros,
  como também Cristo vos acolheu, para a glória de Deus.
⁸ Pois eu digo:
  Cristo tornou-se servo dos que praticam a circuncisão,
  para honrar a veracidade de Deus,
  confirmando as promessas feitas aos pais.
⁹ Quanto aos pagãos,
  eles glorificam a Deus, em razão da sua misericórdia,
  como está escrito:
  "Por isso, eu vos glorificarei entre os pagãos
  e cantarei louvores ao vosso nome".

  Palavra do Senhor.

Aclamação ao Evangelho
Lc 3,4.6

℞. Aleluia, Aleluia, Aleluia.
℣. Preparai o caminho do Senhor, endireitai suas veredas!
   Toda a carne há de ver a salvação do nosso Deus.   ℞.

EVANGELHO

*Convertei-vos, porque o Reino
dos céus está próximo.*

✠ Proclamação do Evangelho de Jesus Cristo
  segundo Mateus   3,1-12

¹ Naqueles dias, apareceu João Batista,
  pregando no deserto da Judeia:
² "Convertei-vos, porque o Reino dos Céus está próximo".
³ João foi anunciado pelo profeta Isaías, que disse:
  "Esta é a voz daquele que grita no deserto:
  preparai o caminho do Senhor,
  endireitai suas veredas!"
⁴ João usava uma roupa feita de pêlos de camelo
  e um cinturão de couro em torno dos rins;
  comia gafanhotos e mel do campo.
⁵ Os moradores de Jerusalém, de toda a Judeia
  e de todos os lugares em volta do rio Jordão
  vinham ao encontro de João.
⁶ Confessavam os seus pecados
  e João os batizava no rio Jordão.

7 Quando viu muitos fariseus e saduceus
vindo para o batismo, João disse-lhes:
"Raça de cobras venenosas, quem vos ensinou
a fugir da ira que vai chegar?
8 Produzi frutos que provem a vossa conversão.
9 Não penseis que basta dizer: 'Abraão é nosso pai',
porque eu vos digo: até mesmo destas pedras
Deus pode fazer nascer filhos de Abraão.
10 O machado já está na raiz das árvores,
e toda árvore que não der bom fruto
será cortada e jogada no fogo.
11 Eu vos batizo com água para a conversão,
mas aquele que vem depois de mim
é mais forte do que eu.
Eu nem sou digno de carregar suas sandálias.
Ele vos batizará com o Espírito Santo e com fogo.
12 Ele está com a pá na mão;
ele vai limpar sua eira
e recolher seu trigo no celeiro;
mas a palha ele a queimará
no fogo que não se apaga".

Palavra da Salvação.

3º DOMINGO DO ADVENTO

PRIMEIRA LEITURA

É o próprio Deus que vem para vos salvar.

Leitura do Livro do Profeta Isaías   35,1-6a.10

¹ Alegre-se a terra que era deserta e intransitável,
exulte a solidão e floresça como um lírio.
² Germine e exulte
de alegria e louvores.
Foi-lhe dada a glória do Líbano,
o esplendor do Carmelo e de Saron;
seus habitantes verão a glória do Senhor,
a majestade do nosso Deus.
³ Fortalecei as mãos enfraquecidas
e firmai os joelhos debilitados.
⁴ Dizei às pessoas deprimidas:
"Criai ânimo, não tenhais medo!
Vede, é vosso Deus,
é a vingança que vem, é a recompensa de Deus;
é ele que vem para vos salvar".
⁵ Então se abrirão os olhos dos cegos
e se descerrarão os ouvidos dos surdos.
⁶ᵃ O coxo saltará como um cervo
e se desatará a língua dos mudos.
¹⁰ Os que o Senhor salvou, voltarão para casa.
Eles virão a Sião cantando louvores,
com infinita alegria brilhando em seus rostos:
cheios de gozo e contentamento,
não mais conhecerão a dor e o pranto.

Palavra do Senhor.

Salmo responsorial   Sl 145(146),7.8-9a.9bc-10 (℟. cf. Is 35,4)

℟. Vinde, Se**nhor**, para sal**var** o vosso **po**vo!

Ou: Ale**lu**ia, Ale**lu**ia, Ale**lu**ia.

⁷ O Se**nhor** é fiel para **sem**pre, *
faz justiça aos que **são** oprimidos;

ele dá ali**men**to aos fa**min**tos, *
é o Se**nhor** quem li**ber**ta os ca**ti**vos.   ℟.

8 O Se**nhor** abre os **o**lhos aos **ce**gos, *
   o Se**nhor** faz er**guer**-se o ca**í**do,
   o Se**nhor** ama **aque**le que é **jus**to, *
9a é o Se**nhor** que pro**te**ge o estran**gei**ro.   ℟.

b Ele am**pa**ra a vi**ú**va e o **ór**fão, *
c mas con**fun**de os ca**mi**nhos dos **maus**.
10 O Se**nhor** reina**rá** para **sem**pre! *
   Ó Si**ão**, o teu **Deus** reina**rá**.   ℟.

SEGUNDA LEITURA

*Fortalecei vossos corações porque
a vinda do Senhor está próxima.*

Leitura da Carta de São Tiago   5,7-10

Irmãos:
7 Ficai firmes até à vinda do Senhor.
   Vede o agricultor:
   ele espera o precioso fruto da terra e fica firme
   até cair a chuva do outono ou da primavera.
8 Também vós, ficai firmes e fortalecei vossos corações,
   porque a vinda do Senhor está próxima.
9 Irmãos, não vos queixeis uns dos outros,
   para que não sejais julgados.
   Eis que o juiz está às portas.
10 Irmãos, tomai por modelo de sofrimento e firmeza
   os profetas, que falaram em nome do Senhor.

Palavra do Senhor.

Aclamação ao Evangelho   Is 61,1 (Lc 4,18)

℟. Ale**lu**ia, Ale**lu**ia, Ale**lu**ia.
℣. O Es**pí**rito do Se**nhor**
   sobre **mim** fez a **sua** unção,
   envi**ou**-me aos **em**pobrecidos
   a fa**zer** feliz **pro**clamação!   ℟.

EVANGELHO

*És tu aquele que há de vir
ou devemos esperar um outro?*

✠ Proclamação do Evangelho de Jesus Cristo
segundo Mateus   11,2-11

Naquele tempo,
2 João estava na prisão.
Quando ouviu falar das obras de Cristo,
enviou-lhe alguns discípulos,
3 para lhe perguntarem:
"És tu, aquele que há de vir,
ou devemos esperar um outro?"
4 Jesus respondeu-lhes:
"Ide contar a João o que estais ouvindo e vendo:
5 os cegos recuperam a vista, os paralíticos andam,
os leprosos são curados, os surdos ouvem,
os mortos ressuscitam e os pobres são evangelizados.
6 Feliz aquele que não se escandaliza por causa de mim!"
7 Os discípulos de João partiram,
e Jesus começou a falar às multidões, sobre João:
"O que fostes ver no deserto?
Um caniço agitado pelo vento?
8 O que fostes ver? Um homem vestido com roupas finas?
Mas os que vestem roupas finas
estão nos palácios dos reis.
9 Então, o que fostes ver? Um profeta?
Sim, eu vos afirmo, e alguém que é mais do que profeta.
10 É dele que está escrito:
'Eis que envio o meu mensageiro à tua frente;
ele vai preparar o teu caminho diante de ti'.
11 Em verdade vos digo, de todos os homens que já
nasceram, nenhum é maior do que João Batista.
No entanto, o menor no Reino dos Céus
é maior do que ele".

Palavra da Salvação.

4º DOMINGO DO ADVENTO

PRIMEIRA LEITURA

Eis que uma virgem conceberá.

Leitura do Livro do Profeta Isaías 7,10-14

Naqueles dias,
10 O Senhor falou com Acaz, dizendo:
11 "Pede ao Senhor teu Deus que te faça ver um sinal,
quer provenha da profundeza da terra,
quer venha das alturas do céu".
12 Mas Acaz respondeu:
"Não pedirei nem tentarei o Senhor".
13 Disse o profeta:
"Ouvi então, vós, casa de Davi;
será que achais pouco incomodar os homens
e passais a incomodar até o meu Deus?
14 Pois bem, o próprio Senhor vos dará um sinal.
Eis que uma virgem conceberá e dará à luz um filho,
e lhe porá o nome de Emanuel.

Palavra do Senhor.

Salmo responsorial   Sl 23(24),1-2.3-4ab.5-6 (℟. 7c.10b)

℟. O rei da **gló**ria é o Se**nhor** onipo**ten**te;
abri as **por**tas para que **e**le possa en**trar**!   ℟.

1 Ao Se**nhor** pertence a **ter**ra e o que ela en**cer**ra, *
o mundo in**tei**ro com os **se**res que o po**vo**am;
2 porque **e**le a tornou **fir**me sobre os **ma**res, *
e sobre as águas a man**tém** inaba**lá**vel.   ℟.

3 "Quem subi**rá** até o **mon**te do Senhor, *
quem fica**rá** em sua **san**ta habita**ção**?"
4a "Quem tem mãos **pu**ras e ino**cen**te cora**ção**, *
b quem não di**ri**ge sua **men**te para o **cri**me.   ℟.

5 Sobre **es**te desce a **bên**ção do Se**nhor** *
e a recom**pen**sa de seu **Deus** e Salva**dor**".
6 "É as**sim** a gera**ção** dos que o pro**cu**ram, *
e do **Deus** de Isra**el** buscam a **fa**ce".   ℟.

SEGUNDA LEITURA

*Jesus Cristo, descendente
de Davi, Filho de Deus.*

Leitura da Carta de São Paulo aos Romanos 1,1-7

¹ Eu, Paulo, servo de Jesus Cristo, apóstolo por vocação,
escolhido para o Evangelho de Deus,
² que pelos profetas havia prometido,
nas Sagradas Escrituras
³ e que diz respeito a seu Filho,
descendente de Davi segundo a carne,
⁴ autenticado como Filho de Deus com poder,
pelo Espírito de Santidade que o ressuscitou
dos mortos, Jesus Cristo, Nosso Senhor.
⁵ É por Ele que recebemos a graça da vocação
para o apostolado,
a fim de podermos trazer à obediência da fé
todos os povos pagãos,
para a glória de seu nome.
⁶ Entre esses povos estais também vós,
chamados a ser discípulos de Jesus Cristo.
⁷ A vós todos que morais em Roma,
amados de Deus e santos por vocação,
graça e paz da parte de Deus, nosso Pai,
e de nosso Senhor, Jesus Cristo.

Palavra do Senhor.

Aclamação ao Evangelho   Mt 1,23

℟. Aleluia, Aleluia, Aleluia.
℣. Eis que a **virg**em conceber**á**
e dar**á** à luz um **fi**lho.
Chamar-se-**á** Emanu**el**
que significa: Deus con**os**co.   ℟.

EVANGELHO

*Jesus nascerá de Maria, prometida
em casamento a José, filho de Davi.*

✠ Proclamação do Evangelho de Jesus Cristo
segundo Mateus 1,18-24

¹⁸ A origem de Jesus Cristo foi assim:
Maria, sua mãe, estava prometida em casamento
a José, e, antes de viverem juntos,
ela ficou grávida pela ação do Espírito Santo.
¹⁹ José, seu marido, era justo
e, não querendo denunciá-la,
resolveu abandonar Maria, em segredo.
²⁰ Enquanto José pensava nisso,
eis que o anjo do Senhor apareceu-lhe, em sonho,
e lhe disse: "José, Filho de Davi,
não tenhas medo de receber Maria como tua esposa,
porque ela concebeu pela ação do Espírito Santo.
²¹ Ela dará à luz um filho,
e tu lhe darás o nome de Jesus,
pois ele vai salvar o seu povo dos seus pecados".
²² Tudo isso aconteceu para se cumprir
o que o Senhor havia dito pelo profeta:
²³ "Eis que a virgem conceberá
e dará à luz um filho.
Ele será chamado pelo nome de Emanuel,
que significa: Deus está conosco".
²⁴ Quando acordou,
José fez conforme o anjo do Senhor havia mandado,
e aceitou sua esposa.

Palavra da Salvação.

TEMPO DO NATAL

25 de dezembro

NATAL DO SENHOR

Missa da Vigília

(para as missas vespertinas do dia 24, antes ou depois das I Vésperas do Natal do Senhor)

PRIMEIRA LEITURA

O Senhor agradou-se de ti.

Leitura do Livro do Profeta Isaías   62,1-5

¹ Por amor de Sião não me calarei,
por amor de Jerusalém não descansarei,
enquanto não surgir nela, como um luzeiro, a justiça
e não se acender nela, como uma tocha, a salvação.
² As nações verão a tua justiça,
todos os reis verão a tua glória;
serás chamada com um nome novo,
que a boca do Senhor há de designar.
³ E serás uma coroa de glória na mão do Senhor,
um diadema real nas mãos de teu Deus.
⁴ Não mais te chamarão Abandonada,
e tua terra não mais será chamada Deserta;
teu nome será Minha Predileta
e tua terra será a Bem-Casada,
pois o Senhor agradou-se de ti
e tua terra será desposada.
⁵ Assim como o jovem desposa a donzela,
assim teus filhos te desposam;
e como a noiva é a alegria do noivo,
assim também tu és a alegria de teu Deus.

Palavra do Senhor.

Salmo responsorial   Sl 88(89),4-5.16-17.27.29 (R. 2a)

℟. Senhor, eu cantarei eternamente o vosso amor!

⁴ "Eu firmei uma Aliança com meu servo, meu eleito, *
e eu fiz um juramento a Davi, meu servidor:

⁵ Para **sem**pre, no teu **tro**no, firma**rei** tua li**nha**gem, *
de ge**ra**ção em ge**ra**ção garanti**rei** o teu rei**na**do!" ℟.

¹⁶ Quão fe**liz** é aquele **po**vo que co**nhe**ce a ale**gria**: *
segui**rá** pelo ca**mi**nho, sempre à **luz** de vossa **fa**ce!

¹⁷ Exulta**rá** de ale**gria** em vosso **no**me dia a **dia**, *
e com **gran**de entusi**as**mo exalta**rá** vossa jus**ti**ça. ℟.

²⁷ Ele, en**tão** me invoca**rá**: 'Ó Se**nhor**, vós sois meu **Pai**, *
sois meu **Deus**, sois meu Ro**che**do
   onde en**con**tro a salva**ção**!'

²⁹ Guarda**rei** eterna**men**te para **e**le a minha **gra**ça *
e com **e**le firma**rei** minha Ali**an**ça indisso**lú**vel. ℟.

SEGUNDA LEITURA

*Testemunho de Paulo
sobre Cristo, filho de Davi.*

Leitura dos Atos dos Apóstolos   13,16-17.22-25

Tendo chegado a Antioquia da Pisídia,
¹⁶ Paulo levantou-se, na sinagoga,
fez um sinal com a mão e disse:
"Israelitas e vós que temeis a Deus, escutai!
¹⁷ O Deus deste povo de Israel
escolheu os nossos antepassados
e fez deles um grande povo
quando moravam como estrangeiros no Egito;
e de lá os tirou com braço poderoso.
²² Em seguida, Deus fez surgir Davi como rei
e assim testemunhou a seu respeito:
'Encontrei Davi, filho de Jessé,
homem segundo o meu coração,
que vai fazer em tudo a minha vontade'.
²³ Conforme prometera, da descendência de Davi
Deus fez surgir para Israel um Salvador,
que é Jesus.
²⁴ Antes que ele chegasse,
João pregou um batismo de conversão
para todo o povo de Israel.
²⁵ Estando para terminar sua missão,
João declarou:

'Eu não sou aquele que pensais que eu seja!
Mas vede: depois de mim vem aquele,
do qual nem mereço desamarrar as sandálias'".

Palavra do Senhor.

Aclamação ao Evangelho

℟. Ale**lu**ia, Ale**lu**ia, Ale**lu**ia.
℣. Amanhã será varrida da terra a iniquidade
e sobre nós há de reinar o Salvador do mundo.   ℟.

EVANGELHO (mais longo)

Origem de Jesus Cristo, filho de Davi.

✠ Proclamação do Evangelho de Jesus Cristo
segundo Mateus   1,1-25

¹ Livro da origem de Jesus Cristo,
   filho de Davi, filho de Abraão.
² Abraão gerou Isaac; Isaac gerou Jacó;
   Jacó gerou Judá e seus irmãos.
³ Judá gerou Farés e Zara, cuja mãe era Tamar.
   Farés gerou Esrom; Esrom gerou Aram;
⁴ Aram gerou Aminadab; Aminadab gerou Naasson;
   Naasson gerou Salmon;
⁵ Salmon gerou Booz, cuja mãe era Raab.
   Booz gerou Jobed, cuja mãe era Rute.
   Jobed gerou Jessé.
⁶ Jessé gerou o rei Davi.
   Davi gerou Salomão,
   daquela que tinha sido a mulher de Urias.
⁷ Salomão gerou Roboão; Roboão gerou Abias;
   Abias gerou Asa;
⁸ Asa gerou Josafá; Josafá gerou Jorão;
   Jorão gerou Ozias;
⁹ Ozias gerou Jotão; Jotão gerou Acaz;
   Acaz gerou Ezequias;
¹⁰ Ezequias gerou Manassés; Manassés gerou Amon;
   Amon gerou Josias.
¹¹ Josias gerou Jeconias e seus irmãos,
   no tempo do exílio na Babilônia.

¹² Depois do exílio na Babilônia,
Jeconias gerou Salatiel; Salatiel gerou Zorobabel;
¹³ Zorobabel gerou Abiud; Abiud gerou Eliaquim;
Eliaquim gerou Azor;
¹⁴ Azor gerou Sadoc; Sadoc gerou Aquim;
Aquim gerou Eliud;
¹⁵ Eliud gerou Eleazar; Eleazar gerou Matã;
Matã gerou Jacó.
¹⁶ Jacó gerou José, o esposo de Maria,
da qual nasceu Jesus, que é chamado o Cristo.
¹⁷ Assim, as gerações desde Abraão até Davi são quatorze;
de Davi até o exílio na Babilônia, quatorze;
e do exílio na Babilônia até Cristo, quatorze.
¹⁸ A origem de Jesus Cristo foi assim:
Maria, sua mãe, estava prometida em casamento a José,
e, antes de viverem juntos,
ela ficou grávida pela ação do Espírito Santo.
¹⁹ José, seu marido, era justo
e, não querendo denunciá-la,
resolveu abandonar Maria, em segredo.
²⁰ Enquanto José pensava nisso,
eis que o anjo do Senhor apareceu-lhe, em sonho,
e lhe disse:
"José, filho de Davi,
não tenhas medo de receber Maria como tua esposa,
porque ela concebeu pela ação do Espírito Santo.
²¹ Ela dará à luz um filho e tu lhe darás o nome de Jesus,
pois ele vai salvar o seu povo dos seus pecados".
²² Tudo isso aconteceu para se cumprir
o que o Senhor havia dito pelo profeta:
²³ "Eis que a virgem conceberá
e dará à luz um filho.
Ele será chamado pelo nome de Emanuel,
que significa: Deus está conosco".
²⁴ Quando acordou,
José fez conforme o anjo do Senhor havia mandado:
e aceitou sua esposa.
²⁵ E sem ter relações com ela,
Maria deu à luz um filho.
E José deu ao Menino o nome de Jesus.

Palavra da Salvação.

Ou: **EVANGELHO (mais breve)**

*Maria dará à luz um filho
e tu lhe darás o nome de Jesus.*

✠ Proclamação do Evangelho de Jesus Cristo
segundo Mateus 1,18-25

¹⁸ A origem de Jesus Cristo foi assim:
Maria, sua mãe, estava prometida em casamento a José,
e, antes de viverem juntos,
ela ficou grávida pela ação do Espírito Santo.
¹⁹ José, seu marido, era justo
e, não querendo denunciá-la,
resolveu abandonar Maria, em segredo.
²⁰ Enquanto José pensava nisso,
eis que o anjo do Senhor apareceu-lhe, em sonho,
e lhe disse:
"José, filho de Davi,
não tenhas medo de receber Maria como tua esposa,
porque ela concebeu pela ação do Espírito Santo.
²¹ Ela dará à luz um filho,
e tu lhe darás o nome de Jesus,
pois ele vai salvar o seu povo dos seus pecados".
²² Tudo isso aconteceu para se cumprir
o que o Senhor havia dito pelo profeta:
²³ "Eis que a virgem conceberá
e dará à luz um filho.
Ele será chamado pelo nome de Emanuel,
que significa: Deus está conosco".
²⁴ Quando acordou,
José fez conforme o anjo do Senhor havia mandado:
e aceitou sua esposa.
²⁵ E sem ter relações com ela,
Maria deu à luz um filho.
E José deu ao menino o nome de Jesus.

Palavra da Salvação.

Nas missas que se celebram no dia de Natal, usam-se as leituras aqui indicadas, mas com a possibilidade de escolha de textos mais apropriados de alguma das três missas, conforme a conveniência pastoral de cada assembleia.

Missa da noite

PRIMEIRA LEITURA

Foi-nos dado um filho.

Leitura do Livro do Profeta Isaías 9,1-6

¹ O povo, que andava na escuridão,
viu uma grande luz;
para os que habitavam nas sombras da morte,
uma luz resplandeceu.
² Fizeste crescer a alegria, e aumentaste a felicidade;
todos se regozijam em tua presença
como alegres ceifeiros na colheita,
ou como exaltados guerreiros ao dividirem os despojos.
³ Pois o jugo que oprimia o povo,
– a carga sobre os ombros, o orgulho dos fiscais –
tu os abateste como na jornada de Madiã.
⁴ Botas de tropa de assalto,
trajes manchados de sangue,
tudo será queimado e devorado pelas chamas.
⁵ Porque nasceu para nós um menino,
foi-nos dado um filho;
ele traz aos ombros a marca da realeza;
o nome que lhe foi dado é:
Conselheiro admirável, Deus forte,
Pai dos tempos futuros, Príncipe da paz.
⁶ Grande será o seu reino e a paz não há de ter fim
sobre o trono de Davi e sobre o seu reinado,
que ele irá consolidar e confirmar
em justiça e santidade,
a partir de agora e para todo o sempre.
O amor zeloso do Senhor dos exércitos
há de realizar estas coisas.

Palavra do Senhor.

Salmo responsorial   Sl 95(96),1-2a.2b-3.11-12.13 (℟. Lc 2,11)

℟. **Hoje nasceu para nós**
o Salvador, que é Cristo, o Senhor.

1. Can**tai** ao Senhor **Deus** um canto **no**vo, †
   Can**tai** ao Senhor **Deus**, ó terra in**tei**ra! *
2a. Can**tai** e bendi**zei** seu santo **no**me! ℟.

2b. Dia após **dia** anunci**ai** sua salva**ção**, †
3. manifes**tai** a sua **gló**ria entre as na**ções**, *
   e entre os **po**vos do uni**ver**so seus pro**dí**gios! ℟.

11. O **céu** se reju**bi**le e exulte a **ter**ra, *
    aplauda o **mar** com o que **vi**ve em suas **á**guas;
12. os **cam**pos com seus **fru**tos reju**bi**lem *
    e ex**ul**tem as flo**res**tas e as **ma**tas ℟.

13. na pre**sen**ça do Se**nhor**, pois ele **vem**, *
    porque **vem** para jul**gar** a terra in**tei**ra.
    Governa**rá** o mundo **to**do com jus**ti**ça, *
    e os **po**vos julga**rá** com leal**da**de. ℟.

SEGUNDA LEITURA

*Manifestou-se a bondade
de Deus para toda a humanidade.*

Leitura da Carta de São Paulo a Tito   2,11-14

Caríssimo:
11. A graça de Deus se manifestou
    trazendo salvação para todos os homens.
12. Ela nos ensina a abandonar a impiedade
    e as paixões mundanas e a viver neste mundo,
    com equilíbrio, justiça e piedade,
13. aguardando a feliz esperança e a manifestação da glória
    do nosso grande Deus e Salvador, Jesus Cristo.
14. Ele se entregou por nós, para nos resgatar
    de toda maldade
    e purificar para si um povo que lhe pertença
    e que se dedique a praticar o bem.

Palavra do Senhor.

Aclamação ao Evangelho   Lc 2,10-11

℟. Ale**lu**ia, Ale**lu**ia, Ale**lu**ia.
℣. Eu vos **tra**go a boa **no**va de uma **gran**de alegria:
   é que **ho**je vos nas**ceu** o Salva**dor**, Cristo, o Se**nhor**. ℟.

EVANGELHO

Hoje, nasceu para vós um Salvador.

✠ Proclamação do Evangelho de Jesus Cristo
segundo Lucas   2,1-14

¹ Aconteceu que naqueles dias,
César Augusto publicou um decreto,
ordenando o recenseamento de toda a terra.
² Este primeiro recenseamento foi feito
quando Quirino era governador da Síria.
³ Todos iam registrar-se cada um na sua cidade natal.
⁴ Por ser da família e descendência de Davi,
José subiu da cidade de Nazaré, na Galileia,
até a cidade de Davi, chamada Belém, na Judeia,
⁵ para registrar-se com Maria, sua esposa,
que estava grávida.
⁶ Enquanto estavam em Belém,
completaram-se os dias para o parto,
⁷ e Maria deu à luz o seu filho primogênito.
Ela o enfaixou e o colocou na manjedoura,
pois não havia lugar para eles na hospedaria.
⁸ Naquela região havia pastores
que passavam a noite nos campos,
tomando conta do seu rebanho.
⁹ Um anjo do Senhor apareceu aos pastores,
a glória do Senhor os envolveu em luz,
e eles ficaram com muito medo.
¹⁰ O anjo, porém, disse aos pastores:
"Não tenhais medo!
Eu vos anuncio uma grande alegria,
que o será para todo o povo:
¹¹ Hoje, na cidade de Davi, nasceu para vós um Salvador,
que é o Cristo Senhor.
¹² Isto vos servirá de sinal:
Encontrareis um recém-nascido
envolvido em faixas e deitado numa manjedoura".
¹³ E, de repente, juntou-se ao anjo
uma multidão da coorte celeste.
Cantavam louvores a Deus, dizendo:
¹⁴ "Glória a Deus no mais alto dos céus,
e paz na terra aos homens por ele amados".

Palavra da Salvação.

Missa da aurora

PRIMEIRA LEITURA

Eis que está chegando o teu Salvador.

Leitura do Livro do Profeta Isaías 62,11-12

¹¹ Eis que o Senhor fez-se ouvir
até as extremidades da terra:
"Dizei à cidade de Sião:
Eis que está chegando o teu salvador,
com a recompensa já em suas mãos
e o prêmio à sua disposição.
¹² O povo será chamado Povo santo,
os Resgatados do Senhor;
e tu terás por nome Desejada,
Cidade-não abandonada".

Palavra do Senhor.

Salmo responsorial   Sl 96(97),1.6.11-12

℟. Brilha **ho**je uma **luz** sobre **nós**,
pois nas**ceu** para **nós** o Se**nho**r.

¹ Deus é **Rei**! Exulte a **ter**ra de ale**gri**a, *
e as **i**lhas nume**ro**sas reju**bi**lem!
⁶ E pro**cla**ma o **céu** sua justiça, *
todos os **po**vos podem **ver** a sua **gló**ria. ℟.

¹¹ Uma **luz** já se le**van**ta para os **jus**tos, *
e a ale**gri**a para os **re**tos corações.
¹² Homens **jus**tos, ale**grai**-vos no Se**nhor**, *
cele**brai** e bendi**zei** seu santo **no**me! ℟.

SEGUNDA LEITURA

Ele salvou-nos por sua misericórdia.

Leitura da Carta de São Paulo a Tito   3,4-7

Caríssimo:
4 Manifestou-se a bondade de Deus, nosso Salvador,
e o seu amor pelos homens:
5 Ele salvou-nos, não por causa dos atos de justiça
que tivéssemos praticado, mas por sua misericórdia,
quando renascemos e fomos renovados no batismo
pelo Espírito Santo,
6 que ele derramou abundantemente sobre nós
por meio de nosso Salvador Jesus Cristo.
7 Justificados assim pela sua graça,
nos tornamos na esperança herdeiros da vida eterna.

Palavra do Senhor.

Aclamação ao Evangelho   Lc 2,14

℟. Aleluia, Aleluia, Aleluia.
℣. Glória a Deus nos altos céus,
e paz na terra entre os homens,
que ele ama. Aleluia.   ℟.

EVANGELHO

*Os pastores encontraram
Maria e José e o recém-nascido.*

✠ Proclamação do Evangelho de Jesus Cristo
segundo Lucas   2,15-20

15 Quando os anjos se afastaram, voltando para o céu,
os pastores disseram entre si:
"Vamos a Belém ver este acontecimento
que o Senhor nos revelou".
16 Os pastores foram às pressas a Belém
e encontraram Maria e José,
e o recém-nascido deitado na manjedoura.

¹⁷ Tendo-o visto,
 contaram o que lhes fora dito sobre o menino.
¹⁸ E todos os que ouviram os pastores ficaram maravilhados
 com aquilo que contavam.
¹⁹ Quanto a Maria, guardava todos esses fatos
 e meditava sobre eles em seu coração.
²⁰ Os pastores voltaram, glorificando e louvando a Deus
 por tudo o que tinham visto e ouvido,
 conforme lhes tinha sido dito.

Palavra da Salvação.

Missa do dia

PRIMEIRA LEITURA

*Todos os confins da terra hão de ver
a salvação que vem do nosso Deus.*

Leitura do Livro do Profeta Isaías 52,7-10

⁷ Como são belos, andando sobre os montes,
os pés de quem anuncia e prega a paz,
de quem anuncia o bem e prega a salvação,
e diz a Sião: "Reina teu Deus!"
⁸ Ouve-se a voz de teus vigias, eles levantam a voz,
estão exultantes de alegria,
sabem que verão com os próprios olhos
o Senhor voltar a Sião.
⁹ Alegrai-vos e exultai ao mesmo tempo,
ó ruínas de Jerusalém,
o Senhor consolou seu povo
e resgatou Jerusalém.
¹⁰ O Senhor desnudou seu santo braço
aos olhos de todas as nações;
todos os confins da terra hão de ver
a salvação que vem do nosso Deus.

Palavra do Senhor.

Salmo responsorial Sl 97(98),1.2-3ab.3cd-4.5-6 (℟. 3cd)

℟. Os con**fins** do uni**ver**so contem**pla**ram
a salva**ção** do nosso **Deus**.

¹ Can**tai** ao Senhor **Deus** um canto **no**vo, *
porque **e**le fez pro**dí**gios!
Sua **mão** e o seu **bra**ço forte e **san**to *
alcançaram-lhe a vi**tó**ria.   ℟.

² O Se**nhor** fez conhe**cer** a salva**ção**, *
e às na**ções**, sua justi**ça**;
³ᵃ recor**dou** o seu **a**mor sempre fi**el** *
³ᵇ pela **ca**sa de Isra**el**.   ℟.

³ᶜ Os con**fins** do uni**ver**so contem**pla**ram *
³ᵈ a salva**ção** do nosso **Deus**.

⁴ Acla**mai** o Senhor **Deus**, ó terra in**tei**ra, *
    ale**grai**-vos e exul**tai**! ℟.

⁵ Cantai **sal**mos ao Se**nhor** ao som da **har**pa *
    e da **cí**tara su**a**ve!
⁶ Acla**mai**, com os cla**rins** e as trom**be**tas, *
    ao Se**nhor**, o nosso **Rei**! ℟.

SEGUNDA LEITURA

Deus falou-nos por meio de seu Filho.

Leitura da Carta aos Hebreus 1,1-6

¹ Muitas vezes e de muitos modos
  falou Deus outrora aos nossos pais, pelos profetas;
² nestes dias, que são os últimos,
  ele nos falou por meio do Filho,
  a quem ele constituiu herdeiro de todas as coisas
  e pelo qual também ele criou o universo.
³ Este é o esplendor da glória do Pai,
  a expressão do seu ser.
  Ele sustenta o universo com o poder de sua palavra.
  Tendo feito a purificação dos pecados,
  ele sentou-se à direita da majestade divina,
  nas alturas.
⁴ Ele foi colocado tanto acima dos anjos
  quanto o nome que ele herdou supera o nome deles.
⁵ De fato, a qual dos anjos Deus disse alguma vez:
  "Tu és o meu Filho, eu hoje te gerei?"
  Ou ainda: "Eu serei para ele um Pai
  e ele será para mim um filho?"
⁶ Mas, quando faz entrar o Primogênito no mundo,
  Deus diz: "Todos os anjos devem adorá-lo!"

Palavra do Senhor.

Aclamação ao Evangelho

℟. Ale**lu**ia, Ale**lu**ia, Ale**lu**ia.
℣. Despon**tou** o santo **dia** para **nós**:
    Ó na**ções**, vinde ado**rar** o Senhor **Deus**,
    porque **ho**je grande **luz** brilhou na **ter**ra! ℟.

EVANGELHO (mais longo)

A Palavra se fez carne e habitou entre nós.

✠ Proclamação do Evangelho de Jesus Cristo
segundo João   1, 1-18

1 No princípio era a Palavra,
e a Palavra estava com Deus;
e a Palavra era Deus.
2 No princípio estava ela com Deus.
3 Tudo foi feito por ela, e sem ela nada se fez
de tudo que foi feito.
4 Nela estava a vida, e a vida era a luz dos homens.
5 E a luz brilha nas trevas,
e as trevas não conseguiram dominá-la.
6 Surgiu um homem enviado por Deus;
seu nome era João.
7 Ele veio como testemunha,
para dar testemunho da luz,
para que todos chegassem à fé por meio dele.
8 Ele não era a luz,
mas veio para dar testemunho da luz:
9 daquele que era a luz de verdade,
que, vindo ao mundo,
ilumina todo ser humano.
10 A Palavra estava no mundo
– e o mundo foi feito por meio dela –
mas o mundo não quis conhecê-la.
11 Veio para o que era seu,
e os seus não a acolheram.
12 Mas, a todos que a receberam,
deu-lhes capacidade de se tornarem filhos de Deus
isto é, aos que acreditam em seu nome,
13 pois estes não nasceram do sangue
nem da vontade da carne
nem da vontade do varão,
mas de Deus mesmo.
14 E a Palavra se fez carne e habitou entre nós.
E nós contemplamos a sua glória,
glória que recebe do Pai como Filho unigênito,
cheio de graça e de verdade.
15 Dele, João dá testemunho, clamando:
"Este é aquele de quem eu disse:
O que vem depois de mim

passou à minha frente,
  porque ele existia antes de mim".
16 De sua plenitude todos nós recebemos graça por graça.
17 Pois por meio de Moisés foi dada a Lei,
  mas a graça e a verdade nos chegaram
  através de Jesus Cristo.
18 A Deus, ninguém jamais viu.
  Mas o Unigênito de Deus,
  que está na intimidade do Pai,
  ele no-lo deu a conhecer.

  Palavra da Salvação.

Ou: **EVANGELHO (mais breve)**

A Palavra se fez carne e habitou entre nós.

✠ Proclamação do Evangelho de Jesus Cristo
segundo João 1,1-5.9-14

1 No princípio era a Palavra,
  e a Palavra estava com Deus;
  e a Palavra era Deus.
2 No princípio estava ela com Deus.
3 Tudo foi feito por ela e sem ela nada se fez
  de tudo que foi feito.
4 Nela estava a vida,
  e a vida era a luz dos homens.
5 E a luz brilha nas trevas,
  e as trevas não conseguiram dominá-la.
9 Era a luz de verdade,
  que, vindo ao mundo,
  ilumina todo ser humano.
10 A Palavra estava no mundo
  – e o mundo foi feito por meio dela –
  mas o mundo não quis conhecê-la.
11 Veio para o que era seu,
  e os seus não a acolheram.
12 Mas, a todos que a receberam,
  deu-lhes capacidade de se tornarem filhos de Deus
  isto é, aos que acreditam em seu nome,
13 pois estes não nasceram do sangue

nem da vontade da carne
nem da vontade do varão,
mas de Deus mesmo.
¹⁴ E a Palavra se fez carne e habitou entre nós.
E nós contemplamos a sua glória,
glória que recebe do Pai como Filho unigênito,
cheio de graça e de verdade.

Palavra da Salvação.

Domingo na oitava do Natal

SAGRADA FAMÍLIA DE JESUS, MARIA E JOSÉ

PRIMEIRA LEITURA

Quem teme o Senhor, honra seus pais.

Leitura do Livro do Eclesiástico   3,3-7.14-17a (gr. 2-6.12-14)

³ Deus honra o pai nos filhos
e confirma, sobre eles, a autoridade da mãe.
⁴ Quem honra o seu pai,
alcança o perdão dos pecados;
evita cometê-los
e será ouvido na oração quotidiana.
⁵ Quem respeita a sua mãe
é como alguém que ajunta tesouros.
⁶ Quem honra o seu pai,
terá alegria com seus próprios filhos;
e, no dia em que orar, será atendido.
⁷ Quem respeita o seu pai, terá vida longa,
e quem obedece ao pai é o consolo da sua mãe.
¹⁴ Meu filho, ampara o teu pai na velhice
e não lhe causes desgosto enquanto ele vive.
¹⁵ Mesmo que ele esteja perdendo a lucidez,
procura ser compreensivo para com ele;
não o humilhes, em nenhum dos dias de sua vida:
a caridade feita a teu pai não será esquecida,
¹⁶ mas servirá para reparar os teus pecados
¹⁷ᵃ e, na justiça, será para tua edificação.

Palavra do Senhor.

Salmo responsorial   Sl 127(128),1-2.3.4-5 (℟. cf. 1)

℟. Felizes os que **te**mem o Se**n**hor e **tri**lham seus ca**mi**nhos!

¹ Fe**liz** és tu se **te**mes o Se**n**hor *
e **tri**lhas seus ca**mi**nhos!
² Do tra**ba**lho de tuas **mãos** hás de vi**ver**, *
serás fe**liz**, tudo irá **bem**!   ℟.

³ A tua es**pos**a é uma vi**dei**ra bem fe**cun**da *
no co**ra**ção da tua **ca**sa;
os teus **fi**lhos são re**ben**tos de oli**vei**ra *
ao re**dor** de tua **me**sa. ℟.

⁴ Será as**sim** abençoado todo **ho**mem *
que **te**me o Se**nhor**.
⁵ O Se**nhor** te abençoe de Si**ão**, *
cada **di**a de tua **vi**da. ℟.

SEGUNDA LEITURA

A vida da família no Senhor.

Leitura da Carta de São Paulo aos Colossenses 3,12-21

Irmãos:
¹² Vós sois amados por Deus,
sois os seus santos eleitos.
Por isso, revesti-vos de sincera misericórdia,
bondade, humildade, mansidão e paciência,
¹³ suportando-vos uns aos outros
e perdoando-vos mutuamente,
se um tiver queixa contra o outro.
Como o Senhor vos perdoou,
assim perdoai vós também.
¹⁴ Mas, sobretudo, amai-vos uns aos outros,
pois o amor é o vínculo da perfeição.
¹⁵ Que a paz de Cristo reine em vossos corações,
à qual fostes chamados como membros de um só corpo.
E sede agradecidos.
¹⁶ Que a palavra de Cristo, com toda a sua riqueza,
habite em vós.
Ensinai e admoestai-vos uns aos outros
com toda a sabedoria.
Do fundo dos vossos corações, cantai a Deus
salmos, hinos e cânticos espirituais,
em ação de graças.
¹⁷ Tudo o que fizerdes, em palavras ou obras,
seja feito em nome do Senhor Jesus Cristo.
Por meio dele dai graças a Deus, o Pai.
¹⁸ Esposas, sede solícitas para com vossos maridos,
como convém, no Senhor.

19 Maridos, amai vossas esposas
e não sejais grosseiros com elas.
20 Filhos, obedecei em tudo aos vossos pais,
pois isso é bom e correto no Senhor.
21 Pais, não intimideis os vossos filhos,
para que eles não desanimem.

Palavra do Senhor.

Aclamação ao Evangelho Cl 3,15a.16a

℟. Ale**lu**ia, Ale**lu**ia, Ale**lu**ia.
℣. Que a paz de **Cris**to reine em **vos**sos co**ra**ções
e rica**men**te habite em **vós** sua pa**la**vra! ℟.

EVANGELHO

*Levanta-te, pega o menino e
sua mãe e foge para o Egito.*

✠ Proclamação do Evangelho de Jesus Cristo
segundo Mateus **2,13-15.19-23**

13 Depois que os magos partiram,
o Anjo do Senhor apareceu em sonho a José e lhe disse:
"Levanta-te, pega o menino e sua mãe e foge para o
Egito! Fica lá até que eu te avise!
Porque Herodes vai procurar o menino para matá-lo".
14 José levantou-se de noite, pegou o menino e sua mãe,
e partiu para o Egito.
15 Ali ficou até a morte de Herodes,
para se cumprir o que o Senhor havia dito pelo profeta:
"Do Egito chamei o meu Filho".
19 Quando Herodes morreu,
o anjo do Senhor apareceu em sonho a José, no Egito,
20 e lhe disse: "Levanta-te, pega o menino e sua mãe,
e volta para a terra de Israel;
pois aqueles que procuravam matar o menino
já estão mortos".
21 José levantou-se, pegou o menino e sua mãe,
e entrou na terra de Israel.
22 Mas, quando soube que Arquelau reinava na Judeia,
no lugar de seu pai Herodes, teve medo de ir para lá.

Por isso, depois de receber um aviso em sonho,
José retirou-se para a região da Galileia,
²³ e foi morar numa cidade chamada Nazaré.
Isso aconteceu para se cumprir
o que foi dito pelos profetas:
"Ele será chamado Nazareno".

Palavra da Salvação.

Quando esta festa é celebrada no dia 30 de dezembro, na falta de um domingo entre o dia 25 de dezembro e o dia 1º de janeiro, então, antes do Evangelho escolhe-se uma só das leituras

1º de janeiro – Oitava do Natal do Senhor
SOLENIDADE DA SANTA MÃE DE DEUS, MARIA

PRIMEIRA LEITURA

*Invocarão o meu nome sobre os filhos de Israel,
e eu os abençoarei.*

Leitura do Livro dos Números   6,22-27

²² O Senhor falou a Moisés, dizendo:
²³ "Fala a Aarão e a seus filhos:
   Ao abençoar os filhos de Israel, dizei-lhes:
²⁴ O Senhor te abençoe e te guarde!
²⁵ 'O Senhor faça brilhar sobre ti a sua face,
   e se compadeça de ti!
²⁶ O Senhor volte para ti o seu rosto
   e te dê a paz!'
²⁷ Assim invocarão o meu nome sobre os filhos de Israel,
   e eu os abençoarei".

Palavra do Senhor.

Salmo responsorial   Sl 66(67),2-3.5.6.8 (℟. 2a)

℟. Que Deus nos **dê** a sua **gra**ça e sua **bên**ção.

² Que Deus nos **dê** a sua **gra**ça e sua **bên**ção, *
  e sua **fa**ce resplan**de**ça sobre **nós**!
³ Que na **ter**ra se con**he**ça o seu ca**mi**nho *
  e a **su**a sal**va**ção por entre os **po**vos.   ℟.

⁵ E**xul**te de ale**gri**a a terra in**tei**ra, *
  pois jul**gais** o uni**ver**so com jus**ti**ça;
  os **po**vos gover**nais** com reti**dão**, *
  e gui**ais**, em toda a **ter**ra, as nações.   ℟.

⁶ Que as na**ções** vos glorifiquem, ó **Se**nhor, *
  que **to**das as nações vos glorifiquem!
⁸ Que o **Se**nhor e nosso **Deus** nos aben**çoe**, *
  e o res**pei**tem os con**fins** de toda a **ter**ra!   ℟.

SEGUNDA LEITURA

Deus enviou o seu Filho, nascido de uma mulher.

Leitura da Carta de São Paulo aos Gálatas   4,4-7

    Irmãos:
4 Quando se completou o tempo previsto,
Deus enviou o seu Filho, nascido de uma mulher,
nascido sujeito à Lei,
5 a fim de resgatar os que eram sujeitos à Lei
e para que todos recebêssemos a filiação adotiva.
6 E porque sois filhos,
Deus enviou aos nossos corações o Espírito do seu Filho,
que clama: Abá – ó Pai!
7 Assim, já não és escravo, mas filho;
e se és filho, és também herdeiro:
tudo isso por graça de Deus.

    Palavra do Senhor.

Aclamação ao Evangelho   Hb 1,1-2

℟. Aleluia, Aleluia, Aleluia.
℣. De muitos modos, Deus outrora
nos falou pelos profetas;
nestes tempos derradeiros,
nos falou pelo seu Filho.   ℟.

EVANGELHO

*Encontraram Maria e José e o recém-nascido.
E, oito dias depois, deram-lhe o nome de Jesus.*

✠ Proclamação do Evangelho de Jesus Cristo
segundo Lucas   2,16-21

    Naquele tempo,
16 Os pastores foram às pressas a Belém
e encontraram Maria e José,
e o recém-nascido deitado na manjedoura.
17 Tendo-o visto, contaram o que lhes fora dito
sobre o menino.

¹⁸ E todos os que ouviram os pastores
ficaram maravilhados com aquilo que contavam.
¹⁹ Quanto a Maria, guardava todos esses fatos
e meditava sobre eles em seu coração.
²⁰ Os pastores voltaram, glorificando e louvando a Deus
por tudo que tinham visto e ouvido,
conforme lhes tinha sido dito.
²¹ Quando se completaram os oito dias
para a circuncisão do menino,
deram-lhe o nome de Jesus,
como fora chamado pelo anjo antes de ser concebido.

Palavra da Salvação.

2º DOMINGO DEPOIS DO NATAL

PRIMEIRA LEITURA

A sabedoria de Deus mora no meio do povo escolhido.

Leitura do livro do Eclesiástico   24,1-4.12-16 (gr. 1-2.8-12)

¹ A Sabedoria faz o seu próprio elogio,
e em Deus será honrada
e no meio do seu povo, glorificada.
² Abre a boca na assembleia do Altíssimo
e se exalta diante do Poderoso.
³ É glorificada no meio do seu povo,
é admirada na grande reunião dos santos.
⁴ É louvada entre a multidão dos escolhidos,
é abençoada com os abençoados de Deus.
¹² Então o Criador do universo me deu suas ordens.
Aquele que me criou marcou o lugar da minha casa,
¹³ e me disse: "Arma tua tenda em Jacó,
toma posse da tua herança em Israel,
e no meio do meu povo finca raízes".
¹⁴ Desde o princípio, antes de todos os séculos,
Ele me criou, e nunca mais vou deixar de existir;
¹⁵ na santa morada ofereci culto em sua presença,
assim coloquei minha casa em Sião,
repousei na Cidade santa,
e em Jerusalém está a sede do meu poder.
¹⁶ Lancei raízes num povo glorioso,
no domínio do Senhor, na sua herança,
e fixei minha morada na assembleia dos santos.

Palavra do Senhor.

Salmo responsorial   Sl 147,12-13.14-15.19-20 (℟. Jo 1,14)

℟. A Pa**la**vra se fez **car**ne e habi**tou** entre **nós.**

Ou: Ale**lu**ia, Ale**lu**ia, Ale**lu**ia.

¹² Glorifica o Se**nhor**, Jerusa**lém**! *
Ó Sião, canta louvores ao teu **Deus**!

13 Pois refor**çou** com segu**ran**ça as tuas **por**tas, *
e os teus **fi**lhos em teu **sei**o abenço**ou**.   ℟.

14 A **paz** em teus li**mi**tes garan**tiu** *
e te **dá** como ali**men**to a flor do **tri**go.
15 Ele en**vi**a suas **or**dens para a **ter**ra, *
e a pa**la**vra que ele **diz** corre ve**loz**.   ℟.

19 Anun**ci**a a Ja**có** sua pa**la**vra, *
seus pre**cei**tos, suas **leis** a Isra**el**.
20 Nenhum **po**vo rece**beu** tanto ca**ri**nho, *
a nenhum **ou**tro reve**lou** os seus pre**cei**tos.   ℟.

SEGUNDA LEITURA

*Predestinou-nos para sermos
seus filhos adotivos por Jesus Cristo.*

Leitura da Carta de São Paulo aos Efésios   1,3-6.15-18

3 Bendito seja Deus,
Pai de nosso Senhor Jesus Cristo.
Ele nos abençoou com toda a bênção do seu Espírito
em virtude de nossa união com Cristo, no céu.
4 Em Cristo, ele nos escolheu,
antes da fundação do mundo,
para que sejamos santos e irrepreensíveis
sob o seu olhar, no amor.
5 Ele nos predestinou para sermos seus filhos adotivos
por intermédio de Jesus Cristo,
conforme a decisão da sua vontade,
6 para o louvor da sua glória
e da graça com que ele nos cumulou no seu Bem-amado.
15 Eis por que eu também,
desde que soube da vossa fé no Senhor Jesus
e do vosso amor para com todos os santos,
16 não cesso de dar graças a vosso respeito,
quando me lembro de vós em minhas orações.
17 Que o Deus de nosso Senhor Jesus Cristo,
o Pai a quem pertence a glória,
vos dê um espírito de sabedoria
que vo-lo revele
e faça verdadeiramente conhecer.

¹⁸ Que ele abra o vosso coração à sua luz,
para que saibais
qual a esperança que o seu chamamento vos dá,
qual a riqueza da glória
que está na vossa herança com os santos,

Palavra do Senhor.

Aclamação ao Evangelho   cf. 1Tm 3,16

℞. Aleluia, Aleluia, Aleluia.
℣. Glória a vós, ó Cristo, anunciado entre as nações!
Glória a vós, ó Cristo, acreditado em toda a terra!   ℞.

EVANGELHO (mais longo)

A Palavra se fez carne e habitou entre nós.

✠ Proclamação do Evangelho de Jesus Cristo
segundo João   1,1-18

¹ No princípio era a Palavra,
e a Palavra estava com Deus;
e a Palavra era Deus.
² No princípio ela estava com Deus.
³ Tudo foi feito por ela, e sem ela nada se fez
de tudo que foi feito.
⁴ Nela estava a vida, e a vida era a luz dos homens.
⁵ E a luz brilha nas trevas,
e as trevas não conseguiram dominá-la.
⁶ Surgiu um homem enviado por Deus;
seu nome era João.
⁷ Ele veio como testemunha,
para dar testemunho da luz,
para que todos chegassem à fé por meio dele.
⁸ Ele não era a luz,
mas veio para dar testemunho da luz:
⁹ daquele que era a luz de verdade,
que, vindo ao mundo,
ilumina todo ser humano.
¹⁰ A Palavra estava no mundo
– e o mundo foi feito por meio dela –
mas o mundo não quis conhecê-la.

¹¹ Veio para o que era seu,
e os seus não a acolheram.
¹² Mas, a todos os que a receberam,
deu-lhes capacidade de se tornarem filhos de Deus,
isto é, aos que acreditam em seu nome,
¹³ pois estes não nasceram do sangue
nem da vontade da carne
nem da vontade do varão,
mas de Deus mesmo.
¹⁴ E a Palavra se fez carne e habitou entre nós.
E nós contemplamos a sua glória,
glória que recebe do Pai como Filho unigênito,
cheio de graça e de verdade.
¹⁵ Dele, João dá testemunho, clamando:
"Este é aquele de quem eu disse:
O que vem depois de mim passou à minha frente,
porque ele existia antes de mim".
¹⁶ De sua plenitude todos nós recebemos graça por graça.
¹⁷ Pois, por meio de Moisés foi dada a Lei,
mas a graça e a verdade nos chegaram através de Jesus Cristo.
¹⁸ A Deus, ninguém jamais viu.
Mas o Unigênito de Deus, que está na intimidade do Pai,
ele no-lo deu a conhecer.

Palavra da Salvação.

Ou: EVANGELHO (mais breve)

A Palavra se fez carne e habitou entre nós.

✠ Proclamação do Evangelho de Jesus Cristo
segundo João   1,1-5.9-14

¹ No princípio era a Palavra,
e a Palavra estava com Deus;
e a Palavra era Deus.
² No princípio ela estava com Deus.
³ Tudo foi feito por ela, e sem ela nada se fez
de tudo, que foi feito.
⁴ Nela estava a vida, e a vida era a luz dos homens.
⁵ E a luz brilha nas trevas,
e as trevas não conseguiram dominá-la.

⁹ Era a luz de verdade,
que, vindo ao mundo, ilumina todo ser humano.
¹⁰ A Palavra estava no mundo
– e o mundo foi feito por meio dela –
mas o mundo não quis conhecê-la.
¹¹ Veio para o que era seu, e os seus não a acolheram.
¹² Mas, a todos os que a receberam,
deu-lhes capacidade de se tornarem filhos de Deus,
isto é, aos que acreditam em seu nome,
¹³ pois estes não nasceram do sangue
nem da vontade da carne
nem da vontade do varão,
mas de Deus mesmo.
¹⁴ E a Palavra se fez carne e habitou entre nós.
E nós contemplamos a sua glória,
glória que recebe do Pai como Filho unigênito,
cheio de graça e de verdade.

Palavra da Salvação.

No domingo entre 2 e 8 de janeiro

EPIFANIA DO SENHOR

PRIMEIRA LEITURA

Apareceu sobre ti a glória do Senhor.

Leitura do Livro do Profeta Isaías   60,1-6

¹ Levanta-te, acende as luzes, Jerusalém,
  porque chegou a tua luz,
  apareceu sobre ti a glória do Senhor.
² Eis que está a terra envolvida em trevas,
  e nuvens escuras cobrem os povos;
  mas sobre ti apareceu o Senhor,
  e sua glória já se manifesta sobre ti.
³ Os povos caminham à tua luz
  e os reis ao clarão de tua aurora.
⁴ Levanta os olhos ao redor e vê:
  todos se reuniram e vieram a ti;
  teus filhos vêm chegando de longe
  com tuas filhas, carregadas nos braços.
⁵ Ao vê-los, ficarás radiante,
  com o coração vibrando e batendo forte,
  pois com eles virão as riquezas de além-mar
  e mostrarão o poderio de suas nações;
⁶ será uma inundação de camelos
  e dromedários de Madiã e Efa a te cobrir;
  virão todos os de Sabá, trazendo ouro e incenso
  e proclamando a glória do Senhor.

Palavra do Senhor.

Salmo responsorial   Sl 71(72),1-2.7-8.10-11.12-13 (℟. cf.11)

℟. As **na**ções de toda a **ter**ra hão de ado**rar**-vos, ó Se**nhor**!

¹ Dai ao **Rei** vossos po**de**res, Senhor **Deus**, *
  vossa jus**ti**ça ao descen**den**te da rea**le**za!
² Com jus**ti**ça ele go**ver**ne o vosso **po**vo, *
  com equi**da**de ele **jul**gue os vossos **po**bres.   ℟.

7 Nos seus **dias** a jus**ti**ça flori**rá** *
e grande **paz**, até que a **lua** perca o **bri**lho!
8 De mar a **mar** estende**rá** o seu do**mí**nio, *
e desde o **rio** até os con**fins** de toda a **ter**ra! ℟.

10 Os reis de **Tár**sis e das ilhas hão de **vir** *
e ofere**cer**-lhe seus pre**sen**tes e seus **dons**;
e tam**bém** os reis de **Se**ba e de Sa**bá** *
hão de tra**zer**-lhe ofe**ren**das e tri**bu**tos.
11 Os **reis** de toda a **ter**ra hão de ado**rá**-lo, *
e **to**das as na**ções** hão de ser**vi**-lo. ℟.

12 Liberta**rá** o indi**gen**te que su**pli**ca, *
e o **po**bre ao qual nin**guém** quer aju**dar**.
13 Terá **pe**na do indi**gen**te e do infe**liz**, *
e a **vi**da dos hu**mil**des salva**rá**. ℟.

SEGUNDA LEITURA

*Agora foi-nos revelado
que os pagãos são co-herdeiros das promessas.*

Leitura da Carta de São Paulo aos Efésios   3,2-3a.5-6

Irmãos:
² Se ao menos soubésseis da graça que Deus me concedeu
  para realizar o seu plano a vosso respeito,
³ᵃ e como, por revelação, tive conhecimento do mistério.
⁵ Este mistério, Deus não o fez conhecer
  aos homens das gerações passadas,
  mas acaba de o revelar agora, pelo Espírito,
  aos seus santos apóstolos e profetas:
⁶ os pagãos são admitidos à mesma herança,
  são membros do mesmo corpo,
  são associados à mesma promessa em Jesus Cristo,
  por meio do Evangelho.

Palavra do Senhor.

Aclamação ao Evangelho   cf. Mt 2,2

℟. Aleluia, Aleluia, Aleluia.
℣. Vimos sua estrela no Oriente
   e viemos adorar o Senhor.   ℟.

EVANGELHO

Viemos do Oriente adorar o Rei.

✠ Proclamação do Evangelho de Jesus Cristo
segundo Mateus   2,1-12

¹ Tendo nascido Jesus na cidade de Belém, na Judeia,
no tempo do rei Herodes,
eis que alguns magos do Oriente chegaram a Jerusalém,
² perguntando:
"Onde está o rei dos judeus, que acaba de nascer?
Nós vimos a sua estrela no Oriente e viemos adorá-lo".
³ Ao saber disso, o rei Herodes ficou perturbado,
assim como toda a cidade de Jerusalém.
⁴ Reunindo todos os sumos sacerdotes e os mestres da Lei,
perguntava-lhes onde o Messias deveria nascer.
⁵ Eles responderam: "Em Belém, na Judeia,
pois assim foi escrito pelo profeta:
⁶ E tu, Belém, terra de Judá, de modo algum
és a menor entre as principais cidades de Judá,
porque de ti sairá um chefe
que vai ser o pastor de Israel, o meu povo".
⁷ Então Herodes chamou em segredo os magos
e procurou saber deles cuidadosamente
quando a estrela tinha aparecido.
⁸ Depois os enviou a Belém, dizendo:
"Ide e procurai obter informações exatas
sobre o menino.
E, quando o encontrardes, avisai-me,
para que também eu vá adorá-lo".
⁹ Depois que ouviram o rei, eles partiram.
E a estrela, que tinham visto no Oriente, ia adiante deles,
até parar sobre o lugar onde estava o menino.
¹⁰ Ao verem de novo a estrela,
os magos sentiram uma alegria muito grande.
¹¹ Quando entraram na casa,
viram o menino com Maria, sua mãe.
Ajoelharam-se diante dele, e o adoraram.
Depois abriram seus cofres
e lhe ofereceram presentes: ouro, incenso e mirra.
¹² Avisados em sonho para não voltarem a Herodes,
retornaram para a sua terra, seguindo outro caminho.

Palavra da Salvação.

Domingo entre 9 e 13 de janeiro

BATISMO DO SENHOR

PRIMEIRA LEITURA

Eis o meu servo: nele se compraz minh'alma.

Leitura do Livro do Profeta Isaías   42,1-4.6-7

Assim fala o Senhor:
1 "Eis o meu servo – eu o recebo;
eis o meu eleito – nele se compraz minh'alma;
pus meu espírito sobre ele,
ele promoverá o julgamento das nações.
2 Ele não clama nem levanta a voz,
nem se faz ouvir pelas ruas.
3 Não quebra uma cana rachada
nem apaga um pavio que ainda fumega;
mas promoverá o julgamento para obter a verdade.
4 Não esmorecerá nem se deixará abater,
enquanto não estabelecer a justiça na terra;
os países distantes esperam seus ensinamentos.
6 Eu, o Senhor, te chamei para a justiça
e te tomei pela mão; eu te formei e te constituí
como o centro de aliança do povo, luz das nações,
7 para abrires os olhos dos cegos, tirar os cativos da prisão,
livrar do cárcere os que vivem nas trevas".

Palavra do Senhor.

Salmo Responsorial   Sl 28(29),1a.2.3ac-4.3b.9b-10 (R. 11b)

℟. Que o Se**nhor** abençoe, com a **paz**, o seu **po**vo!

1a Filhos de **Deus**, tribu**tai** ao Se**nhor**, *
tribu**tai**-lhe a **gló**ria e o po**der**!
2 Dai-lhe a **gló**ria de**vi**da ao seu **no**me; *
ado**rai**-o com **san**to orna**men**to!   ℟.

3a Eis a **voz** do Senhor sobre as **á**guas, *

- c sua **voz** sobre as **á**guas i**men**sas!
- 4 Eis a **voz** do Se**nhor** com po**der**! *
  Eis a **voz** do Se**nhor** majes**to**sa.   ℟.

- 3b Sua **voz** no tro**vão** rebo**an**do! *
- 9b No seu **tem**plo os fi**éis** bra**dam**: "**Gló**ria!"
- 10 É o Se**nhor** que do**mi**na os di**lú**vios, *
  o Se**nhor** reina**rá** para **sem**pre!   ℟.

SEGUNDA LEITURA

Foi ungido por Deus com o Espírito Santo.

Leitura dos Atos dos Apóstolos   10,34-38

Naqueles dias,
- 34 Pedro tomou a palavra e disse:
  "De fato, estou compreendendo
  que Deus não faz distinção entre as pessoas.
- 35 Pelo contrário, ele aceita quem o teme
  e pratica a justiça,
  qualquer que seja a nação a que pertença.
- 36 Deus enviou sua palavra aos israelitas
  e lhes anunciou a Boa-nova da paz,
  por meio de Jesus Cristo, que é o Senhor de todos.
- 37 Vós sabeis o que aconteceu em toda a Judeia,
  a começar pela Galileia,
  depois do batismo pregado por João:
- 38 como Jesus de Nazaré foi ungido por Deus
  com o Espírito Santo e com poder.
  Ele andou por toda a parte, fazendo o bem
  e curando a todos os que estavam dominados pelo demônio;
  porque Deus estava com ele".

Palavra do Senhor.

Aclamação ao Evangelho   cf. Mc 9,6

- ℟. Aleluia, Aleluia, Aleluia.
- ℣. Abriram-se os **céus**
  e fez-se ou**vir** a voz do **Pai**:
  Eis meu **Fi**lho muito a**ma**do;
  escu**tai**-o, todos **vós**!   ℟.

EVANGELHO

*Depois de ser batizado, Jesus viu o
Espírito de Deus pousando sobre ele.*

✠ Proclamação do Evangelho de Jesus Cristo
segundo Mateus   3,13-17

Naquele tempo,
¹³ Jesus veio da Galileia para o rio Jordão,
a fim de se encontrar com João e ser batizado por ele.
¹⁴ Mas João protestou, dizendo:
"Eu preciso ser batizado por ti, e tu vens a mim?"
¹⁵ Jesus, porém, respondeu-lhe:
"Por enquanto deixa como está,
porque nós devemos cumprir toda a justiça!"
E João concordou.
¹⁶ Depois de ser batizado, Jesus saiu logo da água.
Então o céu se abriu e Jesus viu o Espírito de Deus,
descendo como pomba e vindo pousar sobre ele.
¹⁷ E do céu veio uma voz que dizia:
"Este é o meu Filho amado,
no qual eu pus o meu agrado".

Palavra da Salvação.

Nos lugares em que a solenidade da Epifania é transferida para o domingo, e este ocorre no dia 7 ou 8 de janeiro, e a festa do Batismo do Senhor é transferida para a segunda-feira seguinte, escolhe-se somente uma leitura antes do Evangelho.

A partir do domingo depois da festa do Batismo do Senhor, iniciam-se as leituras dos domingos do "Tempo comum", que se encontram à página **249**.

TEMPO DA QUARESMA

1º DOMINGO DA QUARESMA

PRIMEIRA LEITURA

Criação e pecado dos primeiros pais.

Leitura do Livro do Gênesis   2,7-9; 3,1-7

⁷ O Senhor Deus formou o homem do pó da terra,
soprou-lhe nas narinas o sopro da vida
e o homem tornou-se um ser vivente.
⁸ Depois, o Senhor Deus plantou um jardim em Éden,
ao oriente, e ali pôs o homem que havia formado.
⁹ E o Senhor Deus fez brotar da terra
toda sorte de árvores de aspecto atraente
e de fruto saboroso ao paladar,
a árvore da vida no meio do jardim
e a árvore do conhecimento do bem e do mal.
³,¹ A serpente era o mais astuto de todos os animais dos campos
que o Senhor Deus tinha feito.
Ela disse à mulher:
"É verdade que Deus vos disse:
'Não comereis de nenhuma das árvores do jardim?'"
² E a mulher respondeu à serpente:
"Do fruto das árvores do jardim, nós podemos comer.
³ Mas do fruto da árvore que está no meio do jardim,
Deus nos disse:
'Não comais dele nem sequer o toqueis,
do contrário, morrereis' ".
⁴ A serpente disse à mulher:
"Não, vós não morrereis.
⁵ Mas Deus sabe que no dia em que dele comerdes,
vossos olhos se abrirão e vós sereis como Deus
conhecendo o bem e o mal".
⁶ A mulher viu que seria bom comer da árvore,
pois era atraente para os olhos
e desejável para se alcançar conhecimento.
E colheu um fruto,
comeu e deu também ao marido, que estava com ela,
e ele comeu.
⁷ Então, os olhos dos dois se abriram;
e, vendo que estavam nus,
teceram tangas para si com folhas de figueira.

Palavra do Senhor.

Salmo responsorial   Sl 50(51),3-4.5-6a.12-13.14.17 (℟. cf. 3a)

℟. Piedade, ó Senhor, tende piedade,
    pois pecamos contra vós.

3   Tende piedade, ó meu Deus, misericórdia! *
    Na imensidão de vosso amor, purificai-me!
4   Lavai-me todo inteiro do pecado, *
    e apagai completamente a minha culpa!   ℟.

5   Eu reconheço toda a minha iniquidade, *
    o meu pecado está sempre à minha frente.
6a Foi contra vós, só contra vós, que eu pequei, *
    e pratiquei o que é mau aos vossos olhos!   ℟.

12 Criai em mim um coração que seja puro, *
    dai-me de novo um espírito decidido.
13 Ó Senhor, não me afasteis de vossa face, *
    nem retireis de mim o vosso Santo Espírito!   ℟.

14 Dai-me de novo a alegria de ser salvo *
    e confirmai-me com espírito generoso!
17 Abri meus lábios, ó Senhor, para cantar, *
    e minha boca anunciará vosso louvor!   ℟.

SEGUNDA LEITURA (mais longa)

Onde se multiplicou o pecado, aí superabundou a graça.

Leitura da Carta de São Paulo aos Romanos   5,12-19

    Irmãos:
12 Consideremos o seguinte:
    O pecado entrou no mundo por um só homem.
    Através do pecado, entrou a morte.
    E a morte passou para todos os homens,
    porque todos pecaram...
13 Na realidade, antes de ser dada a Lei,
    já havia pecado no mundo.
    Mas o pecado não pode ser imputado, quando não há lei.
14 No entanto, a morte reinou, desde Adão até Moisés,
    mesmo sobre os que não pecaram como Adão,
    – o qual era a figura provisória daquele que devia vir –.

¹⁵ Mas isso não quer dizer que o dom da graça de Deus
seja comparável à falta de Adão!
A transgressão de um só
levou a multidão humana à morte, mas
foi de modo bem superior que a graça de Deus,
ou seja, o dom gratuito
concedido através de um só homem,
Jesus Cristo, se derramou em abundância sobre todos.
¹⁶ Também, o dom é muito mais eficaz
do que o pecado de um só.
Pois a partir de um só pecado
o julgamento resultou em condenação,
mas o dom da graça frutifica em justificação,
a partir de inúmeras faltas.
¹⁷ Por um só homem, pela falta de um só homem,
a morte começou a reinar.
Muito mais reinarão na vida, pela mediação de um só,
Jesus Cristo, os que recebem o dom
gratuito e superabundante da justiça.
¹⁸ Como a falta de um só acarretou condenação
para todos os homens,
assim o ato de justiça de um só trouxe,
para todos os homens, a justificação que dá a vida.
¹⁹ Com efeito, como pela desobediência de um só homem
a humanidade toda foi estabelecida numa situação de
pecado, assim também, pela obediência de um só,
toda a humanidade passará para uma situação de justiça.

Palavra do Senhor.

Ou: SEGUNDA LEITURA (mais breve)

Onde se multiplicou o pecado, aí superabundou a graça.

Leitura da Carta de São Paulo aos Romanos   5,12.17-19

Irmãos:
¹² Consideremos o seguinte:
O pecado entrou no mundo por um só homem.
Através do pecado, entrou a morte.
E a morte passou para todos os homens,
porque todos pecaram.
¹⁷ Por um só homem, pela falta de um só homem,
a morte começou a reinar.

Muito mais reinarão na vida, pela mediação de um só,
Jesus Cristo, os que recebem o dom
gratuito e superabundante da justiça.
18 Como a falta de um só acarretou condenação
para todos os homens,
assim o ato de justiça de um só trouxe,
para todos os homens, a justificação que dá a vida.
19 Com efeito, como pela desobediência de um só homem
a humanidade toda foi estabelecida numa situação de
pecado, assim também, pela obediência de um só,
toda a humanidade passará para uma situação de justiça.

Palavra do Senhor.

Aclamação ao Evangelho
Mt 4,4b

℟. Louvor e glória a ti, Senhor, Cristo, Palavra de Deus.
℣. O **ho**mem não **vi**ve s**om**en**te** de **pão**,
mas de **to**da a pa**la**vra da **bo**ca de **Deus**. ℟.

EVANGELHO

Jesus jejuou durante quarenta dias e foi tentado.

✠ Proclamação do Evangelho de Jesus Cristo
segundo Mateus
4,1-11

Naquele tempo,
1 o Espírito conduziu Jesus ao deserto,
para ser tentado pelo diabo.
2 Jesus jejuou durante quarenta dias e quarenta noites,
e, depois disso, teve fome.
3 Então, o tentador aproximou-se e disse a Jesus:
"Se és Filho de Deus,
manda que estas pedras se transformem em pães!".
4 Mas Jesus respondeu: "Está escrito:
'Não só de pão vive o homem,
mas de toda palavra que sai da boca de Deus'".
5 Então o diabo levou Jesus à Cidade Santa,
colocou-o sobre a parte mais alta do Templo,
6 e lhe disse: "Se és Filho de Deus,
lança-te daqui abaixo!
Porque está escrito:
'Deus dará ordens aos seus anjos a teu respeito,

e eles te levarão nas mãos,
para que não tropeces em alguma pedra' ".

7 Jesus lhe respondeu: "Também está escrito:
'Não tentarás o Senhor teu Deus!'"

8 Novamente, o diabo levou Jesus para um monte muito alto.
Mostrou-lhe todos os reinos do mundo e sua glória,

9 e lhe disse: "Eu te darei tudo isso,
se te ajoelhares diante de mim, para me adorar".

10 Jesus lhe disse: "Vai-te embora, Satanás,
porque está escrito:
'Adorarás ao Senhor teu Deus
e somente a ele prestarás culto' ".

11 Então o diabo o deixou.
E os anjos se aproximaram e serviram a Jesus.

Palavra da Salvação.

2º DOMINGO DA QUARESMA

PRIMEIRA LEITURA

Vocação de Abraão, pai do povo de Deus.

Leitura do Livro do Gênesis 12,1-4a

¹ Naqueles dias, o Senhor disse a Abrão:
"Sai da tua terra, da tua família e da casa do teu pai,
e vai para a terra que eu te vou mostrar.
² Farei de ti um grande povo e te abençoarei:
engrandecerei o teu nome,
de modo que ele se torne uma bênção.
³ Abençoarei os que te abençoarem
e amaldiçoarei os que te amaldiçoarem;
em ti serão abençoadas todas as famílias da terra!".
⁴ᵃ E Abrão partiu, como o Senhor lhe havia dito.

Palavra do Senhor.

Salmo responsorial Sl 32(33),4-5.18-19.20.22 (℟. cf. 22)

℟. Sobre **nós** venha, Se**nhor**, a vossa **graça**,
venha a **vossa** salva**ção**!

⁴ Pois **re**ta é a pa**la**vra do Se**nhor**, *
e **tu**do o que ele **faz** merece **fé**.
⁵ Deus **a**ma o di**rei**to e a jus**ti**ça, *
transbor**da** em toda a **ter**ra a sua **gra**ça. ℟.

¹⁸ Mas o Se**nhor** pousa o **o**lhar sobre os que o **te**mem, *
e que confiam espe**ran**do em seu a**mor**,
¹⁹ para da **mor**te liber**tar** as suas **vi**das *
e alimen**tá**-los quando é **tem**po de pe**nú**ria. ℟.

²⁰ No Se**nhor** nós espe**ra**mos confi**an**tes, *
porque **e**le é nosso auxílio e prote**ção**!
²² Sobre **nós** venha, Senhor, a vossa **gra**ça, *
da mesma **for**ma que em **vós** nós espe**ra**mos! ℟.

SEGUNDA LEITURA

Deus nos chama e ilumina.

Leitura da Segunda Carta de São Paulo a Timóteo   1,8b-10

Caríssimo:
8b Sofre comigo pelo Evangelho,
fortificado pelo poder de Deus.
9 Deus nos salvou e nos chamou com uma vocação santa,
não devido às nossas obras,
mas em virtude do seu desígnio e da sua graça,
que nos foi dada em Cristo Jesus
desde toda a eternidade.
10 Esta graça foi revelada agora,
pela manifestação de nosso Salvador, Jesus Cristo.
Ele não só destruiu a morte,
como também fez brilhar a vida e a imortalidade
por meio do Evangelho.

Palavra do Senhor.

Aclamação ao Evangelho   cf. Lc 9,35

℟. Louvor a vós, ó Cristo, rei da eterna glória.
℣. Numa **nu**vem resplen**den**te fez-se ou**vir** a voz do **Pai**:
Eis meu **Fi**lho muito a**ma**do, escu**tai**-o, todos **vós**.   ℟.

EVANGELHO

O seu rosto brilhou como o sol.

✠ Proclamação do Evangelho de Jesus Cristo
segundo Mateus   17,1-9

Naquele tempo,
1 Jesus tomou consigo Pedro, Tiago e João, seu irmão,
e os levou a um lugar à parte, sobre uma alta montanha.
2 E foi transfigurado diante deles;
o seu rosto brilhou como o sol
e as suas roupas ficaram brancas como a luz.
3 Nisto apareceram-lhes Moisés e Elias,
conversando com Jesus.

⁴ Então Pedro tomou a palavra e disse:
"Senhor, é bom ficarmos aqui.
Se queres, vou fazer aqui três tendas:
uma para ti, outra para Moisés, e outra para Elias".
⁵ Pedro ainda estava falando,
quando uma nuvem luminosa os cobriu com sua sombra.
E da nuvem uma voz dizia:
"Este é o meu Filho amado,
no qual eu pus todo meu agrado.
Escutai-o!"
⁶ Quando ouviram isto, os discípulos ficaram muito
assustados e caíram com o rosto em terra.
⁷ Jesus se aproximou, tocou neles e disse:
"Levantai-vos, e não tenhais medo".
⁸ Os discípulos ergueram os olhos e não viram mais
ninguém, a não ser somente Jesus.
⁹ Quando desciam da montanha, Jesus ordenou-lhes:
"Não conteis a ninguém esta visão
até que o Filho do Homem tenha ressuscitado dos mortos".

Palavra da Salvação.

3º DOMINGO DA QUARESMA

PRIMEIRA LEITURA

Dá-nos água para beber!

Leitura do Livro do Êxodo   17,3-7

Naqueles dias,
³ O povo, sedento de água, murmurava contra Moisés e
dizia: "Por que nos fizeste sair do Egito?
Foi para nos fazer morrer de sede,
a nós, nossos filhos e nosso gado?"
⁴ Moisés clamou ao Senhor, dizendo:
"Que farei por este povo? Por pouco não me apedrejam!"
⁵ O Senhor disse a Moisés: "Passa adiante do povo
e leva contigo alguns anciãos de Israel.
Toma a tua vara com que feriste o rio Nilo e vai.
⁶ Eu estarei lá, diante de ti, sobre o rochedo,
no monte Horeb.
Ferirás a pedra e dela sairá água para o povo beber".
Moisés assim fez na presença dos anciãos de Israel.
⁷ E deu àquele lugar o nome de Massa e Meriba,
por causa da disputa dos filhos de Israel
e porque tentaram o Senhor, dizendo:
"O Senhor está no meio de nós, ou não?"

Palavra do Senhor.

Salmo responsorial   Sl 94(95),1-2.6-7.8-9 (R. 8)

℟. **Ho**je não fe**che**is o **vos**so coração,
mas ou**vi** a voz do Se**nhor**!

¹ Vinde, exul**te**mos de ale**gri**a no Se**nhor**, *
acla**me**mos o Ro**che**do que nos **sal**va!
² Ao seu en**con**tro cami**nhe**mos com louv**o**res, *
e com **can**tos de ale**gri**a o cele**bre**mos!   ℟.

⁶ Vinde ado**re**mos e pros**tre**mo-nos por **ter**ra, *
e ajoe**lhe**mos ante o **Deus** que nos cri**ou**!

7 Porque ele é o nosso **Deus**, nosso **Pastor**, †
e nós **so**mos o seu **po**vo e seu re**ba**nho, *
as o**ve**lhas que con**duz** com sua **mão**. ℟.

8 Oxa**lá** ouvísseis **ho**je a sua **voz**: †
"Não fe**cheis** os cora**ções** como em Me**ri**ba, *
9 como em **Mas**sa, no de**ser**to, aquele **di**a,
em que ou**tro**ra vossos **pais** me provo**ca**ram, *
ape**sar** de terem **vis**to as minhas **o**bras". ℟.

SEGUNDA LEITURA

*O amor foi derramado em nós pelo
Espírito que nos foi dado.*

Leitura da Carta de São Paulo aos Romanos   5,1-2.5-8

Irmãos:
1 Justificados pela fé, estamos em paz com Deus,
pela mediação do Senhor nosso, Jesus Cristo.
2 Por ele tivemos acesso, pela fé, a esta graça,
na qual estamos firmes e nos gloriamos,
na esperança da glória de Deus.
5 E a esperança não decepciona,
porque o amor de Deus foi derramado em nossos corações
pelo Espírito Santo que nos foi dado.
6 Com efeito, quando éramos ainda fracos,
Cristo morreu pelos ímpios, no tempo marcado.
7 Dificilmente alguém morrerá por um justo;
por uma pessoa muito boa,
talvez alguém se anime a morrer.
8 Pois bem, a prova de que Deus nos ama
é que Cristo morreu por nós,
quando éramos ainda pecadores.

Palavra do Senhor.

Aclamação ao Evangelho   cf. Jo 4,42.15

℟. Glória e louvor a vós, ó Cristo.
℣. Na ver**da**de, sois Se**nhor**, o **Sal**vador do **mun**do.
Se**nhor**, dai-me água **vi**va a **fim** de eu não ter **se**de!   ℟.

EVANGELHO (mais longo)

Uma fonte de água que jorra para a vida eterna.

✠ Proclamação do Evangelho de Jesus Cristo
segundo João   4,5-42

Naquele tempo,
5 Jesus chegou a uma cidade da Samaria, chamada Sicar,
perto do terreno que Jacó tinha dado ao seu filho José.
6 Era aí que ficava o poço de Jacó.
Cansado da viagem, Jesus sentou-se junto ao poço.
Era por volta do meio-dia.
7 Chegou uma mulher da Samaria para tirar água.
Jesus lhe disse: "Dá-me de beber".
8 Os discípulos tinham ido à cidade
para comprar alimentos.
9 A mulher samaritana disse então a Jesus:
"Como é que tu, sendo judeu, pedes de beber
a mim, que sou uma mulher samaritana?"
De fato, os judeus não se dão com os samaritanos.
10 Respondeu-lhe Jesus:
"Se tu conhecesses o dom de Deus
e quem é que te pede: 'Dá-me de beber',
tu mesma lhe pedirias a ele, e ele te daria água viva".
11 A mulher disse a Jesus:
"Senhor, nem sequer tens balde e o poço é fundo.
De onde vais tirar a água viva?
12 Por acaso, és maior que nosso pai Jacó,
que nos deu o poço e que dele bebeu,
como também seus filhos e seus animais?"
13 Respondeu Jesus:
"Todo aquele que bebe desta água terá sede de novo.
14 Mas quem beber da água que eu lhe darei,
esse nunca mais terá sede.
E a água que eu lhe der se tornará nele
uma fonte de água que jorra para a vida eterna".
15 A mulher disse a Jesus:
"Senhor, dá-me dessa água, para que eu não tenha
mais sede e nem tenha de vir aqui para tirá-la".
16 Disse-lhe Jesus:
"Vai chamar teu marido e volta aqui".
17 A mulher respondeu: "Eu não tenho marido".
Jesus disse:
"Disseste bem, que não tens marido,

¹⁸ pois tiveste cinco maridos,
e o que tens agora não é o teu marido.
Nisso falaste a verdade".
¹⁹ A mulher disse a Jesus:
"Senhor, vejo que és um profeta!
²⁰ Os nossos pais adoraram neste monte
mas vós dizeis que em Jerusalém é que se deve adorar".
²¹ Disse-lhe Jesus: "Acredita-me, mulher:
está chegando a hora em que nem neste monte,
nem em Jerusalém adorareis o Pai.
²² Vós adorais o que não conheceis.
Nós adoramos o que conhecemos,
pois a salvação vem dos judeus.
²³ Mas está chegando a hora, e é agora,
em que os verdadeiros adoradores
adorarão o Pai em espírito e verdade.
De fato, estes são os adoradores que o Pai procura.
²⁴ Deus é espírito e aqueles que o adoram
devem adorá-lo em espírito e verdade".
²⁵ A mulher disse a Jesus:
"Sei que o Messias (que se chama Cristo) vai chegar.
Quando ele vier,
vai nos fazer conhecer todas as coisas".
²⁶ Disse-lhe Jesus:
"Sou eu, que estou falando contigo".
²⁷ Nesse momento, chegaram os discípulos e ficaram
admirados de ver Jesus falando com a mulher.
Mas ninguém perguntou: "Que desejas?"
ou: "Por que falas com ela?"
²⁸ Então a mulher deixou o seu cântaro
e foi à cidade, dizendo ao povo:
²⁹ "Vinde ver um homem que me disse tudo o que eu fiz.
Será que ele não é o Cristo?"
³⁰ O povo saiu da cidade e foi ao encontro de Jesus.
³¹ Enquanto isso, os discípulos insistiam
com Jesus, dizendo: "Mestre, come".
³² Jesus, porém disse-lhes:
"Eu tenho um alimento para comer
que vós não conheceis".
³³ Os discípulos comentavam entre si:
"Será que alguém trouxe alguma coisa para ele comer?"
³⁴ Disse-lhes Jesus:
"O meu alimento é fazer a vontade daquele
que me enviou e realizar a sua obra.
³⁵ Não dizeis vós:
'Ainda quatro meses, e aí vem a colheita!'

Pois eu vos digo: Levantai os olhos e vede os campos:
eles estão dourados para a colheita!
36 O ceifeiro já está recebendo o salário,
e recolhe fruto para a vida eterna.
Assim, o que semeia se alegra junto com o que colhe'.
37 Pois é verdade o provérbio que diz:
'Um é o que semeia e outro o que colhe'.
38 Eu vos enviei para colher aquilo que não trabalhastes.
Outros trabalharam e vós entrastes no trabalho deles".
39 Muitos samaritanos daquela cidade
abraçaram a fé em Jesus,
por causa da palavra da mulher que testemunhava:
"Ele me disse tudo o que eu fiz".
40 Por isso, os samaritanos vieram ao encontro de Jesus
e pediram que permanecesse com eles.
Jesus permaneceu aí dois dias.
41 E muitos outros creram por causa da sua palavra.
42 E disseram à mulher:
"Já não cremos por causa das tuas palavras,
pois nós mesmos ouvimos e sabemos,
que este é verdadeiramente o salvador do mundo".

Palavra da Salvação.

Ou: EVANGELHO (mais breve)

Uma fonte de água que jorra para a vida eterna.

✠ Proclamação do Evangelho de Jesus Cristo
segundo João   4,5-15.19b-26.39a.40-42

Naquele tempo,
5 Jesus chegou a uma cidade da Samaria, chamada Sicar,
perto do terreno que Jacó tinha dado ao seu filho José.
6 Era aí que ficava o poço de Jacó.
Cansado da viagem, Jesus sentou-se junto ao poço.
Era por volta do meio-dia.
7 Chegou uma mulher da Samaria para tirar água.
Jesus lhe disse: "Dá-me de beber".
8 Os discípulos tinham ido à cidade
para comprar alimentos.
9 A mulher samaritana disse então a Jesus:
"Como é que tu, sendo judeu, pedes de beber
a mim, que sou uma mulher samaritana?"
De fato, os judeus não se dão com os samaritanos.

¹⁰ Respondeu-lhe Jesus:
"Se tu conhecesses o dom de Deus
e quem é que te pede: 'Dá-me de beber',
tu mesma lhe pedirias a ele, e ele te daria água viva".
¹¹ A mulher disse a Jesus:
"Senhor, nem sequer tens balde e o poço é fundo.
De onde vais tirar a água viva?
¹² Por acaso, és maior que nosso pai Jacó,
que nos deu o poço e que dele bebeu,
como também seus filhos e seus animais?"
¹³ Respondeu Jesus:
"Todo aquele que bebe desta água terá sede de novo.
¹⁴ Mas quem beber da água que eu lhe darei,
esse nunca mais terá sede.
E a água que eu lhe der se tornará nele
uma fonte de água que jorra para a vida eterna".
¹⁵ A mulher disse a Jesus:
"Senhor, dá-me dessa água, para que eu não tenha mais sede
e nem tenha de vir aqui para tirá-la".
¹⁹ᵇ "Senhor, vejo que és um profeta!"
²⁰ Os nossos pais adoraram neste monte
mas vós dizeis que em Jerusalém é que se deve adorar".
²¹ Disse-lhe Jesus: "Acredita-me, mulher:
está chegando a hora em que nem neste monte,
nem em Jerusalém adorareis o Pai.
²² Vós adorais o que não conheceis.
Nós adoramos o que conhecemos,
pois a salvação vem dos judeus.
²³ Mas está chegando a hora, e é agora,
em que os verdadeiros adoradores
adorarão o Pai em espírito e verdade.
De fato, estes são os adoradores que o Pai procura.
²⁴ Deus é espírito e aqueles que o adoram
devem adorá-lo em espírito e verdade".
²⁵ A mulher disse a Jesus:
"Sei que o Messias (que se chama Cristo) vai chegar.
Quando ele vier,
vai nos fazer conhecer todas as coisas".
²⁶ Disse-lhe Jesus:
"Sou eu, que estou falando contigo".
³⁹ᵃ Muitos samaritanos daquela cidade
abraçaram a fé em Jesus.
⁴⁰ Por isso, os samaritanos vieram ao encontro de Jesus
e pediram que permanecesse com eles.
Jesus permaneceu aí dois dias.

⁴¹ E muitos outros creram por causa da sua palavra.
⁴² E disseram à mulher:
"Já não cremos por causa das tuas palavras,
pois nós mesmos ouvimos e sabemos,
que este é verdadeiramente o salvador do mundo".

Palavra da Salvação.

4º DOMINGO DA QUARESMA

PRIMEIRA LEITURA

Davi é ungido rei de Israel.

Leitura do Primeiro Livro de Samuel 16,1b.6-7.10-13a

Naqueles dias, o Senhor disse a Samuel:
¹ᵇ Enche o chifre de óleo e vem
para que eu te envie à casa de Jessé de Belém,
pois escolhi um rei para mim entre os seus filhos.
⁶ Assim que chegou, Samuel viu a Eliab e disse consigo
"Certamente é este o ungido do Senhor!"
⁷ Mas o Senhor disse-lhe: Não olhes para a sua aparência
nem para a sua grande estatura, porque eu o rejeitei.
Não julgo segundo os critérios do homem:
o homem vê as aparências, mas o Senhor olha o coração".
¹⁰ Jessé fez vir seus sete filhos à presença de Samuel,
mas Samuel disse:
"O Senhor não escolheu a nenhum deles".
¹¹ E acrescentou: "Estão aqui todos os teus filhos?"
Jessé respondeu: Resta ainda o mais novo
que está apascentando as ovelhas".
E Samuel ordenou a Jessé: "Manda buscá-lo, pois não
nos sentaremos à mesa enquanto ele não chegar".
¹² Jessé mandou buscá-lo.
Era Davi, ruivo, de belos olhos e de formosa aparência.
E o Senhor disse: "Levanta-te, unge-o: é este!"
¹³ᵃ Samuel tomou o chifre com óleo e ungiu a Davi
na presença de seus irmãos.
E a partir daquele dia o espírito do Senhor
se apoderou de Davi.

Palavra do Senhor.

Salmo responsorial Sl 22(23),1-3a.3b-4.5.6 (℟. 1)

℟. O Se**nhor** é o pas**tor** que me con**duz**; *
não me **fal**ta coisa al**gu**ma.

¹ O Se**nhor** é o pas**tor** que me con**duz**; *
não me **fal**ta coisa al**gu**ma.

4º DOMINGO DA QUARESMA

² Pelos **pra**dos e cam**pi**nas verde**jan**tes *
  ele me l**e**va a descan**sar**.
  Para as águas repous**an**tes me enca**mi**nha, *
³ª e rest**au**ra as minhas **for**ças.   ℟.

³ᵇ Ele me **gui**a no ca**mi**nho mais se**gu**ro, *
  pela **hon**ra do seu **no**me.
⁴ Mesmo que eu **pas**se pelo **va**le tene**bro**so, *
  nenhum **mal** eu teme**rei**.
  Estais co**mi**go com bas**tão** e com ca**ja**do, *
  eles me **dão** a segurança!   ℟.

⁵ Prepa**rais** à minha **fren**te uma **me**sa, *
  bem à **vis**ta do ini**mi**go;
  com **ó**leo vós un**gis** minha cabeça, *
  e o meu **cá**lice trans**bor**da.   ℟.

⁶ Felici**da**de e todo **bem** hão de se**guir**-me, *
  por **to**da a minha **vi**da;
  e, na **ca**sa do Se**nhor**, habita**rei** *
  pelos **tem**pos infinitos.   ℟.

SEGUNDA LEITURA

*Levanta-te dentre os mortos e
sobre ti Cristo resplandecerá.*

Leitura da Carta de São Paulo aos Efésios   5,8-14

Irmãos:
⁸ Outrora éreis trevas, mas agora sois luz no Senhor.
  Vivei como filhos da luz.
⁹ E o fruto da luz chama-se: bondade, justiça, verdade.
¹⁰ Discerni o que agrada ao Senhor.
¹¹ Não vos associeis às obras das trevas,
  que não levam a nada; antes, desmascarai-as.
¹² O que essa gente faz em segredo,
  tem vergonha até de dizê-lo.
¹³ Mas tudo que é condenável torna-se manifesto pela luz;
  e tudo o que é manifesto é luz.
¹⁴ É por isso que se diz:
  "Desperta, tu que dormes,

levanta-te dentre os mortos
e sobre ti Cristo resplandecerá".

Palavra do Senhor.

Aclamação ao Evangelho   Jo 8,12

℟. Louvor e honra a vós, Senhor Jesus.
℣. Pois, eu **sou** a luz do **mun**do, quem nos **diz** é o Se**nhor**;
e vai **ter** a luz da **Vi**da quem se **faz** meu segui**dor**!   ℟.

EVANGELHO (mais longo)

O cego foi, lavou-se e voltou enxergando.

✠ Proclamação do Evangelho de Jesus Cristo
segundo João   9,1-41

Naquele tempo,
1 Ao passar, Jesus viu um homem cego de nascença.
2 Os discípulos perguntaram a Jesus:
"Mestre, quem pecou para que nascesse cego:
ele ou os seus pais?"
3 Jesus respondeu: "Nem ele nem seus pais pecaram,
mas isso serve para que as obras de Deus
se manifestem nele.
4 É necessário que nós realizemos
as obras daquele que me enviou, enquanto é dia.
Vem a noite, em que ninguém pode trabalhar.
5 Enquanto estou no mudo, eu sou a luz do mundo".
6 Dito isto, Jesus cuspiu no chão, fez lama com a saliva
e colocou-a sobre os olhos do cego.
7 E disse-lhe: "Vai lavar-te na piscina de Siloé"
(que quer dizer: Enviado).
O cego foi, lavou-se e voltou enxergando.
8 Os vizinhos e os que costumavam ver o cego
– pois ele era mendigo – diziam:
"Não é aquele que ficava pedindo esmola?"
9 Uns diziam: "Sim, é ele!"
Outros afirmavam:
"Não é ele, mas alguém parecido com ele".
Ele, porém, dizia: "Sou eu mesmo!"

10 Então lhe perguntaram:
"Como é que se abriram os teus olhos?"
11 Ele respondeu:
"Aquele homem chamado Jesus fez lama, colocou-a
nos meus olhos e disse-me: 'Vai a Siloé e lava-te'.
Então fui, lavei-me e comecei a ver".
12 Perguntaram-lhe: "Onde está ele?"
Respondeu: "Não sei".
13 Levaram então aos fariseus o homem que tinha sido cego.
14 Ora, era sábado, o dia em que Jesus tinha feito lama
e aberto os olhos do cego.
15 Novamente, então, lhe perguntaram os fariseus
como tinha recuperado a vista.
Respondeu-lhes: "Colocou lama sobre meus olhos,
fui lavar-me e agora vejo!"
16 Disseram, então, alguns dos fariseus:
"Esse homem não vem de Deus, pois não guarda o sábado".
Mas outros diziam:
"Como pode um pecador fazer tais sinais?"
17 E havia divergência entre eles.
Perguntaram outra vez ao cego:
"E tu, que dizes daquele que te abriu os olhos?"
Respondeu: "É um profeta".
18 Então, os judeus não acreditaram
que ele tinha sido cego e que tinha recuperado a vista.
Chamaram os pais dele
19 e perguntaram-lhes:
"Este é o vosso filho, que dizeis ter nascido cego?
Como é que ele agora está enxergando?"
20 Os seus pais disseram:
"Sabemos que este é nosso filho e que nasceu cego.
21 Como agora está enxergando, isso não sabemos.
E quem lhe abriu os olhos também não sabemos.
Interrogai-o, ele é maior de idade,
ele pode falar por si mesmo".
22 Os seus pais disseram isso,
porque tinham medo das autoridades judaicas.
De fato, os judeus já tinham combinado
expulsar da comunidade
quem declarasse que Jesus era o Messias.
23 Foi por isso que seus pais disseram:
"É maior de idade. Interrogai-o a ele".
24 Então, os judeus chamaram de novo
o homem que tinha sido cego.
Disseram-lhe: "Dá glória a Deus!
Nós sabemos que esse homem é um pecador".

²⁵ Então ele respondeu:
"Se ele é pecador, não sei. Só sei que eu era cego
e agora vejo".
²⁶ Perguntaram-lhe então:
"Que é que ele te fez? Como te abriu os olhos?"
²⁷ Respondeu ele:
"Eu já vos disse, e não escutastes.
Por que quereis ouvir de novo?
Por acaso quereis tornar-vos discípulos dele?"
²⁸ Então insultaram-no, dizendo:
"Tu, sim, és discípulo dele!
Nós somos discípulos de Moisés.
²⁹ Nós sabemos que Deus falou a Moisés,
mas esse, não sabemos de onde é".
³⁰ Respondeu-lhes o homem: "Espantoso!
Vós não sabeis de onde ele é?
No entanto, ele abriu-me os olhos!
³¹ Sabemos que Deus não escuta os pecadores,
mas escuta aquele que é piedoso
e que faz a sua vontade.
³² Jamais se ouviu dizer
que alguém tenha aberto os olhos a um cego de nascença.
³³ Se este homem não viesse de Deus,
não poderia fazer nada".
³⁴ Os fariseus disseram-lhe:
"Tu nasceste todo em pecado e estás nos ensinando?"
E expulsaram-no da comunidade.
³⁵ Jesus soube que o tinham expulsado.
Encontrando-o, perguntou-lhe:
"Acreditas no Filho do Homem?"
³⁶ Respondeu ele:
"Quem é, Senhor, para que eu creia nele?"
³⁷ Jesus disse:
"Tu o estás vendo; é aquele que está falando contigo".
Exclamou ele:
³⁸ "Eu creio, Senhor!"
E prostrou-se diante de Jesus.
³⁹ Então, Jesus disse:
"Eu vim a este mundo para exercer um julgamento,
a fim de que os que não veem, vejam,
e os que veem se tornem cegos".
⁴⁰ Alguns fariseus, que estavam com ele, ouviram isto
e lhe disseram:
"Porventura, também nós somos cegos?"
⁴¹ Respondeu-lhes Jesus:
"Se fôsseis cegos, não teríeis culpa;

mas como dizeis:
'Nós vemos', o vosso pecado permanece".

Palavra da Salvação.

Ou: **EVANGELHO (mais breve)**

O cego foi, lavou-se e voltou enxergando.

✠ Proclamação do Evangelho de Jesus Cristo, segundo João   9,1.6-9.13-17.34-38

Naquele tempo,
1 Ao passar, Jesus viu um homem cego de nascença.
6 E cuspiu no chão, fez lama com a saliva
e colocou-a sobre os olhos do cego.
7 E disse-lhe: "Vai lavar-te na piscina de Siloé"
(que quer dizer: Enviado).
O cego foi, lavou-se e voltou enxergando.
8 Os vizinhos e os que costumavam ver o cego
– pois ele era mendigo – diziam:
"Não é aquele que ficava pedindo esmola?"
9 Uns diziam: "Sim, é ele!"
Outros afirmavam:
"Não é ele, mas alguém parecido com ele".
Ele, porém, dizia: "Sou eu mesmo!"
13 Levaram então aos fariseus
o homem que tinha sido cego.
14 Ora, era sábado, o dia em que Jesus tinha feito lama
e aberto os olhos do cego.
15 Novamente, então, lhe perguntaram os fariseus
como tinha recuperado a vista.
Respondeu-lhes: "Colocou lama sobre meus olhos,
fui lavar-me e agora vejo!"
16 Disseram, então, alguns dos fariseus:
"Esse homem não vem de Deus, pois não guarda o sábado".
Mas outros diziam:
"Como pode um pecador fazer tais sinais?"
17 E havia divergência entre eles.
Perguntaram outra vez ao cego:
"E tu, que dizes daquele que te abriu os olhos?"
Respondeu: "É um profeta".

³⁴ Os fariseus disseram-lhe:
"Tu nasceste todo em pecado e estás nos ensinando?"
E expulsaram-no da comunidade.
³⁵ Jesus soube que o tinham expulsado.
Encontrando-o, perguntou-lhe:
"Acreditas no Filho do Homem?"
³⁶ Respondeu ele:
"Quem é, Senhor, para que eu creia nele?"
³⁷ Jesus disse:
"Tu o estás vendo; é aquele que está falando contigo".
Exclamou ele:
³⁸ "Eu creio, Senhor!"
E prostrou-se diante de Jesus.

Palavra da Salvação.

5º DOMINGO DA QUARESMA

PRIMEIRA LEITURA

Porei em vós o meu espírito para que vivais.

Leitura da Profecia de Ezequiel 37,12-14

¹² Assim fala o Senhor Deus:
"Ó meu povo, vou abrir as vossas sepulturas
e conduzir-vos para a terra de Israel;
¹³ e quando eu abrir as vossas sepulturas
e vos fizer sair delas, sabereis que eu sou o Senhor.
¹⁴ Porei em vós o meu espírito,
para que vivais e vos colocarei em vossa terra.
Então sabereis que eu, o Senhor, digo e faço
– oráculo do Senhor".

Palavra do Senhor.

Salmo responsorial Sl 129(130),1-2.3-4ab.5-6.7-8 (R. cf. 7)

℟. No Senhor, toda graça e redenção!

¹ Das profundezas eu clamo a vós, Senhor, *
² escutai a minha voz!
Vossos ouvidos estejam bem atentos *
ao clamor da minha prece! ℟.

³ Se levardes em conta nossas faltas, *
quem haverá de subsistir?
⁴ Mas em vós se encontra o perdão, *
eu vos temo e em vós espero. ℟.

⁵ No Senhor ponho a minha esperança, *
espero em sua palavra.
⁶ A minh'alma espera no Senhor *
mais que o vigia pela aurora. ℟.

⁷ Espere Israel pelo Senhor, *
mais que o vigia pela aurora!
Pois no Senhor se encontra toda graça *
e copiosa redenção.

⁸ Ele vem libertar a Israel *
de toda a sua culpa. ℟.

SEGUNDA LEITURA

*O Espírito daquele que ressuscitou
Jesus dentre os mortos mora em vós.*

Leitura da Carta de São Paulo aos Romanos   8,8-11

Irmãos:
8 Os que vivem segundo a carne não podem agradar a Deus.
9 Vós não viveis segundo a carne,
mas segundo o Espírito,
se realmente o Espírito de Deus mora em vós.
Se alguém não tem o Espírito de Cristo,
não pertence a Cristo.
10 Se, porém, Cristo está em vós,
embora vosso corpo esteja ferido de morte
por causa do pecado,
vosso espírito está cheio de vida, graças à justiça.
11 E, se o Espírito daquele
que ressuscitou Jesus dentre os mortos mora em vós,
então aquele que ressuscitou
Jesus Cristo dentre os mortos
vivificará também vossos corpos mortais
por meio do seu Espírito que mora em vós.

Palavra do Senhor.

Aclamação ao Evangelho   Jo 11,25a.26

℟. Glória a vós, ó Cristo, verbo de Deus.
℣. Eu sou a **res**surrei**ção**, eu sou a **vi**da.
Quem crê em **mim** não morre**rá** eterna**men**te.   ℟.

EVANGELHO (mais longo)

Eu sou a ressurreição e a vida.

✠ Proclamação do Evangelho de Jesus Cristo
segundo João   11,1-45

Naquele tempo,
1 Havia um doente, Lázaro, que era de Betânia,
o povoado de Maria e de Marta, sua irmã.
2 Maria era aquela que ungira o Senhor com perfume
e enxugara os pés dele com seus cabelos.
O irmão dela, Lázaro, é que estava doente.

³ As irmãs mandaram então dizer a Jesus:
"Senhor, aquele que amas está doente".
⁴ Ouvindo isto, Jesus disse:
"Esta doença não leva à morte;
ela serve para a glória de Deus,
para que o Filho de Deus seja glorificado por ela".
⁵ Jesus era muito amigo de Marta,
de sua irmã Maria e de Lázaro.
⁶ Quando ouviu que este estava doente,
Jesus ficou ainda dois dias no lugar onde se encontrava.
⁷ Então, disse aos discípulos:
"Vamos de novo à Judeia".
⁸ Os discípulos disseram-lhe:
"Mestre, ainda há pouco os judeus queriam
apedrejar-te, e agora vais outra vez para lá?"
⁹ Jesus respondeu:
"O dia não tem doze horas?
Se alguém caminha de dia, não tropeça,
porque vê a luz deste mundo.
¹⁰ Mas se alguém caminha de noite, tropeça,
porque lhe falta a luz".
¹¹ Depois acrescentou:
"O nosso amigo Lázaro dorme. Mas eu vou acordá-lo".
¹² Os discípulos disseram:
"Senhor, se ele dorme, vai ficar bom".
¹³ Jesus falava da morte de Lázaro,
mas os discípulos pensaram que falasse do sono mesmo.
¹⁴ Então Jesus disse abertamente:
"Lázaro está morto.
¹⁵ Mas por causa de vós, alegro-me por não ter estado lá,
para que creiais. Mas vamos para junto dele".
¹⁶ Então Tomé, cujo nome significa Gêmeo,
disse aos companheiros:
"Vamos nós também para morrermos com ele".
¹⁷ Quando Jesus chegou,
encontrou Lázaro sepultado havia quatro dias.
¹⁸ Betânia ficava a uns três quilômetros de Jerusalém.
¹⁹ Muitos judeus tinham vindo à casa de Marta e Maria
para as consolar por causa do irmão.
²⁰ Quando Marta soube que Jesus tinha chegado,
foi ao encontro dele.
Maria ficou sentada em casa.
²¹ Então Marta disse a Jesus:
"Senhor, se tivesses estado aqui,
meu irmão não teria morrido.

22 Mas mesmo assim, eu sei que
o que pedires a Deus, ele to concederá".
23 Respondeu-lhe Jesus: "Teu irmão ressuscitará".
24 Disse Marta:
"Eu sei que ele ressuscitará na ressurreição, no último dia".
25 Então Jesus disse:
"Eu sou a ressurreição e a vida.
Quem crê em mim, mesmo que morra, viverá.
26 E todo aquele que vive e crê em mim,
não morrerá jamais. Crês isto?"
27 Respondeu ela: "Sim, Senhor, eu creio firmemente
que tu és o Messias, o Filho de Deus,
que devia vir ao mundo".
28 Depois de ter dito isto,
ela foi chamar a sua irmã, Maria, dizendo baixinho:
"O Mestre está aí e te chama".
29 Quando Maria ouviu isso,
levantou-se depressa e foi ao encontro de Jesus.
30 Jesus estava ainda fora do povoado,
no mesmo lugar onde Marta se tinha encontrado com ele.
31 Os judeus que estavam em casa consolando-a,
quando a viram levantar-se depressa e sair,
foram atrás dela,
pensando que fosse ao túmulo para ali chorar.
32 Indo para o lugar onde estava Jesus,
quando o viu, caiu de joelhos diante dele e disse-lhe:
"Senhor, se tivesses estado aqui,
o meu irmão não teria morrido".
33 Quando Jesus a viu chorar,
e também os que estavam com ela, estremeceu interiormente,
ficou profundamente comovido,
34 e perguntou: "Onde o colocastes?"
Responderam: "Vem ver, Senhor".
35 E Jesus chorou.
36 Então os judeus disseram:
"Vede como ele o amava!"
37 Alguns deles, porém, diziam:
"Este, que abriu os olhos ao cego,
não podia também ter feito com que Lázaro não morresse?"
38 De novo, Jesus ficou interiormente comovido.
Chegou ao túmulo.
Era uma caverna, fechada com uma pedra.
39 Disse Jesus: "Tirai a pedra!"
Marta, a irmã do morto, interveio:
"Senhor, já cheira mal. Está morto há quatro dias".

⁴⁰ Jesus lhe respondeu:
"Não te disse que, se creres,
verás a glória de Deus?"
⁴¹ Tiraram então a pedra.
Jesus levantou os olhos para o alto e disse:
"Pai, eu te dou graças porque me ouviste.
⁴² Eu sei que sempre me escutas.
Mas digo isto por causa do povo que me rodeia,
para que creia que tu me enviaste".
⁴³ Tendo dito isso, exclamou com voz forte:
"Lázaro, vem para fora!"
⁴⁴ O morto saiu,
atado de mãos e pés com os lençóis mortuários
e o rosto coberto com um pano.
Então Jesus lhes disse:
"Desatai-o e deixai-o caminhar!"
⁴⁵ Então, muitos dos judeus que tinham ido à casa de Maria
e viram o que Jesus fizera, creram nele.

Palavra da Salvação.

Ou: **EVANGELHO (mais breve)**

Eu sou a ressurreição e a vida.

✠ Proclamação do Evangelho de Jesus Cristo
segundo João   11,3-7.17.20-27.33b-45

Naquele tempo,
³ As irmãs de Lázaro mandaram dizer a Jesus:
"Senhor, aquele que amas está doente".
⁴ Ouvindo isto, Jesus disse: "Esta doença não leva à morte;
ela serve para a glória de Deus,
para que o Filho de Deus seja glorificado por ela".
⁵ Jesus era muito amigo de Marta,
de sua irmã Maria e de Lázaro.
⁶ Quando ouviu que este estava doente,
Jesus ficou ainda dois dias no lugar onde se encontrava.
⁷ Então, disse aos discípulos:
"Vamos de novo à Judeia".
¹⁷ Quando Jesus chegou,
encontrou Lázaro sepultado havia quatro dias.
²⁰ Quando Marta soube que Jesus tinha chegado,
foi ao encontro dele. Maria ficou sentada em casa.

²¹ Então Marta disse a Jesus: "Senhor, se tivesses estado aqui, meu irmão não teria morrido.
²² Mas mesmo assim, eu sei que o que pedires a Deus, ele to concederá".
²³ Respondeu-lhe Jesus: "Teu irmão ressuscitará".
²⁴ Disse Marta: "Eu sei que ele ressuscitará na ressurreição, no último dia".
²⁵ Então Jesus disse: "Eu sou a ressurreição e a vida. Quem crê em mim, mesmo que morra, viverá.
²⁶ E todo aquele que vive e crê em mim, não morrerá jamais. Crês isto?"
²⁷ Respondeu ela: "Sim, Senhor, eu creio firmemente que tu és o Messias, o Filho de Deus, que devia vir ao mundo".
³³ᵇ Jesus ficou profundamente comovido
³⁴ e perguntou: "Onde o colocastes?" Responderam: "Vem ver, Senhor".
³⁵ E Jesus chorou.
³⁶ Então os judeus disseram: "Vede como ele o amava!"
³⁷ Alguns deles, porém, diziam: "Este, que abriu os olhos ao cego, não podia também ter feito com que Lázaro não morresse?"
³⁸ De novo, Jesus ficou interiormente comovido. Chegou ao túmulo. Era uma caverna, fechada com uma pedra.
³⁹ Disse Jesus: "Tirai a pedra!" Marta, a irmã do morto, interveio: "Senhor, já cheira mal. Está morto há quatro dias".
⁴⁰ Jesus lhe respondeu: "Não te disse que, se creres, verás a glória de Deus?"
⁴¹ Tiraram então a pedra. Jesus levantou os olhos para o alto e disse: "Pai, eu te dou graças porque me ouviste.
⁴² Eu sei que sempre me escutas. Mas digo isto por causa do povo que me rodeia, para que creia que tu me enviaste".
⁴³ Tendo dito isso, exclamou com voz forte: "Lázaro, vem para fora!"
⁴⁴ O morto saiu, atado de mãos e pés com os lençóis mortuários e o rosto coberto com um pano. Então Jesus lhes disse: "Desatai-o e deixai-o caminhar!"
⁴⁵ Então, muitos dos judeus que tinham ido à casa de Maria e viram o que Jesus fizera, creram nele.

Palavra da Salvação.

DOMINGO DE RAMOS DA PAIXÃO DO SENHOR

Procissão de Ramos

EVANGELHO

Bendito o que vem em nome do Senhor.

✠ Proclamação do Evangelho de Jesus Cristo segundo Mateus 21,1-11

Naquele tempo,
1 Jesus e seus discípulos aproximaram-se de Jerusalém
e chegaram a Betfagé, no monte das Oliveiras.
Então Jesus enviou dois discípulos,
2 dizendo-lhes: "Ide até o povoado que está ali na frente,
e logo encontrareis uma jumenta amarrada,
e com ela um jumentinho.
Desamarrai-a e trazei-os a mim!
3 Se alguém vos disser alguma coisa, direis:
'O Senhor precisa deles, mas logo os devolverá'".
4 Isso aconteceu para se cumprir
o que foi dito pelo profeta:
5 "Dizei à filha de Sião: Eis que o teu rei vem a ti,
manso e montado num jumento,
num jumentinho, num potro de jumenta".
6 Então os discípulos foram
e fizeram como Jesus lhes havia mandado.
7 Trouxeram a jumenta e o jumentinho
e puseram sobre eles suas vestes, e Jesus montou.
8 A numerosa multidão estendeu suas vestes pelo caminho,
enquanto outros cortavam ramos das árvores,
e os espalhavam pelo caminho.
9 As multidões que iam na frente de Jesus
e os que o seguiam, gritavam:
"Hosana ao Filho de Davi!
Bendito o que vem em nome do Senhor!
Hosana no mais alto dos céus!"
10 Quando Jesus entrou em Jerusalém
a cidade inteira se agitou, e diziam:
"Quem é este homem?"

¹¹ E as multidões respondiam:
"Este é o profeta Jesus, de Nazaré da Galileia".

Palavra da Salvação.

Missa

Nas missas deste domingo, recomendam-se as três leituras indicadas, a não ser que razões pastorais solicitem o contrário.
Tendo, porém em vista a assembleia dos fiéis e a importância de se proclamar a história da Paixão do Senhor, é permitido ao sacerdote escolher uma das leituras que precedem o Evangelho, ou mesmo escolher somente a História da Paixão do Senhor, e, se for necessário, em sua forma breve. Isso, porém, somente nas missas celebradas com o povo.

PRIMEIRA LEITURA

*Não desviei meu rosto das bofetadas
e cusparadas. Sei que não serei humilhado.*

Leitura do Livro do Profeta Isaías   50,4-7

⁴ O Senhor Deus deu-me língua adestrada,
para que eu saiba dizer
palavras de conforto à pessoa abatida;
ele me desperta cada manhã e me excita o ouvido,
para prestar atenção como um discípulo.
⁵ O Senhor abriu-me os ouvidos;
não lhe resisti nem voltei atrás.
⁶ Ofereci as costas para me baterem
e as faces para me arrancarem a barba;
não desviei o rosto de bofetões e cusparadas.
⁷ Mas o Senhor Deus é meu Auxiliador,
por isso não me deixei abater o ânimo,
conservei o rosto impassível como pedra,
porque sei que não sairei humilhado.

Palavra do Senhor.

Salmo responsorial   Sl 21(22),8-9.17-18a.19-20.23-24 (R. 2a)

℟. Meu **Deus**, meu Deus, por **que** me abando**nas**tes?

⁸ Riem de **mim** todos a**que**les que me **veem**, *
torcem os **lá**bios e sacodem a cabeça:

⁹ "Ao **Se**nhor se confi**ou**, ele o li**ber**te *
e agora o **sal**ve, se é ver**da**de que ele o **a**ma!" ℟.

¹⁷ Cães nume**ro**sos me ro**dei**am furiosos, *
e por um **ban**do de mal**va**dos fui cercado.
Transpas**sa**ram minhas **mãos** e os meus **pés** *
¹⁸ᵃ e eu **pos**so contar **to**dos os meus **os**sos. ℟.

¹⁹ Eles re**par**tem entre **si** as minhas **ves**tes *
e sor**tei**am entre **si** a minha **tú**nica.
²⁰ Vós, po**rém**, ó meu **Se**nhor, não fiqueis **lon**ge, *
ó minha **for**ça, vinde **lo**go em meu so**cor**ro! ℟.

²³ Anuncia**rei** o vosso **no**me a meus ir**mãos** *
e no **mei**o da assem**blei**a hei de lou**var**-vos!
²⁴ Vós que te**meis** ao Senhor **Deus**, dai-lhe lou**vo**res, †
glorifi**cai**-o, descen**den**tes de Jacó, *
e respei**tai**-o, toda a **ra**ça de Israel! ℟.

SEGUNDA LEITURA

*Humilhou-se a si mesmo;
por isso, Deus o exaltou acima de tudo.*

Leitura da Carta de São Paulo aos Filipenses   2,6-11

⁶ Jesus Cristo, existindo em condição divina,
não fez do ser igual a Deus uma usurpação,
⁷ mas ele esvaziou-se a si mesmo,
assumindo a condição de escravo
e tornando-se igual aos homens.
Encontrado com aspecto humano,
⁸ humilhou-se a si mesmo,
fazendo-se obediente até a morte, e morte de cruz.
⁹ Por isso, Deus o exaltou acima de tudo
e lhe deu o Nome que está acima de todo nome.
¹⁰ Assim, ao nome de Jesus,
todo joelho se dobre no céu,
na terra e abaixo da terra,
¹¹ e toda língua proclame:
"Jesus Cristo é o Senhor", para a glória de Deus Pai.

Palavra do Senhor.

Aclamação ao Evangelho Fl 2,8-9

℟. **Gló**ria e lou**vor** a **vós**, ó **Cris**to.
℣. Jesus **Cris**to se tor**nou** obedi**en**te,
obedi**en**te até a **mor**te numa **cruz**.
Pelo **que** o Senhor **Deus** o exal**tou**,
e deu-lhe um **no**me muito acima de outro **no**me.

EVANGELHO (mais longo)

Paixão de Nosso Senhor Jesus Cristo
segundo Mateus   26,14–27,66

O que me dareis se vos entregar Jesus?

Naquele tempo,
14 Um dos doze discípulos, chamado Judas Iscariotes,
foi ter com os sumos sacerdotes
15 e disse: "O que me dareis se vos entregar Jesus?"
Combinaram, então, trinta moedas de prata.
16 E daí em diante, Judas procurava uma oportunidade
para entregar Jesus.

Onde queres que façamos os preparativos para comer a Páscoa?

17 No primeiro dia da festa dos ázimos,
os discípulos aproximaram-se de Jesus
e perguntaram:
"Onde queres que façamos os preparativos
para comer a Páscoa?"
18 Jesus respondeu: "Ide à cidade,
procurai certo homem e dizei-lhe:
'O Mestre manda dizer: o meu tempo está próximo,
vou celebrar a Páscoa em tua casa,
junto com meus discípulos' ".
19 Os discípulos fizeram como Jesus mandou
e prepararam a Páscoa.

Um de vós vai me trair.

20 Ao cair da tarde, Jesus pôs-se à mesa
com os doze discípulos.
21 Enquanto comiam, Jesus disse:
"Em verdade eu vos digo, um de vós vai me trair".
22 Eles ficaram muito tristes
e, um por um, começaram a lhe perguntar:
"Senhor, será que sou eu?"

²³ Jesus respondeu:
"Quem vai me trair é aquele
que comigo põe a mão no prato.
²⁴ O Filho do Homem vai morrer,
conforme diz a Escritura a respeito dele.
Contudo, ai daquele que trair o Filho do Homem!
Seria melhor que nunca tivesse nascido!"
²⁵ Então Judas, o traidor, perguntou:
"Mestre, serei eu?"
Jesus lhe respondeu: "Tu o dizes".

Isto é o meu corpo. Isto é o meu sangue.

²⁶ Enquanto comiam, Jesus tomou um pão
e, tendo pronunciado a bênção,
partiu-o, distribuiu-o aos discípulos,
e disse: "Tomai e comei, isto é o meu corpo".
²⁷ Em seguida, tomou um cálice,
deu graças e entregou-lhes, dizendo:
"Bebei dele todos.
²⁸ Pois isto é o meu sangue, o sangue da aliança,
que é derramado em favor de muitos,
para remissão dos pecados.
²⁹ Eu vos digo: de hoje em diante
não beberei deste fruto da videira,
até o dia em que, convosco, beberei o vinho novo
no Reino do meu Pai".
³⁰ Depois de terem cantado salmos,
foram para o monte das Oliveiras.

Ferirei o pastor e as ovelhas do rebanho se dispersarão.

³¹ Então Jesus disse aos discípulos:
"Esta noite,
vós ficareis decepcionados por minha causa.
Pois assim diz a Escritura: 'Ferirei o pastor
e as ovelhas do rebanho se dispersarão'.
³² Mas, depois de ressuscitar,
eu irei à vossa frente para a Galileia".
³³ Disse Pedro a Jesus:
"Ainda que todos fiquem decepcionados por tua causa,
eu jamais ficarei".
³⁴ Jesus lhe declarou:
"Em verdade eu te digo, que, esta noite,
antes que o galo cante, tu me negarás três vezes".
³⁵ Pedro respondeu:
"Ainda que eu tenha de morrer contigo,

mesmo assim não te negarei".
E todos os discípulos disseram a mesma coisa.

Começou a ficar triste e angustiado.

⁳⁶ Então Jesus foi com eles a um lugar chamado Getsêmani,
e disse: "Sentai-vos aqui,
enquanto eu vou até ali para rezar!"
³⁷ Jesus levou consigo Pedro e os dois filhos de Zebedeu,
e começou a ficar triste e angustiado.
³⁸ Então Jesus lhes disse:
"Minha alma está triste até a morte.
Ficai aqui e vigiai comigo!"
³⁹ Jesus foi um pouco mais adiante,
prostrou-se com o rosto por terra e rezou:
"Meu Pai, se é possível, afaste-se de mim este cálice.
Contudo, não seja feito como eu quero,
mas sim como tu queres".
⁴⁰ Voltando para junto dos discípulos,
Jesus encontrou-os dormindo, e disse a Pedro:
"Vós não fostes capazes de fazer
uma hora de vigília comigo?
⁴¹ Vigiai e rezai, para não cairdes em tentação;
pois o espírito está pronto, mas a carne é fraca".
⁴² Jesus se afastou pela segunda vez e rezou:
"Meu Pai, se este cálice não pode passar
sem que eu o beba, seja feita a tua vontade!"
⁴³ Ele voltou de novo e encontrou os discípulos dormindo,
porque seus olhos estavam pesados de sono.
⁴⁴ Deixando-os, Jesus afastou-se e rezou pela terceira vez,
repetindo as mesmas palavras.
⁴⁵ Então voltou para junto dos discípulos e disse:
"Agora podeis dormir e descansar.
Eis que chegou a hora
e o Filho do Homem é entregue nas mãos dos pecadores.
⁴⁶ Levantai-vos! Vamos!
Aquele que me vai trair, já está chegando".

Lançaram as mãos sobre Jesus e o prenderam.

⁴⁷ Jesus ainda falava, quando veio Judas, um dos Doze,
com uma grande multidão armada de espadas e paus.
Vinham a mandado dos sumos sacerdotes
e dos anciãos do povo.
⁴⁸ O traidor tinha combinado com eles um sinal, dizendo:
"Jesus é aquele que eu beijar; prendei-o!"

⁴⁹ Judas, logo se aproximou de Jesus, dizendo:
"Salve, Mestre!" E beijou-o.
⁵⁰ Jesus lhe disse:
"Amigo, a que vieste?"
Então os outros avançaram
lançaram as mãos sobre Jesus e o prenderam.
⁵¹ Nesse momento, um dos que estavam com Jesus
estendeu a mão, puxou a espada,
e feriu o servo do Sumo Sacerdote,
cortando-lhe a orelha.
⁵² Jesus, porém, lhe disse:
"Guarda a espada na bainha!
pois todos os que usam a espada pela espada morrerão.
⁵³ Ou pensas que eu não poderia recorrer ao meu Pai
e ele me mandaria logo mais de doze legiões de anjos?
⁵⁴ Então, como se cumpririam as Escrituras,
que dizem que isso deve acontecer?"
⁵⁵ E, naquela hora, Jesus disse à multidão:
"Vós viestes com espadas e paus para me prender,
como se eu fosse um assaltante.
Todos os dias, no Templo, eu me sentava para ensinar,
e vós não me prendestes".
⁵⁶ Porém, tudo isto aconteceu
para se cumprir o que os profetas escreveram.
Então todos os discípulos, abandonando Jesus, fugiram.

Vereis o Filho do Homem sentado à direita do Todo-poderoso.

⁵⁷ Aqueles que prenderam Jesus
levaram-no à casa do Sumo Sacerdote Caifás,
onde estavam reunidos os mestres da Lei e os anciãos.
⁵⁸ Pedro seguiu Jesus de longe
até o pátio interno da casa do Sumo Sacerdote.
Entrou e sentou-se com os guardas
para ver como terminaria tudo aquilo.
⁵⁹ Ora, os sumos sacerdotes e todo o Sinédrio
procuravam um falso testemunho contra Jesus,
a fim de condená-lo à morte.
⁶⁰ E nada encontraram,
embora se apresentassem muitas falsas testemunhas.
Por fim, vieram duas testemunhas,
⁶¹ que afirmaram: "Este homem declarou:
'posso destruir o Templo de Deus
e construí-lo de novo em três dias' ".

⁶² Então o Sumo Sacerdote levantou-se
e perguntou a Jesus: "Nada tens a responder
ao que estes testemunham contra ti?"
⁶³ Jesus, porém, continuava calado.
E o Sumo Sacerdote lhe disse:
"Eu te conjuro pelo Deus vivo
que nos digas se tu és o Messias, o Filho de Deus".
⁶⁴ Jesus respondeu: "Tu o dizes.
Além disso, eu vos digo que de agora em diante
vereis o Filho do Homem
sentado à direita do Todo-poderoso,
vindo sobre as nuvens do céu".
⁶⁵ Então o Sumo Sacerdote rasgou suas vestes
e disse: "Blasfemou!
Que necessidade temos ainda de testemunhas?
Pois agora mesmo vós ouvistes a blasfêmia.
⁶⁶ Que vos parece?"
Responderam: "É réu de morte!"
⁶⁷ Então cuspiram no rosto de Jesus e o esbofetearam.
Outros lhe deram bordoadas,
⁶⁸ dizendo: "Faze-nos uma profecia, Cristo,
quem foi que te bateu?"

Antes que o galo cante, tu me negarás três vezes.

⁶⁹ Pedro estava sentado fora, no pátio.
Uma criada chegou perto dele e disse:
"Tu também estavas com Jesus, o Galileu!"
⁷⁰ Mas ele negou diante de todos:
"Não sei o que tu estás dizendo".
⁷¹ E saiu para a entrada do pátio.
Então uma outra criada viu Pedro
e disse aos que estavam ali:
"Este também estava com Jesus, o Nazareno".
⁷² Pedro negou outra vez, jurando:
"Nem conheço esse homem!"
⁷³ Pouco depois, os que estavam ali
aproximaram-se de Pedro e disseram:
"É claro que tu também és um deles,
pois o teu modo de falar te denuncia".
⁷⁴ Pedro começou a maldizer e a jurar, dizendo
que não conhecia esse homem!
E nesse instante o galo cantou.
⁷⁵ Pedro se lembrou do que Jesus tinha dito:
"Antes que o galo cante, tu me negarás três vezes".
E saindo dali, chorou amargamente.

Entregaram Jesus a Pilatos, o governador.

^{27,1} De manhã cedo,
todos os sumos sacerdotes e os anciãos do povo
convocaram um conselho contra Jesus,
para condená-lo à morte.
² Eles o amarraram, levaram-no
e o entregaram a Pilatos, o governador.

Não é lícito colocá-las no tesouro porque é preço de sangue.

³ Então Judas, o traidor,
ao ver que Jesus fora condenado, ficou arrependido
e foi devolver as trinta moedas de prata
aos sumos sacerdotes e aos anciãos,
⁴ dizendo:
"Pequei, entregando à morte um homem inocente".
Eles responderam: "O que temos nós com isso?
O problema é teu".
⁵ Judas jogou as moedas no santuário,
saiu e foi se enforcar.
⁶ Recolhendo as moedas, os sumos sacerdotes disseram:
"É contra a Lei colocá-las no tesouro do Templo,
porque é preço de sangue".
⁷ Então discutiram em conselho
e compraram com elas o Campo do Oleiro,
para aí fazer o cemitério dos estrangeiros.
⁸ É por isso que aquele campo até hoje
é chamado de "Campo de Sangue".
⁹ Assim se cumpriu o que tinha dito o profeta Jeremias:
"Eles pegaram as trinta moedas de prata
– preço do Precioso,
preço com que os filhos de Israel o avaliaram –
¹⁰ e as deram em troca do Campo do Oleiro,
conforme o Senhor me ordenou!"

Tu és o rei dos judeus?

¹¹ Jesus foi posto diante do governador,
e este o interrogou:
"Tu és o rei dos judeus?"
Jesus declarou: "É como dizes",
¹² e nada respondeu, quando foi acusado
pelos sumos sacerdotes e anciãos.
¹³ Então Pilatos perguntou:
"Não estás ouvindo de quanta coisa eles te acusam?"
¹⁴ Mas Jesus não respondeu uma só palavra,
e o governador ficou muito impressionado.

¹⁵ Na festa da Páscoa,
o governador costumava soltar o prisioneiro
que a multidão quisesse.
¹⁶ Naquela ocasião, tinham um prisioneiro famoso,
chamado Barrabás.
¹⁷ Então Pilatos perguntou à multidão reunida:
"Quem vós quereis que eu solte:
Barrabás, ou Jesus, a quem chamam de Cristo?"
¹⁸ Pilatos bem sabia
que eles haviam entregado Jesus por inveja.
¹⁹ Enquanto Pilatos estava sentado no tribunal,
sua mulher mandou dizer a ele:
"Não te envolvas com esse justo! porque esta noite,
em sonho, sofri muito por causa dele".
²⁰ Porém, os sumos sacerdotes e os anciãos
convenceram as multidões para que pedissem Barrabás
e que fizessem Jesus morrer.
²¹ O governador tornou a perguntar:
"Qual dos dois quereis que eu solte?"
Eles gritaram: "Barrabás".
²² Pilatos perguntou: "Que farei com Jesus,
que chamam de Cristo?"
Todos gritaram: "Seja crucificado!"
²³ Pilatos falou: "Mas, que mal ele fez?"
Eles, porém, gritaram com mais força:
"Seja crucificado!"
²⁴ Pilatos viu que nada conseguia
e que poderia haver uma revolta.
Então mandou trazer água,
lavou as mãos diante da multidão, e disse:
"Eu não sou responsável pelo sangue deste homem.
Este é um problema vosso!"
²⁵ O povo todo respondeu:
"Que o sangue dele caia sobre nós
e sobre os nossos filhos".
²⁶ Então Pilatos soltou Barrabás,
mandou flagelar Jesus,
e entregou-o para ser crucificado.

Salve, rei dos judeus!

²⁷ Em seguida, os soldados de Pilatos
levaram Jesus ao palácio do governador,
e reuniram toda a tropa em volta dele.
²⁸ Tiraram sua roupa e o vestiram com um manto vermelho;
²⁹ depois teceram uma coroa de espinhos,
puseram a coroa em sua cabeça,

e uma vara em sua mão direita.
Então se ajoelharam diante de Jesus e zombaram,
dizendo:"Salve, rei dos judeus!"
30 Cuspiram nele
e, pegando uma vara, bateram na sua cabeça.
31 Depois de zombar dele,
tiraram-lhe o manto vermelho
e, de novo, o vestiram com suas próprias roupas.
Daí o levaram para crucificar.

Com ele também crucificaram dois ladrões.

32 Quando saíam, encontraram um homem chamado Simão,
da cidade de Cirene,
e o obrigaram a carregar a cruz de Jesus.
33 E chegaram a um lugar chamado Gólgota,
que quer dizer "lugar da caveira".
34 Ali deram vinho misturado com fel para Jesus beber.
Ele provou, mas não quis beber.
35 Depois de o crucificarem,
fizeram um sorteio, repartindo entre si as suas vestes.
36 E ficaram ali sentados, montando guarda.
37 Acima da cabeça de Jesus
puseram o motivo da sua condenação:
"Este é Jesus, o Rei dos Judeus".
38 Com ele também crucificaram dois ladrões,
um à direita e outro à esquerda de Jesus.

Se és o Filho de Deus, desce da cruz!

39 As pessoas que passavam por ali o insultavam,
balançando a cabeça e dizendo:
40 "Tu que ias destruir o Templo
e construí-lo de novo em três dias,
salva-te a ti mesmo!
Se és o Filho de Deus, desce da cruz!"
41 Do mesmo modo, os sumos sacerdotes,
junto com os mestres da Lei e os anciãos,
também zombavam de Jesus:
42 "A outros salvou... a si mesmo não pode salvar!
É Rei de Israel... Desça agora da cruz!
e acreditaremos nele.
43 Confiou em Deus; que o livre agora,
se é que Deus o ama!
Já que ele disse: Eu sou o Filho de Deus".
44 Do mesmo modo, também os dois ladrões
que foram crucificados com Jesus, o insultavam.

Eli, Eli, lamá sabactâni?

⁴⁵ Desde o meio-dia até as três horas da tarde,
houve escuridão sobre toda a terra.
⁴⁶ Pelas três horas da tarde, Jesus deu um forte grito:
"Eli, Eli, lamá sabactâni?",
que quer dizer: "Meu Deus, meu Deus,
por que me abandonaste?"
⁴⁷ Alguns dos que ali estavam, ouvindo-o, disseram:
"Ele está chamando Elias!"
⁴⁸ E logo um deles, correndo, pegou uma esponja,
ensopou-a em vinagre, colocou-a na ponta de uma vara,
e lhe deu para beber.
⁴⁹ Outros, porém, disseram:
"Deixa, vamos ver se Elias vem salvá-lo!"
⁵⁰ Então Jesus deu outra vez um forte grito
e entregou o espírito.

Aqui todos se ajoelham e faz-se uma pausa.

⁵¹ E eis que a cortina do santuário
rasgou-se de alto a baixo, em duas partes,
a terra tremeu e as pedras se partiram.
⁵² Os túmulos se abriram
e muito corpos dos santos falecidos ressuscitaram!
⁵³ Saindo dos túmulos, depois da ressurreição de Jesus,
apareceram na Cidade Santa
e foram vistos por muitas pessoas.
⁵⁴ O oficial e os soldados
que estavam com ele guardando Jesus,
ao notarem o terremoto e tudo que havia acontecido,
ficaram com muito medo e disseram:
"Ele era mesmo Filho de Deus!"
⁵⁵ Grande número de mulheres estava ali, olhando de longe.
Elas haviam acompanhado Jesus desde a Galileia,
prestando-lhe serviços.
⁵⁶ Entre elas estavam Maria Madalena,
Maria, mãe de Tiago e de José,
e a mãe dos filhos de Zebedeu.

José colocou o corpo de Jesus em um túmulo novo.

⁵⁷ Ao entardecer,
veio um homem rico de Arimateia, chamado José,
que também se tornara discípulo de Jesus.
⁵⁸ Ele foi procurar Pilatos e pediu o corpo de Jesus.
Então Pilatos mandou que lhe entregassem o corpo.

⁵⁹ José, tomando o corpo,
envolveu-o num lençol limpo,
⁶⁰ e o colocou em um túmulo novo,
que havia mandado escavar na rocha.
Em seguida, rolou uma grande pedra
para fechar a entrada do túmulo, e retirou-se.
⁶¹ Maria Madalena e a outra Maria
estavam ali sentadas, diante do sepulcro.

Tendes uma guarda. Ide, guardai o sepulcro como melhor vos parecer.

⁶² No dia seguinte,
como era o dia depois da preparação para o sábado,
os sumos sacerdotes e os fariseus
foram ter com Pilatos,
⁶³ e disseram: "Senhor, nós nos lembramos
de que quando este impostor ainda estava vivo, disse:
'Depois de três dias eu ressuscitarei!'
⁶⁴ Portanto, manda guardar o sepulcro até ao terceiro dia,
para não acontecer que os discípulos venham roubar o
corpo e digam ao povo: 'Ele ressuscitou dos mortos!'
pois essa última impostura
seria pior do que a primeira".
⁶⁵ Pilatos respondeu: "Tendes uma guarda.
Ide e guardai o sepulcro como melhor vos parecer".
⁶⁶ Então eles foram reforçar a segurança do sepulcro:
lacraram a pedra e montaram guarda.

Palavra da Salvação.

Ou: EVANGELHO (mais breve)

Paixão de Nosso Senhor Jesus Cristo
segundo Mateus   27,11-54

Tu és o rei dos judeus?

Naquele tempo,
¹¹ Jesus foi posto diante de Pôncio Pilatos,
e este o interrogou:
"Tu és o rei dos judeus?"
Jesus declarou: "É como dizes",
¹² e nada respondeu, quando foi acusado
pelos sumos sacerdotes e anciãos.
¹³ Então Pilatos perguntou:
"Não estás ouvindo de quanta coisa eles te acusam?"

¹⁴ Mas Jesus não respondeu uma só palavra,
e o governador ficou muito impressionado.
¹⁵ Na festa da Páscoa,
o governador costumava soltar o prisioneiro
que a multidão quisesse.
¹⁶ Naquela ocasião, tinham um prisioneiro famoso,
chamado Barrabás.
¹⁷ Então Pilatos perguntou à multidão reunida:
"Quem vós quereis que eu solte:
Barrabás, ou Jesus, a quem chamam de Cristo?"
¹⁸ Pilatos bem sabia
que eles haviam entregado Jesus por inveja.
¹⁹ Enquanto Pilatos estava sentado no tribunal,
sua mulher mandou dizer a ele:
"Não te envolvas com esse justo! porque esta noite,
em sonho, sofri muito por causa dele".
²⁰ Porém, os sumos sacerdotes e os anciãos
convenceram as multidões para que pedissem Barrabás
e que fizessem Jesus morrer.
²¹ O governador tornou a perguntar:
"Qual dos dois quereis que eu solte?"
Eles gritaram: "Barrabás".
²² Pilatos perguntou: "Que farei com Jesus,
que chamam de Cristo?"
Todos gritaram: "Seja crucificado!"
²³ Pilatos falou: "Mas, que mal ele fez?"
Eles, porém, gritaram com mais força:
"Seja crucificado!"
²⁴ Pilatos viu que nada conseguia
e que poderia haver uma revolta.
Então mandou trazer água,
lavou as mãos diante da multidão, e disse:
"Eu não sou responsável pelo sangue deste homem.
Este é um problema vosso!"
²⁵ O povo todo respondeu:
"Que o sangue dele caia sobre nós
e sobre os nossos filhos".
²⁶ Então Pilatos soltou Barrabás,
mandou flagelar Jesus,
e entregou-o para ser crucificado.

Salve, rei dos judeus!

²⁷ Em seguida, os soldados de Pilatos
levaram Jesus ao palácio do governador,
e reuniram toda a tropa em volta dele.

28 Tiraram sua roupa e o vestiram com um manto vermelho;
29 depois teceram uma coroa de espinhos,
puseram a coroa em sua cabeça,
e uma vara em sua mão direita.
Então se ajoelharam diante de Jesus e zombaram,
dizendo:"Salve, rei dos judeus!"
30 Cuspiram nele
e, pegando uma vara, bateram na sua cabeça.
31 Depois de zombar dele,
tiraram-lhe o manto vermelho
e, de novo, o vestiram com suas próprias roupas.
Daí o levaram para crucificar.

Com ele também crucificaram dois ladrões.

32 Quando saíam, encontraram um homem chamado Simão,
da cidade de Cirene,
e o obrigaram a carregar a cruz de Jesus.
33 E chegaram a um lugar chamado Gólgota,
que quer dizer "lugar da caveira".
34 Ali deram vinho misturado com fel para Jesus beber.
Ele provou, mas não quis beber.
35 Depois de o crucificarem,
fizeram um sorteio, repartindo entre si as suas vestes.
36 E ficaram ali sentados, montando guarda.
37 Acima da cabeça de Jesus
puseram o motivo da sua condenação:
"Este é Jesus, o Rei dos Judeus".
38 Com ele também crucificaram dois ladrões,
um à direita e outro à esquerda de Jesus.

Se és o Filho de Deus, desce da cruz!

39 As pessoas que passavam por ali o insultavam,
balançando a cabeça e dizendo:
40 "Tu que ias destruir o Templo
e construí-lo de novo em três dias,
salva-te a ti mesmo!
Se és o Filho de Deus, desce da cruz!"
41 Do mesmo modo, os sumos sacerdotes,
junto com os mestres da Lei e os anciãos,
também zombavam de Jesus:
42 "A outros salvou... a si mesmo não pode salvar!
É Rei de Israel... Desça agora da cruz!
e acreditaremos nele.

⁴³ Confiou em Deus; que o livre agora,
se é que Deus o ama!
Já que ele disse: Eu sou o Filho de Deus".
⁴⁴ Do mesmo modo, também os dois ladrões
que foram crucificados com Jesus, o insultavam.

Eli, Eli, lamá sabactâni?

⁴⁵ Desde o meio-dia até as três horas da tarde,
houve escuridão sobre toda a terra.
⁴⁶ Pelas três horas da tarde, Jesus deu um forte grito:
"Eli, Eli, lamá sabactâni?",
que quer dizer: "Meu Deus, meu Deus,
por que me abandonaste?"
⁴⁷ Alguns dos que ali estavam, ouvindo-o, disseram:
"Ele está chamando Elias!"
⁴⁸ E logo um deles, correndo, pegou uma esponja,
ensopou-a em vinagre, colocou-a na ponta de uma vara,
e lhe deu para beber.
⁴⁹ Outros, porém, disseram:
"Deixa, vamos ver se Elias vem salvá-lo!"
⁵⁰ Então Jesus deu outra vez um forte grito
e entregou o espírito.

Aqui todos se ajoelham e faz-se uma pausa.

⁵¹ E eis que a cortina do santuário
rasgou-se de alto a baixo, em duas partes,
a terra tremeu e as pedras se partiram.
⁵² Os túmulos se abriram
e muitos corpos dos santos falecidos ressuscitaram!
⁵³ Saindo dos túmulos, depois da ressurreição de Jesus,
apareceram na Cidade Santa
e foram vistos por muitas pessoas.
54 O oficial e os soldados
que estavam com ele guardando Jesus,
ao notarem o terremoto e tudo que havia acontecido,
ficaram com muito medo e disseram:
"Ele era mesmo Filho de Deus!"

Palavra da Salvação.

TRÍDUO PASCAL
E
TEMPO PASCAL

QUINTA-FEIRA DA SEMANA SANTA

Missa do Crisma

PRIMEIRA LEITURA

*O Senhor me ungiu e enviou-me
para dar a boa-nova aos humildes.*

Leitura do Livro do Profeta Isaías   61,1-3a.6a.8b-9

¹ O Espírito do Senhor Deus está sobre mim,
  porque o Senhor me ungiu;
  enviou-me para dar a boa-nova aos humildes,
  curar as feridas da alma,
  pregar a redenção para os cativos
  e a liberdade para os que estão presos;
² para proclamar o tempo da graça do Senhor
  e o dia da vingança do nosso Deus;
  para consolar todos os que choram,
³ᵃ para reservar e dar aos que sofrem por Sião
  uma coroa, em vez de cinza,
  o óleo da alegria, em vez da aflição.
⁶ᵃ Vós sois os sacerdotes do Senhor,
  chamados ministros de nosso Deus.
⁸ᵇ Eu os recompensarei por suas obras segundo a verdade,
  e farei com eles uma aliança perpétua.
⁹ Sua descendência será conhecida entre as nações,
  e seus filhos se fixarão no meio dos povos;
  quem os vir há de reconhecê-los
  como descendentes abençoados por Deus.

Palavra do Senhor.

Salmo responsorial   Sl 88(89),21-22.25.27 (℟. cf. 2a)

℟. **Se**nhor, eu can**tarei** eterna**men**te o vosso a**mor.**

²¹ Encon**trei** e esco**lhi** a Da**vi**, meu servi**dor**, *
   e o un**gi**, para ser **rei**, com meu **ó**leo consa**gra**do.

²² Estará sempre com ele minha **mão** onipo**ten**te,   *
e meu **bra**ço pode**ro**so há de **ser** a sua **for**ça.   ℟.

²⁵ Minha verda**de** e meu a**mor** esta**rão** sempre com **e**le,   *
sua **for**ça e seu po**der** por meu **no**me cresce**rão**.
²⁷ Ele, en**tão**, me invoca**rá**: 'Ó **Se**n**hor**, vós sois meu **Pai**,   *
sois meu **Deus**, sois meu Ro**che**do onde en**con**tro
   a salvação!'   ℟.

SEGUNDA LEITURA

*Fez de nós um reino,
sacerdotes para seu Deus e Pai.*

Leitura do Livro do Apocalipse de São João   1,5-8

   A vós graça e paz
⁵ da parte de Jesus Cristo,
   a testemunha fiel,
   o primeiro a ressuscitar dentre os mortos,
   o soberano dos reis da terra.
   A Jesus, que nos ama,
   que por seu sangue nos libertou dos nossos pecados
⁶ e que fez de nós um reino,
   sacerdotes para seu Deus e Pai,
   a ele a glória e o poder, em eternidade. Amém.
⁷ Olhai! Ele vem com as nuvens,
   e todos os olhos o verão
   – também aqueles que o traspassaram.
   Todas as tribos da terra baterão no peito por causa dele.
   Sim. Amém!
⁸ "Eu sou o Alfa e o Ômega", diz o Senhor Deus,
   "aquele que é, que era e que vem,
   o Todo-poderoso".

   Palavra do Senhor.

Aclamação ao Evangelho   Is 61,1 (Lc 4,18)

℟. **Lou**vor e **hon**ra a **vós**, **Se**n**hor** Jesus.
℣. O Es**pí**rito do **Se**n**hor**
    sobre **mim** fez a **sua** un**ção**,
    envi**ou**-me aos **em**pobrecidos
    a fa**zer** feliz **pro**clamação!   ℟.

EVANGELHO

O Espírito do Senhor está sobre mim.

✠ Proclamação do Evangelho de Jesus Cristo
segundo Lucas   4,16-21

Naquele tempo,
¹⁶ Jesus foi à cidade de Nazaré, onde se tinha criado.
Conforme seu costume, entrou na sinagoga no sábado,
e levantou-se para fazer a leitura.
¹⁷ Deram-lhe o livro do profeta Isaías.
Abrindo o livro,
Jesus achou a passagem em que está escrito:
¹⁸ "O Espírito do Senhor está sobre mim,
porque ele me consagrou com a unção
para anunciar a Boa-nova aos pobres;
enviou-me para proclamar a libertação aos cativos
e aos cegos a recuperação da vista;
para libertar os oprimidos
¹⁹ e para proclamar um ano da graça do Senhor".
²⁰ Depois fechou o livro,
entregou-o ao ajudante, e sentou-se.
Todos os que estavam na sinagoga
tinham os olhos fixos nele.
²¹ Então começou a dizer-lhes:
"Hoje se cumpriu esta passagem da Escritura
que acabastes de ouvir".

Palavra da Salvação.

Missa da Ceia do Senhor

PRIMEIRA LEITURA

Ritual da ceia pascal.

Leitura do Livro do Êxodo   12,1-8.11-14

Naqueles dias,
1 O Senhor disse a Moisés e a Aarão no Egito:
2 "Este mês será para vós o começo dos meses;
será o primeiro mês do ano.
3 Falai a toda a comunidade dos filhos de Israel,
dizendo:
'No décimo dia deste mês,
cada um tome um cordeiro por família,
um cordeiro para cada casa.
4 Se a família não for bastante numerosa
para comer um cordeiro,
convidará também o vizinho mais próximo,
de acordo com o número de pessoas.
Deveis calcular o número de comensais,
conforme o tamanho do cordeiro.
5 O cordeiro será sem defeito,
macho, de um ano.
Podereis escolher tanto um cordeiro, como um cabrito:
6 e devereis guardá-lo preso
até ao dia catorze deste mês.
Então toda a comunidade de Israel reunida
o imolará ao cair da tarde.
7 Tomareis um pouco do seu sangue
e untareis os marcos e a travessa da porta,
nas casas em que o comerdes.
8 Comereis a carne nessa mesma noite, assada ao fogo,
com pães ázimos e ervas amargas.
11 Assim devereis comê-lo: com os rins cingidos,
sandálias nos pés e cajado na mão.
E comereis às pressas, pois é a Páscoa,
isto é, a 'Passagem' do Senhor!
12 E naquela noite passarei pela terra do Egito
e ferirei na terra do Egito todos os primogênitos,
desde os homens até os animais;
e infligirei castigos contra todos os deuses do Egito,
eu, o Senhor.

¹³ O sangue servirá de sinal nas casas onde estiverdes.
    Ao ver o sangue, passarei adiante,
    e não vos atingirá a praga exterminadora,
    quando eu ferir a terra do Egito.
¹⁴ Este dia será para vós uma festa memorável
    em honra do Senhor,
    que haveis de celebrar por todas as gerações,
    como instituição perpétua".

Palavra do Senhor.

Salmo responsorial   Sl 115(116B),12-13.15-16bc.17-18
                                          (℟. cf. 1Cor 10,16)

℟. O **cá**lice por **nós** abençoado
    é a **nos**sa comu**nhão** com o **san**gue do Se**nhor**.

¹² Que pode**rei** retribu**ir** ao Senhor **Deus** *
    por tudo **aqui**lo que ele **fez** em meu fa**vor**?
¹³ Elevo o **cá**lice da **mi**nha salva**ção**, *
    invo**can**do o nome **san**to do Se**nhor**.   ℟.

¹⁵ É sen**ti**da por de**mais** pelo Se**nhor** *
    a **mor**te de seus **san**tos, seus a**mi**gos.
¹⁶ᵇᶜ Eis que **sou** o vosso **ser**vo, ó Senhor, *
    mas me que**bras**tes os gri**lhões** da escravi**dão**!   ℟.

¹⁷ Por isso o**fer**to um sacri**fí**cio de lou**vor**, *
    invo**can**do o nome **san**to do Se**nhor**.
¹⁸ Vou cum**prir** minhas pro**mes**sas ao Se**nhor** *
    na pre**sen**ça de seu **po**vo reu**ni**do.   ℟.

SEGUNDA LEITURA

*Todas as vezes que comerdes deste pão
e beberdes deste cálice, proclamais a morte do Senhor.*

Leitura da Primeira Carta de São Paulo aos Coríntios   11,23-26

    Irmãos:
²³ O que eu recebi do Senhor,
    foi isso que eu vos transmiti:
    Na noite em que foi entregue,
    o Senhor Jesus tomou o pão

²⁴ e, depois de dar graças, partiu-o e disse:
"Isto é o meu corpo que é dado por vós.
Fazei isto em minha memória".
²⁵ Do mesmo modo, depois da ceia,
tomou também o cálice e disse:
"Este cálice é a nova aliança, em meu sangue.
Todas as vezes que dele beberdes,
fazei isto em minha memória".
²⁶ Todas as vezes, de fato, que comerdes deste pão
e beberdes deste cálice,
estareis proclamando a morte do Senhor,
até que ele venha.

Palavra do Senhor.

Aclamação ao Evangelho   Jo 13,34

℟. **Gló**ria a **vós**, ó **Cris**to, **ver**bo de **Deus**.
℣. Eu vos **dou** este **no**vo Manda**men**to,
nova **or**dem, a**go**ra, vos **dou**,
que, tam**bém**, vos a**meis** uns aos **ou**tros,
como **eu** vos a**mei**, diz o Se**nhor**.

EVANGELHO

Amou-os até o fim.

✠ Proclamação do Evangelho de Jesus Cristo
segundo João   13,1-15

¹ Era antes da festa da Páscoa.
Jesus sabia que tinha chegado a sua hora
de passar deste mundo para o Pai;
tendo amado os seus que estavam no mundo,
amou-os até o fim.
² Estavam tomando a ceia.
O diabo já tinha posto
no coração de Judas, filho de Simão Iscariotes,
o propósito de entregar Jesus.
³ Jesus, sabendo que o Pai tinha colocado tudo em suas mãos
e que de Deus tinha saído e para Deus voltava,
⁴ levantou-se da mesa, tirou o manto,
pegou uma toalha e amarrou-a na cintura.
⁵ Derramou água numa bacia
e começou a lavar os pés dos discípulos,
enxugando-os com a toalha com que estava cingido.

⁶ Chegou a vez de Simão Pedro.
Pedro disse:
"Senhor, tu me lavas os pés?"
⁷ Respondeu Jesus:
"Agora, não entendes o que estou fazendo;
mais tarde compreenderás".
⁸ Disse-lhe Pedro:
"Tu nunca me lavarás os pés!"
Mas Jesus respondeu:
"Se eu não te lavar, não terás parte comigo".
⁹ Simão Pedro disse:
"Senhor, então lava não somente os meus pés,
mas também as mãos e a cabeça".
¹⁰ Jesus respondeu:
"Quem já se banhou
não precisa lavar senão os pés, porque já está todo limpo.
Também vós estais limpos, mas não todos".
¹¹ Jesus sabia quem o ia entregar;
por isso disse:
"Nem todos estais limpos".
¹² Depois de ter lavado os pés dos discípulos,
Jesus vestiu o manto e sentou-se de novo.
E disse aos discípulos:
"Compreendeis o que acabo de fazer?
¹³ Vós me chamais Mestre e Senhor,
e dizeis bem, pois eu o sou.
¹⁴ Portanto, se eu, o Senhor e Mestre,
vos lavei os pés,
também vós deveis lavar os pés uns dos outros.
¹⁵ Dei-vos o exemplo,
para que façais a mesma coisa que eu fiz".

Palavra da Salvação.

SEXTA-FEIRA DA PAIXÃO DO SENHOR

PRIMEIRA LEITURA

*Ele foi ferido
por causa de nossos pecados.*

Leitura do Livro do Profeta Isaías   52,13-53,12

¹³ Ei-lo, o meu Servo será bem sucedido;
    sua ascensão será ao mais alto grau.
¹⁴ Assim como muitos ficaram pasmados ao vê-lo
    – tão desfigurado ele estava que não parecia ser um homem
    ou ter aspecto humano –,
¹⁵ do mesmo modo ele espalhará sua fama entre os povos.
    Diante dele os reis se manterão em silêncio,
    vendo algo que nunca lhes foi narrado
    e conhecendo coisas que jamais ouviram.
⁵³,¹ Quem de nós deu crédito ao que ouvimos?
    E a quem foi dado reconhecer a força do Senhor?
² Diante do Senhor ele cresceu como renovo de planta
    ou como raiz em terra seca.
    Não tinha beleza nem atrativo para o olharmos,
    não tinha aparência que nos agradasse.
³ Era desprezado como o último dos mortais,
    homem coberto de dores, cheio de sofrimentos;
    passando por ele, tapávamos o rosto;
    tão desprezível era, não fazíamos caso dele.
⁴ A verdade é que ele tomava sobre si nossas enfermidades
    e sofria, ele mesmo, nossas dores;
    e nós pensávamos fosse um chagado,
    golpeado por Deus e humilhado!
⁵ Mas ele foi ferido por causa de nossos pecados,
    esmagado por causa de nossos crimes;
    a punição a ele imposta era o preço da nossa paz,
    e suas feridas, o preço da nossa cura.
⁶ Todos nós vagávamos como ovelhas desgarradas,
    cada qual seguindo seu caminho;
    e o Senhor fez recair sobre ele
    o pecado de todos nós.
⁷ Foi maltratado, e submeteu-se, não abriu a boca;
    como cordeiro levado ao matadouro

ou como ovelha diante dos que a tosquiam,
ele não abriu a boca.
8 Foi atormentado pela angústia e foi condenado.
Quem se preocuparia com sua história de origem?
Ele foi eliminado do mundo dos vivos;
e por causa do pecado do meu povo,
foi golpeado até morrer.
9 Deram-lhe sepultura entre ímpios,
um túmulo entre os ricos, porque ele não praticou o mal,
nem se encontrou falsidade em suas palavras.
10 O Senhor quis macerá-lo com sofrimentos.
Oferecendo sua vida em expiação,
ele terá descendência duradoura,
e fará cumprir com êxito a vontade do Senhor.
11 Por esta vida de sofrimento,
alcançará luz e uma ciência perfeita.
Meu Servo, o Justo, fará justos inúmeros homens,
carregando sobre si suas culpas.
12 Por isso, compartilharei com ele multidões
e ele repartirá suas riquezas com os valentes seguidores,
pois entregou o corpo à morte,
sendo contado como um malfeitor;
ele, na verdade, resgatava o pecado de todos
e intercedia em favor dos pecadores.

Palavra do Senhor.

Salmo responsorial Sl 30(31),2.6.12-13.15-16.17.25 (℟. Lc 23,46)

℟. Ó **Pai**, em tuas **mãos** eu en**tre**go o meu es**pí**rito.

2 **Senhor**, eu ponho em **vós** minha espe**ran**ça; *
que eu não **fi**que envergo**nha**do eterna**men**te!
6 Em vossas **mãos**, Senhor, en**tre**go o meu es**pí**rito, *
porque **vós** me sal**va**reis, ó Deus **fi**el! ℟.

12 Tor**nei**-me o o**pró**brio do ini**mi**go, *
o des**pre**zo e zom**ba**ria dos vizinhos,
e ob**je**to de pa**vor** para os a**mi**gos; *
fogem de **mim** os que me **veem** pela **rua**.
13 Os cora**ções** me esque**ce**ram como um **mor**to, *
e tor**nei**-me como um **va**so espeda**ça**do. ℟.

15 A vós, po**rém**, ó meu Se**nhor**, eu me con**fi**o, *
e a**fir**mo que só **vós** sois o meu **Deus**!
16 Eu en**tre**go em vossas **mãos** o meu destino; *
liber**tai**-me do ini**mi**go e do o**pres**sor! ℟.

¹⁷ Mostrai serena a vossa face ao vosso servo, *
e salvai-me pela vossa compaixão!
²⁵ Fortalecei os corações, tende coragem, *
todos vós que ao Senhor vos confiais! ℟.

SEGUNDA LEITURA

*Ele aprendeu a ser obediente
e tornou-se causa de salvação para todos os que lhe obedecem.*

Leitura da Carta aos Hebreus   4,14-16;5,7-9

Irmãos:
¹⁴ Temos um sumo-sacerdote eminente, que entrou no céu,
Jesus, o Filho de Deus.
Por isso, permaneçamos firmes na fé que professamos.
¹⁵ Com efeito, temos um sumo-sacerdote
capaz de se compadecer de nossas fraquezas,
pois ele mesmo foi provado em tudo como nós,
com exceção do pecado.
¹⁶ Aproximemo-nos então, com toda a confiança,
do trono da graça,
para conseguirmos misericórdia e alcançarmos
a graça de um auxílio no momento oportuno.
⁵,⁷ Cristo, nos dias de sua vida terrestre,
dirigiu preces e súplicas,
com forte clamor e lágrimas,
àquele que era capaz de salvá-lo da morte.
E foi atendido, por causa de sua entrega a Deus.
⁸ Mesmo sendo Filho, aprendeu o que significa
a obediência a Deus, por aquilo que ele sofreu.
⁹ Mas, na consumação de sua vida,
tornou-se causa de salvação eterna
para todos os que lhe obedecem.

Palavra do Senhor.

Aclamação ao Evangelho   Fl 2,8-9

℟. Louvor e honra a vós, Senhor Jesus.
℣. Jesus Cristo se tornou obediente,
obediente até a morte numa cruz,
pelo que o Senhor Deus o exaltou,
e deu-lhe um nome muito acima de outro nome.

EVANGELHO

Paixão de Nosso Senhor Jesus Cristo
segundo João   18,1-19,42

Prenderam Jesus e o amarraram.

Naquele tempo,
¹ Jesus saiu com os discípulos
para o outro lado da torrente do Cedron.
Havia aí um jardim, onde ele entrou com os discípulos.
² Também Judas, o traidor, conhecia o lugar,
porque Jesus costumava reunir-se aí
com os seus discípulos.
³ Judas levou consigo um destacamento de soldados
e alguns guardas dos sumos sacerdotes e fariseus,
e chegou ali com lanternas, tochas e armas.
⁴ Então Jesus, consciente de tudo o que ia acontecer,
saiu ao encontro deles e disse:
"A quem procurais?"
⁵ Responderam:
"A Jesus, o Nazareno".
Ele disse:
"Sou eu".
Judas, o traidor, estava junto com eles.
⁶ Quando Jesus disse: "Sou eu",
eles recuaram e caíram por terra.
⁷ De novo lhes perguntou:
"A quem procurais?"
Eles responderam:
"A Jesus, o Nazareno".
⁸ Jesus respondeu:
"Já vos disse que sou eu.
Se é a mim que procurais,
então deixai que estes se retirem".
⁹ Assim se realizava a palavra que Jesus tinha dito:
'Não perdi nenhum daqueles que me confiaste'.
¹⁰ Simão Pedro, que trazia uma espada consigo,
puxou dela e feriu o servo do sumo-sacerdote,
cortando-lhe a orelha direita.
O nome do servo era Malco.
¹¹ Então Jesus disse a Pedro:
"Guarda a tua espada na bainha.
Não vou beber o cálice que o Pai me deu?"

Conduziram Jesus primeiro a Anás.

¹² Então, os soldados, o comandante e os guardas dos judeus
prenderam Jesus e o amarraram.
¹³ Conduziram-no primeiro a Anás,
que era o sogro de Caifás,
o Sumo Sacerdote naquele ano.
¹⁴ Foi Caifás que deu aos judeus o conselho:
"É preferível que um só morra pelo povo".
¹⁵ Simão Pedro e um outro discípulo seguiam Jesus.
Esse discípulo era conhecido do Sumo Sacerdote
e entrou com Jesus no pátio do Sumo Sacerdote.
¹⁶ Pedro ficou fora, perto da porta.
Então o outro discípulo,
que era conhecido do Sumo Sacerdote, saiu,
conversou com a encarregada da porta
e levou Pedro para dentro.
¹⁷ A criada que guardava a porta disse a Pedro:
"Não pertences também tu aos discípulos desse homem?"
Ele respondeu: "Não!"
¹⁸ Os empregados e os guardas fizeram uma fogueira
e estavam se aquecendo, pois fazia frio.
Pedro ficou com eles, aquecendo-se.
¹⁹ Entretanto, o Sumo Sacerdote interrogou Jesus
a respeito de seus discípulos e de seu ensinamento.
²⁰ Jesus lhe respondeu:
"Eu falei às claras ao mundo.
Ensinei sempre na sinagoga e no Templo,
onde todos os judeus se reúnem.
Nada falei às escondidas.
²¹ Por que me interrogas? Pergunta aos que ouviram o que falei;
eles sabem o que eu disse".
²² Quando Jesus falou isso, um dos guardas que ali estava
deu-lhe uma bofetada, dizendo:
"É assim que respondes ao Sumo Sacerdote?"
²³ Respondeu-lhe Jesus:
"Se respondi mal, mostra em quê;
mas, se falei bem, por que me bates?"
²⁴ Então, Anás enviou Jesus amarrado para Caifás,
o Sumo Sacerdote.

Não és tu também um dos discípulos dele? Pedro negou: "Não!"

²⁵ Simão Pedro continuava lá, em pé, aquecendo-se.
Disseram-lhe:
"Não és tu, também, um dos discípulos dele?"
Pedro negou: "Não!"

²⁶ Então um dos empregados do Sumo Sacerdote,
   parente daquele a quem Pedro tinha cortado a orelha, disse:
   "Será que não te vi no jardim com ele?"
²⁷ Novamente Pedro negou.
   E na mesma hora, o galo cantou.

O meu reino não é deste mundo.

²⁸ De Caifás, levaram Jesus ao palácio do governador.
   Era de manhã cedo.
   Eles mesmos não entraram no palácio,
   para não ficarem impuros e poderem comer a páscoa.
²⁹ Então Pilatos saiu ao encontro deles e disse:
   "Que acusação apresentais contra este homem?"
³⁰ Eles responderam:
   "Se não fosse malfeitor, não o teríamos entregue a ti!"
³¹ Pilatos disse:
   "Tomai-o vós mesmos e julgai-o de acordo com a vossa lei".
   Os judeus lhe responderam:
   "Nós não podemos condenar ninguém à morte".
³² Assim se realizava o que Jesus tinha dito,
   significando de que morte havia de morrer.
³³ Então Pilatos entrou de novo no palácio,
   chamou Jesus e perguntou-lhe:
   "Tu és o rei dos judeus?"
³⁴ Jesus respondeu:
   "Estás dizendo isso por ti mesmo,
   ou outros te disseram isso de mim?"
³⁵ Pilatos falou:
   "Por acaso, sou judeu?
   O teu povo e os sumos sacerdotes te entregaram a mim.
   Que fizeste?"
³⁶ Jesus respondeu:
   "O meu reino não é deste mundo.
   Se o meu reino fosse deste mundo,
   os meus guardas teriam lutado
   para que eu não fosse entregue aos judeus.
   Mas o meu reino não é daqui".
³⁷ Pilatos disse a Jesus:
   "Então, tu és rei?"
   Jesus respondeu:
   "Tu o dizes: eu sou rei.
   Eu nasci e vim ao mundo para isto:
   para dar testemunho da verdade.
   Todo aquele que é da verdade escuta a minha voz".

³⁸ Pilatos disse a Jesus:
"O que é a verdade?"
Ao dizer isso, Pilatos saiu ao encontro dos judeus, e disse-lhes:
"Eu não encontro nenhuma culpa nele.
³⁹ Mas existe entre vós um costume,
que pela Páscoa eu vos solte um preso.
Quereis que vos solte o rei dos Judeus?"
⁴⁰ Então, começaram a gritar de novo:
"Este não, mas Barrabás!"
Barrabás era um bandido.

Viva o rei dos judeus!

¹⁹,¹ Então Pilatos mandou flagelar Jesus.
² Os soldados teceram uma coroa de espinhos
e a colocaram na cabeça de Jesus.
Vestiram-no com um manto vermelho,
³ aproximavam-se dele e diziam:
"Viva o rei dos judeus!"
E davam-lhe bofetadas.
⁴ Pilatos saíu de novo e disse aos judeus:
"Olhai, eu o trago aqui fora, diante de vós,
para que saibais que não encontro nele crime algum".
⁵ Então Jesus veio para fora,
trazendo a coroa de espinhos e o manto vermelho.
Pilatos disse-lhes:
"Eis o homem!"
⁶ Quando viram Jesus,
os sumos sacerdotes e os guardas começaram a gritar:
"Crucifica-o! Crucifica-o!"
Pilatos respondeu:
"Levai-o vós mesmos para o crucificar,
pois eu não encontro nele crime algum".
⁷ Os judeus responderam: "Nós temos uma Lei,
e, segundo essa Lei, ele deve morrer,
porque se fez Filho de Deus".
⁸ Ao ouvir essas palavras, Pilatos ficou com mais medo ainda.
⁹ Entrou outra vez no palácio
e perguntou a Jesus:
"De onde és tu?"
Jesus ficou calado.
¹⁰ Então Pilatos disse:
"Não me respondes?
Não sabes que tenho autoridade para te soltar
e autoridade para te crucificar?"
¹¹ Jesus respondeu:
"Tu não terias autoridade alguma sobre mim,

se ela não te fosse dada do alto.
Quem me entregou a ti, portanto, tem culpa maior".

Fora! Fora! Crucifica-o!

12 Por causa disso, Pilatos procurava soltar Jesus.
Mas os judeus gritavam:
"Se soltas este homem, não és amigo de César.
Todo aquele que se faz rei, declara-se contra César".
13 Ouvindo essas palavras,
Pilatos levou Jesus para fora e sentou-se no tribunal,
no lugar chamado "Pavimento", em hebraico "Gábata".
14 Era o dia da preparação da Páscoa,
por volta do meio-dia.
Pilatos disse aos judeus:
"Eis o vosso rei!"
15 Eles, porém, gritavam:
"Fora! Fora! Crucifica-o!"
Pilatos disse:
"Hei de crucificar o vosso rei?"
Os sumos sacerdotes responderam:
"Não temos outro rei senão César".
16 Então Pilatos entregou Jesus para ser crucificado,
e eles o levaram.

Ali o crucificaram, com outros dois.

17 Jesus tomou a cruz sobre si
e saiu para o lugar chamado "Calvário",
em hebraico "Gólgota".
18 Ali o crucificaram, com outros dois:
um de cada lado, e Jesus no meio.
19 Pilatos mandou ainda escrever um letreiro
e colocá-lo na cruz; nele estava escrito:
"Jesus Nazareno, o Rei dos Judeus".
20 Muitos judeus puderam ver o letreiro, porque o lugar
em que Jesus foi crucificado ficava perto da cidade.
O letreiro estava escrito em hebraico, latim e grego.
21 Então os sumos sacerdotes dos judeus disseram a Pilatos:
"Não escrevas 'O Rei dos Judeus',
mas sim o que ele disse: 'Eu sou o Rei dos judeus' ".
22 Pilatos respondeu:
"O que escrevi, está escrito".

Repartiram entre si as minhas vestes.

23 Depois que crucificaram Jesus,
os soldados repartiram a sua roupa em quatro partes,

uma parte para cada soldado.
Quanto à túnica, esta era tecida sem costura,
em peça única de alto abaixo.

24 Disseram então entre si:
"Não vamos dividir a túnica.
Tiremos a sorte para ver de quem será".
Assim se cumpria a Escritura que diz:
"Repartiram entre si as minhas vestes
e lançaram sorte sobre a minha túnica".
Assim procederam os soldados.

Este é o teu filho. Esta é a tua mãe.

25 Perto da cruz de Jesus, estavam de pé
a sua mãe, a irmã da sua mãe, Maria de Cléofas,
e Maria Madalena.
26 Jesus, ao ver sua mãe e, ao lado dela, o discípulo
que ele amava, disse à mãe:
"Mulher, este é o teu filho".
27 Depois disse ao discípulo:
"Esta é a tua mãe".
Dessa hora em diante, o discípulo a acolheu consigo.

Tudo está consumado.

28 Depois disso, Jesus, sabendo que tudo estava consumado,
e para que a Escritura se cumprisse até o fim, disse:
"Tenho sede".
29 Havia ali uma jarra cheia de vinagre.
Amarraram numa vara uma esponja embebida de vinagre
e levaram-na à boca de Jesus.
30 Ele tomou o vinagre e disse:
"Tudo está consumado".
E, inclinando a cabeça, entregou o espírito.

Aqui todos se ajoelham e faz-se uma pausa.

E logo saiu sangue e água.

31 Era o dia da preparação para a Páscoa.
Os judeus queriam evitar
que os corpos ficassem na cruz durante o sábado,
porque aquele sábado era dia de festa solene.
Então pediram a Pilatos
que mandasse quebrar as pernas aos crucificados
e os tirasse da cruz.
32 Os soldados foram
e quebraram as pernas de um e, depois, do outro
que foram crucificados com Jesus.

33 Ao se aproximarem de Jesus, e vendo que já estava morto,
não lhe quebraram as pernas;
34 mas um soldado abriu-lhe o lado com uma lança,
e logo saiu sangue e água.
35 Aquele que viu, dá testemunho
e seu testemunho é verdadeiro;
e ele sabe que fala a verdade,
para que vós também acrediteis.
36 Isso aconteceu para que se cumprisse a Escritura,
que diz: "Não quebrarão nenhum dos seus ossos".
37 E outra Escritura ainda diz:
"Olharão para aquele que transpassaram".

Envolveram o corpo de Jesus com aromas, em faixas de linho.

38 Depois disso, José de Arimateia,
que era discípulo de Jesus
– mas às escondidas, por medo dos judeus –
pediu a Pilatos para tirar o corpo de Jesus.
Pilatos consentiu.
Então José veio tirar o corpo de Jesus.
39 Chegou também Nicodemos,
o mesmo que antes tinha ido de noite encontrar-se com Jesus.
Levou uns trinta quilos de perfume
feito de mirra e aloés.
40 Então tomaram o corpo de Jesus
e envolveram-no, com os aromas, em faixas de linho,
como os judeus costumam sepultar.
41 No lugar onde Jesus foi crucificado, havia um jardim
e, no jardim, um túmulo novo,
onde ainda ninguém tinha sido sepultado.
42 Por causa da preparação da Páscoa,
e como o túmulo estava perto,
foi ali que colocaram Jesus.

Palavra da Salvação.

DOMINGO DA PÁSCOA NA RESSURREIÇÃO DO SENHOR

Vigília pascal na Noite Santa

A liturgia da Vigília pascal contém nove leituras, a saber: sete do Antigo Testamento e duas do Novo Testamento.
Se circunstâncias pastorais o exigirem, pode-se diminuir o número de leituras; haja, porém, sempre, pelo menos, três leituras do Antigo Testamento e, em casos extremos, pelo menos, duas antes da Carta e do Evangelho.
A leitura sobre a passagem do mar Vermelho (a terceira) não seja nunca omitida.

LEITURAS DO ANTIGO TESTAMENTO

PRIMEIRA LEITURA (mais longa)

*Deus viu tudo quanto havia feito
e eis que tudo era muito bom.*

Leitura do Livro do Gênesis   1,1–2,2

1. No princípio Deus criou o céu e a terra.
2. A terra estava deserta e vazia,
   as trevas cobriam a face do abismo
   e o Espírito de Deus pairava sobre as águas.
3. Deus disse: "Faça-se a luz!" E a luz se fez.
4. Deus viu que a luz era boa e separou a luz das trevas.
5. E à luz Deus chamou "dia" e às trevas, "noite".
   Houve uma tarde e uma manhã: primeiro dia.
6. Deus disse: "Faça-se um firmamento entre as águas,
   separando umas das outras".
7. E Deus fez o firmamento,
   e separou as águas que estavam embaixo,
   das que estavam em cima do firmamento. E assim se fez.
8. Ao firmamento Deus chamou "céu".
   Houve uma tarde e uma manhã: segundo dia.
9. Deus disse:
   "Juntem-se as águas que estão debaixo do céu num só lugar
   e apareça o solo enxuto!" E assim se fez.
10. Ao solo enxuto Deus chamou "terra"
    e ao ajuntamento das águas, "mar".
    E Deus viu que era bom.

¹¹ Deus disse: "A terra faça brotar vegetação
e plantas que deem semente, e árvores frutíferas
que deem fruto segundo a sua espécie,
que tenham nele a sua semente sobre a terra".
E assim se fez.
¹² E a terra produziu vegetação
e plantas que trazem semente segundo a sua espécie,
e árvores que dão fruto tendo nele a semente da sua espécie.
E Deus viu que era bom.
¹³ Houve uma tarde e uma manhã: terceiro dia.
¹⁴ Deus disse:
"Façam-se luzeiros no firmamento do céu,
para separar o dia da noite.
Que sirvam de sinais para marcar as festas,
os dias e os anos,
¹⁵ e que resplandeçam no firmamento do céu
e iluminem a terra". E assim se fez.
¹⁶ Deus fez os dois grandes luzeiros:
o luzeiro maior para presidir o dia, e o luzeiro menor
para presidir à noite, e as estrelas.
¹⁷ Deus colocou-os no firmamento do céu
para alumiar a terra,
¹⁸ para presidir ao dia e à noite e separar a luz das trevas.
E Deus viu que era bom.
¹⁹ E houve uma tarde e uma manhã: quarto dia.
²⁰ Deus disse:
"Fervilhem as águas de seres animados de vida
e voem pássaros sobre a terra,
debaixo do firmamento do céu".
²¹ Deus criou os grandes monstros marinhos
e todos os seres vivos que nadam, em multidão, nas águas,
segundo as suas espécies, e todas as aves,
segundo as suas espécies. E Deus viu que era bom.
²² E Deus os abençoou, dizendo:
"Sede fecundos e multiplicai-vos e enchei as águas do mar,
e que as aves se multipliquem sobre a terra".
²³ Houve uma tarde e uma manhã: quinto dia.
²⁴ Deus disse: "Produza a terra seres vivos
segundo as suas espécies, animais domésticos,
répteis e animais selvagens, segundo as suas espécies".
E assim se fez.
²⁵ Deus fez os animais selvagens,
segundo as suas espécies,
os animais domésticos, segundo as suas espécies
e todos os répteis do solo, segundo as suas espécies.
E Deus viu que era bom.

²⁶ Deus disse: "Façamos o homem à nossa imagem
e segundo a nossa semelhança,
para que domine sobre os peixes do mar,
sobre as aves do céu,
sobre os animais de toda a terra,
e sobre todos os répteis que rastejam sobre a terra".
²⁷ E Deus criou o homem à sua imagem,
à imagem de Deus ele o criou: homem e mulher os criou.
²⁸ E Deus os abençoou e lhes disse:
"Sede fecundos e multiplicai-vos,
enchei a terra e submetei-a!
Dominai sobre os peixes do mar,
sobre os pássaros do céu
e sobre todos os animais que se movem sobre a terra".
²⁹ E Deus disse:
"Eis que vos entrego todas as plantas que dão semente
sobre a terra, e todas as árvores que produzem fruto
com sua semente, para vos servirem de alimento.
³⁰ E a todos os animais da terra,
e a todas as aves do céu, e a tudo o que rasteja sobre a terra
e que é animado de vida,
eu dou todos os vegetais para alimento". E assim se fez.
³¹ E Deus viu tudo quanto havia feito,
e eis que tudo era muito bom.
Houve uma tarde e uma manhã: sexto dia.
²,¹ E assim foram concluídos o céu e a terra
com todo o seu exército.
² No sétimo dia, Deus considerou acabada
toda a obra que tinha feito;
e no sétimo dia descansou de toda a obra que fizera.

Palavra do Senhor.

Ou: PRIMEIRA LEITURA (mais breve)

*Deus viu tudo quanto havia feito,
e eis que tudo era muito bom.*

Leitura do Livro do Gênesis 1,1.26-31a

¹ No princípio Deus criou o céu e a terra.
²⁶ Deus disse:
"Façamos o homem à nossa imagem
e segundo a nossa semelhança,
para que domine sobre os peixes do mar,

sobre as aves do céu,
sobre os animais de toda a terra,
e sobre todos os répteis que rastejam sobre a terra".
²⁷ E Deus criou o homem à sua imagem,
à imagem de Deus ele o criou:
homem e mulher os criou.
²⁸ E Deus os abençoou e lhes disse:
"Sede fecundos e multiplicai-vos,
enchei a terra e submetei-a!
Dominai sobre os peixes do mar,
sobre os pássaros do céu
e sobre todos os animais que se movem sobre a terra".
²⁹ E Deus disse:
"Eis que vos entrego todas as plantas que dão semente
sobre a terra, e todas as árvores que produzem fruto
com sua semente, para vos servirem de alimento.
³⁰ E a todos os animais da terra,
e a todas as aves do céu, e a tudo o que rasteja sobre a terra
e que é animado de vida,
eu dou todos os vegetais para alimento". E assim se fez.
³¹ᵃ E Deus viu tudo quanto havia feito,
e eis que tudo era muito bom.
Houve uma tarde e uma manhã: sexto dia.

Palavra do Senhor.

Salmo responsorial   Sl 103(104),1-2a.5-6.10.12.13-14.24.35c
(℟. cf. 30)

℟. Enviai o vosso Espírito, Senhor,
e da terra toda a face renovai.

¹ Bendize, ó minha alma, ao Senhor! *
Ó meu Deus e meu Senhor, como sois grande!
²ᵃ De majestade e esplendor vos revestis *
e de luz vos envolveis como num manto.   ℟.

⁵ A terra vós firmastes em suas bases, *
ficará firme pelos séculos sem fim;
⁶ os mares a cobriam como um manto, *
e as águas envolviam as montanhas.   ℟.

¹⁰ Fazeis brotar em meio aos vales as nascentes *
que passam serpeando entre as montanhas;
¹² às suas margens vêm morar os passarinhos, *
entre os ramos eles erguem o seu canto.   ℟.

¹³ De vossa casa as montanhas irrigais, *
com vossos frutos saciais a terra inteira;

¹⁴ fazeis cres**cer** os verdes **pas**tos para o **ga**do *
e as **plan**tas que são **ú**teis para o **ho**mem. ℟.

²⁴ Quão nume**ro**sas, ó Se**nhor**, são vossas **o**bras, *
e **que** sabedoria em todas **e**las!
Encheu-se a **ter**ra com as **vos**sas cria**tu**ras! *
³⁵ᶜ Ben**di**ze, ó minha **al**ma, ao Se**nhor**! ℟.

Ou: Sl 32(33),4-5.6-7.12-13.20.22 (℟. 5b)

℟. Trans**bor**da em toda a **ter**ra a sua **gra**ça!

⁴ **Re**ta é a palavra do Se**nhor**, *
e **tu**do o que ele **faz** merece **fé**.
⁵ Deus **a**ma o di**rei**to e a jus**ti**ça, *
trans**bor**da em toda a **ter**ra a sua **gra**ça. ℟.

⁶ A palavra do Se**nhor** criou os **céus**, *
e o **so**pro de seus **lá**bios, as es**tre**las.
⁷ Como num **o**dre junta as **á**guas do oce**a**no, *
e man**tém** no seu **li**mite as grandes **á**guas. ℟.

¹² Feliz o **po**vo cujo **Deus** é o Se**nhor**, *
e a na**ção** que esco**lheu** por sua he**ran**ça!
¹³ Dos altos **céus** o Senhor **o**lha e ob**ser**va; *
ele se in**cli**na para o**lhar** todos os **ho**mens. ℟.

²⁰ No Se**nhor** nós espe**ra**mos confi**an**tes, *
porque **e**le é nosso au**xí**lio e prote**ção**!
²² Sobre **nós** venha, Se**nhor**, a vossa **gra**ça, *
da mesma **for**ma que em **vós** nós espe**ra**mos! ℟.

SEGUNDA LEITURA (mais longa)

O sacrifício de nosso pai Abraão.

Leitura do Livro do Gênesis   22,1-18

Naqueles dias,
¹ Deus pôs Abraão à prova. Chamando-o, disse: "Abraão!"
E ele respondeu: "Aqui estou".
² E Deus disse: "Toma teu filho único, Isaac,
a quem tanto amas, dirige-te à terra de Moriá,

e oferece-o ali em holocausto
sobre um monte que eu te indicar".

3 Abraão levantou-se bem cedo,
selou o jumento, tomou consigo dois dos seus servos
e seu filho Isaac.
Depois de ter rachado lenha para o holocausto,
pôs-se a caminho, para o lugar que Deus lhe havia ordenado.

4 No terceiro dia,
Abraão, levantando os olhos, viu de longe o lugar.

5 Disse, então, aos seus servos:
"Esperai aqui com o jumento,
enquanto eu e o menino vamos até lá.
Depois de adorarmos a Deus, voltaremos a vós".

6 Abraão tomou a lenha para o holocausto
e a pôs às costas do seu filho Isaac,
enquanto ele levava o fogo e a faca.
E os dois continuaram caminhando juntos.

7 Isaac disse a Abraão: "Meu pai".
– "Que queres, meu filho?", respondeu ele.
E o menino disse:
"Temos o fogo e a lenha,
mas onde está a vítima para o holocausto?"

8 Abraão respondeu:
"Deus providenciará a vítima
para o holocausto, meu filho".
E os dois continuaram caminhando juntos.

9 Chegados ao lugar indicado por Deus,
Abraão ergueu um altar, colocou a lenha em cima,
amarrou o filho e o pôs sobre a lenha em cima do altar.

10 Depois, estendeu a mão,
empunhando a faca para sacrificar o filho.

11 E eis que o anjo do Senhor gritou do céu,
dizendo: "Abraão! Abraão!"
Ele respondeu: "Aqui estou!"

12 E o anjo lhe disse: "Não estendas a mão
contra teu filho e não lhe faças nenhum mal!
Agora sei que temes a Deus,
pois não me recusaste teu filho único".

13 Abraão, erguendo os olhos, viu um carneiro
preso num espinheiro pelos chifres; foi buscá-lo
e ofereceu-o em holocausto no lugar do seu filho.

14 Abraão passou a chamar aquele lugar:
"O Senhor providenciará". Donde até hoje se diz:
"O monte onde o Senhor providenciará".

15 O anjo do Senhor chamou Abraão,
pela segunda vez, do céu,

¹⁶ e lhe disse:
"Juro por mim mesmo – oráculo do Senhor –,
uma vez que agiste desse modo
e não me recusaste teu filho único,
¹⁷ eu te abençoarei
e tornarei tão numerosa tua descendência
como as estrelas do céu
e como as areias da praia do mar.
Teus descendentes conquistarão
as cidades dos inimigos.
¹⁸ Por tua descendência serão abençoadas
todas as nações da terra, porque me obedeceste".

Palavra do Senhor.

Ou: SEGUNDA LEITURA (mais breve)

O sacrifício de nosso pai Abraão.

Leitura do Livro do Gênesis   22,1-2.9a.10-13.15-18

Naqueles dias,
¹ Deus pôs Abraão à prova.
Chamando-o, disse:
"Abraão!
"E ele respondeu:
"Aqui estou".
² E Deus disse:
"Toma teu filho único, Isaac, a quem tanto amas,
dirige-te à terra de Moriá,
e oferece-o ali em holocausto
sobre um monte que eu te indicar".
⁹ᵃ Chegados ao lugar indicado por Deus,
Abraão ergueu um altar, colocou a lenha em cima,
amarrou o filho e o pôs sobre a lenha em cima do altar.
¹⁰ Depois, estendeu a mão,
empunhando a faca para sacrificar o filho.
¹¹ E eis que o anjo do Senhor gritou do céu,
dizendo: "Abraão! Abraão!"
Ele respondeu: "Aqui estou!".
¹² E o anjo lhe disse:
"Não estendas a mão contra teu filho
e não lhe faças nenhum mal!

Agora sei que temes a Deus,
pois não me recusaste teu filho único".
¹³ Abraão, erguendo os olhos, viu um carneiro
preso num espinheiro pelos chifres; foi buscá-lo
e ofereceu-o em holocausto no lugar do seu filho.
¹⁵ O anjo do Senhor chamou Abraão,
pela segunda vez, do céu,
¹⁶ e lhe disse:
"Juro por mim mesmo – oráculo do Senhor –,
uma vez que agiste desse modo
e não me recusaste teu filho único,
¹⁷ eu te abençoarei
e tornarei tão numerosa tua descendência
como as estrelas do céu
e como as areias da praia do mar.
Teus descendentes conquistarão
as cidades dos inimigos.
¹⁸ Por tua descendência serão abençoadas
todas as nações da terra, porque me obedeceste".

Palavra do Senhor.

Salmo responsorial Sl 15(16),5.8.9-10.11 (℟. 1a)

℟. Guar**dai**-me, ó **Deus**, porque em **vós** me refu**gi**o!

⁵ Ó Se**nhor**, sois minha he**ran**ça e minha **ta**ça, *
meu des**ti**no está se**gu**ro em vossas **mãos**!
⁸ Tenho **sem**pre o Se**nhor** ante meus **o**lhos, *
pois se o **te**nho a meu **la**do não va**ci**lo.   ℟.

⁹ Eis por**que** meu cora**ção** está em **fes**ta, †
minha **al**ma reju**bi**la de ale**gri**a, *
e até meu **cor**po no re**pou**so está tran**qui**lo;
¹⁰ pois não ha**veis** de me dei**xar** entregue à **mor**te, *
nem vosso a**mi**go conhe**cer** a corrup**ção**.   ℟.

¹¹ Vós me ensi**nais** vosso ca**mi**nho para a **vi**da; †
junto a **vós**, felici**da**de sem li**mi**tes, *
delícia e**ter**na e ale**gri**a ao vosso **la**do!   ℟.

TERCEIRA LEITURA

*Os filhos de Israel
entraram pelo meio do mar a pé enxuto.*

Leitura do Livro do Êxodo 14,15-15,1

Naqueles dias,
¹⁵ O Senhor disse a Moisés:
"Por que clamas a mim por socorro?
Dize aos filhos de Israel que se ponham em marcha.
¹⁶ Quanto a ti, ergue a vara,
estende o braço sobre o mar e divide-o,
para que os filhos de Israel caminhem
em seco pelo meio do mar.
¹⁷ De minha parte, endurecerei o coração dos egípcios,
para que sigam atrás deles,
e eu seja glorificado às custas do Faraó
e de todo o seu exército,
dos seus carros e cavaleiros.
¹⁸ E os egípcios saberão que eu sou o Senhor,
quando eu for glorificado às custas do Faraó,
dos seus carros e cavaleiros".
¹⁹ Então, o anjo do Senhor, que caminhava
à frente do acampamento dos filhos de Israel,
mudou de posição e foi para trás deles;
e com ele, ao mesmo tempo, a coluna de nuvem,
que estava na frente, colocou-se atrás,
²⁰ inserindo-se entre o acampamento dos egípcios
e o acampamento dos filhos de Israel.
Para aqueles a nuvem era tenebrosa,
para estes, iluminava a noite.
Assim, durante a noite inteira,
uns não puderam aproximar-se dos outros.
²¹ Moisés estendeu a mão sobre o mar,
e durante toda a noite o Senhor fez soprar sobre o mar
um vento leste muito forte; e as águas se dividiram.
²² Então, os filhos de Israel entraram
pelo meio do mar a pé enxuto,
enquanto as águas formavam como que uma muralha
à direita e à esquerda.
²³ Os egípcios puseram-se a persegui-los,
e todos os cavalos do Faraó,
carros e cavaleiros os seguiram mar adentro.

²⁴ Ora, de madrugada,
o Senhor lançou um olhar, desde a coluna de fogo
e da nuvem, sobre as tropas egípcias e as pôs em pânico.
²⁵ Bloqueou as rodas dos seus carros,
de modo que só a muito custo podiam avançar.
Disseram, então, os egípcios:
"Fujamos de Israel!
Pois o Senhor combate a favor deles, contra nós".
²⁶ O Senhor disse a Moisés:
"Estende a mão sobre o mar,
para que as águas se voltem contra os egípcios,
seus carros e cavaleiros".
²⁷ Moisés estendeu a mão sobre o mar
e, ao romper da manhã, o mar voltou ao seu leito normal,
enquanto os egípcios, em fuga,
corriam ao encontro das águas,
e o Senhor os mergulhou no meio das ondas.
²⁸ As águas voltaram e cobriram carros,
cavaleiros e todo o exército do Faraó,
que tinha entrado no mar em perseguição a Israel.
Não escapou um só.
²⁹ Os filhos de Israel, ao contrário,
tinham passado a pé enxuto pelo meio do mar,
cujas águas lhes formavam uma muralha
à direita e à esquerda.
³⁰ Naquele dia,
o Senhor livrou Israel da mão dos egípcios,
e Israel viu os egípcios mortos nas praias do mar,
³¹ e a mão poderosa do Senhor agir contra eles.
O povo temeu o Senhor, e teve fé no Senhor
e em Moisés, seu servo.
¹⁵,¹ Então, Moisés e os filhos de Israel
cantaram ao Senhor este cântico:

Salmo responsorial   Ex 15,1-2.3-4.5-6.17-18 (R. 1a)

℟. Cantemos ao Se**nhor** que fez bri**lhar** a sua **gló**ria!

¹ Ao Se**nhor** quero can**tar**, pois fez bri**lhar** a sua **gló**ria: *
precipi**tou** no mar Ver**me**lho o cavalo e o cava**lei**ro!
² O Se**nhor** é minha **for**ça, é a ra**zão** do meu can**tar**, *
pois foi **e**le neste **di**a para **mim** liber**ta**ção!
Ele é meu **Deus** e o louva**rei**, Deus de meu **pai**, e o honra**rei**.* ℟.

³ O Se**nhor** é um Deus guer**rei**ro
o seu **no**me é "Onipo**ten**te":

⁴ Os sol**da**dos e os **car**ros do Fara**ó** jogou no **mar**, *
seus me**lho**res capi**tães** afo**gou** no mar Ver**me**lho, R̥.

⁵ Afun**da**ram como **pe**dras e as **on**das os co**bri**ram. †
⁶ Ó Se**nhor**, o vosso **bra**ço é duma **for**ça insupe**rá**vel! *
Ó Se**nhor**, o vosso **bra**ço esmiga**lhou** os ini**mi**gos! R̥.

¹⁷ Vosso povo leva**reis** e o planta**reis** em vosso **Mon**te, *
no lu**gar** que prepa**ras**tes para a **vos**sa habita**ção**,
no Santu**á**rio cons**truí**do pelas **vos**sas próprias **mãos**. *
¹⁸ O Se**nhor** há de rei**nar** eterna**men**te, pelos **sé**culos! R̥.

QUARTA LEITURA

*Com misericórdia eterna,
eu o teu Senhor, compadeci-me de ti.*

Leitura do Livro do Profeta Isaías   54,5-14

⁵ Teu esposo é aquele que te criou,
seu nome é Senhor dos exércitos;
teu redentor, o Santo de Israel,
chama-se Deus de toda a terra.
⁶ O Senhor te chamou,
como a mulher abandonada e de alma aflita;
como a esposa repudiada na mocidade,
falou o teu Deus.
⁷ Por um breve instante eu te abandonei,
mas com imensa compaixão volto a acolher-te.
⁸ Num momento de indignação,
por um pouco ocultei de ti minha face,
mas com misericórdia eterna compadeci-me de ti,
diz teu salvador, o Senhor.
⁹ Como fiz nos dias de Noé,
a quem jurei nunca mais inundar a terra,
assim juro que não me irritarei contra ti
nem te farei ameaças.
¹⁰ Podem os montes recuar e as colinas abalar-se,
mas minha misericórdia não se apartará de ti,
nada fará mudar a aliança de minha paz,
diz o teu misericordioso Senhor.

11 Pobrezinha, batida por vendavais, sem nenhum consolo,
eis que assentarei tuas pedras sobre rubis,
e tuas bases sobre safiras;
12 revestirei de jaspe tuas fortificações,
e teus portões, de pedras preciosas,
e todos os teus muros, de pedra escolhida.
13 Todos os teus filhos serão discípulos do Senhor,
teus filhos possuirão muita paz;
14 terás a justiça por fundamento.
Longe da opressão, nada terás a temer;
serás livre do terror,
porque ele não se aproximará de ti.

Palavra do Senhor.

Salmo responsorial   Sl 29(30),2.4.5-6.11.12a.13b   (R. 2a)

℟. Eu vos ex**al**to, ó Se**nhor**, porque **vós** me li**vras**tes!

2 Eu vos ex**al**to, ó Se**nhor**, pois me li**vras**tes, *
e não dei**xas**tes rir de **mim** meus ini**mi**gos!
4 Vós ti**ras**tes minha **al**ma dos a**bis**mos *
e me sal**vas**tes, quando es**ta**va já mor**ren**do!   ℟.

5 Cantai **sal**mos ao Se**nhor**, povo fi**el**, *
dai-lhe **gra**ças e invo**cai** seu santo **no**me!
6 Pois sua **i**ra dura a**pe**nas um mo**men**to, *
mas sua bon**da**de perma**ne**ce a vida in**tei**ra;
se à **tar**de vem o **pran**to visi**tar**-nos, *
de ma**nhã** vem sau**dar**-nos a ale**gri**a.   ℟.

11 Escu**tai**-me, Senhor **Deus**, tende pie**da**de! *
Sede, Se**nhor**, o meu a**bri**go prote**tor**!
12a Transfor**mas**tes o meu **pran**to em uma **fes**ta, *
13b Senhor meu **Deus**, eterna**men**te hei de lou**var**-vos! ℟.

QUINTA LEITURA

Vinde a mim, ouvi e tereis vida;
farei convosco um pacto eterno.

Leitura do Livro do Profeta Isaías   55,1-11

Assim diz o Senhor:
1 "Ó vós todos que estais com sede, vinde às águas;
vós que não tendes dinheiro, apressai-vos,
vinde e comei, vinde comprar sem dinheiro,
tomar vinho e leite, sem nenhuma paga.
2 Por que gastar dinheiro com outra coisa que não o pão;
desperdiçar o salário, senão com satisfação completa?
Ouvi-me com atenção, e alimentai-vos bem,
para deleite e revigoramento do vosso corpo.
3 Inclinai vosso ouvido e vinde a mim,
ouvi e tereis vida; farei convosco um pacto eterno,
manterei fielmente as graças concedidas a Davi.
4 Eis que fiz dele uma testemunha para os povos,
chefe e mestre para as nações.
5 Eis que chamarás uma nação que não conhecias,
e acorrerão a ti povos que não te conheciam,
por causa do Senhor, teu Deus,
e do Santo de Israel, que te glorificou.
6 Buscai o Senhor, enquanto pode ser achado;
invocai-o, enquanto ele está perto.
7 Abandone o ímpio seu caminho,
e o homem injusto, suas maquinações;
volte para o Senhor, que terá piedade dele,
volte para o nosso Deus, que é generoso no perdão.
8 Meus pensamentos não são como os vossos pensamentos,
e vossos caminhos não são como os meus caminhos,
diz o Senhor.
9 Estão meus caminhos tão acima dos vossos caminhos
e meus pensamentos acima dos vossos pensamentos,
quanto está o céu acima da terra.
10 Como a chuva e a neve descem do céu
e para lá não voltam mais,
mas vêm irrigar e fecundar a terra,
e fazê-la germinar e dar semente,
para o plantio e para a alimentação,
11 assim a palavra que sair de minha boca:
não voltará para mim vazia;

antes, realizará tudo que for de minha vontade
e produzirá os efeitos que pretendi, ao enviá-la".

Palavra do Senhor.

Salmo responsorial　　　　　　　　　　　　Is 12,2-3.4bcd.5-6 (℟. 3)

℟.　Com alegria bebereis do manancial da salvação.

² Eis o **Deus**, meu Salva**dor**, eu confio e nada **te**mo; †
 o Sen**hor** é minha **for**ça, meu lou**vor** e salvação. *
³ Com ale**gria** bebe**reis** do manancial da salvação.　　　℟.

⁴ᵇ E di**reis** naquele **di**a: "Dai lou**vo**res ao Sen**hor**, †
 ᶜ invo**cai** seu santo **no**me, anunci**ai** suas maravilhas, *
 ᵈ entre os **po**vos procla**mai** que seu **no**me é o mais su**bli**me. ℟.

⁵ Louvai can**tan**do ao nosso **Deus**, que fez pro**dí**gios e por**ten**tos, *
 publi**cai** em toda a **ter**ra suas **gran**des mara**vi**lhas!
⁶ Exul**tai** cantando a**le**gres, habi**tan**tes de Sião, *
 porque é **gran**de em vosso **mei**o o Deus **San**to de Israel!"　℟.

SEXTA LEITURA

Marcha para o esplendor do Senhor.

Leitura do Livro do Profeta Baruc　　　　　　　　　3,9-15.32–4,4

⁹ Ouve, Israel, os preceitos da vida;
 presta atenção, para aprenderes a sabedoria.
¹⁰ Que se passa, Israel?
 Como é que te encontras em terra inimiga?
¹¹ Envelheceste num país estrangeiro,
 e te contaminaste com os mortos,
 foste contado entre os que descem à mansão dos mortos.
¹² Abandonaste a fonte da sabedoria!
¹³ Se tivesses continuado no caminho de Deus,
 viverias em paz para sempre.
¹⁴ Aprende onde está a sabedoria,
 onde está a fortaleza e onde está a inteligência,
 e aprenderás também onde está a longevidade e a vida,
 onde está o brilho dos olhos e a paz.

¹⁵ Quem descobriu onde está a sabedoria?
Quem penetrou em seus tesouros?
³² Aquele que tudo sabe, conhece-a,
descobriu-a com sua inteligência;
aquele que criou a terra para sempre
e a encheu de animais e quadrúpedes;
³³ aquele que manda a luz, e ela vai,
chama-a de volta, e ela obedece tremendo.
³⁴ As estrelas cintilam em seus postos de guarda
e alegram-se;
³⁵ ele chamou-as, e elas respondem: "Aqui estamos";
e alumiam com alegria o que as fez.
³⁶ Este é o nosso Deus,
e nenhum outro pode comparar-se com ele.
³⁷ Ele revelou todo o caminho da sabedoria
a Jacó, seu servo, e a Israel, seu bem-amado.
³⁸ Depois, ela foi vista sobre a terra
e habitou entre os homens.
⁴,¹ A sabedoria é o livro dos mandamentos de Deus,
é a lei que permanece para sempre.
Todos os que a seguem, têm a vida,
e os que a abandonam, têm a morte.
² Volta-te, Jacó, e abraça-a;
marcha para o esplendor, à sua luz.
³ Não dês a outro a tua glória
nem cedas a uma nação estranha teus privilégios.
⁴ Ó Israel, felizes somos nós,
porque nos é dado conhecer o que agrada a Deus.

Palavra do Senhor.

Salmo responsorial   Sl 18B(19),8.9.10.11 (℟. Jo 6,68c)

℟. Se**nhor**, tens pa**la**vras de **vi**da e**ter**na.

⁸ A **lei** do Senhor **Deus** é per**fei**ta, *
con**for**to para a **al**ma!
O teste**mu**nho do Se**nhor** é fiel, *
sabedo**ria** dos hu**mil**des.   ℟.

⁹ Os pre**cei**tos do Se**nhor** são precisos, *
ale**gria** ao cora**ção**.
O manda**men**to do Se**nhor** é bri**lhan**te, *
para os **o**lhos é uma **luz**.   ℟.

¹⁰ É **pu**ro o te**mor** do Senhor, *
imu**tá**vel para **sem**pre.

Os julga**men**tos do **Se**nhor são cor**re**tos *
e **jus**tos igual**men**te. ℟.

11 Mais dese**já**veis do que o **ou**ro são **e**les, *
do que o **ou**ro refi**na**do.
Suas pa**la**vras são mais **do**ces que o **mel**, *
que o **mel** que sai dos **fa**vos. ℟.

SÉTIMA LEITURA

*Derramarei sobre vós uma água pura
e dar-vos-ei um coração novo.*

Leitura da Profecia de Ezequiel 36,16-17a.18-28

¹⁶ A palavra do Senhor foi-me dirigida nestes termos:
¹⁷ᵃ "Filho do homem,
os da casa de Israel estavam morando em sua terra.
Mancharam-na com sua conduta e suas más ações.
¹⁸ Então derramei sobre eles a minha ira,
por causa do sangue que derramaram no país
e dos ídolos com os quais o mancharam.
¹⁹ Eu dispersei-os entre as nações,
e eles foram espalhados pelos países.
Julguei-os de acordo com sua conduta e suas más ações.
²⁰ Quando eles chegaram às nações para onde foram,
profanaram o meu santo nome; pois deles se comentava:
'Esse é o povo do Senhor;
mas tiveram de sair do seu país!'
²¹ Então eu tive pena do meu santo nome
que a casa de Israel estava profanando
entre as nações para onde foi.
²² Por isso, dize à casa de Israel:
'Assim fala o Senhor Deus: Não é por causa de vós
que eu vou agir, casa de Israel,
mas por causa do meu santo nome,
que profanastes entre as nações para onde fostes.
²³ Vou mostrar a santidade do meu grande nome,
que profanastes no meio das nações.
As nações saberão que eu sou o Senhor,
– oráculo do Senhor Deus –
quando eu manifestar minha santidade
à vista delas por meio de vós.

²⁴ Eu vos tirarei do meio das nações,
vos reunirei de todos os países,
e vos conduzirei para a vossa terra.
²⁵ Derramarei sobre vós uma água pura,
e sereis purificados.
Eu vos purificarei de todas as impurezas
e de todos os ídolos.
²⁶ Eu vos darei um coração novo
e porei um espírito novo dentro de vós.
Arrancarei do vosso corpo o coração de pedra
e vos darei um coração de carne;
²⁷ porei o meu espírito dentro de vós
e farei com que sigais a minha lei
e cuideis de observar os meus mandamentos.
²⁸ Habitareis no país que dei a vossos pais.
Sereis o meu povo e eu serei o vosso Deus'".

Palavra do Senhor.

Salmo responsorial   Sl 41(42),3.5bcd;Sl 42,3.4   (℟. 3a)

℟. A minh'**al**ma tem **se**de de **Deus**.

³ A minh'**al**ma tem **se**de de **Deus**, *
e de**se**ja o Deus **vi**vo.
Quando te**rei** a ale**gri**a de **ver** *
a face de **Deus**?   ℟.

⁵ Pere**gri**no e fe**liz** ca**min**hando *
para a casa de **Deus**,
entre **gri**tos, lou**vor** e ale**gria** *
da multi**dão** jubi**lo**sa.   ℟.

42.3 Envi**ai** vossa **luz**, vossa ver**da**de: *
elas se**rão** o meu **gui**a;
que me **le**vem ao **vos**so Monte **san**to, *
até a **vos**sa morada!   ℟.

⁴ Então i**rei** aos altares do Se**nhor**, *
Deus da **mi**nha alegria.
Vosso lou**vor** canta**rei**, ao som da **har**pa, *
meu Se**nhor** e meu **Deus**!   ℟.

Ou:
Quando há batizados: Is 12, *como acima, depois da 5ª leitura, p. 181.*

Ou ainda: Sl 50(51),12-13.14-15.18-19 (℟. 12a)

℟. Criai em **mim** um cora**ção** que seja **pu**ro!

12 Criai em **mim** um cora**ção** que seja **pu**ro, *
dai-me de **no**vo um es**pí**rito deci**di**do.
13 Ó Se**nhor**, não me afas**teis** de vossa **fa**ce, *
nem reti**reis** de mim o **vos**so Santo Es**pí**rito! ℟.

14 Dai-me de **no**vo a ale**gri**a de ser **sal**vo *
e confir**mai**-me com es**pí**rito gene**ro**so!
15 Ensina**rei** vosso ca**mi**nho aos peca**do**res, *
e para **vós** se volta**rão** os transvi**a**dos. ℟.

18 Pois não **são** de vosso a**gra**do os sacri**fí**cios, *
e, se o**fer**to um holo**caus**to, o rejei**tais**.
19 Meu sacri**fí**cio é minha **al**ma peni**ten**te, *
não despre**zeis** um cora**ção** arrepen**di**do! ℟.

LEITURAS DO NOVO TESTAMENTO

CARTA

Cristo ressuscitado dos mortos
não morre mais.

Leitura da Carta de São Paulo aos Romanos   6,3-11

Irmãos:
3 Será que ignorais que todos nós,
batizados em Jesus Cristo,
é na sua morte que fomos batizados?
4 Pelo batismo na sua morte, fomos sepultados com ele,
para que, como Cristo ressuscitou dos mortos
pela glória do Pai,
assim também nós levemos uma vida nova.
5 Pois, se fomos de certo modo identificados a Jesus Cristo
por uma morte semelhante à sua,
seremos semelhantes a ele também pela ressurreição.
6 Sabemos que o nosso velho homem
foi crucificado com Cristo,
para que seja destruído o corpo de pecado,
de maneira a não mais servirmos ao pecado.
7 Com efeito, aquele que morreu está livre do pecado.

⁸ Se, pois, morremos com Cristo,
cremos que também viveremos com ele.
⁹ Sabemos que Cristo ressuscitado dos mortos
não morre mais;
a morte já não tem poder sobre ele.
¹⁰ Pois aquele que morreu,
morreu para o pecado uma vez por todas;
mas aquele que vive, é para Deus que vive.
¹¹ Assim, vós também considerai-vos mortos para o pecado
e vivos para Deus, em Jesus Cristo.

Palavra do Senhor.

Salmo responsorial Sl 117(118),1-2.16ab-17.22-23

℟. Ale**lu**ia, Ale**lu**ia, Ale**lu**ia.

¹ Dai **gra**ças ao Se**nhor**, porque ele é **bom**! *
E**ter**na é a **su**a miseri**cór**dia!
² A **ca**sa de Isra**el** agora o **di**ga: *
"E**ter**na é a **su**a miseri**cór**dia!" ℟.

¹⁶ᵃᵇ A mão di**rei**ta do Se**nhor** fez maravi**lhas**, †
a mão di**rei**ta do Se**nhor** me levan**tou**, *
a mão di**rei**ta do Se**nhor** fez maravi**lhas**!
¹⁷ Não morre**rei**, mas ao con**trá**rio, vive**rei** *
para can**tar** as grandes **o**bras do Se**nhor**! ℟.

²² A **pe**dra que os pe**drei**ros rejei**ta**ram, *
tor**nou**-se agora a **pe**dra angu**lar**.
²³ Pelo Se**nhor** é que foi **fei**to tudo **is**so: *
Que maravilhas ele **fez** a nossos **o**lhos! ℟.

EVANGELHO

Ele ressuscitou e vai à vossa frente para a Galileia.

✠ Proclamação do Evangelho de Jesus Cristo
segundo Mateus 28,1-10

¹ Depois do sábado,
ao amanhecer do primeiro dia da semana,
Maria Madalena e a outra Maria foram ver o sepulcro.

² De repente, houve um grande tremor de terra:
o anjo do Senhor desceu do céu
e, aproximando-se, retirou a pedra e sentou-se nela.
³ Sua aparência era como um relâmpago,
e suas vestes eram brancas como a neve.
⁴ Os guardas ficaram com tanto medo do anjo,
que tremeram, e ficaram como mortos.
⁵ Então o anjo disse às mulheres:
"Não tenhais medo!
Sei que procurais Jesus, que foi crucificado.
⁶ Ele não está aqui!
Ressuscitou, como havia dito!
Vinde ver o lugar em que ele estava.
⁷ Ide depressa contar aos discípulos
que ele ressuscitou dos mortos,
e que vai à vossa frente para a Galileia.
Lá vós o vereis. É o que tenho a dizer-vos".
⁸ As mulheres partiram depressa do sepulcro.
Estavam com medo, mas correram com grande alegria,
para dar a notícia aos discípulos.
⁹ De repente, Jesus foi ao encontro delas, e disse:
"Alegrai-vos!"
As mulheres aproximaram-se, e prostraram-se diante de Jesus, abraçando seus pés.
¹⁰ Então Jesus disse a elas:
"Não tenhais medo.
Ide anunciar aos meus irmãos
que se dirijam para a Galileia.
Lá eles me verão".

Palavra da Salvação.

Missa do dia da Páscoa

PRIMEIRA LEITURA

*Comemos e bebemos com ele
depois que ressuscitou dos mortos.*

Leitura dos Atos dos Apóstolos 10,34a.37-43

Naqueles dias,
^{34a} Pedro tomou a palavra e disse:
³⁷ "Vós sabeis o que aconteceu em toda a Judeia,
a começar pela Galileia,
depois do batismo pregado por João:
³⁸ como Jesus de Nazaré foi ungido por Deus
com o Espírito Santo e com poder.
Ele andou por toda a parte, fazendo o bem
e curando a todos os que estavam dominados
pelo demônio;
porque Deus estava com ele.
³⁹ E nós somos testemunhas de tudo o que Jesus fez
na terra dos judeus e em Jerusalém.
Eles o mataram, pregando-o numa cruz.
⁴⁰ Mas Deus o ressuscitou no terceiro dia,
concedendo-lhe manifestar-se
⁴¹ não a todo o povo,
mas às testemunhas que Deus havia escolhido:
a nós, que comemos e bebemos com Jesus,
depois que ressuscitou dos mortos.
⁴² E Jesus nos mandou pregar ao povo
e testemunhar que Deus o constituiu
Juiz dos vivos e dos mortos.
⁴³ Todos os profetas dão testemunho dele:
'Todo aquele que crê em Jesus
recebe, em seu nome, o perdão dos pecados'".

Palavra do Senhor.

Salmo responsorial   Sl 117(118),1-2.16ab-17.22-23   (℟. 24)

℟. Este é o **di**a que o Se**nhor** fez para **nós**:
ale**gre**mo-nos e **ne**le exul**te**mos!

Ou: Aleluia, Aleluia, Aleluia.

1. Dai **gra**ças ao Se**nhor**, porque ele é **bom**! *
"E**ter**na é a **sua** miseri**cór**dia!"
2. A **ca**sa de Isra**el** agora o **di**ga: *
"E**ter**na é a **sua** miseri**cór**dia!" ℟.

16. A mão di**rei**ta do Se**nhor** fez mara**vi**lhas, *
a mão di**rei**ta do Se**nhor** me levan**tou**,
17. Não morre**rei**, mas ao con**trá**rio, vive**rei** *
para can**tar** as grandes **o**bras do Se**nhor**! ℟.

22. A **pe**dra que os pe**drei**ros rejei**ta**ram, *
tor**nou**-se agora a **pe**dra angu**lar**.
23. Pelo Se**nhor** é que foi **fei**to tudo **is**so: *
Que mara**vi**lhas ele **fez** a nossos **o**lhos! ℟.

SEGUNDA LEITURA

*Esforçai-vos por alcançar
as coisas do alto, onde está Cristo.*

Leitura da Carta de São Paulo aos Colossenses 3,1-4

Irmãos:
1. Se ressuscitastes com Cristo,
esforçai-vos por alcançar as coisas do alto,
2. onde está Cristo, sentado à direita de Deus;
aspirai às coisas celestes e não às coisas terrestres.
3. Pois vós morrestes,
e a vossa vida está escondida, com Cristo, em Deus.
4. Quando Cristo, vossa vida, aparecer em seu triunfo,
então vós aparecereis também com ele,
revestidos de glória.

Palavra do Senhor.

Ou, à escolha:

*Lançai fora o fermento velho,
para que sejais uma massa nova.*

Leitura da Primeira Carta de São Paulo aos Coríntios   5,6b-8

Irmãos:
6b Acaso ignorais que um pouco de fermento
leveda a massa toda?
7 Lançai fora o fermento velho, para que sejais
uma massa nova, já que deveis ser sem fermento.
Pois o nosso cordeiro pascal, Cristo, já está imolado.
8 Assim, celebremos a festa, não com velho fermento,
nem com fermento de maldade ou de perversidade,
mas com os pães ázimos de pureza e de verdade.

Palavra do Senhor.

Sequência

Cantai, cristãos, afinal:
"Salve, ó vítima pascal!"
Cordeiro inocente, o Cristo
abriu-nos do Pai o aprisco.

Por toda ovelha imolado,
do mundo lava o pecado.
Duelam forte e mais forte:
é a vida que enfrenta a morte.

O rei da vida, cativo,
é morto, mas reina vivo!
Responde pois, ó Maria:
no teu caminho o que havia?

"Vi Cristo ressuscitado,
o túmulo abandonado.
Os anjos da cor do sol,
dobrado ao chão o lençol...

O Cristo, que leva aos céus,
caminha à frente dos seus!"
Ressuscitou de verdade.
Ó Rei, ó Cristo, piedade!

Aclamação ao Evangelho 1Cor 5,7b-8a

℟. Ale**lu**ia, Ale**lu**ia, Ale**lu**ia.
℣. O **nos**so cor**dei**ro pas**cal**,
Jesus **Cris**to, já **foi** imo**la**do.
Cele**bre**mos, as**sim**, esta **fes**ta,
na **sin**ceri**da**de e ver**da**de. ℟.

EVANGELHO

Ele devia ressuscitar dos mortos.

✠ Proclamação do Evangelho de Jesus Cristo segundo João 20,1-9

¹ No primeiro dia da semana,
Maria Madalena foi ao túmulo de Jesus,
bem de madrugada, quando ainda estava escuro,
e viu que a pedra tinha sido retirada do túmulo.
² Então ela saiu correndo
e foi encontrar Simão Pedro e o outro discípulo,
aquele que Jesus amava,
e lhes disse:
"Tiraram o Senhor do túmulo,
e não sabemos onde o colocaram".
³ Saíram, então, Pedro e o outro discípulo
e foram ao túmulo.
⁴ Os dois corriam juntos,
mas o outro discípulo correu mais depressa que Pedro
e chegou primeiro ao túmulo.
⁵ Olhando para dentro, viu as faixas de linho no chão,
mas não entrou.
⁶ Chegou também Simão Pedro, que vinha correndo atrás,
e entrou no túmulo.
Viu as faixas de linho deitadas no chão
⁷ e o pano que tinha estado sobre a cabeça de Jesus,
não posto com as faixas,
mas enrolado num lugar à parte.
⁸ Então entrou também o outro discípulo,
que tinha chegado primeiro ao túmulo.
Ele viu, e acreditou.
⁹ De fato, eles ainda não tinham compreendido a Escritura,
segundo a qual ele devia ressuscitar dos mortos.

Palavra da Salvação.

Em lugar desse Evangelho, pode-se proclamar o Evangelho da Vigília pascal, Mt 28,1-10, p. 186.
Nas missas vespertinas do domingo de Páscoa, pode-se também proclamar o Evangelho de Lc 24,13-35:

EVANGELHO

Fica conosco, pois já é tarde.

✠ Proclamação do Evangelho de Jesus Cristo segundo Lucas 24,13-35

¹³ Naquele mesmo dia, o primeiro da semana,
dois dos discípulos de Jesus
iam para um povoado, chamado Emaús,
distante onze quilômetros de Jerusalém.
¹⁴ Conversavam sobre todas as coisas
que tinham acontecido.
¹⁵ Enquanto conversavam e discutiam,
o próprio Jesus se aproximou
e começou a caminhar com eles.
¹⁶ Os discípulos, porém, estavam como que cegos,
e não o reconheceram.
¹⁷ Então Jesus perguntou:
"O que ides conversando pelo caminho?"
Eles pararam, com o rosto triste,
¹⁸ e um deles, chamado Cléofas, lhe disse:
"Tu és o único peregrino em Jerusalém
que não sabe o que lá aconteceu nestes últimos dias?"
¹⁹ Ele perguntou: "O que foi?"
Os discípulos responderam:
"O que aconteceu com Jesus, o Nazareno,
que foi um profeta poderoso em obras e palavras,
diante de Deus e diante de todo o povo.
²⁰ Nossos sumos sacerdotes e nossos chefes
o entregaram para ser condenado à morte
e o crucificaram.
²¹ Nós esperávamos que ele fosse libertar Israel,
mas, apesar de tudo isso,
já faz três dias que todas essas coisas aconteceram!
²² É verdade que algumas mulheres do nosso grupo
nos deram um susto.
Elas foram de madrugada ao túmulo
²³ e não encontraram o corpo dele.

Então voltaram, dizendo que tinham visto anjos
e que estes afirmaram que Jesus está vivo.
24 Alguns dos nossos foram ao túmulo
e encontraram as coisas como as mulheres tinham dito.
A ele, porém, ninguém o viu".
25 Então Jesus lhes disse:
"Como sois sem inteligência
e lentos para crer em tudo o que os profetas falaram!
26 Será que o Cristo não devia sofrer tudo isso
para entrar na sua glória?"
27 E, começando por Moisés e passando pelos Profetas,
explicava aos discípulos
todas as passagens da Escritura
que falavam a respeito dele.
28 Quando chegaram perto do povoado para onde iam,
Jesus fez de conta que ia mais adiante.
29 Eles, porém, insistiram com Jesus, dizendo:
"Fica conosco, pois já é tarde
e a noite vem chegando!"
Jesus entrou para ficar com eles.
30 Quando se sentou à mesa com eles,
tomou o pão, abençoou-o, partiu-o e lhes distribuía.
31 Nisso os olhos dos discípulos se abriram
e eles reconheceram Jesus.
Jesus, porém, desapareceu da frente deles.
32 Então um disse ao outro:
"Não estava ardendo o nosso coração
quando ele nos falava pelo caminho,
e nos explicava as Escrituras?"
33 Naquela mesma hora, eles se levantaram
e voltaram para Jerusalém,
onde encontraram os Onze reunidos com os outros.
34 E estes confirmaram:
"Realmente, o Senhor ressuscitou e apareceu a Simão!"
35 Então os dois contaram
o que tinha acontecido no caminho,
e como tinham reconhecido Jesus ao partir o pão.

Palavra da Salvação.

2º DOMINGO DA PÁSCOA

PRIMEIRA LEITURA

*Todos os que abraçavam a fé
viviam unidos e colocavam tudo em comum.*

Leitura dos Atos dos Apóstolos 2,42-47

Os que haviam se convertido
⁴² eram perseverantes em ouvir
o ensinamento dos apóstolos, na comunhão fraterna
na fração do pão e nas orações.
⁴³ E todos estavam cheios de temor
por causa dos numerosos prodígios e sinais
que os apóstolos realizavam.
⁴⁴ Todos os que abraçavam a fé viviam unidos
e colocavam tudo em comum;
⁴⁵ vendiam suas propriedades e seus bens
e repartiam o dinheiro entre todos,
conforme a necessidade de cada um.
⁴⁶ Diariamente, todos frequentavam o Templo,
partiam o pão pelas casas e, unidos,
tomavam a refeição com alegria
e simplicidade de coração.
⁴⁷ Louvavam a Deus e eram estimados por todo o povo.
E, cada dia, o Senhor acrescentava ao seu número
mais pessoas que seriam salvas.

Palavra do Senhor.

Salmo responsorial Sl 117 (118), 2-4.13-15.22-24 (R̃. 1)

R̃. Dai **graças** ao Se**nhor**, porque Ele é **bom**;
eter**na** é a **sua** miseri**cór**dia!

Ou: Ale**lu**ia, Ale**lu**ia, Ale**lu**ia

² A **casa** de Israel agora o **diga:** *
"E**ter**na é a **sua** miseri**cór**dia!"

³ A casa de Aarão agora o diga: *
"Eterna é a sua misericórdia!"
⁴ Os que temem o Senhor agora o digam: *
"Eterna é a sua misericórdia!" ℟.

¹³ Empurraram-me, tentando derrubar-me, *
mas veio o Senhor em meu socorro.
¹⁴ O Senhor é minha força e o meu canto, *
e tornou-se para mim o Salvador.
¹⁵ "Clamores de alegria e de vitória *
ressoem pelas tendas dos fiéis". ℟.

²² "A pedra que os pedreiros rejeitaram *
tornou-se agora a pedra angular".
²³ Pelo Senhor é que foi feito tudo isso: *
Que maravilhas ele fez a nossos olhos!
²⁴ Este é o dia que o Senhor fez para nós, *
alegremo-nos e nele exultemos! ℟.

SEGUNDA LEITURA

*Pela ressurreição de Jesus Cristo dentre os mortos,
ele nos fez nascer de novo para uma esperança viva.*

Leitura da Primeira Carta de São Pedro   1,3-9

³ Bendito seja Deus, Pai de nosso Senhor Jesus Cristo.
Em sua grande misericórdia,
pela ressurreição de Jesus Cristo dentre os mortos,
ele nos fez nascer de novo, para uma esperança viva,
⁴ para uma herança incorruptível,
que não se mancha nem murcha,
e que é reservada para vós nos céus.
⁵ Graças à fé, e pelo poder de Deus,
vós fostes guardados para a salvação
que deve manifestar-se nos últimos tempos.
⁶ Isto é motivo de alegria para vós, embora seja
necessário que agora fiqueis por algum tempo aflitos,
por causa de várias provações.
⁷ Deste modo, a vossa fé será provada como sendo
verdadeira – mais preciosa que o ouro perecível,
que é provado no fogo –
e alcançará louvor, honra e glória
no dia da manifestação de Jesus Cristo.

⁸ Sem ter visto o Senhor, vós o amais.
Sem o ver ainda, nele acreditais.
Isso será para vós fonte de alegria
indizível e gloriosa,
⁹ pois obtereis aquilo em que acreditais:
a vossa salvação.

Palavra do Senhor.

Aclamação ao Evangelho Jo 20,29

℟. Ale**lu**ia, Ale**lu**ia, Ale**lu**ia.
℣. Acredi**tas**te, To**mé**, porque me **vis**te.
Fe**li**zes os que **cre**ram sem ter **vis**to! ℟.

EVANGELHO

Oito dias depois, Jesus entrou.

✠ Proclamação do Evangelho de Jesus Cristo
segundo João 20,19-31

¹⁹ Ao anoitecer daquele dia, o primeiro da semana,
estando fechadas, por medo dos judeus,
as portas do lugar onde os discípulos se encontravam,
Jesus entrou e, pondo-se no meio deles, disse:
"A paz esteja convosco".
²⁰ Depois dessas palavras,
mostrou-lhes as mãos e o lado.
Então os discípulos se alegraram
por verem o Senhor.
²¹ Novamente, Jesus disse:
"A paz esteja convosco.
Como o Pai me enviou, também eu vos envio".
²² E depois de ter dito isso,
soprou sobre eles e disse:
"Recebei o Espírito Santo.
²³ A quem perdoardes os pecados,
eles lhes serão perdoados;
a quem os não perdoardes, eles lhes serão retidos".
²⁴ Tomé, chamado Dídimo,
que era um dos doze, não estava com eles quando Jesus veio.
²⁵ Os outros discípulos contaram-lhe depois:
"Vimos o Senhor!"

Mas Tomé disse-lhes:
"Se eu não vir a marca dos pregos em suas mãos,
se eu não puser o dedo nas marcas dos pregos
e não puser a mão no seu lado, não acreditarei".

²⁶ Oito dias depois, encontravam-se os discípulos
novamente reunidos em casa, e Tomé estava com eles.
Estando fechadas as portas, Jesus entrou,
pôs-se no meio deles e disse:
"A paz esteja convosco".

²⁷ Depois disse a Tomé:
"Põe o teu dedo aqui e olha as minhas mãos.
Estende a tua mão e coloca-a no meu lado.
E não sejas incrédulo, mas fiel".

²⁸ Tomé respondeu:
"Meu Senhor e meu Deus!"

²⁹ Jesus lhe disse:
"Acreditaste, porque me viste?
Bem-aventurados os que creram sem terem visto!"

³⁰ Jesus realizou muitos outros sinais
diante dos discípulos,
que não estão escritos neste livro.

³¹ Mas estes foram escritos para que acrediteis
que Jesus é o Cristo, o Filho de Deus,
e para que, crendo, tenhais a vida em seu nome.

Palavra da Salvação.

3º DOMINGO DA PÁSCOA

PRIMEIRA LEITURA

Não era possível que a morte o dominasse.

Leitura dos Atos dos Apóstolos 2,14.22-33

No dia de Pentecostes,
14 Pedro de pé, junto com os onze apóstolos,
levantou a voz e falou à multidão:
22 "Homens de Israel, escutai estas palavras:
Jesus de Nazaré foi um homem aprovado por Deus,
junto de vós, pelos milagres, prodígios e sinais
que Deus realizou, por meio dele, entre vós.
Tudo isto vós bem o sabeis.
23 Deus, em seu desígnio e previsão, determinou
que Jesus fosse entregue pelas mãos dos ímpios,
e vós o matastes, pregando-o numa cruz.
24 Mas Deus ressuscitou a Jesus,
libertando-o das angústias da morte,
porque não era possível que ela o dominasse.
25 Pois Davi dele diz:
'Eu via sempre o Senhor diante de mim,
pois está à minha direita para eu não vacilar.
26 Alegrou-se por isso meu coração
e exultou minha língua
e até minha carne repousará na esperança.
27 Porque não deixarás minha alma
na região dos mortos nem permitirás
que teu Santo experimente corrupção.
28 Deste-me a conhecer os caminhos da vida
e a tua presença me encherá de alegria'.
29 Irmãos, seja-me permitido dizer com franqueza
que o patriarca Davi morreu e foi sepultado
e seu sepulcro está entre nós até hoje.
30 Mas, sendo profeta, sabia que Deus lhe jurara solenemente
que um de seus descendentes
ocuparia o trono.
31 É, portanto, a ressurreição de Cristo
que previu e anunciou com as palavras:
'Ele não foi abandonado na região dos mortos
e sua carne não conheceu a corrupção'.

³² Com efeito, Deus ressuscitou este mesmo Jesus
e disto todos nós somos testemunhas.
³³ E agora, exaltado pela direita de Deus,
Jesus recebeu o Espírito Santo
que fora prometido pelo Pai,
e o derramou, como estais vendo e ouvindo".

Palavra do Senhor.

Salmo responsorial   Sl 15(16),1-2a.5.7-8.9-10.11 (℟. 11ab)

℟. Vós me ensi**nais** vosso ca**mi**nho para a **vi**da;
junto de **vós** felici**da**de sem li**mi**tes!

Ou: Ale**lu**ia, Ale**lu**ia, Ale**lu**ia

¹ Guardai-me, ó **Deus**, porque em **vós** me re**fu**gio! †
²ᵃ Digo ao Se**nhor**: "Somente **vós** sois meu Se**nhor**: *
nenhum **bem** eu posso a**char** fora de **vós**!"
⁵ Ó Se**nhor**, sois minha he**ran**ça e minha **ta**ça, *
meu destino está se**gu**ro em vossas **mãos**!   ℟.

⁷ Eu ben**di**go o Se**nhor**, que me acon**se**lha, *
e até de **noi**te me ad**ver**te o cora**ção**.
⁸ Tenho **sem**pre o Se**nhor** ante meus **o**lhos, *
pois se o **te**nho a meu **la**do não vacilo.   ℟.

⁹ Eis por **que** meu coração está em **fes**ta, †
minha **al**ma rejubila de ale**gri**a, *
e até meu **cor**po no re**pou**so está tran**qui**lo;
¹⁰ pois não ha**veis** de me dei**xar** entregue à **mor**te, *
nem vosso a**mi**go conhe**cer** a corrup**ção**.   ℟.

¹¹ Vós me ensi**nais** vosso ca**mi**nho para a **vi**da; †
junto a **vós**, felici**da**de sem li**mi**tes, *
delícia e**ter**na e ale**gri**a ao vosso **la**do!   ℟.

SEGUNDA LEITURA

*Fostes resgatados pelo precioso sangue
de Cristo, cordeiro sem mancha.*

Leitura da Primeira Carta de São Pedro   1,17-21

Caríssimos:
17 Se invocais como Pai aquele que sem discriminação
julga a cada um de acordo com as suas obras,
vivei então respeitando a Deus
durante o tempo de vossa migração neste mundo.
18 Sabeis que fostes resgatados
da vida fútil herdada de vossos pais,
não por meio de coisas perecíveis,
como a prata ou o ouro,
19 mas pelo precioso sangue de Cristo,
como de um cordeiro sem mancha nem defeito.
20 Antes da criação do mundo,
ele foi destinado para isso,
e neste final dos tempos,
ele apareceu, por amor de vós.
21 Por ele é que alcançastes a fé em Deus.
Deus o ressuscitou dos mortos e lhe deu a glória,
e assim, a vossa fé e esperança estão em Deus.

Palavra do Senhor.

Aclamação ao Evangelho   cf. Lc 24,32

℟. Ale**lu**ia, Ale**lu**ia, Ale**lu**ia.
℣. Senhor Je**sus** reve**lai**-nos o sentido da Escri**tu**ra;
fazei o **nos**so cora**ção** arder, **quan**do fa**lar**des.   ℟.

EVANGELHO

Reconheceram-no ao partir o pão.

✠ Proclamação do Evangelho de Jesus Cristo
segundo Lucas   24,13-35

13 Naquele mesmo dia, o primeiro da semana,
dois dos discípulos de Jesus

iam para um povoado, chamado Emaús,
distante onze quilômetros de Jerusalém.
14 Conversavam sobre todas as coisas que tinham acontecido.
15 Enquanto conversavam e discutiam,
o próprio Jesus se aproximou
e começou a caminhar com eles.
16 Os discípulos, porém, estavam como que cegos,
e não o reconheceram.
17 Então Jesus perguntou:
"O que ides conversando pelo caminho?"
Eles pararam, com o rosto triste,
18 e um deles, chamado Cléofas, lhe disse:
"Tu és o único peregrino em Jerusalém
que não sabe o que lá aconteceu nestes últimos dias?"
19 Ele perguntou: "O que foi?"
Os discípulos responderam:
"O que aconteceu com Jesus, o Nazareno,
que foi um profeta poderoso em obras e palavras,
diante de Deus e diante de todo o povo.
20 Nossos sumos sacerdotes e nossos chefes
o entregaram para ser condenado à morte
e o crucificaram.
21 Nós esperávamos que ele fosse libertar Israel,
mas, apesar de tudo isso,
já faz três dias que todas essas coisas aconteceram!
22 É verdade que algumas mulheres do nosso grupo
nos deram um susto.
Elas foram de madrugada ao túmulo
23 e não encontraram o corpo dele.
Então voltaram, dizendo que tinham visto anjos
e que estes afirmaram que Jesus está vivo.
24 Alguns dos nossos foram ao túmulo
e encontraram as coisas como as mulheres tinham dito.
A ele, porém, ninguém o viu".
25 Então Jesus lhes disse:
"Como sois sem inteligência e lentos
para crer em tudo o que os profetas falaram!
26 Será que o Cristo não devia sofrer tudo isso
para entrar na sua glória?"
27 E, começando por Moisés e passando pelos Profetas,
explicava aos discípulos
todas as passagens da Escritura
que falavam a respeito dele.
28 Quando chegaram perto do povoado para onde iam,
Jesus fez de conta que ia mais adiante.

²⁹ Eles, porém, insistiram com Jesus, dizendo:
"Fica conosco, pois já é tarde
e a noite vem chegando!"
Jesus entrou para ficar com eles.
³⁰ Quando se sentou à mesa com eles,
tomou o pão, abençoou-o, partiu-o e lhes distribuía.
³¹ Nisso os olhos dos discípulos se abriram
e eles reconheceram Jesus.
Jesus, porém, desapareceu da frente deles.
³² Então um disse ao outro:
"Não estava ardendo o nosso coração
quando ele nos falava pelo caminho,
e nos explicava as Escrituras?"
³³ Naquela mesma hora, eles se levantaram
e voltaram para Jerusalém
onde encontraram os Onze reunidos com os outros.
³⁴ E estes confirmaram:
"Realmente, o Senhor ressuscitou e apareceu a Simão!"
³⁵ Então os dois contaram
o que tinha acontecido no caminho,
e como tinham reconhecido Jesus ao partir o pão.

Palavra da Salvação.

4º DOMINGO DA PÁSCOA

PRIMEIRA LEITURA

Deus constituiu Senhor e Cristo a este Jesus.

Leitura dos Atos dos Apóstolos 2,14a.36-41

No dia de Pentecostes,
¹⁴ᵃ Pedro, de pé, no meio dos Onze apóstolos,
levantou a voz e falou à multidão:
³⁶ "Que todo o povo de Israel reconheça com plena certeza:
Deus constituiu Senhor e Cristo
a este Jesus que vós crucificastes".
³⁷ Quando ouviram isso,
eles ficaram com o coração aflito,
e perguntaram a Pedro e aos outros apóstolos:
"Irmãos, o que devemos fazer?"
³⁸ Pedro respondeu:
"Convertei-vos e cada um de vós seja batizado
em nome de Jesus Cristo
para o perdão dos vossos pecados.
E vós recebereis o dom do Espírito Santo.
³⁹ Pois a promessa é para vós e vossos filhos,
e para todos aqueles que estão longe,
todos aqueles que o Senhor nosso Deus chamar para si".
⁴⁰ Com muitas outras palavras,
Pedro lhes dava testemunho, e os exortava, dizendo:
"Salvai-vos dessa gente corrompida!"
⁴¹ Os que aceitaram as palavras de Pedro
receberam o batismo.
Naquele dia,
mais ou menos três mil pessoas se uniram a eles.

Palavra do Senhor.

Salmo responsorial Sl 22(23),1-3a.3b-4.5.6 (R. cf. 1.2c)

℟. O Se**nhor** é o pas**tor** que me con**duz**;
para as **águas** repou**san**tes me enca**mi**nha.

Ou: Aleluia, Aleluia, Aleluia.

1. O **Senhor** é o **pas**tor que me con**duz**; *
   não me **fal**ta coisa al**gu**ma.
2. Pelos **pra**dos e cam**pi**nas verde**jan**tes *
   ele me **le**va a descan**sar**.
   Para as **á**guas repou**san**tes me enca**mi**nha, *
3a. e res**tau**ra as minhas **for**ças. ℟.

3b. Ele me **gui**a no caminho mais se**gu**ro, *
   pela **hon**ra do seu **no**me.
4. Mesmo que eu **pas**se pelo **va**le tene**bro**so, *
   nenhum **mal** eu teme**rei**;
   estais co**mi**go com bas**tão** e com ca**ja**do; *
   eles me **dão** a segu**ran**ça! ℟.

5. Prepa**rais** à minha **fren**te uma **me**sa, *
   bem à **vis**ta do ini**mi**go,
   e com **ó**leo vós un**gis** minha ca**be**ça; *
   o meu **cá**lice trans**bor**da. ℟.

6. Felici**da**de e todo **bem** hão de se**guir**-me *
   por **to**da a minha **vi**da;
   e, na **ca**sa do **Se**nhor, habita**rei** *
   pelos **tem**pos infinitos. ℟.

SEGUNDA LEITURA

Voltareis ao Pastor de vossas vidas.

Leitura da Primeira Carta de São Pedro 2,20b-25

Caríssimos:
20b. Se suportais com paciência aquilo que sofreis
   por ter feito o bem, isto vos torna agradáveis
   diante de Deus.
21. De fato, para isto fostes chamados.
   Também Cristo sofreu por vós deixando-vos um exemplo,
   a fim de que sigais os seus passos.
22. Ele não cometeu pecado algum,
   mentira nenhuma foi encontrada em sua boca.
23. Quando injuriado, não retribuía as injúrias;
   atormentado, não ameaçava;

antes, colocava a sua causa nas mãos daquele
que julga com justiça.
24 Sobre a cruz, carregou nossos pecados
em seu próprio corpo,
a fim de que, mortos para os pecados,
vivamos para a justiça.
Por suas feridas fostes curados.
25 Andáveis como ovelhas desgarradas, mas agora
voltastes ao pastor e guarda de vossas vidas.

Palavra do Senhor.

Aclamação ao Evangelho Jo 10,14

℟. Ale**lu**ia, Ale**lu**ia, Ale**lu**ia.
℣. Eu **sou** o bom pas**tor**, diz o Se**nhor**;
eu co**nhe**ço as **mi**nhas o**ve**lhas
e **e**las me co**nhe**cem a **mim**. ℟.

EVANGELHO

Eu sou a porta das ovelhas.

✠ Proclamação do Evangelho de Jesus Cristo
segundo João 10,1-10

Naquele tempo, disse Jesus:
1 "Em verdade, em verdade vos digo,
quem não entra no redil das ovelhas pela porta,
mas sobe por outro lugar, é ladrão e assaltante.
2 Quem entra pela porta é o pastor das ovelhas.
3 A esse o porteiro abre,
e as ovelhas escutam a sua voz;
ele chama as ovelhas pelo nome
e as conduz para fora.
4 E, depois de fazer sair todas as que são suas,
caminha à sua frente, e as ovelhas o seguem,
porque conhecem a sua voz.
5 Mas não seguem um estranho,
antes fogem dele,
porque não conhecem a voz dos estranhos".
6 Jesus contou-lhes esta parábola,
mas eles não entenderam o que ele queria dizer.

⁷ Então Jesus continuou:
"Em verdade, em verdade vos digo,
eu sou a porta das ovelhas.
⁸ Todos aqueles que vieram antes de mim
são ladrões e assaltantes,
mas as ovelhas não os escutaram.
⁹ Eu sou a porta. Quem entrar por mim, será salvo;
entrará e sairá e encontrará pastagem.
¹⁰ O ladrão só vem para roubar, matar e destruir.
Eu vim para que tenham vida e a tenham em abundância".

Palavra da Salvação.

5º DOMINGO DA PÁSCOA

PRIMEIRA LEITURA

*Escolheram sete homens
repletos do Espírito Santo.*

Leitura dos Atos dos Apóstolos   6,1-7

¹ Naqueles dias,
o número dos discípulos tinha aumentado,
e os fiéis de origem grega começaram a queixar-se
dos fiéis de origem hebraica.
Os de origem grega diziam que suas viúvas
eram deixadas de lado no atendimento diário.
² Então os Doze Apóstolos
reuniram a multidão dos discípulos e disseram:
"Não está certo que nós deixemos
a pregação da Palavra de Deus para servir às mesas.
³ Irmãos, é melhor que escolhais entre vós
sete homens de boa fama,
repletos do Espírito e de sabedoria,
e nós os encarregaremos dessa tarefa.
⁴ Desse modo nós poderemos dedicar-nos inteiramente
à oração e ao serviço da Palavra".
⁵ A proposta agradou a toda a multidão.
Então escolheram Estêvão, homem cheio de fé
e do Espírito Santo; e também Filipe, Prócoro, Nicanor,
Timon, Pármenas e Nicolau de Antioquia,
um grego que seguia a religião dos judeus.
⁶ Eles foram apresentados aos apóstolos,
que oraram e impuseram as mãos sobre eles.
⁷ Entretanto, a Palavra do Senhor se espalhava.
O número dos discípulos crescia muito em Jerusalém,
e grande multidão de sacerdotes judeus aceitava a fé.

Palavra do Senhor.

Salmo responsorial   Sl 32(33),1-2.4-5.18-19 (℟. 22)

℟. Sobre **nós** venha, Se**nhor**, a vossa **gra**ça,
da mesma **for**ma que em **vós** nós espe**ra**mos!

Ou: Aleluia, Aleluia, Aleluia.

1 Ó **jus**tos, ale**grai**-vos no Se**nhor**! *
   aos **re**tos fica **bem** glorifi**cá**-lo.
2 Dai **gra**ças ao Se**nhor** ao som da **har**pa, *
   na **li**ra de dez **cor**das cele**brai**-o!   ℟.

4 Pois **re**ta é a pa**la**vra do Se**nhor**, *
   e **tu**do o que ele **faz** merece **fé**.
5 Deus **a**ma o di**rei**to e a jus**ti**ça, *
   trans**bor**da em toda a **ter**ra a sua **gra**ça.   ℟.

18 O Se**nhor** pousa o o**lhar** sobre os que o **te**mem, *
    e que confiam espe**ran**do em seu a**mor**,
19 para da **mor**te liber**tar** as suas **vi**das *
    e alimen**tá**-los quando é **tem**po de pe**nú**ria.   ℟.

SEGUNDA LEITURA

Vós sois a raça escolhida, o sacerdócio do Reino.

Leitura da Primeira Carta de São Pedro   2,4-9

Caríssimos:
4 Aproximai-vos do Senhor,
  pedra viva, rejeitada pelos homens,
  mas escolhida e honrosa aos olhos de Deus.
5 Do mesmo modo, também vós, como pedras vivas,
  formai um edifício espiritual, um sacerdócio santo,
  a fim de oferecerdes sacrifícios espirituais,
  agradáveis a Deus, por Jesus Cristo.
6 Com efeito, nas Escrituras se lê:
  "Eis que ponho em Sião uma pedra angular,
  escolhida e magnífica;
  quem nela confiar, não será confundido".
7 A vós, portanto, que tendes fé, cabe a honra.
  Mas para os que não creem, "a pedra que
  os construtores rejeitaram tornou-se a pedra angular,
8 pedra de tropeço e rocha que faz cair".
  Nela tropeçam os que não acolhem a Palavra;
  esse é o destino deles.

9 Mas vós sois a raça escolhida, o sacerdócio do Reino,
a nação santa, o povo que ele conquistou
para proclamar as obras admiráveis
daquele que vos chamou das trevas
para a sua luz maravilhosa.

Palavra do Senhor.

Aclamação ao Evangelho Jo 14,6

℟. Aleluia, Aleluia, Aleluia.
℣. Eu sou o Caminho, a Verdade e a Vida.
Ninguém chega ao Pai senão por mim. ℟.

EVANGELHO

Eu sou o Caminho, a Verdade e a Vida.

✠ Proclamação do Evangelho de Jesus Cristo segundo João 14,1-12

Naquele tempo, disse Jesus a seus discípulos:
1 "Não se perturbe o vosso coração.
Tendes fé em Deus, tende fé em mim também.
2 Na casa de meu Pai há muitas moradas.
Se assim não fosse, eu vos teria dito.
Vou preparar um lugar para vós,
3 e quando eu tiver ido preparar-vos um lugar,
voltarei e vos levarei comigo,
a fim de que onde eu estiver estejais também vós.
4 E para onde eu vou, vós conheceis o caminho".
5 Tomé disse a Jesus:
"Senhor, nós não sabemos para onde vais.
Como podemos conhecer o caminho?"
6 Jesus respondeu:
"Eu sou o Caminho, a Verdade e a Vida.
Ninguém vai ao Pai senão por mim.
7 Se vós me conhecêsseis, conheceríeis também o meu Pai.
E desde agora o conheceis e o vistes".
8 Disse Felipe:
"Senhor, mostra-nos o Pai, isso nos basta!"
9 Jesus respondeu:
"Há tanto tempo estou convosco,

e não me conheces, Felipe? Quem me viu, viu o Pai.
Como é que tu dizes: 'Mostra-nos o Pai?'
¹⁰ Não acreditas que eu estou no Pai
e o Pai está em mim?
As palavras que eu vos digo,
não as digo por mim mesmo,
mas é o Pai, que, permanecendo em mim,
realiza as suas obras.
¹¹ Acreditai-me: eu estou no Pai e o Pai está em mim.
Acreditai, ao menos, por causa destas mesmas obras.
¹² Em verdade, em verdade vos digo:
quem acredita em mim fará as obras que eu faço,
e fará ainda maiores do que estas.
Pois eu vou para o Pai".

Palavra da Salvação.

6º DOMINGO DA PÁSCOA

Onde no domingo seguinte se celebra a Ascensão do Senhor, como é o caso do Brasil, neste 6º domingo da Páscoa podem ser lidas a 2ª Leitura e o Evangelho indicados para o 7º domingo da Páscoa p. 218-219.

PRIMEIRA LEITURA

Impuseram-lhes as mãos, e eles receberam o Espírito Santo.

Leitura dos Atos dos Apóstolos   8,5-8.14-17

Naqueles dias,
⁵ Filipe desceu a uma cidade da Samaria
e anunciou-lhes o Cristo.
⁶ As multidões seguiam com atenção
as coisas que Filipe dizia.
E todos unânimes o escutavam,
pois viam os milagres que ele fazia.
⁷ De muitos possessos saíam os espíritos maus,
dando grandes gritos.
Numerosos paralíticos e aleijados
também foram curados.
⁸ Era grande a alegria naquela cidade.
¹⁴ Os apóstolos, que estavam em Jerusalém,
souberam que a Samaria acolhera a Palavra de Deus,
e enviaram lá Pedro e João.
¹⁵ Chegando ali, oraram pelos habitantes da Samaria,
para que recebessem o Espírito Santo.
¹⁶ Porque o Espírito ainda não viera sobre nenhum deles;
apenas tinham recebido
o batismo em nome do Senhor Jesus.
¹⁷ Pedro e João impuseram-lhes as mãos,
e eles receberam o Espírito Santo.

Palavra do Senhor.

Salmo responsorial   Sl 65(66),1-3a.4-5.6-7a.16.20 (R. 1-2a)

℟. Acla**mai** o Senhor **Deus**, ó terra in**tei**ra,
cantai **sal**mos a seu **no**me glori**o**so!

Ou: Ale**lu**ia, Ale**lu**ia, Ale**lu**ia

¹ Acla**mai** o Senhor **Deus**, ó terra in**teira**, *
² cantai **sal**mos a seu **no**me glorioso,
   dai a **Deus** a mais sub**li**me louva**ção**! *
³ᵃ Dizei a **Deus**: "Como são **gran**des vossas **o**bras!   ℟.
⁴ Toda a **ter**ra vos a**do**re com res**pei**to *
   e pro**cla**me o lou**vor** de vosso **no**me!"
⁵ Vinde **ver** todas as **o**bras do Se**nhor**: *
   seus pro**dí**gios estu**pen**dos entre os **ho**mens!   ℟.

⁶ O **mar** ele mu**dou** em terra **fir**me, *
   e pas**sa**ram pelo **ri**o a pé en**xu**to.
   Exul**te**mos de ale**gri**a no Se**nhor**! *
⁷ᵃ Ele do**mi**na para **sem**pre com po**der**!   ℟.

¹⁶ Todos **vós** que a Deus te**meis**, vinde escu**tar**: *
   vou con**tar**-vos todo **bem** que ele me **fez**!
²⁰ Bendito **se**ja o Senhor **Deus** que me escu**tou**, †
   não rejei**tou** minha ora**ção** e meu cla**mor**, *
   nem afas**tou** longe de **mim** o seu a**mor**!   ℟.

SEGUNDA LEITURA

*Sofreu a morte na sua existência humana,
mas recebeu nova vida pelo Espírito.*

Leitura da Primeira Carta de São Pedro   3,15-18

Caríssimos:
¹⁵ Santificai em vossos corações
   o Senhor Jesus Cristo,
   e estai sempre prontos a dar razão da vossa esperança
   a todo aquele que vo-la pedir.
¹⁶ Fazei-o, porém, com mansidão e respeito
   e com boa consciência.
   Então, se em alguma coisa fordes difamados,
   ficarão com vergonha aqueles que ultrajam
   o vosso bom procedimento em Cristo.
¹⁷ Pois será melhor sofrer praticando o bem,
   se esta for a vontade de Deus,
   do que praticando o mal.
¹⁸ Com efeito, também Cristo morreu, uma vez por todas,
   por causa dos pecados,
   o justo, pelos injustos,

a fim de nos conduzir a Deus.
Sofreu a morte, na sua existência humana,
mas recebeu nova vida pelo Espírito.

Palavra do Senhor.

Aclamação ao Evangelho
Jo 14, 23

℟. Aleluia, Aleluia, Aleluia.
℣. Quem me ama realmente guardará minha palavra,
e meu Pai o amará, e a ele nós viremos.   ℟.

EVANGELHO

Eu rogarei ao Pai e ele vos dará outro Defensor.

✠ Proclamação do Evangelho de Jesus Cristo,
segundo João   14,15-21

Naquele tempo, disse Jesus a seus discípulos:
15 Se me amais, guardareis os meus mandamentos,
16 e eu rogarei ao Pai, e ele vos dará um outro Defensor,
para que permaneça sempre convosco:
17 o Espírito da Verdade,
que o mundo não é capaz de receber,
porque não o vê nem o conhece.
Vós o conheceis, porque ele permanece junto de vós
e estará dentro de vós.
18 Não vos deixarei órfãos. Eu virei a vós.
19 Pouco tempo ainda, e o mundo não mais me verá,
mas vós me vereis, porque eu vivo e vós vivereis.
20 Naquele dia sabereis que eu estou no meu Pai
e vós em mim e eu em vós.
21 Quem acolheu os meus mandamentos e os observa,
esse me ama.
Ora, quem me ama, será amado por meu Pai,
e eu o amarei e me manifestarei a ele.

Palavra da Salvação.

ASCENSÃO DO SENHOR

PRIMEIRA LEITURA

Jesus foi levado aos céus, à vista deles.

Leitura dos Atos dos Apóstolos   1,1-11

¹ No meu primeiro livro, ó Teófilo,
  já tratei de tudo o que Jesus fez e ensinou,
  desde o começo,
² até ao dia em que foi levado para o céu,
  depois de ter dado instruções pelo Espírito Santo,
  aos apóstolos que tinha escolhido.
³ Foi a eles que Jesus se mostrou vivo
  depois da sua paixão, com numerosas provas.
  Durante quarenta dias, apareceu-lhes
  falando do Reino de Deus.
⁴ Durante uma refeição, deu-lhes esta ordem:
  "Não vos afasteis de Jerusalém,
  mas esperai a realização da promessa do Pai,
  da qual vós me ouvistes falar:
⁵ 'João batizou com água;
  vós, porém, sereis batizados com o Espírito Santo,
  dentro de poucos dias' ".
⁶ Então os que estavam reunidos perguntaram a Jesus:
  "Senhor, é agora que vais restaurar
  o Reino em Israel?"
⁷ Jesus respondeu:
  "Não vos cabe saber os tempos e os momentos
  que o Pai determinou com a sua própria autoridade.
⁸ Mas recebereis o poder do Espírito Santo
  que descerá sobre vós, para serdes minhas testemunhas
  em Jerusalém, em toda a Judeia e na Samaria,
  e até os confins da terra".
⁹ Depois de dizer isso,
  Jesus foi levado ao céu, à vista deles.
  Uma nuvem o encobriu,
  de forma que seus olhos não podiam mais vê-lo.
¹⁰ Os apóstolos continuavam olhando para o céu,
   enquanto Jesus subia.
   Apareceram então dois homens vestidos de branco,

¹¹ que lhes disseram:
"Homens da Galileia,
por que ficais aqui, parados, olhando para o céu?
Esse Jesus que vos foi levado para o céu,
virá do mesmo modo como o vistes partir para o céu".

Palavra do Senhor.

Salmo responsorial Sl 46(47),2-3.6-7.8-9 (R. 6)

℟. Por **en**tre aclama**ções** Deus se ele**vou**,
o Se**nhor** subiu ao **to**que da trom**be**ta.

Ou: Ale**lu**ia, Ale**lu**ia, Ale**lu**ia.

² Povos **to**dos do uni**ver**so, batei **pal**mas, *
gritai a **Deus** aclama**ções** de ale**gri**a!
³ Porque su**bli**me é o Se**nhor**, o Deus Al**tís**simo, *
o sobe**ra**no que do**mi**na toda a **ter**ra.   ℟.

⁶ Por **en**tre aclama**ções** Deus se ele**vou**, *
o Se**nhor** subiu ao **to**que da trom**be**ta.
⁷ Salmodi**ai** ao nosso **Deus** ao som da **har**pa, *
salmodi**ai** ao som da **har**pa ao nosso **Rei**!   ℟.

⁸ Porque **Deus** é o grande **Rei** de toda a **ter**ra, *
ao som da **har**pa acompa**nhai** os seus lou**vo**res!
⁹ Deus **rei**na sobre **to**das as na**ções**, *
está sen**ta**do no seu **tro**no glori**o**so.   ℟.

SEGUNDA LEITURA

E o fez sentar-se à sua direita nos céus.

Leitura da Carta de São Paulo aos Efésios   1,17-23

Irmãos:
¹⁷ O Deus de nosso Senhor Jesus Cristo,
o Pai a quem pertence a glória,
vos dê um espírito de sabedoria
que vo-lo revele e faça verdadeiramente conhecer.
¹⁸ Que ele abra o vosso coração à sua luz,
para que saibais
qual a esperança que o seu chamamento vos dá,
qual a riqueza da glória
que está na vossa herança com os santos,

¹⁹ e que imenso poder ele exerceu
em favor de nós que cremos,
de acordo com a sua ação e força onipotente.
²⁰ Ele manifestou sua força em Cristo,
quando o ressuscitou dos mortos
e o fez sentar-se à sua direita nos céus,
²¹ bem acima de toda a autoridade, poder, potência,
soberania ou qualquer título que se possa mencionar
não somente neste mundo, mas ainda no mundo futuro.
²² Sim, ele pôs tudo sob os seus pés e fez dele,
que está acima de tudo, a Cabeça da Igreja,
²³ que é o seu corpo,
a plenitude daquele que possui a plenitude universal.

Palavra do Senhor.

Aclamação ao Evangelho   Mt 28,19a.20b

℞. Aleluia, Aleluia, Aleluia.
℣. Ide ao mundo, ensinai aos povos todos;
convosco estarei, todos os dias,
até o fim dos tempos, diz Jesus.   ℞.

EVANGELHO

*Toda a autoridade me foi dada
no céu e sobre a terra.*

✠ Proclamação do Evangelho de Jesus Cristo
segundo Mateus   28,16-20

Naquele tempo,
¹⁶ Os onze discípulos foram para a Galileia,
ao monte que Jesus lhes tinha indicado.
¹⁷ Quando viram Jesus, prostraram-se diante dele.
Ainda assim alguns duvidaram.
¹⁸ Então Jesus aproximou-se e falou:
"Toda a autoridade me foi dada no céu e sobre a terra.
¹⁹ Portanto, ide e fazei discípulos meus todos os povos,
batizando-os em nome do Pai
e do Filho e do Espírito Santo,
²⁰ e ensinando-os a observar tudo o que vos ordenei!
Eis que eu estarei convosco todos os dias,
até ao fim do mundo".

Palavra da Salvação.

7º DOMINGO DA PÁSCOA

PRIMEIRA LEITURA

Todos eles perseveravam unânimes na oração.

Leitura dos Atos dos Apóstolos 1,12-14

Depois que Jesus foi elevado ao céu,
¹² os apóstolos voltaram para Jerusalém,
vindo do monte das Oliveiras,
que fica perto de Jerusalém,
a mais ou menos um quilômetro.
¹³ Entraram na cidade e subiram para a sala de cima,
onde costumavam ficar.
Eram Pedro e João, Tiago e André, Filipe e Tomé,
Bartolomeu e Mateus, Tiago, filho de Alfeu,
Simão Zelota e Judas, filho de Tiago.
¹⁴ Todos eles perseveravam na oração em comum,
junto com algumas mulheres, entre as quais Maria,
mãe de Jesus, e com os irmãos de Jesus.

Palavra do Senhor.

Salmo responsorial Sl 26(27),1.4.7-8a (R. 13)

℟. Sei que a bon**da**de do Se**nhor** eu hei de **ver**,
um **dia**, lá na **ter**ra dos vi**ven**tes.

Ou: Ale**lui**a, Ale**lui**a, Ale**lui**a.

¹ O Se**nhor** é minha **luz** e salva**ção**; *
de **quem** eu terei **me**do?
O Se**nhor** é a prote**ção** da minha **vi**da; *
perante **quem** eu treme**rei**? ℟.

⁴ Ao Se**nhor** eu peço a**pe**nas uma **coi**sa, *
e é só **is**to que eu de**se**jo:
habi**tar** no santu**á**rio do Se**nhor** *
por **to**da a minha **vi**da;
sabore**ar** a suavi**da**de do Se**nhor** *
e contem**plá**-lo no seu **tem**plo. ℟.

⁷ Ó **Se**nhor, ouvi a **voz** do meu a**pe**lo, *
 aten**dei** por compaixão!
⁸ᵃ Meu coração fala con**vos**co confi**an**te, *
 e os meus **o**lhos vos pro**cu**ram. ℟.

SEGUNDA LEITURA

*Se sofreis injúrias por causa
do nome de Cristo sois felizes.*

Leitura da Primeira Carta de São Pedro 4,13-16

Caríssimos:
¹³ Alegrai-vos por participar dos sofrimentos de Cristo,
 para que possais também exultar de alegria
 na revelação da sua glória.
¹⁴ Se sofreis injúrias por causa do nome de Cristo,
 sois felizes, pois o Espírito da glória,
 o Espírito de Deus repousa sobre vós.
¹⁵ Mas nenhum de vós queira sofrer
 como assassino, ladrão ou malfeitor,
 ou por intrometer-se na vida dos outros.
¹⁶ Se, porém, alguém sofrer como cristão,
 não se envergonhe.
 Antes, glorifique a Deus por este nome.

Palavra do Senhor.

Aclamação ao Evangelho cf. Jo 14,18

℟. Ale**lui**a, Ale**lui**a, Ale**lui**a.
℣. **Não** vos deixa**rei** aband**o**na**dos**:
 Eu i**rei**, mas volta**rei** para **vós**
 e o **vos**so cora**ção** se alegrará. ℟.

EVANGELHO

Pai, glorifica o teu Filho.

✠ Proclamação do Evangelho de Jesus Cristo
segundo João   17,1-11a

Naquele tempo,
1 Jesus ergueu os olhos ao céu e disse:
"Pai, chegou a hora.
Glorifica o teu Filho,
para que o teu Filho te glorifique a ti,
2 e, porque lhe deste poder sobre todo homem,
ele dê a vida eterna
a todos aqueles que lhe confiaste.
3 Ora, a vida eterna é esta:
que eles te conheçam a ti, o único Deus verdadeiro,
e àquele que tu enviaste, Jesus Cristo.
4 Eu te glorifiquei na terra
e levei a termo a obra que me deste para fazer.
5 E agora, Pai, glorifica-me junto de ti,
com a glória que eu tinha junto de ti
antes que o mundo existisse.
6 Manifestei o teu nome aos homens
que tu me deste do meio do mundo.
Eram teus, e tu os confiaste a mim,
e eles guardaram a tua palavra.
7 Agora eles sabem que tudo quanto me deste vem de ti,
8 pois dei-lhes as palavras que tu me deste,
e eles as acolheram,
e reconheceram verdadeiramente que eu saí de ti
e acreditaram que tu me enviaste.
9 Eu te rogo por eles.
Não te rogo pelo mundo, mas por aqueles que me deste,
porque são teus.
10 Tudo o que é meu é teu
e tudo o que é teu é meu.
E eu sou glorificado neles.
11a Já não estou no mundo, mas eles permanecem no mundo,
enquanto eu vou para junto de ti".

Palavra da Salvação.

DOMINGO DE PENTECOSTES

Missa da Vigília

Estas leituras serão usadas na missa na tarde do sábado, antes ou depois das Primeiras Vésperas do domingo de Pentecostes.

PRIMEIRA LEITURA

Foi chamada Babel, porque foi aí que o Senhor confundiu a linguagem de todo o mundo.

Leitura do Livro do Gênesis 11,1-9

1. Toda a terra tinha uma só linguagem
e servia-se das mesmas palavras.
2. E aconteceu que, partindo do oriente,
os homens acharam uma planície na terra de Senaar,
e aí se estabeleceram.
3. E disseram uns aos outros:
"Vamos, façamos tijolos e cozamo-los ao fogo".
Usaram tijolos em vez de pedra,
e betume em lugar de argamassa.
4. E disseram: "Vamos, façamos para nós uma cidade
e uma torre cujo cimo atinja o céu.
Assim, ficaremos famosos,
e não seremos dispersos por toda a face da terra".
5. Então o Senhor desceu para ver a cidade
e a torre que os homens estavam construindo.
6. E o Senhor disse:
"Eis que eles são um só povo e falam uma só língua.
E isso é apenas o começo de seus empreendimentos.
Agora, nada os impedirá de fazer o que se propuseram.
7. Desçamos e confundamos a sua língua,
de modo que não se entendam uns aos outros".
8. E o Senhor os dispersou daquele lugar
por toda a superfície da terra,
e eles cessaram de construir a cidade.
9. Por isso, foi chamada Babel, porque foi aí
que o Senhor confundiu a linguagem de todo o mundo,
e daí dispersou os homens por toda a terra.

Palavra do Senhor.

Ou, b:

O Senhor desceu sobre o monte Sinai diante de todo o povo.

Leitura do Livro do Êxodo   19,3-8a.16-20b

Naqueles dias,
³ Moisés subiu ao encontro de Deus.
O Senhor chamou-o do alto da montanha, e disse:
"Assim deverás falar à casa de Jacó
e anunciar aos filhos de Israel:
⁴ Vistes o que fiz aos egípcios,
e como vos levei sobre asas de águia
e vos trouxe a mim.
⁵ Portanto, se ouvirdes a minha voz
e guardardes a minha aliança,
sereis para mim a porção escolhida
dentre todos os povos, porque minha é toda a terra.
⁶ E vós sereis para mim um reino de sacerdotes
e uma nação santa.
São estas as palavras
que deverás dizer aos filhos de Israel".
⁷ Moisés voltou e, convocando os anciãos do povo,
expôs tudo o que o Senhor lhe tinha mandado.
⁸ᵃ E o povo todo respondeu a uma só voz:
"Faremos tudo o que o Senhor disse".
¹⁶ Quando chegou o terceiro dia, ao raiar da manhã,
houve trovões e relâmpagos.
Uma nuvem espessa cobriu a montanha,
e um fortíssimo som de trombetas se fez ouvir.
No acampamento o povo se pôs a tremer.
¹⁷ Moisés fez o povo sair do acampamento
ao encontro de Deus, e eles pararam ao pé da montanha.
¹⁸ Todo o monte Sinai fumegava,
pois o Senhor descera sobre ele em meio ao fogo.
A fumaça subia como de uma fornalha,
e todo o monte tremia violentamente.
¹⁹ O som da trombeta ia aumentando cada vez mais.
Moisés falava
e o Senhor lhe respondia através do trovão.
²⁰ᵇ O Senhor desceu sobre o monte Sinai
e chamou Moisés ao cume do monte.

Palavra do Senhor.

Ou, c:

*Ossos ressequidos, vou fazer entrar
um espírito em vós, e voltareis à vida.*

Leitura da Profecia de Ezequiel 37,1-14

Naqueles dias,
1 a mão do Senhor estava sobre mim
e por seu espírito ele me levou para fora
e me deixou no meio de uma planície cheia de ossos
2 e me fez andar no meio deles em todas as direções.
Havia muitíssimos ossos na planície
e estavam ressequidos.
3 Ele me perguntou: "Filho do homem,
será que estes ossos podem voltar à vida?"
E eu respondi: "Senhor Deus, só tu o sabes".
4 E ele me disse:
"Profetiza sobre estes ossos e dize:
'Ossos ressequidos, escutai a palavra do Senhor!'
5 Assim diz o Senhor Deus a estes ossos:
'Eu mesmo vou fazer entrar um espírito em vós
e voltareis à vida.
6 Porei nervos em vós, farei crescer carne
e estenderei a pele por cima.
Porei em vós um espírito, para que possais voltar à vida.
Assim sabereis que eu sou o Senhor' ".
7 Profetizei como me foi ordenado.
Enquanto eu profetizava,
ouviu-se primeiro um rumor, e logo um estrondo,
quando os ossos se aproximaram uns dos outros.
8 Olhei e vi nervos e carne crescendo sobre os ossos
e, por cima, a pele que se estendia.
Mas não tinham nenhum sopro de vida.
9 Ele me disse:
"Profetiza para o espírito, profetiza, filho do homem!
Dirás ao espírito: 'Assim diz o Senhor Deus:
Vem dos quatro ventos, ó espírito,
vem soprar sobre estes mortos,
para que eles possam voltar à vida' ".
10 Profetizei como me foi ordenado,
e o espírito entrou neles.
Eles voltaram à vida e puseram-se de pé:
era uma imensa multidão!

¹¹ Então ele me disse:
"Filho do homem, estes ossos são toda a casa de Israel.
É isto que eles dizem:
'Nossos ossos estão secos, nossa esperança acabou,
estamos perdidos!'
¹² Por isso, profetiza e dize-lhes:
'Assim fala o Senhor Deus:
Ó meu povo, vou abrir as vossas sepulturas
e conduzir-vos para a terra de Israel;
¹³ e quando eu abrir as vossas sepulturas
e vos fizer sair delas, sabereis que eu sou o Senhor.
¹⁴ Porei em vós o meu espírito, para que vivais
e vos colocarei em vossa terra.
Então sabereis que eu, o Senhor, digo e faço'
– oráculo do Senhor –".

Palavra do Senhor.

Ou, d:

Sobre meus servos e servas derramarei o meu espírito.

Leitura da Profecia de Joel 3,1-5

Assim diz o Senhor:
¹ "Derramarei o meu espírito sobre todo ser humano,
e vossos filhos e filhas profetizarão,
vossos anciãos terão sonhos
e vossos jovens terão visões;
² também sobre meus servos e servas,
naqueles dias, derramarei o meu espírito.
³ Colocarei sinais no céu e na terra,
sangue, fogo e rolos de fumaça;
⁴ o sol se transformará em trevas
e a lua, em sangue, antes de chegar o dia do Senhor,
dia grandioso e terrível.
⁵ Então, todo aquele que invocar o nome do Senhor,
será salvo, pois, no monte Sião e em Jerusalém,
haverá salvação, como disse o Senhor,
entre os sobreviventes que o Senhor chamar".

Palavra do Senhor.

Salmo responsorial   Sl 103(104),1-2a.24.35c.27-28.29bc-30
                                                                  (R. cf. 30)

℟. Enviai o vosso Espírito, Senhor,
e da terra toda a face renovai.

Ou: Aleluia, Aleluia, Aleluia.

¹ Bendize, ó minha alma, ao Senhor! *
Ó meu Deus e meu Senhor, como sois grande!
²ᵃ De majestade e esplendor vos revestis *
e de luz vos envolveis como num manto.   ℟.

²⁴ Quão numerosas, ó Senhor, são vossas obras, *
e que sabedoria em todas elas!
Encheu-se a terra com as vossas criaturas. *
³⁵ᶜ Bendize, ó minha alma, ao Senhor!   ℟.

²⁷ Todos eles, ó Senhor, de vós esperam *
que a seu tempo vós lhes deis o alimento;
²⁸ vós lhes dais o que comer e eles recolhem, *
vós abris a vossa mão e eles se fartam.   ℟.

²⁹ᵇᶜ Se tirais o seu respiro, eles perecem *
e voltam para o pó de onde vieram;
³⁰ enviais o vosso espírito e renascem *
e da terra toda a face renovais.   ℟.

SEGUNDA LEITURA

O Espírito intercede em nosso favor
com gemidos inefáveis.

Leitura da Carta de São Paulo aos Romanos   8,22-27

Irmãos:
²² Sabemos que toda a criação, até ao tempo presente,
está gemendo como que em dores de parto.
²³ E não somente ela, mas nós também,
que temos os primeiros frutos do Espírito,
estamos interiormente gemendo,
aguardando a adoção filial
e a libertação para o nosso corpo.

²⁴ Pois já fomos salvos, mas na esperança.
Ora, o objeto da esperança
não é aquilo que a gente está vendo;
como pode alguém esperar o que já vê?
²⁵ Mas, se esperamos o que não vemos,
é porque o estamos aguardando mediante a perseverança.
²⁶ Também o Espírito vem em socorro da nossa fraqueza.
Pois nós não sabemos o que pedir, nem como pedir;
é o próprio Espírito que intercede em nosso favor,
com gemidos inefáveis.
²⁷ E aquele que penetra o íntimo dos corações
sabe qual é a intenção do Espírito.
Pois é sempre segundo Deus
que o Espírito intercede em favor dos santos.

Palavra do Senhor.

Aclamação ao Evangelho

℟. Aleluia, Aleluia, Aleluia.
℣. Vinde, Espírito Divino,
e enchei com vossos dons os corações dos fiéis;
e acendei neles o amor como um fogo abrasador!   ℟.

EVANGELHO

Jorrarão rios de água viva.

✠ Proclamação do Evangelho de Jesus Cristo
segundo João   7,37-39

³⁷ No último dia da festa, o dia mais solene,
Jesus, em pé, proclamou em voz alta:
"Se alguém tem sede, venha a mim, e beba.
³⁸ Aquele que crê em mim, conforme diz a Escritura,
rios de água viva jorrarão do seu interior".
³⁹ Jesus falava do Espírito,
que deviam receber os que tivessem fé nele;
pois ainda não tinha sido dado o Espírito,
porque Jesus ainda não tinha sido glorificado.

Palavra da Salvação.

Missa do dia

PRIMEIRA LEITURA

*Todos ficaram cheios do Espírito Santo
e começaram a falar.*

Leitura dos Atos dos Apóstolos 2,1-11

¹ Quando chegou o dia de Pentecostes,
os discípulos estavam todos reunidos no mesmo lugar.
² De repente, veio do céu um barulho
como se fosse uma forte ventania,
que encheu a casa onde eles se encontravam.
³ Então apareceram línguas como de fogo
que se repartiram e pousaram sobre cada um deles.
⁴ Todos ficaram cheios do Espírito Santo
e começaram a falar em outras línguas,
conforme o Espírito os inspirava.
⁵ Moravam em Jerusalém judeus devotos,
de todas as nações do mundo.
⁶ Quando ouviram o barulho,
juntou-se a multidão, e todos ficaram confusos,
pois cada um ouvia os discípulos
falar em sua própria língua.
⁷ Cheios de espanto e admiração, diziam:
"Esses homens que estão falando não são todos galileus?
⁸ Como é que nós os escutamos na nossa própria língua?
⁹ Nós que somos partos, medos e elamitas,
habitantes da Mesopotâmia, da Judeia e da Capadócia,
do Ponto e da Ásia,
¹⁰ da Frígia e da Panfília,
do Egito e da parte da Líbia próxima de Cirene,
também romanos que aqui residem;
¹¹ judeus e prosélitos, cretenses e árabes,
todos nós os escutamos anunciarem as maravilhas de Deus
na nossa própria língua!"

Palavra do Senhor.

Salmo responsorial Sl 103(104),1ab.24ac.29bc-30.31.34
(℟. cf. 30)

℟. Enviai o vosso Espírito, Senhor,
e da terra toda a face renovai.

Ou: Aleluia, Aleluia, Aleluia.

¹ᵃ Bendize, ó minha **al**ma, ao Se**nhor**! *
ᵇ Ó meu **Deus** e meu Se**nhor**, como sois **gra**nde!
²⁴ᵃ Quão nume**ro**sas, ó Se**nhor**, são vossas **o**bras! *
ᶜ Encheu-se a **ter**ra com as **vos**sas cria**tu**ras! ℞.

²⁹ᵇ Se ti**rais** o seu res**pi**ro, elas pe**re**cem *
²⁹ᶜ e **vol**tam para o **pó** de onde vi**e**ram.
³⁰ Envi**ais** o vosso es**pí**rito e re**nas**cem *
e da **ter**ra toda a **fa**ce reno**vais**. ℞.

³¹ Que a **gló**ria do Se**nhor** perdure **sem**pre, *
e a**le**gre-se o Se**nhor** em suas **o**bras!
³⁴ Hoje **se**ja-lhe agra**dá**vel o meu **can**to, *
pois o Se**nhor** é a minha **gran**de ale**gria**! ℞.

SEGUNDA LEITURA

*Fomos batizados num único Espírito,
para formarmos um único corpo.*

Leitura da Primeira Carta de São Paulo aos Coríntios
                                                          12,3b-7.12-13

Irmãos:
³ᵇ Ninguém pode dizer:
Jesus é o Senhor, a não ser no Espírito Santo.
⁴ Há diversidade de dons, mas um mesmo é o Espírito.
⁵ Há diversidade de ministérios,
mas um mesmo é o Senhor.
⁶ Há diferentes atividades, mas um mesmo Deus
que realiza todas as coisas em todos.
⁷ A cada um é dada a manifestação do Espírito
em vista do bem comum.
¹² Como o corpo é um, embora tenha muitos membros,
e como todos os membros do corpo,
embora sejam muitos, formam um só corpo,
assim também acontece com Cristo.
¹³ De fato, todos nós, judeus ou gregos, escravos ou livres,
fomos batizados num único Espírito,

para formarmos um único corpo,
e todos nós bebemos de um único Espírito.

Palavra do Senhor.

Sequência

Espírito de Deus,
enviai dos céus
um raio de luz!

Vinde, Pai dos pobres,
dai aos corações
vossos sete dons.

Consolo que acalma,
hóspede da alma,
doce alívio, vinde!

No labor descanso,
na aflição remanso,
no calor aragem.

Enchei, luz bendita,
chama que crepita,
o íntimo de nós!

Sem a luz que acode,
nada o homem pode,
nenhum bem há nele.

Ao sujo lavai,
ao seco regai,
curai o doente.

Dobrai o que é duro,
guiai no escuro,
o frio aquecei.

Dai à vossa Igreja,
que espera e deseja,
vossos sete dons.

Dai em prêmio ao forte
uma santa morte,
alegria eterna.
Amém.

Aclamação ao Evangelho

℞. Ale**lu**ia, Ale**lu**ia, Ale**lu**ia.
℣. Vinde, Es**pí**rito Di**v**ino,
e en**chei** com vossos **dons** os corações dos fi**éis**;
e acendei **ne**les o **amor** como um **fo**go abrasador! ℞.

EVANGELHO

*Assim como o Pai me enviou,
também eu vos envio: Recebei o Espírito Santo!*

✠ Proclamação do Evangelho de Jesus Cristo
segundo João   20,19-23

¹⁹ Ao anoitecer daquele dia, o primeiro da semana,
estando fechadas, por medo dos judeus,
as portas do lugar onde os discípulos se encontravam,
Jesus entrou e, pondo-se no meio deles,
disse: "A paz esteja convosco".
²⁰ Depois dessas palavras, mostrou-lhes as mãos e o lado.
Então os discípulos se alegraram por verem o Senhor.
²¹ Novamente, Jesus disse:
"A paz esteja convosco.
Como o Pai me enviou, também eu vos envio".
²² E depois de ter dito isso,
soprou sobre eles e disse:
"Recebei o Espírito Santo.
²³ A quem perdoardes os pecados,
eles lhes serão perdoados;
a quem não os perdoardes,
eles lhes serão retidos".

Palavra da Salvação.

SOLENIDADES DO SENHOR QUE OCORREM NO TEMPO COMUM

Domingo depois de Pentecostes

SOLENIDADE DA SANTÍSSIMA TRINDADE

PRIMEIRA LEITURA

Senhor, Senhor! Deus misericordioso e clemente.

Leitura do Livro do Êxodo 34,4b-6.8-9

Naqueles dias:
⁴ᵇ Moisés levantou-se, quando ainda era noite,
e subiu ao monte Sinai,
como o Senhor lhe havia mandado,
levando consigo as duas tábuas de pedra.
⁵ O Senhor desceu na nuvem e permaneceu com Moisés,
e este invocou o nome do Senhor.
⁶ Enquanto o Senhor passava diante dele,
Moisés gritou:
"Senhor, Senhor! Deus misericordioso e clemente,
paciente, rico em bondade e fiel".
⁸ Imediatamente, Moisés curvou-se até o chão
⁹ e, prostrado por terra, disse:
"Senhor, se é verdade que gozo de teu favor,
peço-te, caminha conosco;
embora este seja um povo de cabeça dura,
perdoa nossas culpas e nossos pecados
e acolhe-nos como propriedade tua".

Palavra do Senhor.

Salmo responsorial Dn 3, 52.53.54.55.56 (℟. 52b)

℟. A vós lou**vor**, honra e **gló**ria eterna**men**te!

⁵² Sede ben**di**to, Senhor **Deus** de nossos **pais**. ℟.

Sede ben**di**to, nome **san**to e glori**o**so. ℟.

⁵³ No templo **san**to onde re**ful**ge a vossa **gló**ria. ℟.

⁵⁴ E em vosso **tro**no de po**der** vitorioso. ℟.

⁵⁵ Sede bendito, que sondais as profundezas ℟.
   E superior aos querubins vos assentais. ℟.
⁵⁶ Sede bendito no celeste firmamento. ℟.

SEGUNDA LEITURA

*A graça de Jesus Cristo,
o amor de Deus e a comunhão do Espírito Santo.*

Leitura da Segunda Carta de São Paulo aos Coríntios 13,11-13

¹¹ Irmãos:
Alegrai-vos,
trabalhai no vosso aperfeiçoamento,
encorajai-vos, cultivai a concórdia, vivei em paz,
e o Deus do amor e da paz estará convosco.
¹² Saudai-vos uns aos outros com o beijo santo.
Todos os santos vos saúdam.
¹³ A graça do Senhor Jesus Cristo,
o amor de Deus
e a comunhão do Espírito Santo estejam com todos vós.

Palavra do Senhor.

Aclamação ao Evangelho   cf. Ap 1,8

℟. Aleluia, Aleluia, Aleluia.
℣. Glória ao Pai e ao Filho e ao Espírito Divino,
   ao Deus que é, que era e que vem,
   pelos séculos. Amém.   ℟.

EVANGELHO

*Deus enviou seu Filho ao mundo,
para que o mundo seja salvo por ele.*

✠ Proclamação do Evangelho de Jesus Cristo segundo João 3,16-18

¹⁶ Deus amou tanto o mundo,
que deu o seu Filho unigênito,
para que não morra todo o que nele crer,
mas tenha a vida eterna.
¹⁷ De fato, Deus não enviou o seu Filho ao mundo
para condenar o mundo,
mas para que o mundo seja salvo por ele.
¹⁸ Quem nele crê, não é condenado,
mas quem não crê, já está condenado,
porque não acreditou no nome do Filho unigênito.

Palavra da Salvação.

Quinta-feira depois da Santíssima Trindade

SOLENIDADE DO SANTÍSSIMO CORPO E SANGUE DE CRISTO

PRIMEIRA LEITURA

*Deu-te um alimento,
que nem tu nem teus pais conhecíeis.*

Leitura do Livro do Deuteronômio 8,2-3.14b-16a

Moisés falou ao povo, dizendo:
² Lembra-te de todo o caminho
por onde o Senhor teu Deus te conduziu,
esses quarenta anos, no deserto,
para te humilhar e te pôr à prova,
para saber o que tinhas no teu coração,
e para ver se observarias ou não seus mandamentos.
³ Ele te humilhou, fazendo-te passar fome
e alimentando-te com o maná
que nem tu nem teus pais conhecíeis,
para te mostrar que nem só de pão vive o homem,
mas de toda a palavra que sai da boca do Senhor.
¹⁴ᵇ Não te esqueças do Senhor teu Deus
que te fez sair do Egito, da casa da escravidão,
¹⁵ e que foi teu guia no vasto e terrível deserto,
onde havia serpentes abrasadoras,
escorpiões, e uma terra árida e sem água nenhuma.
Foi ele que fez jorrar água para ti da pedra duríssima,
¹⁶ᵃ e te alimentou no deserto com maná,
que teus pais não conheciam.

Palavra do Senhor.

Salmo responsorial Sl 147(147B),12-13.14-15.19-20 (℟. 12)

℟. Glorifica o Se**nhor**, Jerusa**lém**;
celebra teu **Deus**, ó Sião!

Ou: Ale**lu**ia, Ale**lu**ia, Ale**lu**ia.

12 Glorifica o Se**nhor**, Jerusa**lém**!*
Ó Sião, canta lou**vo**res ao teu **Deus**!
13 Pois refor**çou** com segu**ran**ça as tuas **por**tas,*
e os teus **fi**lhos em teu **sei**o abenço**ou**. ℟.

14 A **paz** em teus li**mi**tes garan**tiu** *
e te **dá** como ali**men**to a flor do **tri**go.
15 Ele en**via** suas **or**dens para a **ter**ra,*
e a pa**la**vra que ele **diz** corre ve**loz**. ℟.

19 Anuncia a Ja**có** sua pa**la**vra,*
seus pre**cei**tos e suas **leis** a Israel.
20 Nenhum **po**vo rece**beu** tanto ca**ri**nho,*
a nenhum **ou**tro reve**lou** os seus pre**cei**tos. ℟.

SEGUNDA LEITURA

*Uma vez que há um só pão, nós,
embora muitos, somos um só corpo.*

Leitura da Primeira Carta de São Paulo aos Coríntios   10,16-17

Irmãos:
16 O cálice da bênção, o cálice que abençoamos,
não é comunhão com o sangue de Cristo?
E o pão que partimos,
não é comunhão com o corpo de Cristo?
17 Porque há um só pão,
nós todos somos um só corpo,
pois todos participamos desse único pão.

Palavra do Senhor.

Sequência

(NA FORMA MAIS LONGA; OU NA FORMA ABREVIADA, A PARTIR DE: ** EIS O PÃO...)

Terra, exulta de alegria,
louva teu pastor e guia
com teus hinos, tua voz!

Tanto possas, tanto ouses,
em louvá-lo não repouses:
sempre excede o teu louvor!

Hoje a Igreja te convida:
ao pão vivo que dá vida
vem com ela celebrar!

Este pão, que o mundo o creia!
por Jesus, na santa ceia,
foi entregue aos que escolheu.

Nosso júbilo cantemos,
nosso amor manifestemos,
pois transborda o coração!

Quão solene a festa, o dia,
que da santa Eucaristia
nos recorda a instituição!

Novo Rei e nova mesa,
nova Páscoa e realeza,
foi-se a Páscoa dos judeus.

Era sombra o antigo povo,
o que é velho cede ao novo:
foge a noite, chega a luz.

O que o Cristo fez na ceia,
manda à Igreja que o rodeia
repeti-lo até voltar.

Seu preceito conhecemos:
pão e vinho consagremos
para nossa salvação.

Faz-se carne o pão de trigo,
faz-se sangue o vinho amigo:
deve-o crer todo cristão.

Se não vês nem compreendes,
gosto e vista tu transcendes,
elevado pela fé.

Pão e vinho, eis o que vemos;
mas ao Cristo é que nós temos
em tão ínfimos sinais...

Alimento verdadeiro,
permanece o Cristo inteiro
quer no vinho, quer no pão.

É por todos recebido,
não em parte ou dividido,
pois inteiro é que se dá!

Um ou mil comungam dele,
tanto este quanto aquele:
multiplica-se o Senhor.

Dá-se ao bom como ao perverso,
mas o efeito é bem diverso:
vida e morte traz em si...

Pensa bem: igual comida,
se ao que é bom enche de vida,
traz a morte para o mau.

Eis a hóstia dividida...
Quem hesita, quem duvida?
Como é toda o autor da vida,
a partícula também.

Jesus não é atingido:
o sinal é que é partido;
mas não é diminuído,
nem se muda o que contém.

** Eis o pão que os anjos comem
transformado em pão do homem;
só os filhos o consomem:
não será lançado aos cães!

Em sinais prefigurado,
por Abraão foi imolado,
no cordeiro aos pais foi dado,
no deserto foi maná...

Bom pastor, pão de verdade,
piedade, ó Jesus, piedade,
conservai-nos na unidade,
extingui nossa orfandade,
transportai-nos para o Pai!

Aos mortais dando comida,
dais também o pão da vida;
que a família assim nutrida
seja um dia reunida
aos convivas lá do céu!

Aclamação ao Evangelho Jo 6,51

℟. Ale**lu**ia, Ale**lu**ia, Ale**lu**ia.
℣. Eu **sou** o pão **vi**vo descido do **céu**;
quem **des**te pão **co**me, sempre **há** de vi**ver**! ℟.

EVANGELHO

*Minha carne é verdadeira comida
e o meu sangue, verdadeira bebida.*

✠ Proclamação do Evangelho de Jesus Cristo
segundo João 6,51-58

Naquele tempo:
disse Jesus às multidões dos judeus:
⁵¹ "Eu sou o pão vivo descido do céu.
Quem comer deste pão viverá eternamente.
E o pão que eu darei
é a minha carne dada para a vida do mundo".
⁵² Os judeus discutiam entre si, dizendo:
"Como é que ele pode dar a sua carne a comer?"
⁵³ Então Jesus disse:
"Em verdade, em verdade vos digo:
se não comerdes a carne do Filho do Homem
e não beberdes o seu sangue,
não tereis a vida em vós.
⁵⁴ Quem come a minha carne
e bebe o meu sangue
tem a vida eterna,
e eu o ressuscitarei no último dia.
⁵⁵ Porque a minha carne é verdadeira comida,
e o meu sangue, verdadeira bebida.
⁵⁶ Quem come a minha carne e bebe o meu sangue
permanece em mim e eu nele.

⁵⁷ Como o Pai, que vive, me enviou,
e eu vivo por causa do Pai,
assim aquele que me recebe como alimento
viverá por causa de mim.
⁵⁸ Este é o pão que desceu do céu.
Não é como aquele que os vossos pais comeram.
Eles morreram.
Aquele que come este pão viverá para sempre".

Palavra da Salvação.

Sexta-feira após o 2º domingo depois de Pentecostes

SOLENIDADE DO SAGRADO CORAÇÃO DE JESUS

PRIMEIRA LEITURA

O Senhor vos amou e escolheu.

Leitura do Livro do Deuteronômio 7,6-11

Moisés falou ao povo, dizendo:
6 "Tu és um povo consagrado ao Senhor teu Deus.
O Senhor teu Deus te escolheu
dentre todos os povos da terra,
para seres o seu povo preferido.
7 O Senhor se afeiçoou a vós e vos escolheu,
não por serdes mais numerosos que os outros povos
— na verdade sois o menor de todos —
8 mas, sim, porque o Senhor vos amou
e quis cumprir o juramento que fez a vossos pais.
Foi por isso que o Senhor vos fez sair com mão poderosa,
e vos resgatou da casa da escravidão,
das mãos do Faraó, rei do Egito.
9 Saberás, pois, que o Senhor teu Deus é o único Deus,
um Deus fiel, que guarda a aliança
e a misericórdia até mil gerações,
para aqueles que o amam e observam seus mandamentos;
10 mas castiga diretamente aquele que o odeia,
fazendo-o perecer; e não o deixa esperar,
mas dá-lhe imediatamente o castigo merecido.
11 Guarda, pois, os mandamentos,
as leis e os decretos que hoje te prescrevo,
pondo-os em prática!"

Palavra do Senhor.

Salmo responsorial Sl 102(103),1-2.3-4.6-7.8.10 (R. 17)

℟. O **amor** do Senhor **Deus** por quem o **te**me,
é de **sem**pre e per**du**ra para **sem**pre.

1 Bendize, ó minha **al**ma, ao Se**nh**or, *
   e **to**do o meu **ser**, seu santo **no**me!
2 Ben**di**ze, ó minha **al**ma, ao Se**nh**or, *
   não te es**que**ças de ne**nhum** de seus fa**vo**res! ℟.

3 Pois **e**le te per**do**a toda **cul**pa, *
   e **cu**ra toda a **tu**a enfermi**da**de;
4 da sepul**tu**ra ele **sal**va a tua **vi**da *
   e te **cer**ca de ca**ri**nho e compai**xão**. ℟.

6 O Se**nh**or realiza **o**bras de jus**ti**ça *
   e ga**ran**te o di**rei**to aos opri**mi**dos;
7 reve**lou** os seus ca**mi**nhos a Moi**sés**, *
   e aos **fi**lhos de Isra**el**, seus grandes **fei**tos. ℟.

8 O Se**nh**or é indul**gen**te, é favo**rá**vel, *
   é pacien**te**, é bon**do**so e compas**si**vo.
10 Não nos **tra**ta como e**xi**gem nossas **fal**tas, *
   nem nos **pu**ne em propor**ção** às nossas **cul**pas. ℟.

SEGUNDA LEITURA

Foi Deus quem nos amou primeiro.

Leitura da Primeira Carta de São João   4,7-16

7 Caríssimos, amemo-nos uns aos outros,
   porque o amor vem de Deus
   e todo aquele que ama nasceu de Deus e conhece Deus.
8 Quem não ama, não chegou a conhecer Deus,
   pois Deus é amor.
9 Foi assim que o amor de Deus se manifestou entre nós:
   Deus enviou o seu Filho único ao mundo,
   para que tenhamos vida por meio dele.
10 Nisto consiste o amor:
   não fomos nós que amamos a Deus,
   mas foi ele que nos amou e enviou o seu Filho
   como vítima de reparação pelos nossos pecados.
11 Caríssimos, se Deus nos amou assim,
   nós também devemos amar-nos uns aos outros.
12 Ninguém jamais viu a Deus.
   Se nos amamos uns aos outros,

Deus permanece conosco
e seu amor é plenamente realizado entre nós.
¹³ A prova de que permanecemos com ele,
e ele conosco,
é que ele nos deu o seu Espírito.
¹⁴ E nós vimos, e damos testemunho,
que o Pai enviou o seu Filho
como Salvador do mundo.
¹⁵ Todo aquele que proclama
que Jesus é o Filho de Deus,
Deus permanece com ele,
e ele com Deus.
¹⁶ E nós conhecemos o amor que Deus tem para conosco,
e acreditamos nele.
Deus é amor: quem permanece no amor,
permanece com Deus,
e Deus permanece com ele.

Palavra do Senhor.

Aclamação ao Evangelho Mt 11,29ab

℟. Ale**lu**ia, Ale**lu**ia, Ale**lu**ia.
℣. To**mai** sobre **vós** o meu **ju**go e de **mim** apren**dei**
que sou de **man**so e hu**mil**de coração. ℟.

EVANGELHO

Sou manso e humilde de coração.

✠ Proclamação do Evangelho de Jesus Cristo
segundo Mateus 11,25-30

²⁵ Naquele tempo, Jesus pôs-se a dizer:
"Eu te louvo, ó Pai, Senhor do céu e da terra,
porque escondeste estas coisas aos sábios e entendidos
e as revelaste aos pequeninos.
²⁶ Sim, Pai, porque assim foi do teu agrado.
²⁷ Tudo me foi entregue por meu Pai,
e ninguém conhece o Filho, senão o Pai,
e ninguém conhece o Pai, senão o Filho
e aquele a quem o Filho o quiser revelar.

²⁸ Vinde a mim todos vós que estais cansados
e fatigados sob o peso dos vossos fardos,
e eu vos darei descanso.
²⁹ Tomai sobre vós o meu jugo e aprendei de mim,
porque sou manso e humilde de coração,
e vós encontrareis descanso.
³⁰ Pois o meu jugo é suave e o meu fardo é leve".

Palavra da Salvação.

TEMPO COMUM

O primeiro domingo do Tempo comum cede o lugar à Festa do Batismo do Senhor.

2º DOMINGO DO TEMPO COMUM

PRIMEIRA LEITURA

*Farei de ti a luz das nações,
para que sejas minha salvação.*

Leitura do Livro do Profeta Isaías   49,3.5-6

³ O Senhor me disse: "Tu és o meu Servo,
Israel, em quem serei glorificado".
⁵ E agora diz-me o Senhor
– ele que me preparou desde o nascimento
para ser seu Servo – que eu recupere Jacó para ele
e faça Israel unir-se a ele;
aos olhos do Senhor esta é a minha glória.
⁶ Disse ele: "Não basta seres meu Servo
para restaurar as tribos de Jacó
e reconduzir os remanescentes de Israel:
eu te farei luz das nações, para que minha salvação
chegue até aos confins da terra".

Palavra do Senhor.

Salmo responsorial   Sl 39(40),2.4ab.7-8a.8b-9.10 (R. 8a.9a)

℟. Eu **dis**se: Eis que **ven**ho, Se**nhor**,
com pra**zer** faço a **vos**sa von**ta**de!

² Espe**ran**do, espe**rei** no Se**nhor**, *
e incli**nan**do-se, ou**viu** meu cla**mor**.
⁴ᵃ Canto **no**vo ele **pôs** em meus **lá**bios, *
ᵇ um poema em lou**vor** ao Se**nhor**.   ℟.

⁷ Sa**cri**fício e obla**ção** não qui**ses**tes, *
mas a**bris**tes, Se**nhor**, meus ou**vi**dos;
não pe**dis**tes o**fer**tas nem **ví**timas, *
holo**caus**tos por **nos**sos pe**ca**dos.   ℟.

⁸ᵃ E en**tão** eu vos **dis**se: "Eis que **ven**ho!" *
ᵇ Sobre **mim** está es**cri**to no **li**vro:
⁹ "Com pra**zer** faço a **vos**sa von**ta**de, *
guardo em **meu** co**ra**ção vossa **lei**!"   ℟.

¹⁰ Boas-novas de vossa justiça †
anunciei numa grande assembleia; *
vós sabeis: não fechei os meus lábios!   ℟.

SEGUNDA LEITURA

*A vós, graça e paz da parte de Deus,
nosso Pai, e do Senhor Jesus!*

Início da Primeira Carta de São Paulo aos Coríntios   1,1-3

¹ Paulo, chamado a ser apóstolo de Jesus Cristo,
por vontade de Deus, e o irmão Sóstenes,
² à Igreja de Deus que está em Corinto:
aos que foram santificados em Cristo Jesus,
chamados a ser santos
junto com todos o que, em qualquer lugar,
invocam o nome de nosso Senhor Jesus Cristo,
Senhor deles e nosso.
³ Para vós, graça e paz,
da parte de Deus, nosso Pai,
e do Senhor Jesus Cristo.

Palavra do Senhor.

Aclamação ao Evangelho   Jo 1,14a.12a

℟. Aleluia, Aleluia, Aleluia.
℣. A Palavra se fez carne, entre nós ela acampou;
todo aquele que a acolheu, de Deus filho se tornou.   ℟.

EVANGELHO

Eis o Cordeiro de Deus, que tira o pecado do mundo.

✠ Proclamação do Evangelho de Jesus Cristo
segundo João   1,29-34

Naquele tempo:
²⁹ João viu Jesus aproximar-se dele e disse:
"Eis o Cordeiro de Deus,
que tira o pecado do mundo.

30 Dele é que eu disse:
'Depois de mim vem um homem que passou à minha frente,
porque existia antes de mim'.
31 Também eu não o conhecia,
mas se eu vim batizar com água,
foi para que ele fosse manifestado a Israel".
32 E João deu testemunho, dizendo:
"Eu vi o Espírito descer,
como uma pomba do céu,
e permanecer sobre ele.
33 Também eu não o conhecia,
mas aquele que me enviou a batizar com água me disse:
'Aquele sobre quem vires o Espírito descer e permanecer,
este é quem batiza com o Espírito Santo'.
34 Eu vi e dou testemunho:
Este é o Filho de Deus!"

Palavra da Salvação.

3º DOMINGO DO TEMPO COMUM

PRIMEIRA LEITURA

Na Galileia, o povo viu brilhar uma grande luz.

Leitura do Livro do Profeta Isaías 8,23b-9,3

²³ᵇ No tempo passado o Senhor humilhou
a terra de Zabulon e a terra de Neftali;
mas recentemente cobriu de glória o caminho do mar,
do além-Jordão e da Galileia das nações.
⁹,¹ O povo que andava na escuridão
viu uma grande luz;
para os que habitavam nas sombras da morte,
uma luz resplandeceu.
² Fizeste crescer a alegria,
e aumentaste a felicidade;
todos se regozijam em tua presença
como alegres ceifeiros na colheita,
ou como exaltados guerreiros ao dividirem os despojos.
³ Pois o jugo que oprimia o povo,
– a carga sobre os ombros, o orgulho dos fiscais –
tu os abateste como na jornada de Madiã.

Palavra do Senhor.

Salmo responsorial Sl 26(27),1.4.13-14 (℟. 1a.1c)

℟. O Se**nhor** é minha **luz** e salva**ção**.
O Se**nhor** é a prote**ção** da minha **vi**da.

¹ᵃ O Se**nhor** é minha luz e salva**ção**; *
ᵇ de **quem** eu terei **me**do?
ᶜ O Se**nhor** é a prote**ção** da minha **vi**da; *
ᵈ perante **quem** eu treme**rei**? ℟.

⁴ Ao Se**nhor** eu peço apenas uma **coi**sa, *
e é só **is**to que eu de**se**jo:
habi**tar** no santuário do Se**nhor** *
por **to**da a minha **vi**da;

saborear a suavidade do Senhor *
e contemplá-lo no seu templo. ℟.

13 Sei que a bondade do Senhor eu hei de ver *
na terra dos viventes.
14 Espera no Senhor e tem coragem, *
espera no Senhor! ℟.

SEGUNDA LEITURA

*Sede todos concordes uns com os outros
e não admitais divisões entre vós.*

Leitura da Primeira Carta de São Paulo aos Coríntios   1,10-13.17

10 Irmãos, eu vos exorto,
pelo nome do Senhor nosso, Jesus Cristo,
a que sejais todos concordes uns com os outros
e não admitais divisões entre vós.
Pelo contrário, sede bem unidos e concordes
no pensar e no falar.
11 Com efeito, pessoas da família de Cloé
informaram-me a vosso respeito, meus irmãos,
que está havendo contendas entre vós.
12 Digo isso, porque cada um de vós afirma:
"Eu sou de Paulo"; ou: "Eu sou de Apolo";
ou: "Eu sou de Cefas"; ou: "Eu sou de Cristo!"
13 Será que Cristo está dividido?
Acaso Paulo é que foi crucificado por amor de vós?
Ou é no nome de Paulo que fostes batizados?
17 De fato, Cristo não me enviou para batizar,
mas para pregar a boa nova da salvação,
sem me valer dos recursos da oratória,
para não privar a cruz de Cristo da sua força própria.

Palavra do Senhor.

Aclamação ao Evangelho   cf. Mt 4,23

℟. Aleluia, Aleluia, Aleluia.
℣. Pois do Reino a Boa Nova Jesus Cristo anunciava
e as dores do seu povo, com poder, Jesus curava. ℟.

EVANGELHO (mais longo)

*Foi morar em Cafarnaum, para se cumprir
o que foi dito pelo profeta Isaías.*

✠ Proclamação do Evangelho de Jesus Cristo
segundo Mateus   4,12-23

¹² Ao saber que João tinha sido preso,
Jesus voltou para a Galileia.
¹³ Deixou Nazaré e foi morar em Cafarnaum,
que fica às margens do mar da Galileia,
¹⁴ no território de Zabulon e Neftali,
para se cumprir o que foi dito pelo profeta Isaías:
¹⁵ "Terra de Zabulon, terra de Neftali, caminho do mar,
região do outro lado do rio Jordão,
Galileia dos pagãos!
¹⁶ O povo que vivia nas trevas viu uma grande luz,
e para os que viviam na região escura da morte
brilhou uma luz".
¹⁷ Daí em diante Jesus começou a pregar dizendo:
"Convertei-vos, porque o Reino dos Céus está próximo".
¹⁸ Quando Jesus andava à beira do mar da Galileia,
viu dois irmãos:
Simão, chamado Pedro, e seu irmão André.
Estavam lançando a rede ao mar, pois eram pescadores.
¹⁹ Jesus disse a eles: "Segui-me,
e eu farei de vós pescadores de homens".
²⁰ Eles imediatamente deixaram as redes e o seguiram.
²¹ Caminhando um pouco mais, Jesus viu outros dois irmãos:
Tiago, filho de Zebedeu, e seu irmão João.
Estavam na barca com seu pai Zebedeu
consertando as redes.
Jesus os chamou.
²² Eles imediatamente deixaram a barca e o pai,
e o seguiram.
²³ Jesus andava por toda a Galileia,
ensinando em suas sinagogas,
pregando o Evangelho do Reino
e curando todo tipo de doença e enfermidade do povo.

Palavra da Salvação.

Ou: **EVANGELHO (mais breve)**

*Foi morar em Cafarnaum, para se cumprir
o que foi dito pelo profeta Isaías.*

✠ Proclamação do Evangelho de Jesus Cristo,
segundo Mateus   4,12-17

¹² Ao saber que João tinha sido preso,
Jesus voltou para a Galileia.
¹³ Deixou Nazaré e foi morar em Cafarnaum,
que fica às margens do mar da Galileia,
¹⁴ no território de Zabulon e Neftali,
para se cumprir o que foi dito pelo profeta Isaías:
¹⁵ "Terra de Zabulon, terra de Neftali, caminho do mar,
região do outro lado do rio Jordão,
Galileia dos pagãos!
¹⁶ O povo que vivia nas trevas viu uma grande luz;
e para os que viviam na região escura da morte
brilhou uma luz".
¹⁷ Daí em diante, Jesus começou a pregar, dizendo:
"Convertei-vos, porque o Reino dos Céus está próximo".

Palavra da Salvação.

4º DOMINGO DO TEMPO COMUM

PRIMEIRA LEITURA

*Deixarei entre vós um punhado
de homens humildes e pobres.*

Leitura da Profecia de Sofonias 2,3;3,12-13

³ Buscai o Senhor, humildes da terra,
que pondes em prática seus preceitos;
praticai a justiça, procurai a humildade;
achareis talvez um refúgio
no dia da cólera do Senhor.

³,¹² E deixarei entre vós
um punhado de homens humildes e pobres.
E no nome do Senhor porá sua esperança
o resto de Israel.

¹³ Eles não cometerão iniquidades
nem falarão mentiras;
não se encontrará em sua boca
uma língua enganadora;
serão apascentados e repousarão,
e ninguém os molestará.

Palavra do Senhor.

Salmo responsorial Sl 145(146),7.8-9a.9bc-10 (℟. Mt 5,3)

℟. Felizes os **po**bres em es**pí**rito,
porque **de**les é o **Rei**no dos **Céus**.

Ou: Ale**lu**ia, Ale**lu**ia, Ale**lu**ia.

⁷ O Senhor é fiel para sempre, *
faz justiça aos que são oprimidos;
ele dá alimento aos famintos, *
é o Senhor quem liberta os cativos. ℟.

⁸ O Senhor abre os olhos aos cegos *
o Senhor faz erguer-se o caído;
o Senhor ama aquele que é justo *
⁹ᵃ É o Senhor quem protege o estrangeiro. ℟.

⁹ᵇᶜ Ele ampara a viúva e o órfão, *
   mas confunde os caminhos dos maus.
¹⁰ O Senhor reinará para sempre!†
   Ó Sião, o teu Deus reinará *
   para sempre e por todos os séculos! ℞.

SEGUNDA LEITURA

Deus escolheu o que o mundo considera como fraco.

Leitura da Primeira Carta de São Paulo aos Coríntios 1,26-31

²⁶ Considerai vós mesmos, irmãos,
   como fostes chamados por Deus.
   Pois entre vós não há muitos sábios de sabedoria humana
   nem muitos poderosos nem muitos nobres.
²⁷ Na verdade,
   Deus escolheu o que o mundo considera como estúpido,
   para assim confundir os sábios;
   Deus escolheu o que o mundo considera como fraco,
   para assim confundir o que é forte;
²⁸ Deus escolheu o que para o mundo
   é sem importância e desprezado,
   o que não tem nenhuma serventia,
   para assim mostrar a inutilidade
   do que é considerado importante,
²⁹ para que ninguém possa gloriar-se diante dele.
³⁰ É graças a ele que vós estais em Cristo Jesus,
   o qual se tornou para nós, da parte de Deus:
   sabedoria, justiça, santificação e libertação,
³¹ para que, como está escrito,
   "quem se gloria, glorie-se no Senhor".

   Palavra do Senhor.

Aclamação ao Evangelho Mt 5,12a

℞. Aleluia, Aleluia, Aleluia.
℣. Meus discípulos, alegrai-vos, exultai de alegria,
   pois bem grande é a recompensa
   que nos céus tereis, um dia! ℞.

EVANGELHO

Bem-aventurados os pobres em espírito.

✠ Proclamação do Evangelho de Jesus Cristo
segundo Mateus   5,1-12a

Naquele tempo:
1 Vendo Jesus as multidões, subiu ao monte e sentou-se.
Os discípulos aproximaram-se,
2 e Jesus começou a ensiná-los:
3 "Bem-aventurados os pobres em espírito,
porque deles é o Reino dos Céus.
4 Bem-aventurados os aflitos,
porque serão consolados.
5 Bem-aventurados os mansos,
porque possuirão a terra.
6 Bem-aventurados os que têm fome e sede de justiça,
porque serão saciados.
7 Bem-aventurados os misericordiosos,
porque alcançarão misericórdia.
8 Bem-aventurados os puros de coração,
porque verão a Deus.
9 Bem-aventurados os que promovem a paz,
porque serão chamados filhos de Deus.
10 Bem-aventurados os que são perseguidos
por causa da justiça,
porque deles é o Reino dos Céus.
11 Bem-aventurados sois vós, quando vos injuriarem
e perseguirem, e mentindo
disserem todo tipo de mal contra vós, por causa de mim.
12a Alegrai-vos e exultai,
porque será grande a vossa recompensa nos céus".

Palavra da Salvação.

5º DOMINGO DO TEMPO COMUM

PRIMEIRA LEITURA

A tua luz brilhará como a aurora.

Leitura do Livro do Profeta Isaías   58,7-10

Assim diz o Senhor:
⁷ Reparte o pão com o faminto,
acolhe em casa os pobres e peregrinos.
Quando encontrares um nu, cobre-o,
e não desprezes a tua carne.
⁸ Então, brilhará tua luz como a aurora
e tua saúde há de recuperar-se mais depressa;
à frente caminhará tua justiça
e a glória do Senhor te seguirá.
⁹ Então invocarás o Senhor e ele te atenderá,
pedirás socorro, e ele dirá: "Eis-me aqui".
Se destruíres teus instrumentos de opressão,
e deixares os hábitos autoritários
e a linguagem maldosa;
¹⁰ se acolheres de coração aberto o indigente
e prestares todo o socorro ao necessitado,
nascerá nas trevas a tua luz
e tua vida obscura será como o meio-dia.

Palavra do Senhor.

Salmo responsorial   Sl 111(112),4-5.6-7.8a.9 (℞. 4a.3b)

℞. Uma **luz** brilha nas **tre**vas para o **jus**to,
perma**ne**ce para **sem**pre o bem que **fez**.

Ou: Ale**lu**ia, Ale**lu**ia, Ale**lu**ia.

⁴ Ele é cor**re**to, gene**ro**so e compas**si**vo, *
como **luz** brilha nas **tre**vas para os **jus**tos.
⁵ Feliz o **ho**mem cari**do**so e presta**ti**vo, *
que re**sol**ve seus ne**gó**cios com jus**ti**ça.   ℞.

⁶ Porque ja**mais** vacila**rá** o homem **re**to, *
sua lem**bran**ça perma**ne**ce eterna**men**te!

⁷ Ele não **te**me rece**ber** notícias **más**: *
confiando em **Deus**, seu coração está se**gu**ro.   ℟.

⁸ᵃ Seu coração está tran**qui**lo e nada **te**me. *
⁹ Ele re**par**te com os **po**bres os seus **bens**,
permane**ce** para **sem**pre o bem que fez *
e crescer**ão** a sua **gló**ria e seu po**der**.   ℟.

SEGUNDA LEITURA

*Anunciei entre vós o mistério
de Cristo crucificado.*

Leitura da Primeira Carta de São Paulo aos Coríntios   2,1-5

¹ Irmãos, quando fui à vossa cidade
anunciar-vos o mistério de Deus,
não recorri a uma linguagem elevada
ou ao prestígio da sabedoria humana.
² Pois, entre vós, não julguei saber coisa alguma,
a não ser Jesus Cristo,
e este, crucificado.
³ Aliás, eu estive junto de vós,
com fraqueza e receio, e muito tremor.
⁴ Também a minha palavra e a minha pregação
não tinham nada dos discursos persuasivos da sabedoria,
mas eram uma demonstração do poder do Espírito,
⁵ para que a vossa fé se baseasse no poder de Deus,
e não na sabedoria dos homens.

Palavra do Senhor.

Aclamação ao Evangelho   Jo 8,12

℟. Ale**lu**ia, Ale**lu**ia, Ale**lu**ia.
℣. Pois eu **sou** a Luz do **mun**do, quem nos **diz** é o Se**nhor**;
e vai **ter** a Luz da Vida, quem se **faz** meu segui**dor**.   ℟.

EVANGELHO

Vós sois a luz do mundo.

✠ Proclamação do Evangelho de Jesus Cristo
segundo Mateus 5,13-16

Naquele tempo, disse Jesus a seus discípulos:
¹³ "Vós sois o sal da terra.
Ora, se o sal se tornar insosso,
com que salgaremos?
Ele não servirá para mais nada,
senão para ser jogado fora e ser pisado pelos homens.
¹⁴ Vós sois a luz do mundo.
Não pode ficar escondida uma cidade
construída sobre um monte.
¹⁵ Ninguém acende uma lâmpada e a coloca
debaixo de uma vasilha, mas sim, num candeeiro,
onde brilha para todos, que estão na casa.
¹⁶ Assim também brilhe a vossa luz diante dos homens,
para que vejam as vossas boas obras
e louvem o vosso Pai que está nos céus".

Palavra da Salvação.

6º DOMINGO DO TEMPO COMUM

PRIMEIRA LEITURA

A ninguém mandou agir como ímpio.

Leitura do Livro do Eclesiástico 15,16-21 (gr. 15-20)

¹⁶ Se quiseres observar os mandamentos, eles te guardarão;
se confias em Deus, tu também viverás.
¹⁷ Diante de ti, Ele colocou o fogo e a água;
para o que quiseres, tu podes estender a mão.
¹⁸ Diante do homem estão a vida e a morte, o bem e o mal;
ele receberá aquilo que preferir.
¹⁹ A sabedoria do Senhor é imensa,
ele é forte e poderoso e tudo vê continuamente.
²⁰ Os olhos do Senhor estão voltados para os que o temem.
Ele conhece todas as obras do homem.
²¹ Não mandou a ninguém agir como ímpio
e a ninguém deu licença de pecar.

Palavra do Senhor.

Salmo responsorial Sl 118(119),1-2.4-5.17-18.33-34 (℟. 1)

℟. Feliz o **ho**mem sem pe**ca**do em seu ca**mi**nho,
que na **lei** do Senhor **Deus** vai progre**din**do!

¹ Feliz o **ho**mem sem pe**ca**do em seu ca**mi**nho, *
que na **lei** do Senhor **Deus** vai progre**din**do!
² Feliz o **ho**mem que ob**ser**va seus pre**cei**tos, *
e de **to**do o cora**ção** procura a **Deus**! ℟.

⁴ Os **vos**sos manda**men**tos vós nos **des**tes, *
para **se**rem fiel**men**te observados.
⁵ Oxalá seja bem **fir**me a minha **vi**da *
em cum**prir** vossa vontade e vossa **lei**! ℟.

¹⁷ Sede **bom** com vosso **ser**vo, e vive**rei**, *
e guarda**rei** vossa palavra, ó Se**nhor**.
¹⁸ Abri meus **o**lhos, e en**tão** contempla**rei** *
as maravilhas que en**cer**ra a vossa **lei**! ℟.

33 Ensinai-me a viver vossos preceitos; *
quero guardá-los fielmente até o fim!
34 Dai-me o saber, e cumprirei a vossa lei, *
e de todo o coração a guardarei. ℟.

SEGUNDA LEITURA

*Deus destinou, desde a eternidade,
uma sabedoria para nossa glória.*

Leitura da Primeira Carta de São Paulo aos Coríntios 2,6-10

Irmãos:
6 Entre os perfeitos nós falamos de sabedoria,
não da sabedoria deste mundo
nem da sabedoria dos poderosos deste mundo,
que, afinal, estão votados à destruição.
7 Falamos, sim, da misteriosa sabedoria de Deus,
sabedoria escondida, que desde a eternidade
Deus destinou para nossa glória.
8 Nenhum dos poderosos deste mundo
conheceu essa sabedoria.
Pois, se a tivessem conhecido,
não teriam crucificado o Senhor da glória.
9 Mas, como está escrito,
"o que Deus preparou para os que o amam
é algo que os olhos jamais viram
nem os ouvidos ouviram
nem coração algum jamais pressentiu".
10 A nós Deus revelou esse mistério
através do Espírito.
Pois o Espírito esquadrinha tudo,
mesmo as profundezas de Deus.

Palavra do Senhor.

Aclamação ao Evangelho cf. Mt 11,25

℟. Aleluia, Aleluia, Aleluia.
℣. Eu te louvo, ó Pai santo, Deus do céu, Senhor da terra:
os mistérios do teu Reino aos pequenos, Pai, revelas. ℟.

EVANGELHO (mais longo)

Assim foi dito aos antigos; eu, porém, vos digo.

✠ Proclamação do Evangelho de Jesus Cristo
segundo Mateus   5,17-37

Naquele tempo, disse Jesus a seus discípulos:
¹⁷ "Não penseis que vim abolir a Lei e os Profetas.
Não vim para abolir,
mas para dar-lhes pleno cumprimento.
¹⁸ Em verdade, eu vos digo:
antes que o céu e a terra deixem de existir,
nem uma só letra ou vírgula serão tiradas da Lei,
sem que tudo se cumpra.
¹⁹ Portanto, quem desobedecer
a um só destes mandamentos, por menor que seja,
e ensinar os outros a fazerem o mesmo,
será considerado o menor no Reino dos Céus.
Porém, quem os praticar e ensinar
será considerado grande no Reino dos Céus.
²⁰ Porque eu vos digo:
Se a vossa justiça não for maior
que a justiça dos mestres da Lei e dos fariseus,
vós não entrareis no Reino dos Céus.
²¹ Vós ouvistes o que foi dito aos antigos:
'Não matarás!
Quem matar será condenado pelo tribunal'.
²² Eu, porém, vos digo:
todo aquele que se encoleriza com seu irmão
será réu em juízo;
quem disser ao seu irmão: 'patife!'
será condenado pelo tribunal;
quem chamar o irmão de 'tolo'
será condenado ao fogo do inferno.
²³ Portanto, quando tu estiveres levando
a tua oferta para o altar,
e aí te lembrares que teu irmão tem alguma coisa contra ti,
²⁴ deixa a tua oferta aí diante do altar,
e vai primeiro reconciliar-te com o teu irmão.
Só então vai apresentar a tua oferta.
²⁵ Procura reconciliar-te com teu adversário,
enquanto caminha contigo para o tribunal.
Senão o adversário te entregará ao juiz,

o juiz te entregará ao oficial de justiça,
e tu serás jogado na prisão.
²⁶ Em verdade eu te digo: daí não sairás,
enquanto não pagares o último centavo.
²⁷ Ouvistes o que foi dito:
'Não cometerás adultério'.
²⁸ Eu, porém, vos digo:
Todo aquele que olhar para uma mulher,
com o desejo de possuí-la,
já cometeu adultério com ela no seu coração.
²⁹ Se o teu olho direito é para ti ocasião de pecado,
arranca-o e joga-o para longe de ti!
De fato, é melhor perder um de teus membros,
do que todo o teu corpo ser jogado no inferno.
³⁰ Se a tua mão direita é para ti ocasião de pecado,
corta-a e joga-a para longe de ti!
De fato, é melhor perder um dos teus membros,
do que todo o teu corpo ir para o inferno.
³¹ Foi dito também:
'Quem se divorciar de sua mulher,
dê-lhe uma certidão de divórcio'.
³² Eu, porém, vos digo:
Todo aquele que se divorcia de sua mulher,
a não ser por motivo de união irregular,
faz com que ela se torne adúltera;
e quem se casa com a mulher divorciada
comete adultério.
³³ Vós ouvistes também o que foi dito aos antigos:
'Não jurarás falso',
mas 'cumprirás os teus juramentos feitos ao Senhor'.
³⁴ Eu, porém, vos digo:
Não jureis de modo algum:
nem pelo céu, porque é o trono de Deus;
³⁵ nem pela terra,
porque é o suporte onde apoia os seus pés;
nem por Jerusalém, porque é a cidade do Grande Rei.
³⁶ Não jures tampouco pela tua cabeça,
porque tu não podes tornar branco ou preto
um só fio de cabelo.
³⁷ Seja o vosso 'sim': 'Sim',
e o vosso 'não': 'Não'.
Tudo o que for além disso vem do Maligno".

Palavra da Salvação.

Ou: **EVANGELHO (mais breve)**

Assim foi dito aos antigos; eu, porém, vos digo.

✠ Proclamação do Evangelho de Jesus Cristo
segundo Mateus   5,20-22a.27-28.33-34a.37

Naquele tempo, disse Jesus a seus discípulos:
²⁰ "Eu vos digo:
Se a vossa justiça não for maior
que a justiça dos mestres da Lei e dos fariseus,
vós não entrareis no Reino dos Céus.
²¹ Vós ouvistes o que foi dito aos antigos:
'Não matarás!'
Quem matar será condenado pelo tribunal.
²²ᵃ Eu, porém, vos digo:
todo aquele que se encoleriza com seu irmão
será réu em juízo.
²⁷ Ouvistes o que foi dito:
'Não cometerás adultério.
²⁸ Eu, porém, vos digo:
Todo aquele que olhar para uma mulher,
com o desejo de possuí-la,
já cometeu adultério com ela no seu coração.
³³ Vós ouvistes também o que foi dito aos antigos:
'Não jurarás falso',
mas 'cumprirás os teus juramentos feitos ao Senhor'.
³⁴ᵃ Eu, porém, vos digo:
Não jureis de modo algum.
³⁷ Seja o vosso 'sim': 'Sim',
e o vosso 'não': 'Não'.
Tudo o que for além disso vem do Maligno".

Palavra da Salvação.

7º DOMINGO DO TEMPO COMUM

PRIMEIRA LEITURA

Amarás o teu próximo como a ti mesmo!

Leitura do Livro do Levítico   19,1-2.17-18

¹ O Senhor falou a Moisés, dizendo:
² "Fala a toda a comunidade dos filhos de Israel,
  e dize-lhes:
  'Sede santos, porque eu, o Senhor vosso Deus, sou santo.
¹⁷ Não tenhas no coração ódio contra teu irmão.
  Repreende o teu próximo,
  para não te tornares culpado de pecado por causa dele.
¹⁸ Não procures vingança, nem guardes rancor
  dos teus compatriotas.
  Amarás o teu próximo como a ti mesmo.
  Eu sou o Senhor!'"

Palavra do Senhor.

Salmo responsorial   Sl 102(103),1-2.3-4.8.10.12-13 (℟. 1a.8b)

℟. Bendize ó minh'alma, ao Senhor,
  pois ele é bondoso e compassivo!

¹ Bendize, ó minha alma, ao Senhor, *
  e todo o meu ser, seu santo nome!
² Bendize, ó minha alma, ao Senhor, *
  não te esqueças de nenhum de seus favores!   ℟.

³ Pois ele te perdoa toda culpa, *
  e cura toda a tua enfermidade;
⁴ da sepultura ele salva a tua vida *
  e te cerca de carinho e compaixão.   ℟.

⁸ O Senhor é indulgente, é favorável, *
  é paciente, é bondoso e compassivo.
¹⁰ Não nos trata como exigem nossas faltas, *
  nem nos pune em proporção às nossas culpas.   ℟.

¹² quanto **dis**ta o nas**cen**te do po**en**te, *
tanto a**fas**ta para **lon**ge nossos **cri**mes.
¹³ Como um **pai** se compa**de**ce de seus **fi**lhos, *
o Se**nhor** tem compaixão dos que o **te**mem.   ℟.

SEGUNDA LEITURA

Tudo é vosso. Mas vós sois de Cristo, e Cristo é de Deus.

Leitura da Primeira Carta de São Paulo aos Coríntios   3,16-23

Irmãos:
¹⁶ Acaso não sabeis que sois santuário de Deus
e que o Espírito de Deus mora em vós?
¹⁷ Se alguém destruir o santuário de Deus,
Deus o destruirá,
pois o santuário de Deus é santo,
e vós sois esse santuário.
¹⁸ Ninguém se iluda:
Se algum de vós pensa que é sábio
nas coisas deste mundo,
reconheça sua insensatez,
para se tornar sábio de verdade;
¹⁹ pois a sabedoria deste mundo
é insensatez diante de Deus.
Com efeito, está escrito:
"Aquele que apanha os sábios em sua própria astúcia",
²⁰ e ainda:
"O Senhor conhece os pensamentos dos sábios;
sabe que são vãos".
²¹ Portanto,
que ninguém ponha a sua glória em homem algum.
Com efeito, tudo vos pertence:
²² Paulo, Apolo, Cefas,
o mundo, a vida, a morte, o presente, o futuro;
tudo é vosso,
²³ mas vós sois de Cristo,
e Cristo é de Deus.

Palavra do Senhor.

Aclamação ao Evangelho 1Jo 2,5

℟. Ale**lu**ia, Ale**lu**ia, Ale**lu**ia.
℣. É per**fei**to o amor de **Deus**
  em quem **guar**da sua pa**la**vra.   ℟.

EVANGELHO

Amai os vossos inimigos.

✠ Proclamação do Evangelho de Jesus Cristo
  segundo Mateus   5,38-48

Naquele tempo, disse Jesus a seus discípulos:
38 "Vós ouvistes o que foi dito:
'Olho por olho e dente por dente!'
39 Eu, porém, vos digo:
Não enfrenteis quem é malvado!
Pelo contrário, se alguém te dá um tapa na face direita,
oferece-lhe também a esquerda!
40 Se alguém quiser abrir um processo
para tomar a tua túnica, dá-lhe também o manto!
41 Se alguém te forçar a andar um quilômetro,
caminha dois com ele!
42 Dá a quem te pedir
e não vires as costas a quem te pede emprestado.
43 Vós ouvistes o que foi dito:
'Amarás o teu próximo e odiarás o teu inimigo!'
44 Eu, porém, vos digo: Amai os vossos inimigos
e rezai por aqueles que vos perseguem!
45 Assim, vos tornareis filhos
do vosso Pai que está nos céus,
porque ele faz nascer o sol sobre maus e bons,
e faz cair a chuva sobre justos e injustos.
46 Porque, se amais somente aqueles que vos amam,
que recompensa tereis?
Os cobradores de impostos não fazem a mesma coisa?
47 E se saudais somente os vossos irmãos,
o que fazeis de extraordinário?
Os pagãos não fazem a mesma coisa?
48 Portanto, sede perfeitos
como o vosso Pai celeste é perfeito!"

Palavra da Salvação.

8º DOMINGO DO TEMPO COMUM

PRIMEIRA LEITURA

Eu não te esquecerei.

Leitura do Livro do Profeta Isaías   49,14-15

¹⁴ Disse Sião: "O Senhor abandonou-me,
o Senhor esqueceu-se de mim!"
¹⁵ Acaso pode a mulher esquecer-se do filho pequeno,
a ponto de não ter pena do fruto de seu ventre?
Se ela se esquecer,
eu, porém, não me esquecerei de ti.

Palavra do Senhor.

Salmo responsorial   Sl 61(62),2-3.6-7.8-9ab (℟. 2a.3a)

℟. Só em **Deus** a minha **al**ma tem re**pou**so,
só **e**le é meu ro**che**do e sal**va**ção.

² Só em **Deus** a minha **al**ma tem re**pou**so, *
porque **de**le é que me **vem** a espe**ran**ça!
³ Só **e**le é meu ro**che**do e sal**va**ção, *
a forta**le**za, onde en**con**tro segu**ran**ça!   ℟.

⁶ Só em **Deus** a minha **al**ma tem re**pou**so, *
porque **de**le é que me **vem** a sal**va**ção!
⁷ Só **e**le é meu ro**che**do e sal**va**ção, *
a forta**le**za onde en**con**tro segu**ran**ça!   ℟.

⁸ A minha **gló**ria e salvação estão em **Deus**; *
o meu re**fú**gio e rocha **fir**me é o Senhor!
⁹ᵃ Povo **to**do, esperai **sem**pre no Senhor, *
e **abri** diante **de**le o coração.   ℟.

SEGUNDA LEITURA

O Senhor manifestará os projetos dos corações.

Leitura da Primeira Carta de São Paulo aos Coríntios   4,1-5

Irmãos:
1 Que todo o mundo nos considere como servidores de
   Cristo e administradores dos mistérios de Deus.
2 A este respeito,
   o que se exige dos administradores
   é que sejam fiéis.
3 Quanto a mim, pouco me importa ser julgado por vós
   ou por algum tribunal humano.
   Nem eu me julgo a mim mesmo.
4 É verdade que a minha consciência não me acusa de nada.
   Mas não é por isso que eu posso ser considerado justo.
5 Quem me julga é o Senhor.
   Portanto, não queirais julgar antes do tempo.
   Aguardai que o Senhor venha.
   Ele iluminará o que estiver escondido nas trevas
   e manifestará os projetos dos corações.
   Então, cada um receberá de Deus
   o louvor que tiver merecido.

Palavra do Senhor.

Aclamação ao Evangelho   Hb 4,12

℟. Ale**lu**ia, Ale**lu**ia, Ale**lu**ia.
℣. A pal**a**vra do Se**nhor** é **vi**va e efi**caz**:
   ela **jul**ga os pensa**men**tos e as inten**ções** do cora**ção**. ℟.

EVANGELHO

Não vos preocupeis com o dia de amanhã.

✠ Proclamação do Evangelho de Jesus Cristo
   segundo Mateus   6,24-34

"Naquele tempo, disse Jesus a seus discípulos:
24 Ninguém pode servir a dois senhores:
   pois, ou odiará um e amará o outro,

ou será fiel a um e desprezará o outro.
Vós não podeis servir a Deus e ao dinheiro.
²⁵ Por isso eu vos digo:
não vos preocupeis com a vossa vida,
com o que havereis de comer ou beber;
nem com o vosso corpo,
com o que havereis de vestir.
Afinal, a vida não vale mais do que o alimento,
e o corpo, mais do que a roupa?
²⁶ Olhai os pássaros dos céus:
eles não semeiam, não colhem,
nem ajuntam em armazéns.
No entanto, vosso Pai que está nos céus os alimenta.
Vós não valeis mais do que os pássaros?
²⁷ Quem de vós pode prolongar a duração da própria vida,
só pelo fato de se preocupar com isso?
²⁸ E por que ficais preocupados com a roupa?
Olhai como crescem os lírios do campo:
eles não trabalham nem fiam.
²⁹ Porém, eu vos digo:
nem o rei Salomão, em toda a sua glória,
jamais se vestiu como um deles.
³⁰ Ora, se Deus veste assim a erva do campo,
que hoje existe e amanhã é queimada no forno,
não fará ele muito mais por vós, gente de pouca fé?
³¹ Portanto, não vos preocupeis, dizendo:
O que vamos comer? O que vamos beber?
Como vamos nos vestir?
³² Os pagãos é que procuram essas coisas.
Vosso Pai, que está nos céus,
sabe que precisais de tudo isso.
³³ Pelo contrário, buscai em primeiro lugar
o Reino de Deus e a sua justiça,
e todas essas coisas vos serão dadas por acréscimo.
³⁴ Portanto, não vos preocupeis com o dia de amanhã,
pois o dia de amanhã terá suas preocupações!
Para cada dia bastam seus próprios problemas."

Palavra da Salvação.

9º DOMINGO DO TEMPO COMUM

PRIMEIRA LEITURA

Eis que ponho diante de vós bênção e maldição.

Leitura do Livro do Deuteronômio   11,18.26-28.32

Moisés falou ao povo dizendo:
¹⁸ "Incuti estas minhas palavras
em vosso coração e em vossa alma;
amarrai-as, como sinal, em vossas mãos
e colocai-as como faixas sobre a testa.
²⁶ Eis que ponho diante de vós bênção e maldição;
²⁷ a bênção, se obedecerdes
aos mandamentos do Senhor vosso Deus,
que hoje vos prescrevo;
²⁸ a maldição, se desobedecerdes
aos mandamentos do Senhor vosso Deus
e vos afastardes do caminho que hoje vos prescrevo,
para seguirdes outros deuses que não conhecíeis.
³² Tende, pois, grande cuidado em cumprir
todos os preceitos e decretos que hoje vos proponho".

Palavra do Senhor.

Salmo responsorial   Sl 30(31),2-3a.3bc-4.17.25 (R. 2.3b)

℟. Se**nhor**, eu ponho em **vós** a confi**an**ça:
sede uma **ro**che prote**to**ra para **mim**!

² Se**nhor**, eu ponho em **vós** minha espe**ran**ça; *
que eu não **fi**que envergo**nha**do eterna**men**te!
³ᵃ Porque sois **jus**to, defen**dei**-me e liber**tai**-me *
apres**sai**-vos, ó Se**nhor**, em socor**rer**-me!   ℟.

³ᵇ Sede uma **ro**cha prote**to**ra para **mim**, *
ᶜ um **a**brigo bem se**gu**ro que me **sal**ve!
⁴ Sim, sois **vós** a minha **ro**cha e forta**le**za; *
por vossa **hon**ra orien**tai**-me e condu**zi**-me!   ℟.

¹⁷ Mostrai serena a vossa face ao vosso servo, *
e salvai-me pela vossa compaixão!
²⁵ Fortalecei os corações, tende coragem, *
todos vós que ao Senhor vos confiais. ℟.

SEGUNDA LEITURA

O homem é justificado pela fé sem a prática da lei.

Leitura da Carta de São Paulo aos Romanos 3,21-25a.28

Irmãos:
²¹ Agora, sem depender do regime da Lei,
a justiça de Deus se manifestou,
atestada pela Lei e pelos Profetas;
²² justiça de Deus essa que se realiza
mediante a fé em Jesus Cristo,
para todos os que têm a fé.
Pois diante dessa justiça não há distinção:
²³ todos pecaram e estão privados da glória de Deus,
²⁴ e a justificação se dá gratuitamente, por sua graça,
em virtude da redenção realizada em Jesus Cristo.
²⁵ᵃ Deus destinou Jesus Cristo a ser,
por seu próprio sangue,
instrumento de expiação mediante a realidade da fé.
²⁸ Com efeito, julgamos que o homem é justificado pela fé,
sem a prática da Lei judaica.

Palavra do Senhor.

Aclamação ao Evangelho Jo 15,5

℟. Aleluia, Aleluia, Aleluia.
℣. Eu sou a videira e vós os ramos,
um fruto abundante vós haveis de dar.
Ligados em mim e eu em vós,
se assim vós ficardes, bem muito será! ℟.

EVANGELHO

*A casa construída sobre a rocha
e a casa construída sobre a areia.*

✠ Proclamação do Evangelho de Jesus Cristo segundo Mateus 7,21-27

Naquele tempo, disse Jesus a seus discípulos:
²¹ Nem todo aquele que me diz: 'Senhor, Senhor',
entrará no Reino dos Céus,
mas o que põe em prática
a vontade de meu Pai que está nos céus.
²² Naquele dia, muitos vão me dizer:
'Senhor, Senhor, não foi em teu nome que profetizamos?
Não foi em teu nome que expulsamos demônios?
E não foi em teu nome que fizemos muitos milagres?'
²³ Então eu lhes direi publicamente:
'Jamais vos conheci.
Afastai-vos de mim, vós que praticais o mal'.
²⁴ Portanto, quem ouve estas minhas palavras
e as põe em prática,
é como um homem prudente,
que construiu sua casa sobre a rocha.
²⁵ Caiu a chuva, vieram as enchentes,
os ventos deram contra a casa,
mas a casa não caiu,
porque estava construída sobre a rocha.
²⁶ Por outro lado,
quem ouve estas minhas palavras
e não as põe em prática,
é como um homem sem juízo,
que construiu sua casa sobre a areia.
²⁷ Caiu a chuva, vieram as enchentes,
os ventos sopraram e deram contra a casa,
e a casa caiu, e sua ruína foi completa!"

Palavra da Salvação.

10º DOMINGO DO TEMPO COMUM

PRIMEIRA LEITURA

Quero amor, e não sacrifícios.

Leitura da Profecia de Oseias 6,3-6

³ É preciso saber segui-lo
para reconhecer o Senhor.
Certa como a aurora é a sua vinda,
ele virá até nós como as primeiras chuvas,
como as chuvas tardias que regam o solo.
⁴ Como vou tratar-te, Efraim?
Como vou tratar-te, Judá?
O vosso amor é como nuvem pela manhã,
como orvalho que cedo se desfaz.
⁵ Eu os desbastei por meio dos profetas,
arrasei-os com as palavras de minha boca,
como luz, expandem-se meus juízos;
⁶ quero amor, e não sacrifícios,
conhecimento de Deus, mais do que holocaustos".

Palavra do Senhor.

Salmo responsorial Sl 49(50),1.8.12-13.14-15 (℟. 23b)

℟. A todo **ho**mem que procede reta**men**te,
eu mostra**rei** a salva**ção** que vem de **Deus**.

¹ Fa**lou** o Senhor **Deus**, chamou a **te**rra, *
do sol nas**cen**te ao sol po**en**te a convo**cou**.
⁸ Eu não **ven**ho censu**rar** teus sacrifícios, *
pois sempre es**tão** perante **mim** teus holo**caus**tos.   ℟.

¹² Não te di**ria**, se com **fo**me eu esti**ves**se, *
porque é **meu** o univer**so** e todo **ser**.
¹³ Porventura come**rei** carne de **tou**ros? *
Bebe**rei**, acaso, o **san**gue de car**nei**ros?   ℟.

¹⁴ Imola a **Deus** um sacrifício de lou**vor** *
e cumpre os **vo**tos que fi**zes**te ao Al**tís**simo.

¹⁵ Invoca-me no **di**a da an**gús**tia, *
e en**tão** te livra**rei** e hás de lou**var**-me". ℟.

SEGUNDA LEITURA

Revigorou-se na fé e deu glória a Deus.

Leitura da Carta de São Paulo aos Romanos 4,18-25

Irmãos:
¹⁸ Abraão, contra toda a humana esperança,
firmou-se na esperança e na fé.
Assim, tornou-se pai de muitos povos,
conforme lhe fora dito:
"Assim será a tua posteridade".
¹⁹ Não fraquejou na fé,
à vista de seu físico desvigorado pela idade
– cerca de cem anos –
ou considerando o útero de Sara já incapaz de conceber.
²⁰ Diante da promessa divina, não duvidou por falta de fé,
mas revigorou-se na fé e deu glória a Deus,
²¹ convencido de que Deus tem poder
para cumprir o que prometeu.
²² Esta sua atitude de fé lhe foi creditada como justiça.
²³ Afirmando que a fé lhe foi creditada como justiça,
a Escritura visa não só à pessoa de Abraão,
²⁴ mas também a nós, pois a fé será creditada
também para nós
que cremos naquele que ressuscitou dos mortos
Jesus, nosso Senhor.
²⁵ Ele, Jesus, foi entregue por causa de nossos pecados
e foi ressuscitado para nossa justificação.

Palavra do Senhor.

Aclamação ao Evangelho Lc 4,18

℟. Ale**lui**a, Ale**lui**a, Ale**lui**a.
℣. Foi o Se**nhor** quem me man**dou**
boas no**tí**cias anunci**ar**;
ao pobre, a **quem** está no cati**vei**ro,
liberta**ção** eu vou procla**mar**. ℟.

EVANGELHO

Não vim para chamar os justos, mas os pecadores.

✠ Proclamação do Evangelho de Jesus Cristo
segundo Mateus   9,9-13

Naquele tempo:
9 Partindo dali, Jesus viu um homem chamado Mateus,
sentado na coletoria de impostos,
e disse-lhe: "Segue-me!"
Ele se levantou e seguiu a Jesus.
10 Enquanto Jesus estava à mesa, em casa de Mateus,
vieram muitos cobradores de impostos e pecadores
e sentaram-se à mesa com Jesus e seus discípulos.
11 Alguns fariseus viram isso e perguntaram aos discípulos:
"Por que vosso mestre come
com os cobradores de impostos e pecadores?"
12 Jesus ouviu a pergunta e respondeu:
"Aqueles que têm saúde não precisam de médico,
mas sim os doentes.
13 Aprendei, pois, o que significa:
'Quero misericórdia e não sacrifício'.
De fato, eu não vim para chamar os justos,
mas os pecadores".

Palavra da Salvação.

11º DOMINGO DO TEMPO COMUM

PRIMEIRA LEITURA

*Vós sereis para mim um reino
de sacerdotes e uma nação santa.*

Leitura do Livro do Êxodo   19,2-6a

Naqueles dias, os israelitas,
² partindo de Rafidim,
chegaram ao deserto do Sinai, onde acamparam.
Israel armou aí suas tendas, defronte da montanha.
³ Moisés, então, subiu ao encontro de Deus.
O Senhor chamou-o do alto da montanha, e disse:
"Assim deverás falar à casa de Jacó
e anunciar aos filhos de Israel:
⁴ Vistes o que fiz aos egípcios,
e como vos levei sobre asas de águia
e vos trouxe a mim.
⁵ Portanto, se ouvirdes a minha voz
e guardardes a minha aliança,
sereis para mim a porção escolhida
dentre todos os povos,
porque minha é toda a terra.
⁶ᵃ E vós sereis para mim um reino de sacerdotes
e uma nação santa.

Palavra do Senhor.

Salmo responsorial   Sl 99(100),2.3.5 (℟. 3c)

℟. Nós **so**mos o **po**vo e o re**ba**nho do Se**nhor**.

² Acla**mai** o Se**nhor**, ó terra in**tei**ra, †
servi ao Se**nhor** com ale**gria**, *
ide a **e**le can**tan**do jubi**lo**sos!   ℟.

³ Sa**bei** que o Se**nhor**, só ele, é **Deus**, †
Ele **mes**mo nos **fez**, e somos **seus**, *
nós **so**mos seu **po**vo e seu re**ba**nho.   ℟.

⁵ Sim, é **bom** o **Sen**hor e nosso **Deus**, †
sua bon**da**de per**du**ra para **sem**pre, *
seu a**mor** é fi**el** eterna**men**te!   ℟.

SEGUNDA LEITURA

*Se fomos reconciliados pela morte do Filho,
muito mais seremos salvos por sua vida.*

Leitura da Carta de São Paulo aos Romanos   5,6-11

Irmãos:
⁶ Quando éramos ainda fracos,
Cristo morreu pelos ímpios,
no tempo marcado.
⁷ Dificilmente alguém morrerá por um justo;
por uma pessoa muito boa
talvez alguém se anime a morrer.
⁸ Pois bem, a prova de que Deus nos ama
é que Cristo morreu por nós,
quando éramos ainda pecadores.
⁹ Muito mais agora,
que já estamos justificados pelo sangue de Cristo,
seremos salvos da ira por ele.
¹⁰ Quando éramos inimigos de Deus,
fomos reconciliados com ele pela morte do seu Filho;
quanto mais agora, estando já reconciliados,
seremos salvos por sua vida!
¹¹ Ainda mais:
Nós nos gloriamos em Deus,
por nosso Senhor Jesus Cristo.
É por ele que, já desde o tempo presente,
recebemos a reconciliação.

Palavra do Senhor

Aclamação ao Evangelho   Mc 1,15

℟. Ale**lu**ia, Ale**lu**ia, Ale**lu**ia.
℣. O **Rei**no do **céu** está **per**to!
Conver**tei**-vos, ir**mãos**, é preciso!
Crede **to**dos no Evangelho!   ℟.

EVANGELHO

Jesus chamou seus doze discípulos e os enviou.

✠ Proclamação do Evangelho de Jesus Cristo
segundo Mateus   9,36-10,8

Naquele tempo,
36 Vendo Jesus as multidões, compadeceu-se delas,
porque estavam cansadas e abatidas,
como ovelhas que não têm pastor.
Então disse a seus discípulos:
37 "A messe é grande, mas os trabalhadores são poucos.
38 Pedi pois ao dono da messe
que envie trabalhadores para a sua colheita!"
10,1 Jesus chamou os doze discípulos
e deu-lhes poder para expulsarem os espíritos maus
e para curarem todo tipo de doença e enfermidade.
2 Estes são os nomes dos doze apóstolos:
primeiro, Simão chamado Pedro, e André, seu irmão;
Tiago, filho de Zebedeu, e seu irmão João;
3 Filipe e Bartolomeu;
Tomé e Mateus, o cobrador de impostos;
Tiago, filho de Alfeu, e Tadeu;
4 Simão, o Zelota, e Judas Iscariotes,
que foi o traidor de Jesus.
5 Jesus enviou estes Doze,
com as seguintes recomendações:
"Não deveis ir aonde moram os pagãos,
nem entrar nas cidades dos samaritanos!
6 Ide, antes, às ovelhas perdidas da casa de Israel!
7 Em vosso caminho, anunciai:
'O Reino dos Céus está próximo'.
8 Curai os doentes, ressuscitai os mortos,
purificai os leprosos, expulsai os demônios.
De graça recebestes, de graça deveis dar!"

Palavra da Salvação.

12º DOMINGO DO TEMPO COMUM

PRIMEIRA LEITURA

Ele salvou das mãos dos malvados a vida do pobre.

Leitura do Livro do Profeta Jeremias   20,10-13

Jeremias disse:
10 "Eu ouvi as injúrias de tantos homens
e os vi espalhando o medo em redor:
'Denunciai-o, denunciemo-lo'.
Todos os amigos observavam minhas falhas:
'Talvez ele cometa um engano
e nós poderemos apanhá-lo e desforrar-nos dele'.
11 Mas o Senhor está ao meu lado, como forte guerreiro;
por isso, os que me perseguem
cairão vencidos.
Por não terem tido êxito,
eles se cobrirão de vergonha.
Eterna infâmia, que nunca se apaga!
12 Ó Senhor dos exércitos, que provas o homem justo
e vês os sentimentos do coração,
rogo-te me faças ver tua vingança sobre eles;
pois eu te declarei a minha causa.
13 Cantai ao Senhor, louvai o Senhor,
pois ele salvou a vida de um pobre homem
das mãos dos maus".

Palavra do Senhor.

Salmo responsorial   Sl 68(69),8-10.14.17.33-35 (℟. 14c)

℟. Aten**dei**-me, ó Se**nhor**, pelo **vos**so imenso **a**mor!

8 Por vossa **cau**sa é que so**fri** tantos in**sul**tos, *
   e o meu **ros**to se co**briu** de confu**são**;
9 eu me tor**nei** como um es**tra**nho a meus ir**mãos**, *
   como estran**gei**ro para os **fi**lhos de minha **mãe**.
10 Pois meu **ze**lo e meu **a**mor por vossa **ca**sa *
    me de**vo**ram como **fo**go abrasa**dor**.   ℟.

¹⁴ Por isso e**l**evo para **vós** minha ora**ção**, *
 neste **tem**po favo**rá**vel, Senhor **Deus**!
 Respon**dei**-me pelo **vos**so imenso a**mor**, *
 pela **vos**sa salva**ção** que nunca **fa**lha!
¹⁷ Senhor, ou**vi**-me, pois suave é vossa gra**ça**, *
 ponde os **o**lhos sobre **mim** com grande a**mor**! ℟.

³³ Hu**mi**ldes, vede **is**to e ale**grai**-vos: †
 o **vos**so cora**ção** revive**rá**, *
 se procu**rar**des o Se**nhor** continua**men**te!
³⁴ Pois nosso **Deus** atende à **pre**ce dos seus **po**bres, *
 e não des**pre**za o cla**mor** de seus ca**ti**vos.
³⁵ Que céus e **ter**ra glorifiquem o Se**nhor** *
 com o **mar** e todo **ser** que neles **vi**ve! ℟.

SEGUNDA LEITURA

O dom ultrapassou o delito.

Leitura da Carta de São Paulo aos Romanos 5,12-15

 Irmãos:
¹² O pecado entrou no mundo por um só homem.
 Através do pecado, entrou a morte.
 E a morte passou para todos os homens,
 porque todos pecaram.
¹³ Na realidade, antes de ser dada a Lei,
 já havia pecado no mundo.
 Mas o pecado não pode ser imputado, quando não há lei.
¹⁴ No entanto, a morte reinou, desde Adão até Moisés,
 mesmo sobre os que não pecaram como Adão,
 o qual era a figura provisória daquele que devia vir.
¹⁵ Mas isso não quer dizer que o dom da graça de Deus
 seja comparável à falta de Adão!
 A transgressão de um só levou a multidão humana à morte,
 mas foi de modo bem superior que a graça de Deus,
 ou seja, o dom gratuito
 concedido através de um só homem, Jesus Cristo,
 se derramou em abundância sobre todos.

 Palavra do Senhor.

Aclamação ao Evangelho   Jo 15,26b.27a

℟. Aleluia, Aleluia, Aleluia.
℣. O Espírito Santo, a Verdade, de mim irá testemunhar,
e vós minhas testemunhas sereis em todo lugar. ℟.

EVANGELHO

Não tenhais medo daqueles que matam o corpo.

✠ Proclamação do Evangelho de Jesus Cristo
segundo Mateus   10,26-33

Naquele tempo, disse Jesus a seus apóstolos:
²⁶ Não tenhais medo dos homens,
pois nada há de encoberto que não seja revelado,
e nada há de escondido que não seja conhecido.
²⁷ O que vos digo na escuridão, dizei-o à luz do dia;
o que escutais ao pé do ouvido,
proclamai-o sobre os telhados!
²⁸ Não tenhais medo daqueles que matam o corpo,
mas não podem matar a alma!
Pelo contrário, temei aquele que pode destruir
a alma e o corpo no inferno!
²⁹ Não se vendem dois pardais por algumas moedas?
No entanto, nenhum deles cai no chão
sem o consentimento do vosso Pai.
³⁰ Quanto a vós,
até os cabelos da vossa cabeça estão todos contados.
³¹ Não tenhais medo!
Vós valeis mais do que muitos pardais.
³² Portanto, todo aquele
que se declarar a meu favor diante dos homens,
também eu me declararei em favor dele
diante do meu Pai que está nos céus.
³³ Aquele, porém, que me negar diante dos homens,
também eu o negarei diante do meu Pai que está nos céus.

Palavra da Salvação.

13º DOMINGO DO TEMPO COMUM

PRIMEIRA LEITURA

É um santo homem de Deus, este que passa em nossa casa.

Leitura do Segundo Livro dos Reis   4,8-11.14-16a

⁸ Certo dia, Eliseu passou por Sunam.
Aí morava uma senhora rica,
que insistiu para que fosse comer em sua casa.
Depois disso, sempre que passava por aí,
Eliseu parava na casa dessa mulher
para fazer suas refeições.
⁹ E ela disse ao marido:
"Tenho observado que este homem,
que passa tantas vezes por nossa casa,
é um santo homem de Deus.
¹⁰ Façamos para ele, no terraço,
um pequeno quarto de alvenaria,
onde colocaremos uma cama,
uma mesa, uma cadeira e um candeeiro.
Assim, quando vier à nossa casa,
poderá acomodar-se aí".
¹¹ Um dia, Eliseu passou por Sunam
e recolheu-se àquele pequeno quarto para descansar.
¹⁴ E perguntou a Giezi, seu servo:
"Que se poderia fazer por esta mulher?"
Giezi respondeu: "É inútil perguntar-lhe;
ela não tem filhos e seu marido já é velho".
¹⁵ Eliseu mandou então que a chamasse.
Ele chamou-a e ela pôs-se à porta.
^{16a} Eliseu disse-lhe:
"Daqui a um ano, neste tempo,
estarás com um filho nos braços".

Palavra do Senhor.

Salmo responsorial Sl 88(89),2-3.16-17.18-19 (R. 2a)

℞. Ó Senhor, eu cantarei, eternamente, o vosso amor.

2 Ó Senhor, eu cantarei eternamente o vosso amor, *
 de geração em geração eu cantarei vossa verdade!
3 Porque dissestes: "O amor é garantido para sempre!" *
 E a vossa lealdade é tão firme como os céus. ℞.

16 Quão feliz é aquele povo que conhece a alegria; *
 seguirá pelo caminho, sempre à luz de vossa face!
17 Exultará de alegria em vosso nome dia a dia, *
 e com grande entusiasmo exaltará vossa justiça. ℞.

18 Pois sois vós, ó Senhor Deus, a sua força e sua glória, *
 é por vossa proteção que exaltais nossa cabeça.
19 Do Senhor é o nosso escudo, ele é nossa proteção, *
 ele reina sobre nós, é o Santo de Israel! ℞.

SEGUNDA LEITURA

*Sepultados com ele pelo batismo,
vivamos uma nova vida!*

Leitura da Carta de São Paulo aos Romanos 6,3-4.8-11

Irmãos:
3 Será que ignorais que todos nós,
 batizados em Jesus Cristo,
 é na sua morte que fomos batizados?
4 Pelo batismo na sua morte, fomos sepultados com ele,
 para que, como Cristo ressuscitou dos mortos
 pela glória do Pai,
 assim também nós levemos uma vida nova.
8 Se, pois, morremos com Cristo,
 cremos que também viveremos com ele.
9 Sabemos que Cristo ressuscitado dos mortos não morre mais;
 a morte já não tem poder sobre ele.
10 Pois aquele que morreu,
 morreu para o pecado uma vez por todas;
 mas aquele que vive, é para Deus que vive.
11 Assim, vós também, considerai-vos mortos para o pecado
 e vivos para Deus, em Jesus Cristo.

Palavra do Senhor.

Aclamação ao Evangelho 1Pd 2,9

℟. Aleluia, Aleluia, Aleluia.
℣. Vós sois uma raça escolhida,
a propriedade de Deus;
proclamai suas virtudes,
pois, de trevas luz vos fez. ℟.

EVANGELHO

Quem não toma a sua cruz, não é digno de mim.
Quem vos recebe, a mim recebe.

✠ Proclamação do Evangelho de Jesus Cristo
segundo Mateus 10,37-42

Naquele tempo, disse Jesus a seus apóstolos:
37 "Quem ama seu pai ou sua mãe mais do que a mim,
não é digno de mim.
Quem ama seu filho ou sua filha mais do que a mim,
não é digno de mim.
38 Quem não toma a sua cruz e não me segue,
não é digno de mim.
39 Quem procura conservar a sua vida, vai perdê-la.
E quem perde a sua vida por causa de mim,
vai encontrá-la.
40 Quem vos recebe, a mim recebe;
e quem me recebe, recebe aquele que me enviou.
41 Quem recebe um profeta, por ser profeta,
receberá a recompensa de profeta.
E quem recebe um justo, por ser justo,
receberá a recompensa de justo.
42 Quem der, ainda que seja apenas um copo de água fresca,
a um desses pequeninos, por ser meu discípulo,
em verdade vos digo:
não perderá a sua recompensa".

Palavra da Salvação.

14º DOMINGO DO TEMPO COMUM

PRIMEIRA LEITURA

Eis que teu rei, humilde, vem ao teu encontro.

Leitura da Profecia de Zacarias 9,9-10

Assim diz o Senhor:
⁹ "Exulta, cidade de Sião!
Rejubila, cidade de Jerusalém.
Eis que vem teu rei ao teu encontro;
ele é justo, ele salva;
é humilde e vem montado num jumento,
um potro, cria de jumenta.
¹⁰ Eliminará os carros de Efraim,
os cavalos de Jerusalém;
ele quebrará o arco de guerreiro,
anunciará a paz às nações.
Seu domínio se estenderá
de um mar a outro mar,
e desde o rio até aos confins da terra".
Palavra do Senhor.

Salmo responsorial Sl 144(145),1-2.8-9.10-11.13cd-14 (℟. 1b)

℟. Bendi**rei**, eterna**men**te, vosso **no**me, ó **Se**nhor!

Ou: Ale**lu**ia, Ale**lu**ia, Ale**lu**ia.

¹ Ó meu **Deus**, quero exal**tar**-vos, ó meu **Rei**, *
 e bendi**zer** o vosso **no**me pelos **sé**culos.
² Todos os **di**as have**rei** de bendi**zer**-vos, *
 hei de lou**var** o vosso **no**me para **sem**pre. ℟.

⁸ Miseri**cór**dia e pie**da**de é o Senhor, *
 ele é a**mor**, é paci**ên**cia, é compai**xão**.
⁹ O Se**nhor** é muito **bom** para com **to**dos, *
 sua ternura abraça **to**da criatura. ℟.

¹⁰ Que vossas **o**bras, ó Se**nhor**, vos glori**fi**quem, *
e os vossos **san**tos com lou**vo**res vos ben**di**gam!
¹¹ Narrem a **gló**ria e o esplen**dor** do vosso **rei**no *
e **sai**bam procla**mar** vosso po**der**! — ℟.

¹³ᶜᵈ O Se**nhor** é amor fi**el** em sua pa**la**vra, *
é santi**da**de em toda **o**bra que ele **faz**.
¹⁴ Ele sus**ten**ta todo a**que**le que va**ci**la *
e le**van**ta todo a**que**le que tom**bou**. — ℟.

SEGUNDA LEITURA

*Se, pelo Espírito, fizerdes as
obras do corpo morrer, vivereis.*

Leitura da Carta de São Paulo aos Romanos   8,9.11-13

Irmãos:
⁹ Vós não viveis segundo a carne,
mas segundo o espírito,
se realmente o Espírito de Deus mora em vós.
Se alguém não tem o Espírito de Cristo,
não pertence a Cristo.
¹¹ E, se o Espírito daquele
que ressuscitou Jesus dentre os mortos mora em vós,
então aquele que ressuscitou
Jesus Cristo dentre os mortos
vivificará também vossos corpos mortais
por meio do seu Espírito que mora em vós.
¹² Portanto, irmãos, temos uma dívida,
mas não para com a carne,
para vivermos segundo a carne.
¹³ Pois, se viverdes segundo a carne, morrereis,
mas se, pelo espírito, matardes o procedimento carnal,
então vivereis.

Palavra do Senhor.

Aclamação ao Evangelho   cf. Mt 11,25

℟. Aleluia, Aleluia, Aleluia.
℣. Eu te **lou**vo, ó Pai **San**to,
Deus do **céu**, Senhor da **ter**ra;
os mis**té**rios do teu **Rei**no
aos pe**que**nos, Pai, re**ve**las!   ℟.

EVANGELHO

Eu sou manso e humilde de coração.

✠ Proclamação do Evangelho de Jesus Cristo
segundo Mateus   11,25-30

Naquele tempo, Jesus pôs-se a dizer:
25 "Eu te louvo, ó Pai, Senhor do céu e da terra,
porque escondeste estas coisas aos sábios e entendidos
e as revelaste aos pequeninos.
26 Sim, Pai, porque assim foi do teu agrado.
27 Tudo me foi entregue por meu Pai,
e ninguém conhece o Filho, senão o Pai,
e ninguém conhece o Pai, senão o Filho
e aquele a quem o Filho o quiser revelar.
28 Vinde a mim todos vós que estais cansados
e fatigados sob o peso dos vossos fardos,
e eu vos darei descanso.
29 Tomai sobre vós o meu jugo e aprendei de mim,
porque sou manso e humilde de coração,
e vós encontrareis descanso.
30 Pois o meu jugo é suave e o meu fardo é leve.

Palavra da Salvação.

15º DOMINGO DO TEMPO COMUM

PRIMEIRA LEITURA

A chuva faz a terra germinar.

Leitura do Livro do Profeta Isaías   55,10-11

Isto diz o Senhor:
¹⁰ "Assim como a chuva e a neve descem do céu
e para lá não voltam mais,
mas vêm irrigar e fecundar a terra,
e fazê-la germinar
e dar semente, para o plantio e para a alimentação,
¹¹ assim a palavra que sair de minha boca:
não voltará para mim vazia;
antes, realizará tudo que for de minha vontade
e produzirá os efeitos que pretendi, ao enviá-la".

Palavra do Senhor.

Salmo responsorial   Sl 64(65),10.11.12-13.14 (℟. Lc 8,8)

℟. A se**men**te ca**iu** em terra **bo**a e deu **fru**to.

¹⁰ Visi**tais** a nossa **ter**ra com as **chu**vas, *
e trans**bor**da de far**tu**ra.
Rios de **Deus** que vêm do **céu** derramam águas, *
e prepa**rais** o nosso **tri**go.   ℟.

¹¹ É as**sim** que prepa**rais** a nossa **ter**ra: *
vós a re**gais** e aplai**nais**,
os seus **sul**cos com a **chu**va amole**ceis** *
e abenço**ais** as semen**tei**ras.   ℟.

¹² O ano **to**do coro**ais** com vossos **dons**, *
os vossos **pas**sos são fe**cun**dos;
trans**bor**da a far**tu**ra onde pas**sais**, *
¹³ brotam **pas**tos no de**ser**to.   ℟.

¹⁴ As colinas se en**fei**tam de ale**gria**, *
e os **cam**pos, de re**ban**hos;
nossos **va**les se re**ves**tem de tri**gais**: *
tudo **can**ta de ale**gria**!   ℟.

SEGUNDA LEITURA

*A criação está esperando ansiosamente
o momento de se revelarem os filhos de Deus.*

Leitura da Carta de São Paulo aos Romanos   8,18-23

Irmãos:
¹⁸ Eu entendo que os sofrimentos do tempo presente
nem merecem ser comparados com a glória
que deve ser revelada em nós.
¹⁹ De fato, toda a criação está esperando ansiosamente
o momento de se revelarem os filhos de Deus.
²⁰ Pois a criação ficou sujeita à vaidade,
não por sua livre vontade,
mas por sua dependência daquele que a sujeitou;
²¹ também ela espera ser libertada
da escravidão da corrupção
e, assim, participar da liberdade
e da glória dos filhos de Deus.
²² Com efeito, sabemos que toda a criação,
até ao tempo presente,
está gemendo como que em dores de parto.
²³ E não somente ela, mas nós também,
que temos os primeiros frutos do Espírito,
estamos interiormente gemendo,
aguardando a adoção filial
e a libertação para o nosso corpo.

Palavra do Senhor.

Aclamação ao Evangelho   cf. Lc 8,11

℟. Ale**lui**a, Ale**lui**a, Ale**lui**a.
℣. Se**men**te é de **Deus** a Pa**la**vra, o **Cris**to é o se**mea**dor;
todo a**que**le que o en**con**tra, vida e**ter**na encon**trou**!   ℟.

EVANGELHO (mais longo)

O semeador saiu para semear.

✠ Proclamação do Evangelho de Jesus Cristo
segundo Mateus 13,1-23

1 Naquele dia, Jesus saiu de casa
e foi sentar-se às margens do mar da Galileia.
2 Uma grande multidão reuniu-se em volta dele.
Por isso Jesus entrou numa barca e sentou-se,
enquanto a multidão ficava de pé, na praia.
3 E disse-lhes muitas coisas em parábolas:
"O semeador saiu para semear.
4 Enquanto semeava,
algumas sementes caíram à beira do caminho,
e os pássaros vieram e as comeram.
5 Outras sementes caíram em terreno pedregoso,
onde não havia muita terra.
As sementes logo brotaram,
porque a terra não era profunda.
6 Mas, quando o sol apareceu,
as plantas ficaram queimadas e secaram,
porque não tinham raiz.
7 Outras sementes caíram no meio dos espinhos.
Os espinhos cresceram e sufocaram as plantas.
8 Outras sementes, porém, caíram em terra boa,
e produziram à base de cem,
de sessenta e de trinta frutos por semente.
9 Quem tem ouvidos, ouça!"
10 Os discípulos aproximaram-se e disseram a Jesus:
"Por que falas ao povo em parábolas?"
11 Jesus respondeu:
"Porque a vós foi dado o conhecimento
dos mistérios do Reino dos Céus,
mas a eles não é dado.
12 Pois à pessoa que tem,
será dado ainda mais, e terá em abundância;
mas à pessoa que não tem,
será tirado até o pouco que tem.
13 É por isso que eu lhes falo em parábolas:
porque olhando, eles não veem,
e ouvindo, eles não escutam, nem compreendem.

¹⁴ Desse modo se cumpre neles a profecia de Isaías:
'Havereis de ouvir, sem nada entender.
Havereis de olhar, sem nada ver.
¹⁵ Porque o coração deste povo se tornou insensível.
Eles ouviram com má vontade e fecharam seus olhos,
para não ver com os olhos, nem ouvir com os ouvidos,
nem compreender com o coração,
de modo que se convertam e eu os cure'.
¹⁶ Felizes sois vós, porque vossos olhos veem
e vossos ouvidos ouvem.
¹⁷ Em verdade vos digo,
muitos profetas e justos desejaram ver o que vedes,
e não viram,
desejaram ouvir o que ouvis,
e não ouviram.
¹⁸ Ouvi, portanto, a parábola do semeador:
¹⁹ Todo aquele que ouve a palavra do Reino
e não a compreende,
vem o Maligno e rouba o que foi semeado em seu coração.
Este é o que foi semeado à beira do caminho.
²⁰ A semente que caiu em terreno pedregoso
é aquele que ouve a palavra
e logo a recebe com alegria;
²¹ mas ele não tem raiz em si mesmo, é de momento:
quando chega o sofrimento ou a perseguição,
por causa da palavra,
ele desiste logo.
²² A semente que caiu no meio dos espinhos
é aquele que ouve a palavra,
mas as preocupações do mundo e a ilusão da riqueza
sufocam a palavra, e ele não dá fruto.
²³ A semente que caiu em boa terra
é aquele que ouve a palavra e a compreende.
Esse produz fruto.
Um dá cem, outro sessenta e outro trinta".

Palavra da Salvação.

Ou: **EVANGELHO (mais breve)**

O semeador saiu para semear.

✠ Proclamação do Evangelho de Jesus Cristo segundo Mateus — 13,1-9

¹ Naquele dia, Jesus saiu de casa
e foi sentar-se às margens do mar da Galileia.
² Uma grande multidão reuniu-se em volta dele.
Por isso, Jesus entrou numa barca e sentou-se,
enquanto a multidão ficava de pé, na praia.
³ E disse-lhes muitas coisas em parábolas:
"O semeador saiu para semear.
⁴ Enquanto semeava,
algumas sementes caíram à beira do caminho,
e os pássaros vieram e as comeram.
⁵ Outras sementes caíram em terreno pedregoso,
onde não havia muita terra.
As sementes logo brotaram,
porque a terra não era profunda.
⁶ Mas, quando o sol apareceu,
as plantas ficaram queimadas e secaram,
porque não tinham raiz.
⁷ Outras sementes caíram no meio dos espinhos.
Os espinhos cresceram e sufocaram as plantas.
⁸ Outras sementes, porém, caíram em terra boa,
e produziram à base de cem,
de sessenta e de trinta frutos por semente.
⁹ Quem tem ouvidos, ouça!"

Palavra da Salvação.

16º DOMINGO DO TEMPO COMUM

PRIMEIRA LEITURA

Concedeis o perdão aos pecadores.

Leitura do Livro da Sabedoria   12,13.16-19

¹³ Não há, além de ti, outro Deus
que cuide de todas as coisas
e a quem devas mostrar
que teu julgamento não foi injusto.
¹⁶ A tua força é princípio da tua justiça,
e o teu domínio sobre todos
te faz para com todos indulgente.
¹⁷ Mostras a tua força
a quem não crê na perfeição do teu poder;
e nos que te conhecem, castigas o seu atrevimento.
¹⁸ No entanto, dominando tua própria força,
julgas com clemência
e nos governas com grande consideração:
pois quando quiseres, está ao teu alcance
fazer uso do teu poder.
¹⁹ Assim procedendo, ensinaste ao teu povo
que o justo deve ser humano;
e a teus filhos deste a confortadora esperança
de que concedes o perdão aos pecadores.

Palavra do Senhor.

Salmo responsorial   Sl 85(86),5-6.9-10.15-16a (℟. 5a)

℟. Ó Senhor, vós sois **bom**, sois cle**men**te e fi**el**!

⁵ Ó Se**nhor**, vós sois **bom** e cle**men**te, *
sois per**dão** para **quem** vos in**vo**ca.
⁶ Escu**tai**, ó Se**nhor**, minha **pre**ce, *
o la**men**to da **mi**nha ora**ção**!   ℟.

⁹ As na**ções** que criastes vi**rão** *
ado**rar** e lou**var** vosso **no**me.
¹⁰ Sois tão **gran**de e fa**zeis** maravilhas: *
vós so**men**te sois **Deus** e Se**nhor**!   ℟.

¹⁵ Vós, porém, sois cle**men**te e fi**el**, *
sois **amor**, paciência e per**dão**.
¹⁶ᵃ Tende **pena** e o**lhai** para **mim**! *
Confir**mai** com vi**gor** vosso **ser**vo. ℟.

SEGUNDA LEITURA

*O Espírito intercede por nós
com gemidos inefáveis.*

Leitura da Carta de São Paulo aos Romanos   8,26-27

Irmãos:
²⁶ O Espírito vem em socorro da nossa fraqueza.
Pois nós não sabemos o que pedir, nem como pedir;
é o próprio Espírito que intercede em nosso favor,
com gemidos inefáveis.
²⁷ E aquele que penetra o íntimo dos corações
sabe qual é a intenção do Espírito.
Pois é sempre segundo Deus
que o Espírito intercede em favor dos santos.

Palavra do Senhor.

Aclamação ao Evangelho   cf. Mt 11,25

℟. Ale**lu**ia, Ale**lu**ia, Ale**lu**ia.
℣. Eu te **lou**vo, ó Pai, **San**to,
Deus do **céu**, Senhor da **ter**ra:
os mis**té**rios do teu **Rei**no
aos pe**que**nos, Pai, re**ve**las!   ℟.

EVANGELHO (mais longo)

Deixai crescer um e outro até a colheita.

✠ Proclamação do Evangelho de Jesus Cristo
segundo Mateus   13,24-43

Naquele tempo:
²⁴ Jesus contou outra parábola à multidão:
"O Reino dos Céus é como um homem
que semeou boa semente no seu campo.

²⁵ Enquanto todos dormiam, veio seu inimigo,
semeou joio no meio do trigo, e foi embora.
²⁶ Quando o trigo cresceu
e as espigas começaram a se formar,
apareceu também o joio.
²⁷ Os empregados foram procurar o dono e lhe disseram:
'Senhor, não semeaste boa semente no teu campo?
Donde veio então o joio?'
²⁸ O dono respondeu:
'Foi algum inimigo que fez isso'.
Os empregados lhe perguntaram:
'Queres que vamos arrancar o joio?'
²⁹ O dono respondeu:
'Não! Pode acontecer que, arrancando o joio,
arranqueis também o trigo.
³⁰ Deixai crescer um e outro até a colheita!
E, no tempo da colheita, direi aos que cortam o trigo:
arrancai primeiro o joio
e amarrai-o em feixes para ser queimado!
Recolhei, porém, o trigo no meu celeiro!'"
³¹ Jesus contou-lhes outra parábola:
"O Reino dos Céus é como uma semente de mostarda
que um homem pega e semeia no seu campo.
³² Embora ela seja a menor de todas as sementes,
quando cresce, fica maior do que as outras plantas.
E torna-se uma árvore, de modo que os pássaros vêm
e fazem ninhos em seus ramos".
³³ Jesus contou-lhes ainda uma outra parábola:
"O Reino dos Céus é como o fermento
que uma mulher pega e mistura com três porções
de farinha, até que tudo fique fermentado".
³⁴ Tudo isso Jesus falava em parábolas às multidões.
Nada lhes falava sem usar parábolas,
³⁵ para se cumprir o que foi dito pelo profeta:
"Abrirei a boca para falar em parábolas;
vou proclamar coisas escondidas
desde a criação do mundo".
³⁶ Então Jesus deixou as multidões e foi para casa.
Seus discípulos aproximaram-se dele e disseram:
"Explica-nos a parábola do joio!"
³⁷ Jesus respondeu:
"Aquele que semeia a boa semente é o Filho do Homem.
³⁸ O campo é o mundo.
A boa semente são os que pertencem ao Reino.
O joio são os que pertencem ao Maligno.

16º DOMINGO DO TEMPO COMUM

³⁹ O inimigo que semeou o joio é o diabo.
A colheita é o fim dos tempos.
Os ceifeiros são os anjos.
⁴⁰ Como o joio é recolhido e queimado ao fogo,
assim também acontecerá no fim dos tempos:
⁴¹ o Filho do Homem enviará os seus anjos,
e eles retirarão do seu Reino
todos os que fazem outros pecar
e os que praticam o mal;
⁴² e depois os lançarão na fornalha de fogo.
Aí haverá choro e ranger de dentes.
⁴³ Então os justos brilharão como o sol
no Reino de seu Pai.
Quem tem ouvidos, ouça".

Palavra da Salvação.

Ou: **EVANGELHO (mais breve)**

Deixai crescer um e outro até a colheita.

✠ Proclamação do Evangelho de Jesus Cristo
segundo Mateus   13,24-30

Naquele tempo:
²⁴ Jesus contou outra parábola à multidão:
"O Reino dos Céus é como um homem
que semeou boa semente no seu campo.
²⁵ Enquanto todos dormiam, veio seu inimigo,
semeou joio no meio do trigo, e foi embora.
²⁶ Quando o trigo cresceu
e as espigas começaram a se formar,
apareceu também o joio.
²⁷ Os empregados foram procurar o dono e lhe disseram:
'Senhor, não semeaste boa semente no teu campo?
Donde veio então o joio?'
²⁸ O dono respondeu:
'Foi algum inimigo que fez isso'.
Os empregados lhe perguntaram:
'Queres que vamos arrancar o joio?'
²⁹ O dono respondeu:
'Não! Pode acontecer que, arrancando o joio,
arranqueis também o trigo.

30 Deixai crescer um e outro até a colheita!
E, no tempo da colheita, direi aos que cortam o trigo:
arrancai primeiro o joio
e amarrai-o em feixes para ser queimado!
Recolhei, porém, o trigo no meu celeiro!'"

Palavra da Salvação.

17º DOMINGO DO TEMPO COMUM

PRIMEIRA LEITURA

Pediste-me sabedoria.

Leitura do Primeiro Livro dos Reis   3,5.7-12

Naqueles dias,
⁵ Em Gabaon o Senhor apareceu a Salomão,
em sonho, durante a noite, e lhe disse:
"Pede o que desejas, e eu te darei".
⁷ E Salomão disse: "Senhor meu Deus,
tu fizeste reinar o teu servo
em lugar de Davi, meu pai.
Mas eu não passo de um adolescente,
que não sabe ainda como governar.
⁸ Além disso, teu servo está no meio do teu povo eleito,
povo tão numeroso
que não se pode contar ou calcular.
⁹ Dá, pois, ao teu servo, um coração compreensivo,
capaz de governar o teu povo
e de discernir entre o bem e o mal.
Do contrário, quem poderá governar
este teu povo tão numeroso?"
¹⁰ Esta oração de Salomão agradou ao Senhor.
¹¹ E Deus disse a Salomão:
"Já que pediste esses dons
e não pediste para ti longos anos de vida,
nem riquezas, nem a morte de teus inimigos,
mas sim sabedoria para praticar a justiça,
¹² vou satisfazer o teu pedido;
dou-te um coração sábio e inteligente,
como nunca houve outro igual antes de ti,
nem haverá depois de ti".

Palavra do Senhor.

Salmo responsorial   Sl 118(119),57.72.76-77.127-128.129-130
(℞. 97a)

℞.   Como eu **am**o, Se**nhor**, a vossa **lei**, vossa pa**lav**ra!

⁵⁷ É esta a **par**te que esco**lhi** por minha he**ran**ça: *
   obser**var** vossas pala**vras**, ó Se**nhor**!
⁷² A **lei** de vossa **bo**ca, para **mim**, *
   vale **mais** do que mi**lhões** em ouro e **pra**ta.   ℞.

⁷⁶ Vosso a**mor** seja um con**so**lo para **mim**, *
   con**for**me a vosso **ser**vo prome**tes**tes.
⁷⁷ Venha a **mim** o vosso a**mor** e vive**rei**, *
   porque **te**nho em vossa **lei** o meu pra**zer**!   ℞.

¹²⁷ Por isso **a**mo os manda**men**tos que nos **des**tes, *
   mais que o **ou**ro, muito **mais** que o ouro **fi**no!
¹²⁸ Por isso eu **si**go bem di**rei**to as vossas **leis**, *
   detesto **to**dos os ca**mi**nhos da men**ti**ra.   ℞.

¹²⁹ Maravi**lho**sos são os **vos**sos teste**mu**nhos, *
   eis por **que** meu cora**ção** os ob**ser**va!
¹³⁰ Vossa pa**lav**ra, ao reve**lar**-se, me ilu**mi**na, *
   ela **dá** sabedo**ri**a aos peque**ni**nos.   ℞.

SEGUNDA LEITURA

*Ele nos predestinou para sermos
conformes à imagem de seu Filho.*

Leitura da Carta de São Paulo aos Romanos   8,28-30

   Irmãos:
²⁸ Sabemos que tudo contribui para o bem daqueles que amam
   a Deus, daqueles que são chamados para a salvação,
   de acordo com o projeto de Deus.
²⁹ Pois aqueles que Deus contemplou com seu amor
   desde sempre, a esses ele predestinou
   a serem conformes à imagem de seu Filho,
   para que este seja o primogênito numa multidão de irmãos.
³⁰ E aqueles que Deus predestinou, também os chamou.
   E aos que chamou, também os tornou justos;
   e aos que tornou justos, também os glorificou.

   Palavra do Senhor.

Aclamação ao Evangelho cf. Mt 11,25

℟. Ale**lu**ia, Ale**lu**ia, Ale**lu**ia.
℣. Eu te **lou**vo, ó Pai, **San**to,
Deus do **céu**, Senhor da **ter**ra:
os mis**té**rios do teu **Rei**no
aos pe**que**nos, Pai, re**ve**las! ℟.

EVANGELHO (mais longo)

Ele vende todos os seus bens e compra aquele campo.

✠ Proclamação do Evangelho de Jesus Cristo
segundo Mateus 13,44-52

Naquele tempo, disse Jesus a seus discípulos:
44 "O Reino dos Céus é como um tesouro escondido no campo.
Um homem o encontra e o mantém escondido.
Cheio de alegria, ele vai, vende todos os seus bens
e compra aquele campo.
45 O Reino dos Céus também é como um comprador
que procura pérolas preciosas.
46 Quando encontra uma pérola de grande valor,
ele vai, vende todos os seus bens
e compra aquela pérola.
47 O Reino dos Céus é ainda
como uma rede lançada ao mar
e que apanha peixes de todo tipo.
48 Quando está cheia,
os pescadores puxam a rede para a praia,
sentam-se e recolhem os peixes bons em cestos
e jogam fora os que não prestam.
49 Assim acontecerá no fim dos tempos:
os anjos virão para separar
os homens maus dos que são justos,
50 e lançarão os maus na fornalha de fogo.
E aí haverá choro e ranger de dentes.
51 Compreendestes tudo isso?"
Eles responderam: "Sim".
52 Então Jesus acrescentou:
"Assim, pois, todo o mestre da Lei,

que se torna discípulo do Reino dos Céus,
é como um pai de família
que tira do seu tesouro coisas novas e velhas".

Palavra da Salvação.

Ou: **EVANGELHO (mais breve)**

Ele vende todos os seus bens e compra aquele campo.

✠ Proclamação do Evangelho de Jesus Cristo
segundo Mateus   13,44-46

Naquele tempo, disse Jesus a seus discípulos:
⁴⁴ "O Reino dos Céus é como um tesouro escondido no campo.
Um homem o encontra e o mantém escondido.
Cheio de alegria, ele vai, vende todos os seus bens
e compra aquele campo.
⁴⁵ O Reino dos Céus também é como um comprador
que procura pérolas preciosas.
⁴⁶ Quando encontra uma pérola de grande valor,
ele vai, vende todos os seus bens
e compra aquela pérola.

Palavra da Salvação.

18º DOMINGO DO TEMPO COMUM

PRIMEIRA LEITURA

Apressai-vos, e comei!

Leitura do Livro do Profeta Isaías   55,1-3

Assim diz o Senhor:
1 "Ó vós todos que estais com sede, vinde às águas;
vós que não tendes dinheiro, apressai-vos,
vinde e comei, vinde comprar sem dinheiro,
tomar vinho e leite, sem nenhuma paga.
2 Por que gastar dinheiro com outra coisa que não o pão,
desperdiçar o salário senão com satisfação completa?
Ouvi-me com atenção, e alimentai-vos bem,
para deleite e revigoramento do vosso corpo.
3 Inclinai vosso ouvido e vinde a mim,
ouvi e tereis vida;
farei convosco um pacto eterno,
manterei fielmente as graças concedidas a Davi".

Palavra do Senhor.

Salmo responsorial   Sl 144(145),8-9.15-16.17-18 (℟. cf.16).

℟. Vós **abris** a vossa **mão** e sa**ciais** os vossos **fi**lhos.

8 Miseri**cór**dia e pie**da**de é o **Se**nhor, *
ele é **a**mor, é paci**ên**cia, é compai**xão**.
9 O **Se**nhor é muito **bom** para com **to**dos, *
sua ter**nu**ra abraça **to**da cria**tu**ra.   ℟.

15 Todos os **o**lhos, ó **Se**nhor, em vós es**pe**ram *
e vós lhes **dais** no tempo **cer**to o ali**men**to;
16 vós **abris** a vossa **mão** prodiga**men**te *
e sa**ciais** todo ser **vi**vo com far**tu**ra.   ℟.

17 É **jus**to o **Se**nhor em seus ca**mi**nhos, *
é **san**to em toda **o**bra que ele **faz**.
18 Ele está **per**to da pes**soa** que o in**vo**ca, *
de todo a**que**le que o in**vo**ca leal**men**te.   ℟.

SEGUNDA LEITURA

*Nenhuma criatura poderá nos separar
do amor de Deus manifestado em Cristo.*

Leitura da Carta de São Paulo aos Romanos   8,35.37-39

Irmãos:
³⁵ Quem nos separará do amor de Cristo?
Tribulação? Angústia? Perseguição?
Fome? Nudez? Perigo? Espada?
³⁷ Em tudo isso, somos mais que vencedores,
graças àquele que nos amou!
³⁸ Tenho a certeza de que nem a morte, nem a vida,
nem os anjos, nem os poderes celestiais,
nem o presente nem o futuro,
nem as forças cósmicas,
³⁹ nem a altura, nem a profundeza,
nem outra criatura qualquer,
será capaz de nos separar do amor de Deus por nós,
manifestado em Cristo Jesus, nosso Senhor.

Palavra do Senhor.

Aclamação ao Evangelho   cf. Mt 4,4b

℟. Aleluia, Aleluia, Aleluia.
℣. O homem não vive somente de pão,
mas vive de toda palavra que sai
da boca de Deus, e não só de pão.
Amém. Aleluia, Aleluia!   ℟.

EVANGELHO

Todos comeram e ficaram satisfeitos.

✠ Proclamação do Evangelho de Jesus Cristo
segundo Mateus   14,13-21

Naquele tempo,
¹³ Quando soube da morte de João Batista, Jesus partiu
e foi de barco para um lugar deserto e afastado.

Mas, quando as multidões souberam disso,
saíram das cidades e o seguiram a pé.
¹⁴ Ao sair do barco, Jesus viu uma grande multidão.
Encheu-se de compaixão por eles
e curou os que estavam doentes.
¹⁵ Ao entardecer,
os discípulos aproximaram-se de Jesus
e disseram:
"Este lugar é deserto e a hora já está adiantada.
Despede as multidões,
para que possam ir aos povoados comprar comida!"
¹⁶ Jesus porém lhes disse:
"Eles não precisam ir embora.
Dai-lhes vós mesmos de comer!"
¹⁷ Os discípulos responderam:
"Só temos aqui cinco pães e dois peixes".
¹⁸ Jesus disse:
"Trazei-os aqui".
¹⁹ Jesus mandou que as multidões se sentassem na grama.
Então pegou os cinco pães e os dois peixes,
ergueu os olhos para o céu e pronunciou a bênção.
Em seguida partiu os pães, e os deu aos discípulos.
Os discípulos os distribuíram às multidões.
²⁰ Todos comeram e ficaram satisfeitos,
e dos pedaços que sobraram,
recolheram ainda doze cestos cheios.
²¹ E os que haviam comido
eram mais ou menos cinco mil homens,
sem contar mulheres e crianças.

Palavra da Salvação.

19º DOMINGO DO TEMPO COMUM

PRIMEIRA LEITURA

Permanece sobre o monte na presença do Senhor.

Leitura do Primeiro Livro dos Reis 19,9a.11-13a

Naqueles dias, ao chegar a Horeb, o monte de Deus,
9a o profeta Elias entrou numa gruta,
onde passou a noite.
E eis que a palavra do Senhor lhe foi dirigida
nestes termos:
11 "Sai e permanece sobre o monte diante do Senhor,
porque o Senhor vai passar".
Antes do Senhor, porém,
veio um vento impetuoso e forte,
que desfazia as montanhas e quebrava os rochedos.
Mas o Senhor não estava no vento.
Depois do vento, houve um terremoto.
Mas o Senhor não estava no terremoto.
12 Passado o terremoto, veio um fogo.
Mas o Senhor não estava no fogo.
E depois do fogo,
ouviu-se um murmúrio de uma leve brisa.
13a Ouvindo isso,
Elias cobriu o rosto com o manto,
saiu e pôs-se à entrada da gruta.

Palavra do Senhor

Salmo responsorial   Sl 84(85),9ab-10.11-12.13-14 (R. 8)

℟. Mostrai-nos, ó Senhor, vossa bondade,
e a vossa salvação nos concedei!

9a Quero ouvir o que o Senhor irá falar: *
b é a paz que ele vai anunciar.
10 Está perto a salvação dos que o temem, *
e a glória habitará em nossa terra.   ℟.

11 A verdade e o amor se encontrarão, *
a justiça e a paz se abraçarão;

¹² da **ter**ra bro**tá**rá a fideli**da**de, *
e a jus**ti**ça olha**rá** dos altos **céus**. ℟.

¹³ O Se**nhor** nos dará **tu**do o que é **bom**, *
e a nossa **ter**ra nos **da**rá suas col**hei**tas;
¹⁴ a jus**ti**ça anda**rá** na sua **fren**te *
e a salva**ção** há de se**guir** os passos **seus**. ℟.

SEGUNDA LEITURA

Eu desejaria ser segregado em favor de meus irmãos.

Leitura da Carta de São Paulo aos Romanos   9,1-5

Irmãos:
¹ Não estou mentindo,
mas, em Cristo, digo a verdade,
apoiado no testemunho do Espírito Santo
e da minha consciência.
² Tenho no coração uma grande tristeza
e uma dor contínua,
³ a ponto de desejar
ser eu mesmo segregado por Cristo
em favor de meus irmãos, os de minha raça.
⁴ Eles são israelitas.
A eles pertencem a filiação adotiva, a glória,
as alianças, as leis, o culto, as promessas
⁵ e também os patriarcas.
Deles é que descende, quanto à sua humanidade,
Cristo, o qual está acima de todos,
Deus bendito para sempre! Amém!

Palavra do Senhor.

Aclamação ao Evangelho   cf. Sl 129,5

℟. A**le**luia, A**le**luia, A**le**luia.
℣. Eu con**fio** em **nos**so Se**nhor**,
com **fé**, espe**ran**ça e a**mor**;
eu es**pe**ro em sua palavra,
ho**sa**na, ó Se**nhor**, vem, me **sal**va! ℟.

EVANGELHO

*Manda-me ir ao teu encontro,
caminhando sobre a água.*

✠ Proclamação do Evangelho de Jesus Cristo
segundo Mateus   14,22-33

Depois da multiplicação dos pães,
²² Jesus mandou que os discípulos entrassem na barca
e seguissem, à sua frente, para o outro lado do mar,
enquanto ele despediria as multidões.
²³ Depois de despedi-las,
Jesus subiu ao monte, para orar a sós.
A noite chegou, e Jesus continuava ali, sozinho.
²⁴ A barca, porém, já longe da terra,
era agitada pelas ondas,
pois o vento era contrário.
²⁵ Pelas três horas da manhã,
Jesus veio até os discípulos, andando sobre o mar.
²⁶ Quando os discípulos o avistaram, andando sobre o mar,
ficaram apavorados, e disseram:
"É um fantasma".
E gritaram de medo.
²⁷ Jesus, porém, logo lhes disse:
"Coragem! Sou eu. Não tenhais medo!"
²⁸ Então Pedro lhe disse:
"Senhor, se és tu, manda-me ir ao teu encontro,
caminhando sobre a água".
²⁹ E Jesus respondeu: "Vem!"
Pedro desceu da barca e começou a andar sobre a água,
em direção a Jesus.
³⁰ Mas, quando sentiu o vento, ficou com medo
e, começando a afundar, gritou: "Senhor, salva-me!"
³¹ Jesus logo estendeu a mão, segurou Pedro, e lhe disse:
"Homem fraco na fé, por que duvidaste?"
³² Assim que subiram no barco, o vento se acalmou.
³³ Os que estavam no barco,
prostraram-se diante dele, dizendo:
"Verdadeiramente, tu és o Filho de Deus!"

Palavra da Salvação.

20º DOMINGO DO TEMPO COMUM

PRIMEIRA LEITURA

Aos estrangeiros eu conduzirei ao meu monte santo.

Leitura do Livro do Profeta Isaías   56,1.6-7

¹ Isto diz o Senhor:
  "Cumpri o dever e praticai a justiça,
  minha salvação está prestes a chegar
  e minha justiça não tardará a manifestar-se.
⁶ Aos estrangeiros que aderem ao Senhor,
  prestando-lhe culto,
  honrando o nome do Senhor,
  servindo-o como servos seus,
  a todos os que observam o sábado
  e não o profanam,
  e aos que mantêm aliança comigo,
⁷ – a esses conduzirei ao meu santo monte
  e os alegrarei em minha casa de oração;
  aceitarei com agrado em meu altar
  seus holocaustos e vítimas,
  pois minha casa será chamada
  casa de oração para todos os povos".

Palavra do Senhor.

Salmo responsorial   Sl 66(67),2-3.5.6.8 (R. 4)

℟. Que as **nações** vos glori**fi**quem, ó Se**nhor**,
   que **to**das as **nações** vos glori**fi**quem!

² Que Deus nos **dê** a sua **gra**ça e sua **bên**ção, *
  e sua **face** resplan**de**ça sobre **nós**!
³ Que na **ter**ra se co**nhe**ça o seu ca**mi**nho *
  e a **sua** sal**va**ção por entre os **po**vos.   ℟.

⁵ **Exul**te de ale**gri**a a terra in**tei**ra, *
  pois jul**gais** o uni**ver**so com jus**ti**ça;
  os **po**vos gover**nais** com reti**dão**, *
  e gui**ais**, em toda a **ter**ra, as na**ções**.   ℟.

⁶ Que as nações vos glorifiquem, ó Senhor, *
que todas as nações vos glorifiquem!
⁸ Que o Senhor e nosso Deus nos abençoe, *
e o respeitem os confins de toda a terra!   ℟.

SEGUNDA LEITURA

O dom e o chamado de Deus a Israel são irrevogáveis.

Leitura da Carta de São Paulo aos Romanos   11,13-15.29-32

Irmãos:
¹³ A vós, cristãos vindos do paganismo, eu digo:
enquanto eu for apóstolo dos pagãos,
honrarei o meu ministério,
¹⁴ na esperança de despertar ciúme nos da minha raça
e, assim, salvar alguns deles.
¹⁵ Se a rejeição deles foi reconciliação para o mundo,
o que não será a admissão deles!
Será como passagem da morte para a vida!
²⁹ Pois os dons e a vocação de Deus são irrevogáveis.
³⁰ Outrora, vós fostes desobedientes a Deus,
mas agora alcançastes misericórdia,
em consequência da desobediência deles.
³¹ Assim, são eles agora os desobedientes,
para que, em consequência da misericórdia
usada convosco, alcancem finalmente misericórdia.
³² Com efeito,
Deus encerrou todos os homens na desobediência,
a fim de exercer misericórdia para com todos.

Palavra do Senhor.

Aclamação ao Evangelho   cf. Mt 4,23

℟. Aleluia, Aleluia, Aleluia.
℣. Jesus Cristo pregava o Evangelho,
a boa notícia do Reino;
e curava seu povo doente
de todos os males, sua gente!   ℟.

EVANGELHO

Mulher, grande é a tua fé!

✠ Proclamação do Evangelho de Jesus Cristo
segundo Mateus   15,21-28

Naquele tempo,
21 Jesus foi para a região de Tiro e Sidônia.
22 Eis que uma mulher cananeia, vindo daquela região,
pôs-se a gritar:
"Senhor, filho de Davi, tem piedade de mim:
minha filha está cruelmente atormentada
por um demônio!"
23 Mas, Jesus não lhe respondeu palavra alguma.
Então seus discípulos aproximaram-se e lhe pediram:
"Manda embora essa mulher,
pois ela vem gritando atrás de nós".
24 Jesus respondeu:
"Eu fui enviado somente
às ovelhas perdidas da casa de Israel".
25 Mas, a mulher, aproximando-se,
prostrou-se diante de Jesus, e começou a implorar:
"Senhor, socorre-me!"
26 Jesus lhe disse:
"Não fica bem tirar o pão dos filhos
para jogá-lo aos cachorrinhos".
27 A mulher insistiu:
"É verdade, Senhor;
mas os cachorrinhos também comem
as migalhas que caem da mesa de seus donos!"
28 Diante disso, Jesus lhe disse:
"Mulher, grande é a tua fé!
Seja feito como tu queres!"
E desde esse momento sua filha ficou curada.

Palavra da Salvação.

21º DOMINGO DO TEMPO COMUM

PRIMEIRA LEITURA

*Eu o farei levar aos ombros
a chave da casa de Davi.*

Leitura do Livro do Profeta Isaías   Is 22,19-23

Assim diz o Senhor a Sobna,
o administrador do palácio:
¹⁹ "Eu vou te destituir do posto que ocupas
e demitir-te do teu cargo.
²⁰ Acontecerá que nesse dia
chamarei meu servo Eliacim, filho de Helcias,
²¹ e o vestirei com a tua túnica
e colocarei nele a tua faixa,
porei em suas mãos a tua autoridade;
ele será um pai para os habitantes de Jerusalém
e para a casa de Judá.
²² Eu o farei levar aos ombros
a chave da casa de Davi;
ele abrirá, e ninguém poderá fechar;
ele fechará, e ninguém poderá abrir.
²³ Hei de fixá-lo como estaca em lugar seguro
e aí ele terá o trono de glória na casa de seu pai".

Palavra do Senhor.

Salmo responsorial   Sl 137(138),1-2a.2bc-3.6.8bc (R. 8bc)

℟. Ó Se**nhor**, vossa bon**da**de é para **sem**pre!
comple**tai** em mim a **o**bra come**ça**da!

¹ Ó Se**nhor**, de cora**ção** eu vos dou **gra**ças, *
porque ou**vis**tes as pa**la**vras dos meus **lá**bios!
Pe**ran**te os vossos **an**jos vou can**tar**-vos *
^{2a} e **an**te o vosso **tem**plo vou pros**trar**-me.   ℟.

^b Eu agra**de**ço vosso **a**mor, vossa ver**da**de, *
^c porque fi**zes**tes muito **mais** que prome**tes**tes;
³ naquele **di**a em que gri**tei**, vós me escu**tas**tes *
e aumen**tas**tes o vi**gor** da minha **al**ma.   ℟.

⁶ Altíssimo é o Senhor, mas olha os pobres, *
   e de longe reconhece os orgulhosos. *
⁸ᵇ Ó Senhor, vossa bondade é para sempre! †
   ᶜ Eu vos peço: não deixeis inacabada *
   esta obra que fizeram vossas mãos! ℟.

SEGUNDA LEITURA

Tudo é dele, por ele, e para ele.

Leitura da Carta de São Paulo aos Romanos 11,33-36

³³ Ó profundidade da riqueza, da sabedoria
e da ciência de Deus!
Como são inescrutáveis os seus juízos
e impenetráveis os seus caminhos!
³⁴ De fato, quem conheceu o pensamento do Senhor?
Ou quem foi seu conselheiro?
³⁵ Ou quem se antecipou em dar-lhe alguma coisa,
de maneira a ter direito a uma retribuição?
³⁶ Na verdade, tudo é dele, por ele e para ele.
A ele a glória para sempre. Amém!

Palavra do Senhor.

Aclamação ao Evangelho Mt 16,18

℟. Aleluia, Aleluia, Aleluia.
℣. Tu és Pedro, e sobre esta pedra
edificarei minha Igreja;
e os poderes do reino das trevas
jamais poderão contra ela! ℟.

EVANGELHO

*Tu és Pedro, e eu te darei
as chaves do Reino dos céus.*

✠ Proclamação do Evangelho de Jesus Cristo
segundo Mateus   16,13-20

Naquele tempo,
13 Jesus foi à região de Cesareia de Filipe
e aí perguntou a seus discípulos:
"Quem dizem os homens ser o Filho do Homem?"
14 Eles responderam:
"Alguns dizem que é João Batista; outros, que é Elias;
outros ainda, que é Jeremias ou algum dos profetas".
15 Então Jesus lhes perguntou:
"E vós, quem dizeis que eu sou?"
16 Simão Pedro respondeu:
"Tu és o Messias, o Filho do Deus vivo".
17 Respondendo, Jesus lhe disse:
"Feliz és tu, Simão, filho de Jonas,
porque não foi um ser humano que te revelou isso,
mas o meu Pai que está no céu.
18 Por isso, eu te digo que tu és Pedro,
e sobre esta pedra construirei a minha Igreja,
e o poder do inferno nunca poderá vencê-la.
19 Eu te darei as chaves do Reino dos Céus:
tudo o que tu ligares na terra
será ligado nos céus;
tudo o que tu desligares na terra
será desligado nos céus".
20 Jesus, então, ordenou aos discípulos
que não dissessem a ninguém que ele era o Messias.

Palavra da Salvação.

22º DOMINGO DO TEMPO COMUM

PRIMEIRA LEITURA

*A palavra do Senhor tornou-se
para mim fonte de vergonha.*

Leitura do Livro do Profeta Jeremias   20,7-9

⁷ Seduziste-me, Senhor, e deixei-me seduzir;
   foste mais forte, tiveste mais poder.
   Tornei-me alvo de irrisão o dia inteiro,
   todos zombam de mim.
⁸ Todas as vezes que falo, levanto a voz,
   clamando contra a maldade e invocando calamidades;
   a palavra do Senhor tornou-se para mim
   fonte de vergonha e de chacota o dia inteiro.
⁹ Disse comigo: "Não quero mais lembrar-me disso
   nem falar mais em nome dele".
   Senti, então, dentro de mim um fogo ardente
   a penetrar-me o corpo todo:
   desfaleci, sem forças para suportar.

   Palavra do Senhor.

Salmo responsorial   Sl 62(63),2.3-4.5-6.8-9 (℟. 2b)

℟. A minh'**al**ma tem **se**de de **vós**
    como a **te**rra se**den**ta, ó meu **Deus**!

² Sois **vós**, ó Se**nhor**, o meu **Deus**! *
   Desde a au**ro**ra ansi**o**so vos **bus**co!
   A minh'**al**ma tem **se**de de **vós**, †
   minha **car**ne tam**bém** vos de**se**ja, *
   como **ter**ra se**den**ta e sem **á**gua!   ℟.

³ Venho, as**sim**, contem**plar**-vos no **tem**plo, *
   para **ver** vossa **gló**ria e po**der**.
⁴ Vosso a**mor** vale **mais** do que a **vi**da: *
   e por **is**so meus **lá**bios vos **lou**vam.   ℟.

⁵ Quero, **pois**, vos lou**var** pela **vi**da, *
   e ele**var** para **vós** minhas **mãos**!

6 A minh'**al**ma se**rá** sa**ci**ada, *
como em **gran**de ban**que**te de **fes**ta;
can**ta**rá a ale**gri**a em meus **lá**bios, *
ao can**tar** para **vós** meu lou**vor**! ℟.

8 Para **mim** fostes **sem**pre um so**cor**ro; *
de vossas **a**sas à **som**bra eu e**xul**to!
9 Minha **al**ma se a**gar**ra em **vós**; *
com po**der** vossa **mão** me sus**ten**ta. ℟.

SEGUNDA LEITURA

Oferecei-vos em sacrifício vivo.

Leitura da Carta de São Paulo aos Romanos 12,1-2

¹ Pela misericórdia de Deus, eu vos exorto, irmãos,
a vos oferecerdes em sacrifício vivo,
santo e agradável a Deus:
este é o vosso culto espiritual.
² Não vos conformeis com o mundo,
mas transformai-vos,
renovando vossa maneira de pensar e de julgar,
para que possais distinguir o que é da vontade de Deus,
isto é, o que é bom, o que lhe agrada,
o que é perfeito.

Palavra do Senhor.

Aclamação ao Evangelho   cf. Ef 1,17-18

℟. Ale**lu**ia, Ale**lu**ia, Ale**lu**ia.
℣. Que o **Pai** do Se**nhor** Jesus **Cris**to
nos **dê** do sa**ber** o es**pí**rito;
conheçamos, as**sim**, a espe**ran**ça
à **qual** nos cha**mou**, como he**ran**ça! ℟.

EVANGELHO

*Se alguém quer me seguir
renuncie a si mesmo.*

✠ Proclamação do Evangelho de Jesus Cristo
segundo Mateus   16,21-27

Naquele tempo,
²¹ Jesus começou a mostrar a seus discípulos
que devia ir a Jerusalém
e sofrer muito da parte dos anciãos,
dos sumos sacerdotes e dos mestres da Lei,
e que devia ser morto e ressuscitar no terceiro dia.
²² Então Pedro tomou Jesus à parte
e começou a repreendê-lo, dizendo:
"Deus não permita tal coisa, Senhor!
Que isso nunca te aconteça!"
²³ Jesus, porém, voltou-se para Pedro, e disse:
"Vai para longe, satanás!
Tu és para mim uma pedra de tropeço,
porque não pensas as coisas de Deus,
mas sim as coisas dos homens!"
²⁴ Então Jesus disse aos discípulos:
"Se alguém quer me seguir, renuncie a si mesmo,
tome a sua cruz e me siga.
²⁵ Pois, quem quiser salvar a sua vida vai perdê-la;
e quem perder a sua vida por causa de mim,
vai encontrá-la.
²⁶ De fato, que adianta ao homem ganhar o mundo inteiro,
mas perder a sua vida?
O que poderá alguém dar em troca de sua vida?
²⁷ Porque o Filho do Homem
virá na glória do seu Pai, com os seus anjos,
e então retribuirá a cada um
de acordo com a sua conduta".

Palavra da Salvação.

23º DOMINGO DO TEMPO COMUM

PRIMEIRA LEITURA

*Se não advertires o ímpio,
eu te pedirei contas da sua morte.*

Leitura da Profecia de Ezequiel 33,7-9

Assim diz o Senhor:
7 "Quanto a ti, filho do homem,
eu te estabeleci como vigia para a casa de Israel.
Logo que ouvires alguma palavra de minha boca,
tu os deves advertir em meu nome.
8 Se eu disser ao ímpio
que ele vai morrer, e tu não lhe falares,
advertindo-o a respeito de sua conduta,
o ímpio vai morrer por própria culpa,
mas eu te pedirei contas da sua morte.
9 Mas, se advertires o ímpio a respeito de sua conduta,
para que se arrependa,
e ele não se arrepender,
o ímpio morrerá por própria culpa,
porém, tu salvarás tua vida.

Palavra do Senhor.

Salmo responsorial Sl 94(95),1-2.6-7.8-9 (℟. 8)

℟. Não fe**cheis** o cora**ção**, ou**vi**, **ho**je, a voz de **Deus**!

1 Vinde, exul**te**mos de ale**gria** no Se**nhor**, *
acla**me**mos o Ro**che**do que nos **sal**va!
2 Ao seu en**con**tro cami**nhe**mos com lou**vo**res, *
e com **can**tos de ale**gria** o cele**bre**mos! ℟.

6 Vinde, ado**re**mos e pros**tre**mo-nos por **ter**ra, *
e ajoe**lhe**mos ante o **Deus** que nos cri**ou**!
7 Porque **e**le é o nosso **Deus**, nosso **Pas**tor, †
e nós **so**mos o seu **po**vo e seu re**ba**nho, *
as o**ve**lhas que con**duz** com sua **mão**. ℟.

⁸ Oxalá ouvísseis **ho**je a sua **voz**: *
"Não fe**cheis** os cora**ções** como em Me**ri**ba,
⁹ como em **Massa**, no de**ser**to, aquele **dia**, †
em que ou**tro**ra vossos **pais** me provo**caram**, *
ape**sar** de terem **vis**to as minhas **o**bras". ℟.

SEGUNDA LEITURA

O amor é o cumprimento perfeito da Lei.

Leitura da Carta de São Paulo aos Romanos 13,8-10

Irmãos:
⁸ Não fiqueis devendo nada a ninguém,
a não ser o amor mútuo,
pois quem ama o próximo está cumprindo a Lei.
⁹ De fato, os mandamentos:
"Não cometerás adultério",
"Não matarás",
"Não roubarás",
"Não cobiçarás",
e qualquer outro mandamento, se resumem neste:
"Amarás ao teu próximo como a ti mesmo".
¹⁰ O amor não faz nenhum mal contra o próximo.
Portanto, o amor é o cumprimento perfeito da Lei.

Palavra do Senhor.

Aclamação ao Evangelho   cf. 2Cor 5,19

℟. Ale**lu**ia, Ale**lu**ia, Ale**lu**ia.
℣. O Se**nhor** reconcili**ou** o mundo em **Cris**to,
confi**an**do-nos **sua** Pa**la**vra;
a Pa**la**vra da **reconciliação**,
a Pa**la**vra que **ho**je, aqui, nos **salva**. ℟.

EVANGELHO

Se ele te ouvir, tu ganharás o teu irmão.

✠ Proclamação do Evangelho de Jesus Cristo
segundo Mateus   18,15-20

Naquele tempo, Jesus disse a seus discípulos:
¹⁵ "Se o teu irmão pecar contra ti, vai corrigi-lo,
mas em particular, a sós contigo!
Se ele te ouvir, tu ganhaste o teu irmão.
¹⁶ Se ele não te ouvir,
toma contigo mais uma ou duas pessoas,
para que toda a questão seja decidida
sob a palavra de duas ou três testemunhas.
¹⁷ Se ele não vos der ouvido, dize-o à Igreja.
Se nem mesmo à Igreja ele ouvir,
seja tratado como se fosse um pagão
ou um pecador público.
¹⁸ Em verdade vos digo,
tudo o que ligardes na terra será ligado no céu,
e tudo o que desligardes na terra
será desligado no céu.
¹⁹ De novo, eu vos digo:
se dois de vós estiverem de acordo na terra
sobre qualquer coisa que quiserem pedir,
isso lhes será concedido por meu Pai que está nos céus.
²⁰ Pois, onde dois ou três estiverem reunidos em meu nome,
eu estou aí, no meio deles".

Palavra da Salvação.

24º DOMINGO DO TEMPO COMUM

PRIMEIRA LEITURA

*Perdoa a injustiça cometida por teu próximo;
quando orares, teus pecados serão perdoados.*

Leitura do Livro do Eclesiástico   27,33-28,9

³³ O rancor e a raiva são coisas detestáveis;
até o pecador procura dominá-las.
^{28,1} Quem se vingar encontrará a vingança do Senhor,
que pedirá severas contas dos seus pecados.
² Perdoa a injustiça cometida por teu próximo:
assim, quando orares, teus pecados serão perdoados.
³ Se alguém guarda raiva contra o outro,
como poderá pedir a Deus a cura?
⁴ Se não tem compaixão do seu semelhante,
como poderá pedir perdão dos seus pecados?
⁵ Se ele, que é um mortal, guarda rancor,
quem é que vai alcançar perdão para os seus pecados?
⁶ Lembra-te do teu fim e deixa de odiar;
⁷ pensa na destruição e na morte,
e persevera nos mandamentos.
⁸ Pensa nos mandamentos,
e não guardes rancor ao teu próximo.
⁹ Pensa na aliança do Altíssimo,
e não leves em conta a falta alheia!

Palavra do Senhor.

Salmo responsorial   Sl 102(103),1-2.3-4.9-10.11-12 (R. 8)

℟. O Senhor é bondoso, compassivo e carinhoso.

¹ Bendize, ó minha alma, ao Senhor, *
e todo o meu ser, seu santo nome!
² Bendize, ó minha alma, ao Senhor, *
não te esqueças de nenhum de seus favores!   ℟.

³ Pois ele te per**doa** toda **cul**pa, *
e **cu**ra toda a **tu**a enfermi**da**de;
⁴ da sepul**tu**ra ele **sal**va a tua **vi**da *
e te **cer**ca de carinho e compai**xão**. ℟.

⁹ Não fica **sem**pre repe**tin**do as suas **quei**xas, *
nem **guar**da eterna**men**te o seu ran**cor**.
¹⁰ Não nos **tra**ta como exigem nossas **fal**tas, *
nem nos **pu**ne em propor**ção** às nossas **cul**pas. ℟.

¹¹ Quanto os **céus** por sobre a **ter**ra se elevam, *
tanto é **gran**de o seu **a**mor aos que o **te**mem;
¹² quanto **dis**ta o nas**cen**te do poente, *
tanto a**fas**ta para **lon**ge nossos **cri**mes. ℟.

SEGUNDA LEITURA

*Quer vivamos, quer morramos,
pertencemos ao Senhor.*

Leitura da Carta de São Paulo aos Romanos   14,7-9

Irmãos:
⁷ Ninguém dentre nós vive para si mesmo
ou morre para si mesmo.
⁸ Se estamos vivos, é para o Senhor que vivemos;
se morremos, é para o Senhor que morremos.
Portanto, vivos ou mortos, pertencemos ao Senhor.
⁹ Cristo morreu e ressuscitou exatamente para isto:
para ser o Senhor dos mortos e dos vivos.

Palavra do Senhor.

Aclamação ao Evangelho   cf. Jo 13,34

℟. Aleluia, Aleluia, Aleluia.
℣. Eu vos **dou** este **no**vo Manda**men**to,
nova **or**dem, a**go**ra, vos **dou**;
que, tam**bém**, vos a**meis** uns aos **ou**tros
como **eu** vos a**mei**, diz o Senhor. ℟.

EVANGELHO

*Não te digo perdoar até sete vezes,
mas até setenta vezes sete.*

✝ Proclamação do Evangelho de Jesus Cristo
segundo Mateus   18,21-35

Naquele tempo,
21 Pedro aproximou-se de Jesus e perguntou:
"Senhor, quantas vezes devo perdoar,
se meu irmão pecar contra mim? Até sete vezes?"
22 Jesus respondeu:
"Não te digo até sete vezes, mas até setenta vezes sete.
23 Porque o Reino dos Céus é como um rei
que resolveu acertar as contas com seus empregados.
24 Quando começou o acerto,
levaram-lhe um que lhe devia uma enorme fortuna.
25 Como o empregado não tivesse com que pagar,
o patrão mandou que fosse vendido como escravo,
junto com a mulher e os filhos e tudo o que possuía,
para que pagasse a dívida.
26 O empregado, porém, caíu aos pés do patrão
e, prostrado, suplicava:
'Dá-me um prazo, e eu te pagarei tudo!'
27 Diante disso, o patrão teve compaixão,
soltou o empregado e perdoou-lhe a dívida.
28 Ao sair dali,
aquele empregado encontrou um dos seus companheiros
que lhe devia apenas cem moedas.
Ele o agarrou e começou a sufocá-lo, dizendo:
'Paga o que me deves'.
29 O companheiro, caindo aos seus pés, suplicava:
'Dá-me um prazo, e eu te pagarei!'
30 Mas o empregado não quis saber disso.
Saiu e mandou jogá-lo na prisão,
até que pagasse o que devia.
31 Vendo o que havia acontecido,
os outros empregados ficaram muito tristes,
procuraram o patrão e lhe contaram tudo.
32 Então o patrão mandou chamá-lo e lhe disse:
'Empregado perverso, eu te perdoei toda a tua dívida,
porque tu me suplicaste.

³³ Não devias tu também ter compaixão do teu companheiro,
como eu tive compaixão de ti?'
³⁴ O patrão indignou-se
e mandou entregar aquele empregado aos torturadores,
até que pagasse toda a sua dívida.
³⁵ É assim que o meu Pai que está nos céus fará convosco,
se cada um não perdoar de coração ao seu irmão".

Palavra da Salvação.

25º DOMINGO DO TEMPO COMUM

PRIMEIRA LEITURA

*Meus pensamentos
não são como os vossos pensamentos.*

Leitura do Livro do Profeta Isaías   55,6-9

⁶ Buscai o Senhor, enquanto pode ser achado;
invocai-o, enquanto ele está perto.
⁷ Abandone o ímpio seu caminho,
e o homem injusto, suas maquinações;
volte para o Senhor, que terá piedade dele,
volte para nosso Deus, que é generoso no perdão.
⁸ Meus pensamentos não são como os vossos pensamentos,
e vossos caminhos não são como os meus caminhos,
diz o Senhor.
⁹ Estão meus caminhos tão acima dos vossos caminhos
e meus pensamentos acima dos vossos pensamentos,
quanto está o céu acima da terra.

Palavra do Senhor.

Salmo responsorial   Sl 144(145),2-3.8-9.17-18 (R. 18a)

℟. O **Se**nhor está **per**to da pes**so**a que o in**vo**ca!

² Todos os **di**as have**rei** de bendi**zer**-vos, *
hei de lou**var** o vosso **no**me para **sem**pre.
³ Grande é o **Se**nhor e muito **dig**no de lou**vo**res, *
e nin**guém** pode me**dir** sua gran**de**za.   ℟.

⁸ Miseri**cór**dia e pie**da**de é o **Se**nhor, *
ele é **a**mor, é paci**ên**cia, é compai**xão**.
⁹ O **Se**nhor é muito **bom** para com **to**dos, *
sua **ter**nura abra**ça to**da criatura.   ℟.

¹⁷ É **jus**to o Se**nhor** em seus ca**mi**nhos, *
é **san**to em toda **o**bra que ele **faz**.
¹⁸ Ele está **per**to da pes**so**a que o in**vo**ca, *
de todo a**que**le que o in**vo**ca leal**men**te.   ℟.

SEGUNDA LEITURA

Para mim, o viver é Cristo.

Leitura da Carta de São Paulo aos Filipenses   1,20c-24.27a

Irmãos:
²⁰ᶜ Cristo vai ser glorificado no meu corpo,
seja pela minha vida, seja pela minha morte.
²¹ Pois, para mim, o viver é Cristo
e o morrer é lucro.
²² Entretanto, se o viver na carne significa
que meu trabalho será frutuoso,
neste caso, não sei o que escolher.
²³ Sinto-me atraído para os dois lados:
tenho o desejo de partir, para estar com Cristo
– o que para mim seria de longe o melhor –
²⁴ mas para vós é mais necessário
que eu continue minha vida neste mundo.
²⁷ᵃ Só uma coisa importa:
vivei à altura do Evangelho de Cristo.

Palavra do Senhor.

Aclamação ao Evangelho   cf. At 16,14b

℟. Ale**lui**a, Ale**lui**a, Ale**lui**a.
℣. Vinde **abrir** o nosso **coração**, Se**nhor**;
ó Se**nhor**, abri o **nosso** coração,
e, en**tão**, do vosso **Fi**lho a **pa**lavra,
pode**remos** aco**lher** com muito **amor**!   ℟.

EVANGELHO

Estás com inveja porque eu estou sendo bom?

✠ Proclamação do Evangelho de Jesus Cristo
segundo Mateus   20,1-16a

Naquele tempo,
Jesus contou esta parábola a seus discípulos:
¹ "O Reino dos Céus é como a história do patrão
que saiu de madrugada
para contratar trabalhadores para a sua vinha.

² Combinou com os trabalhadores
uma moeda de prata por dia, e os mandou para a vinha.
³ Às nove horas da manhã, o patrão saiu de novo,
viu outros que estavam na praça, desocupados,
⁴ e lhes disse:
'Ide também vós para a minha vinha!
E eu vos pagarei o que for justo'.
⁵ E eles foram.
O patrão saiu de novo ao meio-dia
e às três horas da tarde, e fez a mesma coisa.
⁶ Saindo outra vez pelas cinco horas da tarde,
encontrou outros que estavam na praça, e lhes disse:
'Por que estais aí o dia inteiro desocupados?'
⁷ Eles responderam:
'Porque ninguém nos contratou'.
O patrão lhes disse:
'Ide vós também para a minha vinha'.
⁸ Quando chegou a tarde, o patrão disse ao administrador:
'Chama os trabalhadores e paga-lhes uma diária a todos,
começando pelos últimos até os primeiros!'
⁹ Vieram os que tinham sido contratados às cinco da tarde
e cada um recebeu uma moeda de prata.
¹⁰ Em seguida vieram os que foram contratados primeiro,
e pensavam que iam receber mais.
Porém, cada um deles também recebeu uma moeda de prata.
¹¹ Ao receberem o pagamento,
começaram a resmungar contra o patrão:
¹² 'Estes últimos trabalharam uma hora só,
e tu os igualaste a nós,
que suportamos o cansaço e o calor o dia inteiro'.
¹³ Então o patrão disse a um deles:
'Amigo, eu não fui injusto contigo.
Não combinamos uma moeda de prata?
¹⁴ Toma o que é teu e volta para casa!
Eu quero dar a este que foi contratado por último
o mesmo que dei a ti.
¹⁵ Por acaso não tenho o direito de fazer o que quero
com aquilo que me pertence?
Ou estás com inveja, porque estou sendo bom?'
¹⁶ª Assim, os últimos serão os primeiros,
e os primeiros serão os últimos".

Palavra da Salvação.

26º DOMINGO DO TEMPO COMUM

PRIMEIRA LEITURA

*Quando o ímpio se arrepende da maldade
que praticou, conserva a própria vida.*

Leitura da Profecia de Ezequiel 18,25-28

Assim diz o Senhor:
²⁵ Vós andais dizendo:
"A conduta do Senhor não é correta.
Ouvi, vós da casa de Israel:
É a minha conduta que não é correta,
ou antes é a vossa conduta que não é correta?
²⁶ Quando um justo se desvia da justiça,
pratica o mal e morre,
é por causa do mal praticado que ele morre.
²⁷ Quando um ímpio se arrepende da maldade que praticou
e observa o direito e a justiça,
conserva a própria vida.
²⁸ Arrependendo-se de todos os seus pecados,
com certeza viverá;
não morrerá".

Palavra do Senhor.

Salmo responsorial Sl 24,4bc-5.6-7.8-9 (R. 6a)

℟. Recor**dai**, Senhor meu **Deus**, vossa ter**nu**ra e compai**xão**!

^{4b} Mos**trai**-me, ó **Sen**hor, vossos ca**mi**nhos, *
^c e fa**zei**-me conhe**cer** a vossa es**tra**da!
⁵ Vossa ver**da**de me ori**en**te e me con**du**za, †
porque **sois** o Deus da **mi**nha salva**ção**; *
em vós es**pe**ro, ó Se**nhor**, todos os **dias**!   ℟.

⁶ Recor**dai**, Senhor meu **Deus**, vossa ter**nu**ra *
e a **vos**sa compai**xão** que são e**ter**nas!
⁷ Não recor**deis** os meus pe**ca**dos quando **jo**vem, *
nem vos lem**breis** de minhas **fal**tas e de**li**tos!
De mim lem**brai**-vos, porque **sois** miseri**cór**dia *
e sois bon**da**de sem limites, ó Se**nhor**!   ℟.

8   O Senhor é piedade e retidão, *
    e reconduz ao bom caminho os pecadores.
9   Ele dirige os humildes na justiça, *
    e aos pobres ele ensina o seu caminho.   ℟.

SEGUNDA LEITURA (mais longa)

*Tende entre vós o mesmo sentimento
que existe em Cristo Jesus.*

Leitura da Carta de São Paulo aos Filipenses   2,1-11

Irmãos:
1   Se existe consolação na vida em Cristo,
    se existe alento no mútuo amor,
    se existe comunhão no Espírito,
    se existe ternura e compaixão,
2   tornai então completa a minha alegria:
    aspirai à mesma coisa, unidos no mesmo amor;
    vivei em harmonia, procurando a unidade.
3   Nada façais por competição ou vanglória,
    mas, com humildade, cada um julgue
    que o outro é mais importante,
4   e não cuide somente do que é seu,
    mas também do que é do outro.
5   Tende entre vós o mesmo sentimento
    que existe em Cristo Jesus.
6   Jesus Cristo, existindo em condição divina,
    não fez do ser igual a Deus uma usurpação,
7   mas esvaziou-se a si mesmo,
    assumindo a condição de escravo
    e tornando-se igual aos homens.
    Encontrado com aspecto humano,
8   humilhou-se a si mesmo,
    fazendo-se obediente até à morte,
    e morte de cruz.
9   Por isso, Deus o exaltou acima de tudo
    e lhe deu o Nome que está acima de todo nome.
10 Assim, ao nome de Jesus,
    todo joelho se dobre no céu,
    na terra e abaixo da terra,

¹¹ e toda língua proclame:
"Jesus Cristo é o Senhor!"
– para a glória de Deus Pai.

Palavra do Senhor.

Ou: **SEGUNDA LEITURA (mais breve)**

*Tende entre vós o mesmo sentimento
que existe em Cristo Jesus.*

Leitura da Carta de São Paulo aos Filipenses   2,1-5

Irmãos:
¹ Se existe consolação na vida em Cristo,
se existe alento no mútuo amor,
se existe comunhão no Espírito,
se existe ternura e compaixão,
² tornai então completa a minha alegria:
aspirai à mesma coisa, unidos no mesmo amor;
vivei em harmonia, procurando a unidade.
³ Nada façais por competição ou vanglória,
mas, com humildade, cada um julgue
que o outro é mais importante,
⁴ e não cuide somente do que é seu,
mas também do que é do outro.
⁵ Tende entre vós o mesmo sentimento
que existe em Cristo Jesus.

Palavra do Senhor.

Aclamação ao Evangelho   Jo 10,27

℟. Aleluia, Aleluia, Aleluia.
℣. Minhas ovelhas escutam a minha voz,
minha voz estão elas a escutar;
eu conheço, então, minhas ovelhas,
que me seguem, comigo a caminhar!   ℟.

EVANGELHO

*Arrependeu-se e foi. Os cobradores de impostos
e as prostitutas vão entrar antes de vós no Reino do céu.*

✠ Proclamação do Evangelho de Jesus Cristo
segundo Mateus   21,28-32

Naquele tempo, Jesus disse aos sacerdotes
e anciãos do povo:
28 "Que vos parece?
Um homem tinha dois filhos.
Dirigindo-se ao primeiro, ele disse:
'Filho, vai trabalhar hoje na vinha!'
29 O filho respondeu: 'Não quero'.
Mas depois mudou de opinião e foi.
30 O pai dirigiu-se ao outro filho e disse a mesma coisa.
Este respondeu: 'Sim, senhor, eu vou'.
Mas não foi.
31 Qual dos dois fez a vontade do pai?"
Os sumos sacerdotes e os anciãos do povo responderam:
"O primeiro".
Então Jesus lhes disse:
"Em verdade vos digo
que os cobradores de impostos e as prostitutas
vos precedem no Reino de Deus.
32 Porque João veio até vós, num caminho de justiça,
e vós não acreditastes nele.
Ao contrário,
os cobradores de impostos e as prostitutas creram nele.
Vós, porém, mesmo vendo isso,
não vos arrependestes para crer nele".

Palavra da Salvação.

27º DOMINGO DO TEMPO COMUM

PRIMEIRA LEITURA

A vinha do Senhor dos exércitos é a casa de Israel.

Leitura do Livro do Profeta Isaías 5,1-7

¹ Vou cantar para o meu amado
o cântico da vinha de um amigo meu:
Um amigo meu possuía uma vinha em fértil encosta.
² Cercou-a, limpou-a de pedras,
plantou videiras escolhidas,
edificou uma torre no meio e construiu um lagar;
esperava que ela produzisse uvas boas,
mas produziu uvas selvagens.
³ Agora, habitantes de Jerusalém e cidadãos de Judá,
julgai a minha situação e a de minha vinha.
⁴ O que poderia eu ter feito a mais por minha vinha
e não fiz?
Eu contava com uvas de verdade,
mas, por que produziu ela uvas selvagens?
⁵ Pois agora vou mostrar-vos
o que farei com minha vinha:
vou desmanchar a cerca, e ela será devastada;
vou derrubar o muro, e ela será pisoteada.
⁶ Vou deixá-la inculta e selvagem:
ela não será podada nem lavrada,
espinhos e sarças tomarão conta dela;
não deixarei as nuvens derramar a chuva sobre ela.
⁷ Pois bem, a vinha do Senhor dos exércitos
é a casa de Israel,
e o povo de Judá, sua dileta plantação;
eu esperava deles frutos de justiça – e eis injustiça;
esperava obras de bondade – e eis iniquidade.

Palavra do Senhor.

Salmo responsorial Sl 79(80),9.12.13-14.15-16.19-20
(℟. Is 5,7a)

℟. A **vi**nha do Se**nh**or é a **ca**sa de Is**ra**el.

⁹ Arran**ca**stes do E**gi**to esta vi**dei**ra, *
e expul**sa**stes as na**ções** para plan**tá**-la;
¹² até o **mar** se esten**de**ram seus sar**men**tos, *
até o **ri**o os seus re**ben**tos se espa**lha**ram.   ℟.

¹³ Por que ra**zão** vós destru**ís**tes sua **cer**ca, *
para que **to**dos os pas**san**tes a vin**di**mem,
¹⁴ o java**li** da mata **vir**gem a de**vas**te, *
e os ani**mais** do descam**pa**do nela **pas**tem?   ℟.

¹⁵ Vol**tai**-vos para **nós**, Deus do uni**ver**so! †
Olhai dos altos **céus** e obser**vai**. *
Visi**tai** a vossa **vi**nha e prote**gei**-a!
¹⁶ Foi a **vos**sa mão di**rei**ta que a plan**tou**; *
prote**gei**-a, e ao re**ben**to que fir**mas**tes!   ℟.

¹⁹ E nunca **mais** vos deixa**re**mos, Senhor **Deus**! *
Dai-nos **vi**da, e louva**re**mos vosso **no**me!
²⁰ Conver**tei**-nos, ó Se**nhor** Deus do uni**ver**so, †
e sobre **nós** ilumi**nai** a vossa **fa**ce! *
Se vol**tar**des para **nós**, seremos **sal**vos!   ℟.

SEGUNDA LEITURA

*Praticai o que aprendestes,
e o Deus da paz estará convosco.*

Leitura da Carta de São Paulo aos Filipenses   4,6-9

Irmãos:
⁶ Não vos inquieteis com coisa alguma,
mas apresentai as vossas necessidades a Deus,
em orações e súplicas, acompanhadas de ação de graças.
⁷ E a paz de Deus,
que ultrapassa todo o entendimento,
guardará os vossos corações e pensamentos
em Cristo Jesus.
⁸ Quanto ao mais, irmãos,
ocupai-vos com tudo o que é verdadeiro, respeitável,

justo, puro, amável, honroso,
tudo o que é virtude
ou de qualquer modo mereça louvor.
⁹ Praticai o que aprendestes e recebestes de mim,
ou que de mim vistes e ouvistes.
Assim o Deus da paz estará convosco.

Palavra do Senhor.

Aclamação ao Evangelho cf. Jo 15,16

℞. Aleluia, Aleluia, Aleluia.
℣. Eu **vos** esco**lhi**, foi do **mei**o do **mun**do,
a **fim** de que **deis** um **fru**to que **du**re.
Eu **vos** esco**lhi**, foi do **mei**o do **mun**do.
A**mém**! Aleluia, Aleluia!. ℞.

EVANGELHO

Arrendou a vinha a outros vinhateiros.

✠ Proclamação do Evangelho de Jesus Cristo
segundo Mateus 21,33-43

Naquele tempo, Jesus disse aos sumos sacerdotes
e aos anciãos do povo:
³³ "Escutai esta outra parábola:
Certo proprietário plantou uma vinha,
pôs uma cerca em volta,
fez nela um lagar para esmagar as uvas,
e construiu uma torre de guarda.
Depois, arrendou-a a vinhateiros,
e viajou para o estrangeiro.
³⁴ Quando chegou o tempo da colheita,
o proprietário mandou seus empregados aos vinhateiros
para receber seus frutos.
³⁵ Os vinhateiros, porém, agarraram os empregados,
espancaram a um, mataram a outro,
e ao terceiro apedrejaram.
³⁶ O proprietário mandou de novo outros empregados,
em maior número do que os primeiros.
Mas eles os trataram da mesma forma.
³⁷ Finalmente, o proprietário enviou-lhes o seu filho,
pensando: 'Ao meu filho eles vão respeitar'.

³⁸ Os vinhateiros, porém, ao verem o filho,
disseram entre si: 'Este é o herdeiro.
Vinde, vamos matá-lo e tomar posse da sua herança!'
³⁹ Então agarraram o filho,
jogaram-no para fora da vinha e o mataram.
⁴⁰ Pois bem, quando o dono da vinha voltar,
o que fará com esses vinhateiros?"
⁴¹ Os sumos sacerdotes e os anciãos do povo responderam:
"Com certeza mandará matar de modo violento
esses perversos
e arrendará a vinha a outros vinhateiros,
que lhe entregarão os frutos no tempo certo".
⁴² Então Jesus lhes disse:
"Vós nunca lestes nas Escrituras:
'A pedra que os construtores rejeitaram
tornou-se a pedra angular;
isto foi feito pelo Senhor
e é maravilhoso aos nossos olhos?'
⁴³ Por isso, eu vos digo:
o Reino de Deus vos será tirado
e será entregue a um povo que produzirá frutos".

Palavra da Salvação.

28º DOMINGO DO TEMPO COMUM

PRIMEIRA LEITURA

*O Senhor dará um banquete e enxugará
as lágrimas de todas as faces.*

Leitura do Livro do Profeta Isaías 25,6-10a

⁶ O Senhor dos exércitos dará neste monte,
para todos os povos,
um banquete de ricas iguarias, regado com vinho puro,
servido de pratos deliciosos e dos mais finos vinhos.
⁷ Ele removerá, neste monte,
a ponta da cadeia que ligava todos os povos,
a teia em que tinha envolvido todas as nações.
⁸ O Senhor Deus eliminará para sempre a morte
e enxugará as lágrimas de todas as faces
e acabará com a desonra do seu povo em toda a terra;
o Senhor o disse.
⁹ Naquele dia, se dirá: "Este é o nosso Deus,
esperamos nele, até que nos salvou;
este é o Senhor, nele temos confiado:
vamos alegrar-nos e exultar por nos ter salvo".
¹⁰ᵃ E a mão do Senhor repousará sobre este monte.

Palavra do Senhor.

Salmo responsorial Sl 22(23),1-3a.3b-4.5-6 (℞. 6cd).

℞. Na **ca**sa do Se**nhor** habita**rei**, eterna**men**te.

¹ O Se**nhor** é o pas**tor** que me con**duz**; *
não me **fal**ta coisa al**gu**ma.
² Pelos **pra**dos e campinas verde**jan**tes *
ele me **le**va a descan**sar**.
Para as **á**guas repou**san**tes me enca**mi**nha, *
³ᵃ e res**tau**ra as minhas **for**ças. ℞.

ᵇ Ele me **gui**a no ca**mi**nho mais seguro, *
pela **hon**ra do seu **no**me.
⁴ Mesmo que eu **pas**se pelo **va**le tene**bro**so, *
nenhum **mal** eu teme**rei**;

estais co**mi**go com bas**tão** e com ca**ja**do; *
eles me **dão** a segu**ran**ça! ℟.

5 Prepa**rais** à minha **fren**te uma **me**sa, *
bem à **vis**ta do ini**mi**go,
e com **ó**leo vós un**gis** minha ca**be**ça; *
o meu **cá**lice trans**bor**da. ℟.

6 Felici**da**de e todo **bem** hão de se**guir**-me *
por **to**da a minha **vi**da;
ᶜ e na **ca**sa do Se**nhor** habita**rei** *
ᵈ pelos **tem**pos in**fi**nitos. ℟.

SEGUNDA LEITURA

Tudo posso naquele que me dá força.

Leitura da Carta de São Paulo aos Filipenses 4,12-14.19-20

Irmãos:
12 Sei viver na miséria e sei viver na abundância.
Eu aprendi o segredo de viver em toda e qualquer situação,
estando farto ou passando fome,
tendo de sobra ou sofrendo necessidade.
13 Tudo posso naquele que me dá força.
14 No entanto, fizestes bem em compartilhar
as minhas dificuldades.
19 O meu Deus proverá esplendidamente com sua riqueza
a todas as vossas necessidades, em Cristo Jesus.
20 Ao nosso Deus e Pai
a glória pelos séculos dos séculos. Amém.

Palavra do Senhor.

Aclamação ao Evangelho cf. Ef 1,17-18

℟. Ale**lu**ia, Ale**lu**ia, Ale**lu**ia.
℣. Que o **Pai** do Se**nhor** Jesus **Cris**to
nos **dê** do sa**ber** o espírito;
conheçamos, as**sim**, a espe**ran**ça
à **qual** nos cha**mou**, como he**ran**ça! ℟.

EVANGELHO (mais longo)

Convidai para a festa todos os que encontrardes.

✠ Proclamação do Evangelho de Jesus Cristo
segundo Mateus 22,1-14

Naquele tempo,
1 Jesus voltou a falar em parábolas
aos sumos sacerdotes e aos anciãos do povo, dizendo:
2 "O Reino dos Céus é como a história do rei
que preparou a festa de casamento do seu filho.
3 E mandou os seus empregados
para chamar os convidados para a festa,
mas estes não quiseram ir.
4 O rei mandou outros empregados, dizendo:
'Dizei aos convidados: já preparei o banquete,
os bois e os animais cevados já foram abatidos
e tudo está pronto. Vinde para a festa!'
5 Mas os convidados não deram a menor atenção:
um foi para o seu campo, outro para os seus negócios,
6 outros agarraram os empregados,
bateram neles e os mataram.
7 O rei ficou indignado e mandou suas tropas
para matar aqueles assassinos e incendiar a cidade deles.
8 Em seguida, o rei disse aos empregados:
'A festa de casamento está pronta,
mas os convidados não foram dignos dela.
9 Portanto, ide até às encruzilhadas dos caminhos
e convidai para a festa todos os que encontrardes'.
10 Então os empregados saíram pelos caminhos
e reuniram todos os que encontraram, maus e bons.
E a sala da festa ficou cheia de convidados.
11 Quando o rei entrou para ver os convidados,
observou aí um homem que não estava usando traje de festa
12 e perguntou-lhe: 'Amigo,
como entraste aqui sem o traje de festa?'
Mas o homem nada respondeu.
13 Então o rei disse aos que serviam:
'Amarrai os pés e as mãos desse homem
e jogai-o fora, na escuridão!
Aí haverá choro e ranger de dentes'.
14 Por que muitos são chamados, e poucos são escolhidos".

Palavra da Salvação.

Ou: **EVANGELHO (mais breve)**

Convidai para a festa todos os que encontrardes.

✠ Proclamação do Evangelho de Jesus Cristo
segundo Mateus   22,1-10

Naquele tempo,
1 Jesus voltou a falar em parábolas
  aos sumos sacerdotes e aos anciãos do povo, dizendo:
2 "O Reino dos Céus é como a história do rei
  que preparou a festa de casamento do seu filho.
3 E mandou os seus empregados
  para chamar os convidados para a festa,
  mas estes não quiseram ir.
4 O rei mandou outros empregados, dizendo:
  'Dizei aos convidados: já preparei o banquete,
  os bois e os animais cevados já foram abatidos
  e tudo está pronto. Vinde para a festa!'
5 Mas os convidados não deram a menor atenção:
  um foi para o seu campo, outro para os seus negócios,
6 outros agarraram os empregados,
  bateram neles e os mataram.
7 O rei ficou indignado e mandou suas tropas
  para matar aqueles assassinos e incendiar a cidade deles.
8 Em seguida, o rei disse aos empregados:
  'A festa de casamento está pronta,
  mas os convidados não foram dignos dela.
9 Portanto, ide até às encruzilhadas dos caminhos
  e convidai para a festa todos os que encontrardes'.
10 Então os empregados saíram pelos caminhos
  e reuniram todos os que encontraram, maus e bons.
  E a sala da festa ficou cheia de convidados".

Palavra da Salvação.

29º DOMINGO DO TEMPO COMUM

PRIMEIRA LEITURA

Tomei Ciro pela mão direita, para que submeta os povos ao seu domínio.

Leitura do Livro do Profeta Isaías 45,1.4-6

¹ Isto diz o Senhor sobre Ciro, seu Ungido:
"Tomei-o pela mão
para submeter os povos ao seu domínio,
dobrar o orgulho dos reis,
abrir todas as portas à sua marcha,
e para não deixar trancar os portões.
⁴ Por causa de meu servo Jacó,
e de meu eleito Israel, chamei-te pelo nome;
reservei-te, e não me reconheceste.
⁵ Eu sou o Senhor, não existe outro:
fora de mim não há deus.
Armei-te guerreiro, sem me reconheceres,
⁶ para que todos saibam, do oriente ao ocidente,
que fora de mim outro não existe.
Eu sou o Senhor, não há outro".

Palavra do Senhor.

Salmo responsorial Sl 95(96),1.2a.3.4-5.7-8.9-10a.c (℞. 7ab)

℞. Ó família das nações, dai ao Senhor poder e glória!

¹ Cantai ao Senhor Deus um canto novo, *
^{2a} cantai ao Senhor Deus, ó terra inteira!
³ manifestai a sua glória entre as nações, *
e entre os povos do universo seus prodígios! ℞.

⁴ Pois Deus é grande e muito digno de louvor, *
é mais terrível e maior que os outros deuses,
⁵ porque um nada são os deuses dos pagãos. *
Foi o Senhor e nosso Deus quem fez os céus. ℞.

⁷ Ó família das nações, dai ao Senhor, *
  ó nações, dai ao Senhor poder e glória,
⁸ dai-lhe a glória que é devida ao seu nome! *
  Oferecei um sacrifício nos seus átrios.   ℟.

⁹ Adorai-o no esplendor da santidade, *
  terra inteira, estremecei diante dele!
¹⁰ᵃ Publicai entre as nações: "Reina o Senhor!" *
  ᶜ pois os povos ele julga com justiça.   ℟.

SEGUNDA LEITURA

Recordamo-nos sem cessar da vossa fé, da caridade e da esperança.

Leitura da Primeira Carta de São Paulo aos Tessalonicenses
1,1-5b

¹ Paulo, Silvano e Timóteo,
  à Igreja dos tessalonicenses,
  reunida em Deus Pai e no Senhor Jesus Cristo:
  a vós, graça e paz!
² Damos graças a Deus por todos vós,
  lembrando-vos sempre em nossas orações.
³ Diante de Deus, nosso Pai,
  recordamos sem cessar a atuação da vossa fé,
  o esforço da vossa caridade e a firmeza
  da vossa esperança em nosso Senhor Jesus Cristo.
⁴ Sabemos, irmãos amados por Deus,
  que sois do número dos escolhidos.
⁵ᵇ Porque o nosso evangelho não chegou até vós
  somente por meio de palavras,
  mas também mediante a força que é o Espírito Santo;
  e isso, com toda a abundância.

  Palavra do Senhor.

Aclamação ao Evangelho   cf. Fl 2,15d.16a.

℟. Aleluia, Aleluia, Aleluia.
℣. Como astros no mundo vós resplandeçais,
  mensagem de vida ao mundo anunciando,
  da vida a Palavra, com fé, proclameis,
  quais astros luzentes no mundo brilheis.   ℟.

EVANGELHO

*Dai, pois, a César o que é de César
e a Deus o que é de Deus.*

✠ Proclamação do Evangelho de Jesus Cristo
segundo Mateus   22,15-21

Naquele tempo,
¹⁵ Os fariseus fizeram um plano
para apanhar Jesus em alguma palavra.
¹⁶ Então mandaram os seus discípulos,
junto com alguns do partido de Herodes,
para dizerem a Jesus:
"Mestre, sabemos que és verdadeiro
e que, de fato, ensinas o caminho de Deus.
Não te deixas influenciar pela opinião dos outros,
pois não julgas um homem pelas aparências.
¹⁷ Dize-nos, pois, o que pensas:
É lícito ou não pagar imposto a César?"
¹⁸ Jesus percebeu a maldade deles e disse: "Hipócritas!
Por que me preparais uma armadilha?
¹⁹ Mostrai-me a moeda do imposto!"
Levaram-lhe então a moeda.
²⁰ E Jesus disse:
"De quem é a figura e a inscrição desta moeda?"
²¹ Eles responderam: "De César".
Jesus então lhes disse:
"Dai pois a César o que é de César,
e a Deus o que é de Deus".

Palavra da Salvação.

30º DOMINGO DO TEMPO COMUM

PRIMEIRA LEITURA

*Se fizerdes algum mal à viúva e ao órfão,
minha cólera se inflamará contra vós.*

Leitura do Livro do Êxodo   22,20-26

Assim diz o Senhor:
20 Não oprimas nem maltrates o estrangeiro,
pois vós fostes estrangeiros na terra do Egito.
21 Não façais mal algum à viúva nem ao órfão.
22 Se os maltratardes, gritarão por mim,
e eu ouvirei o seu clamor.
23 Minha cólera, então, se inflamará
e eu vos matarei à espada;
vossas mulheres ficarão viúvas
e órfãos os vossos filhos.
24 Se emprestares dinheiro a alguém do meu povo,
a um pobre que vive ao teu lado,
não sejas um usurário,
dele cobrando juros.
25 Se tomares como penhor o manto do teu próximo,
deverás devolvê-lo antes do pôr-do-sol.
26 Pois é a única veste que tem para o seu corpo,
e coberta que ele tem para dormir.
Se clamar por mim, eu o ouvirei,
porque sou misericordioso.

Palavra do Senhor.

Salmo responsorial   Sl 17(18),2-3a.3bc-4.47.51ab (R. 2)

℟. Eu vos **amo**, ó Se**nhor**, sois minha **for**ça e salva**ção.**

2 Eu vos **amo**, ó Se**nhor**! Sois minha **for**ça, *
3a minha **ro**cha, meu re**fú**gio e Salva**dor**!
Ó meu **Deus**, sois o ro**che**do que me **abri**ga, *
minha **for**ça e pode**ro**sa salva**ção.**   ℟.

3bc Ó meu **Deus**, sois o ro**che**do que me **abri**ga *
sois meu es**cu**do e prote**ção**: em vós es**pe**ro!

⁴ Invocarei o meu Senhor: a ele a **gló**ria! *
e dos **meus** perseguido**res** serei **sal**vo! ℟.

⁴⁷ Viva o Se**nhor**! Bendito **se**ja o meu Ro**che**do! *
E louva**do** seja **Deus**, meu Salva**dor**!
⁵¹ᵃᵇ Conce**deis** ao vosso **rei** grandes vi**tó**rias *
e mos**trais** miseri**cór**dia ao vosso Ungido. ℟.

SEGUNDA LEITURA

*Vós vos convertestes, abandonando os falsos deuses,
para servir a Deus, esperando o seu Filho.*

Leitura da Primeira Carta de São Paulo aos Tessalonicenses

1,5c-10

Irmãos:
⁵ᶜ Sabeis de que maneira procedemos entre vós,
para o vosso bem.
⁶ E vós vos tornastes imitadores nossos e do Senhor,
acolhendo a Palavra com a alegria do Espírito Santo,
apesar de tantas tribulações.
⁷ Assim vos tornastes modelo
para todos os fiéis da Macedônia e da Acaia.
⁸ Com efeito, a partir de vós,
a Palavra do Senhor não se divulgou
apenas na Macedônia e na Acaia,
mas a vossa fé em Deus propagou-se por toda parte.
Assim, nós já nem precisamos de falar,
⁹ pois as pessoas mesmas contam como vós nos acolhestes
e como vos convertestes, abandonando os falsos deuses,
para servir ao Deus vivo e verdadeiro,
¹⁰ esperando dos céus o seu Filho,
a quem ele ressuscitou dentre os mortos:
Jesus, que nos livra do castigo que está por vir.

Palavra do Senhor.

Aclamação ao Evangelho   Jo 14,23

℟. Ale**lu**ia, Ale**lu**ia, Ale**lu**ia.
℣. "Se alguém me **a**ma, guarda**rá** a minha pa**la**vra,
e meu **Pai** o ama**rá**, e a ele nós vi**re**mos. ℟.

EVANGELHO

Amarás o Senhor teu Deus,
e ao teu próximo como a ti mesmo.

✠ Proclamação do Evangelho de Jesus Cristo
segundo Mateus 22,34-40

Naquele tempo,
³⁴ Os fariseus ouviram dizer que Jesus
tinha feito calar os saduceus.
Então eles se reuniram em grupo,
³⁵ e um deles perguntou a Jesus, para experimentá-lo:
³⁶ "Mestre, qual é o maior mandamento da Lei?"
³⁷ Jesus respondeu:
"'Amarás o Senhor teu Deus
de todo o teu coração, de toda a tua alma,
e de todo o teu entendimento!'
³⁸ Esse é o maior e o primeiro mandamento.
³⁹ O segundo é semelhante a esse:
'Amarás ao teu próximo como a ti mesmo'.
⁴⁰ Toda a Lei e os profetas
dependem desses dois mandamentos".

Palavra da Salvação.

31º DOMINGO DO TEMPO COMUM

PRIMEIRA LEITURA

Abandonastes o caminho e fostes para muitos pedra de tropeço na observância da lei.

Leitura da Profecia de Malaquias 1,14b-2,1-2.8-10

¹⁴ᵇ Eu sou o grande rei, diz o Senhor dos exércitos,
e o meu nome é terrível entre as nações.
²,¹ E agora este mandamento para vós, ó sacerdotes.
² Se não quiserdes ouvir e tomar a peito
glorificar o meu nome, diz o Senhor dos exércitos,
lançarei sobre vós a maldição.
⁸ Vós, porém, vos afastastes do reto caminho
e fostes para muitos, na observância da lei,
pedra de tropeço;
quebrastes o pacto de Levi,
diz o Senhor dos exércitos;
⁹ e eu também vos fiz desprezíveis e vos rebaixei
aos olhos de todos os povos,
na medida em que não guardastes meus caminhos
e praticastes discriminação de pessoas no serviço da lei.
¹⁰ Acaso não é um só o pai de todos nós?
Acaso não fomos criados por um único Deus?
Então, por que cada um de nós é desonesto
com seu irmão, violando o pacto de nossos pais?

Palavra do Senhor.

Salmo responsorial Sl 130(131),1.2.3

℟. Guar**dai**-me, ó Se**nhor**, con**vos**co, em vossa **paz**!

¹ Se**nhor**, meu cora**ção** não é orgu**lho**so, *
nem se e**le**va arro**gan**te o meu o**lhar**;
não **an**do à pro**cu**ra de gran**de**zas, *
nem **te**nho preten**sões** ambicio**sas**! ℟.

² Fiz ca**lar** e sosse**gar** a minha **al**ma; *
ela es**tá** em grande **paz** dentro de **mim**,

como a criança bem tranquila, amamentada *
no regaço acolhedor de sua mãe.   ℟.

3 Confia no Senhor, ó Israel, *
desde agora e por toda a eternidade!   ℟.

SEGUNDA LEITURA

*Desejávamos dar-vos não somente o evangelho
de Deus, mas até a própria vida.*

Leitura da Primeira Carta de São Paulo aos Tessalonicenses
2,7b-9.13

Irmãos:
7b Foi com muita ternura que nos apresentamos a vós,
como uma mãe que acalenta os seus filhinhos.
8 Tanto bem vos queríamos,
que desejávamos dar-vos
não somente o evangelho de Deus,
mas até a própria vida,
a tal ponto chegou a nossa afeição por vós.
9 Irmãos, certamente ainda vos lembrais
dos nossos trabalhos e fadigas.
Trabalhamos dia e noite,
para não sermos pesados a nenhum de vós.
Foi assim que anunciamos o evangelho de Deus.
13 Por isso, agradecemos a Deus sem cessar
por vós terdes acolhido a pregação da palavra de Deus,
não como palavra humana,
mas como aquilo que de fato é:
Palavra de Deus,
que está produzindo efeito em vós que abraçastes a fé.

Palavra do Senhor.

Aclamação ao Evangelho   cf. Mt 23,9b.10b.

℟. Aleluia, Aleluia, Aleluia.
℣. Só um é o vosso Pai, o vosso Pai celeste.
Um só é o vosso Guia, Jesus Cristo, o Messias!   ℟.

EVANGELHO

Eles falam, mas não praticam.

✠ Proclamação do Evangelho de Jesus Cristo
segundo Mateus   23,1-12

Naquele tempo,
1 Jesus falou às multidões e a seus discípulos:
2 "Os mestres da Lei e os fariseus
   têm autoridade para interpretar a Lei de Moisés.
3 Por isso,
   deveis fazer e observar tudo o que eles dizem.
   Mas não imiteis suas ações!
   Pois eles falam e não praticam.
4 Amarram pesados fardos
   e os colocam nos ombros dos outros,
   mas eles mesmos não estão dispostos a movê-los
   nem sequer com um dedo.
5 Fazem todas as suas ações
   só para serem vistos pelos outros.
   Eles usam faixas largas,
   com trechos da Escritura, na testa e nos braços,
   e põem na roupa longas franjas.
6 Gostam de lugar de honra nos banquetes
   e dos primeiros lugares nas sinagogas.
7 Gostam de ser cumprimentados nas praças públicas
   e de ser chamados de Mestre.
8 Quanto a vós, nunca vos deixeis chamar de Mestre,
   pois um só é vosso Mestre, e todos vós sois irmãos.
9 Na terra, não chameis a ninguém de pai,
   pois um só é o vosso Pai, aquele que está nos céus.
10 Não deixeis que vos chamem de guias,
   pois um só é o vosso Guia, Cristo.
11 Pelo contrário, o maior dentre vós
   deve ser aquele que vos serve.
12 Quem se exaltar será humilhado,
   e quem se humilhar será exaltado".

Palavra da Salvação.

32º DOMINGO DO TEMPO COMUM

PRIMEIRA LEITURA

A sabedoria é encontrada por aqueles que a procuram.

Leitura do Livro da Sabedoria   6,12-16

¹² A Sabedoria é resplandecente e sempre viçosa.
   Ela é facilmente contemplada por aqueles que a amam,
   e é encontrada por aqueles que a procuram.
¹³ Ela até se antecipa,
   dando-se a conhecer aos que a desejam.
¹⁴ Quem por ela madruga não se cansará,
   pois a encontrará sentada à sua porta.
¹⁵ Meditar sobre ela é a perfeição da prudência;
   e quem ficar acordado por causa dela,
   em breve há de viver despreocupado.
¹⁶ Pois ela mesma sai à procura dos que a merecem,
   cheia de bondade, aparece-lhes nas estradas
   e vai ao seu encontro em todos os seus projetos.

Palavra do Senhor.

Salmo responsorial   Sl 62(63),2.3-4.5-6.7-8 (℟. 2b)

℟. A minh'**al**ma tem **se**de de **vós**, e vos de**se**ja, ó Se**nhor**.

² Sois **vós**, ó Se**nhor**, o meu **Deus**! *
  Desde a au**ro**ra ansi**o**so vos **bus**co!
  A minh'**al**ma tem **se**de de **vós**, †
  minha **car**ne tam**bém** vos de**se**ja, *
  como **ter**ra se**den**ta e sem **á**gua!   ℟.

³ Venho, as**sim**, contem**plar**-vos no **tem**plo, *
  para **ver** vossa **gló**ria e po**der**.
⁴ Vosso a**mor** vale **mais** do que a **vi**da: *
  e por **is**so meus **lá**bios vos **lou**vam.   ℟.

⁵ Quero, **pois**, vos lou**var** pela **vi**da, *
  e ele**var** para **vós** minhas **mãos**!

6 A minh'**al**ma se**rá** saciada, †
como em **gran**de ban**que**te de **fes**ta; *
can**tará** a ale**gri**a em meus **lá**bios. ℟.

7 Penso em **vós** no meu **lei**to, de **noi**te, *
nas vi**gí**lias sus**pi**ro por **vós**!
8 Para **mim** fostes **sem**pre um so**cor**ro; *
de vossas **a**sas à **som**bra eu e**xul**to! ℟.

SEGUNDA LEITURA (mais longa)

*Deus trará de volta, com Cristo,
os que através dele entraram no sono da morte.*

Leitura da Primeira Carta de São Paulo aos Tessalonicenses

4,13-18

13 Irmãos:
não queremos deixar-vos na incerteza
a respeito dos mortos,
para que não fiqueis tristes
como os outros, que não têm esperança.
14 Se Jesus morreu e ressuscitou – e esta é nossa fé –
de modo semelhante Deus trará de volta, com Cristo,
os que através dele entraram no sono da morte.
15 Isto vos declaramos, segundo a palavra do Senhor:
nós que formos deixados com vida para a vinda do Senhor
não levaremos vantagem em relação aos que morreram.
16 Pois o Senhor mesmo, quando for dada a ordem,
à voz do arcanjo e ao som da trombeta,
descerá do céu,
e os que morreram em Cristo ressuscitarão primeiro.
17 Em seguida, nós que formos deixados com vida
seremos arrebatados com eles nas nuvens,
para o encontro com o Senhor, nos ares.
E assim estaremos sempre com o Senhor.
18 Exortai-vos, pois, uns aos outros,
com essas palavras.

Palavra do Senhor.

Ou: **SEGUNDA LEITURA (mais breve)**

Deus trará de volta, com Cristo,
os que através dele entraram no sono da morte.

Leitura da Primeira Carta de São Paulo aos Tessalonicenses

4,13-14

¹³ Irmãos, não queremos deixar-vos na incerteza
a respeito dos mortos,
para que não fiqueis tristes
como os outros, que não têm esperança.
¹⁴ Se Jesus morreu e ressuscitou
– e esta é nossa fé –
de modo semelhante Deus trará de volta, com Cristo,
os que através dele entraram no sono da morte.

Palavra do Senhor.

Aclamação ao Evangelho Mt 24,42a.44

℟. Ale**lu**ia, Ale**lu**ia, Ale**lu**ia.
℣. É pre**ci**so vigi**ar** e fi**car** de pronti**dão**;
em que **dia** o Se**nhor** há de **vir**, não sabeis **não**! ℟.

EVANGELHO

O noivo está chegando. Ide ao seu encontro.

✠ Proclamação do Evangelho de Jesus Cristo
segundo Mateus 25,1-13

Naquele tempo,
disse Jesus a seus discípulos esta parábola:
¹ "O Reino dos Céus é como a história das dez jovens
que pegaram suas lâmpadas de óleo
e saíram ao encontro do noivo.
² Cinco delas eram imprevidentes,
e as outras cinco eram previdentes.
³ As imprevidentes pegaram as suas lâmpadas,
mas não levaram óleo consigo.

⁴ As previdentes, porém, levaram vasilhas com óleo
junto com as lâmpadas.
⁵ O noivo estava demorando,
e todas elas acabaram cochilando e dormindo.
⁶ No meio da noite, ouviu-se um grito:
'O noivo está chegando. Ide ao seu encontro!'
⁷ Então as dez jovens se levantaram
e prepararam as lâmpadas.
⁸ As imprevidentes disseram às previdentes:
'Dai-nos um pouco de óleo,
porque nossas lâmpadas estão se apagando'.
⁹ As previdentes responderam:
'De modo nenhum,
porque o óleo pode ser insuficiente
para nós e para vós.
É melhor irdes comprar dos vendedores'.
¹⁰ Enquanto elas foram comprar óleo, o noivo chegou,
e as que estavam preparadas
entraram com ele para a festa de casamento.
E a porta se fechou.
¹¹ Por fim, chegaram também as outras jovens e disseram:
'Senhor! Senhor! Abre-nos a porta!'
¹² Ele, porém, respondeu:
'Em verdade eu vos digo: Não vos conheço!'
¹³ Portanto, ficai vigiando,
pois não sabeis qual será o dia, nem a hora.

Palavra da Salvação.

33º DOMINGO DO TEMPO COMUM

PRIMEIRA LEITURA

Com habilidade trabalham as suas mãos.

Leitura do Livro dos Provérbios   31,10-13.19-20.30-31

¹⁰ Uma mulher forte, quem a encontrará?
Ela vale muito mais do que as joias.
¹¹ Seu marido confia nela plenamente,
e não terá falta de recursos.
¹² Ela lhe dá só alegria e nenhum desgosto,
todos os dias de sua vida.
¹³ Procura lã e linho,
e com habilidade trabalham as suas mãos.
¹⁹ Estende a mão para a roca, e seus dedos seguram o fuso.
²⁰ Abre suas mãos ao necessitado
e estende suas mãos ao pobre.
³⁰ O encanto é enganador e a beleza é passageira;
a mulher que teme ao Senhor, essa sim, merece louvor.
³¹ Proclamem o êxito de suas mãos,
e na praça louvem-na as suas obras!

Palavra do Senhor.

Salmo responsorial   Sl 127(128),1-2.3.4-5ab (℟. cf. 1a)

℟. Felizes os que **te**mem o Se**n**hor e **tri**lham seus ca**mi**nhos!

1 Fe**liz** és tu, se **te**mes o Se**n**hor *
    e **tri**lhas seus ca**mi**nhos!
2 Do tra**ba**lho de tuas **mãos** hás de vi**ver**, *
    serás fe**liz**, tudo irá **bem**!   ℟.

3 A tua es**po**sa é uma vi**dei**ra bem fe**cun**da *
    no cora**ção** da tua **ca**sa;
    os teus **fi**lhos são re**ben**tos de oli**vei**ra *
    ao re**dor** de tua **me**sa.   ℟.

4 Será as**sim** abençoado todo **ho**mem *
    que **te**me o Se**nhor**.

⁵ O Senhor te abençoe de Sião, *
cada dia de tua vida. ℟.

SEGUNDA LEITURA

Que esse dia não vos surpreenda como um ladrão.

Leitura da Primeira Carta de São Paulo aos Tessalonicenses

5,1-6

¹ Quanto ao tempo e à hora, meus irmãos,
não há por que vos escrever.
² Vós mesmos sabeis perfeitamente
que o dia do Senhor virá como ladrão, de noite.
³ Quando as pessoas disserem: "Paz e segurança!",
então de repente sobrevirá a destruição,
como as dores de parto sobre a mulher grávida.
E não poderão escapar.
⁴ Mas vós, meus irmãos, não estais nas trevas,
de modo que esse dia vos surpreenda como um ladrão.
⁵ Todos vós sois filhos da luz e filhos do dia.
Não somos da noite, nem das trevas.
⁶ Portanto, não durmamos, como os outros,
mas sejamos vigilantes e sóbrios.

Palavra do Senhor.

Aclamação ao Evangelho   Jo 15,4a.5b

℟. Aleluia, Aleluia, Aleluia.
℣. Ficai em mim, e eu em vós hei de ficar, diz o Senhor;
quem em mim permanece, esse dá muito fruto. ℟.

EVANGELHO (mais longo)

Como foste fiel na administração de tão pouco, vem participar de minha alegria.

✠ Proclamação do Evangelho de Jesus Cristo segundo Mateus   25,14-30

Naquele tempo,
Jesus contou esta parábola a seus discípulos:
¹⁴ "Um homem ia viajar para o estrangeiro.
Chamou seus empregados e lhes entregou seus bens.
¹⁵ A um deu cinco talentos,
a outro deu dois e ao terceiro, um;
a cada qual de acordo com a sua capacidade.
Em seguida viajou.
¹⁶ O empregado que havia recebido cinco talentos
saiu logo,
trabalhou com eles, e lucrou outros cinco.
¹⁷ Do mesmo modo, o que havia recebido dois
lucrou outros dois.
¹⁸ Mas aquele que havia recebido um só,
saiu, cavou um buraco na terra,
e escondeu o dinheiro do seu patrão.
¹⁹ Depois de muito tempo, o patrão voltou
e foi acertar contas com os empregados.
²⁰ O empregado que havia recebido cinco talentos
entregou-lhe mais cinco, dizendo:
'Senhor, tu me entregaste cinco talentos.
Aqui estão mais cinco que lucrei'.
²¹ O patrão lhe disse: 'Muito bem, servo bom e fiel!
como foste fiel na administração de tão pouco,
eu te confiarei muito mais.
Vem participar da minha alegria!'
²² Chegou também o que havia recebido dois talentos,
e disse:
'Senhor, tu me entregaste dois talentos.
Aqui estão mais dois que lucrei'.
²³ O patrão lhe disse: 'Muito bem, servo bom e fiel!
Como foste fiel na administração de tão pouco,
eu te confiarei muito mais.
Vem participar da minha alegria!'
²⁴ Por fim, chegou aquele que havia recebido um talento,
e disse: 'Senhor, sei que és um homem severo,

            pois colhes onde não plantaste
            e ceifas onde não semeaste.
²⁵   Por isso, fiquei com medo
            e escondi o teu talento no chão.
            Aqui tens o que te pertence'.
²⁶   O patrão lhe respondeu: 'Servo mau e preguiçoso!
            Tu sabias que eu colho onde não plantei
            e ceifo onde não semeei?
²⁷   Então, devias ter depositado meu dinheiro no banco,
            para que, ao voltar,
            eu recebesse com juros o que me pertence'.
²⁸   Em seguida, o patrão ordenou:
            'Tirai dele o talento e dai-o àquele que tem dez!
²⁹   Porque a todo aquele que tem
            será dado mais, e terá em abundância,
            mas daquele que não tem, até o que tem lhe será tirado.
³⁰   Quanto a este servo inútil,
            jogai-o lá fora, na escuridão.
            Aí haverá choro e ranger de dentes!' ".

            Palavra da Salvação.

Ou: **EVANGELHO (mais breve)**

*Como foste fiel na administração de tão
pouco, vem participar da minha alegria.*

✠ Proclamação do Evangelho de Jesus Cristo
   segundo Mateus   **25,14-15.19-21**

            Naquele tempo,
            Jesus contou esta parábola a seus discípulos:
¹⁴   "Um homem ia viajar para o estrangeiro.
            Chamou seus empregados e lhes entregou seus bens.
¹⁵   A um deu cinco talentos,
            a outro deu dois, e ao terceiro, um;
            a cada qual de acordo com a sua capacidade.
            Em seguida viajou.
¹⁹   Depois de muito tempo, o patrão voltou
            e foi acertar contas com os empregados.
²⁰   O empregado que havia recebido cinco talentos
            entregou-lhe mais cinco, dizendo:

'Senhor, tu me entregaste cinco talentos.
Aqui estão mais cinco que lucrei'.
21 O patrão lhe disse:
'Muito bem, servo bom e fiel!
como foste fiel na administração de tão pouco,
eu te confiarei muito mais.
Vem participar da minha alegria!' ".

Palavra da Salvação.

34º. ou Último Domingo do Tempo Comum

SOLENIDADE DE NOSSO SENHOR JESUS CRISTO, REI DO UNIVERSO

PRIMEIRA LEITURA

Quanto a vós, minhas ovelhas, farei justiça entre uma ovelha e outra.

Leitura da Profecia de Ezequiel 34,11-12.15-17

¹¹ Assim diz o Senhor Deus:
"Vede! Eu mesmo vou procurar minhas ovelhas
e tomar conta delas.
¹² Como o pastor toma conta do rebanho, de dia,
quando se encontra no meio das ovelhas dispersas,
assim vou cuidar de minhas ovelhas
e vou resgatá-las de todos os lugares
em que foram dispersadas
num dia de nuvens e escuridão.
¹⁵ Eu mesmo vou apascentar as minhas ovelhas
e fazê-las repousar – oráculo do Senhor Deus – .
¹⁶ Vou procurar a ovelha perdida, reconduzir a extraviada,
enfaixar a da perna quebrada,
fortalecer a doente, e vigiar a ovelha gorda e forte.
Vou apascentá-las conforme o direito.
¹⁷ Quanto a vós, minhas ovelhas,
– assim diz o Senhor Deus –
eu farei justiça entre uma ovelha e outra,
entre carneiros e bodes".

Palavra do Senhor.

Salmo responsorial   Sl 22(23),1-2a.2b-3.5-6   (R. 1)

℟. O Se**nhor** é o pa**stor** que me con**duz**;
não me **fal**ta coisa al**gu**ma.

² Pelos **pra**dos e campinas verde**jan**tes *
ele me **le**va a descan**sar**.
Para as **á**guas repou**san**tes me enca**mi**nha, *
³ e res**tau**ra as minhas **for**ças.   ℟.

5 Preparais à minha **fren**te uma **me**sa, *
bem à **vis**ta do ini**mi**go,
e com **ó**leo vós un**gis** minha ca**be**ça; *
o meu **cá**lice trans**bor**da. ℟.

6 Felici**da**de e todo **bem** hão de se**guir**-me *
por **to**da a minha **vi**da;
e, na **ca**sa do **Se**nhor, habita**rei** *
pelos **tem**pos in**fi**nitos. ℟.

SEGUNDA LEITURA

*Entregará a realeza a Deus-Pai,
para que Deus seja tudo em todos.*

Leitura da Primeira Carta de São Paulo aos Coríntios
15,20-26.28

Irmãos:
20 Na realidade, Cristo ressuscitou dos mortos
como primícias dos que morreram.
21 Com efeito, por um homem veio a morte,
e é também por um homem
que vem a ressurreição dos mortos.
22 Como em Adão todos morrem,
assim também em Cristo todos reviverão.
23 Porém, cada qual segundo uma ordem determinada:
Em primeiro lugar, Cristo, como primícias;
depois, os que pertencem a Cristo,
por ocasião da sua vinda.
24 A seguir, será o fim,
quando ele entregar a realeza a Deus-Pai,
depois de destruir todo principado e todo poder e força.
25 Pois é preciso que ele reine,
até que todos os seus inimigos estejam debaixo de seus pés.
26 O último inimigo a ser destruído é a morte.
28 E, quando todas as coisas estiverem submetidas a ele,
então o próprio Filho se submeterá
àquele que lhe submeteu todas as coisas,
para que Deus seja tudo em todos.

Palavra do Senhor.

Aclamação ao Evangelho cf. Mc 11,10

℟. Aleluia, Aleluia, Aleluia.
℣. É bendito aquele que vem vindo,
que vem vindo em nome do Senhor;
e o Reino que vem, seja bendito;
ao que vem e a seu Reino, o louvor! ℟.

EVANGELHO

*Assentar-se-á em seu trono glorioso
e separará uns dos outros.*

✠ Proclamação do Evangelho de Jesus Cristo
segundo Mateus 25,31-46

Naquele tempo, disse Jesus a seus discípulos:
31 "Quando o Filho do Homem vier em sua glória,
acompanhado de todos os anjos,
então se assentará em seu trono glorioso.
32 Todos os povos da terra serão reunidos diante dele,
e ele separará uns dos outros,
assim como o pastor separa as ovelhas dos cabritos.
33 E colocará as ovelhas à sua direita
e os cabritos à sua esquerda.
34 Então o Rei dirá aos que estiverem à sua direita:
'Vinde, benditos de meu Pai!
Recebei como herança o Reino
que meu Pai vos preparou
desde a criação do mundo!
35 Pois eu estava com fome e me destes de comer;
eu estava com sede e me destes de beber;
eu era estrangeiro e me recebestes em casa;
36 eu estava nu e me vestistes;
eu estava doente e cuidastes de mim;
eu estava na prisão e fostes me visitar'.
37 Então os justos lhe perguntarão:
'Senhor, quando foi que te vimos com fome
e te demos de comer?
com sede e te demos de beber?
38 Quando foi que te vimos como estrangeiro
e te recebemos em casa,

e sem roupa e te vestimos?
39 Quando foi que te vimos doente ou preso,
e fomos te visitar?'
40 Então o Rei lhes responderá:
'Em verdade eu vos digo
que todas as vezes que fizestes isso
a um dos menores de meus irmãos,
foi a mim que o fizestes!'
41 Depois o Rei dirá aos que estiverem à sua esquerda:
'Afastai-vos de mim, malditos!
Ide para o fogo eterno,
preparado para o diabo e para os seus anjos.
42 Pois eu estava com fome e não me destes de comer;
eu estava com sede e não me destes de beber;
43 eu era estrangeiro e não me recebestes em casa;
eu estava nu e não me vestistes;
eu estava doente e na prisão e não fostes me visitar'.
44 E responderão também eles:
'Senhor, quando foi que te vimos com fome, ou com sede,
como estrangeiro, ou nu, doente ou preso,
e não te servimos?'
45 Então o Rei lhes responderá:
'Em verdade eu vos digo
todas as vezes que não fizestes isso
a um desses pequeninos,
foi a mim que não o fizestes!'
46 Portanto, estes irão para o castigo eterno,
enquanto os justos irão para a vida eterna".

Palavra da Salvação.

LECIONÁRIO DOMINICAL

ANO B

TEMPO DO ADVENTO

TEMPO DO ADVENTO

1º DOMINGO DO ADVENTO

PRIMEIRA LEITURA

Ah! se rompesses os céus e descesses!

Leitura do Livro do Profeta Isaías   63,16b-17.19b;64,2b-7

¹⁶ᵇ Senhor, tu és nosso Pai, nosso redentor;
   eterno é o teu nome.
¹⁷ Como nos deixaste andar longe de teus caminhos
   e endureceste nossos corações
   para não termos o teu temor?
   Por amor de teus servos,
   das tribos de tua herança, volta atrás.
¹⁹ᵇ Ah! se rompesses os céus e descesses!
   As montanhas se desmanchariam diante de ti.
⁶⁴,²ᵇ Desceste, pois, e as montanhas se derreteram
   diante de ti.
³ Nunca se ouviu dizer
   nem chegou aos ouvidos de ninguém,
   jamais olhos viram que um Deus, exceto tu,
   tenha feito tanto pelos que nele esperam.
⁴ Vens ao encontro de quem pratica a justiça com alegria,
   de quem se lembra de ti em teus caminhos.
   Tu te irritaste, porque nós pecamos;
   é nos caminhos de outrora que seremos salvos.
⁵ Todos nós nos tornamos imundície,
   e todas as nossas boas obras são como um pano sujo;
   murchamos todos como folhas,
   e nossas maldades empurram-nos como o vento.
⁶ Não há quem invoque teu nome,
   quem se levante para encontrar-se contigo;
   escondeste de nós tua face
   e nos entregaste à mercê da nossa maldade.
⁷ Assim mesmo, Senhor, tu és nosso pai,
   nós somos barro; tu, nosso oleiro,
   e nós todos, obra de tuas mãos.

Palavra do Senhor.

Salmo responsorial Sl 79(80),2ac.3b.15-16.18-19 (R. 4)

℟. Ilumi**nai** a vossa **fa**ce sobre **nós**,
convertei-nos, para **que** sejamos **sal**vos!

2a Ó Pas**tor** de Isra**el**, prestai ou**vi**dos. †
c Vós que **so**bre os queru**bins** vos assen**tais**, *
apare**cei** cheio de **gló**ria e esplen**dor**!
3b Desper**tai** vosso po**der**, ó nosso **Deus** *
e vinde **lo**go nos tra**zer** a salva**ção**! ℟.

15 Vol**tai**-vos para **nós**, Deus do univer**so**! †
Ol**hai** dos altos **céus** e obser**vai**. *
Visi**tai** a vossa **vi**nha e prote**gei**-a!
16 Foi a **vos**sa mão di**rei**ta que a plan**tou**; *
prote**gei**-a, e ao re**ben**to que fir**mas**tes! ℟.

18 Pousai a **mão** por sobre o **vos**so protegido, *
o filho do **ho**mem que escol**hes**tes para **vós**!
19 E nunca **mais** vos deixa**re**mos, Senhor **Deus**! *
Dai-nos **vi**da, e louva**re**mos vosso **no**me! ℟.

SEGUNDA LEITURA

*Esperamos a revelação
de Nosso Senhor Jesus Cristo.*

Leitura da Primeira Carta de São Paulo aos Coríntios 1,3-9

Irmãos:
3 Para vós, graça e paz,
da parte de Deus, nosso Pai,
e do Senhor Jesus Cristo.
4 Dou graças a Deus sempre a vosso respeito,
por causa da graça que Deus vos concedeu
em Cristo Jesus:
5 Nele fostes enriquecidos em tudo,
em toda palavra e em todo conhecimento,
6 à medida que o testemunho sobre Cristo
se confirmou entre vós.
7 Assim, não tendes falta de nenhum dom,
vós que aguardais a revelação do Senhor nosso, Jesus Cristo.

8 É ele também que vos dará perseverança
em vosso procedimento irrepreensível,
até ao fim, até ao dia de nosso Senhor, Jesus Cristo.
9 Deus é fiel; por ele fostes chamados à comunhão
com seu Filho, Jesus Cristo, Senhor nosso.

Palavra do Senhor.

Aclamação ao Evangelho Sl 84,8

℟. Aleluia, Aleluia, Aleluia.
℣. Mostrai-nos, ó Senhor, vossa bondade,
e a vossa salvação nos concedei! ℟.

EVANGELHO

Vigiai: não sabeis quando o dono da casa vem.

✠ Proclamação do Evangelho de Jesus Cristo
segundo Marcos 13,33-37

Naquele tempo, disse Jesus aos seus discípulos:
33 "Cuidado! Ficai atentos,
porque não sabeis quando chegará o momento.
34 É como um homem que, ao partir para o estrangeiro,
deixou sua casa sob a responsabilidade de seus empregados,
distribuindo a cada um sua tarefa.
E mandou o porteiro ficar vigiando.
35 Vigiai, portanto, porque não sabeis
quando o dono da casa vem:
à tarde, à meia-noite, de madrugada ou ao amanhecer.
36 Para que não suceda que, vindo de repente,
ele vos encontre dormindo.
37 O que vos digo, digo a todos: Vigiai!"

Palavra da Salvação.

2º DOMINGO DO ADVENTO

PRIMEIRA LEITURA

Preparai o caminho do Senhor.

Leitura do Livro do Profeta Isaías   40,1-5.9-11

¹ "Consolai o meu povo, consolai-o!
– diz o vosso Deus –.
² Falai ao coração de Jerusalém
e dizei em alta voz que sua servidão acabou
e a expiação de suas culpas foi cumprida;
ela recebeu das mãos do Senhor
o dobro por todos os seus pecados".
³ Grita uma voz:
"Preparai no deserto o caminho do Senhor,
aplainai na solidão a estrada de nosso Deus.
⁴ Nivelem-se todos os vales,
rebaixem-se todos os montes e colinas;
endireite-se o que é torto
e alisem-se as asperezas:
⁵ a glória do Senhor então se manifestará,
e todos os homens verão juntamente
o que a boca do Senhor falou.
⁹ Sobe a um alto monte,
tu, que trazes a boa-nova a Sião;
levanta com força a tua voz,
tu, que trazes a boa-nova a Jerusalém,
ergue a voz, não temas;
dize às cidades de Judá: 'Eis o vosso Deus,
¹⁰ eis que o Senhor Deus vem com poder,
seu braço tudo domina:
eis, com ele, sua conquista,
eis à sua frente a vitória.
¹¹ Como um pastor, ele apascenta o rebanho,
reúne, com a força dos braços, os cordeiros
e carrega-os ao colo;
ele mesmo tange as ovelhas-mães' ".

Palavra do Senhor.

Salmo responsorial Sl 84(85),9ab-10.11-12.13-14 (R. 8)

℟. Mos**trai**-nos, ó Se**nhor**, **vos**sa bon**da**de,
e a **vos**sa salva**ção** nos conce**dei**!

9a Quero ou**vir** o que o Se**nhor** irá fa**lar**: *
é a **paz** que ele **vai** anunci**ar**;
b a **paz** para o seu **po**vo e seus a**mi**gos, *
para os que **vol**tam ao Se**nhor** seu cora**ção**.
10 Está **per**to a salva**ção** dos que o **te**mem, *
e a **gló**ria habita**rá** em nossa **ter**ra. ℟.

11 A ver**da**de e o a**mor** se encontra**rão**, *
a jus**ti**ça e a **paz** se abra**ça**rão;
12 da **ter**ra brota**rá** a fideli**da**de, *
e a jus**ti**ça olha**rá** dos altos **céus**. ℟.

13 O Se**nhor** nos dará **tu**do o que é **bom**, *
e a nossa **ter**ra nos dará suas co**lhei**tas;
14 a jus**ti**ça anda**rá** na sua **fren**te *
e a salva**ção** há de se**guir** os passos **seus**. ℟.

SEGUNDA LEITURA

*O que nós esperamos são
novos céus e uma nova terra.*

Leitura da Segunda Carta de São Pedro 3,8-14

8 Uma coisa vós não podeis desconhecer, caríssimos:
para o Senhor, um dia é como mil anos
e mil anos como um dia.
9 O Senhor não tarda a cumprir sua promessa,
como pensam alguns, achando que demora.
Ele está usando de paciência para convosco.
Pois não deseja que alguém se perca.
ao contrário, quer que todos venham a converter-se.
10 O dia do Senhor chegará como um ladrão,
e então os céus acabarão com barulho espantoso;
os elementos, devorados pelas chamas, se dissolverão,
e a terra será consumida com tudo o que nela se fez.

¹¹ Se desse modo tudo se vai desintegrar,
qual não deve ser o vosso empenho
numa vida santa e piedosa,
¹² enquanto esperais com anseio a vinda do Dia de Deus,
quando os céus em chama se vão derreter,
e os elementos, consumidos pelo fogo, se fundirão?
¹³ O que nós esperamos, de acordo com a sua promessa,
são novos céus e uma nova terra,
onde habitará a justiça.
¹⁴ Caríssimos, vivendo nessa esperança,
esforçai-vos para que ele vos encontre
numa vida pura e sem mancha e em paz.

Palavra do Senhor.

Aclamação ao Evangelho Lc 3,4.6

℟. Aleluia, Aleluia, Aleluia.
℣. Preparai o caminho do Senhor;
endireitai suas veredas.
Toda a carne há de ver
a salvação do nosso Deus. ℟.

EVANGELHO

Endireitai as estradas do Senhor.

✠ Proclamação do Evangelho de Jesus Cristo
segundo Marcos 1,1-8

¹ Início do Evangelho de Jesus Cristo, Filho de Deus.
² Está escrito no livro do profeta Isaías:
"Eis que envio meu mensageiro à tua frente,
para preparar o teu caminho.
³ Esta é a voz daquele que grita no deserto:
'Preparai o caminho do Senhor,
endireitai suas estradas!'"
⁴ Foi assim que João Batista apareceu no deserto,
pregando um batismo de conversão
para o perdão dos pecados.
⁵ Toda a região da Judeia e todos os moradores de Jerusalém
iam ao seu encontro.

Confessavam os seus pecados
e João os batizava no rio Jordão.
⁶ João se vestia com uma pele de camelo
e comia gafanhotos e mel do campo.
⁷ E pregava, dizendo:
"Depois de mim virá alguém mais forte do que eu.
Eu nem sou digno de me abaixar
para desamarrar suas sandálias.
⁸ Eu vos batizei com água,
mas ele vos batizará com o Espírito Santo".

Palavra da Salvação.

3º DOMINGO DO ADVENTO

PRIMEIRA LEITURA

Exulto de alegria no Senhor.

Leitura do Livro do Profeta Isaías   61,1-2a.10-11

¹ O espírito do Senhor Deus está sobre mim,
  porque o Senhor me ungiu;
  enviou-me para dar a boa-nova aos humildes,
  curar as feridas da alma,
  pregar a redenção para os cativos
  e a liberdade para os que estão presos;
²ᵃ para proclamar o tempo da graça do Senhor.
¹⁰ Exulto de alegria no Senhor
  e minh'alma regozija-se em meu Deus;
  ele me vestiu com as vestes da salvação,
  envolveu-me com o manto da justiça
  e adornou-me como um noivo com sua coroa,
  ou uma noiva com suas joias.
¹¹ Assim como a terra faz brotar a planta
  e o jardim faz germinar a semente,
  assim o Senhor Deus fará germinar a justiça
  e a sua glória diante de todas as nações.

Palavra do Senhor.

Salmo responsorial   Lc 1,46-48.49-50.53-54 (℞. Is 61,10b)

℞. A minh'alma se alegra no meu Deus.

⁴⁶ A minha alma engrandece ao Senhor, *
⁴⁷ e se alegrou o meu espírito em Deus, meu Salvador,
⁴⁸ pois, ele viu a pequenez de sua serva, *
  desde agora as gerações hão de chamar-me de bendita.   ℞.

⁴⁹ O Poderoso fez por mim maravilhas, *
  e Santo é o seu nome!

⁵⁰ Seu a**mor**, de ge**ração** em ge**ração**, *
chega a **to**dos que o res**pei**tam. ℟.

⁵³ De **bens** saci**ou** os fa**min**tos, *
e despe**diu os ricos** sem nada.
⁵⁴ Acol**heu** Israel, seu servi**dor**, *
fiel ao seu a**mor**. ℟.

SEGUNDA LEITURA

*Vosso espírito, vossa alma e vosso corpo
sejam conservados para a vinda do Senhor.*

Leitura da Primeira Carta de São Paulo
aos Tessalonicenses   5,16-24

Irmãos:
¹⁶ Estai sempre alegres!
¹⁷ Rezai sem cessar.
¹⁸ Dai graças em todas as circunstâncias,
porque essa é a vosso respeito
a vontade de Deus em Jesus Cristo.
¹⁹ Não apagueis o espírito!
²⁰ Não desprezeis as profecias,
²¹ mas examinai tudo e guardai o que for bom.
²² Afastai-vos de toda espécie de maldade!
²³ Que o próprio Deus da paz vos santifique totalmente,
e que tudo aquilo que sois
– espírito, alma, corpo –
seja conservado sem mancha alguma
para a vinda de nosso Senhor Jesus Cristo!
²⁴ Aquele que vos chamou é fiel;
ele mesmo realizará isso.

Palavra do Senhor.

Aclamação ao Evangelho   Is 61,1 (Lc 4,18)

℟. Ale**lu**ia, Ale**lu**ia, Ale**lu**ia.
℣. O Es**pí**rito do Senhor
sobre **mim** fez a sua un**ção**,
envi**ou**-me aos **em**pobre**ci**dos
a **fazer** feliz pro**cla**mação. ℟.

EVANGELHO

No meio de vós está aquele que vós não conheceis.

✠ Proclamação do Evangelho de Jesus Cristo
segundo João — 1,6-8.19-28

⁶ Surgiu um homem enviado por Deus;
seu nome era João.
⁷ Ele veio como testemunha,
para dar testemunho da luz,
para que todos chegassem à fé por meio dele.
⁸ Ele não era a luz,
mas veio para dar testemunho da luz.
¹⁹ Este foi o testemunho de João,
quando os judeus enviaram de Jerusalém
sacerdotes e levitas para perguntar:
"Quem és tu?"
²⁰ João confessou e não negou.
Confessou: "Eu não sou o Messias".
²¹ Eles perguntaram: "Quem és, então?
És tu Elias?"
João respondeu: "Não sou".
Eles perguntaram: "És o Profeta?"
Ele respondeu: "Não".
²² Perguntaram então: "Quem és, afinal?
Temos que levar uma resposta para aqueles que nos enviaram.
O que dizes de ti mesmo?"
²³ João declarou:
"Eu sou a voz que grita no deserto:
'Aplainai o caminho do Senhor'"
– conforme disse o profeta Isaías.
²⁴ Ora, os que tinham sido enviados
pertenciam aos fariseus
²⁵ e perguntaram: "Por que então andas batizando,
se não és o Messias, nem Elias, nem o Profeta?"
²⁶ João respondeu: "Eu batizo com água;
mas no meio de vós está aquele
que vós não conheceis,
²⁷ e que vem depois de mim.
Eu não mereço desamarrar a correia de suas sandálias".
²⁸ Isso aconteceu em Betânia, além do Jordão,
onde João estava batizando.

Palavra da Salvação.

4º DOMINGO DO ADVENTO

PRIMEIRA LEITURA

*O teu reino será estável para sempre
diante de mim, diz o Senhor.*

Leitura do Segundo Livro de Samuel   7,1-5.8b-12.14a.16

¹ Tendo-se o rei Davi instalado já em sua casa
e tendo-lhe o Senhor dado a paz,
livrando-o de todos os seus inimigos,
² ele disse ao profeta Natã:
"Vê: eu resido num palácio de cedro,
e a arca de Deus está alojada numa tenda!"
³ Natã respondeu ao rei:
"Vai e faze tudo o que diz o teu coração,
pois o Senhor está contigo".
⁴ Mas, nessa mesma noite,
a palavra do Senhor foi dirigida a Natã nestes termos:
⁵ "Vai dizer ao meu servo Davi:
'Assim fala o Senhor:
Porventura és tu que me construirás uma casa
para eu habitar?
⁸ᵇ Fui eu que te tirei do pastoreio, do meio das ovelhas,
para que fosses o chefe do meu povo, Israel.
⁹ Estive contigo em toda a parte por onde andaste,
e exterminei diante de ti todos os teus inimigos,
fazendo o teu nome tão célebre
como o dos homens mais famosos da terra.
¹⁰ Vou preparar um lugar para o meu povo, Israel:
eu o implantarei, de modo que possa morar lá
sem jamais ser inquietado.
Os homens violentos não tornarão a oprimi-lo
como outrora,
¹¹ no tempo em que eu estabelecia juízes
sobre o meu povo, Israel.
Concedo-te uma vida tranquila,
livrando-te de todos os teus inimigos.
E o Senhor te anuncia que te fará uma casa.

¹² Quando chegar o fim dos teus dias
e repousares com teus pais,
então, suscitarei, depois de ti, um filho teu,
e confirmarei a sua realeza.
¹⁴ᵃ Eu serei para ele um pai
e ele será para mim um filho.
¹⁶ Tua casa e teu reino
serão estáveis para sempre diante de mim,
e teu trono será firme para sempre".
Palavra do Senhor.

Salmo responsorial   Sl 88(89),2-3.4-5.27.29 (℞. 2a)

℞. Ó Se**nhor**, eu cant**arei** eterna**men**te o vosso **amor**!

² Ó Se**nhor**, eu cant**arei** eterna**men**te o vosso **amor**, *
de ge**ração** em ge**ração** eu cant**arei** vossa ver**da**de!
³ Porque dissestes: "O **amor** é garantido para **sem**pre!" *
E a **vos**sa leal**da**de é tão **fir**me como os **céus**.   ℞.

⁴ "Eu fir**mei** uma Ali**an**ça com meu **ser**vo, meu e**lei**to, *
e eu **fiz** um jura**men**to a Da**vi**, meu servi**dor**.
⁵ Para **sem**pre, no teu **tro**no, firma**rei** tua li**nha**gem, *
de ge**ração** em ge**ração** garanti**rei** o teu rei**na**do!   ℞.

²⁷ Ele, en**tão**, me invoca**rá**: †
'Ó Se**nhor**, vós sois meu **Pai**, sois meu Deus, *
sois meu Ro**che**do onde en**con**tro a salva**ção**!'
²⁹ Guarda**rei** eterna**men**te para **e**le a minha **gra**ça *
e com **e**le firma**rei** minha Ali**an**ça indissol**ú**vel".   ℞.

SEGUNDA LEITURA

*O mistério mantido em sigilo desde sempre
agora foi manifestado.*

Leitura da Carta de São Paulo aos Romanos   16,25-27

Irmãos:
²⁵ Glória seja dada
àquele que tem o poder de vos confirmar
na fidelidade ao meu evangelho
e à pregação de Jesus Cristo,

de acordo com a revelação do mistério
mantido em sigilo desde sempre.
²⁶ Agora este mistério foi manifestado
e, mediante as Escrituras proféticas,
conforme determinação do Deus eterno,
foi levado ao conhecimento de todas as nações,
para trazê-las à obediência da fé.
²⁷ A ele, o único Deus, o sábio,
por meio de Jesus Cristo,
a glória, pelos séculos dos séculos. Amém!

Palavra do Senhor.

Aclamação ao Evangelho   Lc 1,38

℟. Aleluia, Aleluia, Aleluia.
℣. Eis a serva do Senhor;
cumpra-se em mim a tua palavra!   ℟.

EVANGELHO

Eis que conceberás e darás à luz um filho.

✠ Proclamação do Evangelho de Jesus Cristo
segundo Lucas   1,26-38

Naquele tempo,
²⁶ O anjo Gabriel foi enviado por Deus
a uma cidade da Galileia, chamada Nazaré,
²⁷ a uma virgem, prometida em casamento
a um homem chamado José.
Ele era descendente de Davi
e o nome da virgem era Maria.
²⁸ O anjo entrou onde ela estava e disse:
"Alegra-te, cheia de graça, o Senhor está contigo!"
²⁹ Maria ficou perturbada com essas palavras
e começou a pensar qual seria o significado da saudação.
³⁰ O anjo, então, disse-lhe:
"Não tenhas medo, Maria,
porque encontraste graça diante de Deus.
³¹ Eis que conceberás e darás à luz um filho,
a quem porás o nome de Jesus.

³² Ele será grande, será chamado Filho do Altíssimo,
e o Senhor Deus lhe dará o trono de seu pai Davi.
³³ Ele reinará para sempre sobre os descendentes de Jacó,
e o seu reino não terá fim".
³⁴ Maria perguntou ao anjo:
"Como acontecerá isso,
se eu não conheço homem algum?"
³⁵ O anjo respondeu:
"O Espírito virá sobre ti,
e o poder do Altíssimo te cobrirá com sua sombra.
Por isso, o menino que vai nascer
será chamado Santo, Filho de Deus.
³⁶ Também Isabel, tua parenta,
concebeu um filho na velhice.
Este já é o sexto mês
daquela que era considerada estéril,
³⁷ porque para Deus nada é impossível".
³⁸ Maria, então, disse:
"Eis aqui a serva do Senhor;
faça-se em mim segundo a tua palavra!"
E o anjo retirou-se.

Palavra da Salvação.

TEMPO DO NATAL

25 de dezembro

NATAL DO SENHOR

Missa da Vigília

*(para as missas vespertinas do dia 24, antes ou depois
das I Vésperas do Natal do Senhor)*

PRIMEIRA LEITURA

O Senhor agradou-se de ti.

Leitura do Livro do Profeta Isaías 62,1-5

¹ Por amor de Sião não me calarei,
 por amor de Jerusalém não descansarei,
 enquanto não surgir nela, como um luzeiro, a justiça
 e não se acender nela, como uma tocha, a salvação.
² As nações verão a tua justiça,
 todos os reis verão a tua glória;
 serás chamada com um nome novo,
 que a boca do Senhor há de designar.
³ E serás uma coroa de glória na mão do Senhor,
 um diadema real nas mãos de teu Deus.
⁴ Não mais te chamarão Abandonada,
 e tua terra não mais será chamada Deserta;
 teu nome será Minha Predileta
 e tua terra será a Bem-Casada,
 pois o Senhor agradou-se de ti
 e tua terra será desposada.
⁵ Assim como o jovem desposa a donzela,
 assim teus filhos te desposam;
 e como a noiva é a alegria do noivo,
 assim também tu és a alegria de teu Deus.

Palavra do Senhor.

Salmo responsorial
Sl 88(89),4-5.16-17.27.29 (R. 2a)

℟. **Senhor**, eu can**tarei** eterna**men**te o vosso a**mor**!

⁴ "Eu fir**mei** uma Ali**an**ça com meu **ser**vo, meu e**lei**to, *
 e eu **fiz** um jura**men**to a Davi, meu servi**dor**:

⁵ Para **sem**pre, no teu **tro**no, firma**rei** tua li**nha**gem, *
de ge**ra**ção em ge**ra**ção garanti**rei** o teu rei**na**do!"   ℟.

¹⁶ Quão fe**liz** é aquele **po**vo que co**nhe**ce a ale**gri**a: *
segui**rá** pelo ca**mi**nho, sempre à **luz** de vossa **fa**ce!
¹⁷ Exulta**rá** de ale**gri**a em vosso **no**me dia a **di**a, *
e com gran**de** entusiasmo exalta**rá** vossa justiça.   ℟.

²⁷ Ele, en**tão**, me invoca**rá**: †
"Ó **Sen**hor, vós sois meu **Pai**, sois meu Deus, *
sois meu Ro**che**do onde en**con**tro a salva**ção**!"
²⁹ Guarda**rei** eterna**men**te para ele a minha gra**ça** *
e com **e**le firma**rei** minha Aliança indisso**lú**vel.   ℟.

SEGUNDA LEITURA

*Testemunho de Paulo
sobre Cristo, filho de Davi.*

Leitura dos Atos dos Apóstolos   13,16-17.22-25

Tendo chegado a Antioquia da Pisídia,
¹⁶ Paulo levantou-se na sinagoga,
fez um sinal com a mão e disse:
"Israelitas e vós que temeis a Deus, escutai!
¹⁷ O Deus deste povo de Israel
escolheu os nossos antepassados
e fez deles um grande povo
quando moravam como estrangeiros no Egito;
e de lá os tirou com braço poderoso.
²² Em seguida, Deus fez surgir Davi como rei
e assim testemunhou a seu respeito:
'Encontrei Davi, filho de Jessé,
homem segundo o meu coração,
que vai fazer em tudo a minha vontade'.
²³ Conforme prometera, da descendência de Davi
Deus fez surgir para Israel um Salvador,
que é Jesus.
²⁴ Antes que ele chegasse,
João pregou um batismo de conversão
para todo o povo de Israel.
²⁵ Estando para terminar sua missão,
João declarou:

'Eu não sou aquele que pensais que eu seja!
Mas vede: depois de mim vem aquele,
do qual nem mereço desamarrar as sandálias'".

Palavra do Senhor.

Aclamação ao Evangelho

℟. Aleluia, Aleluia, Aleluia.
℣. Amanhã será varrida da terra a iniquidade
e sobre **nós** há de reinar o Salvador do mundo. ℟.

EVANGELHO (mais longo)

Origem de Jesus Cristo, filho de Davi.

✠ Proclamação do Evangelho de Jesus Cristo
segundo Mateus 1,1-25

¹ Livro da origem de Jesus Cristo,
filho de Davi, filho de Abraão.
² Abraão gerou Isaac; Isaac gerou Jacó;
Jacó gerou Judá e seus irmãos.
³ Judá gerou Farés e Zara, cuja mãe era Tamar.
Farés gerou Esrom; Esrom gerou Aram;
⁴ Aram gerou Aminadab; Aminadab gerou Naasson;
Naasson gerou Salmon;
⁵ Salmon gerou Booz, cuja mãe era Raab.
Booz gerou Jobed, cuja mãe era Rute.
Jobed gerou Jessé.
⁶ Jessé gerou o rei Davi.
Davi gerou Salomão,
daquela que tinha sido a mulher de Urias.
⁷ Salomão gerou Roboão; Roboão gerou Abias;
Abias gerou Asa;
⁸ Asa gerou Josafá; Josafá gerou Jorão;
Jorão gerou Ozias;
⁹ Ozias gerou Jotão; Jotão gerou Acaz;
Acaz gerou Ezequias;
¹⁰ Ezequias gerou Manassés; Manassés gerou Amon;
Amon gerou Josias.
¹¹ Josias gerou Jeconias e seus irmãos,
no tempo do exílio na Babilônia.

¹² Depois do exílio na Babilônia,
Jeconias gerou Salatiel; Salatiel gerou Zorobabel;
¹³ Zorobabel gerou Abiud; Abiud gerou Eliaquim;
Eliaquim gerou Azor;
¹⁴ Azor gerou Sadoc; Sadoc gerou Aquim;
Aquim gerou Eliud;
¹⁵ Eliud gerou Eleazar; Eleazar gerou Matã;
Matã gerou Jacó.
¹⁶ Jacó gerou José, o esposo de Maria,
da qual nasceu Jesus, que é chamado o Cristo.
¹⁷ Assim, as gerações desde Abraão até Davi são quatorze;
de Davi até o exílio na Babilônia, quatorze;
e do exílio na Babilônia até Cristo, quatorze.
¹⁸ A origem de Jesus Cristo foi assim:
Maria, sua mãe, estava prometida em casamento a José,
e, antes de viverem juntos,
ela ficou grávida pela ação do Espírito Santo.
¹⁹ José, seu marido, era justo
e, não querendo denunciá-la,
resolveu abandonar Maria, em segredo.
²⁰ Enquanto José pensava nisso,
eis que o anjo do Senhor apareceu-lhe, em sonho,
e lhe disse: "José, filho de Davi,
não tenhas medo de receber Maria como tua esposa,
porque ela concebeu pela ação do Espírito Santo.
²¹ Ela dará à luz um filho e tu lhe darás o nome de Jesus,
pois ele vai salvar o seu povo dos seus pecados".
²² Tudo isso aconteceu para se cumprir
o que o Senhor havia dito pelo profeta:
²³ "Eis que a virgem conceberá
e dará à luz um filho.
Ele será chamado pelo nome de Emanuel,
que significa: Deus está conosco".
²⁴ Quando acordou,
José fez conforme o anjo do Senhor havia mandado:
aceitou sua esposa.
²⁵ E sem ter relações com ela,
Maria deu à luz um filho.
E José deu ao menino o nome de Jesus.

Palavra da Salvação.

Ou: **EVANGELHO (mais breve)**

*Maria dará à luz um filho
e tu lhe darás o nome de Jesus.*

✠ Proclamação do Evangelho de Jesus Cristo
segundo Mateus   1,18-25

¹⁸ A origem de Jesus Cristo foi assim:
Maria, sua mãe, estava prometida em casamento a José,
e, antes de viverem juntos,
ela ficou grávida pela ação do Espírito Santo.
¹⁹ José, seu marido, era justo
e, não querendo denunciá-la,
resolveu abandonar Maria, em segredo.
²⁰ Enquanto José pensava nisso,
eis que o anjo do Senhor apareceu-lhe, em sonho,
e lhe disse: "José, filho de Davi,
não tenhas medo de receber Maria como tua esposa,
porque ela concebeu pela ação do Espírito Santo.
²¹ Ela dará à luz um filho,
e tu lhe darás o nome de Jesus,
pois ele vai salvar o seu povo dos seus pecados".
²² Tudo isso aconteceu para se cumprir
o que o Senhor havia dito pelo profeta:
²³ "Eis que a virgem conceberá
e dará à luz um filho.
Ele será chamado pelo nome de Emanuel,
que significa: Deus está conosco".
²⁴ Quando acordou,
José fez conforme o anjo do Senhor havia mandado,
aceitou sua esposa.
²⁵ E sem ter relações com ela,
Maria deu à luz um filho.
E José deu ao menino o nome de Jesus.

Palavra da Salvação.

Nas missas que se celebram no dia de Natal, usam-se as leituras aqui indicadas, mas com a possibilidade de escolha de textos mais apropriados de alguma das três missas, conforme a conveniência pastoral de cada assembleia.

Missa da noite

PRIMEIRA LEITURA

Foi-nos dado um filho.

Leitura do Livro do Profeta Isaías 9,1-6

¹ O povo, que andava na escuridão,
viu uma grande luz;
para os que habitavam nas sombras da morte,
uma luz resplandeceu.
² Fizeste crescer a alegria, e aumentaste a felicidade;
todos se regozijam em tua presença
como alegres ceifeiros na colheita,
ou como exaltados guerreiros ao dividirem os despojos.
³ Pois o jugo que oprimia o povo,
– a carga sobre os ombros, o orgulho dos fiscais –
tu os abateste como na jornada de Madiã.
⁴ Botas de tropa de assalto,
trajes manchados de sangue,
tudo será queimado e devorado pelas chamas.
⁵ Porque nasceu para nós um menino,
foi-nos dado um filho;
ele traz aos ombros a marca da realeza;
o nome que lhe foi dado é:
Conselheiro admirável, Deus forte,
Pai dos tempos futuros, Príncipe da paz.
⁶ Grande será o seu reino e a paz não há de ter fim
sobre o trono de Davi e sobre o seu reinado,
que ele irá consolidar e confirmar
em justiça e santidade,
a partir de agora e para todo o sempre.
O amor zeloso do Senhor dos exércitos
há de realizar essas coisas.

Palavra do Senhor.

Salmo responsorial Sl 95(96),1-2a.2b-3.11-12.13 (℟. Lc 2,11)

℟. **Hoje nasceu** para **nós**
o Salva**dor**, que é **Cristo**, o Se**nhor**.

¹ Can**tai** ao Senhor **Deus** um canto **no**vo, †
²ᵃ can**tai** ao Senhor **Deus**, ó terra in**tei**ra! *
Can**tai** e bendi**zei** seu santo **no**me! ℟.

²ᵇ Dia após **di**a anunci**ai** sua salva**ção**, †
³ manifes**tai** a sua **gló**ria entre as na**ções**, *
e entre os **po**vos do uni**ver**so seus pro**dí**gios! ℟.

¹¹ O **céu** se rejubile e exulte a **ter**ra, *
aplauda o **mar** com o que **vi**ve em suas **á**guas;
¹² os **cam**pos com seus **fru**tos rejubilem *
e ex**ul**tem as flo**res**tas e as **ma**tas. ℟.

¹³ na pre**sen**ça do Se**nhor**, pois ele **vem**, *
porque **vem** para jul**gar** a terra in**tei**ra.
Gover**na**rá o mundo **to**do com jus**ti**ça, *
e os **po**vos julga**rá** com leal**da**de. ℟.

SEGUNDA LEITURA

*Manifestou-se a bondade
de Deus para toda a humanidade.*

Leitura da Carta de São Paulo a Tito   2,11-14

Caríssimo:
¹¹ A graça de Deus se manifestou
trazendo salvação para todos os homens.
¹² Ela nos ensina a abandonar a impiedade
e as paixões mundanas e a viver neste mundo
com equilíbrio, justiça e piedade,
¹³ aguardando a feliz esperança e a manifestação da glória
do nosso grande Deus e Salvador, Jesus Cristo.
¹⁴ Ele se entregou por nós, para nos resgatar de toda maldade
e purificar para si um povo que lhe pertença
e que se dedique a praticar o bem.

Palavra do Senhor.

Aclamação ao Evangelho   Lc 2,10-11

℟. Ale**lu**ia, Ale**lu**ia, Ale**lu**ia.
℣. Eu vos **tra**go a boa **no**va de uma **gran**de alegria:
é que **ho**je vos nas**ceu** o Salva**dor**, Cristo, o Se**nhor**. ℟.

EVANGELHO

Hoje, nasceu para vós um Salvador.

✠ Proclamação do Evangelho de Jesus Cristo segundo Lucas 2,1-14

¹ Aconteceu que naqueles dias,
César Augusto publicou um decreto,
ordenando o recenseamento de toda a terra.
² Esse primeiro recenseamento foi feito
quando Quirino era governador da Síria.
³ Todos iam registrar-se cada um na sua cidade natal.
⁴ Por ser da família e descendência de Davi,
José subiu da cidade de Nazaré, na Galileia,
até a cidade de Davi, chamada Belém, na Judeia,
⁵ para registrar-se com Maria, sua esposa,
que estava grávida.
⁶ Enquanto estavam em Belém,
completaram-se os dias para o parto,
⁷ e Maria deu à luz o seu filho primogênito.
Ela o enfaixou e o colocou na manjedoura,
pois não havia lugar para eles na hospedaria.
⁸ Naquela região havia pastores
que passavam a noite nos campos,
tomando conta do seu rebanho.
⁹ Um anjo do Senhor apareceu aos pastores,
a glória do Senhor os envolveu em luz,
e eles ficaram com muito medo.
¹⁰ O anjo, porém, disse aos pastores:
"Não tenhais medo!
Eu vos anuncio uma grande alegria,
que o será para todo o povo:
¹¹ Hoje, na cidade de Davi, nasceu para vós um Salvador,
que é o Cristo Senhor.
¹² Isto vos servirá de sinal:
Encontrareis um recém-nascido
envolvido em faixas e deitado numa manjedoura".
¹³ E, de repente, juntou-se ao anjo
uma multidão da coorte celeste.
Cantavam louvores a Deus, dizendo:
¹⁴ "Glória a Deus no mais alto dos céus,
e paz na terra aos homens por ele amados".

Palavra da Salvação.

Missa da aurora

PRIMEIRA LEITURA

Eis que está chegando o teu Salvador.

Leitura do Livro do Profeta Isaías 62,11-12

¹¹ Eis que o Senhor fez-se ouvir
até as extremidades da terra:
"Dizei à cidade de Sião:
Eis que está chegando o teu salvador,
com a recompensa já em suas mãos
e o prêmio à sua disposição.
¹² O povo será chamado Povo santo,
os Resgatados do Senhor;
e tu terás por nome Desejada,
Cidade-não abandonada".

Palavra do Senhor.

Salmo responsorial Sl 96(97),1.6.11-12

℟. Brilha **ho**je uma **luz** sobre **nós**,
pois nas**ceu** para **nós** o **Se**nhor.

¹ Deus é **Rei**! Exulte a **ter**ra de ale**gri**a, *
e as **i**lhas nume**ro**sas reju**bi**lem!
⁶ E pro**cla**ma o **céu** sua justi**ça**, *
todos os **po**vos podem **ver** a sua **gló**ria. ℟.

¹¹ Uma **luz** já se le**van**ta para os **jus**tos, *
e a ale**gri**a para os **re**tos cora**ções**.
¹² Homens **jus**tos, ale**grai**-vos no Se**nhor**, *
cele**brai** e bendi**zei** seu santo **no**me! ℟.

SEGUNDA LEITURA

Ele salvou-nos por sua misericórdia.

Leitura da Carta de São Paulo a Tito 3,4-7

Caríssimo:
4 Manifestou-se a bondade de Deus, nosso Salvador,
e o seu amor pelos homens:
5 Ele salvou-nos, não por causa dos atos de justiça
que tivéssemos praticado, mas por sua misericórdia,
quando renascemos e fomos renovados no batismo
pelo Espírito Santo,
6 que ele derramou abundantemente sobre nós
por meio de nosso Salvador Jesus Cristo.
7 Justificados assim pela sua graça,
nos tornamos na esperança herdeiros da vida eterna.

Palavra do Senhor.

Aclamação ao Evangelho Lc 2,14

℟. Aleluia, Aleluia, Aleluia.
℣. "Glória a **Deus** nos altos **céus**,
e paz na **ter**ra entre os **ho**mens,
que ele **a**ma". Ale**lu**ia. ℟.

EVANGELHO

*Os pastores encontraram
Maria e José e o recém-nascido.*

✠ Proclamação do Evangelho de Jesus Cristo
segundo Lucas 2,15-20

15 Quando os anjos se afastaram, voltando para o céu,
os pastores disseram entre si:
"Vamos a Belém ver este acontecimento
que o Senhor nos revelou".
16 Os pastores foram às pressas a Belém
e encontraram Maria e José,
e o recém-nascido deitado na manjedoura.

¹⁷ Tendo-o visto,
contaram o que lhes fora dito sobre o menino.
¹⁸ E todos os que ouviram os pastores ficaram maravilhados
com aquilo que contavam.
¹⁹ Quanto a Maria, guardava todos esses fatos
e meditava sobre eles em seu coração.
²⁰ Os pastores voltaram, glorificando e louvando a Deus
por tudo o que tinham visto e ouvido,
conforme lhes tinha sido dito.

Palavra da Salvação.

Missa do dia

PRIMEIRA LEITURA

*Todos os confins da terra hão de ver
a salvação que vem do nosso Deus.*

Leitura do Livro do Profeta Isaías 52,7-10

7 Como são belos, andando sobre os montes,
os pés de quem anuncia e prega a paz,
de quem anuncia o bem e prega a salvação,
e diz a Sião: "Reina teu Deus!"
8 Ouve-se a voz de teus vigias, eles levantam a voz,
estão exultantes de alegria,
sabem que verão com os próprios olhos
o Senhor voltar a Sião.
9 Alegrai-vos e exultai ao mesmo tempo,
ó ruínas de Jerusalém,
o Senhor consolou seu povo
e resgatou Jerusalém.
10 O Senhor desnudou seu santo braço
aos olhos de todas as nações;
todos os confins da terra hão de ver
a salvação que vem do nosso Deus.

Palavra do Senhor.

Salmo responsorial Sl 97(98),1.2-3ab.3cd-4.5-6 (R. 3cd)

℟. Os con**fins** do uni**ver**so contem**pla**ram
a sal**va**ção do nosso **Deus.**

1 Can**tai** ao Senhor **Deus** um canto **no**vo, *
porque **e**le fez pro**dí**gios!
Sua **mão** e o seu **bra**ço forte e **san**to *
alcançaram-lhe a vi**tó**ria. ℟.

2 O Se**nhor** fez conhe**cer** a sal**va**ção, *
e às na**ções**, sua justi**ça**;
3a recor**dou** o seu a**mor** sempre fi**el** *
b pela **ca**sa de Isra**el**. ℟.

c Os con**fins** do uni**ver**so contem**pla**ram *
d a sal**va**ção do nosso **Deus.**

⁴ Acla**mai** o Senhor **Deus**, ó terra in**tei**ra, *
  ale**grai**-vos e exul**tai**!   ℟.

⁵ Cantai **sal**mos ao Se**nhor** ao som da **har**pa *
  e da **cí**tara suave!
⁶ Acla**mai**, com os cla**rins** e as trom**be**tas, *
  ao Se**nhor**, o nosso **Rei**!   ℟.

SEGUNDA LEITURA

Deus falou-nos por meio de seu Filho.

Leitura da Carta aos Hebreus   1,1-6

¹ Muitas vezes e de muitos modos
  falou Deus outrora aos nossos pais, pelos profetas;
² nestes dias, que são os últimos,
  ele nos falou por meio do Filho,
  a quem ele constituiu herdeiro de todas as coisas
  e pelo qual também ele criou o universo.
³ Este é o esplendor da glória do Pai,
  a expressão do seu ser.
  Ele sustenta o universo com o poder de sua palavra.
  Tendo feito a purificação dos pecados,
  ele sentou-se à direita da majestade divina,
  nas alturas.
⁴ Ele foi colocado tanto acima dos anjos
  quanto o nome que ele herdou supera o nome deles.
⁵ De fato, a qual dos anjos Deus disse alguma vez:
  "Tu és o meu Filho, eu hoje te gerei?"
  Ou ainda: "Eu serei para ele um Pai
  e ele será para mim um filho?"
⁶ Mas, quando faz entrar o Primogênito no mundo,
  Deus diz: "Todos os anjos devem adorá-lo!"

  Palavra do Senhor.

Aclamação ao Evangelho

℟. Ale**lu**ia, Ale**lu**ia, Ale**lu**ia.
℣. Despon**tou** o santo **dia** para **nós**:
   Ó na**ções**, vinde ado**rar** o Senhor **Deus**,
   porque **hoje** grande **luz** brilhou na **ter**ra!   ℟.

EVANGELHO (mais longo)

A Palavra se fez carne e habitou entre nós.

✠ Proclamação do Evangelho de Jesus Cristo
segundo João   1,1-18

¹ No princípio era a Palavra,
e a Palavra estava com Deus;
e a Palavra era Deus.
² No princípio estava ela com Deus.
³ Tudo foi feito por ela, e sem ela nada se fez
de tudo que foi feito.
⁴ Nela estava a vida, e a vida era a luz dos homens.
⁵ E a luz brilha nas trevas,
e as trevas não conseguiram dominá-la.
⁶ Surgiu um homem enviado por Deus;
seu nome era João.
⁷ Ele veio como testemunha, para dar testemunho da luz,
para que todos chegassem à fé por meio dele.
⁸ Ele não era a luz, mas veio para dar testemunho da luz:
⁹ daquele que era a luz de verdade,
que, vindo ao mundo, ilumina todo ser humano.
¹⁰ A Palavra estava no mundo
– e o mundo foi feito por meio dela –
mas o mundo não quis conhecê-la.
¹¹ Veio para o que era seu, e os seus não a acolheram.
¹² Mas, a todos que a receberam,
deu-lhes capacidade de se tornarem filhos de Deus,
isto é, aos que acreditam em seu nome,
¹³ pois estes não nasceram do sangue
nem da vontade da carne
nem da vontade do varão,
mas de Deus mesmo.
¹⁴ E a Palavra se fez carne e habitou entre nós.
E nós contemplamos a sua glória,
glória que recebe do Pai como Filho unigênito,
cheio de graça e de verdade.
¹⁵ Dele, João dá testemunho, clamando:
"Este é aquele de quem eu disse:
O que vem depois de mim
passou à minha frente,
porque ele existia antes de mim".
¹⁶ De sua plenitude todos nós recebemos graça por graça.
¹⁷ Pois por meio de Moisés foi dada a Lei,

mas a graça e a verdade nos chegaram
através de Jesus Cristo.
¹⁸ A Deus, ninguém jamais viu.
Mas o Unigênito de Deus,
que está na intimidade do Pai, ele no-lo deu a conhecer.

Palavra da Salvação.

Ou: EVANGELHO (mais breve)

A Palavra se fez carne e habitou entre nós.

✠ Proclamação do Evangelho de Jesus Cristo
segundo João   1,1-5.9-14

¹ No princípio era a Palavra,
e a Palavra estava com Deus; e a Palavra era Deus.
² No princípio estava ela com Deus.
³ Tudo foi feito por ela, e sem ela nada se fez
de tudo, que foi feito.
⁴ Nela estava a vida,
e a vida era a luz dos homens.
⁵ E a luz brilha nas trevas,
e as trevas não conseguiram dominá-la.
⁹ Era a luz de verdade,
que, vindo ao mundo, ilumina todo ser humano.
¹⁰ A Palavra estava no mundo
– e o mundo foi feito por meio dela –
mas o mundo não quis conhecê-la.
¹¹ Veio para o que era seu,
e os seus não a acolheram.
¹² Mas, a todos que a receberam,
deu-lhes capacidade de se tornarem filhos de Deus,
isto é, aos que acreditam em seu nome,
¹³ pois estes não nasceram do sangue
nem da vontade da carne
nem da vontade do varão,
mas de Deus mesmo.
¹⁴ E a Palavra se fez carne e habitou entre nós.
E nós contemplamos a sua glória,
glória que recebe do Pai como Filho unigênito,
cheio de graça e de verdade.

Palavra da Salvação.

Domingo na oitava do Natal
SAGRADA FAMÍLIA DE JESUS, MARIA E JOSÉ

PRIMEIRA LEITURA

Quem teme o Senhor, honra seus pais.

Leitura do Livro do Eclesiástico   3,3-7.14-17a (gr. 2-6.12-14)

³ Deus honra o pai nos filhos
 e confirma, sobre eles, a autoridade da mãe.
⁴ Quem honra o seu pai,
 alcança o perdão dos pecados; evita cometê-los
 e será ouvido na oração quotidiana.
⁵ Quem respeita a sua mãe
 é como alguém que ajunta tesouros.
⁶ Quem honra o seu pai,
 terá alegria com seus próprios filhos;
 e, no dia em que orar, será atendido.
⁷ Quem respeita o seu pai, terá vida longa,
 e quem obedece ao pai
 é o consolo da sua mãe.
¹⁴ Meu filho, ampara o teu pai na velhice
 e não lhe causes desgosto enquanto ele vive.
¹⁵ Mesmo que ele esteja perdendo a lucidez,
 procura ser compreensivo para com ele;
 não o humilhes, em nenhum dos dias de sua vida:
 a caridade feita ao teu pai não será esquecida,
¹⁶ mas servirá para reparar os teus pecados
¹⁷ᵃ e, na justiça, será para tua edificação.

Palavra do Senhor.

Salmo responsorial   Sl 127,1-2.3.4-5 (℟. cf. 1)

℟. **Fe**lizes os que **te**mem o Se**nhor** e **tri**lham seus ca**mi**nhos!

¹ Fe**liz** és tu se **te**mes o Se**nhor** *
 e **tri**lhas seus ca**mi**nhos!
² Do tra**ba**lho de tuas **mãos** hás de vi**ver**, *
 serás fe**liz**, tudo irá **bem**!   ℟.

3 A tua es**p**osa é uma vi**dei**ra bem fe**cun**da *
no cora**ção** da tua **ca**sa;
os teus **fi**lhos são re**ben**tos de oli**vei**ra *
ao re**dor** de tua **me**sa. ℟.

4 Será as**sim** abenço**a**do todo **ho**mem *
que **te**me o Se**nhor**.
5 O Se**nhor** te aben**ço**e de Si**ão**, *
cada **di**a de tua **vi**da. ℟.

SEGUNDA LEITURA

A vida da família no Senhor.

Leitura da Carta de São Paulo aos Colossenses 3,12-21

Irmãos:
12 Vós sois amados por Deus,
sois os seus santos eleitos.
Por isso, revesti-vos de sincera misericórdia,
bondade, humildade, mansidão e paciência,
13 suportando-vos uns aos outros
e perdoando-vos mutuamente,
se um tiver queixa contra o outro.
Como o Senhor vos perdoou,
assim perdoai vós também.
14 Mas, sobretudo, amai-vos uns aos outros,
pois o amor é o vínculo da perfeição.
15 Que a paz de Cristo reine em vossos corações,
à qual fostes chamados como membros de um só corpo.
E sede agradecidos.
16 Que a palavra de Cristo, com toda a sua riqueza,
habite em vós.
Ensinai e admoestai-vos uns aos outros
com toda a sabedoria.
Do fundo dos vossos corações, cantai a Deus
salmos, hinos e cânticos espirituais,
em ação de graças.
17 Tudo o que fizerdes, em palavras ou obras,
seja feito em nome do Senhor Jesus Cristo.
Por meio dele dai graças a Deus, o Pai.
18 Esposas, sede solícitas para com vossos maridos,
como convém, no Senhor.

¹⁹ Maridos, amai vossas esposas
e não sejais grosseiros com elas.
²⁰ Filhos, obedecei em tudo aos vossos pais,
pois isso é bom e correto no Senhor.
²¹ Pais, não intimideis os vossos filhos,
para que eles não desanimem.

Palavra do Senhor.

Aclamação ao Evangelho Cl 3,15a.16a

℟. Aleluia, Aleluia, Aleluia.
℣. Que a paz de **Cris**to reine em **vos**sos cora**ções**
e rica**men**te habite em **vós** sua pa**la**vra! ℟.

EVANGELHO (mais longo)

O menino crescia cheio de sabedoria.

✠ Proclamação do Evangelho de Jesus Cristo
segundo Lucas 2,22-40

²² Quando se completaram os dias
para a purificação da mãe e do filho,
conforme a Lei de Moisés,
Maria e José levaram Jesus a Jerusalém,
a fim de apresentá-lo ao Senhor.
²³ Conforme está escrito na Lei do Senhor:
"Todo primogênito do sexo masculino
deve ser consagrado ao Senhor".
²⁴ Foram também oferecer o sacrifício
– um par de rolas ou dois pombinhos –
como está ordenado na Lei do Senhor.
²⁵ Em Jerusalém, havia um homem chamado Simeão,
o qual era justo e piedoso,
e esperava a consolação do povo de Israel.
O Espírito Santo estava com ele
²⁶ e lhe havia anunciado que não morreria
antes de ver o Messias que vem do Senhor.
²⁷ Movido pelo Espírito, Simeão foi ao Templo.
Quando os pais trouxeram o menino Jesus
para cumprir o que a Lei ordenava,

²⁸ Simeão tomou o menino nos braços
e bendisse a Deus:
²⁹ "Agora, Senhor, conforme a tua promessa,
podes deixar teu servo partir em paz;
³⁰ porque meus olhos viram a tua salvação,
³¹ que preparaste diante de todos os povos:
³² luz para iluminar as nações
e glória do teu povo Israel".
³³ O pai e a mãe de Jesus estavam admirados
com o que diziam a respeito dele.
³⁴ Simeão os abençoou e disse a Maria, a mãe de Jesus:
"Este menino vai ser causa
tanto de queda como de reerguimento
para muitos em Israel.
Ele será um sinal de contradição.
³⁵ Assim serão revelados
os pensamentos de muitos corações.
Quanto a ti, uma espada te traspassará a alma".
³⁶ Havia também uma profetisa, chamada Ana,
filha de Fanuel, da tribo de Aser.
Era de idade muito avançada;
quando jovem, tinha sido casada
e vivera sete anos com o marido.
³⁷ Depois ficara viúva,
e agora já estava com oitenta e quatro anos.
Não saía do Templo, dia e noite servindo a Deus
com jejuns e orações.
³⁸ Ana chegou nesse momento
e pôs-se a louvar a Deus e a falar do menino
a todos os que esperavam a libertação de Jerusalém.
³⁹ Depois de cumprirem tudo, conforme a Lei do Senhor,
voltaram à Galileia, para Nazaré, sua cidade.
⁴⁰ O menino crescia e tornava-se forte,
cheio de sabedoria;
e a graça de Deus estava com ele.

Palavra da Salvação.

Ou: **EVANGELHO (mais breve)**

O menino crescia cheio de sabedoria.

✠ Proclamação do Evangelho de Jesus Cristo
segundo Lucas   **2,22.39-40**

²² Quando se completaram os dias
para a purificação da mãe e do filho,
conforme a Lei de Moisés,
Maria e José levaram Jesus a Jerusalém,
a fim de apresentá-lo ao Senhor.
³⁹ Depois de cumprirem tudo, conforme a Lei do Senhor,
voltaram à Galileia, para Nazaré, sua cidade.
⁴⁰ O menino crescia e tornava-se forte,
cheio de sabedoria;
e a graça de Deus estava com ele.

Palavra da Salvação.

Ou, à escolha:

PRIMEIRA LEITURA

Um de teus descendentes é que será o herdeiro.

Leitura do Livro do Gênesis   **15,1-6;21,1-3**

Naqueles dias,
¹⁵,¹ O Senhor falou a Abrão, dizendo:
"Não temas, Abrão!
Eu sou o teu protetor
e tua recompensa será muito grande".
² Abrão respondeu:
"Senhor Deus, que me darás?
Eu me vou desta vida sem filhos
e o herdeiro de minha casa será Eliezer de Damasco".
³ E acrescentou:
"Como não me deste descendência,
um servo nascido em minha casa será meu herdeiro".
⁴ Então o Senhor falou-lhe nestes termos:
"O teu herdeiro não será esse,
mas um dos teus descendentes é que será o herdeiro".

⁵ E, conduzindo-o para fora, disse-lhe:
"Olha para o céu e conta as estrelas, se fores capaz!"
E acrescentou:
"Assim será a tua descendência".
⁶ Abrão teve fé no Senhor,
que considerou isso como justiça.
²¹,¹ O Senhor visitou Sara, como tinha prometido,
e cumpriu o que lhe dissera.
² Ela concebeu e deu a Abraão um filho na velhice,
no tempo que Deus lhe havia predito.
³ Abraão deu o nome de Isaac
ao filho que lhe nascera de Sara.

Palavra do Senhor.

Salmo responsorial   Sl 104(105),1b-2.3-4.5-6.8-9 (R̷. 7a.8a)

R̷. O Se**nhor**, ele **mes**mo é nosso **Deus**,
ele **sem**pre se **lem**bra da Aliança.

¹ᵇ Dai **gra**ças ao Se**nhor**, gritai seu **no**me, *
anunci**ai** entre as nações seus grandes **fei**tos!
² Cant**ai**, entoai **sal**mos para ele, *
publi**cai** todas as **su**as maravilhas!   R̷.

³ Glori**ai**-vos em seu **no**me que é **san**to, *
e**xul**te o co**ra**ção que busca a **Deus**!
⁴ Procu**rai** o Senhor **Deus** e seu po**der**, *
bus**cai** constante**men**te a sua **fa**ce!   R̷.

⁵ Lem**brai** as maravilhas que ele **fez**, *
seus pro**dí**gios e as palavras de seus **lá**bios!
⁶ Descen**den**tes de Abra**ão**, seu servi**dor**, *
e **fi**lhos de Jacó, seu esco**lhi**do,   R̷.

⁸ Ele **sem**pre se re**cor**da da Aliança, *
promul**ga**da a incon**tá**veis gera**ções**;
⁹ da Aliança que ele **fez** com Abra**ão**, *
e do seu **san**to jura**men**to a Isaac.   R̷.

SEGUNDA LEITURA

A fé de Sara, de Abraão e de Isaac.

Leitura da Carta aos Hebreus 11,8.11-12.17-19

Irmãos:
8 Foi pela fé que Abraão obedeceu à ordem de partir
para uma terra que devia receber como herança,
e partiu, sem saber para onde ia.
11 Foi pela fé também que Sara,
embora estéril e já de idade avançada,
se tornou capaz de ter filhos,
porque considerou fidedigno o autor da promessa.
12 É por isso também que de um só homem,
já marcado pela morte,
nasceu a multidão "comparável às estrelas do céu
e inumerável como a areia das praias do mar".
17 Foi pela fé que Abraão, posto à prova, ofereceu Isaac;
ele, o depositário da promessa,
sacrificava o seu filho único,
18 do qual havia sido dito:
"É em Isaac que uma descendência levará o teu nome".
19 Ele estava convencido de que Deus tem poder
até de ressuscitar os mortos,
e assim recuperou o filho
– o que é também um símbolo.

Palavra do Senhor.

Aclamação ao Evangelho   Hb 1,1-2.

℟. Aleluia, Aleluia, Aleluia.
℣. De muitos **mo**dos, Deus ou**tro**ra
nos fa**lou** pelos pro**fe**tas;
nestes **tem**pos derra**dei**ros
nos fa**lou** pelo seu **Fi**lho.   ℟.

EVANGELHO
Como acima: Lc 2, 22-40, ou 2,22.39-40:
mais longo p. 402, ou mais breve, p. 404.

Quando esta festa é celebrada no dia 30 de dezembro, na falta de um domingo entre o dia 25 de dezembro e o dia 1º de janeiro, então, antes do Evangelho escolhe-se uma só das leituras.

1º de janeiro – Oitava do Natal do Senhor

SOLENIDADE DA SANTA MÃE DE DEUS, MARIA

PRIMEIRA LEITURA

Invocarão o meu nome sobre os filhos de Israel e eu os abençoarei.

Leitura do Livro dos Números   6,22-27

²² O Senhor falou a Moisés, dizendo:
²³ "Fala a Aarão e a seus filhos:
   Ao abençoar os filhos de Israel, dizei-lhes:
²⁴ 'O Senhor te abençoe e te guarde!
²⁵ O Senhor faça brilhar sobre ti a sua face,
   e se compadeça de ti!
²⁶ O Senhor volte para ti o seu rosto
   e te dê a paz!'
²⁷ Assim invocarão o meu nome sobre os filhos de Israel,
   e eu os abençoarei".

Palavra do Senhor.

Salmo responsorial   Sl 66(67),2-3.5.6.8 (R. 2a)

℟. Que Deus nos **dê** a sua **gra**ça e sua **bên**ção.

² Que Deus nos **dê** a sua **gra**ça e sua **bên**ção, *
  e sua **face** resplan**de**ça sobre **nós**!
³ Que na **ter**ra se co**nhe**ça o seu ca**mi**nho *
  e a **sua** salva**ção** por entre os **po**vos. ℟.

⁵ E**xul**te de ale**gri**a a terra inteira, *
  pois jul**gais** o uni**ver**so com justiça;
  os **po**vos gover**nais** com reti**dão**, *
  e gui**ais**, em toda a **ter**ra, as na**ções**. ℟.

⁶ Que as na**ções** vos glorifiquem, ó Se**nhor**, *
  que **to**das as na**ções** vos glorifiquem!
⁸ Que o Se**nhor** e nosso **Deus** nos aben**çoe**, *
  e o res**pei**tem os con**fins** de toda a **ter**ra! ℟.

SEGUNDA LEITURA

Deus enviou o seu Filho, nascido de uma mulher.

Leitura da Carta de São Paulo aos Gálatas   4,4-7

Irmãos:
4 Quando se completou o tempo previsto,
Deus enviou o seu Filho, nascido de uma mulher,
nascido sujeito à Lei,
5 a fim de resgatar os que eram sujeitos à Lei
e para que todos recebêssemos a filiação adotiva.
6 E porque sois filhos,
Deus enviou aos nossos corações o Espírito do seu Filho,
que clama: Abá – ó Pai!
7 Assim, já não és escravo, mas filho;
e se és filho, és também herdeiro:
tudo isso por graça de Deus.

Palavra do Senhor.

Aclamação ao Evangelho   Hb 1,1-2

℟. Ale**lu**ia, Ale**lu**ia, Ale**lu**ia.
℣. De muitos **mo**dos, Deus ou**tro**ra nos fa**lou** pelos pro**fe**tas;
nestes **tem**pos derra**dei**ros, nos fa**lou** pelo seu Filho.   ℟.

EVANGELHO

*Encontraram Maria e José e o recém-nascido. E,
oito dias depois, deram-lhe o nome de Jesus.*

✠ Proclamação do Evangelho de Jesus Cristo
segundo Lucas   2,16-21

Naquele tempo,
16 Os pastores foram às pressas a Belém
e encontraram Maria e José,
e o recém-nascido deitado na manjedoura.
17 Tendo-o visto, contaram o que lhes fora dito
sobre o menino.
18 E todos os que ouviram os pastores
ficaram maravilhados com aquilo que contavam.

¹⁹ Quanto a Maria, guardava todos esses fatos
e meditava sobre eles em seu coração.
²⁰ Os pastores voltaram, glorificando e louvando a Deus
por tudo que tinham visto e ouvido,
conforme lhes tinha sido dito.
²¹ Quando se completaram os oito dias
para a circuncisão do menino,
deram-lhe o nome de Jesus,
como fora chamado pelo anjo antes de ser concebido.

Palavra da Salvação.

2º DOMINGO DEPOIS DO NATAL

PRIMEIRA LEITURA

A sabedoria de Deus mora no meio do povo escolhido.

Leitura do livro do Eclesiástico   24,1-4.12-16 (gr. 1-2.8-12)

¹ A Sabedoria faz o seu próprio elogio,
   e em Deus será honrada
   e no meio do seu povo, glorificada.
² Abre a boca na assembleia do Altíssimo
   e se exalta diante do Poderoso.
³ É glorificada no meio do seu povo,
   é admirada na grande reunião dos santos.
⁴ É louvada entre a multidão dos escolhidos,
   é abençoada com os abençoados de Deus.
¹² Então o Criador do universo me deu suas ordens.
   Aquele que me criou marcou o lugar da minha casa,
¹³ e me disse: "Arma tua tenda em Jacó,
   toma posse da tua herança em Israel,
   e no meio do meu povo finca raízes".
¹⁴ Desde o princípio, antes de todos os séculos,
   Ele me criou, e nunca mais vou deixar de existir;
¹⁵ na santa morada ofereci culto em sua presença,
   assim coloquei minha casa em Sião,
   repousei na Cidade santa,
   e em Jerusalém está a sede do meu poder.
¹⁶ Lancei raízes num povo glorioso,
   no domínio do Senhor, na sua herança,
   e fixei minha morada na assembleia dos santos.

Palavra do Senhor.

Salmo responsorial   Sl 147(147B),12-13.14-15.19-20
                                           (℞. Jo 1,14)

℞. A Pa**la**vra se fez **car**ne e habi**tou** entre **nós**.

Ou: Ale**lu**ia, Ale**lu**ia, Ale**lu**ia.

¹² Glorifica o Se**nhor**, Jerusa**lém**! *
   Ó Sião, canta louvores ao teu **Deus**!

¹³ Pois reforçou com segurança as tuas **por**tas, *
e os teus filhos em teu **sei**o abenço**ou**. ℟.

¹⁴ A **paz** em teus li**mi**tes garan**tiu** *
e te **dá** como ali**men**to a flor do **tri**go.
¹⁵ Ele en**vi**a suas **or**dens para a **ter**ra, *
e a pa**la**vra que ele **diz** corre ve**loz**. ℟.

¹⁹ Anun**ci**a a Ja**có** sua pa**la**vra, *
seus pre**cei**tos, suas **leis** a Isra**el**.
²⁰ Nenhum **po**vo rece**beu** tanto ca**ri**nho, *
a nenhum **ou**tro reve**lou** os seus pre**cei**tos. ℟.

SEGUNDA LEITURA

*Predestinou-nos para sermos
seus filhos adotivos por Jesus Cristo.*

Leitura da Carta de São Paulo aos Efésios   1,3-6.15-18

³ Bendito seja Deus,
  Pai de nosso Senhor Jesus Cristo.
  Ele nos abençoou com toda a bênção do seu Espírito
  em virtude de nossa união com Cristo, no céu.
⁴ Em Cristo, ele nos escolheu,
  antes da fundação do mundo,
  para que sejamos santos e irrepreensíveis
  sob o seu olhar, no amor.
⁵ Ele nos predestinou para sermos seus filhos adotivos
  por intermédio de Jesus Cristo,
  conforme a decisão da sua vontade,
⁶ para o louvor da sua glória
  e da graça com que ele nos cumulou no seu Bem-amado.
¹⁵ Eis por que eu também,
  desde que soube da vossa fé no Senhor Jesus
  e do vosso amor para com todos os santos,
¹⁶ não cesso de dar graças a vosso respeito,
  quando me lembro de vós em minhas orações.
¹⁷ Que o Deus de nosso Senhor Jesus Cristo,
  o Pai a quem pertence a glória,
  vos dê um espírito de sabedoria
  que vo-lo revele
  e faça verdadeiramente conhecer.

¹⁸ Que ele abra o vosso coração à sua luz,
para que saibais
qual a esperança que o seu chamamento vos dá,
qual a riqueza da glória
que está na vossa herança com os santos.

Palavra do Senhor.

Aclamação ao Evangelho cf. 1Tm 3,16

℟. Aleluia, Aleluia, Aleluia.
℣. Glória a vós, ó Cristo, anunciado entre as nações!
Glória a vós, ó Cristo, acreditado em toda a terra! ℟.

EVANGELHO (mais longo)

A Palavra se fez carne e habitou entre nós.

✠ Proclamação do Evangelho de Jesus Cristo
segundo João   1,1-18

¹ No princípio era a Palavra,
e a Palavra estava com Deus;
e a Palavra era Deus.
² No princípio ela estava com Deus.
³ Tudo foi feito por ela, e sem ela nada se fez
de tudo que foi feito.
⁴ Nela estava a vida, e a vida era a luz dos homens.
⁵ E a luz brilha nas trevas,
e as trevas não conseguiram dominá-la.
⁶ Surgiu um homem enviado por Deus;
seu nome era João.
⁷ Ele veio como testemunha,
para dar testemunho da luz,
para que todos chegassem à fé por meio dele.
⁸ Ele não era a luz,
mas veio para dar testemunho da luz:
⁹ daquele que era a luz de verdade,
que, vindo ao mundo,
ilumina todo ser humano.
¹⁰ A Palavra estava no mundo
– e o mundo foi feito por meio dela –
mas o mundo não quis conhecê-la.

11 Veio para o que era seu,
 e os seus não a acolheram.
12 Mas, a todos os que a receberam,
 deu-lhes capacidade de se tornarem filhos de Deus,
 isto é, aos que acreditam em seu nome,
13 pois estes não nasceram do sangue
 nem da vontade da carne
 nem da vontade do varão,
 mas de Deus mesmo.
14 E a Palavra se fez carne e habitou entre nós.
 E nós contemplamos a sua glória,
 glória que recebe do Pai como Filho unigênito,
 cheio de graça e de verdade.
15 Dele, João dá testemunho, clamando:
 "Este é aquele de quem eu disse:
 O que vem depois de mim passou à minha frente,
 porque ele existia antes de mim".
16 De sua plenitude todos nós recebemos graça por graça.
17 Pois, por meio de Moisés foi dada a Lei,
 mas a graça e a verdade nos chegaram através de Jesus Cristo.
18 A Deus, ninguém jamais viu.
 Mas o Unigênito de Deus, que está na intimidade do Pai,
 ele no-lo deu a conhecer.

Palavra da Salvação.

Ou: EVANGELHO (mais breve)

A Palavra se fez carne e habitou entre nós.

✠ Proclamação do Evangelho de Jesus Cristo
 segundo João   1,1-5.9-14

1 No princípio era a Palavra,
 e a Palavra estava com Deus;
 e a Palavra era Deus.
2 No princípio ela estava com Deus.
3 Tudo foi feito por ela, e sem ela nada se fez
 de tudo que foi feito.
4 Nela estava a vida, e a vida era a luz dos homens.
5 E a luz brilha nas trevas,
 e as trevas não conseguiram dominá-la.
9 Era a luz de verdade,
 que, vindo ao mundo, ilumina todo ser humano.

10 A Palavra estava no mundo
– e o mundo foi feito por meio dela –
mas o mundo não quis conhecê-la.
11 Veio para o que era seu, e os seus não a acolheram.
12 Mas, a todos os que a receberam,
deu-lhes capacidade de se tornarem Filhos de Deus,
isto é, aos que acreditam em seu nome,
13 pois estes não nasceram do sangue
nem da vontade da carne
nem da vontade do varão,
mas de Deus mesmo.
14 E a Palavra se fez carne e habitou entre nós.
E nós contemplamos a sua glória,
glória que recebe do Pai como Filho unigênito,
cheio de graça e de verdade.

Palavra da Salvação.

No domingo entre 2 e 8 de janeiro
EPIFANIA DO SENHOR

PRIMEIRA LEITURA

Apareceu sobre ti a glória do Senhor.

Leitura do Livro do Profeta Isaías 60,1-6

1. Levanta-te, acende as luzes, Jerusalém,
porque chegou a tua luz, apareceu sobre ti a glória do Senhor.
2. Eis que está a terra envolvida em trevas,
e nuvens escuras cobrem os povos;
mas sobre ti apareceu o Senhor,
e sua glória já se manifesta sobre ti.
3. Os povos caminham à tua luz
e os reis ao clarão de tua aurora.
4. Levanta os olhos ao redor e vê:
todos se reuniram e vieram a ti;
teus filhos vêm chegando de longe
com tuas filhas, carregadas nos braços.
5. Ao vê-los, ficarás radiante,
com o coração vibrando e batendo forte,
pois com eles virão as riquezas de além-mar
e mostrarão o poderio de suas nações;
6. será uma inundação de camelos
e dromedários de Madiã e Efa a te cobrir;
virão todos os de Sabá, trazendo ouro e incenso
e proclamando a glória do Senhor.

Palavra do Senhor.

Salmo responsorial Sl 71(72),1-2.7-8.10-11.12-13 (℟. cf.11)

℟. As **nações** de toda a **ter**ra hão de ado**rar**-vos, ó Se**nhor**!

1. Dai ao **Rei** vossos po**de**res, Senhor **Deus**, *
vossa justiça ao descen**den**te da rea**le**za!
2. Com justiça ele go**ver**ne o vosso **po**vo, *
com equi**da**de ele **jul**gue os vossos **po**bres. ℟.

⁷ Nos seus **dias** a justiça flori**rá** *
  e grande **paz**, até que a **lua** perca o **bri**lho!
⁸ De mar a **mar** estende**rá** o seu domínio, *
  e desde o **rio** até os con**fins** de toda a **terra**! ℟.

¹⁰ Os reis de **Társis** e das **ilhas** hão de **vir** *
   e ofere**cer**-lhe seus pre**sen**tes e seus **dons**;
   e tam**bém** os reis de **Seba** e de Sa**bá** *
   hão de trazer-lhe ofe**ren**das e tri**butos**.
¹¹ Os **reis** de toda a **terra** hão de ado**rá**-lo, *
   e **to**das as na**ções** hão de ser**vi**-lo. ℟.

¹² Liberta**rá** o indi**gen**te que suplica, *
   e o **po**bre ao qual nin**guém** quer aju**dar**.
¹³ Terá **pena** do indigen**te** e do infe**liz**, *
   e a **vi**da dos hu**mil**des salva**rá**. ℟.

SEGUNDA LEITURA

*Agora foi-nos revelado
que os pagãos são co-herdeiros das promessas.*

Leitura da Carta de São Paulo aos Efésios   3,2-3a.5-6

Irmãos:
² Se ao menos soubésseis da graça que Deus me concedeu
  para realizar o seu plano a vosso respeito,
³ᵃ e como, por revelação, tive conhecimento do mistério.
⁵ Este mistério, Deus não o fez conhecer
  aos homens das gerações passadas,
  mas acaba de o revelar agora, pelo Espírito,
  aos seus santos apóstolos e profetas:
⁶ os pagãos são admitidos à mesma herança,
  são membros do mesmo corpo,
  são associados à mesma promessa em Jesus Cristo,
  por meio do Evangelho.

Palavra do Senhor.

Aclamação ao Evangelho   cf. Mt 2,2

℟. Ale**lu**ia, Ale**lu**ia, Ale**lu**ia.
℣. **Vi**mos sua es**tre**la no Orien**te**
   e viemos ado**rar** o Senhor. ℟.

EVANGELHO

Viemos do Oriente adorar o Rei.

✠ Proclamação do Evangelho de Jesus Cristo
segundo Mateus 2,1-12

¹ Tendo nascido Jesus na cidade de Belém, na Judeia,
no tempo do rei Herodes,
eis que alguns magos do Oriente chegaram a Jerusalém,
² perguntando:
"Onde está o rei dos judeus, que acaba de nascer?
Nós vimos a sua estrela no Oriente e viemos adorá-lo".
³ Ao saber disso, o rei Herodes ficou perturbado,
assim como toda a cidade de Jerusalém.
⁴ Reunindo todos os sumos sacerdotes e os mestres da Lei,
perguntava-lhes onde o Messias deveria nascer.
⁵ Eles responderam: "Em Belém, na Judeia,
pois assim foi escrito pelo profeta:
⁶ E tu, Belém, terra de Judá, de modo algum
és a menor entre as principais cidades de Judá,
porque de ti sairá um chefe
que vai ser o pastor de Israel, o meu povo".
⁷ Então Herodes chamou em segredo os magos
e procurou saber deles cuidadosamente
quando a estrela tinha aparecido.
⁸ Depois os enviou a Belém, dizendo:
"Ide e procurai obter informações exatas sobre o menino.
E, quando o encontrardes, avisai-me,
para que também eu vá adorá-lo".
⁹ Depois que ouviram o rei, eles partiram.
E a estrela, que tinham visto no Oriente, ia adiante deles,
até parar sobre o lugar onde estava o menino.
¹⁰ Ao verem de novo a estrela,
os magos sentiram uma alegria muito grande.
¹¹ Quando entraram na casa,
viram o menino com Maria, sua mãe.
Ajoelharam-se diante dele, e o adoraram.
Depois abriram seus cofres
e lhe ofereceram presentes: ouro, incenso e mirra.
¹² Avisados em sonho para não voltarem a Herodes,
retornaram para a sua terra, seguindo outro caminho.

Palavra da Salvação.

Domingo entre 9 e 13 de janeiro
BATISMO DO SENHOR

PRIMEIRA LEITURA

Eis o meu servo: nele se compraz minh'alma.

Leitura do Livro do Profeta Isaías   42,1-4.6-7

Assim fala o Senhor:
1 "Eis o meu servo – eu o recebo;
eis o meu eleito – nele se compraz minh'alma;
pus meu espírito sobre ele,
ele promoverá o julgamento das nações.
2 Ele não clama nem levanta a voz,
nem se faz ouvir pelas ruas.
3 Não quebra uma cana rachada
nem apaga um pavio que ainda fumega;
mas promoverá o julgamento para obter a verdade.
4 Não esmorecerá nem se deixará abater,
enquanto não estabelecer a justiça na terra;
os países distantes esperam seus ensinamentos.
6 Eu, o Senhor, te chamei para a justiça
e te tomei pela mão; eu te formei e te constituí
como o centro de aliança do povo, luz das nações,
7 para abrires os olhos dos cegos, tirar os cativos da prisão,
livrar do cárcere os que vivem nas trevas".

Palavra do Senhor.

Salmo responsorial   Sl 28(29),1a.2.3ac-4.3b.9b-10 (R.11b)

℟. Que o **Se**nhor abençoe, com a **paz**, o seu **po**vo!

1a Filhos de **Deus**, tribu**tai** ao **Se**nhor, *
tribu**tai**-lhe a **gló**ria e o po**der**!
2 Dai-lhe a **gló**ria devida ao seu **no**me; *
ado**rai**-o com **san**to orna**men**to!   ℟.

3a Eis a **voz** do **Se**nhor sobre as **á**guas, *
3c sua **voz** sobre as **á**guas i**men**sas!
4 Eis a **voz** do **Se**nhor com po**der**! *

Eis a **voz** do **Senhor** majestosa. ℟.
³ᵇ Sua **voz** no tro**vão** rebo**an**do! *
⁹ᵇ No seu **tem**plo os fi**éis** bradam: "**Gló**ria!"
¹⁰ É o Se**nhor** que do**mi**na os di**lú**vios, *
o Se**nhor** rei**na**rá para **sem**pre! ℟.

SEGUNDA LEITURA

Foi ungido por Deus com o Espírito Santo.

Leitura dos Atos dos Apóstolos 10,34-38

Naqueles dias,
³⁴ Pedro tomou a palavra e disse:
"De fato, estou compreendendo
que Deus não faz distinção entre as pessoas.
³⁵ Pelo contrário, ele aceita quem o teme
e pratica a justiça,
qualquer que seja a nação a que pertença.
³⁶ Deus enviou sua palavra aos israelitas
e lhes anunciou a Boa-nova da paz,
por meio de Jesus Cristo, que é o Senhor de todos.
³⁷ Vós sabeis o que aconteceu em toda a Judeia,
a começar pela Galileia,
depois do batismo pregado por João:
³⁸ como Jesus de Nazaré foi ungido por Deus
com o Espírito Santo e com poder.
Ele andou por toda a parte, fazendo o bem
e curando a todos os que estavam dominados pelo demônio;
porque Deus estava com ele".

Palavra do Senhor.

Aclamação ao Evangelho cf. Mc 9,6

℟. Ale**lu**ia, Ale**lu**ia, Ale**lu**ia.
℣. **A**briram-se os **céus** e fez-se ou**vir** a voz do **Pai**:
Eis meu **Fi**lho muito **ama**do; escu**tai**-o, todos **vós**! ℟.

EVANGELHO

Tu és meu filho amado; em ti ponho meu bem-querer.

✠ Proclamação do Evangelho de Jesus Cristo
segundo Marcos   1,7-11

Naquele tempo,
7 João Batista pregava, dizendo:
"Depois de mim virá alguém mais forte do que eu.
Eu nem sou digno de me abaixar
para desamarrar suas sandálias.
8 Eu vos batizei com água,
mas ele vos batizará com o Espírito Santo".
9 Naqueles dias, Jesus veio de Nazaré da Galileia,
e foi batizado por João no rio Jordão.
10 E logo, ao sair da água, viu o céu se abrindo,
e o Espírito, como pomba, descer sobre ele.
11 E do céu veio uma voz:
"Tu és o meu Filho amado,
em ti ponho meu bem-querer".

Palavra da Salvação.

Ou, à escolha:

PRIMEIRA LEITURA

Vinde às águas: ouvi e tereis vida.

Leitura do Livro do Profeta Isaías   55,1-11

Assim diz o Senhor:
1 "Ó vós todos que estais com sede, vinde às águas;
vós que não tendes dinheiro, apressai-vos,
vinde e comei, vinde comprar sem dinheiro,
tomar vinho e leite, sem nenhuma paga.
2 Por que gastar dinheiro com outra coisa que não o pão;
desperdiçar o salário, senão com satisfação completa?
Ouvi-me com atenção, e alimentai-vos bem,
para deleite e revigoramento do vosso corpo.

³ Inclinai vosso ouvido e vinde a mim,
ouvi e tereis vida;
farei convosco um pacto eterno,
manterei fielmente as graças concedidas a Davi.
⁴ Eis que fiz dele uma testemunha para os povos,
chefe e mestre para as nações.
⁵ Eis que chamarás uma nação que não conhecias,
e acorrerão a ti povos que não te conheciam,
por causa do Senhor, teu Deus,
e do Santo de Israel, que te glorificou.
⁶ Buscai o Senhor, enquanto pode ser achado;
invocai-o, enquanto ele está perto.
⁷ Abandone o ímpio seu caminho,
e o homem injusto, suas maquinações;
volte para o Senhor, que terá piedade dele,
volte para nosso Deus, que é generoso no perdão.
⁸ Meus pensamentos não são como os vossos pensamentos,
e vossos caminhos não são como os meus caminhos,
diz o Senhor.
⁹ Estão meus caminhos tão acima dos vossos caminhos
e meus pensamentos acima dos vossos pensamentos,
quanto está o céu acima da terra.
¹⁰ Assim como a chuva e a neve descem do céu
e para lá não voltam mais,
mas vêm irrigar e fecundar a terra,
e fazê-la germinar e dar semente,
para o plantio e para a alimentação,
¹¹ assim a palavra que sair de minha boca:
não voltará para mim, vazia;
antes, realizará tudo o que for de minha vontade
e produzirá os efeitos que pretendi, ao enviá-la".

Palavra do Senhor.

Salmo responsorial   Is 12,2-3.4bcd.5-6 (R. 3)

℞. Com ale**gria** bebe**reis** do manancia**l** da salva**ção**.

² Eis o **Deus**, meu Salva**dor**, eu confio e nada **temo**; *
o Se**nhor** é minha **for**ça, meu lou**vor** e salva**ção**. †
³ Com ale**gria** bebe**reis** no manancia**l** da salva**ção**. ℞.

⁴ᵇ E di**reis** naquele **dia**: "Dai louv**o**res ao Se**nhor**, †
 ᶜ invo**cai** seu santo **no**me, anunci**ai** suas maravilhas, *
 ᵈ entre os **po**vos procla**mai** que seu **no**me é o mais sub**lime**. ℞.

⁵ Louvai can**tan**do ao nosso **Deus**, que fez pro**dí**gios e por-**ten**tos, *
 pub**lic**ai em toda a **ter**ra suas **gran**des maravilhas!
⁶ Exul**tai** cantando alegres, habi**tan**tes de Si**ão**, *
 porque é **gran**de em vosso **mei**o o Deus **San**to de Israel!" ℟.

SEGUNDA LEITURA

O Espírito, a água e o sangue.

Leitura da Primeira Carta de São João   5,1-9

Caríssimos:
¹ Todo o que crê que Jesus é o Cristo,
 nasceu de Deus,
 e quem ama aquele que gerou alguém,
 amará também aquele que dele nasceu.
² Podemos saber que amamos os filhos de Deus,
 quando amamos a Deus e guardamos os seus mandamentos.
³ Pois isto é amar a Deus:
 observar os seus mandamentos.
 E os seus mandamentos não são pesados,
⁴ pois todo o que nasceu de Deus vence o mundo.
 E esta é a vitória que venceu o mundo:
 a nossa fé.
⁵ Quem é o vencedor do mundo,
 senão aquele que crê que Jesus é o Filho de Deus?
⁶ Este é o que veio pela água e pelo sangue:
 Jesus Cristo.
 (Não veio somente com a água,
 mas com a água e o sangue).
 E o Espírito é que dá testemunho,
 porque o Espírito é a Verdade.
⁷ Assim, são três que dão testemunho:
⁸ o Espírito, a água e o sangue; e os três são unânimes.
⁹ Se aceitamos o testemunho dos homens,
 o testemunho de Deus é maior.
 Este é o testemunho de Deus,
 pois ele deu testemunho a respeito de seu Filho.

Palavra do Senhor.

Aclamação ao Evangelho cf. Jo 1,29

℟. Aleluia, Aleluia, Aleluia.
℟. Quando João viu Jesus, ele disse:
Eis aqui o Cordeiro de Deus,
que tira o pecado do mundo. ℟.

EVANGELHO
Como acima Mc 1,7-11, p. 420.

Nos lugares em que a solenidade da Epifania é transferida para o domingo, e este ocorre no dia 7 ou 8 de janeiro, e a festa do Batismo do Senhor é transferida para a segunda--feira seguinte, escolhe-se somente uma leitura antes do Evangelho.

A partir do domingo depois da festa do Batismo do Senhor, iniciam-se as leituras dos domingos do "Tempo comum", que se encontram à página 567.

TEMPO DA QUARESMA

1º DOMINGO DA QUARESMA

PRIMEIRA LEITURA

Aliança de Deus com Noé, salvo das águas do dilúvio.

Leitura do Livro do Gênesis 9,8-15

⁸ Disse Deus a Noé e a seus filhos:
⁹ "Eis que vou estabelecer minha aliança convosco
e com vossa descendência,
¹⁰ com todos os seres vivos que estão convosco:
aves, animais domésticos e selvagens,
enfim, com todos os animais da terra,
que saíram convosco da arca.
¹¹ Estabeleço convosco a minha aliança:
nunca mais nenhuma criatura será exterminada
pelas águas do dilúvio,
e não haverá mais dilúvio para devastar a terra".
¹² E Deus disse:
"Este é o sinal da aliança que coloco entre mim e vós,
e todos os seres vivos que estão convosco,
por todas as gerações futuras:
¹³ ponho meu arco nas nuvens
como sinal de aliança entre mim e a terra.
¹⁴ Quando eu reunir as nuvens sobre a terra,
aparecerá meu arco nas nuvens.
¹⁵ Então eu me lembrarei de minha aliança convosco
e com todas as espécies de seres vivos.
E não tornará mais a haver dilúvio
que faça perecer nas suas águas toda criatura".

Palavra do Senhor.

Salmo responsorial Sl 24(25),4bc-5ab.6-7bc.8-9 (℟. cf. 10)

℟. Verdade e amor, são os caminhos do Senhor.

⁴ᵇ Mostrai-me, ó Senhor, vossos caminhos, *
 ᶜ e fazei-me conhecer a vossa estrada!
⁵ᵃ Vossa verdade me oriente e me conduza, *
 ᵇ porque sois o Deus da minha salvação. ℟.

⁶ Recor**dai**, **Senhor** meu **Deus**, vossa **ter**nura   *
  e a **vo**ssa compai**xão** que são e**ter**nas!
⁷ᵇ De mim lem**brai**-vos, porque **sois** miseri**cór**dia   *
 ᶜ e sois bon**da**de sem li**mi**tes, ó **Se**nhor!   ℟.

⁸ O **Se**nhor é pie**da**de e reti**dão**,   *
  e recon**duz** ao bom ca**mi**nho os peca**do**res.
⁹ Ele di**ri**ge os hu**mil**des na jus**ti**ça,   *
  e aos **po**bres ele en**si**na o seu ca**mi**nho.   ℟.

SEGUNDA LEITURA

O Batismo agora vos salva.

Leitura da Primeira Carta de São Pedro   3,18-22

Caríssimos:
¹⁸ Cristo morreu, uma vez por todas,
   por causa dos pecados, o justo pelos injustos,
   a fim de nos conduzir a Deus.
   Sofreu a morte, na sua existência humana,
   mas recebeu nova vida pelo Espírito.
¹⁹ No Espírito,
   ele foi também pregar aos espíritos na prisão,
²⁰ a saber, aos que foram desobedientes antigamente,
   quando Deus usava de longanimidade,
   nos dias em que Noé construía a arca.
   Nesta arca, umas poucas pessoas – oito –
   foram salvas por meio da água.
²¹ À arca corresponde o batismo,
   que hoje é a vossa salvação.
   Pois o batismo
   não serve para limpar o corpo da imundície,
   mas é um pedido a Deus para obter uma boa consciência,
   em virtude da ressurreição de Jesus Cristo.
²² Ele subiu ao céu e está à direita de Deus,
   submetendo-se a ele anjos, dominações e potestades.

Palavra do Senhor.

Aclamação ao Evangelho   Mt 4,4b

℟. **Lou**vor e **gló**ria a **ti**, **Senhor**, Cristo, **Pa**lavra de **Deus**.
℣. O **ho**mem não **vi**ve so**men**te de **pão**,
   mas de **to**da palavra da **bo**ca de **Deus**.   ℟.

EVANGELHO

Foi tentado por Satanás, e os anjos o serviam.

✠ Proclamação do Evangelho de Jesus Cristo
segundo Marcos   1,12-15

Naquele tempo,
12 O Espírito levou Jesus para o deserto.
13 E ele ficou no deserto durante quarenta dias,
e aí foi tentado por Satanás.
Vivia entre os animais selvagens, e os anjos o serviam.
14 Depois que João Batista foi preso,
Jesus foi para a Galileia,
pregando o Evangelho de Deus e dizendo:
15 "O tempo já se completou
e o Reino de Deus está próximo.
Convertei-vos e crede no Evangelho!"

Palavra da Salvação.

2º DOMINGO DA QUARESMA

PRIMEIRA LEITURA

O sacrifício de nosso pai Abraão.

Leitura do Livro do Gênesis   22,1-2.9a.10-13.15-18

Naqueles dias,
1 Deus pôs Abraão à prova.
Chamando-o, disse: "Abraão!"
E ele respondeu: "Aqui estou".
2 E Deus disse:
"Toma teu filho único, Isaac,
a quem tanto amas,
dirige-te à terra de Moriá,
e oferece-o aí em holocausto
sobre um monte que eu te indicar".
9a Chegados ao lugar indicado por Deus,
Abraão ergueu um altar, colocou a lenha em cima,
amarrou o filho e o pôs sobre a lenha
em cima do altar.
10 Depois, estendeu a mão,
empunhando a faca para sacrificar o filho.
11 E eis que o anjo do Senhor gritou do céu,
dizendo: "Abraão! Abraão!"
Ele respondeu: "Aqui estou!"
12 E o anjo lhe disse:
"Não estendas a mão contra teu filho
e não lhe faças nenhum mal!
Agora sei que temes a Deus,
pois não me recusaste teu filho único".
13 Abraão, erguendo os olhos,
viu um carneiro
preso num espinheiro pelos chifres; foi buscá-lo
e ofereceu-o em holocausto no lugar do seu filho.
15 O anjo do Senhor chamou Abraão,
pela segunda vez, do céu,
16 e lhe disse:
"Juro por mim mesmo – oráculo do Senhor –,
uma vez que agiste deste modo
e não me recusaste teu filho único,
17 eu te abençoarei

e tornarei tão numerosa tua descendência
como as estrelas do céu
e como as areias da praia do mar.
Teus descendentes conquistarão as cidades dos inimigos.
¹⁸ Por tua descendência serão abençoadas
todas as nações da terra,
porque me obedeceste".

Palavra do Senhor.

Salmo responsorial Sl 115(116B),10.15.16-17.18-19
(℟. Sl 114,9)

℟. Anda**rei** na pre**sen**ça de **Deus**,
junto a ele na **ter**ra dos **vi**vos.

¹⁰ Guar**dei** a minha **fé**, mesmo di**zen**do: *
"É de**mais** o sofri**men**to em minha **vi**da!"
¹⁵ É sen**ti**da por de**mais** pelo Se**nhor** *
a **mor**te de seus **san**tos, seus **a**migos. ℟.

¹⁶ Eis que **sou** o vosso **ser**vo, ó Se**nhor**, †
vosso **ser**vo que nas**ceu** de vossa **ser**va; *
mas me que**bras**tes os **gri**lhões da escravi**dão**!
¹⁷ Por isso o**fer**to um sacrifício de lou**vor**, *
invo**can**do o nome **san**to do Se**nhor**. ℟.

¹⁸ Vou cum**prir** minhas pro**mes**sas ao Se**nhor** *
na pre**sen**ça de seu **po**vo reu**ni**do;
¹⁹ nos **á**trios da **ca**sa do Se**nhor**, *
em teu **mei**o, ó ci**da**de de Si**ão**! ℟.

SEGUNDA LEITURA

Deus não poupou seu próprio Filho.

Leitura da Carta de São Paulo aos Romanos 8,31b-34

Irmãos:
³¹ᵇ Se Deus é por nós, quem será contra nós?
³² Deus que não poupou seu próprio filho,
mas o entregou por todos nós,
como não nos daria tudo junto com ele?

³³ Quem acusará os escolhidos de Deus?
Deus, que os declara justos?
³⁴ Quem condenará?
Jesus Cristo, que morreu,
mais ainda, que ressuscitou,
e está à direita de Deus, intercedendo por nós?

Palavra do Senhor.

Aclamação ao Evangelho cf. Lc 9,35

℟. Lou**vor** a **vós**, ó **Cris**to, **rei** da e**ter**na **gló**ria.
℣. Numa **nu**vem resplen**den**te fez-se ou**vir** a voz do **Pai**:
Eis meu Filho muito a**ma**do, escutai-o, todos **vós**. ℟.

EVANGELHO

Este é o meu Filho amado.

✠ Proclamação do Evangelho de Jesus Cristo
segundo Marcos 9,2-10

Naquele tempo,
² Jesus tomou consigo Pedro, Tiago e João,
e os levou sozinhos a um lugar à parte
sobre uma alta montanha.
E transfigurou-se diante deles.
³ Suas roupas ficaram brilhantes e tão brancas
como nenhuma lavadeira sobre a terra poderia alvejar.
⁴ Apareceram-lhe Elias e Moisés,
e estavam conversando com Jesus.
⁵ Então Pedro tomou a palavra e disse a Jesus:
"Mestre, é bom ficarmos aqui.
Vamos fazer três tendas:
uma para ti, outra para Moisés e outra para Elias".
⁶ Pedro não sabia o que dizer,
pois estavam todos com muito medo.
⁷ Então desceu uma nuvem e os encobriu com sua sombra.
E da nuvem saiu uma voz:
"Este é o meu Filho amado. Escutai o que ele diz!"
⁸ E, de repente, olhando em volta,
não viram mais ninguém,
a não ser somente Jesus com eles.
⁹ Ao descerem da montanha,
Jesus ordenou que não contassem a ninguém

o que tinham visto,
até que o Filho do Homem
tivesse ressuscitado dos mortos.
¹⁰ Eles observaram essa ordem, mas comentavam entre si
o que queria dizer "ressuscitar dos mortos".

Palavra da Salvação.

3º DOMINGO DA QUARESMA

PRIMEIRA LEITURA (mais longa)

A Lei foi dada por Moisés.

Leitura do Livro do Êxodo 20,1-17

Naqueles dias,
1. Deus pronunciou todas estas palavras:
2. "Eu sou o Senhor teu Deus que te tirou do Egito,
da casa da escravidão.
3. Não terás outros deuses além de mim.
4. Não farás para ti imagem esculpida,
nem figura alguma
do que existe em cima, nos céus,
ou embaixo, na terra,
ou do que existe nas águas, debaixo da terra.
5. Não te prostrarás diante desses deuses,
nem lhes prestarás culto,
pois eu sou o Senhor teu Deus, um Deus ciumento.
Castigo a culpa dos pais nos filhos
até à terceira e quarta geração dos que me odeiam,
6. mas uso da misericórdia por mil gerações
com aqueles que me amam
e guardam os meus mandamentos.
7. Não pronunciarás o nome do Senhor teu Deus em vão,
porque o Senhor não deixará sem castigo
quem pronunciar seu nome em vão.
8. Lembra-te de santificar o dia de sábado.
9. Trabalharás durante seis dias
e farás todos os teus trabalhos,
10. mas o sétimo dia é sábado dedicado ao Senhor teu Deus.
Não farás trabalho algum,
nem tu, nem teu filho, nem tua filha,
nem teu escravo, nem tua escrava, nem teu gado,
nem o estrangeiro que vive em tuas cidades.
11. Porque o Senhor fez em seis dias o céu, a terra e o mar,
e tudo o que eles contêm;
mas no sétimo dia descansou.

Por isso o Senhor abençoou o dia do sábado
e o santificou.
12 Honra teu pai e tua mãe,
para que vivas longos anos
na terra que o Senhor teu Deus te dará.
13 Não matarás.
14 Não cometerás adultério.
15 Não furtarás.
16 Não levantarás falso testemunho contra o teu próximo.
17 Não cobiçarás a casa do teu próximo.
Não cobiçarás a mulher do teu próximo,
nem seu escravo, nem sua escrava, nem seu boi,
nem seu jumento, nem coisa alguma que lhe pertença".

Palavra do Senhor.

PRIMEIRA LEITURA (mais breve)

A Lei foi dada por Moisés.

Leitura do Livro do Êxodo 20,1-3.7-8.12-17

Naqueles dias,
1 Deus pronunciou todas estas palavras:
2 "Eu sou o Senhor teu Deus que te tirou do Egito,
da casa da escravidão.
3 Não terás outros deuses além de mim.
7 Não pronunciarás o nome do Senhor teu Deus em vão,
porque o Senhor não deixará sem castigo
quem pronunciar seu nome em vão.
8 Lembra-te de santificar o dia de sábado.
12 Honra teu pai e tua mãe, para que vivas longos anos
na terra que o Senhor teu Deus te dará.
13 Não matarás.
14 Não cometerás adultério.
15 Não furtarás.
16 Não levantarás falso testemunho contra o teu próximo.
17 Não cobiçarás a casa do teu próximo.
Não cobiçarás a mulher do teu próximo,
nem seu escravo, nem sua escrava,
nem seu boi, nem seu jumento,
nem coisa alguma que lhe pertença".

Palavra do Senhor.

Salmo responsorial Sl 18(19),8.9.10.11 (R. Jo 6,68c)

℞. **Senhor**, tens palavras de **vi**da eter**na**.

8 A **lei** do Senhor **Deus** é per**fei**ta, *
conforto para a **al**ma!
O teste**mu**nho do Senhor é **fi**el, *
sabedoria dos humildes.   ℞.

9 Os pre**cei**tos do Senhor são pre**ci**sos, *
ale**gri**a ao cora**ção**.
O manda**men**to do Senhor é bri**lhan**te, *
para os **o**lhos é uma **luz**.   ℞.

10 É **pu**ro o te**mor** do Senhor, *
imu**tá**vel para **sem**pre.
Os julga**men**tos do Senhor são corretos *
e **jus**tos igual**men**te.   ℞.

11 Mais dese**já**veis do que o **ou**ro são eles, *
do que o **ou**ro refi**na**do.
Suas palavras são mais **do**ces que o **mel**, *
que o **mel** que sai dos **fa**vos.   ℞.

SEGUNDA LEITURA

Pregamos Cristo crucificado, escândalo para os homens;
mas para os chamados, sabedoria de Deus.

Leitura da Primeira Carta de São Paulo aos Coríntios   1,22-25

Irmãos:
22 Os judeus pedem sinais milagrosos,
os gregos procuram sabedoria;
23 nós, porém, pregamos Cristo crucificado,
escândalo para os judeus e insensatez para os pagãos.
24 Mas, para os que são chamados,
tanto judeus como gregos,
esse Cristo é poder de Deus
e sabedoria de Deus.
25 Pois o que é dito insensatez de Deus
é mais sábio do que os homens,

e o que é dito fraqueza de Deus
é mais forte do que os homens.

Palavra do Senhor.

Aclamação ao Evangelho Jo 3,16

℞. **Gló**ria e lou**vor** a **vós**, ó **Cris**to.
℣. Tanto **Deus** amou o **mun**do, que lhe **deu** seu Filho **ú**nico;
todo **aque**le que crer **ne**le há de **ter** a vida eterna. ℞.

EVANGELHO

Destruí este templo, e em três dias eu o levantarei.

✠ Proclamação do Evangelho de Jesus Cristo
segundo João 2,13-25

¹³ Estava próxima a Páscoa dos judeus
e Jesus subiu a Jerusalém.
¹⁴ No Templo,
encontrou os vendedores de bois, ovelhas e pombas
e os cambistas que estavam aí sentados.
¹⁵ Fez então um chicote de cordas
e expulsou todos do Templo,
junto com as ovelhas e os bois;
espalhou as moedas
e derrubou as mesas dos cambistas.
¹⁶ E disse aos que vendiam pombas:
"Tirai isso daqui!
Não façais da casa de meu Pai uma casa de comércio!"
¹⁷ Seus discípulos lembraram-se, mais tarde,
que a Escritura diz:
"O zelo por tua casa me consumirá".
¹⁸ Então os judeus perguntaram a Jesus:
"Que sinal nos mostras para agir assim?"
¹⁹ Ele respondeu:
"Destruí este Templo,
e em três dias eu o levantarei".
²⁰ Os judeus disseram:
"Quarenta e seis anos foram precisos
para a construção deste santuário
e tu o levantarás em três dias?"

²¹ Mas Jesus estava falando do Templo do seu corpo.
²² Quando Jesus ressuscitou,
os discípulos lembraram-se do que ele tinha dito
e acreditaram na Escritura e na palavra dele.
²³ Jesus estava em Jerusalém durante a festa da Páscoa.
Vendo os sinais que realizava,
muitos creram no seu nome.
²⁴ Mas Jesus não lhes dava crédito,
pois ele conhecia a todos;
²⁵ e não precisava do testemunho de ninguém
acerca do ser humano,
porque ele conhecia o homem por dentro.

Palavra da Salvação.

Ou, à escolha, todas as leituras do ano A, p. 113.

4º DOMINGO DA QUARESMA

PRIMEIRA LEITURA

*A ira e a misericórdia do Senhor se manifestam
pelo exílio e a libertação do povo.*

Leitura do Segundo Livro das Crônicas 36,14-16.19-23

Naqueles dias,
14 Todos os chefes dos sacerdotes e o povo
multiplicaram suas infidelidades,
imitando as práticas abomináveis das nações pagãs,
e profanaram o templo
que o Senhor tinha santificado em Jerusalém.
15 Ora, o Senhor Deus de seus pais
dirigia-lhes frequentemente a palavra
por meio de seus mensageiros,
admoestando-os com solicitude todos os dias,
porque tinha compaixão do seu povo
e da sua própria casa.
16 Mas eles zombavam dos enviados de Deus,
desprezavam as suas palavras,
até que o furor do Senhor
se levantou contra o seu povo
e não houve mais remédio.
19 Os inimigos incendiaram a casa de Deus
e deitaram abaixo os muros de Jerusalém,
atearam fogo a todas as construções fortificadas
e destruíram tudo o que havia de precioso.
20 Nabucodonosor levou cativos, para a Babilônia,
todos os que escaparam à espada,
e eles tornaram-se escravos do rei e de seus filhos,
até que o império passou para o rei dos persas.
21 Assim se cumpriu a palavra do Senhor
pronunciada pela boca de Jeremias:
"Até que a terra tenha desfrutado de seus sábados,
ela repousará durante todos os dias da desolação,
até que se completem setenta anos".
22 No primeiro ano do reinado de Ciro, rei da Pérsia,
para que se cumprisse a palavra do Senhor

pronunciada pela boca de Jeremias,
o Senhor moveu o espírito de Ciro, rei da Pérsia,
que mandou publicar em todo o seu reino,
de viva voz e por escrito, a seguinte proclamação:

²³ "Assim fala Ciro, rei da Pérsia:
O Senhor, Deus do céu, deu-me todos os reinos da terra,
e encarregou-me de lhe construir
um templo em Jerusalém, que está no país de Judá.
Quem dentre vós todos pertence ao seu povo?
Que o Senhor, seu Deus, esteja com ele,
e que se ponha a caminho".

Palavra do Senhor.

Salmo responsorial   Sl 136(137),1-2.3.4-5.6 (℟. 6a)

℟. Que se **pren**da a minha **lín**gua ao céu da **bo**ca,
se de **ti**, Jerusa**lém**, eu me esque**cer**!

¹ Junto aos **ri**os da Babilônia †
nos sen**tá**vamos cho**ran**do, *
com sauda**d**es de Sião.
² Nos sal**guei**ros por **a**li *
pendu**ra**mos nossas **har**pas.   ℟.

³ Pois foi **lá** que os opres**so**res *
nos pe**di**ram nossos **cân**ticos;
nossos **guar**das exi**gi**am *
ale**gri**a na tristeza:
"Cantai **ho**je para **nós** *
algum **can**to de Sião!"   ℟.

⁴ Como havemos de can**tar** †
os cantares do Se**nhor** *
numa **ter**ra estrangeira?
⁵ Se de **ti**, Jerusa**lém**, †
algum **di**a eu me esque**cer**, *
que resseque a minha **mão**!   ℟.

⁶ Que se **co**le a minha **lín**gua †
e se **pren**da ao céu da **bo**ca, *
se de **ti** não me lem**brar**!
Se não **for** Jerusa**lém** *
minha **gran**de alegria!   ℟.

SEGUNDA LEITURA

*Uma vez mortos para os pecados,
pela graça fostes salvos.*

Leitura da Carta de São Paulo aos Efésios 2,4-10

Irmãos:
⁴ Deus é rico em misericórdia.
Por causa do grande amor com que nos amou,
⁵ quando estávamos mortos por causa das nossas faltas,
ele nos deu a vida com Cristo.
É por graça que vós sois salvos!
⁶ Deus nos ressuscitou com Cristo
e nos fez sentar nos céus,
em virtude de nossa união com Jesus Cristo.
⁷ Assim, pela bondade que nos demonstrou em Jesus Cristo,
Deus quis mostrar, através dos séculos futuros,
a incomparável riqueza da sua graça.
⁸ Com efeito,
é pela graça que sois salvos, mediante a fé.
E isso não vem de vós; é dom de Deus!
⁹ Não vem das obras, para que ninguém se orgulhe.
¹⁰ Pois é ele quem nos fez;
nós fomos criados em Jesus Cristo para as obras boas,
que Deus preparou de antemão
para que nós as praticássemos.

Palavra do Senhor.

Aclamação ao Evangelho   Jo 3,16

℟. Lou**vor** e **hon**ra a **vós**, Se**nhor** Jesus.
℣. Tanto **Deus** amou o **mun**do, que lhe **deu** seu Filho **único**;
todo a**que**le que crer **ne**le, há de **ter** a vida e**ter**na.   ℟.

EVANGELHO

*Deus enviou o seu Filho ao mundo
para que o mundo seja salvo por ele.*

✠ Proclamação do Evangelho de Jesus Cristo
segundo João 3,14-21

Naquele tempo, disse Jesus a Nicodemos:
14 Do mesmo modo como Moisés levantou
a serpente no deserto,
assim é necessário
que o Filho do Homem seja levantado,
15 para que todos os que nele crerem
tenham a vida eterna.
16 Pois Deus amou tanto o mundo,
que deu o seu Filho unigênito,
para que não morra todo o que nele crer,
mas, tenha a vida eterna.
17 De fato, Deus não enviou o seu Filho ao mundo
para condenar o mundo,
mas para que o mundo seja salvo por ele.
18 Quem nele crê, não é condenado,
mas, quem não crê, já está condenado,
porque não acreditou no nome do Filho unigênito.
19 Ora, o julgamento é este:
a luz veio ao mundo,
mas os homens preferiram as trevas à luz,
porque suas ações eram más.
20 Quem pratica o mal odeia a luz
e não se aproxima da luz,
para que suas ações não sejam denunciadas.
21 Mas, quem age conforme a verdade
aproxima-se da luz,
para que se manifeste
que suas ações são realizadas em Deus.

Palavra da Salvação.

Ou, à escolha, todas as leituras do ano A, p. 120.

5º DOMINGO DA QUARESMA

PRIMEIRA LEITURA

*Concluirei uma nova aliança,
e não mais lembrarei o seu pecado.*

Leitura do Livro do Profeta Jeremias   31,31-34

³¹ Eis que virão dias, diz o Senhor,
em que concluirei com a casa de Israel e a casa de Judá
uma nova aliança;
³² não como a aliança que fiz com seus pais,
quando os tomei pela mão
para retirá-los da terra do Egito,
e que eles a violaram,
mas eu fiz valer a força sobre eles,
diz o Senhor.
³³ "Esta será a aliança
que concluirei com a casa de Israel,
depois desses dias, – diz o Senhor: –
imprimirei minha lei em suas entranhas,
e hei de inscrevê-la em seu coração;
serei seu Deus e eles serão meu povo.
³⁴ Não será mais necessário
ensinar seu próximo ou seu irmão,
dizendo: 'Conhece o Senhor!'
Todos me reconhecerão,
do menor ao maior deles, diz o Senhor,
pois perdoarei sua maldade,
e não mais lembrarei o seu pecado".

Palavra do Senhor.

Salmo responsorial   Sl 50(51),3-4.12-13.14-15 (℟. 12a)

℟. Criai em **mim** um cora**ção** que seja **pu**ro.

³ Tende pie**da**de, ó meu **Deus**, miseri**cór**dia! *
Na imensi**dão** de vosso **amor**, purifi**cai**-me!
⁴ La**vai**-me todo in**tei**ro do pe**ca**do, *
e apa**gai** completa**men**te a minha **cul**pa!   ℟.

¹² Criai em **mim** um cora**ção** que seja **pu**ro, *
dai-me de **no**vo um espírito deci**di**do.
¹³ Ó Se**nhor**, não me afas**teis** de vossa **fa**ce, *
nem reti**reis** de mim o **vos**so Santo Espírito!   ℟.

¹⁴ Dai-me de **no**vo a ale**gria** de ser **sal**vo *
e confir**mai**-me com espírito gene**ro**so!
¹⁵ Ensina**rei** vosso ca**mi**nho aos peca**do**res, *
e para **vós** se volta**rão** os transviados.   ℟.

SEGUNDA LEITURA

*Aprendeu a obediência
e tornou-se causa de salvação eterna.*

Leitura da Carta aos Hebreus   5,7-9

⁷ Cristo, nos dias de sua vida terrestre,
dirigiu preces e súplicas,
com forte clamor e lágrimas,
àquele que era capaz de salvá-lo da morte.
E foi atendido, por causa de sua entrega a Deus.
⁸ Mesmo sendo Filho,
aprendeu o que significa a obediência a Deus
por aquilo que ele sofreu.
⁹ Mas, na consumação de sua vida,
tornou-se causa de salvação eterna
para todos os que lhe obedecem.

Palavra do Senhor.

Aclamação ao Evangelho   Jo 12,26

℟. **Gló**ria a **vós**, ó **Cris**to, **ver**bo de **Deus**.
℣. Se al**guém** me quer ser**vir**, que **ve**nha atrás de **mim**;
e **on**de eu esti**ver**, ali estará meu **ser**vo.   ℟.

EVANGELHO

Se o grão de trigo cair na terra e morrer,
produzirá muito fruto.

✠ Proclamação do Evangelho de Jesus Cristo
segundo João 12,20-33

Naquele tempo,
20 Havia alguns gregos
entre os que tinham subido a Jerusalém,
para adorar durante a festa.
21 Aproximaram-se de Filipe,
que era de Betsaida da Galileia, e disseram:
"Senhor, gostaríamos de ver Jesus".
22 Filipe combinou com André,
e os dois foram falar com Jesus.
23 Jesus respondeu-lhes:
"Chegou a hora
em que o Filho do Homem vai ser glorificado.
24 Em verdade, em verdade vos digo:
Se o grão de trigo que cai na terra não morre,
ele continua só um grão de trigo;
mas, se morre, então produz muito fruto.
25 Quem se apega à sua vida, perde-a;
mas quem faz pouca conta de sua vida neste mundo,
conservá-la-á para a vida eterna.
26 Se alguém me quer servir, siga-me,
e onde eu estou estará também o meu servo.
Se alguém me serve, meu Pai o honrará.
27 Agora sinto-me angustiado. E que direi?
'Pai, livra-me desta hora!'?
Mas foi precisamente para esta hora que eu vim.
28 Pai, glorifica o teu nome!"
Então, veio uma voz do céu:
"Eu o glorifiquei e o glorificarei de novo!"
29 A multidão que aí estava e ouviu,
dizia que tinha sido um trovão.
Outros afirmavam:
"Foi um anjo que falou com ele".
30 Jesus respondeu e disse:
"Essa voz que ouvistes não foi por causa de mim,
mas por causa de vós.

³¹ É agora o julgamento deste mundo.
Agora o chefe deste mundo vai ser expulso,
³² e eu, quando for elevado da terra,
atrairei todos a mim".
³³ Jesus falava assim
para indicar de que morte iria morrer.

Palavra da Salvação.

Ou, à escolha, todas as leituras do ano A, p. 127.

DOMINGO DE RAMOS DA PAIXÃO DO SENHOR

Procissão de Ramos

EVANGELHO

Bendito o que vem em nome do Senhor.

✠ Proclamação do Evangelho de Jesus Cristo segundo Marcos 11,1-10

1 Quando se aproximaram de Jerusalém,
na altura de Betfagé e de Betânia,
junto ao monte das Oliveiras, Jesus enviou dois discípulos,
2 dizendo: "Ide até o povoado que está em frente,
e logo que ali entrardes,
encontrareis amarrado um jumentinho
que nunca foi montado.
Desamarrai-o e trazei-o aqui!
3 Se alguém disser: 'Por que fazeis isso?',
dizei: 'O Senhor precisa dele,
mas logo o mandará de volta' ".
4 Eles foram e encontraram um jumentinho
amarrado junto de uma porta, do lado de fora, na rua,
e o desamarraram.
5 Alguns dos que estavam ali disseram:
"O que estais fazendo,
desamarrando esse jumentinho?"
6 Os discípulos responderam como Jesus havia dito,
e eles permitiram.
7 Levaram então o jumentinho a Jesus,
colocaram sobre ele seus mantos, e Jesus montou.
8 Muitos estenderam seus mantos pelo caminho,
outros espalharam ramos
que haviam apanhado nos campos.
9 Os que iam na frente e os que vinham atrás gritavam:
"Hosana! Bendito o que vem em nome do Senhor!
10 Bendito seja o reino que vem,
o reino de nosso pai Davi!
Hosana no mais alto dos céus!"

Palavra da Salvação.

Ou, à escolha:

EVANGELHO

Bendito o que vem em nome do Senhor.

✠ Proclamação do Evangelho de Jesus Cristo
segundo João   12,12-16

Naquele tempo,
12 A grande multidão que tinha subido para a festa
ouviu dizer que Jesus estava chegando a Jerusalém.
13 Apanharam ramos de palmeiras
e saíram ao seu encontro, clamando:
"Hosana! Bendito aquele que vem em nome do Senhor,
o rei de Israel!"
14 Jesus tinha encontrado um jumentinho
e estava sentado nele,
como está na Escritura:
15 "Não temas, filha de Sião,
Eis que o teu rei vem montado num jumentinho!"
16 Naquele momento,
os discípulos não entenderam o que estava acontecendo.
Mas, quando Jesus foi glorificado,
então se lembraram
que isso estava escrito a seu respeito
e que eles o realizaram.

Palavra da Salvação.

Missa

Nas missas deste domingo, recomendam-se as três leituras indicadas, a não ser que razões pastorais solicitem o contrário.
Tendo, porém, em vista a assembleia dos fiéis e o fato de se proclamar a história da Paixão do Senhor, é permitido ao sacerdote escolher uma das leituras que precedem o Evangelho, ou mesmo, ele pode escolher somente a História da Paixão do Senhor, e, se for necessário, em sua forma breve. Isso, porém, somente nas missas celebradas com o povo.

PRIMEIRA LEITURA

*Não desviei meu rosto das bofetadas
e cusparadas. Sei que não serei humilhado.*

Leitura do Livro do Profeta Isaías   50,4-7

⁴ O Senhor Deus deu-me língua adestrada,
para que eu saiba dizer
palavras de conforto à pessoa abatida;
ele me desperta cada manhã e me excita o ouvido,
para prestar atenção como um discípulo.
⁵ O Senhor abriu-me os ouvidos;
não lhe resisti nem voltei atrás.
⁶ Ofereci as costas para me baterem
e as faces para me arrancarem a barba;
não desviei o rosto de bofetões e cusparadas.
⁷ Mas o Senhor Deus é meu Auxiliador,
por isso não me deixei abater o ânimo,
conservei o rosto impassível como pedra,
porque sei que não sairei humilhado.

Palavra do Senhor.

Salmo responsorial   Sl 21(22),8-9.17-18a.19-20.23-24 (℟. 2a)

℟. Meu **Deus**, meu Deus, por **que** me abando**nas**tes?

⁸ Riem de **mim** todos a**que**les que me **v**eem, *
torcem os **lá**bios e saco**d**em a ca**be**ça:
⁹ "Ao Se**nhor** se confi**ou**, ele o li**ber**te *
e agora o **salve**, se é verda**d**e que ele o **ama**!"   ℟.

¹⁷ Cães nume**ro**sos me ro**de**iam furiosos, *
e por um **ban**do de mal**va**dos fui cercado.
Transpassa**ram** minhas **mãos** e os meus **pés** *
¹⁸ᵃ e eu **pos**so contar **to**dos os meus **os**sos.   ℟.

¹⁹ Eles re**par**tem entre **si** as minhas **ves**tes *
e sor**tei**am entre **si** a minha **tú**nica.
²⁰ Vós, po**rém**, ó meu Se**nhor**, não fiqueis **lon**ge, *
ó minha **for**ça, vinde **lo**go em meu so**cor**ro!   ℟.

²³ Anunciarei o vosso **no**me a meus ir**mãos** *
e no **mei**o da assem**blei**a hei de louvar-vos!
²⁴ Vós que te**meis** ao Senhor **Deus**, dai-lhe lou**vo**res, †
glorifi**cai**-o, descen**den**tes de Jacó, *
e respei**tai**-o, toda a **ra**ça de Israel!   ℟.

SEGUNDA LEITURA

*Humilhou-se a si mesmo;
por isso, Deus o exaltou acima de tudo.*

Leitura da Carta de São Paulo aos Filipenses   2,6-11

⁶ Jesus Cristo, existindo em condição divina,
não fez do ser igual a Deus uma usurpação,
⁷ mas ele esvaziou-se a si mesmo,
assumindo a condição de escravo
e tornando-se igual aos homens.
Encontrado com aspecto humano,
⁸ humilhou-se a si mesmo,
fazendo-se obediente até à morte, e morte de cruz.
⁹ Por isso, Deus o exaltou acima de tudo
e lhe deu o Nome que está acima de todo nome.
¹⁰ Assim, ao nome de Jesus,
todo joelho se dobre no céu,
na terra e abaixo da terra,
¹¹ e toda língua proclame :
"Jesus Cristo é o Senhor",
para a glória de Deus Pai.

Palavra do Senhor.

Aclamação ao Evangelho   Fl 2,8-9

℟. **Gló**ria e **lou**vor a **vós**, ó **Cris**to.
℣. Jesus **Cris**to se tor**nou** obe**di**ente,
obedi**en**te até à **mor**te numa **cruz**;
pelo **que** o Senhor **Deus** o exal**tou**,
e deu-lhe um **no**me muito a**ci**ma de outro **no**me.

EVANGELHO (mais longo)

Paixão de Nosso Senhor Jesus Cristo
segundo Marcos   14,1-15,47

Procuravam um meio de prender Jesus à traição, para matá-lo.

¹ Faltavam dois dias para a Páscoa
e para a festa dos ázimos.
Os sumos sacerdotes e os mestres da Lei
procuravam um meio de prender Jesus à traição,
para matá-lo.
² Eles diziam:
"Não durante a festa,
para que não haja um tumulto no meio do povo".

Derramou perfume em meu corpo, preparando-o para a sepultura.

³ Jesus estava em Betânia, na casa de Simão, o leproso.
Quando estava à mesa,
chegou uma mulher com um vaso de alabastro
cheio de perfume de nardo puro, muito caro.
Ela quebrou o vaso
e derramou o perfume na cabeça de Jesus.
⁴ Alguns que estavam ali ficaram indignados e comentavam:
"Por que esse desperdício de perfume?
⁵ Ele poderia ser vendido
por mais de trezentas moedas de prata,
que seriam dadas aos pobres".
E criticavam fortemente a mulher.
⁶ Mas Jesus lhes disse:
"Deixai-a em paz! Por que aborrecê-la?
Ela praticou uma boa ação para comigo.
⁷ Pobres sempre tereis convosco,
e quando quiserdes podeis fazer-lhes o bem.
Quanto a mim, não me tereis para sempre.
⁸ Ela fez o que podia:
derramou perfume em meu corpo,
preparando-o para a sepultura.
⁹ Em verdade vos digo:
em qualquer parte que o Evangelho for pregado,
em todo o mundo,
será contado o que ela fez,
como lembrança do seu gesto".

Prometeram a Judas Iscariotes dar-lhe dinheiro.

10 Judas Iscariotes, um dos doze,
foi ter com os sumos sacerdotes
para entregar-lhes Jesus.
11 Eles ficaram muito contentes quando ouviram isso,
e prometeram dar-lhe dinheiro.
Então, Judas começou a procurar
uma boa oportunidade para entregar Jesus.

Onde está a sala em que vou comer a Páscoa com os meus discípulos?

12 No primeiro dia dos ázimos,
quando se imolava o cordeiro pascal,
os discípulos disseram a Jesus:
"Onde queres que façamos os preparativos
para comeres a Páscoa?"
13 Jesus enviou então dois dos seus discípulos
e lhes disse: "Ide à cidade.
Um homem carregando um jarro de água
virá ao vosso encontro. Segui-o
14 e dizei ao dono da casa em que ele entrar:
'O Mestre manda dizer: onde está a sala
em que vou comer a Páscoa com os meus discípulos?'
15 Então ele vos mostrará, no andar de cima,
uma grande sala, arrumada com almofadas.
Ali fareis os preparativos para nós!"
16 Os discípulos saíram e foram à cidade.
Encontraram tudo como Jesus havia dito,
e prepararam a Páscoa.

Um de vós, que come comigo, vai me trair.

17 Ao cair da tarde, Jesus foi com os doze.
18 Enquanto estavam à mesa comendo,
Jesus disse: "Em verdade vos digo:
um de vós, que come comigo, vai me trair".
19 Os discípulos começaram a ficar tristes
e perguntaram a Jesus, um após outro:
"Acaso serei eu?"
20 Jesus lhes disse:
"É um dos doze, que se serve comigo do mesmo prato.
21 O Filho do Homem segue seu caminho,
conforme está escrito sobre ele.
Ai, porém, daquele que trair o Filho do Homem!
Melhor seria que nunca tivesse nascido!"

Isto é o meu corpo.
Isto é o meu sangue, o sangue da aliança.

²² Enquanto comiam, Jesus tomou o pão
e, tendo pronunciado a bênção,
partiu-o e entregou-lhes, dizendo:
"Tomai, isto é o meu corpo".
²³ Em seguida, tomou o cálice, deu graças,
entregou-lhes e todos beberam dele.
²⁴ Jesus lhes disse:
"Isto é o meu sangue, o sangue da aliança,
que é derramado em favor de muitos.
²⁵ Em verdade vos digo:
não beberei mais do fruto da videira,
até o dia em que beberei o vinho novo
no Reino de Deus".

Antes que o galo cante duas vezes, três vezes tu me negarás.

²⁶ Depois de terem cantado o hino,
foram para o monte das Oliveiras.
²⁷ Então Jesus disse aos discípulos:
"Todos vós ficareis desorientados,
pois está escrito:
'Ferirei o pastor e as ovelhas se dispersarão'.
²⁸ Mas, depois de ressuscitar,
eu vos precederei na Galileia".
²⁹ Pedro, porém, lhe disse:
"Mesmo que todos fiquem desorientados,
eu não ficarei".
³⁰ Respondeu-lhe Jesus:
"Em verdade te digo:
ainda hoje, esta noite,
antes que o galo cante duas vezes,
três vezes tu me negarás".
³¹ Mas Pedro repetiu com veemência:
"Ainda que tenha de morrer contigo, eu não te negarei".
E todos diziam o mesmo.

Começou a sentir pavor e angústia.

³² Chegados a um lugar chamado Getsêmani,
disse Jesus aos discípulos:
"Sentai-vos aqui, enquanto eu vou rezar!"
³³ Levou consigo Pedro, Tiago e João,
e começou a sentir pavor e angústia.

³⁴ Então Jesus lhes disse:
"Minha alma está triste até à morte.
Ficai aqui e vigiai".
³⁵ Jesus foi um pouco mais adiante
e, prostrando-se por terra, rezava
que, se fosse possível, aquela hora se afastasse dele.
³⁶ Dizia: "Abá! Pai! Tudo te é possível:
Afasta de mim este cálice!
Contudo, não seja feito o que eu quero,
mas sim o que tu queres!"
³⁷ Voltando, encontrou os discípulos dormindo.
Então disse a Pedro:
"Simão, tu estás dormindo?
Não pudeste vigiar nem mesmo uma hora?
³⁸ Vigiai e orai, para não cairdes em tentação!
Pois o espírito está pronto, mas a carne é fraca".
³⁹ Jesus afastou-se de novo
e rezou, repetindo as mesmas palavras.
⁴⁰ Voltou outra vez e os encontrou dormindo,
porque seus olhos estavam pesados de sono
e eles não sabiam o que responder.
⁴¹ Ao voltar pela terceira vez, Jesus lhes disse:
"Agora podeis dormir e descansar.
Basta! Chegou a hora!
Eis que o Filho do Homem é entregue
nas mãos dos pecadores.
⁴² Levantai-vos! Vamos!
Aquele que vai me trair já está chegando".

Prendei-o e levai-o com segurança!

⁴³ E logo, enquanto Jesus ainda falava,
chegou Judas, um dos doze,
com uma multidão armada de espadas e paus.
Vinham da parte dos sumos sacerdotes,
dos mestres da Lei e dos anciãos do povo.
⁴⁴ O traidor tinha combinado com eles um sinal,
dizendo: "É aquele a quem eu beijar.
Prendei-o e levai-o com segurança!"
⁴⁵ Judas logo se aproximou de Jesus, dizendo: "Mestre!"
E o beijou.
⁴⁶ Então lançaram as mãos sobre ele e o prenderam.
⁴⁷ Mas um dos presentes puxou da espada
e feriu o empregado do sumo sacerdote,
cortando-lhe a orelha.

⁴⁸ Jesus tomou a palavra e disse:
"Vós saístes com espadas e paus para me prender,
como se eu fosse um assaltante.
⁴⁹ Todos os dias eu estava convosco, no Templo, ensinando,
e não me prendestes.
Mas, isso acontece para que se cumpram as Escrituras".
⁵⁰ Então todos o abandonaram e fugiram.
⁵¹ Um jovem, vestido apenas com um lençol,
estava seguindo a Jesus, e eles o prenderam.
⁵² Mas o jovem largou o lençol e fugiu nu.

Tu és o Messias, o Filho de Deus Bendito?

⁵³ Então levaram Jesus ao Sumo Sacerdote,
e todos os sumos sacerdotes, os anciãos
e os mestres da Lei se reuniram.
⁵⁴ Pedro seguiu Jesus de longe,
até o interior do pátio do Sumo Sacerdote.
Sentado com os guardas, aquecia-se junto ao fogo.
⁵⁵ Ora, os sumos sacerdotes e todo o Sinédrio
procuravam um testemunho contra Jesus,
para condená-lo à morte, mas não encontravam.
⁵⁶ Muitos testemunhavam falsamente contra ele,
mas seus testemunhos não concordavam.
⁵⁷ Alguns se levantaram
e testemunharam falsamente contra ele, dizendo:
⁵⁸ "Nós o ouvimos dizer:
'Vou destruir este templo feito pelas mãos dos homens,
e em três dias construirei um outro,
que não será feito por mãos humanas!' "
⁵⁹ Mas nem assim o testemunho deles concordava.
⁶⁰ Então, o Sumo Sacerdote levantou-se no meio deles
e interrogou a Jesus:
"Nada tens a responder
ao que estes testemunham contra ti?"
⁶¹ Jesus continuou calado, e nada respondeu.
O Sumo Sacerdote interrogou-o de novo:
"Tu és o Messias, o Filho de Deus Bendito?"
⁶² Jesus respondeu: "Eu sou.
E vereis o Filho do Homem
sentado à direita do Todo-Poderoso,
vindo com as nuvens do céu".
⁶³ O Sumo Sacerdote rasgou suas vestes e disse:
"Que necessidade temos ainda de testemunhas?
⁶⁴ Vós ouvistes a blasfêmia! O que vos parece?"
Então todos o julgaram réu de morte.

⁶⁵ Alguns começaram a cuspir em Jesus.
Cobrindo-lhe o rosto,
o esbofeteavam e diziam:
"Profetiza!"
Os guardas também davam-lhe bofetadas.

Nem conheço esse homem de quem estais falando.

⁶⁶ Pedro estava em baixo, no pátio.
Chegou uma criada do Sumo Sacerdote,
⁶⁷ e, quando viu Pedro que se aquecia,
olhou bem para ele e disse:
"Tu também estavas com Jesus, o Nazareno!"
⁶⁸ Mas Pedro negou, dizendo:
"Não sei e nem compreendo o que estás dizendo!"
E foi para fora, para a entrada do pátio.
E o galo cantou.
⁶⁹ A criada viu Pedro,
e de novo começou a dizer aos que estavam perto:
"Este é um deles".
⁷⁰ Mas Pedro negou outra vez.
Pouco depois,
os que estavam junto diziam novamente a Pedro:
"É claro que tu és um deles, pois és da Galileia".
⁷¹ Aí Pedro começou a maldizer e a jurar, dizendo:
"Nem conheço esse homem de quem estais falando".
⁷² E nesse instante um galo cantou pela segunda vez.
Lembrou-se Pedro da palavra que Jesus lhe havia dito:
"Antes que um galo cante duas vezes,
três vezes tu me negarás".
Caindo em si, ele começou a chorar.

Vós quereis que eu solte o rei dos judeus?

¹⁵,¹ Logo pela manhã, os sumos sacerdotes,
com os anciãos, os mestres da Lei e todo o Sinédrio,
reuniram-se e tomaram uma decisão.
Levaram Jesus amarrado e o entregaram a Pilatos.
² E Pilatos o interrogou:
"Tu és o rei dos judeus?"
Jesus respondeu: "Tu o dizes".
³ E os sumos sacerdotes
faziam muitas acusações contra Jesus.
⁴ Pilatos o interrogou novamente:
"Nada tens a responder?
Vê de quanta coisa te acusam!"

⁵ Mas Jesus não respondeu mais nada,
de modo que Pilatos ficou admirado.
⁶ Por ocasião da Páscoa,
Pilatos soltava o prisioneiro que eles pedissem.
⁷ Havia então um preso, chamado Barrabás,
entre os bandidos, que, numa revolta,
tinha cometido um assassinato.
⁸ A multidão subiu a Pilatos e começou a pedir
que ele fizesse como era costume.
⁹ Pilatos perguntou:
"Vós quereis que eu solte o rei dos judeus?"
¹⁰ Ele bem sabia que os sumos sacerdotes
haviam entregado Jesus por inveja.
¹¹ Porém, os sumos sacerdotes instigaram a multidão
para que Pilatos lhes soltasse Barrabás.
¹² Pilatos perguntou de novo:
"Que quereis então que eu faça com o rei dos Judeus?"
¹³ Mas eles tornaram a gritar: "Crucifica-o!"
¹⁴ Pilatos perguntou: "Mas, que mal ele fez?"
Eles, porém, gritaram com mais força: "Crucifica-o!"
¹⁵ Pilatos, querendo satisfazer a multidão,
soltou Barrabás, mandou flagelar Jesus
e o entregou para ser crucificado.

Teceram uma coroa de espinhos e a puseram em sua cabeça.

¹⁶ Então os soldados o levaram para dentro do palácio,
isto é, o pretório,
e convocaram toda a tropa.
¹⁷ Vestiram Jesus com um manto vermelho,
teceram uma coroa de espinhos
e a puseram em sua cabeça.
¹⁸ E começaram a saudá-lo: "Salve, rei dos judeus!"
¹⁹ Batiam-lhe na cabeça com uma vara.
Cuspiam nele e, dobrando os joelhos,
prostravam-se diante dele.
²⁰ Depois de zombarem de Jesus,
tiraram-lhe o manto vermelho,
vestiram-no de novo com suas próprias roupas
e o levaram para fora, a fim de crucificá-lo.

Levaram Jesus para o lugar chamado Gólgota.

²¹ Os soldados obrigaram um certo Simão de Cirene,
pai de Alexandre e de Rufo, que voltava do campo,
a carregar a cruz.

²² Levaram Jesus para o lugar chamado Gólgota,
que quer dizer "Calvário".

Ele foi contado entre os malfeitores.

²³ Deram-lhe vinho misturado com mirra,
mas ele não o tomou.
²⁴ Então o crucificaram
e repartiram as suas roupas, tirando a sorte,
para ver que parte caberia a cada um.
²⁵ Eram nove horas da manhã
quando o crucificaram.
²⁶ E ali estava uma inscrição
com o motivo de sua condenação:
"O Rei dos Judeus".
²⁷ Com Jesus foram crucificados dois ladrões,
um à direita e outro à esquerda.⁽²⁸⁾

A outros salvou, a si mesmo não pode salvar!

²⁹ Os que por ali passavam o insultavam,
balançando a cabeça e dizendo:
"Ah! Tu que destróis o Templo
e o reconstróis em três dias,
³⁰ salva-te a ti mesmo, descendo da cruz!"
³¹ Do mesmo modo, os sumos sacerdotes,
com os mestres da Lei,
zombavam entre si, dizendo:
"A outros salvou,
a si mesmo não pode salvar!
³² O Messias, o rei de Israel...
que desça agora da cruz,
para que vejamos e acreditemos!"
Os que foram crucificados com ele
também o insultavam.

Jesus deu um forte grito e expirou.

³³ Quando chegou o meio-dia,
houve escuridão sobre toda a terra,
até as três horas da tarde.
³⁴ Pelas três da tarde, Jesus gritou com voz forte:
"Eloí, Eloí, lamá sabactâni?",
que quer dizer: "Meu Deus, meu Deus,
por que me abandonaste?"
³⁵ Alguns dos que estavam ali perto,
ouvindo-o, disseram:

"Vejam, ele está chamando Elias!"
³⁶ Alguém correu e embebeu uma esponja em vinagre,
colocou-a na ponta de uma vara
e lhe deu de beber, dizendo:
"Deixai! Vamos ver se Elias vem tirá-lo da cruz".
³⁷ Então Jesus deu um forte grito e expirou.

Aqui todos se ajoelham e faz-se uma pausa.

³⁸ Nesse momento a cortina do santuário
rasgou-se de alto a baixo, em duas partes.
³⁹ Quando o oficial do exército,
que estava bem em frente dele,
viu como Jesus havia expirado, disse:
"Na verdade, este homem era Filho de Deus!"
⁴⁰ Estavam ali também algumas mulheres,
que olhavam de longe;
entre elas, Maria Madalena,
Maria, mãe de Tiago Menor e de Joset, e Salomé.
⁴¹ Elas haviam acompanhado e servido a Jesus
quando ele estava na Galileia.
Também muitas outras
que tinham ido com Jesus a Jerusalém, estavam ali.

José rolou uma pedra à entrada do sepulcro.

⁴² Era o dia da preparação, isto é, a véspera do sábado,
e já caíra a tarde.
⁴³ Então, José de Arimateia,
membro respeitável do Conselho,
que também esperava o Reino de Deus,
cheio de coragem, foi a Pilatos
e pediu o corpo de Jesus.
⁴⁴ Pilatos ficou admirado,
quando soube que Jesus estava morto.
Chamou o oficial do exército
e perguntou se Jesus tinha morrido havia muito tempo.
⁴⁵ Informado pelo oficial,
Pilatos entregou o corpo a José.
⁴⁶ José comprou um lençol de linho,
desceu o corpo da cruz e o envolveu no lençol.
Depois colocou-o num túmulo escavado na rocha,
e rolou uma pedra à entrada do sepulcro.
⁴⁷ Maria Madalena e Maria, mãe de Joset,
observavam onde Jesus foi colocado.

Palavra da Salvação.

Ou:

EVANGELHO (mais breve)

Paixão de Nosso Senhor Jesus Cristo
segundo Marcos   15,1-39

Vós quereis que eu solte o rei dos judeus?

¹ Logo pela manhã, os sumos sacerdotes,
com os anciãos, os mestres da Lei e todo o Sinédrio,
reuniram-se e tomaram uma decisão.
Levaram Jesus amarrado e o entregaram a Pilatos.
² E Pilatos o interrogou:
"Tu és o rei dos judeus?"
Jesus respondeu: "Tu o dizes".
³ E os sumos sacerdotes
faziam muitas acusações contra Jesus.
⁴ Pilatos o interrogou novamente:
"Nada tens a responder?
Vê de quanta coisa te acusam!"
⁵ Mas Jesus não respondeu mais nada,
de modo que Pilatos ficou admirado.
⁶ Por ocasião da Páscoa,
Pilatos soltava o prisioneiro que eles pedissem.
⁷ Havia então um preso, chamado Barrabás,
entre os bandidos, que, numa revolta,
tinha cometido um assassinato.
⁸ A multidão subiu a Pilatos e começou a pedir
que ele fizesse como era costume.
⁹ Pilatos perguntou:
"Vós quereis que eu solte o rei dos judeus?"
¹⁰ Ele bem sabia que os sumos sacerdotes
haviam entregado Jesus por inveja.
¹¹ Porém, os sumos sacerdotes instigaram a multidão
para que Pilatos lhes soltasse Barrabás.
¹² Pilatos perguntou de novo:
"Que quereis então que eu faça
com o rei dos Judeus?"
¹³ Mas eles tornaram a gritar: "Crucifica-o!"
¹⁴ Pilatos perguntou: "Mas, que mal ele fez?"
Eles, porém, gritaram com mais força:
"Crucifica-o!"
¹⁵ Pilatos, querendo satisfazer a multidão,
soltou Barrabás, mandou flagelar Jesus
e o entregou para ser crucificado.

Teceram uma coroa de espinhos e a puseram em sua cabeça.

¹⁶ Então os soldados o levaram para dentro do palácio,
isto é, o pretório,
e convocaram toda a tropa.
¹⁷ Vestiram Jesus com um manto vermelho,
teceram uma coroa de espinhos
e a puseram em sua cabeça.
¹⁸ E começaram a saudá-lo:
"Salve, rei dos judeus!"
¹⁹ Batiam-lhe na cabeça com uma vara.
Cuspiam nele e, dobrando os joelhos,
prostravam-se diante dele.
²⁰ Depois de zombarem de Jesus,
tiraram-lhe o manto vermelho,
vestiram-no de novo com suas próprias roupas
e o levaram para fora, a fim de crucificá-lo.

Levaram Jesus para o lugar chamado Gólgota.

²¹ Os soldados obrigaram um certo Simão de Cirene,
pai de Alexandre e de Rufo, que voltava do campo,
a carregar a cruz.
²² Levaram Jesus para o lugar chamado Gólgota,
que quer dizer "Calvário".

Ele foi contado entre os malfeitores.

²³ Deram-lhe vinho misturado com mirra,
mas ele não o tomou.
²⁴ Então o crucificaram
e repartiram as suas roupas, tirando a sorte,
para ver que parte caberia a cada um.
²⁵ Eram nove horas da manhã quando o crucificaram.
²⁶ E ali estava uma inscrição
com o motivo de sua condenação: "O Rei dos Judeus".
²⁷ Com Jesus foram crucificados dois ladrões,
um à direita e outro à esquerda.⁽²⁸⁾

A outros salvou, a si mesmo não pode salvar!

²⁹ Os que por ali passavam o insultavam,
balançando a cabeça e dizendo:
"Ah! Tu que destróis o Templo
e o reconstróis em três dias,
³⁰ salva-te a ti mesmo, descendo da cruz!"
³¹ Do mesmo modo, os sumos sacerdotes,
com os mestres da Lei,

zombavam entre si, dizendo:
"A outros salvou, a si mesmo não pode salvar!
³² O Messias, o rei de Israel...
que desça agora da cruz,
para que vejamos e acreditemos!"
Os que foram crucificados com ele
também o insultavam.

Então Jesus deu um forte grito e expirou.

³³ Quando chegou o meio-dia,
houve escuridão sobre toda a terra,
até as três horas da tarde.
³⁴ Pelas três da tarde, Jesus gritou com voz forte:
"Eloi, Eloi, lamá sabactâni?",
que quer dizer: "Meu Deus, meu Deus,
por que me abandonaste?"
³⁵ Alguns dos que estavam ali perto, ouvindo-o, disseram:
"Vejam, ele está chamando Elias!"
³⁶ Alguém correu e embebeu uma esponja em vinagre,
colocou-a na ponta de uma vara
e lhe deu de beber, dizendo:
"Deixai! Vamos ver se Elias vem tirá-lo da cruz".
³⁷ Então Jesus deu um forte grito e expirou.

Aqui todos se ajoelham e faz-se uma pausa.

³⁸ Nesse momento a cortina do santuário
rasgou-se de alto a baixo, em duas partes.
³⁹ Quando o oficial do exército,
que estava bem em frente dele,
viu como Jesus havia expirado, disse:
"Na verdade, este homem era Filho de Deus!"

Palavra da Salvação.

TRÍDUO PASCAL
E
TEMPO PASCAL

QUINTA-FEIRA DA SEMANA SANTA

Missa do Crisma

PRIMEIRA LEITURA

*O Senhor me ungiu e enviou-me
para dar a boa-nova aos humildes.*

Leitura do Livro do Profeta Isaías   61,1-3a.6a.8b-9

¹ O Espírito do Senhor Deus está sobre mim,
  porque o Senhor me ungiu;
  enviou-me para dar a boa-nova aos humildes,
  curar as feridas da alma,
  pregar a redenção para os cativos
  e a liberdade para os que estão presos;
² para proclamar o tempo da graça do Senhor
  e o dia da vingança do nosso Deus;
  para consolar todos os que choram,
³ᵃ para reservar e dar aos que sofrem por Sião
  uma coroa, em vez de cinza,
  o óleo da alegria, em vez da aflição.
⁶ᵃ Vós sois os sacerdotes do Senhor,
  chamados ministros de nosso Deus.
⁸ᵇ Eu os recompensarei por suas obras segundo a verdade,
  e farei com eles uma aliança perpétua.
⁹ Sua descendência será conhecida entre as nações,
  e seus filhos se fixarão no meio dos povos;
  quem os vir há de reconhecê-lo
  como descendentes abençoados por Deus.

Palavra do Senhor.

Salmo responsorial   Sl 88(89),21-22.25.27 (℟. cf. 2a)

℟. **Se**nhor, eu can**ta**rei eterna**men**te o vosso **a**mor.

²¹ Encon**trei** e esco**lhi** a Da**vi**, meu servi**dor**, *
   e o un**gi**, para ser **rei**, com meu **ó**leo consa**gra**do.
²² Esta**rá** sempre com **e**le minha **mão** onipo**ten**te, *
   e meu **bra**ço pode**ro**so há de **ser** a sua **for**ça.   ℟.

²⁵ Minha verdade e meu **amor** estarão sempre com **e**le, *
sua **for**ça e seu po**der** por meu **no**me cresce**rão**.
²⁷ Ele, en**tão**, me invocará: 'Ó **Se**nhor, vós sois meu **Pai**, *
sois meu **Deus**, sois meu Ro**che**do
onde en**con**tro a salvação!' ℟.

SEGUNDA LEITURA

Fez de nós um reino,
sacerdotes para seu Deus e Pai.

Leitura do Livro do Apocalipse de São João   1,5-8

A vós graça e paz
⁵ da parte de Jesus Cristo,
a testemunha fiel,
o primeiro a ressuscitar dentre os mortos,
o soberano dos reis da terra.
A Jesus, que nos ama,
que por seu sangue nos libertou dos nossos pecados
⁶ e que fez de nós um reino,
sacerdotes para seu Deus e Pai,
a ele a glória e o poder, em eternidade. Amém.
⁷ Olhai! Ele vem com as nuvens,
e todos os olhos o verão,
também aqueles que o traspassaram.
Todas as tribos da terra baterão no peito por causa dele.
Sim. Amém!
⁸ "Eu sou o Alfa e o Ômega", diz o Senhor Deus,
"aquele que é, que era e que vem,
o Todo-poderoso".

Palavra do Senhor.

Aclamação ao Evangelho   Is 61,1 (Lc 4,18)

℟. Lou**vor** e **hon**ra a **vós**, Se**nhor** Jesus.
℣. O Es**pí**rito do Se**nhor**
sobre **mim** fez a sua unção,
envi**ou**-me aos **em**pobrecidos
a fa**zer** feliz pro**cla**mação!

EVANGELHO

O Espírito do Senhor está sobre mim.

✠ Proclamação do Evangelho de Jesus Cristo segundo Lucas 4,16-21

Naquele tempo,
¹⁶ Jesus foi à cidade de Nazaré, onde se tinha criado.
Conforme seu costume, entrou na sinagoga no sábado,
e levantou-se para fazer a leitura.
¹⁷ Deram-lhe o livro do profeta Isaías.
Abrindo o livro,
Jesus achou a passagem em que está escrito:
¹⁸ "O Espírito do Senhor está sobre mim,
porque ele me consagrou com a unção
para anunciar a Boa-nova aos pobres;
enviou-me para proclamar a libertação aos cativos,
e aos cegos a recuperação da vista;
para libertar os oprimidos
¹⁹ e para proclamar um ano da graça do Senhor".
²⁰ Depois fechou o livro,
entregou-o ao ajudante, e sentou-se.
Todos os que estavam na sinagoga
tinham os olhos fixos nele.
²¹ Então começou a dizer-lhes:
"Hoje se cumpriu esta passagem da Escritura
que acabastes de ouvir".

Palavra da Salvação.

Missa da Ceia do Senhor

PRIMEIRA LEITURA

Ritual da ceia pascal.

Leitura do Livro do Êxodo 12,1-8.11-14

Naqueles dias,
1 O Senhor disse a Moisés e a Aarão no Egito:
2 "Este mês será para vós o começo dos meses;
será o primeiro mês do ano.
3 Falai a toda a comunidade dos filhos de Israel,
dizendo:
'No décimo dia deste mês,
cada um tome um cordeiro por família,
um cordeiro para cada casa.
4 Se a família não for bastante numerosa
para comer um cordeiro,
convidará também o vizinho mais próximo,
de acordo com o número de pessoas.
Deveis calcular o número de comensais,
conforme o tamanho do cordeiro.
5 O cordeiro será sem defeito,
macho, de um ano.
Podereis escolher tanto um cordeiro, como um cabrito:
6 e devereis guardá-lo preso
até ao dia catorze deste mês.
Então toda a comunidade de Israel reunida
o imolará ao cair da tarde.
7 Tomareis um pouco do seu sangue
e untareis os marcos e a travessa da porta,
nas casas em que o comerdes.
8 Comereis a carne nessa mesma noite, assada ao fogo,
com pães ázimos e ervas amargas.
11 Assim devereis comê-lo: com os rins cingidos,
sandálias nos pés e cajado na mão.
E comereis às pressas, pois é a Páscoa,
isto é, a 'Passagem' do Senhor!
12 E naquela noite passarei pela terra do Egito
e ferirei na terra do Egito todos os primogênitos,
desde os homens até os animais;
e infligirei castigos contra todos os deuses do Egito,
eu, o Senhor.

¹³ O sangue servirá de sinal nas casas onde estiverdes.
Ao ver o sangue, passarei adiante,
e não vos atingirá a praga exterminadora,
quando eu ferir a terra do Egito.
¹⁴ Este dia será para vós uma festa memorável
em honra do Senhor,
que haveis de celebrar por todas as gerações,
como instituição perpétua".

Palavra do Senhor.

Salmo responsorial   Sl 115(116B),12-13.15-16bc.17-18
(℟. cf. 1Cor 10,16)

℟. O **cá**lice por **nós** abençoado
é a **nos**sa comu**nhão** com o **san**gue do Se**nhor**.

¹² Que pode**rei** retribu**ir** ao Senhor **Deus** *
por tudo a**qui**lo que ele **fez** em meu fa**vor**?
¹³ Elevo o **cá**lice da **mi**nha salva**ção**, *
invo**can**do o nome **san**to do Se**nhor**. ℟

¹⁵ É sentida por de**mais** pelo Se**nhor** *
a **mor**te de seus **san**tos, seus a**mi**gos.
¹⁶ᵇᶜ Eis que **sou** o vosso **ser**vo, ó Senhor, *
mas me que**bras**tes os gri**lhões** da escravi**dão**! ℟.

¹⁷ Por isso o**fer**to um sacri**fí**cio de lou**vor**, *
invo**can**do o nome **san**to do Se**nhor**.
¹⁸ Vou cum**prir** minhas pro**mes**sas ao Senhor *
na pre**sen**ça de seu **po**vo reu**ni**do. ℟.

SEGUNDA LEITURA

*Todas as vezes que comerdes deste pão e beberdes
deste cálice, proclamais a morte do Senhor.*

Leitura da Primeira Carta de São Paulo aos Coríntios   11,23-26

Irmãos:
²³ O que eu recebi do Senhor,
foi isso que eu vos transmiti:
Na noite em que foi entregue,
o Senhor Jesus tomou o pão

²⁴ e, depois de dar graças, partiu-o e disse:
"Isto é o meu corpo que é dado por vós.
Fazei isto em minha memória".
²⁵ Do mesmo modo, depois da ceia,
tomou também o cálice e disse:
"Este cálice é a nova aliança, em meu sangue.
Todas as vezes que dele beberdes,
fazei isto em minha memória".
²⁶ Todas as vezes, de fato, que comerdes deste pão
e beberdes deste cálice,
estareis proclamando a morte do Senhor,
até que ele venha.

Palavra do Senhor.

Aclamação ao Evangelho   Jo 13,34

℟. **Glória a vós, ó Cristo, verbo de Deus.**
℣. Eu vos dou este novo Mandamento,
nova ordem, agora, vos dou,
que, também, vos ameis uns aos outros,
como eu vos amei, diz o Senhor.

EVANGELHO

Amou-os até o fim.

✠ Proclamação do Evangelho de Jesus Cristo
segundo João   13,1-15

¹ Era antes da festa da Páscoa.
Jesus sabia que tinha chegado a sua hora
de passar deste mundo para o Pai;
tendo amado os seus que estavam no mundo,
amou-os até o fim.
² Estavam tomando a ceia.
O diabo já tinha posto no coração de Judas,
filho de Simão Iscariotes,
o propósito de entregar Jesus.
³ Jesus, sabendo que o Pai tinha colocado tudo em suas mãos
e que de Deus tinha saído e para Deus voltava,
⁴ levantou-se da mesa, tirou o manto,
pegou uma toalha e amarrou-a na cintura.
⁵ Derramou água numa bacia
e começou a lavar os pés dos discípulos,
enxugando-os com a toalha com que estava cingido.

⁶ Chegou a vez de Simão Pedro.
Pedro disse:
"Senhor, tu me lavas os pés?"
⁷ Respondeu Jesus:
"Agora, não entendes o que estou fazendo;
mais tarde compreenderás".
⁸ Disse-lhe Pedro:
"Tu nunca me lavarás os pés!"
Mas Jesus respondeu:
"Se eu não te lavar,
não terás parte comigo".
⁹ Simão Pedro disse:
"Senhor, então lava não somente os meus pés,
mas também as mãos e a cabeça".
¹⁰ Jesus respondeu:
"Quem já se banhou
não precisa lavar senão os pés, porque já está todo limpo.
Também vós estais limpos, mas não todos".
¹¹ Jesus sabia quem o ia entregar;
por isso disse:
'Nem todos estais limpos'.
¹² Depois de ter lavado os pés dos discípulos,
Jesus vestiu o manto e sentou-se de novo.
E disse aos discípulos:
"Compreendeis o que acabo de fazer?
¹³ Vós me chamais Mestre e Senhor,
e dizeis bem, pois eu o sou.
¹⁴ Portanto, se eu, o Senhor e Mestre,
vos lavei os pés,
também vós deveis lavar os pés uns dos outros.
¹⁵ Dei-vos o exemplo,
para que façais a mesma coisa que eu fiz".

Palavra da Salvação.

SEXTA-FEIRA DA PAIXÃO DO SENHOR

PRIMEIRA LEITURA

*Ele foi ferido
por causa de nossos pecados.*

Leitura do Livro do Profeta Isaías 52,13-53,12

¹³ Ei-lo, o meu Servo será bem sucedido;
sua ascensão será ao mais alto grau.
¹⁴ Assim como muitos ficaram pasmados ao vê-lo
– tão desfigurado ele estava que não parecia
ser um homem ou ter aspecto humano –,
¹⁵ do mesmo modo ele espalhará sua fama entre os povos.
Diante dele os reis se manterão em silêncio,
vendo algo que nunca lhes foi narrado
e conhecendo coisas que jamais ouviram.
⁵³,¹ Quem de nós deu crédito ao que ouvimos?
E a quem foi dado reconhecer a força do Senhor?
² Diante do Senhor ele cresceu como renovo de planta
ou como raiz em terra seca.
Não tinha beleza nem atrativo para o olharmos,
não tinha aparência que nos agradasse.
³ Era desprezado como o último dos mortais,
homem coberto de dores, cheio de sofrimentos;
passando por ele, tapávamos o rosto;
tão desprezível era, não fazíamos caso dele.
⁴ A verdade é que ele tomava sobre si nossas enfermidades
e sofria, ele mesmo, nossas dores;
e nós pensávamos fosse um chagado,
golpeado por Deus e humilhado!
⁵ Mas ele foi ferido por causa de nossos pecados,
esmagado por causa de nossos crimes;
a punição a ele imposta era o preço da nossa paz,
e suas feridas, o preço da nossa cura.
⁶ Todos nós vagávamos como ovelhas desgarradas,
cada qual seguindo seu caminho;
e o Senhor fez recair sobre ele
o pecado de todos nós.
⁷ Foi maltratado, e submeteu-se, não abriu a boca;
como cordeiro levado ao matadouro

ou como ovelha diante dos que a tosquiam,
ele não abriu a boca.
8 Foi atormentado pela angústia e foi condenado.
Quem se preocuparia com sua história de origem?
Ele foi eliminado do mundo dos vivos;
e por causa do pecado do meu povo
foi golpeado até morrer.
9 Deram-lhe sepultura entre ímpios,
um túmulo entre os ricos, porque ele não praticou o mal,
nem se encontrou falsidade em suas palavras.
10 O Senhor quis macerá-lo com sofrimentos.
Oferecendo sua vida em expiação,
ele terá descendência duradoura,
e fará cumprir com êxito a vontade do Senhor.
11 Por esta vida de sofrimento,
alcançará luz e uma ciência perfeita.
Meu Servo, o Justo, fará justos inúmeros homens,
carregando sobre si suas culpas.
12 Por isso, compartilharei com ele multidões
e ele repartirá suas riquezas com os valentes seguidores,
pois entregou o corpo à morte,
sendo contado como um malfeitor;
ele, na verdade, resgatava o pecado de todos
e intercedia em favor dos pecadores.

Palavra do Senhor.

Salmo responsorial Sl 30(31),2.6.12-13.15-16.17.25
(R. Lc 23,46)

R. Ó **Pai**, em tuas **mãos** eu en**tre**go o meu es**pí**rito.

2 Se**nhor**, eu ponho em **vós** minha espe**ran**ça; *
que eu não fique envergo**nha**do eterna**men**te!
6 Em vossas **mãos**, Senhor, en**tre**go o meu es**pí**rito, *
porque **vós** me sal**va**reis, ó Deus fi**el**! R.

12 Tor**nei**-me o o**pró**brio do ini**mi**go, *
o des**pre**zo e zom**ba**ria dos vi**zi**nhos,
e ob**je**to de pa**vor** para os a**mi**gos; *
fogem de **mim** os que me **ve**em pela **ru**a.
13 Os cora**ções** me esque**ce**ram como um **mor**to, *
e tor**nei**-me como um **va**so espeda**ça**do. R.

15 A vós, po**rém**, ó meu Se**nhor**, eu me con**fi**o, *
e a**fir**mo que só **vós** sois o meu **Deus**!
16 Eu en**tre**go em vossas **mãos** o meu des**ti**no; *
liber**tai**-me do ini**mi**go e do opres**sor**! R.

¹⁷ Mostrai serena a vossa face ao vosso servo, *
e salvai-me pela vossa compaixão!
²⁵ Fortalecei os corações, tende coragem, *
todos vós que ao Senhor vos confiais! ℟.

SEGUNDA LEITURA

*Ele aprendeu a ser obediente
e tornou-se causa de salvação para todos os que lhe obedecem.*

Leitura da Carta aos Hebreus   4,14-16;5,7-9

Irmãos:
¹⁴ Temos um sumo-sacerdote eminente,
que entrou no céu, Jesus, o Filho de Deus.
Por isso, permaneçamos firmes na fé que professamos.
¹⁵ Com efeito, temos um sumo-sacerdote
capaz de se compadecer de nossas fraquezas,
pois ele mesmo foi provado em tudo como nós,
com exceção do pecado.
¹⁶ Aproximemo-nos então, com toda a confiança,
do trono da graça,
para conseguirmos misericórdia e alcançarmos
a graça de um auxílio no momento oportuno.
⁵,⁷ Cristo, nos dias de sua vida terrestre,
dirigiu preces e súplicas,
com forte clamor e lágrimas,
àquele que era capaz de salvá-lo da morte.
E foi atendido, por causa de sua entrega a Deus.
⁸ Mesmo sendo Filho, aprendeu o que significa
a obediência a Deus, por aquilo que ele sofreu.
⁹ Mas, na consumação de sua vida,
tornou-se causa de salvação eterna
para todos os que lhe obedecem.

Palavra do Senhor.

Aclamação ao Evangelho   Fl 2,8-9

℟. Louvor e honra a vós, Senhor Jesus.
℣. Jesus Cristo se tornou obediente,
obediente até a morte numa cruz,
pelo que o Senhor Deus o exaltou,
e deu-lhe um nome muito acima de outro nome.

EVANGELHO

Paixão de Nosso Senhor Jesus Cristo
segundo João   18,1-19,42

Prenderam Jesus e o amarraram.

Naquele tempo,
1 Jesus saiu com os discípulos
para o outro lado da torrente do Cedron.
Havia aí um jardim, onde ele entrou com os discípulos.
2 Também Judas, o traidor, conhecia o lugar,
porque Jesus costumava reunir-se aí
com os seus discípulos.
3 Judas levou consigo um destacamento de soldados
e alguns guardas dos sumos sacerdotes e fariseus,
e chegou ali com lanternas, tochas e armas.
4 Então Jesus, consciente de tudo o que ia acontecer,
saiu ao encontro deles e disse: "A quem procurais?"
5 Responderam: "A Jesus, o Nazareno".
Ele disse: "Sou eu".
Judas, o traidor, estava junto com eles.
6 Quando Jesus disse: "Sou eu",
eles recuaram e caíram por terra.
7 De novo lhes perguntou:
"A quem procurais?"
Eles responderam: "A Jesus, o Nazareno".
8 Jesus respondeu: "Já vos disse que sou eu.
Se é a mim que procurais,
então deixai que estes se retirem".
9 Assim se realizava a palavra que Jesus tinha dito:
'Não perdi nenhum daqueles que me confiaste'.
10 Simão Pedro, que trazia uma espada consigo,
puxou dela e feriu o servo do sumo sacerdote,
cortando-lhe a orelha direita.
O nome do servo era Malco.
11 Então Jesus disse a Pedro:
"Guarda a tua espada na bainha.
Não vou beber o cálice que o Pai me deu?"

Conduziram Jesus primeiro a Anás.

12 Então, os soldados, o comandante e os guardas dos judeus
prenderam Jesus e o amarraram.

¹³ Conduziram-no primeiro a Anás, que era o sogro de Caifás,
o Sumo Sacerdote naquele ano.
¹⁴ Foi Caifás que deu aos judeus o conselho:
"É preferível que um só morra pelo povo".
¹⁵ Simão Pedro e um outro discípulo seguiam Jesus.
Esse discípulo era conhecido do Sumo Sacerdote
e entrou com Jesus no pátio do Sumo Sacerdote.
¹⁶ Pedro ficou fora, perto da porta.
Então o outro discípulo,
que era conhecido do Sumo Sacerdote, saiu,
conversou com a encarregada da porta
e levou Pedro para dentro.
¹⁷ A criada que guardava a porta disse a Pedro:
"Não pertences também tu aos discípulos desse homem?"
Ele respondeu: "Não!"
¹⁸ Os empregados e os guardas fizeram uma fogueira
e estavam se aquecendo, pois fazia frio.
Pedro ficou com eles, aquecendo-se.
¹⁹ Entretanto, o Sumo Sacerdote interrogou Jesus
a respeito de seus discípulos e de seu ensinamento.
²⁰ Jesus lhe respondeu:
"Eu falei às claras ao mundo.
Ensinei sempre na sinagoga e no Templo,
onde todos os judeus se reúnem.
Nada falei às escondidas.
²¹ Por que me interrogas?
Pergunta aos que ouviram o que falei;
eles sabem o que eu disse".
²² Quando Jesus falou isso, um dos guardas que ali estava
deu-lhe uma bofetada, dizendo:
"É assim que respondes ao Sumo Sacerdote?"
²³ Respondeu-lhe Jesus:
"Se respondi mal, mostra em quê;
mas, se falei bem, por que me bates?"
²⁴ Então, Anás enviou Jesus amarrado para Caifás,
o Sumo Sacerdote.

Não és tu também um dos discípulos dele? Pedro negou: "Não!"

²⁵ Simão Pedro continuava lá, em pé, aquecendo-se.
Disseram-lhe:
"Não és tu, também, um dos discípulos dele?"
Pedro negou: "Não!"
²⁶ Então um dos empregados do Sumo Sacerdote,
parente daquele a quem Pedro tinha cortado a orelha, disse:
"Será que não te vi no jardim com ele?"

²⁷ Novamente Pedro negou.
E na mesma hora, o galo cantou.

O meu reino não é deste mundo.

²⁸ De Caifás, levaram Jesus ao palácio do governador.
Era de manhã cedo.
Eles mesmos não entraram no palácio,
para não ficarem impuros e poderem comer a páscoa.
²⁹ Então Pilatos saiu ao encontro deles e disse:
"Que acusação apresentais contra este homem?"
³⁰ Eles responderam:
"Se não fosse malfeitor,
não o teríamos entregue a ti!"
³¹ Pilatos disse:
"Tomai-o vós mesmos e julgai-o de acordo com a vossa lei".
Os judeus lhe responderam:
"Nós não podemos condenar ninguém à morte".
³² Assim se realizava o que Jesus tinha dito,
significando de que morte havia de morrer.
³³ Então Pilatos entrou de novo no palácio,
chamou Jesus e perguntou-lhe:
"Tu és o rei dos judeus?"
³⁴ Jesus respondeu:
"Estás dizendo isso por ti mesmo,
ou outros te disseram isso de mim?"
³⁵ Pilatos falou:
"Por acaso, sou judeu?
O teu povo e os sumos sacerdotes te entregaram a mim.
Que fizeste?"
³⁶ Jesus respondeu:
"O meu reino não é deste mundo.
Se o meu reino fosse deste mundo,
os meus guardas teriam lutado
para que eu não fosse entregue aos judeus.
Mas o meu reino não é daqui".
³⁷ Pilatos disse a Jesus:
"Então, tu és rei?"
Jesus respondeu:
"Tu o dizes: eu sou rei.
Eu nasci e vim ao mundo para isto:
para dar testemunho da verdade.
Todo aquele que é da verdade escuta a minha voz".
³⁸ Pilatos disse a Jesus:
"O que é a verdade?"
Ao dizer isso, Pilatos saiu ao encontro dos judeus,
e disse-lhes:

"Eu não encontro nenhuma culpa nele.
³⁹ Mas existe entre vós um costume,
que pela Páscoa eu vos solte um preso.
Quereis que vos solte o rei dos Judeus?"
⁴⁰ Então, começaram a gritar de novo:
"Este não, mas Barrabás!"
Barrabás era um bandido.

Viva o rei dos judeus!

^{19,1} Então Pilatos mandou flagelar Jesus.
² Os soldados teceram uma coroa de espinhos
e a colocaram na cabeça de Jesus.
Vestiram-no com um manto vermelho,
³ aproximavam-se dele e diziam:
"Viva o rei dos judeus!"
E davam-lhe bofetadas.
⁴ Pilatos saíu de novo e disse aos judeus:
"Olhai, eu o trago aqui fora, diante de vós,
para que saibais que não encontro nele crime algum".
⁵ Então Jesus veio para fora,
trazendo a coroa de espinhos e o manto vermelho.
Pilatos disse-lhes:
"Eis o homem!"
⁶ Quando viram Jesus,
os sumos sacerdotes e os guardas começaram a gritar:
"Crucifica-o! Crucifica-o!"
Pilatos respondeu:
"Levai-o vós mesmos para o crucificar,
pois eu não encontro nele crime algum".
⁷ Os judeus responderam:
"Nós temos uma Lei,
e, segundo esta Lei, ele deve morrer,
porque se fez Filho de Deus".
⁸ Ao ouvir essas palavras, Pilatos ficou com mais medo ainda.
⁹ Entrou outra vez no palácio
e perguntou a Jesus:
"De onde és tu?"
Jesus ficou calado.
¹⁰ Então Pilatos disse:
"Não me respondes?
Não sabes que tenho autoridade para te soltar
e autoridade para te crucificar?"
¹¹ Jesus respondeu:
"Tu não terias autoridade alguma sobre mim,
se ela não te fosse dada do alto.
Quem me entregou a ti, portanto, tem culpa maior".

Fora! Fora! Crucifica-o!

¹² Por causa disso, Pilatos procurava soltar Jesus.
Mas os judeus gritavam:
"Se soltas este homem, não és amigo de César.
Todo aquele que se faz rei, declara-se contra César".
¹³ Ouvindo essas palavras,
Pilatos levou Jesus para fora e sentou-se no tribunal,
no lugar chamado "Pavimento", em hebraico "Gábata".
¹⁴ Era o dia da preparação da Páscoa,
por volta do meio-dia.
Pilatos disse aos judeus:
"Eis o vosso rei!"
¹⁵ Eles, porém, gritavam:
"Fora! Fora! Crucifica-o!"
Pilatos disse:
"Hei de crucificar o vosso rei?"
Os sumos sacerdotes responderam:
"Não temos outro rei senão César".
¹⁶ Então Pilatos entregou Jesus para ser crucificado,
e eles o levaram.

Ali o crucificaram, com outros dois.

¹⁷ Jesus tomou a cruz sobre si
e saiu para o lugar chamado "Calvário",
em hebraico "Gólgota".
¹⁸ Ali o crucificaram, com outros dois:
um de cada lado, e Jesus no meio.
¹⁹ Pilatos mandou ainda escrever um letreiro
e colocá-lo na cruz; nele estava escrito:
"Jesus Nazareno, o Rei dos Judeus".
²⁰ Muitos judeus puderam ver o letreiro,
porque o lugar em que Jesus foi crucificado
ficava perto da cidade.
O letreiro estava escrito em hebraico, latim e grego.
²¹ Então os sumos sacerdotes dos judeus disseram a Pilatos:
"Não escrevas 'O Rei dos Judeus',
mas sim o que ele disse: 'Eu sou o Rei dos judeus'".
²² Pilatos respondeu:
"O que escrevi, está escrito".

Repartiram entre si as minhas vestes.

²³ Depois que crucificaram Jesus,
os soldados repartiram a sua roupa em quatro partes,
uma parte para cada soldado.

Quanto à túnica, esta era tecida sem costura,
em peça única de alto abaixo.
²⁴ Disseram então entre si:
"Não vamos dividir a túnica.
Tiremos a sorte para ver de quem será".
Assim se cumpria a Escritura que diz:
"Repartiram entre si as minhas vestes
e lançaram sorte sobre a minha túnica".
Assim procederam os soldados.

Este é o teu filho. Esta é a tua mãe.

²⁵ Perto da cruz de Jesus, estavam de pé
a sua mãe, a irmã da sua mãe, Maria de Cléofas,
e Maria Madalena.
²⁶ Jesus, ao ver sua mãe e, ao lado dela, o discípulo
que ele amava, disse à mãe:
"Mulher, este é o teu filho".
²⁷ Depois disse ao discípulo:
"Esta é a tua mãe".
Dessa hora em diante, o discípulo a acolheu consigo.

Tudo está consumado.

²⁸ Depois disso, Jesus, sabendo que tudo estava consumado,
e para que a Escritura se cumprisse até o fim, disse:
"Tenho sede".
²⁹ Havia ali uma jarra cheia de vinagre.
Amarraram numa vara uma esponja embebida de vinagre
e levaram-na à boca de Jesus.
³⁰ Ele tomou o vinagre e disse:
"Tudo está consumado".
E, inclinando a cabeça, entregou o espírito.

Aqui todos se ajoelham e faz-se uma pausa.

E logo saiu sangue e água.

³¹ Era o dia da preparação para a Páscoa.
Os judeus queriam evitar
que os corpos ficassem na cruz durante o sábado,
porque aquele sábado era dia de festa solene.
Então pediram a Pilatos
que mandasse quebrar as pernas aos crucificados
e os tirasse da cruz.
³² Os soldados foram
e quebraram as pernas de um e, depois, do outro
que foram crucificados com Jesus.

³³ Ao se aproximarem de Jesus, e vendo que já estava morto,
não lhe quebraram as pernas;
³⁴ mas um soldado abriu-lhe o lado com uma lança,
e logo saiu sangue e água.
³⁵ Aquele que viu, dá testemunho,
e seu testemunho é verdadeiro;
e ele sabe que fala a verdade,
para que vós também acrediteis.
³⁶ Isso aconteceu para que se cumprisse a Escritura, que diz:
"Não quebrarão nenhum dos seus ossos".
³⁷ E outra Escritura ainda diz:
"Olharão para aquele que transpassaram".

Envolveram o corpo de Jesus com aromas, em faixas de linho.

³⁸ Depois disso, José de Arimateia,
que era discípulo de Jesus
– mas às escondidas, por medo dos judeus –
pediu a Pilatos para tirar o corpo de Jesus.
Pilatos consentiu.
Então José veio tirar o corpo de Jesus.
³⁹ Chegou também Nicodemos,
o mesmo que antes tinha ido de noite encontrar-se com Jesus.
Levou uns trinta quilos de perfume
feito de mirra e aloés.
⁴⁰ Então tomaram o corpo de Jesus
e envolveram-no, com os aromas, em faixas de linho,
como os judeus costumam sepultar.
⁴¹ No lugar onde Jesus foi crucificado, havia um jardim
e, no jardim, um túmulo novo,
onde ainda ninguém tinha sido sepultado.
⁴² Por causa da preparação da Páscoa,
e como o túmulo estava perto,
foi ali que colocaram Jesus.

Palavra da Salvação.

DOMINGO DA PÁSCOA NA RESSURREIÇÃO DO SENHOR

Vigília Pascal na Noite Santa

A liturgia da Vigília pascal contém nove leituras, a saber: sete do Antigo Testamento e duas do Novo Testamento.
Se circunstâncias pastorais o exigirem, pode-se diminuir o número de leituras; haja, porém, sempre, pelo menos três leituras do Antigo Testamento e, em casos extremos, pelo menos duas antes da Carta e do Evangelho.
A leitura sobre a passagem do mar Vermelho (a terceira) não seja nunca omitida.

LEITURAS DO ANTIGO TESTAMENTO

PRIMEIRA LEITURA (mais longa)

*Deus viu tudo quanto havia feito,
e eis que tudo era muito bom.*

Leitura do Livro do Gênesis   1,1–2,2

¹ No princípio Deus criou o céu e a terra.
² A terra estava deserta e vazia,
as trevas cobriam a face do abismo
e o Espírito de Deus pairava sobre as águas.
³ Deus disse: "Faça-se a luz!" E a luz se fez.
⁴ Deus viu que a luz era boa e separou a luz das trevas.
⁵ E à luz Deus chamou "dia" e às trevas, "noite".
Houve uma tarde e uma manhã: primeiro dia.
⁶ Deus disse: "Faça-se um firmamento entre as águas,
separando umas das outras".
⁷ E Deus fez o firmamento,
e separou as águas que estavam embaixo
das que estavam em cima do firmamento. E assim se fez.
⁸ Ao firmamento Deus chamou "céu".
Houve uma tarde e uma manhã: segundo dia.
⁹ Deus disse:
"Juntem-se as águas que estão debaixo do céu num só lugar
e apareça o solo enxuto!" E assim se fez.
¹⁰ Ao solo enxuto Deus chamou "terra"
e ao ajuntamento das águas, "mar".
E Deus viu que era bom.

¹¹ Deus disse: "A terra faça brotar vegetação
e plantas que deem semente, e árvores frutíferas
que deem fruto segundo a sua espécie,
que tenham nele a sua semente sobre a terra". E assim se fez.
¹² E a terra produziu vegetação
e plantas que trazem semente segundo a sua espécie,
e árvores que dão fruto tendo nele a semente da sua espécie.
E Deus viu que era bom.
¹³ Houve uma tarde e uma manhã: terceiro dia.
¹⁴ Deus disse:
"Façam-se luzeiros no firmamento do céu,
para separar o dia da noite.
Que sirvam de sinais para marcar as festas,
os dias e os anos,
¹⁵ e que resplandeçam no firmamento do céu
e iluminem a terra". E assim se fez.
¹⁶ Deus fez os dois grandes luzeiros:
o luzeiro maior para presidir o dia,
e o luzeiro menor
para presidir à noite, e as estrelas.
¹⁷ Deus colocou-os no firmamento do céu
para alumiar a terra,
¹⁸ para presidir ao dia e à noite
e separar a luz das trevas. E Deus viu que era bom.
¹⁹ E houve uma tarde e uma manhã: quarto dia.
²⁰ Deus disse:
"Fervilhem as águas de seres animados de vida
e voem pássaros sobre a terra,
debaixo do firmamento do céu".
²¹ Deus criou os grandes monstros marinhos
e todos os seres vivos que nadam, em multidão, nas águas,
segundo as suas espécies, e todas as aves,
segundo as suas espécies. E Deus viu que era bom.
²² E Deus os abençoou, dizendo:
"Sede fecundos e multiplicai-vos e enchei as águas do mar,
e que as aves se multipliquem sobre a terra".
²³ Houve uma tarde e uma manhã: quinto dia.
²⁴ Deus disse: "Produza a terra seres vivos
segundo as suas espécies, animais domésticos,
répteis e animais selvagens, segundo as suas espécies".
E assim se fez.
²⁵ Deus fez os animais selvagens,
segundo as suas espécies,
os animais domésticos, segundo as suas espécies
e todos os répteis do solo, segundo as suas espécies.
E Deus viu que era bom.

²⁶ Deus disse: "Façamos o homem à nossa imagem
e segundo a nossa semelhança,
para que domine sobre os peixes do mar,
sobre as aves do céu,
sobre os animais de toda a terra,
e sobre todos os répteis que rastejam sobre a terra".
²⁷ E Deus criou o homem à sua imagem,
à imagem de Deus ele o criou: homem e mulher os criou.
²⁸ E Deus os abençoou e lhes disse:
"Sede fecundos e multiplicai-vos,
enchei a terra e submetei-a!
Dominai sobre os peixes do mar,
sobre os pássaros do céu
e sobre todos os animais que se movem sobre a terra".
²⁹ E Deus disse:
"Eis que vos entrego todas as plantas que dão semente
sobre a terra, e todas as árvores que produzem fruto
com sua semente, para vos servirem de alimento.
³⁰ E a todos os animais da terra, e a todas as aves do céu,
e a tudo o que rasteja sobre a terra
e que é animado de vida,
eu dou todos os vegetais para alimento". E assim se fez.
³¹ E Deus viu tudo quanto havia feito,
e eis que tudo era muito bom.
Houve uma tarde e uma manhã: sexto dia.
²,¹ E assim foram concluídos o céu e a terra
com todo o seu exército.
² No sétimo dia, Deus considerou acabada
toda a obra que tinha feito;
e no sétimo dia descansou de toda a obra que fizera.

Palavra do Senhor.

Ou: PRIMEIRA LEITURA (mais breve)

Deus viu tudo quanto havia feito,
e eis que tudo era muito bom.

Leitura do Livro do Gênesis   1,1.26-31a

¹ No princípio Deus criou o céu e a terra.
²⁶ Deus disse:
"Façamos o homem a nossa imagem
e segundo a nossa semelhança,

para que domine sobre os peixes do mar,
sobre as aves do céu,
sobre os animais de toda a terra,
e sobre todos os répteis que rastejam sobre a terra".

²⁷ E Deus criou o homem à sua imagem,
à imagem de Deus ele o criou:
homem e mulher os criou.

²⁸ E Deus os abençoou e lhes disse:
"Sede fecundos e multiplicai-vos,
enchei a terra e submetei-a!
Dominai sobre os peixes do mar,
sobre os pássaros do céu
e sobre todos os animais que se movem sobre a terra".

²⁹ E Deus disse:
"Eis que vos entrego todas as plantas que dão semente
sobre a terra, e todas as árvores que produzem fruto
com sua semente, para vos servirem de alimento.

³⁰ E a todos os animais da terra, e a todas as aves do céu,
e a tudo o que rasteja sobre a terra
e que é animado de vida,
eu dou todos os vegetais para alimento". E assim se fez.

³¹ᵃ E Deus viu tudo quanto havia feito,
e eis que tudo era muito bom.
Houve uma tarde e uma manhã: sexto dia.

Palavra do Senhor.

Salmo responsorial Sl 103(104),1-2a.5-6.10.12.13-14.24.35c
(R. cf. 30)

℟. Enviai o vosso Espírito, Senhor,
e da terra toda a face renovai.

¹ Bendize, ó minha alma, ao Senhor! *
Ó meu Deus e meu Senhor, como sois grande!
²ᵃ De majestade e esplendor vos revestis *
e de luz vos envolveis como num manto. ℟.

⁵ A terra vós firmastes em suas bases, *
ficará firme pelos séculos sem fim;
⁶ os mares a cobriam como um manto, *
e as águas envolviam as montanhas. ℟.

¹⁰ Fazeis brotar em meio aos vales as nascentes *
que passam serpeando entre as montanhas;
¹² às suas margens vêm morar os passarinhos, *
entre os ramos eles erguem o seu canto. ℟.

¹³ De vossa **cas**a as mon**tan**has irri**gais**, *
com vossos **fru**tos saci**ais** a terra in**tei**ra;
¹⁴ fazeis cres**cer** os verdes **pas**tos para o **ga**do *
e as **plan**tas que são **ú**teis para o **ho**mem. ℟.

²⁴ Quão nume**ro**sas, ó Se**nhor**, são vossas **o**bras, *
e **que** sabedo**ri**a em todas **e**las!
Encheu-se a **ter**ra com as **vos**sas cria**tu**ras! *
³⁵ᶜ Ben**di**ze, ó minha **al**ma, ao Se**nhor**! ℟.

Ou: Sl 32(33),4-5.6-7.12-13.20.22 (℟. 5b)

℟. Trans**bor**da em toda a **ter**ra a sua **gra**ça!

⁴ **Re**ta é a palavra do Se**nhor**, *
e **tu**do o que ele **faz** merece **fé**.
⁵ Deus **a**ma o di**rei**to e a jus**ti**ça, *
trans**bor**da em toda a **ter**ra a sua **gra**ça. ℟.

⁶ A palavra do Se**nhor** criou os **céus**, *
e o **so**pro de seus **lá**bios, as es**tre**las.
⁷ Como num **o**dre junta as **á**guas do oce**a**no, *
e man**tém** no seu li**mi**te as grandes **á**guas. ℟.

¹² Feliz o **po**vo cujo **Deus** é o Se**nhor**, *
e a na**ção** que esco**lheu** por sua he**ran**ça!
¹³ Dos altos **céus** o Senhor **o**lha e ob**ser**va; *
ele se in**cli**na para o**lhar** todos os **ho**mens. ℟.

²⁰ No Se**nhor** nós espe**ra**mos confi**an**tes, *
porque **e**le é nosso au**xí**lio e prote**ção**!
²² Sobre **nós** venha, Se**nhor**, a vossa **gra**ça, *
da mesma **for**ma que em **vós** nós espe**ra**mos! ℟.

SEGUNDA LEITURA (mais longa)

O sacrifício de nosso pai Abraão.

Leitura do Livro do Gênesis 22,1-18

Naqueles dias,
¹ Deus pôs Abraão à prova. Chamando-o, disse: "Abraão!"
E ele respondeu: "Aqui estou".

² E Deus disse:
"Toma teu filho único, Isaac,
a quem tanto amas, dirige-te à terra de Moriá,
e oferece-o ali em holocausto
sobre um monte que eu te indicar".
³ Abraão levantou-se bem cedo,
selou o jumento, tomou consigo dois dos seus servos
e seu filho Isaac.
Depois de ter rachado lenha para o holocausto,
pôs-se a caminho, para o lugar que Deus lhe havia ordenado.
⁴ No terceiro dia,
Abraão, levantando os olhos, viu de longe o lugar.
⁵ Disse, então, aos seus servos:
"Esperai aqui com o jumento,
enquanto eu e o menino vamos até lá.
Depois de adorarmos a Deus, voltaremos a vós".
⁶ Abraão tomou a lenha para o holocausto
e a pôs às costas do seu filho Isaac,
enquanto ele levava o fogo e a faca.
E os dois continuaram caminhando juntos.
⁷ Isaac disse a Abraão: "Meu pai".
– "Que queres, meu filho?", respondeu ele.
E o menino disse: "Temos o fogo e a lenha,
mas onde está a vítima para o holocausto?"
⁸ Abraão respondeu:
"Deus providenciará a vítima para o holocausto, meu filho".
E os dois continuaram caminhando juntos.
⁹ Chegados ao lugar indicado por Deus,
Abraão ergueu um altar, colocou a lenha em cima,
amarrou o filho e o pôs sobre a lenha em cima do altar.
¹⁰ Depois, estendeu a mão,
empunhando a faca para sacrificar o filho.
¹¹ E eis que o anjo do Senhor gritou do céu,
dizendo: "Abraão! Abraão!"
Ele respondeu: "Aqui estou!"
¹² E o anjo lhe disse: "Não estendas a mão
contra teu filho e não lhe faças nenhum mal!
Agora sei que temes a Deus,
pois não me recusaste teu filho único".
¹³ Abraão, erguendo os olhos, viu um carneiro
preso num espinheiro pelos chifres; foi buscá-lo
e ofereceu-o em holocausto no lugar do seu filho.
¹⁴ Abraão passou a chamar aquele lugar:
"O Senhor providenciará". Donde até hoje se diz:
"O monte onde o Senhor providenciará".

¹⁵ O anjo do Senhor chamou Abraão,
   pela segunda vez, do céu,
¹⁶ e lhe disse:
   "Juro por mim mesmo – oráculo do Senhor –,
   uma vez que agiste desse modo
   e não me recusaste teu filho único,
¹⁷ eu te abençoarei
   e tornarei tão numerosa tua descendência
   como as estrelas do céu
   e como as areias da praia do mar.
   Teus descendentes conquistarão
   as cidades dos inimigos.
¹⁸ Por tua descendência serão abençoadas
   todas as nações da terra, porque me obedeceste".

   Palavra do Senhor.

Ou: SEGUNDA LEITURA (mais breve)

O sacrifício de nosso pai Abraão.

Leitura do Livro do Gênesis   22,1-2.9a.10-13.15-18

   Naqueles dias,
¹ Deus pôs Abraão à prova.
   Chamando-o, disse: "Abraão!"
   E ele respondeu: "Aqui estou".
² E Deus disse:
   "Toma teu filho único, Isaac,
   a quem tanto amas, dirige-te à terra de Moriá,
   e oferece-o ali em holocausto
   sobre um monte que eu te indicar".
⁹ᵃ Chegados ao lugar indicado por Deus,
   Abraão ergueu um altar, colocou a lenha em cima,
   amarrou o filho e o pôs sobre a lenha em cima do altar.
¹⁰ Depois, estendeu a mão,
   empunhando a faca para sacrificar o filho.
¹¹ E eis que o anjo do Senhor gritou do céu,
   dizendo: "Abraão! Abraão!"
   Ele respondeu: "Aqui estou!".
¹² E o anjo lhe disse: "Não estendas a mão
   contra teu filho e não lhe faças nenhum mal!

Agora sei que temes a Deus,
pois não me recusaste teu filho único".
13 Abraão, erguendo os olhos,
viu um carneiro preso num espinheiro pelos chifres;
foi buscá-lo e ofereceu-o em holocausto no lugar do seu filho.
15 O anjo do Senhor chamou Abraão,
pela segunda vez, do céu,
16 e lhe disse:
"Juro por mim mesmo – oráculo do Senhor –,
uma vez que agiste desse modo
e não me recusaste teu filho único,
17 eu te abençoarei
e tornarei tão numerosa tua descendência
como as estrelas do céu
e como as areias da praia do mar.
Teus descendentes conquistarão
as cidades dos inimigos.
18 Por tua descendência serão abençoadas
todas as nações da terra, porque me obedeceste".

Palavra do Senhor.

Salmo responsorial   Sl 15(16),5.8.9-10.11 (℟. 1a)

℟. Guar**dai**-me, ó **Deus**, porque em **vós** me refu**gi**o!

5 Ó **Senhor**, sois minha he**ran**ça e minha **ta**ça, *
meu des**ti**no está se**gu**ro em vossas **mãos**!
8 Tenho **sem**pre o Se**nhor** ante meus **o**lhos, *
pois se o **te**nho a meu **la**do não va**ci**lo.   ℟.

9 Eis por**que** meu cora**ção** está em **fes**ta, †
minha **al**ma reju**bi**la de ale**gri**a, *
e até meu **cor**po no re**pou**so está tran**qui**lo;
10 pois não ha**veis** de me dei**xar** entregue à **mor**te, *
nem vosso a**mi**go conhe**cer** a corrup**ção**.   ℟.

11 Vós me ensi**nais** vosso ca**mi**nho para a **vi**da; †
junto a **vós**, felici**da**de sem li**mi**tes, *
delícia e**ter**na e ale**gri**a ao vosso **la**do!   ℟.

TERCEIRA LEITURA

*Os filhos de Israel
entraram pelo meio do mar a pé enxuto.*

Leitura do Livro do Êxodo   14,15-15,1

Naqueles dias,
¹⁵ O Senhor disse a Moisés:
"Por que clamas a mim por socorro?
Dize aos filhos de Israel que se ponham em marcha.
¹⁶ Quanto a ti, ergue a vara,
estende o braço sobre o mar e divide-o,
para que os filhos de Israel caminhem
em seco pelo meio do mar.
¹⁷ De minha parte, endurecerei o coração dos egípcios,
para que sigam atrás deles,
e eu seja glorificado às custas do Faraó
e de todo o seu exército,
dos seus carros e cavaleiros.
¹⁸ E os egípcios saberão que eu sou o Senhor,
quando eu for glorificado às custas do Faraó,
dos seus carros e cavaleiros".
¹⁹ Então, o anjo do Senhor, que caminhava
à frente do acampamento dos filhos de Israel,
mudou de posição e foi para trás deles;
e com ele, ao mesmo tempo, a coluna de nuvem,
que estava na frente, colocou-se atrás,
²⁰ inserindo-se entre o acampamento dos egípcios
e o acampamento dos filhos de Israel.
Para aqueles a nuvem era tenebrosa,
para estes, iluminava a noite.
Assim, durante a noite inteira,
uns não puderam aproximar-se dos outros.
²¹ Moisés estendeu a mão sobre o mar,
e durante toda a noite o Senhor fez soprar sobre o mar
um vento leste muito forte; e as águas se dividiram.
²² Então, os filhos de Israel entraram
pelo meio do mar a pé enxuto,
enquanto as águas formavam como que uma muralha
à direita e à esquerda.
²³ Os egípcios puseram-se a persegui-los,
e todos os cavalos do Faraó,
carros e cavaleiros os seguiram mar adentro.

²⁴ Ora, de madrugada,
o Senhor lançou um olhar,
desde a coluna de fogo e da nuvem,
sobre as tropas egípcias e as pôs em pânico.
²⁵ Bloqueou as rodas dos seus carros,
de modo que só a muito custo podiam avançar.
Disseram, então, os egípcios:
"Fujamos de Israel!
Pois o Senhor combate a favor deles, contra nós".
²⁶ O Senhor disse a Moisés:
"Estende a mão sobre o mar,
para que as águas se voltem contra os egípcios,
seus carros e cavaleiros".
²⁷ Moisés estendeu a mão sobre o mar
e, ao romper da manhã, o mar voltou ao seu leito normal,
enquanto os egípcios, em fuga,
corriam ao encontro das águas,
e o Senhor os mergulhou no meio das ondas.
²⁸ As águas voltaram e cobriram carros,
cavaleiros e todo o exército do Faraó,
que tinha entrado no mar em perseguição a Israel.
Não escapou um só.
²⁹ Os filhos de Israel, ao contrário,
tinham passado a pé enxuto pelo meio do mar,
cujas águas lhes formavam uma muralha
à direita e à esquerda.
³⁰ Naquele dia,
o Senhor livrou Israel da mão dos egípcios,
e Israel viu os egípcios mortos nas praias do mar,
³¹ e a mão poderosa do Senhor agir contra eles.
O povo temeu o Senhor, e teve fé no Senhor
e em Moisés, seu servo.
¹⁵,¹ Então, Moisés e os filhos de Israel
cantaram ao Senhor este cântico:

Salmo responsorial Ex 15,1-2.3-4.5-6.17-18 (℟. 1a)

℟. Cantemos ao Se**nhor** que fez bri**lhar** a sua **gló**ria!

¹ Ao Se**nhor** quero can**tar**, pois fez bri**lhar** a sua **gló**ria: *
precipi**tou** no mar Ver**me**lho o ca**va**lo e o cava**leiro**!
² O Se**nhor** é minha **for**ça, é a ra**zão** do meu can**tar**, *
pois foi **e**le neste **dia** para **mim** libertação! ℟.

Ele é meu **Deus** e o louva**rei**, Deus de meu **pai**, e o honra**rei**. *
3 O Se**nhor** é um Deus guerr**ei**ro, o seu **no**me é "Onipo**ten**te":
4 os sol**d**ados e os **car**ros do Fara**ó** jogou no **mar**, *
seus me**l**hores capi**tães** afo**gou** no mar ver**mel**ho, ℟.

5 Afun**d**aram como **pe**dras e as **on**das os co**br**iram. †
6 Ó Se**nhor**, o vosso **br**aço é duma **for**ça insupe**rável**!*
Ó Se**nhor**, o vosso **br**aço esmi**ga**lhou os ini**mi**gos! ℟.

17 Vosso povo leva**reis** e o planta**reis** em vosso **Mon**te, *
no lu**gar** que prepa**r**astes para a **vos**sa habita**ção**,
no San**tuá**rio constru**í**do pelas **vos**sas próprias **mãos**. *
18 O Se**nhor** há de rei**nar** eterna**men**te, pelos **sé**culos! ℟.

QUARTA LEITURA

*Com misericórdia eterna,
eu o teu Senhor, compadeci-me de ti.*

Leitura do Livro do Profeta Isaías   54,5-14

5   Teu esposo é aquele que te criou,
    seu nome é Senhor dos exércitos;
    teu redentor, o Santo de Israel,
    chama-se Deus de toda a terra.
6   O Senhor te chamou,
    como a mulher abandonada e de alma aflita;
    como a esposa repudiada na mocidade,
    falou o teu Deus.
7   Por um breve instante eu te abandonei,
    mas com imensa compaixão volto a acolher-te.
8   Num momento de indignação,
    por um pouco ocultei de ti minha face,
    mas com misericórdia eterna compadeci-me de ti,
    diz teu salvador, o Senhor.
9   Como fiz nos dias de Noé,
    a quem jurei nunca mais inundar a terra,
    assim juro que não me irritarei contra ti
    nem te farei ameaças.
10 Podem os montes recuar e as colinas abalar-se,
    mas minha misericórdia não se apartará de ti,

nada fará mudar a aliança de minha paz,
diz o teu misericordioso Senhor.
¹¹ Pobrezinha, batida por vendavais,
sem nenhum consolo,
eis que assentarei tuas pedras sobre rubis,
e tuas bases sobre safiras;
¹² revestirei de jaspe tuas fortificações,
e teus portões, de pedras preciosas,
e todos os teus muros, de pedra escolhida.
¹³ Todos os teus filhos serão discípulos do Senhor,
teus filhos possuirão muita paz;
¹⁴ terás a justiça por fundamento.
Longe da opressão, nada terás a temer;
serás livre do terror,
porque ele não se aproximará de ti.

Palavra do Senhor.

Salmo responsorial   Sl 29(30),2.4.5-6.11.12a.13b (℟. 2a)

℟. Eu vos **exal**to, ó **Se**nhor, porque **vós** me li**vras**tes!

² Eu vos **exal**to, ó **Se**nhor, pois me li**vras**tes, *
e não deixastes rir de **mim** meus ini**mi**gos!
⁴ Vós ti**ras**tes minha **al**ma dos a**bis**mos *
e me sal**vas**tes, quando es**ta**va já mor**ren**do!   ℟.

⁵ Cantai **sal**mos ao **Se**nhor, povo fi**el**, *
dai-lhe **gra**ças e invo**cai** seu santo **no**me!
⁶ Pois sua **i**ra dura a**pe**nas um mo**men**to, *
mas sua bon**da**de perma**ne**ce a vida in**tei**ra;
se à **tar**de vem o **pran**to visi**tar**-nos, *
de ma**nhã** vem sau**dar**-nos a ale**gri**a.   ℟.

¹¹ Escu**tai**-me, Senhor **Deus**, tende pie**da**de! *
Sede, Se**nhor**, o meu a**bri**go prote**tor**!
¹²ᵃ Transfor**mas**tes o meu **pran**to em uma **fes**ta, *
¹³ᵇ Senhor meu **Deus**, eterna**men**te hei de lou**var**-vos!   ℟.

QUINTA LEITURA

Vinde a mim, ouvi e tereis vida;
farei convosco um pacto eterno.

Leitura do Livro do Profeta Isaías 55,1-11

Assim diz o Senhor:
1 "Ó vós todos que estais com sede, vinde às águas;
vós que não tendes dinheiro, apressai-vos,
vinde e comei, vinde comprar sem dinheiro,
tomar vinho e leite, sem nenhuma paga.
2 Por que gastar dinheiro com outra coisa que não o pão;
desperdiçar o salário, senão com satisfação completa?
Ouvi-me com atenção, e alimentai-vos bem,
para deleite e revigoramento do vosso corpo.
3 Inclinai vosso ouvido e vinde a mim,
ouvi e tereis vida; farei convosco um pacto eterno,
manterei fielmente as graças concedidas a Davi.
4 Eis que fiz dele uma testemunha para os povos,
chefe e mestre para as nações.
5 Eis que chamarás uma nação que não conhecias,
e acorrerão a ti povos que não te conheciam,
por causa do Senhor, teu Deus,
e do Santo de Israel, que te glorificou.
6 Buscai o Senhor, enquanto pode ser achado;
invocai-o, enquanto ele está perto.
7 Abandone o ímpio seu caminho,
e o homem injusto, suas maquinações;
volte para o Senhor, que terá piedade dele,
volte para nosso Deus, que é generoso no perdão.
8 Meus pensamentos não são como os vossos pensamentos,
e vossos caminhos não são como os meus caminhos,
diz o Senhor.
9 Estão meus caminhos tão acima dos vossos caminhos
e meus pensamentos acima dos vossos pensamentos,
quanto está o céu acima da terra.
10 Como a chuva e a neve descem do céu
e para lá não voltam mais,
mas vêm irrigar e fecundar a terra,
e fazê-la germinar e dar semente,
para o plantio e para a alimentação,
11 assim a palavra que sair de minha boca:
não voltará para mim vazia;

antes, realizará tudo que for de minha vontade
e produzirá os efeitos que pretendi, ao enviá-la".

Palavra do Senhor

Salmo responsorial   Is 12,2-3.4bcd.5-6 (R. 3)

℟. Com alegria bebereis do manancial da salvação.

2 Eis o **Deus**, meu Salva**dor**, eu confio e nada **te**mo; †
  o Se**nhor** é minha **for**ça, meu lou**vor** e salvação. *
3 Com ale**gria** bebe**reis** do mananci**al** da salva**ção**.   ℟.

4b E di**reis** naquele **dia**: "Dai louvores ao Se**nhor**, †
 c invo**cai** seu santo **no**me, anunci**ai** suas maravilhas, *
 d entre os **po**vos procla**mai** que seu **no**me é o mais sublime. ℟.

5 Louvai can**tan**do ao nosso **Deus**,
  que fez pro**dí**gios e por**ten**tos, *
  publi**cai** em toda a **ter**ra suas **gran**des maravilhas!
6 Exul**tai** cantando alegres, habi**tan**tes de Sião, *
  porque é **gran**de em vosso **mei**o o Deus **San**to de Israel!"   ℟.

SEXTA LEITURA

Marcha para o esplendor do Senhor.

Leitura do Livro do Profeta Baruc   3,9-15.32–4,4

9 Ouve, Israel, os preceitos da vida;
  presta atenção, para aprenderes a sabedoria.
10 Que se passa, Israel?
   Como é que te encontras em terra inimiga?
11 Envelheceste num país estrangeiro,
   e te contaminaste com os mortos,
   foste contado entre os que descem à mansão dos mortos.
12 Abandonaste a fonte da sabedoria!
13 Se tivesses continuado no caminho de Deus,
   viverias em paz para sempre.
14 Aprende onde está a sabedoria,
   onde está a fortaleza e onde está a inteligência,
   e aprenderás também onde está a longevidade e a vida,
   onde está o brilho dos olhos e a paz.

¹⁵ Quem descobriu onde está a sabedoria?
Quem penetrou em seus tesouros?
³² Aquele que tudo sabe, conhece-a,
descobriu-a com sua inteligência;
aquele que criou a terra para sempre
e a encheu de animais e quadrúpedes;
³³ aquele que manda a luz, e ela vai,
chama-a de volta, e ela obedece tremendo.
³⁴ As estrelas cintilam em seus postos de guarda
e alegram-se;
³⁵ ele chamou-as, e elas respondem: "Aqui estamos";
e alumiam com alegria o que as fez.
³⁶ Este é o nosso Deus,
e nenhum outro pode comparar-se com ele.
³⁷ Ele revelou todo o caminho da sabedoria
a Jacó, seu servo, e a Israel, seu bem-amado.
³⁸ Depois, ela foi vista sobre a terra
e habitou entre os homens.
⁴,¹ A sabedoria é o livro dos mandamentos de Deus,
é a lei que permanece para sempre.
Todos os que a seguem, têm a vida,
e os que a abandonam, têm a morte.
² Volta-te, Jacó, e abraça-a;
marcha para o esplendor, à sua luz.
³ Não dês a outro a tua glória
nem cedas a uma nação estranha teus privilégios.
⁴ Ó Israel, felizes somos nós,
porque nos é dado conhecer o que agrada a Deus.

Palavra do Senhor.

Salmo responsorial   Sl 18B(19),8.9.10.11   (℟. Jo 6,68c)

℟. **Senhor**, tens pala**v**ras de **v**ida e**ter**na.

⁸ A **lei** do Senhor **Deus** é per**fei**ta, *
con**for**to para a **al**ma!
O teste**mu**nho do **Se**nhor é **fi**el, *
sabedo**ri**a dos hu**mil**des.   ℟.

⁹ Os pre**cei**tos do **Se**nhor são pre**ci**sos, *
ale**gri**a ao cora**ção**.
O manda**men**to do **Se**nhor é bri**lhan**te, *
para os **o**lhos é uma **luz**.   ℟.

¹⁰ É **pu**ro o te**mor** do **Se**nhor, *
imu**tá**vel para **sem**pre.

Os julga**men**tos do **Se**nhor são cor**re**tos *
e **jus**tos igual**men**te. ℟.

11 Mais dese**já**veis do que o **ou**ro são **e**les, *
do que o **ou**ro refi**na**do.
Suas pa**la**vras são mais **do**ces que o **mel**, *
que o **mel** que sai dos **fa**vos. ℟.

SÉTIMA LEITURA

*Derramarei sobre vós uma água pura
e dar-vos-ei um coração novo.*

Leitura da Profecia de Ezequiel   36,16-17a.18-28

¹⁶ A palavra do Senhor foi-me dirigida nestes termos:
¹⁷ᵃ "Filho do homem,
os da casa de Israel estavam morando em sua terra.
Mancharam-na com sua conduta e suas más ações.
¹⁸ Então derramei sobre eles a minha ira,
por causa do sangue que derramaram no país
e dos ídolos com os quais o mancharam.
¹⁹ Eu dispersei-os entre as nações,
e eles foram espalhados pelos países.
Julguei-os de acordo com sua conduta e suas más ações.
²⁰ Quando eles chegaram às nações para onde foram,
profanaram o meu santo nome; pois deles se comentava:
'Esse é o povo do Senhor;
mas tiveram de sair do seu país!'
²¹ Então eu tive pena do meu santo nome
que a casa de Israel estava profanando
entre as nações para onde foi.
²² Por isso, dize à casa de Israel:
'Assim fala o Senhor Deus: Não é por causa de vós
que eu vou agir, casa de Israel,
mas por causa do meu santo nome,
que profanastes entre as nações para onde fostes.
²³ Vou mostrar a santidade do meu grande nome,
que profanastes no meio das nações.
As nações saberão que eu sou o Senhor,
– oráculo do Senhor Deus –
quando eu manifestar minha santidade
à vista delas por meio de vós.

²⁴ Eu vos tirarei do meio das nações,
vos reunirei de todos os países,
e vos conduzirei para a vossa terra.
²⁵ Derramarei sobre vós uma água pura,
e sereis purificados.
Eu vos purificarei de todas as impurezas
e de todos os ídolos.
²⁶ Eu vos darei um coração novo
e porei um espírito novo dentro de vós.
Arrancarei do vosso corpo o coração de pedra
e vos darei um coração de carne;
²⁷ porei o meu espírito dentro de vós
e farei com que sigais a minha lei
e cuideis de observar os meus mandamentos.
²⁸ Habitareis no país que dei a vossos pais.
Sereis o meu povo e eu serei o vosso Deus' ".

Palavra do Senhor.

Salmo responsorial Sl 41(42),3.5bcd;42,3.4 (℟. 3a)

℟. A minh'**a**lma tem **s**ede de **Deus**.

³ A minh'**a**lma tem **s**ede de **Deus**, *
e de**se**ja o Deus **v**ivo.
Quando te**rei** a ale**gri**a de **ver** *
a face de **Deus**? ℟.

⁵ Pere**gri**no e fe**liz** cami**nhan**do *
para a **ca**sa de **Deus**,
entre **gri**tos, lou**vor** e ale**gri**a *
da multi**dão** jubi**l**osa. ℟.

⁴²·³ Envi**ai** vossa **luz**, vossa verda**d**e: *
elas se**rão** o meu **g**uia;
que me **l**evem ao **vos**so Monte **san**to, *
até a **vos**sa mo**ra**da! ℟.

⁴ Então i**rei** aos altares do Se**nhor**, *
Deus da **mi**nha ale**gri**a.
Vosso lou**vor** canta**rei**, ao som da **har**pa, *
meu Se**nhor** e meu **Deus**! ℟.

Ou:
Quando há batizados: Is 12, *como acima depois da 5ª leitura, p.* 495

Ou, ainda: Sl 50(51),12-13.14-15.18-19 (R. 12a)

℟. Criai em **mim** um cora**ção** que seja **pur**o!

12 Criai em **mim** um cora**ção** que seja **pur**o, *
dai-me de **no**vo um es**pí**rito deci**di**do.
13 Ó Se**nhor**, não me afas**teis** de vossa **fa**ce, *
nem reti**reis** de mim o **vos**so Santo Es**pí**rito! ℟.

14 Dai-me de **no**vo a ale**gri**a de ser **sal**vo *
e confir**mai**-me com es**pí**rito gene**ro**so!
15 Ensina**rei** vosso ca**mi**nho aos peca**do**res, *
e para **vós** se vol**ta**rão os transvi**a**dos. ℟.

18 Pois não **são** de vosso **agra**do os sacri**fí**cios, *
e, se o**fer**to um holo**caus**to, o rejei**tais**.
19 Meu sacri**fí**cio é minha **al**ma peni**ten**te, *
não despre**zeis** um cora**ção** arrepen**di**do! ℟.

LEITURAS DO NOVO TESTAMENTO

CARTA

*Cristo ressuscitado dos mortos
não morre mais.*

Leitura da Carta de São Paulo aos Romanos 6,3-11

Irmãos:
3 Será que ignorais que todos nós,
batizados em Jesus Cristo,
é na sua morte que fomos batizados?
4 Pelo batismo na sua morte, fomos sepultados com ele,
para que, como Cristo ressuscitou dos mortos
pela glória do Pai,
assim também nós levemos uma vida nova.
5 Pois, se fomos de certo modo identificados a Jesus Cristo
por uma morte semelhante à sua,
seremos semelhantes a ele também pela ressurreição.
6 Sabemos que o nosso velho homem
foi crucificado com Cristo,
para que seja destruído o corpo de pecado,
de maneira a não mais servirmos ao pecado.
7 Com efeito, aquele que morreu está livre do pecado.

⁸ Se, pois, morremos com Cristo,
cremos que também viveremos com ele.
⁹ Sabemos que Cristo ressuscitado dos mortos
não morre mais;
a morte já não tem poder sobre ele.
¹⁰ Pois aquele que morreu,
morreu para o pecado uma vez por todas;
mas aquele que vive, é para Deus que vive.
¹¹ Assim, vós também considerai-vos mortos para o pecado
e vivos para Deus, em Jesus Cristo.

Palavra do Senhor.

Salmo responsorial   Sl 117(118),1-2.16ab-17.22-23

℟. **Aleluia, Aleluia, Aleluia.**

¹ Dai **graças** ao **Senhor**, porque ele é **bom**! *
E**ter**na é a **sua** miseri**cór**dia!
² A **casa** de Isra**el** agora o **diga**: *
"E**ter**na é a **sua** miseri**cór**dia!"   ℟.

¹⁶ᵃᵇ A mão di**rei**ta do **Senhor** fez mara**vi**lhas, †
a mão direita do **Senhor** me levan**tou**, *
a mão di**rei**ta do **Senhor** fez mara**vi**lhas!
¹⁷ Não more**rei**, mas ao con**trá**rio, vive**rei** *
para can**tar** as grandes **o**bras do **Senhor**!   ℟.

²² A **pe**dra que os pe**drei**ros rejeitaram, *
tor**nou**-se agora a **pe**dra angu**lar**.
²³ Pelo Se**nhor** é que foi **fei**to tudo **isso**: *
Que maravilhas ele **fez** a nossos olhos!   ℟.

EVANGELHO

Jesus de Nazaré, que foi crucificado, ressuscitou.

✠ Proclamação do Evangelho de Jesus Cristo
segundo Marcos   16,1-7

¹ Quando passou o sábado.
Maria Madalena e Maria, a mãe de Tiago, e Salomé,
compraram perfumes para ungir o corpo de Jesus.

² E bem cedo, no primeiro dia da semana,
ao nascer do sol, elas foram ao túmulo.
³ E diziam entre si:
"Quem rolará para nós a pedra da entrada do túmulo?"
⁴ Era uma pedra muito grande.
Mas, quando olharam,
viram que a pedra já tinha sido retirada.
⁵ Entraram, então, no túmulo e viram um jovem,
sentado ao lado direito, vestido de branco.
⁶ Mas o jovem lhes disse:
"Não vos assusteis!
Vós procurais Jesus de Nazaré, que foi crucificado?
Ele ressucitou. Não está aqui.
⁷ Vede o lugar onde o puseram.
Ide, dizei a seus discípulos e a Pedro
que ele irá à vossa frente, na Galileia.
Lá vós o vereis, como ele mesmo tinha dito."

Palavra da Salvação.

Missa do dia da Páscoa

PRIMEIRA LEITURA

*Comemos e bebemos com ele
depois que ressuscitou dos mortos.*

Leitura dos Atos dos Apóstolos 10,34a.37-43

Naqueles dias,
^{34a} Pedro tomou a palavra e disse:
³⁷ "Vós sabeis o que aconteceu em toda a Judeia,
a começar pela Galileia,
depois do batismo pregado por João:
³⁸ como Jesus de Nazaré foi ungido por Deus
com o Espírito Santo e com poder.
Ele andou por toda a parte, fazendo o bem
e curando a todos os que estavam dominados
pelo demônio; porque Deus estava com ele.
³⁹ E nós somos testemunhas de tudo o que Jesus fez
na terra dos judeus e em Jerusalém.
Eles o mataram, pregando-o numa cruz.
⁴⁰ Mas Deus o ressuscitou no terceiro dia,
concedendo-lhe manifestar-se
⁴¹ não a todo o povo,
mas às testemunhas que Deus havia escolhido:
a nós, que comemos e bebemos com Jesus,
depois que ressuscitou dos mortos.
⁴² E Jesus nos mandou pregar ao povo
e testemunhar que Deus o constituiu
Juiz dos vivos e dos mortos.
⁴³ Todos os profetas dão testemunho dele:
'Todo aquele que crê em Jesus
recebe, em seu nome, o perdão dos pecados'".

Palavra do Senhor.

Salmo responsorial   Sl 117(118),1-2.16ab-17.22-23   (℟. 24)

℟. Este é o **dia** que o Se**nhor** fez para **nós**:
ale**gre**mo-nos e **ne**le exul**te**mos!

Ou: Aleluia, Aleluia, Aleluia.

¹ Dai graças ao Senhor, porque ele é bom! *
  "Eterna é a sua misericórdia!"
² A casa de Israel agora o diga: *
  "Eterna é a sua misericórdia!" ℞.

¹⁶ᵃᵇ A mão direita do Senhor fez maravilhas, *
  a mão direita do Senhor me levantou,
¹⁷ Não morrerei, mas ao contrário, viverei *
  para cantar as grandes obras do Senhor! ℞.

²² A pedra que os pedreiros rejeitaram, *
  tornou-se agora a pedra angular.
²³ Pelo Senhor é que foi feito tudo isso: *
  Que maravilhas ele fez a nossos olhos! ℞.

SEGUNDA LEITURA

*Esforçai-vos por alcançar
as coisas do alto, onde está Cristo.*

Leitura da Carta de São Paulo aos Colossenses   3,1-4

Irmãos:
¹ Se ressuscitastes com Cristo,
  esforçai-vos por alcançar as coisas do alto,
² onde está Cristo, sentado à direita de Deus;
  aspirai às coisas celestes e não às coisas terrestres.
³ Pois vós morrestes,
  e a vossa vida está escondida, com Cristo, em Deus.
⁴ Quando Cristo, vossa vida, aparecer em seu triunfo,
  então vós aparecereis também com ele,
  revestidos de glória.

Palavra do Senhor.

Ou, à escolha:

Lançai fora o fermento velho,
para que sejais uma massa nova.

Leitura da Primeira Carta de São Paulo aos Coríntios 5,6b-8

Irmãos:
⁶ᵇ Acaso ignorais que um pouco de fermento
leveda a massa toda?
⁷ Lançai fora o fermento velho, para que sejais
uma massa nova, já que deveis ser sem fermento.
Pois o nosso cordeiro pascal, Cristo, já está imolado.
⁸ Assim, celebremos a festa, não com velho fermento,
nem com fermento de maldade ou de perversidade,
mas com os pães ázimos de pureza e de verdade.

Palavra do Senhor.

Sequência

Cantai, cristãos, afinal:
"Salve, ó vítima pascal!"
Cordeiro inocente, o Cristo
abriu-nos do Pai o aprisco.

Por toda ovelha imolado,
do mundo lava o pecado.
Duelam forte e mais forte:
é a vida que enfrenta a morte.

O rei da vida, cativo,
é morto, mas reina vivo!
Responde pois, ó Maria:
no teu caminho o que havia?

"Vi Cristo ressuscitado,
o túmulo abandonado.
Os anjos da cor do sol,
dobrado ao chão o lençol...

O Cristo, que leva aos céus,
caminha à frente dos seus!"
Ressuscitou de verdade.
Ó Rei, ó Cristo, piedade!

Aclamação ao Evangelho 1Cor 5,7b-8a

℟. Aleluia, Aleluia, Aleluia.
℣. O nosso cordeiro pascal,
  Jesus Cristo, já foi imolado.
  Celebremos, assim, esta festa,
  na sinceridade e verdade. ℟.

EVANGELHO

Ele devia ressuscitar dos mortos.

✠ Proclamação do Evangelho de Jesus Cristo segundo João 20,1-9

¹ No primeiro dia da semana,
  Maria Madalena foi ao túmulo de Jesus,
  bem de madrugada, quando ainda estava escuro,
  e viu que a pedra tinha sido retirada do túmulo.
² Então ela saiu correndo
  e foi encontrar Simão Pedro e o outro discípulo,
  aquele que Jesus amava, e lhes disse:
  "Tiraram o Senhor do túmulo,
  e não sabemos onde o colocaram".
³ Saíram, então, Pedro e o outro discípulo
  e foram ao túmulo.
⁴ Os dois corriam juntos,
  mas o outro discípulo correu mais depressa que Pedro
  e chegou primeiro ao túmulo.
⁵ Olhando para dentro, viu as faixas de linho no chão,
  mas não entrou.
⁶ Chegou também Simão Pedro, que vinha correndo atrás,
  e entrou no túmulo.
  Viu as faixas de linho deitadas no chão
⁷ e o pano que tinha estado sobre a cabeça de Jesus,
  não posto com as faixas,
  mas enrolado num lugar à parte.
⁸ Então entrou também o outro discípulo,
  que tinha chegado primeiro ao túmulo.
  Ele viu, e acreditou.
⁹ De fato, eles ainda não tinham compreendido a Escritura,
  segundo a qual ele devia ressuscitar dos mortos.

Palavra da Salvação.

Em lugar desse Evangelho, pode-se proclamar o Evangelho da Vigília pascal, Mt 28,1-10, p. 186.
Nas missas vespertinas do domingo de Páscoa, pode-se também proclamar o Evangelho de Lc 24,13-35:

EVANGELHO

Fica conosco, pois já é tarde.

✠ Proclamação do Evangelho de Jesus Cristo segundo Lucas 24,13-35

¹³ Naquele mesmo dia, o primeiro da semana,
dois dos discípulos de Jesus
iam para um povoado, chamado Emaús,
distante onze quilômetros de Jerusalém.
¹⁴ Conversavam sobre todas as coisas
que tinham acontecido.
¹⁵ Enquanto conversavam e discutiam,
o próprio Jesus se aproximou
e começou a caminhar com eles.
¹⁶ Os discípulos, porém, estavam como que cegos,
e não o reconheceram.
¹⁷ Então Jesus perguntou:
"O que ides conversando pelo caminho?"
Eles pararam, com o rosto triste,
¹⁸ e um deles, chamado Cléofas, lhe disse:
"Tu és o único peregrino em Jerusalém
que não sabe o que lá aconteceu nestes últimos dias?"
¹⁹ Ele perguntou: "O que foi?"
Os discípulos responderam:
"O que aconteceu com Jesus, o Nazareno,
que foi um profeta poderoso em obras e palavras,
diante de Deus e diante de todo o povo.
²⁰ Nossos sumos sacerdotes e nossos chefes
o entregaram para ser condenado à morte
e o crucificaram.
²¹ Nós esperávamos que ele fosse libertar Israel,
mas, apesar de tudo isso,
já faz três dias que todas essas coisas aconteceram!
²² É verdade que algumas mulheres do nosso grupo
nos deram um susto.
Elas foram de madrugada ao túmulo
²³ e não encontraram o corpo dele.

Então voltaram, dizendo que tinham visto anjos
e que estes afirmaram que Jesus está vivo.
²⁴ Alguns dos nossos foram ao túmulo
e encontraram as coisas como as mulheres tinham dito.
A ele, porém, ninguém o viu".
²⁵ Então Jesus lhes disse:
"Como sois sem inteligência
e lentos para crer em tudo o que os profetas falaram!
²⁶ Será que o Cristo não devia sofrer tudo isso
para entrar na sua glória?"
²⁷ E, começando por Moisés e passando pelos Profetas,
explicava aos discípulos todas as passagens da Escritura
que falavam a respeito dele.
²⁸ Quando chegaram perto do povoado para onde iam,
Jesus fez de conta que ia mais adiante.
²⁹ Eles, porém, insistiram com Jesus, dizendo:
"Fica conosco, pois já é tarde
e a noite vem chegando!"
Jesus entrou para ficar com eles.
³⁰ Quando se sentou à mesa com eles,
tomou o pão, abençoou-o, partiu-o e lhes distribuía.
³¹ Nisso os olhos dos discípulos se abriram
e eles reconheceram Jesus.
Jesus, porém, desapareceu da frente deles.
³² Então um disse ao outro:
"Não estava ardendo o nosso coração
quando ele nos falava pelo caminho,
e nos explicava as Escrituras?"
³³ Naquela mesma hora, eles se levantaram
e voltaram para Jerusalém,
onde encontraram os Onze reunidos com os outros.
³⁴ E estes confirmaram:
"Realmente, o Senhor ressuscitou e apareceu a Simão!"
³⁵ Então os dois contaram
o que tinha acontecido no caminho,
e como tinham reconhecido Jesus ao partir o pão.

Palavra da Salvação.

2º DOMINGO DA PÁSCOA

PRIMEIRA LEITURA

Um só coração e uma só alma.

Leitura dos Atos dos Apóstolos   4,32-35

³² A multidão dos fiéis era um só coração e uma só alma.
Ninguém considerava como próprias as coisas que possuía,
mas tudo entre eles era posto em comum.
³³ Com grandes sinais de poder,
os apóstolos davam testemunho
da ressurreição do Senhor Jesus.
E os fiéis eram estimados por todos.
³⁴ Entre eles ninguém passava necessidade,
pois aqueles que possuíam terras ou casas,
vendiam-nas, levavam o dinheiro,
³⁵ e o colocavam aos pés dos apóstolos.
Depois, era distribuído
conforme a necessidade de cada um.

Palavra do Senhor.

Salmo responsorial   Sl 117(118),2-4.16ab-18.22-24 (R. 1)

℟. Dai **gra**ças ao **Se**nhor, porque ele é **bom**;
"e**ter**na é a **su**a miseri**cór**dia!"

Ou: A**le**luia, A**le**luia, A**le**luia.

² A **ca**sa de Is**ra**el agora o **di**ga: *
"E**ter**na é a **su**a miseri**cór**dia!"
³ A **ca**sa de Aa**rão** agora o **di**ga: *
"E**ter**na é a **su**a miseri**cór**dia!"
⁴ Os que **te**mem o Se**nhor** agora o **di**gam: *
"E**ter**na é a **su**a miseri**cór**dia!"   ℟.

¹⁶ª A mão di**rei**ta do Se**nhor** fez mara**vi**lhas, †
ᵇ a mão di**rei**ta do Se**nhor** me levan**tou**, *
a mão di**rei**ta do Se**nhor** fez mara**vi**lhas!

¹⁷ Não morre**rei**, mas ao con**trá**rio, vive**rei** *
para can**tar** as grandes **o**bras do Se**nhor**!
¹⁸ O Se**nhor** severa**men**te me pro**vou**, *
mas **não** me abando**nou** às mãos da **mor**te.   ℟.

²² A **pe**dra que os pe**drei**ros rejei**ta**ram *
tor**nou**-se agora a **pe**dra angu**lar**.
Pelo Se**nhor** é que foi **fei**to tudo **is**so: *
Que maravilhas ele **fez** a nossos **o**lhos!
²⁴ Este é o **dia** que o Se**nhor** fez para **nós**, *
ale**gre**mo-nos e **ne**le exul**te**mos!   ℟.

SEGUNDA LEITURA

Todo aquele que nasceu de Deus vence o mundo.

Leitura da Primeira Carta de São João   5,1-6

Caríssimos:
¹ Todo o que crê que Jesus é o Cristo,
nasceu de Deus,
e quem ama aquele que gerou alguém,
amará também aquele que dele nasceu.
² Podemos saber que amamos os filhos de Deus,
quando amamos a Deus
e guardamos os seus mandamentos.
³ Pois isto é amar a Deus:
observar os seus mandamentos.
E os seus mandamentos não são pesados,
⁴ pois todo o que nasceu de Deus vence o mundo.
E esta é a vitória que venceu o mundo:
a nossa fé.
⁵ Quem é o vencedor do mundo,
senão aquele que crê
que Jesus é o Filho de Deus?
⁶ Este é o que veio pela água e pelo sangue:
Jesus Cristo.
(Não veio somente com a água,
mas com a água e o sangue.)
E o Espírito é que dá testemunho,
porque o Espírito é a Verdade.

Palavra do Senhor.

Aclamação ao Evangelho   Jo 20,29

℟. Aleluia, Aleluia, Aleluia.
℣. Acreditaste, Tomé, porque me viste.
Felizes os que creram sem ter visto!   ℟.

EVANGELHO

Oito dias depois, Jesus entrou.

✠ Proclamação do Evangelho de Jesus Cristo
segundo João   20,19-31

¹⁹ Ao anoitecer daquele dia, o primeiro da semana,
estando fechadas, por medo dos judeus,
as portas do lugar onde os discípulos se encontravam,
Jesus entrou e, pondo-se no meio deles, disse:
"A paz esteja convosco".
²⁰ Depois dessas palavras,
mostrou-lhes as mãos e o lado.
Então os discípulos se alegraram
por verem o Senhor.
²¹ Novamente, Jesus disse:
"A paz esteja convosco.
Como o Pai me enviou, também eu vos envio".
²² E depois de ter dito isso, soprou sobre eles e disse:
"Recebei o Espírito Santo.
²³ A quem perdoardes os pecados,
eles lhes serão perdoados;
a quem os não perdoardes,
eles lhes serão retidos".
²⁴ Tomé, chamado Dídimo,
que era um dos doze,
não estava com eles quando Jesus veio.
²⁵ Os outros discípulos contaram-lhe depois:
"Vimos o Senhor!"
Mas Tomé disse-lhes:
"Se eu não vir a marca dos pregos em suas mãos,
se eu não puser o dedo nas marcas dos pregos
e não puser a mão no seu lado,
não acreditarei".
²⁶ Oito dias depois,
encontravam-se os discípulos

novamente reunidos em casa,
e Tomé estava com eles.
Estando fechadas as portas, Jesus entrou,
pôs-se no meio deles e disse:
"A paz esteja convosco".
²⁷ Depois disse a Tomé:
"Põe o teu dedo aqui e olha as minhas mãos.
Estende a tua mão e coloca-a no meu lado.
E não sejas incrédulo, mas fiel".
²⁸ Tomé respondeu:
"Meu Senhor e meu Deus!"
²⁹ Jesus lhe disse:
"Acreditaste, porque me viste?
Bem-aventurados os que creram sem terem visto!"
³⁰ Jesus realizou muitos outros sinais
diante dos discípulos,
que não estão escritos neste livro.
³¹ Mas estes foram escritos para que acrediteis
que Jesus é o Cristo, o Filho de Deus,
e para que, crendo, tenhais a vida em seu nome.

Palavra da Salvação.

3º DOMINGO DA PÁSCOA

PRIMEIRA LEITURA

Vós matastes o autor da vida,
mas Deus o ressuscitou dos mortos.

Leitura dos Atos dos Apóstolos   3,13-15.17-19

Naqueles dias,
Pedro se dirigiu ao povo, dizendo:
¹³ "O Deus de Abraão, de Isaac, de Jacó,
o Deus de nossos antepassados
glorificou o seu servo Jesus.
Vós o entregastes e o rejeitastes diante de Pilatos,
que estava decidido a soltá-lo.
¹⁴ Vós rejeitastes o Santo e o Justo,
e pedistes a libertação para um assassino.
¹⁵ Vós matastes o autor da vida,
mas Deus o ressuscitou dos mortos,
e disso nós somos testemunhas.
¹⁷ E agora, meus irmãos,
eu sei que vós agistes por ignorância,
assim como vossos chefes.
¹⁸ Deus, porém, cumpriu desse modo
o que havia anunciado pela boca de todos os profetas:
que o seu Cristo haveria de sofrer.
¹⁹ Arrependei-vos, portanto, e convertei-vos,
para que vossos pecados sejam perdoados".

Palavra do Senhor.

Salmo responsorial   Sl 4,2.4.7.9 (R. 7a)

℞. Sobre **nós** fazei bri**lhar** o esplen**dor** de vossa **face**!

Ou: Ale**lui**a, Ale**lui**a, Ale**lui**a.

² Quando eu **cha**mo, respon**dei**-me ó meu **Deus**, minha **jus**tiça! †
Vós que sou**bes**tes alivi**ar**-me nos mo**men**tos de aflição, *
aten**dei**-me por pie**da**de e escu**tai** minha oração!   ℞.

⁴ Compreen**dei** que nosso **Deus** faz mara**vi**lhas por seu **ser**vo,*
e que o Se**nhor** me ou**vi**rá quando lhe **fa**ço a minha **pre**ce! ℟.

⁷ Muitos **há** que se per**gun**tam: "Quem nos **dá** felici**da**de?" *
Sobre **nós** fazei bri**lhar** o es**plen**dor de vossa **fa**ce! ℟.

⁹ Eu tran**qui**lo vou dei**tar**-me e na **paz** logo ador**me**ço, *
pois só **vós**, ó Senhor **Deus**, dais segu**ran**ça à minha **vi**da! ℟.

SEGUNDA LEITURA

Ele é a vítima de expiação pelos nossos pecados,
e também pelos pecados do mundo inteiro.

Leitura da Primeira Carta de São João   2,1-5a

¹ Meus filhinhos,
   escrevo isto para que não pequeis.
   No entanto, se alguém pecar,
   temos junto do Pai um Defensor:
   Jesus Cristo, o Justo.
² Ele é a vítima de expiação pelos nossos pecados,
   e não só pelos nossos,
   mas também pelos pecados do mundo inteiro.
³ Para saber que o conhecemos,
   vejamos se guardamos os seus mandamentos.
⁴ Quem diz: "Eu conheço a Deus",
   mas não guarda os seus mandamentos,
   é mentiroso, e a verdade não está nele.
⁵ᵃ Naquele, porém, que guarda a sua palavra,
   o amor de Deus é plenamente realizado".

   Palavra do Senhor.

Aclamação ao Evangelho   cf. Lc 24,32

℟. Ale**lu**ia, Ale**lu**ia, Ale**lu**ia.
℣. Senhor Je**sus**, reve**lai**-nos o sentido da Escritura,
   fazei o **nos**so coração arder, **quan**do nos fa**lar**des. ℟.

EVANGELHO

*Assim está escrito: o Messias sofrerá
e ressuscitará dos mortos no terceiro dia.*

✠ Proclamação do Evangelho de Jesus Cristo
segundo Lucas   24,35-48

Naquele tempo,
35 Os dois discípulos contaram
o que tinha acontecido no caminho,
e como tinham reconhecido Jesus ao partir o pão.
36 Ainda estavam falando,
quando o próprio Jesus apareceu no meio deles
e lhes disse:
"A paz esteja convosco!"
37 Eles ficaram assustados e cheios de medo,
pensando que estavam vendo um fantasma.
38 Mas Jesus disse:
"Por que estais preocupados,
e por que tendes dúvidas no coração?
39 Vede minhas mãos e meus pés: sou eu mesmo!
Tocai em mim e vede!
Um fantasma não tem carne, nem ossos,
como estais vendo que eu tenho".
40 E dizendo isso,
Jesus mostrou-lhes as mãos e os pés.
41 Mas eles ainda não podiam acreditar,
porque estavam muito alegres e surpresos.
Então Jesus disse:
"Tendes aqui alguma coisa para comer?"
42 Deram-lhe um pedaço de peixe assado.
43 Ele o tomou e comeu diante deles.
44 Depois disse-lhes:
"São estas as coisas que vos falei
quando ainda estava convosco:
era preciso que se cumprisse tudo
o que está escrito sobre mim
na Lei de Moisés, nos Profetas e nos Salmos".
45 Então Jesus abriu a inteligência dos discípulos
para entenderem as Escrituras,
46 e lhes disse:
"Assim está escrito:

'O Cristo sofrerá
e ressuscitará dos mortos ao terceiro dia,
⁴⁷ e no seu nome serão anunciados
a conversão e o perdão dos pecados
a todas as nações, começando por Jerusalém'.
⁴⁸ Vós sereis testemunhas de tudo isso".

Palavra da Salvação.

4º DOMINGO DA PÁSCOA

PRIMEIRA LEITURA

Em nenhum outro há salvação.

Leitura dos Atos dos Apóstolos   4,8-12

Naqueles dias,
8 Pedro, cheio do Espírito Santo, disse:
"Chefes do povo e anciãos:
9 hoje estamos sendo interrogados
por termos feito o bem a um enfermo
e pelo modo como foi curado.
10 Ficai, pois, sabendo todos vós e todo o povo de Israel:
é pelo nome de Jesus Cristo, de Nazaré,
– aquele que vós crucificastes
e que Deus ressuscitou dos mortos –
que este homem está curado, diante de vós.
11 Jesus é a pedra, que vós, os construtores,
desprezastes, e que se tornou a pedra angular.
12 Em nenhum outro há salvação,
pois não existe debaixo do céu outro nome
dado aos homens, pelo qual possamos ser salvos".

Palavra do Senhor.

Salmo responsorial   Sl 117(118),1.8-9.21-23.26.28cd.29 (℟. 22)

℟. A **pe**dra que os pe**drei**ros rejei**ta**ram,
tor**nou**-se agora a **pe**dra an**gu**lar.

Ou: Ale**lu**ia, Ale**lu**ia, Ale**lu**ia.

1 Dai **gra**ças ao Se**nhor**, porque ele é **bom**! *
"E**ter**na é a **sua** miseri**cór**dia!"
8 É me**lhor** buscar re**fú**gio no Se**nhor**, *
do que **pôr** no ser hu**ma**no a espe**ran**ça;
9 é me**lhor** buscar re**fú**gio no Se**nhor**, *
do que con**tar** com os pode**ro**sos deste **mun**do!" ℟.

²¹ Dou-vos **graças**, ó **Senhor**, porque me ou**vis**tes *
e vos tor**nas**tes para **mim** o Salva**dor**!
²² "A **pe**dra que os pe**drei**ros rejei**ta**ram, *
tor**nou**-se agora a **pe**dra angu**lar**.
²³ Pelo Se**nhor** é que foi **fei**to tudo **is**so: *
Que maravilhas ele **fez** a nossos **o**lhos!   ℟.

²⁶ Ben**di**to seja, em **no**me do Se**nhor**, *
aque**le** que em seus **á**trios vai en**tran**do!
²⁸ Vós sois meu **Deus**, eu vos ben**di**go e agra**de**ço! *
Vós sois meu **Deus**, eu vos e**xal**to com lou**vo**res!
²⁹ Dai **gra**ças ao Se**nhor**, porque ele é **bom**! *
"E**ter**na é a **sua** miseri**cór**dia!"   ℟.

SEGUNDA LEITURA

Veremos a Deus tal como ele é.

Leitura da Primeira Carta de São João   3,1-2

Caríssimos:
¹ Vede que grande presente de amor o Pai nos deu:
de sermos chamados filhos de Deus!
E nós o somos!
Se o mundo não nos conhece,
é porque não conheceu o Pai.
² Caríssimos, desde já somos filhos de Deus,
mas nem sequer se manifestou o que seremos!
Sabemos que,
quando Jesus se manifestar,
seremos semelhantes a ele,
porque o veremos tal como ele é.

Palavra do Senhor.

Aclamação ao Evangelho   Jo 10,14

℟. Ale**lu**ia, Ale**lu**ia, Ale**lu**ia.
℣. Eu **sou** o bom pas**tor**, diz o Se**nhor**;
eu co**nhe**ço **mi**nhas ovelhas
e **e**las me co**nhe**cem a mim.   ℟.

EVANGELHO

O bom pastor dá a vida por suas ovelhas.

✠ Proclamação do Evangelho de Jesus Cristo segundo João 10,11-18

Naquele tempo, disse Jesus:
¹¹ "Eu sou o bom pastor.
O bom pastor dá a vida por suas ovelhas.
¹² O mercenário, que não é pastor
e não é dono das ovelhas,
vê o lobo chegar, abandona as ovelhas e foge,
e o lobo as ataca e dispersa.
¹³ Pois ele é apenas um mercenário
e não se importa com as ovelhas.
¹⁴ Eu sou o bom pastor.
Conheço as minhas ovelhas,
e elas me conhecem,
¹⁵ assim como o Pai me conhece
e eu conheço o Pai.
Eu dou minha vida pelas ovelhas.
¹⁶ Tenho ainda outras ovelhas que não são deste redil:
também a elas devo conduzir;
elas escutarão a minha voz,
e haverá um só rebanho e um só pastor.
¹⁷ É por isso que o Pai me ama,
porque dou a minha vida,
para depois recebê-la novamente.
¹⁸ Ninguém tira a minha vida,
eu a dou por mim mesmo;
tenho poder de entregá-la
e tenho poder de recebê-la novamente;
essa é a ordem que recebi do meu Pai".

Palavra da Salvação.

5º DOMINGO DA PÁSCOA

PRIMEIRA LEITURA

Contou-lhes como tinha visto o Senhor no caminho.

Leitura dos Atos dos Apóstolos 9,26-31

Naqueles dias,
²⁶ Saulo chegou a Jerusalém
e procurava juntar-se aos discípulos.
Mas todos tinham medo dele,
pois não acreditavam que ele fosse discípulo.
²⁷ Então Barnabé tomou Saulo consigo,
levou-o aos apóstolos
e contou-lhes como Saulo tinha visto o Senhor no caminho,
como o Senhor lhe havia falado
e como Saulo havia pregado,
em nome de Jesus, publicamente, na cidade de Damasco.
²⁸ Daí em diante, Saulo permaneceu com eles em Jerusalém
e pregava com firmeza em nome do Senhor.
²⁹ Falava também e discutia com os judeus de língua grega,
mas eles procuravam matá-lo.
³⁰ Quando ficaram sabendo disso,
os irmãos levaram Saulo para Cesareia,
e daí o mandaram para Tarso.
³¹ A Igreja, porém, vivia em paz
em toda a Judeia, Galileia e Samaria.
Ela consolidava-se e progredia no temor do Senhor
e crescia em número com a ajuda do Espírito Santo.

Palavra do Senhor.

Salmo responsorial Sl 21(22),26b-27.28.30.31-32 (℟. 26a)

℟. **Se**nhor, sois meu lou**vor** em meio à **gran**de assem**blei**a!

Ou: Ale**lu**ia, Ale**lu**ia, Ale**lu**ia.

^{26b} Sois meu lou**vor** em meio à **gran**de assem**blei**a; *
cumpro meus **vo**tos ante **a**que**l**es que vos **te**mem!

²⁷ Vossos **po**bres vão co**mer** e saci**ar**-se, †
e os que pro**cu**ram o Se**nhor** o louva**rão**: *
"Seus cora**ções** tenham a **vi**da para **sem**pre!" ℟.

²⁸ Lembrem-se **dis**so os con**fins** de toda a **ter**ra, *
para que **vol**tem ao Se**nhor** e se con**ver**tam,
e se **pros**trem, ado**ran**do, diante **de**le *
todos os **po**vos e as fa**mí**lias das na**ções**.
³⁰ Somente a **e**le ado**ra**rão os pode**ro**sos, *
e os que **vol**tam para o **pó** o louva**rão**. ℟.

Para **e**le há de vi**ver** a minha **al**ma, *
³¹ toda a **mi**nha descen**dên**cia há de ser**vi**-lo;
às fu**tu**ras ge**ra**ções anunci**a**rá *
³² o po**der** e a jus**ti**ça do Se**nhor**;
ao povo **no**vo que há de **vir**, ela dirá: *
"Eis a obra que o Se**nhor** reali**zou**!" ℟.

SEGUNDA LEITURA

*Este é o seu mandamento:
que creiamos e nos amemos uns aos outros.*

Leitura da Primeira Carta de São João 3,18-24

¹⁸ Filhinhos, não amemos só com palavras e de boca,
mas com ações e de verdade!
¹⁹ Aí está o critério para saber que somos da verdade
e para sossegar diante dele o nosso coração,
²⁰ pois, se o nosso coração nos acusa,
Deus é maior que o nosso coração
e conhece todas as coisas.
²¹ Caríssimos, se o nosso coração não nos acusa,
temos confiança diante de Deus.
²² E qualquer coisa que pedimos recebemos dele,
porque guardamos os seus mandamentos
e fazemos o que é do seu agrado.
²³ Este é o seu mandamento:
que creiamos no nome do seu Filho, Jesus Cristo,
e nos amemos uns aos outros,
de acordo com o mandamento que ele nos deu.

²⁴ Quem guarda os seus mandamentos
permanece com Deus e Deus permanece com ele.
Que ele permanece conosco,
sabemo-lo pelo Espírito que ele nos deu.

Palavra do Senhor.

Aclamação ao Evangelho Jo 15,4a.5b

℞. Aleluia, Aleluia, Aleluia.
℣. Ficai em **mim**, e eu em **vós** hei de fi**car**, diz o Se**nhor**;
quem em **mim** perma**ne**ce, esse **dá** muito **fru**to. ℞.

EVANGELHO

Quem permanece em mim,
e eu nele, produz muito fruto.

✠ Proclamação do Evangelho de Jesus Cristo
segundo João 15,1-8

Naquele tempo, Jesus disse a seus discípulos:
¹ "Eu sou a videira verdadeira
e meu Pai é o agricultor.
² Todo ramo que em mim não dá fruto
ele o corta;
e todo ramo que dá fruto,
ele o limpa, para que dê mais fruto ainda.
³ Vós já estais limpos
por causa da palavra que eu vos falei.
⁴ Permanecei em mim
e eu permanecerei em vós.
Como o ramo não pode dar fruto por si mesmo,
se não permanecer na videira,
assim também vós não podereis dar fruto,
se não permanecerdes em mim.
⁵ Eu sou a videira
e vós os ramos.
Aquele que permanece em mim, e eu nele,
esse produz muito fruto;
porque sem mim nada podeis fazer.
⁶ Quem não permanecer em mim,
será lançado fora como um ramo e secará.

Tais ramos são recolhidos,
lançados no fogo e queimados.
7 Se permanecerdes em mim
e minhas palavras permanecerem em vós,
pedi o que quiserdes
e vos será dado.
8 Nisto meu Pai é glorificado:
que deis muito fruto
e vos torneis meus discípulos.

Palavra da Salvação.

6º DOMINGO DA PÁSCOA

Onde no domingo seguinte se celebra a Ascensão do Senhor, como é o caso do Brasil, neste 6º domingo de Páscoa podem ser lidas a 2ª Leitura e o Evangelho indicados para o 7º domingo da Páscoa, p. 534-535.

PRIMEIRA LEITURA

*O dom do Espírito Santo
também foi derramado sobre os pagãos.*

Leitura dos Atos dos Apóstolos   10,25-26.34-35.44-48

²⁵ Quando Pedro estava para entrar em casa,
Cornélio saiu-lhe ao encontro,
caiu a seus pés e se prostrou.
²⁶ Mas Pedro levantou-o, dizendo:
"Levanta-te. Eu também sou apenas um homem".
³⁴ Então, Pedro tomou a palavra e disse:
"De fato, estou compreendendo
que Deus não faz distinção entre as pessoas.
³⁵ Pelo contrário, ele aceita quem o teme
e pratica a justiça,
qualquer que seja a nação a que pertença.
⁴⁴ Pedro estava ainda falando,
quando o Espírito Santo desceu
sobre todos os que ouviam a palavra.
⁴⁵ Os fiéis de origem judaica, que tinham vindo com Pedro,
ficaram admirados de que o dom do Espírito Santo
fosse derramado também sobre os pagãos.
⁴⁶ Pois eles os ouviam falar e louvar a grandeza de Deus
em línguas estranhas.
Então Pedro falou:
⁴⁷ "Podemos, por acaso, negar a água do batismo
a estas pessoas que receberam, como nós,
o Espírito Santo?"
⁴⁸ E mandou que fossem batizados em nome de Jesus Cristo.
Eles pediram, então,
que Pedro ficasse alguns dias com eles.

Palavra do Senhor.

Salmo responsorial Sl 97(98),1.2-3ab.3cd-4 (℟. cf. 2b)

℟. O Senhor fez conhecer a salvação
    e revelou sua justiça às nações.

Ou: Aleluia, Aleluia, Aleluia.

1   Cantai ao Senhor Deus um canto novo, *
    porque ele fez prodígios!
    Sua mão e o seu braço forte e santo *
    alcançaram-lhe a vitória. ℟.

2   O Senhor fez conhecer a salvação, *
    e às nações, sua justiça;
3a recordou o seu amor sempre fiel *
 b pela casa de Israel. ℟.

 c Os confins do universo contemplaram *
 d a salvação do nosso Deus.
4   Aclamai o Senhor Deus, ó terra inteira, *
    alegrai-vos e exultai! ℟.

SEGUNDA LEITURA

Deus é amor.

Leitura da Primeira Carta de São João   4,7-10

Caríssimos:
7   Amemo-nos uns aos outros,
    porque o amor vem de Deus
    e todo aquele que ama
    nasceu de Deus e conhece Deus.
8   Quem não ama, não chegou a conhecer a Deus,
    pois Deus é amor.
9   Foi assim que o amor de Deus se manifestou entre nós:
    Deus enviou o seu Filho único ao mundo,
    para que tenhamos vida por meio dele.
10 Nisto consiste o amor:
    não fomos nós que amamos a Deus,
    mas foi ele que nos amou
    e enviou o seu Filho

como vítima de reparação pelos nossos pecados.
Palavra do Senhor.

Aclamação ao Evangelho   Jo 14,23

℟. Aleluia, Aleluia, Aleluia.
℣. Quem me ama realmente guardará minha palavra,
e meu Pai o amará, e a ele nós viremos.   ℟.

EVANGELHO

*Ninguém tem maior amor
do que aquele que dá a vida pelos amigos.*

✠ Proclamação do Evangelho de Jesus Cristo
segundo João   15,9-17

Naquele tempo, disse Jesus a seus discípulos:
9 "Como meu Pai me amou,
assim também eu vos amei.
Permanecei no meu amor.
10 Se guardardes os meus mandamentos,
permanecereis no meu amor,
assim como eu guardei os mandamentos do meu Pai
e permaneço no seu amor.
11 Eu vos disse isso,
para que a minha alegria esteja em vós
e a vossa alegria seja plena.
12 Este é o meu mandamento:
amai-vos uns aos outros,
assim como eu vos amei.
13 Ninguém tem amor maior
do que aquele que dá sua vida pelos amigos.
14 Vós sois meus amigos,
se fizerdes o que eu vos mando.
15 Já não vos chamo servos,
pois o servo não sabe o que faz o seu senhor.
Eu vos chamo amigos,
porque vos dei a conhecer
tudo o que ouvi de meu Pai.
16 Não fostes vós que me escolhestes,

mas fui eu que vos escolhi
e vos designei para irdes e para que produzais fruto
e o vosso fruto permaneça.
O que então pedirdes ao Pai em meu nome,
ele vo-lo concederá.
¹⁷ Isto é o que vos ordeno:
amai-vos uns aos outros".

Palavra da Salvação.

ASCENSÃO DO SENHOR

PRIMEIRA LEITURA

Jesus foi levado aos céus, à vista deles.

Leitura dos Atos dos Apóstolos   1,1-11

¹ No meu primeiro livro, ó Teófilo,
já tratei de tudo o que Jesus fez e ensinou, desde o começo,
² até ao dia em que foi levado para o céu,
depois de ter dado instruções pelo Espírito Santo,
aos apóstolos que tinha escolhido.
³ Foi a eles que Jesus se mostrou vivo
depois da sua paixão, com numerosas provas.
Durante quarenta dias, apareceu-lhes
falando do Reino de Deus.
⁴ Durante uma refeição, deu-lhes esta ordem:
"Não vos afasteis de Jerusalém,
mas esperai a realização da promessa do Pai,
da qual vós me ouvistes falar:
⁵ 'João batizou com água;
vós, porém, sereis batizados com o Espírito Santo,
dentro de poucos dias' ".
⁶ Então os que estavam reunidos perguntaram a Jesus:
"Senhor, é agora que vais restaurar
o Reino em Israel?"
⁷ Jesus respondeu:
"Não vos cabe saber os tempos e os momentos
que o Pai determinou com a sua própria autoridade.
⁸ Mas recebereis o poder do Espírito Santo
que descerá sobre vós,   para serdes minhas testemunhas
em Jerusalém, em toda a Judeia e na Samaria,
e até os confins da terra".
⁹ Depois de dizer isso, Jesus foi levado ao céu, à vista deles.
Uma nuvem o encobriu,
de forma que seus olhos não podiam mais vê-lo.
¹⁰ Os apóstolos continuavam olhando para o céu,
enquanto Jesus subia.
Apareceram então dois homens vestidos de branco,

¹¹ que lhes disseram:
"Homens da Galileia,
por que ficais aqui, parados, olhando para o céu?
Esse Jesus que vos foi levado para o céu,
virá do mesmo modo como o vistes partir para o céu".

Palavra do Senhor.

Salmo responsorial Sl 46(47),2-3.6-7.8-9 (R. 6)

℟. Por **en**tre aclama**ções** Deus se ele**vou**,
o Se**nhor** subiu ao **to**que da trom**be**ta.

Ou: Ale**lui**a, Ale**lui**a, Ale**lui**a.

² Povos **to**dos do uni**ver**so, batei **pal**mas, *
gritai a **Deus** aclama**ções** de ale**gri**a!
³ Porque su**bli**me é o Se**nhor**, o Deus Al**tís**simo, *
o sobe**ra**no que do**mi**na toda a **ter**ra. ℟.

⁶ Por **en**tre aclama**ções** Deus se ele**vou**, *
o Senhor subiu ao toque da trombeta.
⁷ Salmodi**ai** ao nosso **Deus** ao som da **har**pa, *
salmodi**ai** ao som da **har**pa ao nosso **Rei**! ℟.

⁸ Porque **Deus** é o grande **Rei** de toda a **ter**ra, *
ao som da **har**pa acompa**nhai** os seus louvores!
Deus **rei**na sobre **to**das as na**ções**, *
está sen**ta**do no seu **tro**no glorioso. ℟.

SEGUNDA LEITURA

E o fez sentar-se à sua direita nos céus.

Leitura da Carta de São Paulo aos Efésios 1,17-23

Irmãos:
¹⁷ O Deus de nosso Senhor Jesus Cristo,
o Pai a quem pertence a glória,
vos dê um espírito de sabedoria
que vo-lo revele e faça verdadeiramente conhecer.
¹⁸ Que ele abra o vosso coração à sua luz,

para que saibais
qual a esperança que o seu chamamento vos dá,
qual a riqueza da glória
que está na vossa herança com os santos,
¹⁹ e que imenso poder ele exerceu
em favor de nós que cremos,
de acordo com a sua ação e força onipotente.
²⁰ Ele manifestou sua força em Cristo,
quando o ressuscitou dos mortos
e o fez sentar-se à sua direita nos céus,
²¹ bem acima de toda a autoridade, poder, potência,
soberania ou qualquer título que se possa nomear
não somente neste mundo, mas ainda no mundo futuro.
²² Sim, ele pôs tudo sob os seus pés e fez dele,
que está acima de tudo, a Cabeça da Igreja,
²³ que é o seu corpo,
a plenitude daquele que possui a plenitude universal.

Palavra do Senhor.

Ou, à escolha:

SEGUNDA LEITURA (mais longa)

À estatura de Cristo em sua plenitude.

Leitura da Carta de São Paulo aos Efésios   4,1-13

Irmãos:
¹ Eu, prisioneiro no Senhor, vos exorto
a caminhardes de acordo com a vocação que recebestes:
² Com toda a humildade e mansidão,
suportai-vos uns aos outros com paciência, no amor.
³ Aplicai-vos a guardar a unidade do espírito
pelo vínculo da paz.
⁴ Há um só Corpo e um só Espírito, como também
é uma só a esperança à qual fostes chamados.
⁵ Há um só Senhor, uma só fé, um só batismo,
⁶ um só Deus e Pai de todos,
que reina sobre todos,

age por meio de todos e permanece em todos.
⁷ Cada um de nós recebeu a graça
na medida em que Cristo lha deu.
⁸ Daí esta palavra:
"Tendo subido às alturas,
ele capturou prisioneiros,
e distribuiu dons aos homens".
⁹ Ele subiu! Que significa isso,
senão que ele desceu também às profundezas da terra?
¹⁰ Aquele que desceu é o mesmo que subiu
mais alto do que todos os céus,
a fim de encher o universo.
¹¹ E foi ele quem instituiu alguns como apóstolos,
outros como profetas,
outros ainda como evangelistas,
outros, enfim, como pastores e mestres.
¹² Assim, ele capacitou os santos para o ministério,
para edificar o corpo de Cristo,
¹³ até que cheguemos todos juntos à unidade da fé
e do conhecimento do Filho de Deus,
ao estado do homem perfeito
e à estatura de Cristo em sua plenitude.

Palavra do Senhor.

Ou: SEGUNDA LEITURA (mais breve)

À estatura de Cristo em sua plenitude.

Leitura da Carta de São Paulo aos Efésios   4,1-7.11-13

Irmãos:
¹ Eu, prisioneiro no Senhor, vos exorto
a caminhardes de acordo com a vocação que recebestes:
² Com toda a humildade e mansidão,
suportai-vos uns aos outros com paciência, no amor.
³ Aplicai-vos a guardar a unidade do espírito
pelo vínculo da paz.
⁴ Há um só Corpo e um só Espírito,
como também é uma só a esperança à qual fostes chamados.
⁵ Há um só Senhor, uma só fé, um só batismo,
⁶ um só Deus e Pai de todos,

que reina sobre todos,
age por meio de todos e permanece em todos.
⁷ Cada um de nós recebeu a graça
na medida em que Cristo lha deu.
¹¹ E foi ele quem instituiu alguns como apóstolos,
outros como profetas,
outros ainda como evangelistas,
outros, enfim, como pastores e mestres.
¹² Assim, ele capacitou os santos para o ministério,
para edificar o corpo de Cristo,
¹³ até que cheguemos todos juntos à unidade da fé
e do conhecimento do Filho de Deus,
ao estado do homem perfeito
e à estatura de Cristo em sua plenitude.

Palavra do Senhor.

Aclamação ao Evangelho   Mt 28,19a.20b

℟. Ale**lu**ia, Ale**lu**ia, Ale**lu**ia.
℣. Ide ao **mun**do, ensi**nai** aos povos **to**dos;
con**vos**co esta**rei**, todos os **di**as,
a**té** o fim dos **tem**pos, diz Je**sus**.   ℟.

EVANGELHO

Foi levado ao céu e sentou-se à direita de Deus.

✠ Conclusão do Evangelho de Jesus Cristo
segundo Marcos   16,15-20

Naquele tempo,
Jesus se manifestou aos onze discípulos,
¹⁵ e disse-lhes:
"Ide pelo mundo inteiro
e anunciai o Evangelho a toda criatura!
¹⁶ Quem crer e for batizado será salvo.
Quem não crer será condenado.
¹⁷ Os sinais que acompanharão
aqueles que crerem serão estes:
expulsarão demônios em meu nome,
falarão novas línguas;

¹⁸ se pegarem em serpentes
ou beberem algum veneno mortal,
não lhes fará mal algum;
quando impuserem as mãos sobre os doentes,
eles ficarão curados".
¹⁹ Depois de falar com os discípulos,
o Senhor Jesus foi levado ao céu,
e sentou-se à direita de Deus.
²⁰ Os discípulos então saíram e pregaram por toda parte.
O Senhor os ajudava e confirmava sua palavra
por meio dos sinais que a acompanhavam.

Palavra da Salvação.

7º DOMINGO DA PÁSCOA

PRIMEIRA LEITURA

*É preciso que um deles se junte a nós
para ser testemunha de sua ressurreição.*

Leitura dos Atos dos Apóstolos   1,15-17.20a.20c-26

¹⁵ Naqueles dias, estava reunido um grupo
de mais ou menos cento e vinte pessoas.
Pedro levantou-se no meio dos irmãos e disse:
¹⁶ "Irmãos, era preciso que se cumprisse
o que o Espírito Santo, por meio de Davi,
anunciou na Escritura sobre Judas,
que se tornou o guia daqueles que prenderam Jesus.
¹⁷ Judas era um dos nossos
e participava do mesmo ministério.
^{20a} De fato, no livro dos Salmos está escrito:
'Fique deserta a sua morada,
nem haja quem nela habite!'
^{20c} E ainda: 'Que outro ocupe o seu lugar!'
²¹ Há homens que nos acompanharam
durante todo o tempo em que o Senhor Jesus
vivia no meio de nós,
²² a começar pelo batismo de João
até ao dia em que foi elevado ao céu.
Agora, é preciso que um deles se junte a nós
para ser testemunha da sua ressurreição".
²³ Então eles apresentaram dois homens:
José, chamado Barsabás,
que tinha o apelido de Justo, e Matias.
²⁴ Em seguida, fizeram esta oração:
"Senhor, tu conheces os corações de todos.
Mostra-nos qual destes dois escolhestes
²⁵ para ocupar, neste ministério e apostolado,
o lugar que Judas abandonou para seguir o seu destino!"
²⁶ Então tiraram a sorte entre os dois.
A sorte caiu em Matias,
o qual foi juntado ao número dos onze apóstolos.

Palavra do Senhor.

Salmo responsorial   Sl 102(103),1-2.11-12.19-20ab (R. 19a)

℟. O **Se**nhor pôs o seu **tro**no lá nos **céus**.

Ou: Ale**lu**ia, Ale**lu**ia, Ale**lu**ia.

¹ Ben**di**ze, ó minha **al**ma, ao **Se**nhor, *
  e **to**do o meu **ser**, seu santo **no**me!
² Ben**di**ze, ó minha **al**ma, ao **Se**nhor, *
  não te es**que**ças de **nen**hum de seus fa**vo**res!   ℟.

¹¹ Quanto os **céus** por sobre a **ter**ra se ele**vam**, *
   tanto é **gran**de o seu **a**mor aos que o **te**mem;
¹² quanto **dis**ta o nas**cen**te do po**en**te, *
   tanto a**fas**ta para **lon**ge nossos **cri**mes.   ℟.

¹⁹ O **Se**nhor pôs o seu **tro**no lá nos **céus**, *
   e a**bran**ge o mundo in**tei**ro seu rei**na**do.
²⁰ Ben**di**zei ao Senhor **Deus**, seus anjos **to**dos, *
   valo**ro**sos que cum**pris** as suas **or**dens.   ℟.

SEGUNDA LEITURA

*Quem permanece no amor,
permanece em Deus e Deus permanece nele.*

Leitura da Primeira Carta de São João   4,11-16

¹¹ Caríssimos, se Deus nos amou assim,
   nós também devemos amar-nos uns aos outros.
¹² Ninguém jamais viu a Deus.
   Se nos amamos uns aos outros,
   Deus permanece conosco
   e seu amor é plenamente realizado entre nós.
¹³ A prova de que permanecemos com ele,
   e ele conosco,
   é que ele nos deu o seu Espírito.
¹⁴ E nós vimos, e damos testemunho,
   que o Pai enviou o seu Filho
   como Salvador do mundo.
¹⁵ Todo aquele que proclama
   que Jesus é o Filho de Deus,

Deus permanece com ele,
e ele com Deus.
¹⁶ E nós conhecemos o amor que Deus tem para conosco,
e acreditamos nele.
Deus é amor:
quem permanece no amor,
permanece com Deus,
e Deus permanece com ele.

Palavra do Senhor.

Aclamação ao Evangelho cf. Jo 14,18

℟. Ale**lu**ia, Ale**lu**ia, Ale**lu**ia.
℣. **Não** vos deixa**rei** abando**na**dos:
Eu i**rei**, mas volta**rei** para **vós**
e o **vos**so cora**ção** se alegra**rá**. ℟.

EVANGELHO

Para que eles sejam um, assim como nós somos um.

✠ Proclamação do Evangelho de Jesus Cristo
segundo João 17,11b-19

Naquele tempo,
Jesus ergueu os olhos ao céu e disse:
¹¹ᵇ "Pai santo, guarda-os em teu nome,
o nome que me deste,
para que eles sejam um,
assim como nós somos um.
¹² Quando eu estava com eles,
guardava-os em teu nome,
o nome que me deste.
Eu guardei-os e nenhum deles se perdeu,
a não ser o filho da perdição,
para se cumprir a Escritura.
¹³ Agora, eu vou para junto de ti,
e digo essas coisas, estando ainda no mundo,
para que eles tenham em si
a minha alegria plenamente realizada.
¹⁴ Eu lhes dei a tua palavra,

mas o mundo os rejeitou,
porque não são do mundo,
como eu não sou do mundo.
15 Não te peço que os tires do mundo,
mas que os guardes do Maligno.
16 Eles não são do mundo,
como eu não sou do mundo.
17 Consagra-os na verdade;
a tua palavra é verdade.
18 Como tu me enviaste ao mundo,
assim também eu os enviei ao mundo.
19 Eu me consagro por eles,
a fim de que eles também sejam consagrados na verdade".

Palavra da Salvação.

DOMINGO DE PENTECOSTES

Missa da Vigília

Estas leituras serão usadas na missa da tarde do sábado, antes ou depois das primeiras Vésperas do Domingo de Pentecostes.

PRIMEIRA LEITURA

Foi chamada Babel, porque foi aí que o Senhor confundiu a linguagem de todo o mundo.

Leitura do Livro do Gênesis   11,1-9

¹ Toda a terra tinha uma só linguagem
  e servia-se das mesmas palavras.
² E aconteceu que, partindo do oriente,
  os homens acharam uma planície na terra de Senaar,
  e aí se estabeleceram.
³ E disseram uns aos outros:
  "Vamos, façamos tijolos e cozamo-los ao fogo".
  Usaram tijolos em vez de pedra,
  e betume em lugar de argamassa.
⁴ E disseram:
  "Vamos, façamos para nós uma cidade
  e uma torre cujo cimo atinja o céu.
  Assim, ficaremos famosos,
  e não seremos dispersos por toda a face da terra".
⁵ Então o Senhor desceu para ver a cidade
  e a torre que os homens estavam construindo.
⁶ E o Senhor disse:
  "Eis que eles são um só povo e falam uma só língua.
  E isso é apenas o começo de seus empreendimentos.
  Agora, nada os impedirá de fazer o que se propuseram.
⁷ Desçamos e confundamos a sua língua,
  de modo que não se entendam uns aos outros".
⁸ E o Senhor os dispersou daquele lugar
  por toda a superfície da terra,
  e eles cessaram de construir a cidade.
⁹ Por isso, foi chamada Babel, porque foi aí
  que o Senhor confundiu a linguagem de todo o mundo,
  e daí dispersou os homens por toda a terra.

Palavra do Senhor.

Ou, b:

*O Senhor desceu sobre o monte Sinai
diante de todo o povo.*

Leitura do Livro do Êxodo 19,3-8a.16-20b

Naqueles dias,
³ Moisés subiu ao encontro de Deus.
O Senhor chamou-o do alto da montanha, e disse:
"Assim deverás falar à casa de Jacó
e anunciar aos filhos de Israel:
⁴ Vistes o que fiz aos egípcios,
e como vos levei sobre asas de águia
e vos trouxe a mim.
⁵ Portanto, se ouvirdes a minha voz
e guardardes a minha aliança,
sereis para mim a porção escolhida
dentre todos os povos, porque minha é toda a terra.
⁶ E vós sereis para mim um reino de sacerdotes
e uma nação santa.
São essas as palavras
que deverás dizer aos filhos de Israel".
⁷ Moisés voltou e, convocando os anciãos do povo,
expôs tudo o que o Senhor lhe tinha mandado.
⁸ᵃ E o povo todo respondeu a uma só voz:
"Faremos tudo o que o Senhor disse".
¹⁶ Quando chegou o terceiro dia, ao raiar da manhã,
houve trovões e relâmpagos.
Uma nuvem espessa cobriu a montanha,
e um fortíssimo som de trombetas se fez ouvir.
No acampamento o povo se pôs a tremer.
¹⁷ Moisés fez o povo sair do acampamento
ao encontro de Deus, e eles pararam ao pé da montanha.
¹⁸ Todo o monte Sinai fumegava,
pois o Senhor descera sobre ele em meio ao fogo.
A fumaça subia como de uma fornalha,
e todo o monte tremia violentamente.
¹⁹ O som da trombeta ia aumentando cada vez mais.
Moisés falava
e o Senhor lhe respondia através do trovão.
²⁰ᵇ O Senhor desceu sobre o monte Sinai
e chamou Moisés ao cume do monte.

Palavra do Senhor.

Ou, c:

*Ossos ressequidos, vou fazer entrar
um espírito em vós,
e voltareis à vida.*

Leitura da Profecia de Ezequiel 37,1-14

Naqueles dias,
1 a mão do Senhor estava sobre mim
e por seu espírito ele me levou para fora
e me deixou no meio de uma planície cheia de ossos
2 e me fez andar no meio deles em todas as direções.
Havia muitíssimos ossos na planície
e estavam ressequidos.
3 Ele me perguntou: "Filho do homem,
será que estes ossos podem voltar à vida?"
E eu respondi: "Senhor Deus, só tu o sabes".
4 E ele me disse:
"Profetiza sobre estes ossos e dize:
'Ossos ressequidos, escutai a palavra do Senhor!'
5 Assim diz o Senhor Deus a estes ossos:
'Eu mesmo vou fazer entrar um espírito em vós
e voltareis à vida.
6 Porei nervos em vós, farei crescer carne
e estenderei a pele por cima.
Porei em vós um espírito, para que possais voltar à vida.
Assim sabereis que eu sou o Senhor'".
7 Profetizei como me foi ordenado.
Enquanto eu profetizava,
ouviu-se primeiro um rumor, e logo um estrondo,
quando os ossos se aproximaram uns dos outros.
8 Olhei e vi nervos e carne crescendo sobre os ossos
e, por cima, a pele que se estendia.
Mas não tinham nenhum sopro de vida.
9 Ele me disse:
"Profetiza para o espírito, profetiza, filho do homem!
Dirás ao espírito: 'Assim diz o Senhor Deus:
Vem dos quatro ventos, ó espírito,
vem soprar sobre estes mortos,
para que eles possam voltar à vida' ".
10 Profetizei como me foi ordenado,
e o espírito entrou neles.
Eles voltaram à vida e puseram-se de pé:
era uma imensa multidão!

¹¹ Então ele me disse:
"Filho do homem, estes ossos são toda a casa de Israel.
É isto que eles dizem:
'Nossos ossos estão secos, nossa esperança acabou,
estamos perdidos!'
¹² Por isso, profetiza e dize-lhes:
Assim fala o Senhor Deus:
'Ó meu povo, vou abrir as vossas sepulturas
e conduzir-vos para a terra de Israel;
¹³ e quando eu abrir as vossas sepulturas
e vos fizer sair delas, sabereis que eu sou o Senhor.
¹⁴ Porei em vós o meu espírito, para que vivais
e vos colocarei em vossa terra.
Então sabereis que eu, o Senhor, digo e faço'
– oráculo do Senhor".

Palavra do Senhor.

Ou, d:

Sobre meus servos e servas derramarei o meu espírito.

Leitura da Profecia de Joel   3,1-5

Assim diz o Senhor:
¹ "Derramarei o meu espírito sobre todo ser humano,
e vossos filhos e filhas profetizarão,
vossos anciãos terão sonhos
e vossos jovens terão visões;
² também sobre meus servos e servas,
naqueles dias, derramarei o meu espírito.
³ Colocarei sinais no céu e na terra,
sangue, fogo e rolos de fumaça;
⁴ o sol se transformará em trevas
e a lua em sangue, antes de chegar o dia do Senhor,
dia grandioso e terrível.
⁵ Então, todo aquele que invocar o nome do Senhor,
será salvo, pois, no monte Sião e em Jerusalém,
haverá salvação, como disse o Senhor,
entre os sobreviventes que o Senhor chamar".

Palavra do Senhor.

Salmo responsorial Sl 103(104),1-2a.24.35c.27-28.29bc-30
(℟. cf. 30)

℟. Enviai o vosso Espírito Senhor
e da terra toda a face renovai.

Ou: Aleluia, Aleluia, Aleluia.

¹ Bendize, ó minha alma, ao Senhor! *
Ó meu Deus e meu Senhor, como sois grande!
²ᵃ De majestade e esplendor vos revestis *
e de luz vos envolveis como num manto. ℟.

²⁴ Quão numerosas, ó Senhor, são vossas obras, *
e que sabedoria em todas elas!
Encheu-se a terra com as vossas criaturas. *
³⁵ᶜ Bendize, ó minha alma, ao Senhor! ℟.

²⁷ Todos eles, ó Senhor, de vós esperam *
que a seu tempo vós lhes deis o alimento;
²⁸ vós lhes dais o que comer e eles recolhem, *
vós abris a vossa mão e eles se fartam. ℟.

²⁹ᵇᶜ Se tirais o seu respiro, eles perecem *
e voltam para o pó de onde vieram;
³⁰ enviais o vosso espírito e renascem *
e da terra toda a face renovais. ℟.

SEGUNDA LEITURA

*O Espírito intercede em nosso favor
com gemidos inefáveis.*

Leitura da Carta de São Paulo aos Romanos 8,22-27

Irmãos:
²² Sabemos que toda a criação, até ao tempo presente,
está gemendo como que em dores de parto.
²³ E não somente ela, mas nós também,
que temos os primeiros frutos do Espírito,
estamos interiormente gemendo,
aguardando a adoção filial
e a libertação para o nosso corpo.

²⁴ Pois já fomos salvos, mas na esperança.
Ora, o objeto da esperança
não é aquilo que a gente está vendo;
como pode alguém esperar o que já vê?
²⁵ Mas, se esperamos o que não vemos,
é porque o estamos aguardando mediante a perseverança.
²⁶ Também o Espírito vem em socorro da nossa fraqueza.
Pois nós não sabemos o que pedir, nem como pedir;
é o próprio Espírito que intercede em nosso favor,
com gemidos inefáveis.
²⁷ E aquele que penetra o íntimo dos corações
sabe qual é a intenção do Espírito.
Pois é sempre segundo Deus
que o Espírito intercede em favor dos santos.

Palavra do Senhor.

Aclamação ao Evangelho

℟. Aleluia, Aleluia, Aleluia.
℣. Vinde, Espírito Divino,
e enchei com vossos dons os corações dos fiéis,
e acendei neles o amor, como um fogo abrasador!   ℟.

EVANGELHO

Jorrarão rios de água viva.

✠ Proclamação do Evangelho de Jesus Cristo
segundo João   7,37-39

³⁷ No último dia da festa, o dia mais solene,
Jesus, em pé, proclamou em voz alta:
"Se alguém tem sede, venha a mim, e beba.
³⁸ Aquele que crê em mim, conforme diz a Escritura,
rios de água viva jorrarão do seu interior".
³⁹ Jesus falava do Espírito,
que deviam receber os que tivessem fé nele;
pois ainda não tinha sido dado o Espírito,
porque Jesus ainda não tinha sido glorificado.

Palavra da Salvação.

Missa do dia

PRIMEIRA LEITURA

*Todos ficaram cheios do Espírito Santo
e começaram a falar.*

Leitura dos Atos dos Apóstolos 2,1-11

1 Quando chegou o dia de Pentecostes,
os discípulos estavam todos reunidos no mesmo lugar.
2 De repente, veio do céu um barulho
como se fosse uma forte ventania,
que encheu a casa onde eles se encontravam.
3 Então apareceram línguas como de fogo
que se repartiram e pousaram sobre cada um deles.
4 Todos ficaram cheios do Espírito Santo
e começaram a falar em outras línguas,
conforme o Espírito os inspirava.
5 Moravam em Jerusalém judeus devotos,
de todas as nações do mundo.
6 Quando ouviram o barulho,
juntou-se a multidão, e todos ficaram confusos,
pois cada um ouvia os discípulos
falar em sua própria língua.
7 Cheios de espanto e admiração, diziam:
"Esses homens que estão falando não são todos galileus?
8 Como é que nós os escutamos na nossa própria língua?
9 Nós que somos partos, medos e elamitas,
habitantes da Mesopotâmia, da Judeia e da Capadócia,
do Ponto e da Ásia,
10 da Frígia e da Panfília,
do Egito e da parte da Líbia próxima de Cirene,
também romanos que aqui residem;
11 judeus e prosélitos, cretenses e árabes,
todos nós os escutamos anunciarem as maravilhas de Deus
na nossa própria língua!"

Palavra do Senhor.

Salmo responsorial Sl 103(104),1ab.24ac.29bc-30.31.34
(R. cf. 30)

R. Enviai o vosso Espírito, Senhor,
e da terra toda a face renovai.

Ou: Aleluia, Aleluia, Aleluia.

¹ᵃ Bendize, ó minha alma, ao Senhor! *
ᵇ Ó meu Deus e meu Senhor, como sois grande!
²⁴ᵃ Quão numerosas, ó Senhor, são vossas obras! *
ᶜ Encheu-se a terra com as vossas criaturas! ℞.

²⁹ᵇ Se tirais o seu respiro, elas perecem *
ᶜ e voltam para o pó de onde vieram.
³⁰ Enviais o vosso espírito e renascem *
e da terra toda a face renovais. ℞.

³¹ Que a glória do Senhor perdure sempre, *
e alegre-se o Senhor em suas obras!
³⁴ Hoje seja-lhe agradável o meu canto, *
pois o Senhor é a minha grande alegria! ℞.

SEGUNDA LEITURA

*Fomos batizados num único Espírito,
para formarmos um único corpo.*

Leitura da Primeira Carta de São Paulo aos Coríntios
12,3b-7.12-13

Irmãos:
³ᵇ Ninguém pode dizer:
Jesus é o Senhor, a não ser no Espírito Santo.
⁴ Há diversidade de dons, mas um mesmo é o Espírito.
⁵ Há diversidade de ministérios,
mas um mesmo é o Senhor.
⁶ Há diferentes atividades, mas um mesmo Deus
que realiza todas as coisas em todos.
⁷ A cada um é dada a manifestação do Espírito
em vista do bem comum.
¹² Como o corpo é um, embora tenha muitos membros,
e como todos os membros do corpo,
embora sejam muitos, formam um só corpo,
assim também acontece com Cristo.
¹³ De fato, todos nós, judeus ou gregos, escravos ou livres,
fomos batizados num único Espírito,
para formarmos um único corpo,
e todos nós bebemos de um único Espírito.

Palavra do Senhor.

Ou, à escolha:

SEGUNDA LEITURA

O fruto do Espírito.

Leitura da Carta de São Paulo aos Gálatas   5,16-25

Irmãos:
¹⁶ Procedei segundo o Espírito.
Assim, não satisfareis aos desejos da carne.
¹⁷ Pois a carne tem desejos contra o espírito,
e o espírito tem desejos contra a carne.
Há uma oposição entre carne e espírito,
de modo que nem sempre fazeis o que gostaríeis de fazer.
¹⁸ Se, porém, sois conduzidos pelo Espírito,
então não estais sob o jugo da Lei.
¹⁹ São bem conhecidas as obras da carne:
fornicação, libertinagem, devassidão,
²⁰ idolatria, feitiçaria, inimizades,
contendas, ciúmes, iras,
intrigas, discórdias, facções,
²¹ invejas, bebedeiras, orgias,
e coisas semelhantes a essas.
Eu vos previno, como aliás já o fiz:
os que praticam essas coisas
não herdarão o reino de Deus.
²² Porém, o fruto do Espírito é:
caridade, alegria, paz,
longanimidade, benignidade,
bondade, lealdade,
²³ mansidão, continência.
Contra essas coisas não existe lei.
²⁴ Os que pertencem a Jesus Cristo crucificaram a carne
com suas paixões e seus maus desejos.
²⁵ Se vivemos pelo Espírito,
procedamos também segundo o Espírito, corretamente.

Palavra do Senhor.

Sequência

Espírito de Deus,
enviai dos céus
um raio de luz!

Vinde, Pai dos pobres,
dai aos corações
vossos sete dons.

Consolo que acalma,
hóspede da alma,
doce alívio, vinde!

No labor descanso,
na aflição remanso,
no calor aragem.

Enchei, luz bendita,
chama que crepita,
o íntimo de nós!

Sem a luz que acode,
nada o homem pode,
nenhum bem há nele.

Ao sujo lavai,
ao seco regai,
curai o doente.

Dobrai o que é duro,
guiai no escuro,
o frio aquecei.

Dai à vossa Igreja,
que espera e deseja,
vossos sete dons.

Dai em prêmio ao forte
uma santa morte,
alegria eterna.
Amém.

Aclamação ao Evangelho

℟. Aleluia, Aleluia, Aleluia.

℣. Vinde, Espírito Divino,
e enchei com vossos dons os corações dos fiéis,
e acendei neles o amor, como um fogo abrasador!   ℟.

EVANGELHO

*Assim como o Pai me enviou,
também eu vos envio: Recebei o Espírito Santo!*

✠ Proclamação do Evangelho de Jesus Cristo
segundo João   20,19-23

¹⁹ Ao anoitecer daquele dia, o primeiro da semana,
estando fechadas, por medo dos judeus,
as portas do lugar onde os discípulos se encontravam,
Jesus entrou e, pondo-se no meio deles,
disse: "A paz esteja convosco".
²⁰ Depois dessas palavras, mostrou-lhes as mãos e o lado.
Então os discípulos se alegraram por verem o Senhor.
²¹ Novamente, Jesus disse:
"A paz esteja convosco.
Como o Pai me enviou, também eu vos envio".
²² E depois de ter dito isso, soprou sobre eles e disse:
"Recebei o Espírito Santo.
²³ A quem perdoardes os pecados,
eles lhes serão perdoados;
a quem não os perdoardes, eles lhes serão retidos".

Palavra da Salvação.

Ou, à escolha:

EVANGELHO

*O Espírito da verdade
os encaminhará à verdade completa.*

✠ Proclamação do Evangelho de Jesus Cristo
segundo João   15,26-27;16,12-15

Naquele tempo, disse Jesus a seus discípulos:
²⁶ "Quando vier o Defensor
que eu vos mandarei da parte do Pai,
o Espírito da Verdade, que procede do Pai,

ele dará testemunho de mim.
27 E vós também dareis testemunho,
porque estais comigo desde o começo.
16,12 Tenho ainda muitas coisas a dizer-vos,
mas não sois capazes de as compreender agora.
13 Quando, porém, vier o Espírito da Verdade,
ele vos conduzirá à plena verdade.
Pois ele não falará por si mesmo,
mas dirá tudo o que tiver ouvido;
e até as coisas futuras vos anunciará.
14 Ele me glorificará,
porque receberá do que é meu
e vo-lo anunciará.
15 Tudo o que o Pai possui é meu.
Por isso, eu disse:
o que ele receberá e vos anunciará, é meu".

Palavra da Salvação.

SOLENIDADES DO SENHOR QUE OCORREM NO TEMPO COMUM

Domingo depois de Pentecostes

SOLENIDADE DA SANTÍSSIMA TRINDADE

PRIMEIRA LEITURA

*O Senhor é o Deus lá em cima no céu
e cá embaixo na terra, e não há outro além dele.*

Leitura do Livro do Deuteronômio   4,32-34.39-40.

Moisés falou ao povo, dizendo:
32 "Interroga os tempos antigos que te precederam,
desde o dia em que Deus criou o homem sobre a terra,
e investiga de um extremo ao outro dos céus,
se houve jamais um acontecimento tão grande,
ou se ouviu algo semelhante.
33 Existe, porventura, algum povo
que tenha ouvido a voz de Deus
falando-lhe do meio do fogo, como tu ouviste,
e tenha permanecido vivo?
34 Ou terá jamais algum Deus vindo escolher para si
um povo entre as nações,
por meio de provações, de sinais e prodígios,
por meio de combates, com mão forte e braço estendido,
e por meio de grandes terrores,
como tudo o que por ti o Senhor vosso Deus fez no Egito,
diante de teus próprios olhos?
39 Reconhece, pois, hoje, e grava-o em teu coração,
que o Senhor é o Deus lá em cima no céu
e cá embaixo na terra,
e que não há outro além dele.
40 Guarda suas leis e seus mandamentos
que hoje te prescrevo, para que sejas feliz,
tu e teus filhos depois de ti,
e vivas longos dias sobre a terra
que o Senhor teu Deus te vai dar para sempre".

Palavra do Senhor.

Salmo responsorial Sl 32(33),4-5.6.9.18-19.20.22 (R. 12b)

℞. Feliz o **po**vo que o **Se**nhor esco**lheu** por sua he**ran**ça.

4 **Re**ta é a palavra do **Se**nhor, *
   e **tu**do o que ele **faz** merece **fé**.
5 Deus **a**ma o di**rei**to e a justiça, *
   trans**bor**da em toda a **ter**ra a sua **gra**ça.   ℞.

6 A palavra do **Se**nhor criou os **céus**, *
   e o **so**pro de seus **lá**bios, as es**tre**las.
9 Ele fa**lou** e toda a **ter**ra foi criada, *
   ele orde**nou** e as coisas **to**das existiram.   ℞.

18 Mas o **Se**nhor pousa o o**lhar** sobre os que o **te**mem, *
   e que confiam espe**ran**do em seu a**mor**,
19 para da **mor**te liber**tar** as suas **vi**das *
   e alimen**tá**-los quando é **tem**po de pe**nú**ria.   ℞.

20 No **Se**nhor nós espe**ra**mos confi**an**tes, *
   porque **e**le é nosso au**xí**lio e prote**ção**!
22 Sobre **nós** venha, **Se**nhor, a vossa **gra**ça, *
   da mesma **for**ma que em **vós** nós espe**ra**mos!   ℞.

SEGUNDA LEITURA

*Recebestes um espírito de filhos,
no qual todos nós clamamos: Abá, ó Pai!*

Leitura da Carta de São Paulo aos Romanos   **8,14-17**

Irmãos:
14 Todos aqueles que se deixam conduzir
   pelo Espírito de Deus são filhos de Deus.
15 De fato, vós não recebestes um espírito de escravos,
   para recairdes no medo,
   mas recebestes um espírito de filhos adotivos,
   no qual todos nós clamamos: Abá, ó Pai!
16 O próprio Espírito se une ao nosso espírito
   para nos atestar que somos filhos de Deus.
17 E, se somos filhos, somos também herdeiros,
   herdeiros de Deus e co-herdeiros de Cristo;

se realmente sofremos com ele,
é para sermos também glorificados com ele.

Palavra do Senhor.

Aclamação ao Evangelho cf. Ap 1,8

℟. Ale**lu**ia, Ale**lu**ia, Ale**lu**ia.
℣. Glória ao **Pai** e ao **Fi**lho e ao Es**pí**rito Divino,
ao Deus que **é**, que **e**ra e que **vem**.
pelos **sé**culos. **Amém**. ℟.

EVANGELHO

*Batizai-os em nome do Pai,
e do Filho, e do Espírito Santo.*

✠ Proclamação do Evangelho de Jesus Cristo
segundo Mateus 28,16-20

Naquele tempo,
16 Os onze discípulos foram para a Galileia,
ao monte que Jesus lhes tinha indicado.
17 Quando viram Jesus, prostraram-se diante dele.
Ainda assim alguns duvidaram.
18 Então Jesus aproximou-se e falou:
"Toda a autoridade me foi dada no céu e sobre a terra.
19 Portanto, ide e fazei discípulos meus todos os povos,
batizando-os em nome do Pai e do Filho
e do Espírito Santo,
20 e ensinando-os a observar tudo o que vos ordenei!
Eis que eu estarei convosco todos os dias,
até ao fim do mundo".

Palavra da Salvação.

Quinta-feira após a festa da Santíssima Trindade

SOLENIDADE DO SANTÍSSIMO CORPO E SANGUE DE CRISTO

PRIMEIRA LEITURA

Este é o sangue da aliança que o Senhor fez convosco.

Leitura do Livro do Êxodo 24,3-8

Naqueles dias,
3 Moisés veio e transmitiu ao povo
todas as palavras do Senhor e todos os decretos.
O povo respondeu em coro:
"Faremos tudo o que o Senhor nos disse".
4 Então Moisés escreveu todas as palavras do Senhor.
Levantando-se na manhã seguinte,
ergueu ao pé da montanha
um altar e doze marcos de pedra
pelas doze tribos de Israel.
5 Em seguida, mandou alguns jovens israelitas
oferecer holocaustos e imolar novilhos
como sacrifícios pacíficos ao Senhor.
6 Moisés tomou metade do sangue e o pôs em vasilhas,
e derramou a outra metade sobre o altar.
7 Tomou depois o livro da aliança
e o leu em voz alta ao povo, que respondeu:
"Faremos tudo o que o Senhor disse e lhe obedeceremos".
8 Moisés, então, com o sangue separado,
aspergiu o povo, dizendo:
"Este é o sangue da aliança que o Senhor fez convosco,
segundo todas estas palavras".

Palavra do Senhor.

Salmo responsorial Sl 115(116),12-13.15.16bc.17-18 (R. 13)

℞. Elevo o **cá**lice da **mi**nha salva**ção**,
invo**can**do o nome **san**to do Senhor.

Ou: Aleluia, Aleluia, Aleluia.

12 Que poderei retribuir ao Senhor Deus *
por tudo aquilo que ele fez em meu favor?
13 Elevo o cálice da minha salvação, *
invocando o nome santo do Senhor. ℟.

15 É sentida por demais pelo Senhor *
a morte de seus santos, seus amigos.
16b Eis que sou o vosso servo, ó Senhor, †
que nasceu de vossa serva; *
 c mas me quebrastes os grilhões da escravidão! ℟.

17 Por isso oferto um sacrifício de louvor, *
invocando o nome santo do Senhor.
18 Vou cumprir minhas promessas ao Senhor *
na presença de seu povo reunido. ℟.

SEGUNDA LEITURA

O Sangue de Cristo purificará a nossa consciência.

Leitura da Carta aos Hebreus   9,11-15

Irmãos:
11 Cristo veio como sumo-sacerdote dos bens futuros.
Através de uma tenda maior e mais perfeita,
que não é obra de mãos humanas,
isto é, que não faz parte desta criação,
12 e não com o sangue de bodes e bezerros,
mas com o seu próprio sangue,
ele entrou no Santuário uma vez por todas,
obtendo uma redenção eterna.
13 De fato, se o sangue de bodes e touros,
e a cinza de novilhas espalhada sobre os seres impuros
os santifica e realiza a pureza ritual dos corpos,
14 quanto mais o Sangue de Cristo
purificará a nossa consciência das obras mortas,
para servirmos ao Deus vivo,
pois, em virtude do espírito eterno,
Cristo se ofereceu a si mesmo a Deus
como vítima sem mancha.

¹⁵ Por isso, ele é mediador de uma nova aliança.
Pela sua morte, ele reparou as transgressões
cometidas no decorrer da primeira aliança.
E, assim, aqueles que são chamados
recebem a promessa da herança eterna.

Palavra do Senhor.

Sequência

(NA FORMA MAIS LONGA; OU NA FORMA ABREVIADA, A PARTIR DE: * * EIS O PÃO...)

Terra, exulta de alegria,
louva teu pastor e guia
com teus hinos, tua voz!

Tanto possas, tanto ouses,
em louvá-lo não repouses:
sempre excede o teu louvor!

Hoje a Igreja te convida:
ao pão vivo que dá vida
vem com ela celebrar!

Este pão que o mundo o creia!,
por Jesus, na santa ceia,
foi entregue aos que escolheu.

Nosso júbilo cantemos,
nosso amor manifestemos,
pois transborda o coração!

Quão solene a festa, o dia,
que da santa Eucaristia
nos recorda a instituição!

Novo Rei e nova mesa,
nova Páscoa e realeza,
foi-se a Páscoa dos judeus.

Era sombra o antigo povo,
o que é velho cede ao novo:
foge a noite, chega a luz.

O que o Cristo fez na ceia,
manda à Igreja que o rodeia
repeti-lo até voltar.

Seu preceito conhecemos:
pão e vinho consagremos
para nossa salvação.

Faz-se carne o pão de trigo,
faz-se sangue o vinho amigo:
deve-o crer todo cristão.

Se não vês nem compreendes,
gosto e vista tu transcendes,
elevado pela fé.

Pão e vinho, eis o que vemos;
mas ao Cristo é que nós temos
em tão ínfimos sinais.

Alimento verdadeiro,
permanece o Cristo inteiro
quer no vinho, quer no pão.

É por todos recebido,
não em parte ou dividido,
pois inteiro é que se dá!

Um ou mil comungam dele,
tanto este quanto aquele:
multiplica-se o Senhor.

Dá-se ao bom como ao perverso,
mas o efeito é bem diverso:
vida e morte traz em si.

Pensa bem: igual comida,
se ao que é bom enche de vida,
traz a morte para o mau.

Eis a hóstia dividida...
Quem hesita, quem duvida?
Como é toda o autor da vida,
a partícula também.

Jesus não é atingido:
o sinal é que é partido;
mas não é diminuído,
nem se muda o que contém.

** Eis o pão que os anjos comem
transformado em pão do homem;
só os filhos o consomem:
não será lançado aos cães!

Em sinais prefigurado,
por Abraão foi imolado,
no cordeiro aos pais foi dado,
no deserto foi maná.

Bom pastor, pão de verdade,
piedade, ó Jesus, piedade,
conservai-nos na unidade,
extingui nossa orfandade,
transportai-nos para o Pai!

Aos mortais dando comida,
dais também o pão da vida;
que a família assim nutrida
seja um dia reunida
aos convivas lá do céu!

Aclamação ao Evangelho Jo 6,51

℟. Aleluia, Aleluia, Aleluia.
℣. Eu **sou** o pão **vi**vo descido do **céu**;
quem **des**te pão **co**me, sempre **há** de vi**ver**! ℟.

EVANGELHO

Isto é o meu corpo. Isto é o meu sangue.

✠ Proclamação do Evangelho de Jesus Cristo
segundo Marcos 14,12-16.22-26

¹² No primeiro dia dos Ázimos,
quando se imolava o cordeiro pascal,
os discípulos disseram a Jesus:
"Onde queres que façamos os preparativos
para comeres a Páscoa?"
¹³ Jesus enviou então dois dos seus discípulos
e lhes disse: "Ide à cidade.

Um homem carregando um jarro de água
virá ao vosso encontro. Segui-o
¹⁴ e dizei ao dono da casa em que ele entrar:
'O Mestre manda dizer: onde está a sala
em que vou comer a Páscoa com os meus discípulos?'
¹⁵ Então ele vos mostrará, no andar de cima,
uma grande sala, arrumada com almofadas.
Aí fareis os preparativos para nós!"
¹⁶ Os discípulos saíram e foram à cidade.
Encontraram tudo como Jesus havia dito,
e prepararam a Páscoa.
²² Enquanto comiam, Jesus tomou o pão
e, tendo pronunciado a bênção,
partiu-o e entregou-lhes, dizendo:
"Tomai, isto é o meu corpo".
²³ Em seguida, tomou o cálice, deu graças,
entregou-lhes, e todos beberam dele.
²⁴ Jesus lhes disse:
"Isto é o meu sangue, o sangue da aliança,
que é derramado em favor de muitos.
²⁵ Em verdade vos digo,
não beberei mais do fruto da videira,
até o dia em que beberei o vinho novo
no Reino de Deus".
²⁶ Depois de terem cantado o hino,
foram para o monte das Oliveiras.

Palavra da Salvação.

Sexta-feira após o 2º domingo depois de Pentecostes

SOLENIDADE DO SAGRADO CORAÇÃO DE JESUS

PRIMEIRA LEITURA

Meu coração comove-se no íntimo.

Leitura da Profecia de Oseias   11,1.3-4.8c-9

Assim diz o Senhor:
1 "Quando Israel era criança, eu já o amava,
e desde o Egito chamei meu filho.
3 Ensinei Efraim a dar os primeiros passos,
tomei-o em meus braços,
mas eles não reconheceram que eu cuidava deles.
4 Eu os atraía com laços de humanidade,
com laços de amor;
era para eles como quem leva uma criança ao colo,
e rebaixava-me a dar-lhes de comer.
8c Meu coração comove-se no íntimo
e arde de compaixão.
9 Não darei largas à minha ira,
não voltarei a destruir Efraim,
eu sou Deus, e não homem;
o santo no meio de vós,
e não me servirei do terror.

Palavra do Senhor.

Salmo responsorial   Is 12,2-3.4bcd.5-6 (R. 3)

℟. **Com alegria bebereis do manancial da salvação.**

2 Eis o **Deus**, meu Salva**dor**, eu confio e nada **temo**; *
   o Se**nhor** é minha **for**ça, meu lou**vor** e salva**ção**.   ℟.

3 Com ale**gria** bebe**reis** no manancial da salva**ção**. *
4 E di**reis** naquele **dia**: "Dai louvores ao Se**nhor**,
   invo**cai** seu santo **no**me, anunci**ai** suas maravilhas, *
   entre os **povos** procla**mai** que seu **no**me é o mais su**blime**. ℟.

⁵ Louvai can**tan**do ao nosso **Deus**, que fez pro**dí**gios e por-
   tentos, *
   publi**cai** em toda a **ter**ra suas **gran**des maravilhas!
⁶ Exul**tai** cantando a**le**gres, habi**tan**tes de Sião, *
   porque é **gran**de em vosso **mei**o o Deus **San**to de Israel!" ℟.

SEGUNDA LEITURA

*Conhecer o amor de Cristo
que ultrapassa todo conhecimento.*

Leitura da Carta de São Paulo aos Efésios   3,8-12.14-19

   Irmãos:
⁸ Eu, que sou o último de todos os santos,
   recebi esta graça de anunciar aos pagãos
   a insondável riqueza de Cristo
⁹ e de mostrar a todos como Deus realiza
   o mistério desde sempre escondido nele,
   o criador do universo.
¹⁰ Assim, doravante, as autoridades e poderes nos céus
   conhecem, graças à Igreja,
   a multiforme sabedoria de Deus,
¹¹ de acordo com o desígnio eterno
   que ele executou em Jesus Cristo, nosso Senhor.
¹² Em Cristo nós temos, pela fé nele,
   a liberdade de nos aproximarmos de Deus
   com toda a confiança.
¹⁴ É por isso que dobro os joelhos diante do Pai,
¹⁵ de quem toda e qualquer família recebe seu nome,
   no céu e sobre a terra.
¹⁶ Que ele vos conceda, segundo a riqueza da sua glória,
   serdes robustecidos, por seu Espírito,
   quanto ao homem interior;
¹⁷ que ele faça habitar, pela fé,
   Cristo em vossos corações,
   e que estejais enraizados e fundados no amor.
¹⁸ Tereis assim a capacidade de compreender,
   com todos os santos, qual a largura, o comprimento,
   a altura, a profundidade,
¹⁹ e de conhecer o amor de Cristo,
   que ultrapassa todo conhecimento,

a fim de que sejais cumulados até
receber toda a plenitude de Deus.

Palavra do Senhor.

Aclamação ao Evangelho Mt 11,29ab

℟. Ale**lui**a, Ale**lui**a, Ale**lui**a.
℣. To**mai** sobre **vós** o meu **jugo** e de **mim** apren**dei**
que sou de **man**so e hu**mil**de co**ra**ção. ℟.

Ou: 1Jo 4,10b

℟. Ale**lui**a, Ale**lui**a, Ale**lui**a.
℣. Por a**mor**, Deus envi**ou** o seu **Filho** Uni**gê**nito,
como **pro**pici**a**ção pelos **nos**sos pe**ca**dos. ℟.

EVANGELHO

*Um soldado abriu-lhe o lado com uma lança
e logo saiu sangue e água.*

✠ Proclamação do Evangelho de Jesus Cristo
segundo João 19,31-37

³¹ Era o dia da preparação para a Páscoa.
Os judeus queriam evitar
que os corpos ficassem na cruz durante o sábado,
porque aquele sábado era dia de festa solene.
Então pediram a Pilatos
que mandasse quebrar as pernas aos crucificados
e os tirasse da cruz.
³² Os soldados foram e quebraram as pernas de um
e, depois, do outro que foram crucificados com Jesus.
³³ Ao se aproximarem de Jesus,
e vendo que já estava morto,
não lhe quebraram as pernas;
³⁴ mas um soldado abriu-lhe o lado com uma lança,
e logo saiu sangue e água.
³⁵ Aquele que viu, dá testemunho,
e seu testemunho é verdadeiro;
e ele sabe que fala a verdade,

para que vós também acrediteis.
³⁶ Isso aconteceu para que se cumprisse a Escritura,
que diz: "Não quebrarão nenhum dos seus ossos".
³⁷ E outra Escritura ainda diz:
"Olharão para aquele que transpassaram".

Palavra da Salvação.

TEMPO COMUM

O primeiro domingo do Tempo comum cede o lugar à festa do Batismo do Senhor.

2º DOMINGO DO TEMPO COMUM

PRIMEIRA LEITURA

Fala, Senhor, que teu servo escuta.

Leitura do Primeiro Livro de Samuel   3,3b-10.19

Naqueles dias,
³ᵇ Samuel estava dormindo no templo do Senhor,
onde se encontrava a arca de Deus.
⁴ Então o Senhor chamou: "Samuel, Samuel!"
Ele respondeu: "Estou aqui".
⁵ E correu para junto de Eli e disse:
"Tu me chamaste, aqui estou".
Eli respondeu: "Eu não te chamei.
Volta a dormir!"
E ele foi deitar-se.
⁶ O Senhor chamou de novo: "Samuel, Samuel!"
E Samuel levantou-se, foi ter com Eli e disse:
"Tu me chamaste, aqui estou".
Ele respondeu: "Não te chamei, meu filho.
Volta a dormir!"
⁷ Samuel ainda não conhecia o Senhor,
pois, até então, a palavra do Senhor
não se lhe tinha manifestado.
⁸ O Senhor chamou pela terceira vez: "Samuel, Samuel!"
Ele levantou-se, foi para junto de Eli e disse:
"Tu me chamaste, aqui estou".
Eli compreendeu que era o Senhor
que estava chamando o menino.
⁹ Então disse a Samuel:
"Volta a deitar-te e, se alguém te chamar, responderás:
'Senhor, fala, que teu servo escuta!'"
E Samuel voltou ao seu lugar para dormir.
¹⁰ O Senhor veio, pôs-se junto dele
e chamou-o como das outras vezes: "Samuel! Samuel!"
E ele respondeu: "Fala, que teu servo escuta".
¹⁹ Samuel crescia, e o Senhor estava com ele.
E não deixava cair por terra nenhuma de suas palavras.

Palavra do Senhor.

Salmo responsorial   Sl 39(40),2.4ab.7-8a.8b-9.10 (R. 8a.9a)

℟. Eu disse: "Eis que venho, Senhor!"
Com prazer faço a vossa vontade.

2 Esperando, esperei no Senhor, *
e inclinando-se, ouviu meu clamor.
4 Canto novo ele pôs em meus lábios, *
um poema em louvor ao Senhor.   ℟.

7 Sacrifício e oblação não quisestes, *
mas abristes, Senhor, meus ouvidos;
não pedistes ofertas nem vítimas, *
holocaustos por nossos pecados.   ℟.

8 E então eu vos disse: "Eis que venho!" *
Sobre mim está escrito no livro:
9 "Com prazer faço a vossa vontade, *
guardo em meu coração vossa lei!"   ℟.

10 Boas-novas de vossa justiça †
anunciei numa grande assembleia; *
vós sabeis: não fechei os meus lábios!   ℟.

SEGUNDA LEITURA

Vossos corpos são membros de Cristo.

Leitura da Primeira Carta de São Paulo aos Coríntios
                                          6,13c-15a.17-20

Irmãos:
13c O corpo não é para a imoralidade,
mas para o Senhor, e o Senhor é para o corpo;
14 e Deus, que ressuscitou o Senhor,
nos ressuscitará também a nós, pelo seu poder.
15a Porventura ignorais que vossos corpos
são membros de Cristo?
17 Quem adere ao Senhor
torna-se com ele um só espírito.
18 Fugi da imoralidade.
Em geral, qualquer pecado que uma pessoa venha a cometer

fica fora do seu corpo.
Mas o fornicador peca contra o seu próprio corpo.
¹⁹ Ou ignorais que o vosso corpo
é santuário do Espírito Santo,
que mora em vós e que vos é dado por Deus?
E, portanto, ignorais também
que vós não pertenceis a vós mesmos?
²⁰ De fato, fostes comprados, e por preço muito alto.
Então, glorificai a Deus com o vosso corpo.

Palavra do Senhor.

Aclamação ao Evangelho Jo 1,41.17b

℞. Ale**lu**ia, Ale**lu**ia, Ale**lu**ia.
℣. Encon**tra**mos o Me**ssi**as, Jesus **Cris**to,
de **gra**ça e ver**da**de ele é **ple**no;
de **sua** i**men**sa ri**que**za
graças, sem **fim**, rece**be**mos. ℞.

EVANGELHO

*Foram ver onde Jesus morava
e permaneceram com ele.*

✠ Proclamação do Evangelho de Jesus Cristo
segundo João 1,35-42

Naquele tempo,
³⁵ João estava de novo com dois de seus discípulos
³⁶ e, vendo Jesus passar, disse:
"Eis o Cordeiro de Deus!"
³⁷ Ouvindo essas palavras,
os dois discípulos seguiram Jesus.
³⁸ Voltando-se para eles e vendo que o estavam seguindo,
Jesus perguntou:
"O que estais procurando?"
Eles disseram:
"Rabi (que quer dizer: Mestre), onde moras?"
³⁹ Jesus respondeu: "Vinde ver".
Foram pois ver onde ele morava
e, nesse dia, permaneceram com ele.
Era por volta das quatro da tarde.

⁴⁰ André, irmão de Simão Pedro,
era um dos dois que ouviram as palavras de João
e seguiram Jesus.
⁴¹ Ele foi encontrar primeiro seu irmão Simão
e lhe disse:
"Encontramos o Messias"
(que quer dizer: Cristo)
⁴² Então André conduziu Simão a Jesus.
Jesus olhou bem para ele e disse:
"Tu és Simão, filho de João;
tu serás chamado Cefas"
(que quer dizer: Pedra).

Palavra da Salvação.

3º DOMINGO DO TEMPO COMUM

PRIMEIRA LEITURA

Os ninivitas afastaram-se do mau caminho.

Leitura da Profecia de Jonas   3,1-5.10

¹ A palavra do Senhor foi dirigida a Jonas,
   pela segunda vez:
² "Levanta-te
   e põe-te a caminho da grande cidade de Nínive
   e anuncia-lhe a mensagem que eu te vou confiar".
³ Jonas pôs-se a caminho de Nínive,
   conforme a ordem do Senhor.
   Ora, Nínive era uma cidade muito grande;
   eram necessários três dias para ser atravessada.
⁴ Jonas entrou na cidade,
   percorrendo o caminho de um dia;
   pregava ao povo, dizendo:
   "Ainda quarenta dias, e Nínive será destruída".
⁵ Os ninivitas acreditaram em Deus;
   aceitaram fazer jejum, e vestiram sacos,
   desde o superior ao inferior.
¹⁰ Vendo Deus as suas obras de conversão
   e que os ninivitas se afastavam do mau caminho,
   compadeceu-se e suspendeu o mal
   que tinha ameaçado fazer-lhes, e não o fez.

Palavra do Senhor.

Salmo responsorial   Sl 24(25),4ab-5ab.6-7bc.8-9 (℟. 4a.5a)

℟. Mos**trai**-me, ó Se**nhor**, vossos ca**mi**nhos,
    vossa ver**da**de me ori**en**te e me con**du**za!

⁴ª Mos**trai**-me, ó Se**nhor**, vossos ca**mi**nhos, *
 ᵇ e fa**zei**-me conhe**cer** a vossa es**tra**da!
⁵ª Vossa ver**da**de me ori**en**te e me con**du**za, *

 ᵇ porque **sois** o Deus da **mi**nha salva**ção**.   ℟.

⁶ Recordai, Senhor meu Deus, vossa ternura *
  e a vossa compaixão que são eternas!
⁷ᵇ De mim lembrai-vos, porque sois misericórdia *
 ᶜ e sois bondade sem limites, ó Senhor! ℟.

⁸ O Senhor é piedade e retidão, *
  e reconduz ao bom caminho os pecadores.
⁹ Ele dirige os humildes na justiça, *
  e aos pobres ele ensina o seu caminho. ℟.

SEGUNDA LEITURA

A figura deste mundo passa.

Leitura da Primeira Carta de São Paulo aos Coríntios 7,29-31

²⁹ Eu digo, irmãos: o tempo está abreviado.
  Então que, doravante, os que têm mulher
  vivam como se não tivessem mulher;
³⁰ e os que choram,
  como se não chorassem,
  e os que estão alegres,
  como se não estivessem alegres;
  e os que fazem compras,
  como se não possuíssem coisa alguma;
³¹ e os que usam do mundo,
  como se dele não estivessem gozando.
  Pois a figura deste mundo passa.

Palavra do Senhor.

Aclamação ao Evangelho   Mc 1,15

℟. Aleluia, Aleluia, Aleluia.
℣. O Reino do Céu está perto!
  Convertei-vos, irmãos, é preciso!
  Crede todos no Evangelho!" ℟.

EVANGELHO

Convertei-vos e crede no Evangelho!

✠ Proclamação do Evangelho de Jesus Cristo
segundo Marcos   1,14-20

¹⁴ Depois que João Batista foi preso,
Jesus foi para a Galileia,
pregando o Evangelho de Deus e dizendo:
¹⁵ "O tempo já se completou
e o Reino de Deus está próximo.
Convertei-vos e crede no Evangelho!"
¹⁶ E, passando à beira do mar da Galileia,
Jesus viu Simão e André, seu irmão,
que lançavam a rede ao mar,
pois eram pescadores.
¹⁷ Jesus lhes disse:
"Segui-me e eu farei de vós pescadores de homens".
¹⁸ E eles, deixando imediatamente as redes,
seguiram a Jesus.
¹⁹ Caminhando mais um pouco,
viu também Tiago e João, filhos de Zebedeu.
Estavam na barca, consertando as redes;
²⁰ e logo os chamou.
Eles deixaram seu pai Zebedeu na barca com os
empregados, e partiram, seguindo Jesus.

Palavra da Salvação.

4º DOMINGO DO TEMPO COMUM

PRIMEIRA LEITURA

*Farei surgir um profeta
e porei em sua boca as minhas palavras.*

Leitura do Livro do Deuteronômio   18,15-20

Moisés falou ao povo dizendo:
¹⁵ "O Senhor teu Deus fará surgir para ti,
da tua nação e do meio de teus irmãos,
um profeta como eu:
a ele deverás escutar.
¹⁶ Foi exatamente o que pediste ao Senhor teu Deus,
no monte Horeb,
quando todo o povo estava reunido, dizendo:
'Não quero mais escutar a voz do Senhor meu Deus,
nem ver este grande fogo, para não acabar morrendo'.
¹⁷ Então o Senhor me disse:
'Está bem o que disseram.
¹⁸ Farei surgir para eles, do meio de seus irmãos,
um profeta semelhante a ti.
Porei em sua boca as minhas palavras
e ele lhes comunicará tudo o que eu lhe mandar.
¹⁹ Eu mesmo pedirei contas
a quem não escutar as minhas palavras
que ele pronunciar em meu nome.
²⁰ Mas o profeta que tiver a ousadia
de dizer em meu nome alguma coisa que não lhe mandei
ou se falar em nome de outros deuses,
esse profeta deverá morrer'".

Palavra do Senhor.

Salmo responsorial   Sl 94(95),1-2.6-7.8-9 (R. 8)

℟. Não fe**cheis** o cora**ção**, ouvi **ho**je a voz de **Deus**!

¹ Vinde, exul**te**mos de ale**gri**a no Se**nhor**, *
acla**me**mos o Ro**che**do que nos **sal**va!

2   Ao seu en**con**tro cami**nhe**mos com lou**vo**res, *
    e com **can**tos de ale**gri**a o cele**bre**mos!   ℟.

6   **Vin**de ado**re**mos e pros**tre**mo-nos por **ter**ra, *
    e ajoe**lhe**mos ante o **Deus** que nos cri**ou**!
7   Porque **e**le é o nosso **Deus**, nosso Pas**tor**, †
    e nós **so**mos o seu **po**vo e seu re**ba**nho, *
    as o**ve**lhas que con**duz** com sua **mão**.   ℟.

8   Oxa**lá** ouvísseis **ho**je a sua **voz**: †
    "Não fe**chei**s os cora**ções** como em Me**ri**ba, *
9   como em **Mas**sa, no de**ser**to, aquele **di**a,
    em que out**ro**ra vossos **pais** me provo**ca**ram, *
    ape**sar** de terem **vis**to as minhas **o**bras".   ℟.

SEGUNDA LEITURA

*A jovem solteira se ocupa
com as coisas do Senhor, para ser santa.*

Leitura da Primeira Carta de São Paulo aos Coríntios   **7,32-35**

Irmãos:
32 Eu gostaria que estivésseis livres de preocupações.
    O homem não casado é solícito pelas coisas do Senhor
    e procura agradar ao Senhor.
33 O casado preocupa-se com as coisas do mundo
    e procura agradar à sua mulher
34 e, assim, está dividido.
    Do mesmo modo, a mulher não casada
    e a jovem solteira têm zelo pelas coisas do Senhor
    e procuram ser santas de corpo e espírito.
    Mas a que se casou preocupa-se com as coisas do mundo
    e procura agradar ao seu marido.
35 Digo isto para o vosso próprio bem
    e não para vos armar um laço.
    O que eu desejo é levar-vos ao que é melhor,
    permanecendo junto ao Senhor, sem outras preocupações.

Palavra do Senhor.

Aclamação ao Evangelho Mc 4,16

℟. Aleluia, Aleluia, Aleluia.
℣. O povo que jazia nas trevas viu brilhar uma luz grandiosa;
a luz despontou para aqueles, que jaziam nas sombras da morte. ℟.

EVANGELHO

Ensinava como quem tem autoridade.

✠ Proclamação do Evangelho de Jesus Cristo segundo Marcos   1,21-28

²¹ Na cidade de Cafarnaum, num dia de sábado,
Jesus entrou na sinagoga e começou a ensinar.
²² Todos ficavam admirados com o seu ensinamento,
pois ensinava como quem tem autoridade,
não como os mestres da Lei.
²³ Estava então na sinagoga
um homem possuído por um espírito mau.
Ele gritou:
²⁴ "Que queres de nós, Jesus Nazareno?
Vieste para nos destruir?
Eu sei quem tu és: tu és o Santo de Deus".
²⁵ Jesus o intimou: "Cala-te e sai dele!"
²⁶ Então o espírito mau sacudiu o homem com violência,
deu um grande grito e saíu.
²⁷ E todos ficaram muito espantados
e perguntavam uns aos outros:
"O que é isto?
Um ensinamento novo dado com autoridade:
Ele manda até nos espíritos maus,
e eles obedecem!"
²⁸ E a fama de Jesus logo se espalhou por toda a parte,
em toda a região da Galileia.

Palavra da Salvação.

5º DOMINGO DO TEMPO COMUM

PRIMEIRA LEITURA

Encho-me de sofrimentos até ao anoitecer.

Leitura do Livro de Jó   7,1-4.6-7

Jó disse:
1 "Não é acaso uma luta a vida do homem sobre a terra?
   Seus dias não são como dias de um mercenário?
2 Como um escravo suspira pela sombra,
   como um assalariado aguarda sua paga,
3 assim tive por ganho meses de decepção,
   e couberam-me noites de sofrimento.
4 Se me deito, penso:
   Quando poderei levantar-me?
   E, ao amanhecer, espero novamente a tarde
   e me encho de sofrimentos até ao anoitecer.
6 Meus dias correm mais rápido do que a lançadeira do tear
   e se consomem sem esperança.
7 Lembra-te de que minha vida é apenas um sopro
   e meus olhos não voltarão a ver a felicidade!

Palavra do Senhor.

Salmo responsorial   Sl 146(147),1-2.3-4.5-6 (℟. cf. 3a)

℟. Louvai a **Deus**, porque ele é **bom** e con**for**ta os cora**ções**.

Ou: Ale**lu**ia, Ale**lu**ia, Ale**lu**ia.

1 Lou**vai** o Senhor **Deus**, porque ele é **bom**, †
   can**tai** ao nosso **Deus**, porque é suave: *
   ele é **di**gno de lou**vor**, ele o mere**ce**!
2 O Se**nhor** reconstru**iu** Jerusa**lém**, *
   e os dis**per**sos de Isra**el** juntou de **no**vo.   ℟.

3 ele con**for**ta os cora**ções** despeda**ça**dos, *
   ele en**fai**xa suas fe**ri**das e as **cu**ra;
4 fixa o **nú**mero de **to**das as estre**las** *
   e **cha**ma a cada **u**ma por seu **no**me.   ℟.

5 É **gran**de e onipo**ten**te o nosso **Deus**, *
   seu sa**ber** não tem me**di**da nem li**mi**tes.
6 O Senhor **Deus** é o am**pa**ro dos hu**mil**des, *
   mas do**bra** até o **chão** os que são **ím**pios. ℟.

SEGUNDA LEITURA

Ai de mim, se eu não pregar o Evangelho.

Leitura da Primeira Carta de São Paulo aos Coríntios
9,16-19.22-23

Irmãos:
16 Pregar o evangelho não é para mim motivo de glória.
   É antes uma necessidade para mim, uma imposição.
   Ai de mim se eu não pregar o evangelho!
17 Se eu exercesse minha função de pregador
   por iniciativa própria,
   eu teria direito a salário.
   Mas, como a iniciativa não é minha,
   trata-se de um encargo que me foi confiado.
18 Em que consiste então o meu salário?
   Em pregar o evangelho, oferecendo-o de graça,
   sem usar os direitos que o evangelho me dá.
19 Assim, livre em relação a todos,
   eu me tornei escravo de todos,
   a fim de ganhar o maior número possível.
22 Com os fracos, eu me fiz fraco,
   para ganhar os fracos.
   Com todos, eu me fiz tudo,
   para certamente salvar alguns.
23 Por causa do evangelho eu faço tudo,
   para ter parte nele.

Palavra do Senhor.

Aclamação ao Evangelho   Mt 8,17

℟. Ale**lu**ia, Ale**lu**ia, Ale**lu**ia.
℣. O Cristo to**mou** sobre **si** nossas **do**res,
   carre**gou** em seu **cor**po as **nos**sas fraque**zas** ℟.

EVANGELHO

Curou muitas pessoas de diversas doenças.

✠ Proclamação do Evangelho de Jesus Cristo segundo Marcos — 1,29-39

Naquele tempo,
29 Jesus saiu da sinagoga
e foi, com Tiago e João, para a casa de Simão e André.
30 A sogra de Simão estava de cama, com febre,
e eles logo contaram a Jesus.
31 E ele se aproximou, segurou sua mão
e ajudou-a a levantar-se.
Então, a febre desapareceu;
e ela começou a servi-los.
32 À tarde, depois do pôr-do-sol,
levaram a Jesus todos os doentes
e os possuídos pelo demônio.
33 A cidade inteira se reuniu em frente da casa.
34 Jesus curou muitas pessoas de diversas doenças
e expulsou muitos demônios.
E não deixava que os demônios falassem,
pois sabiam quem ele era.
35 De madrugada, quando ainda estava escuro,
Jesus se levantou e foi rezar num lugar deserto.
36 Simão e seus companheiros foram à procura de Jesus.
37 Quando o encontraram, disseram:
"Todos estão te procurando".
38 Jesus respondeu:
"Vamos a outros lugares, às aldeias da redondeza!
Devo pregar também ali,
pois foi para isso que eu vim".
39 E andava por toda a Galileia,
pregando em suas sinagogas
e expulsando os demônios.

Palavra da Salvação.

6º DOMINGO DO TEMPO COMUM

PRIMEIRA LEITURA

*O leproso deve ficar isolado
e morar fora do acampamento.*

Leitura do Livro do Levítico   13,1-2.44-46

¹ O Senhor falou a Moisés e Aarão, dizendo:
² "Quando alguém tiver na pele do seu corpo
alguma inflamação, erupção ou mancha branca,
com aparência do mal da lepra,
será levado ao sacerdote Aarão,
ou a um dos seus filhos sacerdotes.
⁴⁴ Se o homem estiver leproso é impuro,
e como tal o sacerdote o deve declarar.
⁴⁵ O homem atingido por este mal
andará com as vestes rasgadas,
os cabelos em desordem e a barba coberta, gritando:
'Impuro! Impuro!'
⁴⁶ Durante todo o tempo em que estiver leproso
será impuro;
e, sendo impuro,
deve ficar isolado e morar fora do acampamento".

Palavra do Senhor.

Ou, à escolha:

Sua carne tornou-se semelhante à de uma criancinha.

Leitura do Segundo Livro dos Reis   5,9-14

Naqueles dias,
⁹ Naamã chegou com seus cavalos e carros,
e parou à porta da casa de Eliseu.
¹⁰ Eliseu mandou um mensageiro para lhe dizer:
"Vai, lava-te sete vezes no Jordão,
e tua carne será curada e ficarás limpo".
¹¹ Naamã, irritado, foi-se embora, dizendo:
"Eu pensava que ele sairia para me receber

e que, de pé, invocaria o nome do Senhor, seu Deus,
e que tocaria com sua mão o lugar da lepra
e me curaria.
12 Será que os rios de Damasco, o Abana e o Farfar,
não são melhores do que todas as águas de Israel,
para eu me banhar nelas e ficar limpo?"
Deu meia-volta e partiu indignado.
13 Mas seus servos aproximaram-se dele e disseram-lhe:
"Senhor, se o profeta te mandasse fazer
uma coisa difícil, não a terias feito?
Quanto mais agora que ele te disse:
'Lava-te e ficarás limpo'".
14 Então ele desceu e mergulhou sete vezes no Jordão,
conforme o homem de Deus tinha mandado,
e sua carne tornou-se semelhante à de uma criancinha,
e ele ficou purificado.

Palavra do Senhor.

Salmo responsorial   Sl 31(32),1-2.5.11 (R. 7)

℟. Sois, Se**nhor**, para **mim**, ale**gri**a e re**fú**gio.

1   Feliz o **ho**mem que **foi** perdoado *
    e cuja **fal**ta já **foi** encober**ta**!
2   Feliz o **ho**mem a **quem** o Senhor †
    não olha **mais** como **sen**do culpado, *
    e em cuja **al**ma não **há** falsi**da**de!   ℟.

5   Eu confes**sei**, a**fi**nal, meu pecado, *
    e minha **fal**ta vos **fiz** conhe**cer**.
    Disse: "Eu **i**rei confes**sar** meu pecado!" *
    E perdoastes, Se**nhor**, minha **fal**ta.   ℟.

11 Regozi**jai**-vos, ó **jus**tos, em **Deus**, †
    e no Se**nhor** exul**tai** de ale**gri**a! *
    Corações **re**tos, can**tai** jubi**lo**sos!   ℟.

SEGUNDA LEITURA

*Sede meus imitadores,
como também eu o sou de Cristo.*

Leitura da Primeira Carta de São Paulo aos Coríntios
10,31-11,1

Irmãos:

^{10,31} Quer comais, quer bebais,
quer façais qualquer outra coisa,
fazei tudo para a glória de Deus.
³² Não escandalizeis ninguém, nem judeus, nem gregos,
nem a igreja de Deus.
³³ Fazei como eu,
que procuro agradar a todos, em tudo,
não buscando o que é vantajoso para mim mesmo,
mas o que é vantajoso para todos,
a fim de que sejam salvos.
^{11,1} Sede meus imitadores,
como também eu o sou de Cristo.

Palavra do Senhor.

Aclamação ao Evangelho Lc 7,16

℟. Aleluia, Aleluia, Aleluia.
℣. Um **gran**de profeta sur**giu**,
sur**giu** e entre **nós** se mos**trou**;
é **Deus** que seu **po**vo visita,
seu **po**vo, meu **Deus** visi**tou**! ℟.

EVANGELHO

A lepra desapareceu e o homem ficou curado.

✠ Proclamação do Evangelho de Jesus Cristo
segundo Marcos 1,40-45

Naquele tempo,
⁴⁰ Um leproso chegou perto de Jesus,
e de joelhos pediu:
"Se queres tens o poder de curar-me".

⁴¹ Jesus, cheio de compaixão,
estendeu a mão, tocou nele, e disse:
"Eu quero: fica curado!"
⁴² No mesmo instante a lepra desapareceu
e ele ficou curado.
⁴³ Então Jesus o mandou logo embora,
⁴⁴ falando com firmeza:
"Não contes nada disso a ninguém!
Vai, mostra-te ao sacerdote
e oferece, pela tua purificação,
o que Moisés ordenou,
como prova para eles!"
⁴⁵ Ele foi e começou a contar
e a divulgar muito o fato.
Por isso Jesus não podia mais
entrar publicamente numa cidade:
ficava fora, em lugares desertos.
E de toda parte vinham procurá-lo.

Palavra da Salvação.

7º DOMINGO DO TEMPO COMUM

PRIMEIRA LEITURA

Eu cancelo tuas culpas por minha causa.

Leitura do Livro do Profeta Isaías   43,18-19.21-22.24b-25

Assim fala o Senhor:
¹⁸ "Não relembreis coisas passadas,
não olheis para fatos antigos.
¹⁹ Eis que eu farei coisas novas,
e que já estão surgindo: acaso não as reconheceis?
Pois abrirei uma estrada no deserto
e farei correr rios na terra seca.
²¹ Este povo, eu o criei para mim
e ele cantará meus louvores.
²² Mas tu, Jacó, não me invocaste,
e tu, Israel, de mim te fatigaste.
^{24b} Com teus pecados, trataste-me como servo,
cansando-me com tuas maldades.
²⁵ Sou eu, eu mesmo,
que cancelo tuas culpas por minha causa
e já não me lembrarei de teus pecados".

Palavra do Senhor.

Salmo responsorial   Sl 40(41),2-3.4-5.13-14 (R. 5b)

℟. Cu**rai**-me, Se**nhor**, pois pe**quei** contra **vós**!

² Feliz de quem **pen**sa no **po**bre e no **fra**co: *
o Se**nhor** o li**ber**ta no **dia** do **mal**!
³ O Se**nhor** vai guar**dá**-lo e sal**var** sua **vi**da, †
o Se**nhor** vai tor**ná**-lo fe**liz** sobre a **ter**ra, *
e não **vai** entre**gá**-lo à mer**cê** do ini**mi**go.   ℟.

⁴ Deus i**rá** ampa**rá**-lo em seu **lei**to de **dor**, *
e lhe **vai** transfor**mar** a doença em vigor.
⁵ Eu **di**go: "Meu **Deus**, tende **pe**na de **mim**, *
cu**rai**-me, Se**nhor**, pois pe**quei** contra **vós**!"   ℟.

¹³ Vós, porém, me havereis de guardar são e salvo *
e me pôr para sempre na vossa presença.
¹⁴ Bendito o Senhor, que é Deus de Israel, *
desde sempre, agora e sempre. Amém! ℟.

SEGUNDA LEITURA

Jesus nunca foi "sim-e-não", mas somente "sim".

Leitura da Segunda Carta de São Paulo aos Coríntios   1,18-22

Irmãos:
¹⁸ Eu vos asseguro, pela fidelidade de Deus:
O ensinamento que vos transmitimos
não é "sim-e-não".
¹⁹ Pois o Filho de Deus, Jesus Cristo,
que nós – a saber:
eu, Silvano e Timóteo – pregamos entre vós,
nunca foi "sim-e-não",
mas somente "sim".
²⁰ Com efeito, é nele que todas as promessas de Deus
têm o seu "sim" garantido.
Por isso também,
é por ele que dizemos "amém" a Deus, para a sua glória.
²¹ É Deus que nos confirma, a nós e a vós,
em nossa adesão a Cristo,
como também é Deus que nos ungiu.
²² Foi ele que nos marcou com o seu selo
e nos adiantou como sinal o Espírito
derramado em nossos corações.

Palavra do Senhor.

Aclamação ao Evangelho   Lc 4,18

℟. Aleluia, Aleluia, Aleluia.
℣. Foi o Senhor quem me mandou
boas notícias anunciar;
ao pobre a quem está no cativeiro,
libertação eu vou proclamar!   ℟.

EVANGELHO

*O Filho do Homem tem na terra
poder de perdoar pecados.*

✠ Proclamação do Evangelho de Jesus Cristo
segundo Marcos 2,1-12

¹ Alguns dias depois, Jesus entrou de novo em Cafarnaum.
Logo se espalhou a notícia de que ele estava em casa.
² E reuniram-se ali tantas pessoas,
que já não havia lugar, nem mesmo diante da porta.
E Jesus anunciava-lhes a Palavra.
³ Trouxeram-lhe, então, um paralítico,
carregado por quatro homens.
⁴ Mas não conseguindo chegar até Jesus,
por causa da multidão, abriram então o teto,
bem em cima do lugar onde ele se encontrava.
Por essa abertura desceram a cama
em que o paralítico estava deitado.
⁵ Quando viu a fé daqueles homens,
Jesus disse ao paralítico:
"Filho, os teus pecados estão perdoados".
⁶ Ora, alguns mestres da Lei, que estavam ali sentados,
refletiam em seus corações:
⁷ "Como este homem pode falar assim?
Ele está blasfemando:
ninguém pode perdoar pecados, a não ser Deus".
⁸ Jesus percebeu logo
o que eles estavam pensando no seu íntimo, e disse:
"Por que pensais assim em vossos corações?
⁹ O que é mais fácil: dizer ao paralítico:
'Os teus pecados estão perdoados',
ou dizer: 'Levanta-te, pega a tua cama e anda'?
¹⁰ Pois bem, para que saibais que o Filho do Homem
tem, na terra, poder de perdoar pecados,
– disse ele ao paralítico: –
¹¹ eu te ordeno:
levanta-te, pega tua cama, e vai para tua casa!"
¹² O paralítico então se levantou
e, carregando a sua cama, saíu diante de todos.
E ficaram todos admirados e louvavam a Deus, dizendo:
"Nunca vimos uma coisa assim".

Palavra da Salvação.

8º DOMINGO DO TEMPO COMUM

PRIMEIRA LEITURA

Eu te desposarei para sempre.

Leitura da Profecia de Oseias   2,16b.17b.21-22

Assim diz o Senhor:
"Eu a conduzirei
¹⁶ᵇ levando-a à solidão,
onde lhe falarei ao coração;
¹⁷ᵇ e ela aí responderá ao compromisso,
como nos dias de sua juventude,
nos dias da sua vinda da terra do Egito.
²¹ Eu te desposarei para sempre;
eu te desposarei conforme as sanções da justiça
e conforme as práticas da misericórdia.
²² Eu te desposarei para manter fidelidade
e tu conhecerás o Senhor".

Palavra do Senhor.

Salmo responsorial   Sl 102(103),1-2.3-4.8.10.12-13 (℞. 8a)

℞. O Senhor é bondoso e compassivo.

¹ Bendize, ó minha alma, ao Senhor, *
  e todo o meu ser, seu santo nome!
² Bendize, ó minha alma, ao Senhor, *
  não te esqueças de nenhum de seus favores!   ℞.

³ Pois ele te perdoa toda culpa, *
  e cura toda a tua enfermidade;
⁴ da sepultura ele salva a tua vida *
  e te cerca de carinho e compaixão.   ℞.

⁸ O Senhor é indulgente, é favorável, *
  é paciente, é bondoso e compassivo.
¹⁰ Não nos trata como exigem nossas faltas, *
  nem nos pune em proporção às nossas culpas.   ℞.

¹² Quanto **dis**ta o nas**cen**te do po**en**te, *
tanto a**fas**ta para **lon**ge nossos **cri**mes.
¹³ Como um **pai** se compa**de**ce de seus **fi**lhos, *
o Se**nhor** tem compai**xão** dos que o **te**mem. ℟.

SEGUNDA LEITURA

*Sois uma carta de Cristo,
redigida por nosso intermédio.*

Leitura da Segunda Carta de São Paulo aos Coríntios 3,1b-6

Irmãos:
¹ᵇ Acaso precisamos, como certas pessoas,
de cartas de recomendação para vós ou da vossa parte?
² Vós é que sois a nossa carta,
gravada em nossos corações,
conhecida e lida por todos.
³ Todo o mundo sabe que sois uma carta de Cristo,
redigida por nosso intermédio,
escrita não com tinta, mas com o Espírito de Deus vivo,
gravada não em tábuas de pedra, mas em tábuas de carne,
isto é, em vossos corações.
⁴ É por Cristo que temos tal confiança perante Deus,
⁵ não porque sejamos capazes por nós mesmos,
de ter algum pensamento,
como de nós mesmos,
mas essa nossa capacidade vem de Deus.
⁶ Ele é que nos tornou capazes
de exercer o ministério de uma aliança nova.
Esta não é uma aliança da letra,
mas do Espírito.
Pois a letra mata,
mas o Espírito comunica a vida.

Palavra do Senhor.

Aclamação ao Evangelho   Tg 1,18

℟. Ale**lu**ia, Ale**lu**ia, Ale**lu**ia.
℣. Deus, nosso **Pai**, nesse **seu** i**men**so a**mor**,
foi quem ge**rou**-nos com a pa**la**vra da **ver**da**de**,
nós, as pri**mí**cias do seu **ges**to cria**dor**. ℟.

EVANGELHO

O noivo está com eles.

✠ Proclamação do Evangelho de Jesus Cristo
segundo Marcos   2,18-22

Naquele tempo,
¹⁸ Os discípulos de João Batista e os fariseus
estavam jejuando.
Então, vieram dizer a Jesus:
"Por que os discípulos de João
e os discípulos dos fariseus jejuam,
e os teus discípulos não jejuam?"
¹⁹ Jesus respondeu:
"Os convidados de um casamento
poderiam, por acaso, fazer jejum,
enquanto o noivo está com eles?
Enquanto o noivo está com eles,
os convidados não podem jejuar.
²⁰ Mas vai chegar o tempo
em que o noivo será tirado do meio deles;
aí, então, eles vão jejuar.
²¹ Ninguém põe um remendo de pano novo numa roupa velha;
porque o remendo novo repuxa o pano velho
e o rasgão fica maior ainda.
²² Ninguém põe vinho novo em odres velhos;
porque o vinho novo arrebenta os odres velhos
e o vinho e os odres se perdem.
Por isso, vinho novo em odres novos".

Palavra da Salvação.

9º DOMINGO DO TEMPO COMUM

PRIMEIRA LEITURA

Lembra-te de que foste escravo no Egito.

Leitura do Livro do Deuteronômio 5,12-15

Assim fala o Senhor:
¹² "Guarda o dia de sábado, para o santificares,
como o Senhor teu Deus te mandou.
¹³ Trabalharás seis dias
e neles farás todas as tuas obras.
¹⁴ O sétimo dia é o do sábado,
o dia do descanso dedicado ao Senhor teu Deus.
Não farás trabalho algum,
nem tu, nem teu filho,
nem tua filha, nem teu escravo,
nem tua escrava,
nem teu boi, nem teu jumento,
nem algum de teus animais,
nem o estrangeiro que vive em tuas cidades,
para que assim teu escravo e tua escrava
repousem da mesma forma que tu.
¹⁵ Lembra-te de que foste escravo no Egito
e que de lá o Senhor teu Deus te fez sair
com mão forte e braço estendido.
É por isso que o Senhor teu Deus
te mandou guardar o sábado".

Palavra do Senhor.

Salmo responsorial Sl 80(81),3-4.5-6ab.6c-8a.10-11b (℟. 2a)

℟. Exultai no Senhor, a nossa força!

³ Cantai salmos, tocai tamborim, *
harpa e lira suaves tocai!
⁴ Na lua nova soai a trombeta, *
na lua cheia, na festa solene! ℟.

⁵ Porque **iss**o é cos**tu**me em Ja**có**, *
um pre**cei**to do **Deus** de Isra**el**;
⁶ᵃ uma **lei** que foi **da**da a Jo**sé**, *
ᵇ quando o **po**vo sa**iu** do E**gi**to. ℟.

ᶜ Eis que **ou**ço uma **voz** que não co**nhe**ço: *
⁷ "Alivi**ei** as tuas **cos**tas de seu **far**do,
cestos pesados eu ti**rei** de tuas **mãos**. *
⁸ᵃ Na an**gús**tia a mim cla**mas**te, e te sal**vei**. ℟.

¹⁰ Em teu **mei**o não exista um deus es**tra**nho *
nem a**do**res a um **deus** desconhecido!
¹¹ Porque eu **sou** o teu **Deus** e teu Se**nhor**, *
que da **ter**ra do E**gi**to te arran**quei**. ℟.

SEGUNDA LEITURA

*A vida de Jesus
seja manifestada em nossos corpos.*

Leitura da Segunda Carta de São Paulo aos Coríntios 4,6-11

Irmãos:
⁶ Deus que disse:
"Do meio das trevas brilhe a luz",
é o mesmo que fez brilhar a sua luz em nossos corações,
para tornar claro o conhecimento da sua glória
na face de Cristo.
⁷ Ora, trazemos esse tesouro em vasos de barro,
para que todos reconheçam
que este poder extraordinário vem de Deus e não de nós.
⁸ Somos afligidos de todos os lados,
mas não vencidos pela angústia;
postos entre os maiores apuros,
mas sem perder a esperança;
⁹ perseguidos, mas não desamparados;
derrubados, mas não aniquilados;
¹⁰ por toda parte e sempre levamos em nós mesmos
os sofrimentos mortais de Jesus,
para que também a vida de Jesus
seja manifestada em nossos corpos.

¹¹ De fato, nós, os vivos,
somos continuamente entregues à morte,
por causa de Jesus,
para que também a vida de Jesus
seja manifestada em nossa natureza mortal.

Palavra do Senhor.

Aclamação ao Evangelho cf. Jo 17,17b.a

℟. Aleluia, Aleluia, Aleluia.
℣. Vossa Palavra é a verdade;
santificai-nos na verdade. ℟.

EVANGELHO (mais longo)

O Filho do homem é Senhor também do sábado.

✠ Proclamação do Evangelho de Jesus Cristo
segundo Marcos 2,23-3,6

²³ Jesus estava passando por uns campos de trigo,
em dia de sábado.
Seus discípulos começaram a arrancar espigas,
enquanto caminhavam.
²⁴ Então os fariseus disseram a Jesus:
"Olha! Por que eles fazem em dia de sábado
o que não é permitido?"
²⁵ Jesus lhes disse:
"Por acaso, nunca lestes
o que Davi e seus companheiros fizeram
quando passaram necessidade e tiveram fome?
²⁶ Como ele entrou na casa de Deus,
no tempo em que Abiatar era sumo sacerdote,
comeu os pães oferecidos a Deus,
e os deu também aos seus companheiros?
No entanto, só aos sacerdotes é permitido
comer esses pães".
²⁷ E acrescentou:
"O sábado foi feito para o homem,
e não o homem para o sábado.
²⁸ Portanto, o Filho do Homem
é senhor também do sábado".

³,¹ Jesus entrou de novo na sinagoga.
Havia ali um homem com a mão seca.
² Alguns o observavam
para ver se haveria de curar em dia de sábado,
para poderem acusá-lo.
³ Jesus disse ao homem da mão seca:
"Levanta-te e fica aqui no meio!"
⁴ E perguntou-lhes:
"É permitido no sábado fazer o bem ou fazer o mal?
Salvar uma vida ou deixá-la morrer?"
Mas eles nada disseram.
⁵ Jesus, então, olhou ao seu redor,
cheio de ira e tristeza,
porque eram duros de coração;
e disse ao homem:
"Estende a mão".
Ele a estendeu e a mão ficou curada.
⁶ Ao saírem, os fariseus com os partidários de Herodes,
imediatamente tramaram, contra Jesus,
a maneira como haveriam de matá-lo.

Palavra da Salvação.

Ou: **EVANGELHO (mais breve)**

O Filho do Homem é Senhor também do sábado.

✠ Proclamação do Evangelho de Jesus Cristo
segundo Marcos   2,23-28

²³ Jesus estava passando por uns campos de trigo,
em dia de sábado.
Seus discípulos começaram a arrancar espigas,
enquanto caminhavam.
²⁴ Então os fariseus disseram a Jesus:
"Olha! Por que eles fazem em dia de sábado
o que não é permitido?"
²⁵ Jesus lhes disse:
"Por acaso, nunca lestes
o que Davi e seus companheiros fizeram
quando passaram necessidade e tiveram fome?
²⁶ Como ele entrou na casa de Deus,
no tempo em que Abiatar era sumo sacerdote,

comeu os pães oferecidos a Deus,
e os deu também aos seus companheiros?
No entanto, só aos sacerdotes é permitido
comer esses pães".
27 E acrescentou:
"O sábado foi feito para o homem,
e não o homem para o sábado.
28 Portanto, o Filho do Homem
é senhor também do sábado".

Palavra da Salvação.

10º DOMINGO DO TEMPO COMUM

PRIMEIRA LEITURA

*Porei inimizade entre a tua descendência
e a descendência da mulher.*

Leitura do Livro do Gênesis   3,9-15

Depois que o homem comeu da fruta da árvore,
9 o Senhor Deus chamou Adão, dizendo:
"Onde estás?"
10 E ele respondeu:
"Ouvi tua voz no jardim,
e fiquei com medo,
porque estava nu;
e me escondi".
11 Disse-lhe o Senhor Deus:
"E quem te disse que estavas nu?
Então comeste da árvore,
de cujo fruto te proibi comer?"
12 Adão disse:
"A mulher que tu me deste por companheira,
foi ela que me deu
do fruto da árvore,
e eu comi".
13 Disse o Senhor Deus à mulher:
"Por que fizeste isso?"
E a mulher respondeu:
"A serpente enganou-me e eu comi".
14 Então o Senhor Deus disse à serpente:
"Porque fizeste isso, serás maldita
entre todos os animais domésticos
e todos os animais selvagens!
Rastejarás sobre o ventre
e comerás pó todos os dias da tua vida!
15 Porei inimizade entre ti e a mulher,
entre a tua descendência e a dela.
Esta te ferirá a cabeça
e tu lhe ferirás o calcanhar".

Palavra do Senhor.

Salmo responsorial Sl 129(130),1-2.3-4ab.4c-6.7-8 (R. 7)

℟. No Senhor toda graça e redenção!

1 Das profundezas eu clamo a vós, Senhor, *
2 escutai a minha voz!
   Vossos ouvidos estejam bem atentos *
   ao clamor da minha prece! ℟.

3 Se levardes em conta nossas faltas, *
   quem haverá de subsistir?
4 Mas em vós se encontra o perdão, *
   eu vos temo e em vós espero. ℟.

5 No Senhor ponho a minha esperança, *
   espero em sua palavra.
6 A minh'alma espera no Senhor *
   mais que o vigia pela aurora. ℟.

7 Espere Israel pelo Senhor, *
   mais que o vigia pela aurora!
   Pois no Senhor se encontra toda graça *
   e copiosa redenção.
8 Ele vem libertar a Israel *
   de toda a sua culpa. ℟.

SEGUNDA LEITURA

Nós também cremos e, por isso, falamos.

Leitura da Segunda Carta de São Paulo aos Coríntios
4,13-18–5,1

Irmãos:
13 Sustentados pelo mesmo espírito de fé,
   conforme o que está escrito:
   "Eu creio e, por isso, falei",
   nós também cremos e, por isso, falamos,
14 certos de que aquele que ressuscitou o Senhor Jesus
   nos ressuscitará também com Jesus
   e nos colocará ao seu lado, juntamente convosco.
15 E tudo isso é por causa de vós,

para que a abundância da graça
em um número maior de pessoas
faça crescer a ação de graças para a glória de Deus.
¹⁶ Por isso, não desanimamos.
Mesmo se o nosso homem exterior se vai arruinando,
o nosso homem interior, pelo contrário,
vai-se renovando, dia a dia.
¹⁷ Com efeito, o volume insignificante
de uma tribulação momentânea
acarreta para nós uma glória eterna e incomensurável.
¹⁸ E isso acontece,
porque voltamos os nossos olhares
para as coisas invisíveis e não para as coisas visíveis.
Pois o que é visível é passageiro,
mas o que é invisível é eterno.
⁵,¹ De fato, sabemos que,
se a tenda em que moramos neste mundo for destruída,
Deus nos dá uma outra moradia no céu
que não é obra de mãos humanas, mas que é eterna.

Palavra do Senhor.

Aclamação ao Evangelho — Jo 12, 31b-32

℟. Aleluia, Aleluia, Aleluia.
℣. O príncipe deste mundo agora será expulso;
e eu, da terra levantado, atrairei todos a mim mesmo. ℟.

EVANGELHO

Satanás será destruído.

✠ Proclamação do Evangelho de Jesus Cristo
segundo Marcos — 3,20-35

Naquele tempo,
²⁰ Jesus voltou para casa com os seus discípulos.
E de novo se reuniu tanta gente
que eles nem sequer podiam comer.
²¹ Quando souberam disso,
os parentes de Jesus saíram para agarrá-lo,
porque diziam que estava fora de si.

²² Os mestres da Lei,
que tinham vindo de Jerusalém,
diziam que ele estava possuído por Belzebu,
e que pelo príncipe dos demônios
ele expulsava os demônios.
²³ Então Jesus os chamou e falou-lhes em parábolas:
"Como é que Satanás pode expulsar a Satanás?
²⁴ Se um reino se divide contra si mesmo,
ele não poderá manter-se.
²⁵ Se uma família se divide contra si mesma,
ela não poderá manter-se.
²⁶ Assim, se Satanás se levanta contra si mesmo
e se divide, não poderá sobreviver,
mas será destruído.
²⁷ Ninguém pode entrar na casa de um homem forte
para roubar seus bens, sem antes o amarrar.
Só depois poderá saquear sua casa.
²⁸ Em verdade vos digo:
tudo será perdoado aos homens, tanto os pecados,
como qualquer blasfêmia que tiverem dito.
²⁹ Mas quem blasfemar contra o Espírito Santo,
nunca será perdoado,
mas será culpado de um pecado eterno".
³⁰ Jesus falou isso, porque diziam:
"Ele está possuído por um espírito mau".
³¹ Nisso chegaram sua mãe e seus irmãos.
Eles ficaram do lado de fora e mandaram chamá-lo.
³² Havia uma multidão sentada ao redor dele.
Então lhe disseram:
"Tua mãe e teus irmãos estão lá fora à tua procura".
³³ Ele respondeu:
"Quem é minha mãe, e quem são meus irmãos?"
³⁴ E olhando para os que estavam sentados ao seu redor,
disse: "Aqui estão minha mãe e meus irmãos.
³⁵ Quem faz a vontade de Deus,
esse é meu irmão, minha irmã e minha mãe".

Palavra da Salvação.

11º DOMINGO DO TEMPO COMUM

PRIMEIRA LEITURA

Elevo a árvore baixa.

Leitura da Profecia de Ezequiel   17,22-24

²² Assim diz o Senhor Deus:
"Eu mesmo tirarei um galho da copa do cedro,
do mais alto de seus ramos arrancarei um broto
e o plantarei sobre um monte alto e elevado.
²³ Vou plantá-lo sobre o alto monte de Israel.
Ele produzirá folhagem, dará frutos
e se tornará um cedro majestoso.
Debaixo dele pousarão todos os pássaros,
à sombra de sua ramagem as aves farão ninhos.
²⁴ E todas as árvores do campo saberão
que eu sou o Senhor,
que abaixo a árvore alta e elevo a árvore baixa;
faço secar a árvore verde e brotar a árvore seca.
Eu, o Senhor, digo e faço".

Palavra do Senhor.

Salmo responsorial   Sl 91(92),2-3.13-14.15-16 (R. cf. 2a)

℟. Como é **bom** agrade**cer**mos ao Se**nhor**.

² Como é **bom** agrade**cer**mos ao Se**nhor** *
e cantar **sal**mos de lou**vor** ao Deus Al**tís**simo!
³ Anunci**ar** pela ma**nhã** vossa bon**da**de, *
e o **vos**so amor fi**el**, a noite in**tei**ra.   ℟.

¹³ O **jus**to crescer**á** como a pal**mei**ra, *
flori**rá** igual ao **ce**dro que há no **Lí**bano;
¹⁴ na **ca**sa do Se**nhor** estão plan**ta**dos, *
nos **á**trios de meu **Deus** floresce**rão**.   ℟.

¹⁵ Mesmo no **tem**po da **ve**lhice darão **fru**tos, *
cheios de **sei**va e de **fo**lhas verde**jan**tes;
¹⁶ e di**rão**: "É justo **mes**mo o Senhor **Deus**: *
meu Ro**che**do, não e**xis**te nele o **mal**!"   ℟.

SEGUNDA LEITURA

Quer estejamos no corpo, quer já tenhamos deixado essa morada, nos empenhamos em ser agradáveis ao Senhor.

Leitura da Segunda Carta de São Paulo aos Coríntios 5,6-10

Irmãos:
6 Estamos sempre cheios de confiança
e bem lembrados de que, enquanto moramos no corpo,
somos peregrinos longe do Senhor;
7 pois caminhamos na fé e não na visão clara.
8 Mas estamos cheios de confiança
e preferimos deixar a moradia do nosso corpo,
para ir morar junto do Senhor.
9 Por isso, também nos empenhamos
em ser agradáveis a ele,
quer estejamos no corpo,
quer já tenhamos deixado essa morada.
10 Aliás, todos nós temos de comparecer às claras
perante o tribunal de Cristo,
para cada um receber a devida recompensa
– prêmio ou castigo –
do que tiver feito ao longo de sua vida corporal.

Palavra do Senhor.

Aclamação ao Evangelho cf. Lc 8,11

℟. Ale**lu**ia, Ale**lu**ia, Ale**lu**ia.
℣. Se**men**te é de **Deus** a Pa**la**vra,
o **Cris**to é o se**mea**dor;
todo **a**que**l**e que o en**con**tra,
vida e**ter**na encon**trou** ℟.

EVANGELHO

*É a menor de todas as sementes
e se torna maior do que todas as hortaliças.*

✠ Proclamação do Evangelho de Jesus Cristo segundo Marcos 4,26-34

Naquele tempo,
26 Jesus disse à multidão:
"O Reino de Deus
é como quando alguém espalha a semente na terra.
27 Ele vai dormir e acorda, noite e dia,
e a semente vai germinando e crescendo,
mas ele não sabe como isso acontece.
28 A terra, por si mesma, produz o fruto:
primeiro aparecem as folhas, depois vem a espiga
e, por fim, os grãos que enchem a espiga.
29 Quando as espigas estão maduras,
o homem mete logo a foice,
porque o tempo da colheita chegou".
30 E Jesus continuou:
"Com que mais poderemos comparar o Reino de Deus?
Que parábola usaremos para representá-lo?
31 O Reino de Deus é como um grão de mostarda
que, ao ser semeado na terra,
é a menor de todas as sementes da terra.
32 Quando é semeado, cresce
e se torna maior do que todas as hortaliças,
e estende ramos tão grandes,
que os pássaros do céu podem abrigar-se à sua sombra".
33 Jesus anunciava a Palavra
usando muitas parábolas como estas,
conforme eles podiam compreender.
34 E só lhes falava por meio de parábolas,
mas, quando estava sozinho com os discípulos,
explicava tudo.

Palavra da Salvação.

12º DOMINGO DO TEMPO COMUM

PRIMEIRA LEITURA

Aqui cessa a arrogância de tuas ondas.

Leitura do Livro de Jó   38,1.8-11

¹ O Senhor respondeu a Jó,
do meio da tempestade, e disse:
⁸ "Quem fechou o mar com portas,
quando ele jorrou com ímpeto do seio materno,
⁹ quando eu lhe dava nuvens por vestes
e névoas espessas por faixas;
¹⁰ quando marquei seus limites
e coloquei portas e trancas,
¹¹ e disse: 'Até aqui chegarás, e não além;
aqui cessa a arrogância de tuas ondas?'"

Palavra do Senhor.

Salmo responsorial   Sl 106(107),23-24.25-26.28-29.30-31
                                                                  (R. 1b)

℟. Dai **gra**ças ao **Se**nhor, porque ele é **bom**,
porque e**ter**na é a **sua** miseri**cór**dia!

Ou: Ale**lu**ia, Ale**lu**ia, Ale**lu**ia.

²³ Os que **sul**cam o alto-**mar** com seus na**vi**os, *
para **ir** comerci**ar** nas grandes **á**guas,
²⁴ testemu**nha**ram os pro**dí**gios do Se**nhor** *
e as s**u**as mara**vi**lhas no alto-**mar**.   ℟.

²⁵ Ele orde**nou**, e levan**tou**-se o fura**cão**, *
arremessa**ndo** grandes **on**das para o **al**to;
²⁶ aos céus su**bi**am e des**ci**am aos a**bis**mos, *
seus cora**ções** desfale**ci**am de pa**vor**.   ℟.

²⁸ Mas gri**ta**ram ao Se**nhor** na afli**ção**, *
e **e**le os liber**tou** daquela an**gús**tia.
²⁹ Transfor**mou** a tempestade em bo**nan**ça, *
e as **on**das do oceano se ca**la**ram.   ℟.

30 Alegraram-se ao **ver** o mar tran**qui**lo, *
 e ao **por**to dese**ja**do os condu**ziu**.
31 Agra**de**çam ao Se**nhor** por seu a**mor** *
 e por s**u**as maravilhas entre os **ho**mens! ℟.

SEGUNDA LEITURA

Tudo agora é novo.

Leitura da Segunda Carta de São Paulo aos Coríntios 5,14-17

Irmãos:
14 O amor de Cristo nos pressiona,
 pois julgamos que um só morreu por todos,
 e que, logo, todos morreram.
15 De fato, Cristo morreu por todos,
 para que os vivos não vivam mais para si mesmos,
 mas para aquele que por eles morreu e ressuscitou.
16 Assim, doravante, não conhecemos ninguém
 conforme a natureza humana.
 E, se uma vez conhecemos Cristo segundo a carne,
 agora já não o conhecemos assim.
17 Portanto, se alguém está em Cristo,
 é uma criatura nova.
 O mundo velho desapareceu.
 Tudo agora é novo.

Palavra do Senhor.

Aclamação ao Evangelho   Lc 7,16

℟. Ale**lu**ia, Ale**lu**ia, Ale**lu**ia.
℣. Um **gran**de pro**fe**ta sur**giu**,
 sur**giu** e entre **nós** se mos**trou**,
 é **Deus** que seu **po**vo vi**si**ta,
 seu **po**vo, meu **Deus** visi**tou**. ℟.

EVANGELHO

Quem é este, a quem até o vento e o mar obedecem?

✠ Proclamação do Evangelho de Jesus Cristo
segundo Marcos   4,35-41

³⁵ Naquele dia, ao cair da tarde,
Jesus disse a seus discípulos:
"Vamos para a outra margem!"
³⁶ Eles despediram a multidão
e levaram Jesus consigo,
assim como estava, na barca.
Havia ainda outras barcas com ele.
³⁷ Começou a soprar uma ventania muito forte
e as ondas se lançavam dentro da barca,
de modo que a barca já começava a se encher.
³⁸ Jesus estava na parte de trás,
dormindo sobre um travesseiro.
Os discípulos o acordaram e disseram:
"Mestre, estamos perecendo e tu não te importas?"
³⁹ Ele se levantou e ordenou ao vento e ao mar:
"Silêncio! Cala-te!"
O ventou cessou e houve uma grande calmaria.
⁴⁰ Então Jesus perguntou aos discípulos:
"Por que sois tão medrosos?
Ainda não tendes fé?"
⁴¹ Eles sentiram um grande medo
e diziam uns aos outros:
"Quem é este, a quem até o vento e o mar obedecem?"

Palavra da Salvação.

13º DOMINGO DO TEMPO COMUM

PRIMEIRA LEITURA

*Foi por inveja do diabo
que a morte entrou no mundo.*

Leitura do Livro da Sabedoria   1,13-15;2,23-24

¹³ Deus não fez a morte,
  nem tem prazer com a destruição dos vivos.
¹⁴ Ele criou todas as coisas para existirem,
  e as criaturas do mundo são saudáveis:
  nelas não há nenhum veneno de morte,
  nem é a morte que reina sobre a terra:
¹⁵ pois a justiça é imortal.
²,²³ Deus criou o homem para a imortalidade
  e o fez à imagem de sua própria natureza;
²⁴ foi por inveja do diabo que a morte entrou no mundo,
  e experimentam-na os que a ele pertencem.

Palavra do Senhor.

Salmo responsorial   Sl 29(30),2.4.5-6.11.12a.13b (R. 2a.4b)

℟. Eu vos ex**al**to, ó S**e**nhor, pois me li**vras**tes
   e preser**vas**tes minha **vi**da da **mor**te!

² Eu vos ex**al**to, ó S**e**nhor, pois me li**vras**tes, *
  e não dei**xas**tes rir de **mim** meus ini**mi**gos!
⁴ Vós ti**ras**tes minha **al**ma dos a**bis**mos *
  e me sal**vas**tes, quando es**ta**va já mor**ren**do!   ℟.

⁵ Cantai **sal**mos ao S**e**nhor, povo fi**el**, *
  dai-lhe **gra**ças e invo**cai** seu santo **no**me!
⁶ Pois sua **i**ra dura a**pe**nas um mo**men**to, *
  mas sua bon**da**de perma**ne**ce a vida in**tei**ra;
  se à **tar**de vem o **pran**to visi**tar**-nos, *
  de ma**nhã** vem sau**dar**-nos a ale**gri**a.   ℟.

11 Escutai-me, Senhor **Deus**, tende pie**da**de! *
   Sede, Se**nhor**, o meu **ab**rigo prote**tor**!
12 Transfor**mas**tes o meu **pran**to em uma **fes**ta, *
13 Senhor meu **Deus**, eterna**men**te hei de louvar-vos!   ℟.

SEGUNDA LEITURA

A vossa fartura supra a penúria dos pobres.

Leitura da Segunda Carta de São Paulo aos Coríntios 8,7.9.13-15

Irmãos:
⁷ Como tendes tudo em abundância
– fé, eloquência, ciência, zelo para tudo,
e a caridade de que vos demos o exemplo –
assim também procurai ser abundantes
nesta obra de generosidade.
⁹ Na verdade, conheceis a generosidade
de nosso Senhor Jesus Cristo:
de rico que era, tornou-se pobre por causa de vós,
para que vos torneis ricos, por sua pobreza.
¹³ Não se trata de vos colocar numa situação aflitiva
para aliviar os outros;
o que se deseja é que haja igualdade.
¹⁴ Nas atuais circunstâncias,
a vossa fartura supra a penúria deles
e, por outro lado,
o que eles têm em abundância
venha suprir a vossa carência.
Assim haverá igualdade, como está escrito:
¹⁵ "Quem recolheu muito não teve de sobra
e quem recolheu pouco não teve falta".

Palavra do Senhor.

Aclamação ao Evangelho   cf. 2Tm 1,10.

℟. Ale**lu**ia, Ale**lu**ia, Ale**lu**ia.
℣. Jesus **Cris**to, Salva**dor**, destru**iu** o mal e a **mor**te;
   fez bri**lhar**, pelo Evan**ge**lho, a luz e a **vi**da imperec**í**veis.   ℟.

EVANGELHO (mais longo)

Menina, levanta-te!

✠ Proclamação do Evangelho de Jesus Cristo
segundo Marcos   5,21-43

Naquele tempo,
²¹ Jesus atravessou de novo, numa barca,
para a outra margem.
Uma numerosa multidão se reuniu junto dele,
e Jesus ficou na praia.
²² Aproximou-se, então, um dos chefes da sinagoga,
chamado Jairo.
Quando viu Jesus, caiu a seus pés,
²³ e pediu com insistência:
"Minha filhinha está nas últimas.
Vem e põe as mãos sobre ela, para que ela sare e viva!"
²⁴ Jesus então o acompanhou.
Uma numerosa multidão o seguia e o comprimia.
²⁵ Ora, achava-se ali uma mulher
que, há doze anos, estava com uma hemorragia;
²⁶ tinha sofrido nas mãos de muitos médicos,
gastou tudo o que possuía,
e, em vez de melhorar, piorava cada vez mais.
²⁷ Tendo ouvido falar de Jesus,
aproximou-se dele por detrás, no meio da multidão,
e tocou na sua roupa.
²⁸ Ela pensava:
"Se eu ao menos tocar na roupa dele, ficarei curada".
²⁹ A hemorragia parou imediatamente,
e a mulher sentiu dentro de si
que estava curada da doença.
³⁰ Jesus logo percebeu que uma força tinha saído dele.
E, voltando-se no meio da multidão, perguntou:
"Quem tocou na minha roupa?"
³¹ Os discípulos disseram:
"Estás vendo a multidão que te comprime
e ainda perguntas: 'Quem me tocou?'"
³² Ele, porém, olhava ao redor
para ver quem havia feito aquilo.
³³ A mulher, cheia de medo e tremendo,
percebendo o que lhe havia acontecido,
veio e caíu aos pés de Jesus,
e contou-lhe toda a verdade.

34 Ele lhe disse:
"Filha, a tua fé te curou.
Vai em paz e fica curada dessa doença".
35 Ele estava ainda falando,
quando chegaram alguns da casa do chefe da sinagoga,
e disseram a Jairo:
"Tua filha morreu. Por que ainda incomodar o mestre?"
36 Jesus ouviu a notícia e disse ao chefe da sinagoga:
"Não tenhas medo. Basta ter fé!"
37 E não deixou que ninguém o acompanhasse,
a não ser Pedro, Tiago e seu irmão João.
38 Quando chegaram à casa do chefe da sinagoga,
Jesus viu a confusão
e como estavam chorando e gritando.
39 Então, ele entrou e disse:
"Por que essa confusão e esse choro?
A criança não morreu, mas está dormindo".
40 Começaram então a caçoar dele.
Mas, ele mandou que todos saíssem,
menos o pai e a mãe da menina,
e os três discípulos que o acompanhavam.
Depois entraram no quarto onde estava a criança.
41 Jesus pegou na mão da menina e disse:
"Talitá cum" – que quer dizer:
"Menina, levanta-te!"
42 Ela levantou-se imediatamente e começou a andar,
pois tinha doze anos.
E todos ficaram admirados.
43 Ele recomendou com insistência
que ninguém ficasse sabendo daquilo.
E mandou dar de comer à menina.

Palavra da Salvação.

Ou: EVANGELHO (mais breve)

Menina, levanta-te!

✠ Proclamação do Evangelho de Jesus Cristo
segundo Marcos   5,21-24-35b-43

Naquele tempo,
21 Jesus atravessou de novo, numa barca,
para a outra margem.

Uma numerosa multidão se reuniu junto dele,
e Jesus ficou na praia.
²² Aproximou-se, então, um dos chefes da sinagoga,
chamado Jairo.
Quando viu Jesus, caiu a seus pés,
e pediu com insistência:
²³ "Minha filhinha está nas últimas.
Vem e põe as mãos sobre ela, para que ela sare e viva!"
²⁴ Jesus então o acompanhou.
Uma numerosa multidão o seguia e o comprimia.
³⁵,ᵇ Chegaram alguns da casa do chefe da sinagoga,
e disseram a Jairo:
"Tua filha morreu.
Por que ainda incomodar o mestre?"
³⁶ Jesus ouviu a notícia e disse ao chefe da sinagoga:
"Não tenhas medo. Basta ter fé!"
³⁷ E não deixou que ninguém o acompanhasse,
a não ser Pedro, Tiago e seu irmão João.
³⁸ Quando chegaram à casa do chefe da sinagoga,
Jesus viu a confusão
e como estavam chorando e gritando.
³⁹ Então, ele entrou e disse:
"Por que essa confusão e esse choro?
A criança não morreu, mas está dormindo".
⁴⁰ Começaram então a caçoar dele.
Mas, ele mandou que todos saíssem,
menos o pai e a mãe da menina,
e os três discípulos que o acompanhavam.
Depois entraram no quarto onde estava a criança.
⁴¹ Jesus pegou na mão da menina e disse:
"Talitá cum" – que quer dizer:
"Menina, levanta-te!"
⁴² Ela levantou-se imediatamente e começou a andar,
pois tinha doze anos.
E todos ficaram admirados.
⁴³ Ele recomendou com insistência
que ninguém ficasse sabendo daquilo.
E mandou dar de comer à menina.

Palavra da Salvação.

14º DOMINGO DO TEMPO COMUM

PRIMEIRA LEITURA

*São um bando de rebeldes,
e ficarão sabendo que houve entre eles um profeta.*

Leitura da Profecia de Ezequiel   2,2-5

² Naqueles dias, depois de me ter falado,
  entrou em mim um espírito que me pôs de pé.
  Então, eu ouvi aquele que me falava,
³ o qual me disse:
  "Filho do homem,
  eu te envio aos israelitas, nação de rebeldes,
  que se afastaram de mim.
  Eles e seus pais se revoltaram contra mim
  até ao dia de hoje.
⁴ A estes filhos de cabeça dura e coração de pedra,
  vou-te enviar, e tu lhes dirás:
  'Assim diz o Senhor Deus'.
⁵ Quer te escutem, quer não
  – pois são um bando de rebeldes –
  ficarão sabendo que houve entre eles um profeta".

Palavra do Senhor.

Salmo responsorial   Sl 122(123),1-2a.2bcd.3-4 (R. 2cd)

℞. Os nossos **olhos**, estão **fi**tos no Se**nhor**:
tende pie**da**de, ó Se**nhor** tende pie**da**de!

¹ Eu le**van**to os meus **olhos** para **vós**, *
  que habi**tais** nos altos **céus**.
²ᵃ Como os **olhos** dos es**cra**vos estão **fi**tos *
  nas **mãos** do seu se**nhor**.   ℞.

ᵇ como os **olhos** das es**cra**vas estão **fi**tos *
  nas **mãos** de sua se**nho**ra,
ᶜ as**sim** os nossos **olhos**, no Se**nhor**, *
ᵈ até de **nós** ter pie**da**de.   ℞.

³ Tende pie**da**de, ó Se**n**hor, tende pie**da**de; *
  já é de**mais** esse des**pre**zo!
⁴ Estamos **far**tos do es**cár**nio dos ri**ca**ços *
  e do des**pre**zo dos so**ber**bos! ℟.

SEGUNDA LEITURA

*Gloriar-me-ei das minhas fraquezas,
para que a força de Cristo habite em mim.*

Leitura da Segunda Carta de São Paulo aos Coríntios   12,7-10

Irmãos:
⁷ Para que a extraordinária grandeza
das revelações não me ensoberbecesse,
foi espetado na minha carne um espinho,
que é como um anjo de Satanás a esbofetear-me,
a fim de que eu não me exalte demais.
⁸ A esse propósito,
roguei três vezes ao Senhor que o afastasse de mim.
⁹ Mas ele disse-me:
"Basta-te a minha graça.
Pois é na fraqueza que a força se manifesta".
Por isso, de bom grado,
eu me gloriarei das minhas fraquezas,
para que a força de Cristo habite em mim.
¹⁰ Eis porque eu me comprazo nas fraquezas, nas injúrias,
nas necessidades, nas perseguições
e nas angústias sofridas por amor a Cristo.
Pois, quando eu me sinto fraco,
é então que sou forte.

Palavra do Senhor.

Aclamação ao Evangelho   cf. Lc 4,18

℟. Ale**lu**ia, Ale**lu**ia, Ale**lu**ia.
℣. O Es**pí**rito do Se**nhor**,
   sobre **mim** fez a sua un**ção**;
   envi**ou**-me aos em**po**brecidos
   a fa**zer** feliz pro**cla**mação.   ℟.

EVANGELHO

Um profeta só não é estimado em sua pátria.

✠ Proclamação do Evangelho de Jesus Cristo
segundo Marcos 6,1-6

Naquele tempo,
¹ Jesus foi a Nazaré, sua terra,
e seus discípulos o acompanharam.
² Quando chegou o sábado, começou a ensinar na sinagoga.
Muitos que o escutavam ficavam admirados
e diziam:
"De onde recebeu ele tudo isto?
Como conseguiu tanta sabedoria?
E esses grandes milagres
que são realizados por suas mãos?
³ Este homem não é o carpinteiro, filho de Maria
e irmão de Tiago, de Joset, de Judas e de Simão?
Suas irmãs não moram aqui conosco?"
E ficaram escandalizados por causa dele.
⁴ Jesus lhes dizia:
"Um profeta só não é estimado em sua pátria,
entre seus parentes e familiares".
⁵ E ali não pôde fazer milagre algum.
Apenas curou alguns doentes, impondo-lhes as mãos.
⁶ E admirou-se com a falta de fé deles.
Jesus percorria os povoados das redondezas, ensinando.

Palavra da Salvação.

15º DOMINGO DO TEMPO COMUM

PRIMEIRA LEITURA

Vai profetizar para meu povo.

Leitura da Profecia de Amós   7,12-15

Naqueles dias,
¹² Disse Amasias, sacerdote de Betel, a Amós:
"Vidente, sai e procura refúgio em Judá,
onde possas ganhar teu pão e exercer a profecia;
¹³ mas em Betel não deverás insistir em profetizar,
porque aí fica o santuário do rei e a corte do reino".
¹⁴ Respondeu Amós a Amasias, dizendo:
"Não sou profeta
nem sou filho de profeta;
sou pastor de gado e cultivo sicômoros.
¹⁵ O Senhor chamou-me, quando eu tangia o rebanho,
e o Senhor me disse:
'Vai profetizar para Israel, meu povo'".

Palavra do Senhor.

Salmo responsorial   Sl 84(85),9ab-10.11-12.13-14 (R. 8)

℟. Mostrai-nos, ó Senhor, vossa bondade,
e a vossa salvação nos concedei!

⁹ᵃ Quero ouvir o que o Senhor irá falar: *
ᵇ é a paz que ele vai anunciar.
¹⁰ Está perto a salvação dos que o temem, *
e a glória habitará em nossa terra.   ℟.

¹¹ A verdade e o amor se encontrarão, *
a justiça e a paz se abraçarão;
¹² da terra brotará a fidelidade, *
e a justiça olhará dos altos céus.   ℟.

¹³ O Senhor nos dará tudo o que é bom, *
e a nossa terra nos dará suas colheitas;
¹⁴ a justiça andará na sua frente *
e a salvação há de seguir os passos seus.   ℟.

SEGUNDA LEITURA (mais longa)

*Em Cristo, ele nos escolheu
antes da fundação do mundo.*

Leitura da Carta de São Paulo aos Efésios   1,3-14

³ Bendito seja Deus,
  Pai de nosso Senhor Jesus Cristo.
  Ele nos abençoou com toda a bênção do seu Espírito
  em virtude de nossa união com Cristo, no céu.
⁴ Em Cristo, ele nos escolheu,
  antes da fundação do mundo,
  para que sejamos santos e irrepreensíveis
  sob o seu olhar, no amor.
⁵ Ele nos predestinou
  para sermos seus filhos adotivos
  por intermédio de Jesus Cristo,
  conforme a decisão da sua vontade,
⁶ para o louvor da sua glória
  e da graça com que ele nos cumulou
  no seu Bem-amado.
⁷ Pelo seu sangue, nós somos libertados.
  Nele, as nossas faltas são perdoadas,
  segundo a riqueza da sua graça,
⁸ que Deus derramou profusamente sobre nós,
  abrindo-nos a toda a sabedoria e prudência.
⁹ Ele nos fez conhecer o mistério da sua vontade,
  o desígnio benevolente
  que de antemão determinou em si mesmo,
¹⁰ para levar à plenitude o tempo estabelecido
   e recapitular em Cristo, o universo inteiro:
   tudo o que está nos céus
   e tudo o que está sobre a terra.
¹¹ Nele também nós recebemos a nossa parte.
   Segundo o projeto daquele
   que conduz tudo conforme a decisão de sua vontade,
   nós fomos predestinados
¹² a sermos, para o louvor de sua glória,
   os que de antemão colocaram
   a sua esperança em Cristo.
¹³ Nele também vós ouvistes a palavra da verdade,
   o evangelho que vos salva.

Nele, ainda, acreditastes
e fostes marcados com o selo do Espírito prometido,
o Espírito Santo,
¹⁴ que é o penhor da nossa herança
para a redenção do povo que ele adquiriu,
para o louvor da sua glória.

Palavra do Senhor.

Ou: SEGUNDA LEITURA (mais breve)

*Em Cristo, ele nos escolheu,
antes da fundação do mundo.*

Leitura da Carta de São Paulo aos Efésios   1,3-10

³ Bendito seja Deus,
Pai de nosso Senhor Jesus Cristo.
Ele nos abençoou com toda a bênção do seu Espírito
em virtude de nossa união com Cristo, no céu.
⁴ Em Cristo, ele nos escolheu,
antes da fundação do mundo,
para que sejamos santos e irrepreensíveis
sob o seu olhar, no amor.
⁵ Ele nos predestinou
para sermos seus filhos adotivos
por intermédio de Jesus Cristo,
conforme a decisão da sua vontade,
⁶ para o louvor da sua glória
e da graça com que ele nos cumulou no seu Bem-amado.
⁷ Pelo seu sangue, nós somos libertados.
Nele, as nossas faltas são perdoadas,
segundo a riqueza da sua graça,
⁸ que Deus derramou profusamente sobre nós,
abrindo-nos a toda a sabedoria e prudência.
⁹ Ele nos fez conhecer o mistério da sua vontade,
o desígnio benevolente
que de antemão determinou em si mesmo,
¹⁰ para levar à plenitude o tempo estabelecido
e recapitular em Cristo, o universo inteiro:
tudo o que está nos céus
e tudo o que está sobre a terra.

Palavra do Senhor.

Aclamação ao Evangelho   cf. Ef 1, 17-18

℟. Aleluia, Aleluia, Aleluia.
℣. Que o **Pai** do **Senhor** Jesus **Cris**to nos **dê** do **saber** o Espírito; conheçamos, **assim**, a esperança à **qual** nos cha**mou** como he**rança**.   ℟.

EVANGELHO

Começou a enviá-los.

✠ Proclamação do Evangelho de Jesus Cristo
segundo Marcos   6,7-13

Naquele tempo,
7 Jesus chamou os doze,
e começou a enviá-los dois a dois,
dando-lhes poder sobre os espíritos impuros.
8 Recomendou-lhes que não levassem nada para o caminho,
a não ser um cajado;
nem pão, nem sacola, nem dinheiro na cintura.
9 Mandou que andassem de sandálias
e que não levassem duas túnicas.
10 E Jesus disse ainda:
"Quando entrardes numa casa,
ficai ali até vossa partida.
11 Se em algum lugar não vos receberem,
nem quiserem vos escutar, quando sairdes,
sacudi a poeira dos pés, como testemunho contra eles!"
12 Então os doze partiram
e pregaram que todos se convertessem.
13 Expulsavam muitos demônios
e curavam numerosos doentes, ungindo-os com óleo.

Palavra da Salvação.

16º DOMINGO DO TEMPO COMUM

PRIMEIRA LEITURA

*Reunirei o resto de minhas ovelhas.
Suscitarei para elas pastores.*

Leitura do Livro do Profeta Jeremias 23,1-6

¹ "Ai dos pastores que deixam perder-se
e dispersar-se o rebanho de minha pastagem,
diz o Senhor!
² Deste modo, isto diz o Senhor, Deus de Israel,
aos pastores que apascentam o meu povo:
Vós dispersastes o meu rebanho,
e o afugentastes e não cuidastes dele;
eis que irei verificar isso entre vós
e castigar a malícia de vossas ações, diz o Senhor.
³ E eu reunirei o resto de minhas ovelhas
de todos os países para onde forem expulsas,
e as farei voltar a seus campos,
e elas se reproduzirão e multiplicarão.
⁴ Suscitarei para elas novos pastores
que as apascentem;
não sofrerão mais o medo e a angústia,
nenhuma delas se perderá, diz o Senhor.
⁵ Eis que virão dias,
diz o Senhor,
em que farei nascer um descendente de Davi;
reinará como rei e será sábio,
fará valer a justiça e a retidão na terra.
⁶ Naqueles dias, Judá será salvo
e Israel viverá tranquilo;
este é o nome com que o chamarão:
'Senhor, nossa Justiça'".

Palavra do Senhor.

Salmo responsorial Sl 22(23),1-3a.3b-4.5.6 (R. 1.6a)

℟. O Se**nhor** é o pas**tor** que me con**duz**:
felici**da**de e todo **bem** hão de se**guir**-me!

1 O Se**nhor** é o pas**tor** que me con**duz**; *
não me **fal**ta coisa al**gu**ma.
2 Pelos **pra**dos e campinas verdejan**tes** *
ele me **le**va a descan**sar**.
Para as **á**guas repou**san**tes me enca**mi**nha, *
3 e res**tau**ra as minhas **for**ças. ℟.

b Ele me **gui**a no ca**mi**nho mais se**gu**ro, *
pela **hon**ra do seu **no**me.
4 Mesmo que eu **pas**se pelo **va**le tene**bro**so, *
nenhum **mal** eu teme**rei**;
estais co**mi**go com bas**tão** e com ca**ja**do; *
eles me **dão** a segu**ran**ça! ℟.

5 Prepa**rais** à minha **fren**te uma **me**sa, *
bem à **vis**ta do ini**mi**go,
e com **ó**leo vós un**gis** minha cabeça; *
o meu **cá**lice trans**bor**da. ℟.

6 Felici**da**de e todo **bem** hão de se**guir**-me *
por **to**da a minha **vi**da;
e na **ca**sa do Se**nhor**, habita**rei** *
pelos **tem**pos infinitos. ℟.

SEGUNDA LEITURA

Ele é a nossa paz;
do que era dividido, fez uma unidade.

Leitura da Carta de São Paulo aos Efésios 2,13-18

Irmãos:
13 Agora, em Jesus Cristo,
vós que outrora estáveis longe,
vos tornastes próximos,
pelo sangue de Cristo.
14 Ele, de fato, é a nossa paz:
do que era dividido, ele fez uma unidade.
Em sua carne ele destruiu o muro de separação:
a inimizade.
15 Ele aboliu a Lei com seus mandamentos e decretos.
Ele quis, assim, a partir do judeu e do pagão,

criar em si um só homem novo,
estabelecendo a paz.
¹⁶ Quis reconciliá-los com Deus,
ambos em um só corpo,
por meio da cruz;
assim ele destruiu em si mesmo a inimizade.
¹⁷ Ele veio anunciar a paz a vós que estáveis longe,
e a paz aos que estavam próximos.
¹⁸ É graças a ele que uns e outros,
em um só Espírito,
temos acesso junto ao Pai.

Palavra do Senhor.

Aclamação ao Evangelho   Jo 10,27

℟. Ale**lu**ia, Ale**lu**ia, Ale**lu**ia.
℣. Minhas o**v**elhas es**c**u**t**am minha **voz**,
minha **voz** estão **e**las a escu**tar**.
Eu co**nh**e**ç**o, en**tão**, minhas o**v**elhas,
que me **s**eguem co**m**i**g**o a cami**nh**ar   ℟.

EVANGELHO

Eram como ovelhas sem pastor.

✠ Proclamação do Evangelho de Jesus Cristo
segundo Marcos   6,30-34

Naquele tempo,
³⁰ Os apóstolos reuniram-se com Jesus
e contaram tudo o que haviam feito e ensinado.
³¹ Ele lhes disse:
"Vinde sozinhos para um lugar deserto,
e descansai um pouco".
Havia, de fato, tanta gente chegando e saindo
que não tinham tempo nem para comer.
³² Então foram sozinhos, de barco,
para um lugar deserto e afastado.
³³ Muitos os viram partir
e reconheceram que eram eles.

Saindo de todas as cidades, correram a pé,
e chegaram lá antes deles.
³⁴ Ao desembarcar,
Jesus viu uma numerosa multidão e teve compaixão,
porque eram como ovelhas sem pastor.
Começou, pois, a ensinar-lhes muitas coisas.

Palavra da Salvação.

17º DOMINGO DO TEMPO COMUM

PRIMEIRA LEITURA

Comerão, e ainda sobrará.

Leitura do Segundo Livro dos Reis — 4,42-44

Naqueles dias,
⁴² Veio também um homem de Baal-Salisa,
trazendo em seu alforje para Eliseu, o homem de Deus,
pães dos primeiros frutos da terra:
eram vinte pães de cevada e trigo novo.
E Eliseu disse: "Dá ao povo para que coma".
⁴³ Mas o seu servo respondeu-lhe:
"Como vou distribuir tão pouco para cem pessoas?"
Eliseu disse outra vez:
"Dá ao povo para que coma;
pois assim diz o Senhor: 'Comerão e ainda sobrará'".
⁴⁴ O homem distribuiu e ainda sobrou,
conforme a palavra do Senhor.

Palavra do Senhor.

Salmo responsorial — Sl 144(145),10-11.15-16.17-18 (℟. cf.16)

℟. Saciai os vossos filhos, ó Senhor!

¹⁰ Que vossas obras, ó Senhor, vos glorifiquem, *
e os vossos santos com louvores vos bendigam!
¹¹ Narrem a glória e o esplendor do vosso reino *
e saibam proclamar vosso poder!   ℟.

¹⁵ Todos os olhos, ó Senhor, em vós esperam *
e vós lhes dais no tempo certo o alimento;
¹⁶ vós abris a vossa mão prodigamente *
e saciais todo ser vivo com fartura.   ℟.

¹⁷ É justo o Senhor em seus caminhos, *
é santo em toda obra que ele faz.
¹⁸ Ele está perto da pessoa que o invoca, *
de todo aquele que o invoca lealmente.   ℟.

SEGUNDA LEITURA

*Há um só corpo, um só Senhor,
uma só fé, um só batismo.*

Leitura da Carta de São Paulo aos Efésios   4,1-6

Irmãos:
1 Eu, prisioneiro no Senhor, vos exorto
a caminhardes de acordo com a vocação que recebestes:
2 com toda a humildade e mansidão,
suportai-vos uns aos outros com paciência, no amor.
3 Aplicai-vos a guardar a unidade do espírito
pelo vínculo da paz.
4 Há um só Corpo e um só Espírito,
como também é uma só a esperança
à qual fostes chamados.
5 Há um só Senhor, uma só fé, um só batismo,
6 um só Deus e Pai de todos,
que reina sobre todos,
age por meio de todos e permanece em todos.

Palavra do Senhor.

Aclamação ao Evangelho   Lc 7,16

℟. Ale**lu**ia, Ale**lu**ia, Ale**lu**ia.
℣. Um **gran**de pro**fe**ta sur**giu**,
sur**giu** e entre **nós** se mos**trou**;
é **Deus** que seu **po**vo visita,
seu **po**vo, meu **Deus** visi**tou**!   ℟.

EVANGELHO

*Distribuiu-os aos que estavam sentados,
tanto quanto queriam.*

✠ Proclamação do Evangelho de Jesus Cristo
segundo João   6,1-15

Naquele tempo,
1 Jesus foi para o outro lado do mar da Galileia,
também chamado de Tiberíades.

17º DOMINGO DO TEMPO COMUM

² Uma grande multidão o seguia,
porque via os sinais que ele operava
a favor dos doentes.
³ Jesus subiu ao monte
e sentou-se aí, com os seus discípulos.
⁴ Estava próxima a Páscoa, a festa dos judeus.
⁵ Levantando os olhos,
e vendo que uma grande multidão estava vindo ao seu encontro,
Jesus disse a Filipe:
"Onde vamos comprar pão para que eles possam comer?"
⁶ Disse isso para pô-lo à prova,
pois ele mesmo sabia muito bem o que ia fazer.
⁷ Filipe respondeu:
"Nem duzentas moedas de prata bastariam
para dar um pedaço de pão a cada um".
⁸ Um dos discípulos,
André, o irmão de Simão Pedro, disse:
⁹ "Está aqui um menino
com cinco pães de cevada e dois peixes.
Mas o que é isso para tanta gente?"
¹⁰ Jesus disse:
"Fazei sentar as pessoas".
Havia muita relva naquele lugar,
e lá se sentaram, aproximadamente, cinco mil homens.
¹¹ Jesus tomou os pães,
deu graças
e distribuiu-os aos que estavam sentados,
tanto quanto queriam.
E fez o mesmo com os peixes.
¹² Quando todos ficaram satisfeitos,
Jesus disse aos discípulos:
"Recolhei os pedaços que sobraram,
para que nada se perca!"
¹³ Recolheram os pedaços
e encheram doze cestos
com as sobras dos cinco pães,
deixadas pelos que haviam comido.
¹⁴ Vendo o sinal que Jesus tinha realizado,
aqueles homens exclamavam:
"Este é verdadeiramente o Profeta,
aquele que deve vir ao mundo".
¹⁵ Mas, quando notou que estavam querendo levá-lo
para proclamá-lo rei,
Jesus retirou-se de novo, sozinho, para o monte.

Palavra da Salvação.

18º DOMINGO DO TEMPO COMUM

PRIMEIRA LEITURA

Eu farei chover para vós o pão do céu.

Leitura do Livro do Êxodo   16,2-4.12-15

Naqueles dias,
2 A comunidade dos filhos de Israel pôs-se a murmurar
contra Moisés e Aarão, no deserto, dizendo:
3 "Quem dera que tivéssemos morrido
pela mão do Senhor no Egito,
quando nos sentávamos junto às panelas de carne
e comíamos pão com fartura!
Por que nos trouxestes a este deserto
para matar de fome a toda esta gente?"
4 O Senhor disse a Moisés:
"Eis que farei chover para vós o pão do céu.
O povo sairá diariamente
e só recolherá a porção de cada dia
a fim de que eu o ponha à prova,
para ver se anda ou não na minha lei.
12 Eu ouvi as murmurações dos filhos de Israel.
Dize-lhes, pois:
'Ao anoitecer, comereis carne,
e pela manhã vos fartareis de pão.
Assim sabereis que eu sou o Senhor vosso Deus' ".
13 Com efeito, à tarde, veio um bando de codornizes
e cobriu o acampamento;
e, pela manhã, formou-se uma camada de orvalho
ao redor do acampamento.
14 Quando se evaporou o orvalho que caíra,
apareceu na superfície do deserto
uma coisa miúda, em forma de grãos,
fina como a geada sobre a terra.
15 Vendo aquilo, os filhos de Israel disseram entre si:
"Que é isto?" Porque não sabiam o que era.
Moisés respondeu-lhes:
"Isto é o pão que o Senhor vos deu como alimento".

Palavra do Senhor.

Salmo responsorial Sl 77(78),3.4bc.23-24.25.54 (℟. 24b)

℟. O **Sen**hor deu a co**mer** o pão do **céu**.

³ Tudo a**qui**lo que ou**vi**mos e apren**de**mos, *
e transmitiram para **nós** os nossos **pais**,
⁴ᵇ não have**re**mos de ocul**tar** a nossos **fi**lhos, †
mas à **no**va ge**ra**ção nós conta**re**mos: *
ᶜ As gran**de**zas do Se**nhor** e seu po**der**. ℟.

²³ Orde**nou**, então, às **nu**vens lá dos **céus**, *
e as com**por**tas das al**tu**ras fez a**brir**;
²⁴ fez cho**ver**-lhes o ma**ná** e alimen**tou**-os, *
e lhes **deu** para co**mer** o pão do **céu**. ℟.

²⁵ O **ho**mem se nu**triu** do pão dos **an**jos, *
e man**dou**-lhes ali**men**to em abun**dân**cia;
⁵⁴ Condu**ziu**-os para a **Ter**ra Prome**ti**da, *
para o **Mon**te que seu **bra**ço conquis**tou**. ℟.

SEGUNDA LEITURA

Revesti o homem novo, criado à imagem de Deus.

Leitura da Carta de São Paulo aos Efésios 4,17.20-24

Irmãos:
¹⁷ Eis pois o que eu digo e atesto no Senhor:
não continueis a viver como vivem os pagãos,
cuja inteligência os leva para o nada.
²⁰ Quanto a vós,
não é assim que aprendestes de Cristo,
²¹ se ao menos foi bem ele que ouvistes falar,
e se é ele que vos foi ensinado,
em conformidade com a verdade que está em Jesus.
²² Renunciando à vossa existência passada,
despojai-vos do homem velho,
que se corrompe sob o efeito das paixões enganadoras,
²³ e renovai o vosso espírito e a vossa mentalidade.
²⁴ Revesti o homem novo,
criado à imagem de Deus,
em verdadeira justiça e santidade.

Palavra do Senhor.

Aclamação ao Evangelho   Mt 4,4b

℟. Aleluia, Aleluia, Aleluia.
℣. O homem não vive somente de pão,
mas vive de toda palavra que sai
da boca de Deus e não só de pão,
Amém, Aleluia, Aleluia!   ℟.

EVANGELHO

*Quem vem a mim não terá mais fome
e quem crê em mim nunca mais terá sede.*

✠ Proclamação do Evangelho de Jesus Cristo
segundo João   6,24-35

Naquele tempo,
24 Quando a multidão viu
que Jesus não estava ali,
nem os seus discípulos,
subiram às barcas
e foram à procura de Jesus, em Cafarnaum.
25 Quando o encontraram no outro lado do mar,
perguntaram-lhe:
"Rabi, quando chegaste aqui?"
26 Jesus respondeu:
"Em verdade, em verdade, eu vos digo:
estais me procurando não porque vistes sinais,
mas porque comestes pão e ficastes satisfeitos.
27 Esforçai-vos não pelo alimento que se perde,
mas pelo alimento que permanece até a vida eterna,
e que o Filho do Homem vos dará.
Pois este é quem o Pai marcou com seu selo".
28 Então perguntaram:
"Que devemos fazer para realizar as obras de Deus?"
29 Jesus respondeu:
"A obra de Deus é que acrediteis
naquele que ele enviou".
30 Eles perguntaram:
"Que sinal realizas,
para que possamos ver e crer em ti?
Que obra fazes?

³¹ Nossos pais comeram o maná no deserto,
como está na Escritura:
'Pão do céu deu-lhes a comer' ".
³² Jesus respondeu:
"Em verdade, em verdade vos digo,
não foi Moisés quem vos deu
o pão que veio do céu.
É meu Pai que vos dá o verdadeiro pão do céu.
³³ Pois o pão de Deus é aquele que desce do céu
e dá vida ao mundo".
³⁴ Então pediram:
"Senhor, dá-nos sempre desse pão".
³⁵ Jesus lhes disse:
"Eu sou o pão da vida.
Quem vem a mim não terá mais fome
e quem crê em mim nunca mais terá sede".

Palavra da Salvação.

19º DOMINGO DO TEMPO COMUM

PRIMEIRA LEITURA

*Com a força que lhe deu aquele alimento,
caminhou até ao monte de Deus.*

Leitura do Primeiro Livro dos Reis 19,4-8

Naqueles dias,
4 Elias entrou deserto adentro e caminhou o dia todo.
Sentou-se finalmente debaixo de um junípero
e pediu para si a morte, dizendo:
"Agora basta, Senhor! Tira a minha vida,
pois não sou melhor que meus pais".
5 E, deitando-se no chão, adormeceu à sombra do junípero.
De repente, um anjo tocou-o e disse:
"Levanta-te e come!"
6 Ele abriu os olhos e viu junto à sua cabeça
um pão assado debaixo da cinza e um jarro de água.
Comeu, bebeu e tornou a dormir
7 Mas o anjo do Senhor veio pela segunda vez,
tocou-o e disse:
"Levanta-te e come!
Ainda tens um caminho longo a percorrer".
8 Elias levantou-se, comeu e bebeu,
e, com a força desse alimento,
andou quarenta dias e quarenta noites,
até chegar ao Horeb, o monte de Deus.

Palavra do Senhor.

Salmo responsorial Sl 33(34),2-3.4-5.6-7.8-9 (R. 9a)

℟. Provai e **ve**de quão su**a**ve é o Se**nhor**!

2 Bendi**rei** o Senhor **Deus** em todo o **tem**po, *
seu lou**vor** estará **sem**pre em minha **bo**ca.
3 Minha **al**ma se glo**ri**a no Se**nhor**; *
que **ou**çam os hu**mil**des e se a**le**grem! ℟.

⁴ Comigo engrandecei ao Senhor Deus, *
  exaltemos todos juntos o seu nome!
⁵ Todas as vezes que o busquei, ele me ouviu, *
  e de todos os temores me livrou. ℟.

⁶ Contemplai a sua face e alegrai-vos, *
  e vosso rosto não se cubra de vergonha!
⁷ Este infeliz gritou a Deus, e foi ouvido, *
  e o Senhor o libertou de toda angústia. ℟.

⁸ O anjo do Senhor vem acampar *
  ao redor dos que o temem, e os salva.
⁹ Provai e vede quão suave é o Senhor! *
  Feliz o homem que tem nele o seu refúgio! ℟.

SEGUNDA LEITURA

Vivei no amor, a exemplo de Cristo.

Leitura da Carta de São Paulo aos Efésios 4,30-5,2

Irmãos:
³⁰ Não contristeis o Espírito Santo
  com o qual Deus vos marcou como com um selo
  para o dia da libertação.
³¹ Toda a amargura, irritação, cólera, gritaria, injúrias,
  tudo isso deve desaparecer do meio de vós,
  como toda espécie de maldade.
³² Sede bons uns para com os outros,
  sede compassivos;
  perdoai-vos mutuamente,
  como Deus vos perdoou por meio de Cristo.
⁵,¹ Sede imitadores de Deus,
  como filhos que ele ama.
² Vivei no amor, como Cristo nos amou
  e se entregou a si mesmo a Deus por nós,
  em oblação e sacrifício de suave odor.

Palavra do Senhor.

Aclamação ao Evangelho Jo 6,51

℟. Aleluia, Aleluia, Aleluia.
℣. Eu sou o pão vivo, descido do céu,
quem deste pão come, sempre, há de viver.
Eu sou o pão vivo, descido do céu,
Amém, Aleluia, Aleluia! ℟.

EVANGELHO

Eu sou o pão que desceu do céu.

✠ Proclamação do Evangelho de Jesus Cristo
segundo João 6,41-51

Naquele tempo,
41 Os judeus começaram a murmurar
a respeito de Jesus, porque havia dito:
"Eu sou o pão que desceu do céu".
42 Eles comentavam:
"Não é este Jesus, o filho de José?
Não conhecemos seu pai e sua mãe?
Como então pode dizer que desceu do céu?"
43 Jesus respondeu:
"Não murmureis entre vós.
44 Ninguém pode vir a mim,
se o Pai que me enviou não o atrai.
E eu o ressuscitarei no último dia.
45 Está escrito nos Profetas: 'Todos serão discípulos de Deus'.
Ora, todo aquele que escutou o Pai
e por ele foi instruído, vem a mim.
46 Não que alguém já tenha visto o Pai.
Só aquele que vem de junto de Deus viu o Pai.
47 Em verdade, em verdade vos digo,
quem crê, possui a vida eterna.
48 Eu sou o pão da vida.
49 Os vossos pais comeram o maná no deserto
e, no entanto, morreram.
50 Eis aqui o pão que desce do céu:
quem dele comer, nunca morrerá.
51 Eu sou o pão vivo descido do céu.
Quem comer deste pão viverá eternamente.
E o pão que eu darei
é a minha carne dada para a vida do mundo".

Palavra da Salvação.

20º DOMINGO DO TEMPO COMUM

PRIMEIRA LEITURA

*Vinde todos comer do meu pão
e beber do vinho que misturei!*

Leitura do Livro dos Provérbios 9,1-6

¹ A Sabedoria construiu sua casa,
   levantou sete colunas.
² Imolou suas vítimas, misturou o vinho
   e preparou a sua mesa.
³ Enviou as empregadas para proclamarem,
   dos pontos mais altos da cidade:
⁴ "Quem for simples, venha a mim!"
   Ao ignorante ela diz:
⁵ "Vinde todos comer do meu pão
   e beber do vinho que misturei!
⁶ Deixai a ingenuidade e tereis vida plena!
   Segui o caminho do entendimento!"

   Palavra do Senhor.

Salmo responsorial Sl 33(34),2-3.10-11.12-13.14-15 (R. 9a)

℟. Provai e **ve**de quão su**a**ve é o Se**nhor**!

² Bendi**rei** o Senhor **Deus** em todo o **tem**po, *
   seu lou**vor** estará **sem**pre em minha **bo**ca.
³ Minha **al**ma se gl**o**ria no Se**nhor**; *
   que **ou**çam os hu**mil**des e se a**le**grem! ℟.

¹⁰ Respei**tai** o Senhor **Deus**, seus santos **to**dos, *
    porque **na**da fal**tará** aos que o **te**mem.
¹¹ Os **ri**cos empo**bre**cem, passam **fo**me, *
    mas aos que **bus**cam o Se**nhor** não falta **na**da. ℟.

¹² Meus **fi**lhos, vinde a**go**ra e escu**tai**-me: *
    vou ensi**nar**-vos o te**mor** do Senhor **Deus**.
¹³ Qual o **ho**mem que não **a**ma sua **vi**da, *
    procu**ran**do ser fe**liz** todos os **di**as? ℟.

¹⁴ Afasta a tua língua da maldade, *
   e teus lábios, de palavras mentirosas.
¹⁵ Afasta-te do mal e faze o bem, *
   procura a paz e vai com ela em seu caminho. ℟.

SEGUNDA LEITURA

Compreendei bem qual é a vontade do Senhor.

Leitura da Carta de São Paulo aos Efésios 5,15-20

¹⁵ Sede bem atentos, irmãos, ao vosso modo de viver.
   Não vos mostreis insensatos, mas sede homens sensatos,
¹⁶ que põem a render o tempo presente,
   pois os dias são maus.
¹⁷ Não sejais portanto sem juízo,
   mas compreendei bem qual é a vontade do Senhor.
¹⁸ Não vos embriagueis com vinho,
   que conduz à perdição,
   mas sede repletos do Espírito.
¹⁹ Entoai juntos salmos, hinos e cânticos inspirados;
   cantai e celebrai o Senhor de todo o vosso coração.
²⁰ Em todo tempo e a propósito de tudo
   rendei graças a Deus Pai
   em nome de nosso Senhor Jesus Cristo.

Palavra do Senhor.

Aclamação ao Evangelho Jo 6,56

℟. Aleluia, Aleluia, Aleluia.
℣. Quem come a minha carne, e bebe o meu sangue,
   em mim permanece e eu vou ficar nele.
   Quem come a minha carne e bebe o meu sangue,
   Amém, Aleluia, Aleluia. ℟.

EVANGELHO

*Minha carne é verdadeira comida
e o meu sangue, verdadeira bebida.*

✠ Proclamação do Evangelho de Jesus Cristo
segundo João   6,51-58

Naquele tempo,
disse Jesus às multidões dos judeus:
⁵¹ "Eu sou o pão vivo descido do céu.
Quem comer deste pão viverá eternamente.
E o pão que eu darei
é a minha carne dada para a vida do mundo".
⁵² Os judeus discutiam entre si, dizendo:
"Como é que ele pode dar a sua carne a comer?"
⁵³ Então Jesus disse:
"Em verdade, em verdade vos digo,
se não comerdes a carne do Filho do Homem
e não beberdes o seu sangue,
não tereis a vida em vós.
⁵⁴ Quem come a minha carne
e bebe o meu sangue
tem a vida eterna,
e eu o ressuscitarei no último dia.
⁵⁵ Porque a minha carne é verdadeira comida
e o meu sangue, verdadeira bebida.
⁵⁶ Quem come a minha carne
e bebe o meu sangue
permanece em mim e eu nele.
⁵⁷ Como o Pai, que vive, me enviou,
e eu vivo por causa do Pai,
assim o que me come
viverá por causa de mim.
⁵⁸ Este é o pão que desceu do céu.
Não é como aquele que os vossos pais comeram.
Eles morreram.
Aquele que come este pão
viverá para sempre".

Palavra da Salvação.

21º DOMINGO DO TEMPO COMUM

PRIMEIRA LEITURA

Serviremos ao Senhor, porque ele é o nosso Deus.

Leitura do Livro de Josué   24,1-2a.15-17.18b

Naqueles dias,
1 Josué reuniu em Siquém todas as tribos de Israel
e convocou os anciãos, os chefes,
os juízes e os magistrados,
que se apresentaram diante de Deus.
2a Então Josué falou a todo o povo:
15 "Se vos parece mal servir ao Senhor,
escolhei hoje a quem quereis servir:
se aos deuses
a quem vossos pais serviram na Mesopotâmia,
ou aos deuses dos amorreus,
em cuja terra habitais.
Quanto a mim e à minha família,
nós serviremos ao Senhor".
16 E o povo respondeu, dizendo:
"Longe de nós abandonarmos o Senhor,
para servir a deuses estranhos.
17 Porque o Senhor, nosso Deus,
ele mesmo, é quem nos tirou,
a nós e a nossos pais, da terra do Egito,
da casa da escravidão.
Foi ele quem realizou esses grandes prodígios
diante de nossos olhos,
e nos guardou por todos os caminhos
por onde peregrinamos,
e no meio de todos os povos pelos quais passamos.
18b Portanto, nós também serviremos ao Senhor,
porque ele é o nosso Deus".

Palavra do Senhor.

Salmo responsorial — Sl 33(34),2-3.16-17.18-19.20-21.22-23
(R. 9a)

R. Provai e **ve**de quão su**a**ve é o Se**nhor**!

² Bendi**rei** o Senhor **Deus** em todo o **tem**po, *
seu lou**vor** estará **sem**pre em minha **bo**ca.
³ Minha **al**ma se gloria no Se**nhor**; *
que **ou**çam os hu**mil**des e se a**le**grem! R.

¹⁶ O Se**nhor** pousa seus **o**lhos sobre os **jus**tos, *
e seu ou**vi**do está a**ten**to ao seu cha**ma**do;
¹⁷ mas ele **vol**ta a sua **fa**ce contra os **maus**, *
para da **ter**ra apa**gar** sua lem**bran**ça. R.

¹⁸ Clamam os **jus**tos, e o Se**nhor** bondoso es**cu**ta *
e de **to**das as an**gús**tias os li**ber**ta.
¹⁹ Do cora**ção** atribulado ele está **per**to *
e con**for**ta os de es**pí**rito a**ba**tido. R.

²⁰ Muitos **ma**les se abatem sobre os **jus**tos, *
mas o Se**nhor** de todos **e**les os li**ber**ta.
²¹ Mesmo os seus **os**sos ele os **guar**da e os pro**te**ge, *
e nenhum **de**les haverá de se que**brar**. R.

²² A malícia do in**í**quo leva à **mor**te, *
e **quem** odeia o **jus**to é casti**ga**do.
²³ Mas o Se**nhor** liberta a **vi**da dos seus **ser**vos, *
e casti**ga**do não se**rá** quem nele es**pe**ra. R.

SEGUNDA LEITURA

Este mistério é grande, em relação a Cristo e à Igreja.

Leitura da Carta de São Paulo aos Efésios 5,21-32

Irmãos:
²¹ Vós que temeis a Cristo,
sede solícitos uns para com os outros.
²² As mulheres sejam submissas aos seus maridos
como ao Senhor.
²³ Pois o marido é a cabeça da mulher,
do mesmo modo que Cristo é a cabeça da Igreja,
ele, o Salvador do seu Corpo.

24 Mas como a Igreja é solícita por Cristo,
sejam as mulheres solícitas em tudo pelos seus maridos.
25 Maridos, amai as vossas mulheres,
como o Cristo amou a Igreja e se entregou por ela.
26 Ele quis assim torná-la santa,
purificando-a com o banho da água unida à Palavra.
27 Ele quis apresentá-la a si mesmo esplêndida,
sem mancha nem ruga, nem defeito algum,
mas santa e irrepreensível.
28 Assim é que o marido deve amar a sua mulher,
como ao seu próprio corpo.
Aquele que ama a sua mulher ama-se a si mesmo.
29 Ninguém jamais odiou a sua própria carne.
Ao contrário, alimenta-a e cerca-a de cuidados,
como o Cristo faz com a sua Igreja;
30 e nós somos membros do seu corpo!
31 Por isso o homem deixará seu pai e sua mãe
e se unirá à sua mulher,
e os dois serão uma só carne.
32 Este mistério é grande,
e eu o interpreto em relação a Cristo e à Igreja.

Palavra do Senhor.

Aclamação ao Evangelho Jo 6,63c.68c

℟. Aleluia, Aleluia, Aleluia.
℣. Ó Senhor, vossas palavras são espírito e vida;
as palavras que dizeis, bem que são de eterna vida. ℟.

EVANGELHO

A quem iremos? Tu tens palavras de vida eterna.

✠ Proclamação do Evangelho de Jesus Cristo
segundo João 6,60-69

Naquele tempo,
60 muitos dos discípulos de Jesus
que o escutaram, disseram:
"Esta palavra é dura.
Quem consegue escutá-la?"
61 Sabendo que seus discípulos estavam murmurando
por causa disso mesmo,

Jesus perguntou:
"Isto vos escandaliza?
⁶² E quando virdes o Filho do Homem
subindo para onde estava antes?
⁶³ O Espírito é que dá vida,
a carne não adianta nada.
As palavras que vos falei são espírito e vida.
⁶⁴ Mas entre vós há alguns que não creem".
Jesus sabia, desde o início,
quem eram os que não tinham fé
e quem havia de entregá-lo.
⁶⁵ E acrescentou:
"É por isso que vos disse:
ninguém pode vir a mim
a não ser que lhe seja concedido pelo Pai".
⁶⁶ A partir daquele momento,
muitos discípulos voltaram atrás
e não andavam mais com ele.
⁶⁷ Então, Jesus disse aos doze:
"Vós também vos quereis ir embora?"
⁶⁸ Simão Pedro respondeu:
"A quem iremos, Senhor?
Tu tens palavras de vida eterna.
⁶⁹ Nós cremos firmemente e reconhecemos
que tu és o Santo de Deus".

Palavra da Salvação.

22º DOMINGO DO TEMPO COMUM

PRIMEIRA LEITURA

*Nada acrescenteis à palavra que vos digo,
mas guardai os mandamentos do Senhor.*

Leitura do Livro do Deuteronômio   4,1-2.6-8

¹ Moisés falou ao povo, dizendo:
"Agora, Israel, ouve as leis e os decretos
que eu vos ensino a cumprir,
para que, fazendo-o, vivais
e entreis na posse da terra prometida
pelo Senhor Deus de vossos pais.
² Nada acrescenteis, nada tireis, à palavra que vos digo,
mas guardai os mandamentos do Senhor vosso Deus
que vos prescrevo.
⁶ Vós os guardareis, pois, e os poreis em prática,
porque neles está vossa sabedoria
e inteligência perante os povos,
para que, ouvindo todas estas leis, digam:
'Na verdade, é sábia e inteligente esta grande nação!'
⁷ Pois, qual é a grande nação
cujos deuses lhe são tão próximos
como o Senhor nosso Deus,
sempre que o invocamos?
⁸ E que nação haverá tão grande
que tenha leis e decretos tão justos,
como esta lei que hoje vos ponho diante dos olhos?"

Palavra do Senhor.

Salmo responsorial   Sl 14(15),2-3ab.3cd-4ab.5 (℟. 1a)

℟. **Senhor**, quem mo**rará** em **vos**sa **ca**sa
e no **vos**so monte **san**to, habita**rá**?

² É **aque**le que ca**mi**nha sem pe**ca**do *
e pratica a justiça fiel**men**te;
^{3a} que **pen**sa a verda**de** no seu **ín**timo *
^b e não **sol**ta em ca**lú**nias sua **lín**gua.   ℟.

^c Que em **na**da preju**di**ca o seu ir**mão**; *
^d nem **co**bre de in**sul**tos seu vizinho;
^4a que não **dá** valor al**gum** ao homem **ím**pio, *
^b mas **hon**ra os que res**pei**tam o Se**nhor**.   ℟.

^5 Não em**pres**ta o seu di**nhei**ro com u**su**ra, †
nem se **dei**xa subor**nar** contra o ino**cen**te. *
Ja**mais** vacila**rá** quem vive a**ssim**!   ℟.

SEGUNDA LEITURA

Sede praticantes da Palavra.

Leitura da Carta de São Tiago   1,17-18.21b-22.27

Irmãos bem-amados:
^17 Todo dom precioso
e toda dádiva perfeita vêm do alto;
descem do Pai das luzes,
no qual não há mudança, nem sombra de variação.
^18 De livre vontade ele nos gerou,
pela Palavra da verdade,
a fim de sermos como que as primícias de suas criaturas.
^21b Recebei com humildade
a Palavra que em vós foi implantada,
e que é capaz de salvar as vossas almas.
^22 Todavia, sede praticantes da Palavra
e não meros ouvintes,
enganando-vos a vós mesmos.
^27 Com efeito, a religião pura e sem mancha
diante de Deus Pai, é esta:
assistir os órfãos e as viúvas em suas tribulações
e não se deixar contaminar pelo mundo.

Palavra do Senhor.

Aclamação ao Evangelho   Tg 1,18

℟. Ale**lu**ia, Ale**lu**ia, Ale**lu**ia.
℣. Deus, nosso **Pai**, nesse **seu** imenso a**mor**,
foi quem ge**rou**-nos com a pa**la**vra da ver**da**de,
nós, as pri**mí**cias do seu **ges**to cria**dor**!   ℟.

EVANGELHO

*Vós abandonais o mandamento de Deus
para seguir a tradição dos homens.*

✠ Proclamação do Evangelho de Jesus Cristo
segundo Marcos   7,1-8.14-15.21-23

Naquele tempo,
1 Os fariseus e alguns mestres da Lei
vieram de Jerusalém e se reuniram em torno de Jesus.
2 Eles viam que alguns dos seus discípulos
comiam o pão com as mãos impuras,
isto é, sem as terem lavado.
3 Com efeito, os fariseus e todos os judeus
só comem depois de lavar bem as mãos,
seguindo a tradição recebida dos antigos.
4 Ao voltar da praça,
eles não comem sem tomar banho.
E seguem muitos outros costumes
que receberam por tradição:
a maneira certa de lavar
copos, jarras e vasilhas de cobre.
5 Os fariseus e os mestres da Lei
perguntaram então a Jesus:
"Por que os teus discípulos
não seguem a tradição dos antigos,
mas comem o pão sem lavar as mãos?"
6 Jesus respondeu:
"Bem profetizou Isaías a vosso respeito, hipócritas,
como está escrito:
'Este povo me honra com os lábios,
mas seu coração está longe de mim.
7 De nada adianta o culto que me prestam,
pois as doutrinas que ensinam são preceitos humanos'.
8 Vós abandonais o mandamento de Deus
para seguir a tradição dos homens".
14 Em seguida,
Jesus chamou a multidão para perto de si e disse:
"Escutai todos e compreendei:
15 o que torna impuro o homem
não é o que entra nele vindo de fora,
mas o que sai do seu interior.
21 Pois é de dentro do coração humano

que saem as más intenções,
imoralidades, roubos, assassínios,
²² adultérios, ambições desmedidas, maldades, fraudes,
devassidão, inveja, calúnia, orgulho, falta de juízo.
²³ Todas estas coisas más saem de dentro,
e são elas que tornam impuro o homem".

Palavra da Salvação.

23º DOMINGO DO TEMPO COMUM

PRIMEIRA LEITURA

*Os ouvidos dos surdos se abrirão
e a boca do mudo gritará de alegria.*

Leitura do Livro do Profeta Isaías   35,4-7a

⁴ Dizei às pessoas deprimidas:
"Criai ânimo, não tenhais medo!
Vede, é vosso Deus,
é a vingança que vem, é a recompensa de Deus;
é ele que vem para vos salvar".
⁵ Então se abrirão os olhos dos cegos
e se descerrarão os ouvidos dos surdos.
⁶ O coxo saltará como um cervo
e se desatará a língua dos mudos,
assim como brotarão águas no deserto
e jorrarão torrentes no ermo.
⁷ᵃ A terra árida se transformará em lago,
e a região sedenta, em fontes d'água.

Palavra do Senhor.

Salmo responsorial   Sl 145(146),7.8-9a.9bc-10 (℟. 1.2a)

℟. Bendize, ó minha alma ao Senhor.
Bendirei ao Senhor toda a vida!

Ou: Aleluia, Aleluia, Aleluia.

O Senhor é fiel para sempre, *
⁷ faz justiça aos que são oprimidos;
ele dá alimento aos famintos, *
é o Senhor quem liberta os cativos.   ℟.

⁸ O Senhor abre os olhos aos cegos *
o Senhor faz erguer-se o caído;
o Senhor ama aquele que é justo *
⁹ᵃ É o Senhor quem protege o estrangeiro.   ℟.

⁹ᵇᶜ Ele ampara a viúva e o órfão *
mas confunde os caminhos dos maus.
¹⁰ O Senhor reinará para sempre! †
Ó Sião, o teu Deus reinará *
para sempre e por todos os séculos! ℟.

SEGUNDA LEITURA

*Não escolheu Deus os pobres deste mundo
para serem herdeiros do Reino?*

Leitura da Carta de São Tiago   2,1-5

¹ Meus irmãos:
a fé que tendes
em nosso Senhor Jesus Cristo glorificado
não deve admitir acepção de pessoas.
² Pois bem, imaginai que na vossa reunião
entra uma pessoa com anel de ouro no dedo
e bem vestida,
e também um pobre, com sua roupa surrada,
³ e vós dedicais atenção ao que está bem vestido,
dizendo-lhe:
"Vem sentar-te aqui, à vontade",
enquanto dizeis ao pobre:
"Fica aí, de pé", ou então:
"Senta-te aqui no chão, aos meus pés",
⁴ não fizestes, então, discriminação entre vós?
E não vos tornastes juízes com critérios injustos?
⁵ Meus queridos irmãos, escutai:
não escolheu Deus os pobres deste mundo
para serem ricos na fé
e herdeiros do Reino
que prometeu aos que o amam?

Palavra do Senhor.

Aclamação ao Evangelho   cf. Mt 4,23

℟. Aleluia, Aleluia, Aleluia.
℣. Jesus Cristo pregava o Evangelho, a boa notícia do Reino
e curava seu povo doente de todos os males, sua gente! ℟.

EVANGELHO

Aos surdos faz ouvir e aos mudos falar.

✠ Proclamação do Evangelho de Jesus Cristo
segundo Marcos 7,31-37

Naquele tempo,
³¹ Jesus saiu de novo da região de Tiro,
passou por Sidônia
e continuou até o mar da Galileia,
atravessando a região da Decápole.
³² Trouxeram então um homem surdo,
que falava com dificuldade,
e pediram que Jesus lhe impusesse a mão.
³³ Jesus afastou-se com o homem, para fora da multidão;
em seguida, colocou os dedos nos seus ouvidos,
cuspiu e com a saliva tocou a língua dele.
³⁴ Olhando para o céu, suspirou e disse:
"Efatá!", que quer dizer: "Abre-te!"
³⁵ Imediatamente seus ouvidos se abriram,
sua língua se soltou
e ele começou a falar sem dificuldade.
³⁶ Jesus recomendou com insistência
que não contassem a ninguém.
Mas, quanto mais ele recomendava,
mais eles divulgavam.
³⁷ Muito impressionados, diziam:
"Ele tem feito bem todas as coisas:
Aos surdos faz ouvir e aos mudos falar".

Palavra da Salvação.

24º DOMINGO DO TEMPO COMUM

PRIMEIRA LEITURA

Ofereci minhas costas aos que me batiam.

Leitura do Livro do Profeta Isaías   50,5-9a

⁵ O Senhor abriu-me os ouvidos;
  não lhe resisti nem voltei atrás.
⁶ Ofereci as costas para me baterem
  e as faces para me arrancarem a barba:
  não desviei o rosto
  de bofetões e cusparadas.
⁷ Mas, o Senhor Deus é meu Auxiliador,
  por isso não me deixei abater o ânimo,
  conservei o rosto impassível como pedra,
  porque sei que não sairei humilhado.
⁸ A meu lado está quem me justifica;
  alguém me fará objeções? Vejamos.
  Quem é meu adversário? Aproxime-se.
⁹ᵃ Sim, o Senhor Deus é meu Auxiliador;
  quem é que me vai condenar?

Palavra do Senhor.

Salmo responsorial   Sl 114(115),1-2.3-4.5-6.8-9 (R. 9)

℟. **Anda**rei na pre**sen**ça de **Deus**,
   junto a **e**le, na **ter**ra dos **vi**vos.

Ou: Ale**lu**ia, Ale**lu**ia, Ale**lu**ia.

¹ Eu **a**mo o Se**nhor**, porque **ou**ve *
  o **gri**to da **mi**nha ora**ção**.
² Incli**nou** para **mim** seu ouvido, *
  no **di**a em que **eu** o invo**quei**.   ℟.

³ Pren**di**am-me as **cor**das da **mor**te, †
  aper**ta**vam-me os **la**ços do a**bis**mo; *
  inva**di**am-me an**gús**tia e tris**te**za:

4 eu então invoquei o Senhor *
"Salvai, ó Senhor, minha vida!" ℟.

5 O Senhor é justiça e bondade, *
nosso Deus é amor-compaixão.
6 É o Senhor quem defende os humildes: *
eu estava oprimido, e salvou-me. ℟.

8 Libertou minha vida da morte, †
enxugou de meus olhos o pranto *
e livrou os meus pés do tropeço.
9 Andarei na presença de Deus, *
junto a ele na terra dos vivos. ℟.

SEGUNDA LEITURA

*A fé, se não se traduz em obras,
por si só está morta.*

Leitura da Carta de São Tiago 2,14-18

14 Meus irmãos:
que adianta alguém dizer que tem fé,
quando não a põe em prática?
A fé seria então capaz de salvá-lo?
15 Imaginai que um irmão ou uma irmã
não têm o que vestir
e que lhes falta a comida de cada dia;
16 se então alguém de vós lhes disser:
"Ide em paz, aquecei-vos",
e: "Comei à vontade",
sem lhes dar o necessário para o corpo,
que adiantará isso?
17 Assim também a fé:
se não se traduz em obras,
por si só está morta.
18 Em compensação, alguém poderá dizer:
"Tu tens a fé e eu tenho a prática!"
Tu, mostra-me a tua fé sem as obras,
que eu te mostrarei a minha fé pelas obras!

Palavra do Senhor.

Aclamação ao Evangelho   Gl 6,14

℟. Ale**lu**ia, Ale**lu**ia, Ale**lu**ia.
℣. Eu de **na**da me glorio,
a não **ser**, da cruz de **Cris**to;
vejo o **mun**do em cruz pre**ga**do
e para o **mun**do em cruz me **avis**to.   ℟.

EVANGELHO

Tu és o Messias... O Filho do Homem deve sofrer muito.

✠ Proclamação do Evangelho de Jesus Cristo
segundo Marcos   8,27-35

Naquele tempo,
27 Jesus partiu com seus discípulos
para os povoados de Cesareia de Filipe.
No caminho perguntou aos discípulos:
"Quem dizem os homens que eu sou?"
28 Eles responderam:
"Alguns dizem que tu és João Batista;
outros que és Elias;
outros, ainda, que és um dos profetas".
29 Então ele perguntou:
"E vós, quem dizeis que eu sou?"
Pedro respondeu:
"Tu és o Messias".
30 Jesus proibiu-lhes severamente
de falar a alguém a seu respeito.
31 Em seguida, começou a ensiná-los,
dizendo que o Filho do Homem devia sofrer muito,
ser rejeitado pelos anciãos,
pelos sumos sacerdotes e doutores da Lei;
devia ser morto, e ressuscitar depois de três dias.
32 Ele dizia isso abertamente.
Então Pedro tomou Jesus à parte
e começou a repreendê-lo.
33 Jesus voltou-se, olhou para os discípulos
e repreendeu a Pedro, dizendo:
"Vai para longe de mim, Satanás!
Tu não pensas como Deus,

e sim como os homens".
34 Então chamou a multidão com seus discípulos e disse:
"Se alguém me quer seguir,
renuncie a si mesmo, tome a sua cruz e me siga.
35 Pois quem quiser salvar a sua vida, vai perdê-la;
mas quem perder a sua vida por causa de mim
e do Evangelho, vai salvá-la".

Palavra da Salvação

25º DOMINGO DO TEMPO COMUM

PRIMEIRA LEITURA

Vamos condená-lo à morte vergonhosa.

Leitura do Livro da Sabedoria   2,12.17-20

Os ímpios dizem:
¹² "Armemos ciladas ao justo,
porque sua presença nos incomoda:
ele se opõe ao nosso modo de agir,
repreende em nós as transgressões da lei
e nos reprova as faltas contra a nossa disciplina.
¹⁷ Vejamos, pois, se é verdade o que ele diz,
e comprovemos o que vai acontecer com ele.
¹⁸ Se, de fato, o justo é 'filho de Deus', Deus o defenderá
e o livrará das mãos dos seus inimigos.
¹⁹ Vamos pô-lo à prova com ofensas e torturas,
para ver a sua serenidade
e provar a sua paciência;
²⁰ vamos condená-lo à morte vergonhosa,
porque, de acordo com suas palavras,
virá alguém em seu socorro".

Palavra do Senhor.

Salmo responsorial   Sl 53(54),3-4.5.6.8 (℟. 6b)

℟. É o Se**nhor** quem sus**ten**ta minha **vi**da!

³ Por vosso **no**me, sal**vai**-me, Se**nhor**; *
e **dai**-me a **vos**sa jus**ti**ça!
⁴ Ó meu **Deus**, aten**dei** minha **pre**ce *
e escu**tai** as pa**la**vras que eu **di**go!   ℟.

⁵ Pois contra **mim** orgulho**sos** se in**sur**gem, †
e vio**len**tos per**se**guem-me a **vi**da: *
não há lu**gar** para **Deus** aos seus **o**lhos.
⁶ Quem me pro**te**ge e me am**pa**ra é meu **Deus**; *
é o Se**nhor** quem sus**ten**ta minha **vi**da!   ℟.

⁸ Quero ofer**tar**-vos o **meu** sacri**fí**cio *
de cora**ção** e com **mui**ta ale**gri**a;
quero lou**var**, ó **Se**n**hor**, vosso **no**me, *
quero can**tar** vosso **no**me que é **bom**!   ℟.

SEGUNDA LEITURA

*O fruto da justiça é semeado na paz,
para aqueles que promovem a paz.*

Leitura da Carta de São Tiago   3,16-4,3

Caríssimos:
³,¹⁶ Onde há inveja e rivalidade,
aí estão as desordens e toda espécie de obras más.
¹⁷ Por outra parte, a sabedoria que vem do alto
é, antes de tudo, pura,
depois pacífica, modesta, conciliadora,
cheia de misericórdia e de bons frutos,
sem parcialidade e sem fingimento.
¹⁸ O fruto da justiça é semeado na paz,
para aqueles que promovem a paz.
⁴,¹ De onde vêm as guerras?
De onde vêm as brigas entre vós?
Não vêm, justamente, das paixões
que estão em conflito dentro de vós?
² Cobiçais, mas não conseguis ter.
Matais e cultivais inveja, mas não conseguis êxito.
Brigais e fazeis guerra, mas não conseguis possuir.
E a razão está em que não pedis.
³ Pedis, sim, mas não recebeis,
porque pedis mal.
Pois só quereis esbanjar o pedido nos vossos prazeres.

Palavra do Senhor.

Aclamação ao Evangelho   cf. 2Ts 2,14

℟. Ale**lui**a, Ale**lui**a, Ale**lui**a.
℣. Pelo Evangelho o **Pai** nos cha**mou**,
a **fim** de alcan**çar**mos a **gló**ria
de **Nosso** Se**nhor** Jesus **Cris**to.   ℟.

EVANGELHO

*O Filho do Homem vai ser entregue...
Se alguém quiser ser o primeiro,
que seja aquele que serve a todos!*

✠ Proclamação do Evangelho de Jesus Cristo
segundo Marcos   9,30-37

Naquele tempo,
30 Jesus e seus discípulos atravessavam a Galileia.
Ele não queria que ninguém soubesse disso,
31 pois estava ensinando a seus discípulos.
E dizia-lhes:
"O Filho do Homem vai ser entregue nas mãos dos homens,
e eles o matarão.
Mas, três dias após sua morte, ele ressuscitará".
32 Os discípulos, porém, não compreendiam estas palavras
e tinham medo de perguntar.
33 Eles chegaram a Cafarnaum.
Estando em casa, Jesus perguntou-lhes:
"O que discutíeis pelo caminho?"
34 Eles, porém, ficaram calados,
pois pelo caminho tinham discutido
quem era o maior.
35 Jesus sentou-se, chamou os doze e lhes disse:
"Se alguém quiser ser o primeiro,
que seja o último de todos
e aquele que serve a todos!"
36 Em seguida, pegou uma criança,
colocou-a no meio deles,
e abraçando-a disse:
37 "Quem acolher em meu nome uma destas crianças,
é a mim que estará acolhendo.
E quem me acolher, está acolhendo, não a mim,
mas àquele que me enviou".

Palavra da Salvação.

26º DOMINGO DO TEMPO COMUM

PRIMEIRA LEITURA

*Tens ciúmes por mim? Quem dera
que todo o povo do Senhor fosse profeta.*

Leitura do Livro dos Números   11,25-29

Naqueles dias,
²⁵ O Senhor desceu na nuvem e falou a Moisés.
Retirou um pouco do espírito que Moisés possuía
e o deu aos setenta anciãos.
Assim que repousou sobre eles o espírito,
puseram-se a profetizar,
mas não continuaram.
²⁶ Dois homens, porém, tinham ficado no acampamento.
Um chamava-se Eldad e o outro Medad.
O espírito repousou igualmente sobre os dois,
que estavam na lista mas não tinham ido à Tenda,
e eles profetizavam no acampamento.
²⁷ Um jovem correu a avisar Moisés
que Eldad e Medad estavam profetizando no acampamento.
²⁸ Josué, filho de Nun,
ajudante de Moisés desde a juventude, disse:
"Moisés, meu Senhor, manda que eles se calem!"
²⁹ Moisés respondeu:
"Tens ciúmes por mim?
Quem dera que todo o povo do Senhor fosse profeta,
e que o Senhor lhe concedesse o seu espírito!"

Palavra do Senhor.

Salmo responsorial   Sl 18(19),8.10.12-13.14 (℟. 8a,9b)

℟. A **lei** do Senhor **Deus** é per**fei**ta, ale**gri**a ao cora**ção.**

⁸ A **lei** do Senhor **Deus** é per**fei**ta, *
con**for**to para a **al**ma!
O teste**mu**nho do Se**nhor** é fiel, *
sabedo**ri**a dos hu**mil**des.   ℟.

¹⁰ É **pu**ro o te**mor** do **Sen**hor, *
imu**tá**vel para **sem**pre.
Os julga**men**tos do **Sen**hor são corretos *
e **jus**tos igual**men**te.   ℟.

¹² E vosso **ser**vo, instruído por **e**las, *
se em**pe**nha em guar**dá**-las.
¹³ Mas quem **po**de perce**ber** suas **fal**tas?
Perdo**ai** as que não **ve**jo!   ℟.

¹⁴ E preser**vai** o vosso **ser**vo do or**gu**lho: *
não do**mi**ne sobre **mim**!
E assim **pu**ro, eu se**rei** preservado *
dos de**li**tos mais per**ver**sos.   ℟.

SEGUNDA LEITURA

Vossa riqueza está apodrecendo.

Leitura da Carta de São Tiago   5,1-6

¹ E agora, ricos, chorai e gemei,
por causa das desgraças que estão para cair sobre vós.
² Vossa riqueza está apodrecendo,
e vossas roupas estão carcomidas pelas traças.
³ Vosso ouro e vossa prata estão enferrujados,
e a ferrugem deles vai servir de testemunho contra vós
e devorar vossas carnes, como fogo!
Amontoastes tesouros nos últimos dias.
⁴ Vede: o salário dos trabalhadores
que ceifaram os vossos campos,
que vós deixastes de pagar,
está gritando,
e o clamor dos trabalhadores
chegou aos ouvidos do Senhor todo-poderoso.
⁵ Vós vivestes luxuosamente na terra,
entregues à boa vida,
cevando os vossos corações para o dia da matança.
⁶ Condenastes o justo e o assassinastes;
ele não resiste a vós.

Palavra do Senhor.

Aclamação ao Evangelho   cf. Jo 17,17b.a

℟. Aleluia, Aleluia, Aleluia.
℣. Vossa pa**la**vra é ver**da**de, ori**en**ta e dá **vigor**;
na ver**da**de santifica vosso **povo**, ó **Senhor**!   ℟.

EVANGELHO

Quem não é contra nós é a nosso favor.
Se tua mão te leva a pecar, corta-a!

✠ Proclamação do Evangelho de Jesus Cristo
segundo Marcos   9,38-43.45.47-48

Naquele tempo,
38 João disse a Jesus:
"Mestre, vimos um homem expulsar demônios em teu nome.
Mas nós o proibimos, porque ele não nos segue".
39 Jesus disse:
"Não o proíbais, pois ninguém faz milagres em meu nome
para depois falar mal de mim.
40 Quem não é contra nós é a nosso favor.
41 Em verdade eu vos digo:
quem vos der a beber um copo de água,
porque sois de Cristo,
não ficará sem receber a sua recompensa.
42 E, se alguém escandalizar
um destes pequeninos que creem,
melhor seria que fosse jogado no mar
com uma pedra de moinho amarrada ao pescoço.
43 Se tua mão te leva a pecar, corta-a!
É melhor entrar na Vida sem uma das mãos,
do que, tendo as duas, ir para o inferno,
para o fogo que nunca se apaga.
45 Se teu pé te leva a pecar, corta-o!
É melhor entrar na Vida sem um dos pés,
do que, tendo os dois, ser jogado no inferno.
47 Se teu olho te leva a pecar, arranca-o!
É melhor entrar no Reino de Deus com um olho só,
do que, tendo os dois, ser jogado no inferno,
48 'onde o verme deles não morre,
e o fogo não se apaga' ".

Palavra da Salvação.

27º DOMINGO DO TEMPO COMUM

PRIMEIRA LEITURA

E eles serão uma só carne.

Leitura do Livro do Gênesis   2,18-24

¹⁸ O Senhor Deus disse:
"Não é bom que o homem esteja só.
Vou dar-lhe uma auxiliar semelhante a ele".
¹⁹ Então o Senhor Deus formou da terra
todos os animais selvagens e todas as aves do céu,
e trouxe-os a Adão para ver como os chamaria;
todo o ser vivo teria o nome que Adão lhe desse.
²⁰ E Adão deu nome a todos os animais domésticos,
a todas as aves do céu
e a todos os animais selvagens;
mas Adão não encontrou
uma auxiliar semelhante a ele.
²¹ Então o Senhor Deus fez cair
um sono profundo sobre Adão.
Quando este adormeceu,
tirou-lhe uma das costelas
e fechou o lugar com carne.
²² Depois, da costela tirada de Adão,
o Senhor Deus formou a mulher
e conduziu-a a Adão.
²³ E Adão exclamou:
"Desta vez, sim, é osso dos meus ossos
e carne da minha carne!
Ela será chamada 'mulher'
porque foi tirada do homem".
²⁴ Por isso, o homem deixará
seu pai e sua mãe
e se unirá à sua mulher,
e eles serão uma só carne.

Palavra do Senhor.

Salmo responsorial Sl 127(128),1-2.3.4-5.6 (R. cf. 5)

℟. O Senhor te abençoe de Sião, cada dia de tua vida.

1 Feliz és tu se temes o Senhor *
 e trilhas seus caminhos!
2 Do trabalho de tuas mãos hás de viver, *
 serás feliz, tudo irá bem! ℟.

3 A tua esposa é uma videira bem fecunda *
 no coração da tua casa;
 os teus filhos são rebentos de oliveira *
 ao redor de tua mesa. ℟.

4 Será assim abençoado todo homem *
 que teme o Senhor.
5 O Senhor te abençoe de Sião, *
 cada dia de tua vida, ℟.

 para que vejas prosperar Jerusalém,*
6 e os filhos dos teus filhos.
 Ó Senhor, que venha a paz a Israel, *
 que venha a paz ao vosso povo! ℟.

SEGUNDA LEITURA

Tanto o Santificador, quanto os santificados descendem do mesmo ancestral.

Leitura da Carta aos Hebreus 2,9-11

Irmãos:
9 Jesus, a quem Deus fez pouco menor do que os anjos,
 nós o vemos coroado de glória e honra, por ter sofrido a morte.
 Sim, pela graça de Deus em favor de todos,
 ele provou a morte.
10 Convinha de fato que aquele,
 por quem e para quem todas as coisas existem,
 e que desejou conduzir muitos filhos à glória,
 levasse o iniciador da salvação deles à consumação,
 por meio de sofrimentos.
11 Pois tanto Jesus, o Santificador, quanto os santificados,
 são descendentes do mesmo ancestral;
 por esta razão, ele não se envergonha de os chamar irmãos.

Palavra do Senhor.

Aclamação ao Evangelho
1Jo 4,12

℟. Aleluia, Aleluia, Aleluia.
℣. Se amarmos uns aos outros, Deus em nós há de estar;
e o seu amor em nós se aperfeiçoará. ℟.

EVANGELHO (mais longo)

O que Deus uniu, o homem não separe!

✠ Proclamação do Evangelho de Jesus Cristo segundo Marcos 10,2-16

Naquele tempo,
2 Alguns fariseus se aproximaram de Jesus.
Para pô-lo à prova, perguntaram
se era permitido ao homem
divorciar-se de sua mulher.
3 Jesus perguntou:
"O que Moisés vos ordenou?"
4 Os fariseus responderam:
"Moisés permitiu escrever uma certidão de divórcio
e despedi-la".
5 Jesus então disse:
"Foi por causa da dureza do vosso coração
que Moisés vos escreveu este mandamento.
6 No entanto, desde o começo da criação,
Deus os fez homem e mulher.
7 Por isso, o homem deixará seu pai e sua mãe
e os dois serão uma só carne.
8 Assim, já não são dois, mas uma só carne.
9 Portanto, o que Deus uniu, o homem não separe!"
10 Em casa, os discípulos fizeram, novamente,
perguntas sobre o mesmo assunto.
11 Jesus respondeu:
"Quem se divorciar de sua mulher e casar com outra,
cometerá adultério contra a primeira.
12 E se a mulher se divorciar de seu marido
e casar com outro, cometerá adultério".
13 Depois disso, traziam crianças
para que Jesus as tocasse.
Mas os discípulos as repreendiam.
14 Vendo isso, Jesus se aborreceu e disse:

"Deixai vir a mim as crianças. Não as proibais,
porque o Reino de Deus é dos que são como elas.
¹⁵ Em verdade vos digo:
quem não receber o Reino de Deus como uma criança,
não entrará nele".
¹⁶ Ele abraçava as crianças
e as abençoava, impondo-lhes as mãos.

Palavra da Salvação.

Ou: EVANGELHO (mais breve)

O que Deus uniu, o homem não separe.

✠ Proclamação do Evangelho de Jesus Cristo
segundo Marcos   10,2-12

Naquele tempo,
² Alguns fariseus se aproximaram de Jesus.
Para pô-lo à prova, perguntaram
se era permitido ao homem
divorciar-se de sua mulher.
³ Jesus perguntou:
"O que Moisés vos ordenou?"
⁴ Os fariseus responderam:
"Moisés permitiu escrever uma certidão de divórcio
e despedi-la".
⁵ Jesus então disse:
"Foi por causa da dureza do vosso coração
que Moisés vos escreveu este mandamento.
⁶ No entanto, desde o começo da criação,
Deus os fez homem e mulher.
⁷ Por isso, o homem deixará seu pai e sua mãe
e os dois serão uma só carne.
⁸ Assim, já não são dois, mas uma só carne.
⁹ Portanto, o que Deus uniu, o homem não separe!"
¹⁰ Em casa, os discípulos fizeram, novamente,
perguntas sobre o mesmo assunto.
¹¹ Jesus respondeu:
"Quem se divorciar de sua mulher e casar com outra,
cometerá adultério contra a primeira.
¹² E se a mulher se divorciar de seu marido
e casar com outro, cometerá adultério".

Palavra da Salvação.

28º DOMINGO DO TEMPO COMUM

PRIMEIRA LEITURA

*Em comparação com a Sabedoria,
julguei sem valor a riqueza.*

Leitura do Livro da Sabedoria 7,7-11

⁷ "Orei, e foi-me dada a prudência;
supliquei, e veio a mim o espírito da sabedoria.
⁸ Preferi a Sabedoria aos cetros e tronos
e em comparação com ela, julguei sem valor a riqueza;
⁹ a ela não igualei nenhuma pedra preciosa,
pois, a seu lado, todo o ouro do mundo
é um punhado de areia
e diante dela, a prata, será como a lama.
¹⁰ Amei-a mais que a saúde e a beleza,
e quis possuí-la mais que a luz,
pois o esplendor que dela irradia não se apaga.
¹¹ Todos os bens me vieram com ela,
pois uma riqueza incalculável está em suas mãos".

Palavra do Senhor.

Salmo responsorial Sl 89(90),12-13.14-15.16-17 (℟. cf. 14)

℟. Sacia**i**-nos, ó Se**nhor**, com vosso **amor**,
e exulta**re**mos de ale**gri**a!

¹² Ensi**nai**-nos a con**tar** os nossos **di**as, *
e dai ao **nos**so cora**ção** sabedo**ri**a!
¹³ Senhor, vol**tai**-vos! Até **quan**do tarda**reis**? *
Tende pie**da**de e compai**xão** de vossos **ser**vos!   ℟.

¹⁴ Sacia**i**-nos de man**hã** com vosso **amor**, *
e exulta**re**mos de ale**gri**a todo o **di**a!
¹⁵ Ale**grai**-nos pelos **di**as que so**fre**mos, *
pelos **a**nos que pas**sa**mos na des**gra**ça!   ℟.

¹⁶ Manifes**tai** a vossa **o**bra a vossos **ser**vos, *
e a seus **fi**lhos reve**lai** a vossa **gló**ria!

17 Que a bondade do **Se**nhor e nosso **Deus** †
repou**se** sobre **nós** e nos con**du**za! *
Tornai fe**cun**do, ó **Se**nhor, nosso tra**ba**lho.   ℟.

SEGUNDA LEITURA

*A Palavra de Deus julga
os pensamentos e as intenções do coração.*

Leitura da Carta aos Hebreus   4,12-13

12 A Palavra de Deus é viva, eficaz
e mais cortante do que qualquer espada de dois gumes.
Penetra até dividir alma e espírito,
articulações e medulas.
Ela julga os pensamentos e as intenções do coração.
13 E não há criatura que possa ocultar-se diante dela.
Tudo está nu e descoberto aos seus olhos,
e é a ela que devemos prestar contas.

Palavra do Senhor.

Aclamação ao Evangelho   Mt 5,3

℟. A**le**luia, A**le**luia, A**le**luia.
℣. Fe**li**zes os **po**bres em es**pí**rito,
porque **de**les é o **Rei**no dos **Céus**.   ℟.

EVANGELHO (mais longo)

Vende tudo o que tens e segue-me!

✠ Proclamação do Evangelho de Jesus Cristo
segundo Marcos   10,17-30

Naquele tempo,
17 Quando Jesus saiu a caminhar, veio alguém correndo,
ajoelhou-se diante dele, e perguntou:
"Bom Mestre, que devo fazer para ganhar a vida eterna?"

¹⁸ Jesus disse:
"Por que me chamas de bom?"
Só Deus é bom, e mais ninguém.
¹⁹ Tu conheces os mandamentos:
não matarás; não cometerás adultério; não roubarás;
não levantarás falso testemunho;
não prejudicarás ninguém;
honra teu pai e tua mãe!"
²⁰ Ele respondeu:
"Mestre, tudo isso
tenho observado desde a minha juventude".
²¹ Jesus olhou para ele com amor, e disse:
"Só uma coisa te falta:
vai, vende tudo o que tens e dá aos pobres,
e terás um tesouro no céu.
Depois vem e segue-me!"
²² Mas quando ele ouviu isso, ficou abatido
e foi embora cheio de tristeza,
porque era muito rico.
²³ Jesus então olhou ao redor e disse aos discípulos:
"Como é difícil para os ricos entrar no Reino de Deus!"
²⁴ Os discípulos se admiravam com estas palavras,
mas ele disse de novo:
"Meus filhos, como é difícil entrar no Reino de Deus!
²⁵ É mais fácil um camelo passar pelo buraco de uma agulha
do que um rico entrar no Reino de Deus!"
²⁶ Eles ficaram muito espantados ao ouvirem isso,
e perguntavam uns aos outros:
"Então, quem pode ser salvo?"
²⁷ Jesus olhou para eles e disse:
"Para os homens isso é impossível, mas não para Deus.
Para Deus tudo é possível".
²⁸ Pedro então começou a dizer-lhe:
"Eis que nós deixamos tudo e te seguimos".
²⁹ Respondeu Jesus:
"Em verdade vos digo,
quem tiver deixado casa,
irmãos, irmãs, mãe, pai, filhos, campos,
por causa de mim e do Evangelho,
³⁰ receberá cem vezes mais agora, durante esta vida
– casa, irmãos, irmãs, mães, filhos e campos,
com perseguições –
e, no mundo futuro, a vida eterna.

Palavra da Salvação.

Ou: **EVANGELHO (mais breve)**

Vende tudo o que tens e segue-me!

✠ Proclamação do Evangelho de Jesus Cristo
segundo Marcos 10,17-27

Naquele tempo,
17 Quando Jesus saiu a caminhar, veio alguém correndo,
ajoelhou-se diante dele, e perguntou:
"Bom Mestre, que devo fazer para ganhar a vida eterna?"
18 Jesus disse:
"Por que me chamas de bom?"
Só Deus é bom, e mais ninguém.
19 Tu conheces os mandamentos:
não matarás; não cometerás adultério; não roubarás;
não levantarás falso testemunho;
não prejudicarás ninguém;
honra teu pai e tua mãe!"
20 Ele respondeu:
"Mestre, tudo isso
tenho observado desde a minha juventude".
21 Jesus olhou para ele com amor, e disse:
"Só uma coisa te falta:
vai, vende tudo o que tens e dá aos pobres,
e terás um tesouro no céu. Depois vem e segue-me!"
22 Mas quando ele ouviu isso, ficou abatido
e foi embora cheio de tristeza, porque era muito rico.
23 Jesus então olhou ao redor e disse aos discípulos:
"Como é difícil para os ricos entrar no Reino de Deus!"
24 Os discípulos se admiravam com estas palavras,
mas ele disse de novo:
"Meus filhos, como é difícil entrar no Reino de Deus!
25 É mais fácil um camelo passar pelo buraco de uma agulha
do que um rico entrar no Reino de Deus!"
26 Eles ficaram muito espantados ao ouvirem isso,
e perguntavam uns aos outros:
"Então, quem pode ser salvo?"
27 Jesus olhou para eles e disse:
"Para os homens isso é impossível, mas não para Deus.
Para Deus tudo é possível".

Palavra da Salvação.

29º DOMINGO DO TEMPO COMUM

PRIMEIRA LEITURA

*Oferecendo sua vida em expiação,
ele terá descendência duradoura.*

Leitura do Livro do Profeta Isaías   53,10-11

¹⁰ O Senhor quis macerá-lo com sofrimentos.
Oferecendo sua vida em expiação,
ele terá descendência duradoura,
e fará cumprir com êxito a vontade do Senhor.
¹¹ Por esta vida de sofrimento,
alcançará luz e uma ciência perfeita.
Meu Servo, o justo, fará justos inúmeros homens,
carregando sobre si suas culpas.

Palavra do Senhor.

Salmo responsorial   Sl 32(33),4-5.18-19.20.22 (R. 22)

℟. Sobre **nós** venha, Se**nhor**, a vossa **gra**ça,
pois, em **vós**, nós espe**ra**mos!

⁴ Pois **re**ta é a pal**a**vra do Se**nhor**, *
e **tu**do o que ele **faz** merece **fé**.
⁵ Deus **a**ma o di**rei**to e a jus**ti**ça, *
trans**bor**da em toda a **ter**ra a sua **gra**ça.   ℟.

¹⁸ Mas o Se**nhor** pousa o **o**lhar sobre os que o **te**mem, *
e que con**fi**am espe**ran**do em seu **a**mor,
¹⁹ para da **mor**te liber**tar** as suas **vi**das *
e alimen**tá**-los quando é **tem**po de pen**ú**ria.   ℟.

²⁰ No Se**nhor** nós espe**ra**mos confi**an**tes, *
porque **e**le é nosso au**xí**lio e prote**ção**!
²² Sobre **nós** venha, Se**nhor**, a vossa **gra**ça, *
da mesma **for**ma que em **vós** nós espe**ra**mos!   ℟.

SEGUNDA LEITURA

Aproximemo-nos, com confiança, do trono da graça.

Leitura da Carta aos Hebreus   4,14-16

Irmãos:
14 Temos um sumo-sacerdote eminente,
que entrou no céu,
Jesus, o Filho de Deus.
Por isso, permaneçamos firmes na fé que professamos.
15 Com efeito, temos um sumo-sacerdote
capaz de se compadecer de nossas fraquezas,
pois ele mesmo foi provado em tudo como nós,
com exceção do pecado.
16 Aproximemo-nos então, com toda a confiança,
do trono da graça,
para conseguirmos misericórdia
e alcançarmos a graça de um auxílio
no momento oportuno.

Palavra do Senhor.

Aclamação ao Evangelho   cf. Mc 10,45

℟. Aleluia, Aleluia, Aleluia.
℣. Jesus **Cris**to veio ser**vir**, Cristo **vei**o dar sua **vi**da.
Jesus **Cris**to veio sal**var**, viva **Cris**to, Cristo **vi**va!   ℟.

EVANGELHO (mais longo)

O Filho do Homem veio para dar a sua vida como resgate para muitos.

✠ Proclamação do Evangelho de Jesus Cristo
segundo Marcos   10,35-45

Naquele tempo,
35 Tiago e João, filhos de Zebedeu,
foram a Jesus e lhe disseram:

"Mestre, queremos que faças por nós o que vamos pedir".
36 Ele perguntou:
"O que quereis que eu vos faça?"
37 Eles responderam:
"Deixa-nos sentar um
à tua direita e outro à tua esquerda,
quando estiveres na tua glória!"
38 Jesus então lhes disse:
"Vós não sabeis o que pedis.
Por acaso podeis beber o cálice que eu vou beber?
Podeis ser batizados com o batismo
com que vou ser batizado?"
39 Eles responderam: "Podemos".
E ele lhes disse:
"Vós bebereis o cálice que eu devo beber,
e sereis batizados com o batismo
com que eu devo ser batizado.
40 Mas não depende de mim conceder
o lugar à minha direita ou à minha esquerda.
É para aqueles a quem foi reservado".
41 Quando os outros dez discípulos ouviram isso,
indignaram-se com Tiago e João.
42 Jesus os chamou e disse:
"Vós sabeis que os chefes das nações as oprimem
e os grandes as tiranizam.
43 Mas, entre vós, não deve ser assim:
quem quiser ser grande, seja vosso servo;
44 e quem quiser ser o primeiro, seja o escravo de todos.
45 Porque o Filho do Homem
não veio para ser servido, mas para servir
e dar a sua vida como resgate para muitos".

Palavra da Salvação.

Ou: **EVANGELHO (mais breve)**

*O Filho do Homem veio para dar a sua vida
como resgate para muitos.*

✠ Proclamação do Evangelho de Jesus Cristo
segundo Marcos   10,42-45

Naquele tempo,
⁴² Jesus chamou os doze e disse:
"Vós sabeis que os chefes das nações as oprimem
e os grandes as tiranizam.
⁴³ Mas, entre vós, não deve ser assim:
quem quiser ser grande,
seja vosso servo;
⁴⁴ e quem quiser ser o primeiro,
seja o escravo de todos.
⁴⁵ Porque o Filho do Homem
não veio para ser servido, mas para servir
e dar a sua vida como resgate para muitos".

Palavra da Salvação.

30º DOMINGO DO TEMPO COMUM

PRIMEIRA LEITURA

Os cegos e aleijados, suplicantes, eu os receberei.

Leitura do Livro do Profeta Jeremias   31,7-9

⁷ Isto diz o Senhor:
"Exultai de alegria por Jacó,
aclamai a primeira das nações;
tocai, cantai e dizei:
'Salva, Senhor, teu povo,
o resto de Israel'.
⁸ Eis que eu os trarei do país do Norte
e os reunirei desde as extremidades da terra;
entre eles há cegos e aleijados,
mulheres grávidas e parturientes:
são uma grande multidão os que retornam.
⁹ Eles chegarão entre lágrimas
e eu os receberei entre preces;
eu os conduzirei por torrentes d'água,
por um caminho reto onde não tropeçarão,
pois tornei-me um pai para Israel,
e Efraim é o meu primogênito".

Palavra do Senhor.

Salmo responsorial   Sl 125(126),1-2ab.2cd-3.4-5.6 (R. 3)

℟. Maravilhas fez conosco o Senhor,
exultemos de alegria!

¹ Quando o Senhor reconduziu nossos cativos, *
parecíamos sonhar;
²ᵃ encheu-se de sorriso nossa boca, *
ᵇ nossos lábios, de canções.   ℟.

ᶜ Entre os gentios se dizia: "Maravilhas *
ᵈ fez com eles o Senhor!"
³ Sim, maravilhas fez conosco o Senhor, *
exultemos de alegria!   ℟.

⁴ **Mudai** a nossa **sorte**, ó **Senhor**, *
como tor**ren**tes no de**ser**to.
⁵ Os que **lan**çam as se**men**tes entre **lá**grimas, *
cei**farão** com ale**gria**. ℟.

⁶ Cho**ran**do de tris**te**za sai**rão**, *
espa**lhan**do suas se**men**tes;
can**tan**do de ale**gria** volta**rão**, *
carre**gan**do os seus **fei**xes! ℟.

SEGUNDA LEITURA

*Tu és sacerdote para sempre,
segundo a ordem de Melquisedec.*

Leitura da Carta aos Hebreus 5,1-6

¹ Todo sumo-sacerdote é tirado do meio dos homens
e instituído em favor dos homens
nas coisas que se referem a Deus,
para oferecer dons e sacrifícios pelos pecados.
² Sabe ter compaixão
dos que estão na ignorância e no erro,
porque ele mesmo está cercado de fraqueza.
³ Por isso, deve oferecer sacrifícios
tanto pelos pecados do povo,
quanto pelos seus próprios.
⁴ Ninguém deve atribuir-se esta honra,
senão o que foi chamado por Deus, como Aarão.
⁵ Deste modo, também Cristo não se atribuiu a si mesmo
a honra de ser sumo-sacerdote,
mas foi aquele que lhe disse:
"Tu és o meu Filho, eu hoje te gerei".
⁶ Como diz em outra passagem:
"Tu és sacerdote para sempre, na ordem de Melquisedec".

Palavra do Senhor.

Aclamação ao Evangelho cf. 2Tm 1,10.

℟. Aleluia, Aleluia, Aleluia.
℣. Jesus Cristo, Salvador, destruiu o mal e a morte;
fez brilhar, pelo Evangelho, a luz e a vida imperecíveis. ℟.

EVANGELHO

Mestre, que eu veja!

✠ Proclamação do Evangelho de Jesus Cristo
segundo Marcos 10,46-52

Naquele tempo,
⁴⁶ Jesus saiu de Jericó,
junto com seus discípulos e uma grande multidão.
O filho de Timeu, Bartimeu, cego e mendigo,
estava sentado à beira do caminho.
⁴⁷ Quando ouviu dizer que Jesus, o Nazareno,
estava passando, começou a gritar:
"Jesus, filho de Davi, tem piedade de mim!"
⁴⁸ Muitos o repreendiam para que se calasse.
Mas ele gritava mais ainda:
"Filho de Davi, tem piedade de mim!"
⁴⁹ Então Jesus parou e disse:
"Chamai-o".
Eles o chamaram e disseram:
"Coragem, levanta-te, Jesus te chama!"
⁵⁰ O cego jogou o manto, deu um pulo e foi até Jesus.
⁵¹ Então Jesus lhe perguntou:
"O que queres que eu te faça?"
O cego respondeu:
"Mestre, que eu veja!"
⁵² Jesus disse:
"Vai, a tua fé te curou".
No mesmo instante, ele recuperou a vista
e seguia Jesus pelo caminho.

Palavra da Salvação.

31º DOMINGO DO TEMPO COMUM

PRIMEIRA LEITURA

*Ouve, Israel: Amarás o Senhor te Deus
com todo o teu coração.*

Leitura do Livro do Deuteronômio 6,2-6

Moisés falou ao povo dizendo:
² "Temerás o Senhor teu Deus,
observando durante toda a vida
todas as suas leis e os seus mandamentos
que te prescrevo,
a ti, a teus filhos e netos,
a fim de que se prolonguem os teus dias.
³ Ouve, Israel,
e cuida de os pôr em prática,
para seres feliz e te multiplicares sempre mais,
na terra onde corre leite e mel,
como te prometeu o Senhor,
o Deus de teus pais.
⁴ Ouve, Israel,
o Senhor, nosso Deus, é o único Senhor.
⁵ Amarás o Senhor teu Deus
com todo o teu coração,
com toda a tua alma
e com todas as tuas forças.
⁶ E trarás gravadas em teu coração
todas estas palavras que hoje te ordeno".

Palavra do Senhor.

Salmo responsorial Sl 17(18),2-.3a.3bc-4.47.51ab (R. 2)

℟. Eu vos **amo**, ó Se**nhor**, porque **sois** minha **for**ça!

² Eu vos **amo**, ó Se**nhor**! Sois minha **for**ça, *
³ᵃ minha **ro**cha, meu re**fú**gio e Salva**dor**!
Ó meu **Deus**, sois o ro**che**do que me **a**briga, *
minha **for**ça e pode**ro**sa salva**ção**. ℟.

ᵇᶜ Ó meu **Deus**, sois o ro**che**do que me **abri**ga *
   sois meu es**cu**do e prote**ção**: em vós es**pe**ro!
⁴ Invoca**rei** o meu Se**nhor**: a ele a **gló**ria! *
   e dos **meus** persegui**do**res serei **sal**vo! ℟.

⁴⁷ Viva o Se**nhor**! Bendito **se**ja o meu Ro**che**do! *
   E lou**va**do seja **Deus**, meu Salva**dor**.
⁵¹ᵃᵇ Conce**deis** ao vosso **rei** grandes vi**tó**rias *
   e mos**trais** miseri**cór**dia ao vosso Un**gi**do. ℟.

SEGUNDA LEITURA

*Cristo, uma vez que permanece para a eternidade,
possui um sacerdócio que não muda.*

Leitura da Carta aos Hebreus   7,23-28

Irmãos:
²³ Os sacerdotes da antiga aliança
   sucediam-se em grande número,
   porque a morte os impedia de permanecer.
²⁴ Cristo, porém, uma vez que permanece para a eternidade,
   possui um sacerdócio que não muda.
²⁵ Por isso ele é capaz de salvar para sempre
   aqueles que, por seu intermédio, se aproximam de Deus.
   Ele está sempre vivo para interceder por eles.
²⁶ Tal é precisamente o sumo-sacerdote que nos convinha:
   santo, inocente, sem mancha,
   separado dos pecadores
   e elevado acima dos céus.
²⁷ Ele não precisa, como os sumos-sacerdotes
   oferecer sacrifícios em cada dia,
   primeiro por seus próprios pecados
   e depois pelos do povo.
   Ele já o fez uma vez por todas,
   oferecendo-se a si mesmo.
²⁸ A Lei, com efeito,
   constituiu sumos-sacerdotes sujeitos à fraqueza,
   enquanto a palavra do juramento,
   que veio depois da Lei,
   constituiu alguém que é Filho, perfeito para sempre.

Palavra do Senhor.

Aclamação ao Evangelho   Jo 14,23

℞. Aleluia, Aleluia, Aleluia.
℣. Quem me ama realmente guardará minha palavra,
e meu Pai o amará, e a ele nós viremos.   ℞.

EVANGELHO

Amarás o Senhor teu Deus.
Amarás o teu próximo.

✠ Proclamação do Evangelho de Jesus Cristo
segundo Marcos   12,28b-34

Naquele tempo,
²⁸ᵇ Um mestre da Lei,
aproximou-se de Jesus e perguntou:
"Qual é o primeiro de todos os mandamentos?"
²⁹ Jesus respondeu:
"O primeiro é este:
Ouve, ó Israel!
O Senhor nosso Deus é o único Senhor.
³⁰ Amarás o Senhor teu Deus
de todo o teu coração, de toda a tua alma,
de todo o teu entendimento e com toda a tua força!
³¹ O segundo mandamento é:
Amarás o teu próximo como a ti mesmo!
Não existe outro mandamento maior do que estes".
³² O mestre da Lei disse a Jesus:
"Muito bem, Mestre! Na verdade, é como disseste:
Ele é o único Deus e não existe outro além dele.
³³ Amá-lo de todo o coração, de toda a mente,
e com toda a força,
e amar o próximo como a si mesmo
é melhor do que todos os holocaustos e sacrifícios".
³⁴ Jesus viu que ele tinha respondido com inteligência,
e disse:
"Tu não estás longe do Reino de Deus".
E ninguém mais tinha coragem
de fazer perguntas a Jesus.

Palavra da Salvação.

32º DOMINGO DO TEMPO COMUM

PRIMEIRA LEITURA

*A viúva, do seu punhado de farinha,
fez um pãozinho e o levou a Elias.*

Leitura do Primeiro Livro dos Reis 17,10-16

Naqueles dias,
10 Elias pôs-se a caminho e foi para Sarepta.
Ao chegar à porta da cidade,
viu uma viúva apanhando lenha.
Ele chamou-a e disse:
"Por favor, traze-me um pouco de água numa vasilha
para eu beber".
11 Quando ela ia buscar água, Elias gritou-lhe:
"Por favor, traze-me também um pedaço de pão
em tua mão".
12 Ela respondeu:
"Pela vida do Senhor, teu Deus, não tenho pão.
Só tenho um punhado de farinha numa vasilha
e um pouco de azeite na jarra.
Eu estava apanhando dois pedaços de lenha,
a fim de preparar esse resto para mim e meu filho,
para comermos e depois esperar a morte".
13 Elias replicou-lhe:
"Não te preocupes! Vai e faze como disseste.
Mas, primeiro, prepara-me com isso um pãozinho, e traze-o.
Depois farás o mesmo para ti e teu filho.
14 Porque assim fala o Senhor, Deus de Israel:
'A vasilha de farinha não acabará
e a jarra de azeite não diminuirá,
até ao dia em que o Senhor enviar
a chuva sobre a face da terra' ".
15 A mulher foi e fez como Elias lhe tenha dito.
E comeram, ele e ela e sua casa, durante muito tempo.
16 A farinha da vasilha não acabou
nem diminuiu o óleo da jarra,
conforme o que o Senhor tinha dito por intermédio de Elias.

Palavra do Senhor.

Salmo responsorial Sl 145(146),7.8-9a.9bc-10 (R. 1)

℟. Bendize, minh'alma, bendize ao Senhor!

Ou: Aleluia, Aleluia, Aleluia.

⁷ O Senhor é fiel para sempre, *
 faz justiça aos que são oprimidos;
 ele dá alimento aos famintos, *
 é o Senhor quem liberta os cativos. ℟.

⁸ O Senhor abre os olhos aos cegos †
 o Senhor faz erguer-se o caído; *
 o Senhor ama aquele que é justo.
⁹ᵃ É o Senhor quem protege o estrangeiro, †

ᵇᶜ Quem ampara a viúva e o órfão *
 mas confunde os caminhos dos maus. ℟.
¹⁰ O Senhor reinará para sempre! †
 Ó Sião, o teu Deus reinará *
 para sempre e por todos os séculos! ℟.

SEGUNDA LEITURA

*Cristo foi oferecido uma vez,
para tirar os pecados da multidão.*

Leitura da Carta aos Hebreus   9,24-28

²⁴ Cristo não entrou num santuário feito por mão humana,
 imagem do verdadeiro,
 mas no próprio céu,
 a fim de comparecer, agora, na presença de Deus,
 em nosso favor.
²⁵ E não foi para se oferecer a si muitas vezes,
 como o sumo-sacerdote que, cada ano,
 entra no Santuário com sangue alheio.
²⁶ Porque, se assim fosse,
 deveria ter sofrido muitas vezes,
 desde a fundação do mundo.
 Mas foi agora, na plenitude dos tempos,
 que, uma vez por todas, ele se manifestou

para destruir o pecado pelo sacrifício de si mesmo.
²⁷ O destino de todo homem é morrer uma só vez,
e depois vem o julgamento.
²⁸ Do mesmo modo, também Cristo,
oferecido uma vez por todas,
para tirar os pecados da multidão,
aparecerá uma segunda vez, fora do pecado,
para salvar aqueles que o esperam.

Palavra do Senhor.

Aclamação ao Evangelho   Mt 5,3

℟. Ale**lu**ia, Ale**lu**ia, Ale**lu**ia.
℣. Fe**li**zes os **po**bres em es**pí**rito,
porque **de**les é o **Rei**no dos **Céus**.   ℟.

EVANGELHO (mais longo)

*Esta viúva pobre deu mais
do que todos os outros.*

✠ Proclamação do Evangelho de Jesus Cristo
segundo Marcos   12,38-44

Naquele tempo,
³⁸ Jesus dizia, no seu ensinamento a uma grande multidão:
"Tomai cuidado com os doutores da Lei!
Eles gostam de andar com roupas vistosas,
de ser cumprimentados nas praças públicas;
³⁹ gostam das primeiras cadeiras nas sinagogas
e dos melhores lugares nos banquetes.
⁴⁰ Eles devoram as casas das viúvas,
fingindo fazer longas orações.
Por isso eles receberão a pior condenação".
⁴¹ Jesus estava sentado no Templo,
diante do cofre das esmolas,
e observava como a multidão depositava
suas moedas no cofre.
Muitos ricos depositavam grandes quantias.
⁴² Então chegou uma pobre viúva
que deu duas pequenas moedas,

que não valiam quase nada.
⁴³ Jesus chamou os discípulos e disse:
"Em verdade vos digo,
esta pobre viúva deu mais do que todos os outros
que ofereceram esmolas.
⁴⁴ Todos deram do que tinham de sobra,
enquanto ela, na sua pobreza,
ofereceu tudo aquilo que possuía para viver".

Palavra da Salvação.

Ou: EVANGELHO (mais breve)

*Esta viúva pobre deu mais
do que todos os outros.*

✠ Proclamação do Evangelho de Jesus Cristo
segundo Marcos   12,41-44

Naquele tempo,
⁴¹ Jesus estava sentado no Templo,
diante do cofre das esmolas,
e observava como a multidão depositava
suas moedas no cofre.
Muitos ricos depositavam grandes quantias.
⁴² Então chegou uma pobre viúva
que deu duas pequenas moedas,
que não valiam quase nada.
⁴³ Jesus chamou os discípulos e disse:
"Em verdade vos digo,
esta pobre viúva deu mais do que todos os outros
que ofereceram esmolas.
⁴⁴ Todos deram do que tinham de sobra,
enquanto ela, na sua pobreza,
ofereceu tudo aquilo que possuía para viver".

Palavra da Salvação.

33º DOMINGO DO TEMPO COMUM

PRIMEIRA LEITURA

Nesse tempo, teu povo será salvo.

Leitura da Profecia de Daniel 12,1-3

¹ "Naquele tempo, se levantará Miguel,
o grande príncipe,
defensor dos filhos de teu povo;
e será um tempo de angústia,
como nunca houve até então,
desde que começaram a existir nações.
Mas, nesse tempo, teu povo será salvo,
todos os que se acharem inscritos no Livro.
² Muitos dos que dormem no pó da terra, despertarão,
uns para a vida eterna,
outros para o opróbrio eterno.
³ Mas os que tiverem sido sábios,
brilharão como o firmamento;
e os que tiverem ensinado a muitos homens
os caminhos da virtude,
brilharão como as estrelas,
por toda a eternidade".

Palavra do Senhor.

Salmo responsorial　　　　Sl 15(16),5.8.9-10.11　(℟. 1a)

℟.　Guar**dai**-me, ó **Deus**, porque em **vós** me refu**gi**o!

⁵ Ó Se**nhor**, sois minha he**ran**ça e minha **ta**ça, *
　 meu des**ti**no está se**gu**ro em vossas **mãos**!
⁸ Tenho **sem**pre o Se**nhor** ante meus **o**lhos, *
　 pois se o **te**nho a meu **la**do não vacilo.　　　℟.

⁹ Eis por **que** meu cora**ção** está em **fes**ta, †
　 minha **al**ma reju**bi**la de ale**gri**a, *
　 e até meu **cor**po no re**pou**so está tran**qui**lo;
¹⁰ pois não ha**veis** de me dei**xar** entregue à **mor**te, *
　 nem vosso **a**migo conhe**cer** a corrupção.　　　℟.

¹¹ Vós me ensinais vosso caminho para a vida; †
    junto a vós, felicidade sem limites, *
    delícia eterna e alegria ao vosso lado!   ℟.

SEGUNDA LEITURA

*Com esta única oferenda,
levou à perfeição definitiva os que ele santifica.*

Leitura da Carta aos Hebreus   10,11-14.18

¹¹ Todo sacerdote se apresenta diariamente
    para celebrar o culto,
    oferecendo muitas vezes os mesmos sacrifícios,
    incapazes de apagar os pecados.
¹² Cristo, ao contrário,
    depois de ter oferecido um sacrifício único pelos pecados,
    sentou-se para sempre à direita de Deus.
¹³ Não lhe resta mais senão esperar
    até que seus inimigos sejam postos debaixo de seus pés.
¹⁴ De fato, com esta única oferenda,
    levou à perfeição definitiva os que ele santifica.
¹⁸ Ora, onde existe o perdão,
    já não se faz oferenda pelo pecado.

Palavra do Senhor.

Aclamação ao Evangelho   Lc 21,36

℟. Aleluia, Aleluia, Aleluia.
℣. É preciso vigiar e ficar de prontidão;
    em que dia o Senhor há de vir, não sabeis não!   ℟.

EVANGELHO

Ele reunirá os eleitos de Deus,
de uma extremidade à outra da terra.

✠ Proclamação do Evangelho de Jesus Cristo
segundo Marcos   13,24-32

Naquele tempo,
Jesus disse a seus discípulos:
²⁴ "Naqueles dias, depois da grande tribulação,
o sol vai se escurecer, e a lua não brilhará mais,
²⁵ as estrelas começarão a cair do céu
e as forças do céu serão abaladas.
²⁶ Então vereis o Filho do Homem vindo nas nuvens
com grande poder e glória.
²⁷ Ele enviará os anjos aos quatro cantos da terra
e reunirá os eleitos de Deus,
de uma extremidade à outra da terra.
²⁸ Aprendei, pois, da figueira esta parábola:
quando seus ramos ficam verdes
e as folhas começam a brotar,
sabeis que o verão está perto.
²⁹ Assim também, quando virdes acontecer essas coisas,
ficai sabendo que o Filho do Homem está próximo,
às portas.
³⁰ Em verdade vos digo,
esta geração não passará até que tudo isto aconteça.
³¹ O céu e a terra passarão,
mas as minhas palavras não passarão.
³² Quanto àquele dia e hora, ninguém sabe,
nem os anjos do céu, nem o Filho,
mas somente o Pai".

Palavra da Salvação.

34º. ou Último Domingo do Tempo Comum

SOLENIDADE DE NOSSO SENHOR JESUS CRISTO, REI DO UNIVERSO

PRIMEIRA LEITURA

Seu poder é um poder eterno.

Leitura da Profecia de Daniel 7,13-14

¹³ "Continuei insistindo na visão noturna,
e eis que, entre as nuvens do céu,
vinha um como filho de homem,
aproximando-se do Ancião de muitos dias,
e foi conduzido à sua presença.
¹⁴ Foram-lhe dados poder, glória e realeza,
e todos os povos, nações e línguas o serviam:
seu poder é um poder eterno
que não lhe será tirado,
e seu reino, um reino que não se dissolverá".

Palavra do Senhor.

Salmo responsorial — Sl 92(93),1ab.1c-2.5 (℞. 1a)

℞. Deus é **Rei** e se ves**ti**u de majestade,
glória ao Se**nhor**!

^{1a} Deus é **Rei** e se ves**ti**u de majestade, *
^b revestiu-se de po**der** e de esplen**dor**! ℞.

^c Vós fir**mas**tes o uni**ver**so inaba**lá**vel, †
² vós fir**mas**tes vosso **tro**no desde a **o**rigem, *
desde **sem**pre, ó Se**nhor**, vós exis**tis**! ℞.

⁵ Verda**dei**ros são os **vos**sos teste**mu**nhos, †
re**ful**ge a santi**da**de em vossa **ca**sa, *
pelos **sé**culos dos **sé**culos, Se**nhor**! ℞.

SEGUNDA LEITURA

*O soberano dos reis da terra fez de nós um reino,
sacerdotes para seu Deus e Pai.*

Leitura do Livro do Apocalipse   1,5-8

⁵ Jesus Cristo, é a testemunha fiel,
o primeiro a ressuscitar dentre os mortos,
o soberano dos reis da terra.
A Jesus, que nos ama,
que por seu sangue nos libertou dos nossos pecados
⁶ e que fez de nós um reino,
sacerdotes para seu Deus e Pai,
a ele a glória e o poder, em eternidade. Amém.
⁷ Olhai! Ele vem com as nuvens,
e todos os olhos o verão,
também aqueles que o traspassaram.
Todas as tribos da terra
baterão no peito por causa dele.
Sim. Amém!
⁸ "Eu sou o Alfa e o Ômega", diz o Senhor Deus,
"aquele que é, que era e que vem,
o Todo-poderoso".

Palavra do Senhor.

Aclamação ao Evangelho   Mc 11,9.10

℟. Aleluia, Aleluia, Aleluia.
℣. É bendito aquele que vem vindo,
que vem vindo em nome do Senhor,
e o Reino que vem, seja bendito,
ao que vem e a seu Reino, o louvor!   ℟.

EVANGELHO

Tu o dizes: eu sou rei.

✠ **Proclamação do Evangelho de Jesus Cristo segundo João**   **18,33b-37**

Naquele tempo,
^{33b} Pilatos chamou Jesus e perguntou-lhe:
"Tu és o rei dos judeus?"
³⁴ Jesus respondeu:
"Estás dizendo isto por ti mesmo,
ou outros te disseram isto de mim?"
³⁵ Pilatos falou:
"Por acaso, sou judeu?
O teu povo e os sumos sacerdotes
te entregaram a mim.
Que fizeste?"
³⁶ Jesus respondeu:
"O meu reino não é deste mundo.
Se o meu reino fosse deste mundo,
os meus guardas lutariam
para que eu não fosse entregue aos judeus.
Mas o meu reino não é daqui".
³⁷ Pilatos disse a Jesus:
"Então tu és rei?"
Jesus respondeu:
"Tu o dizes: eu sou rei.
Eu nasci e vim ao mundo para isto:
para dar testemunho da verdade.
Todo aquele que é da verdade
escuta a minha voz".

Palavra da Salvação.

LECIONÁRIO DOMINICAL

ANO C

TEMPO DO ADVENTO

TEMPO DO ADVENTO

1º DOMINGO DO ADVENTO

PRIMEIRA LEITURA

Farei brotar de Davi a semente da justiça.

Leitura do Livro do Profeta Jeremias   33,14-16

¹⁴ "Eis que virão dias, diz o Senhor,
em que farei cumprir a promessa de bens futuros
para a casa de Israel e para a casa de Judá.
¹⁵ Naqueles dias, naquele tempo,
farei brotar de Davi a semente da justiça,
que fará valer a lei e a justiça na terra.
¹⁶ Naqueles dias, Judá será salvo
e Jerusalém terá uma população confiante;
este é o nome que servirá para designá-la:
'O Senhor é a nossa Justiça'".

Palavra do Senhor.

Salmo responsorial   Sl 24(25),4bc-5ab.8-9.10.14 (R. 1b)

℟. Senhor meu **Deus**, a vós e**le**vo a minha **al**ma!

⁴ Mos**trai**-me, ó Se**nhor**, vossos ca**mi**nhos, *
e fa**zei**-me conhe**cer** a vossa es**tra**da!
⁵ Vossa ver**da**de me ori**en**te e me con**du**za, *
porque **sois** o Deus da **mi**nha sal**va**ção!   ℟.

⁸ O Se**nhor** é pie**da**de e reti**dão**, *
e recon**duz** ao bom ca**mi**nho os peca**do**res.
⁹ Ele di**ri**ge os hu**mil**des na jus**ti**ça, *
e aos **po**bres ele en**si**na o seu ca**mi**nho.   ℟.

¹⁰ Verdade e a**mor** são os ca**mi**nhos do Se**nhor** *
para quem **guar**da sua Ali**an**ça e seus pre**cei**tos.
¹⁴ O Se**nhor** se torna **ín**timo aos que o **te**mem *
e lhes **dá** a conhe**cer** sua Ali**an**ça.   ℟.

SEGUNDA LEITURA

*Que o Senhor confirme os vossos corações
na vinda de Cristo.*

Leitura da Primeira Carta de São Paulo aos Tessalonicenses
3,12-4,2

Irmãos:
³,¹² O Senhor vos conceda que o amor entre vós e para com
todos aumente e transborde sempre mais,
a exemplo do amor que temos por vós.
¹³ Que assim ele confirme os vossos corações
numa santidade sem defeito aos olhos de Deus, nosso Pai,
no dia da vinda de nosso Senhor Jesus,
com todos os seus santos.
⁴,¹ Enfim, meus irmãos, eis o que vos pedimos
e exortamos no Senhor Jesus:
Aprendestes de nós como deveis viver para agradar a Deus,
e já estais vivendo assim.
Fazei progressos ainda maiores!
² Conheceis, de fato, as instruções
que temos dado em nome do Senhor Jesus.

Palavra do Senhor.

Aclamação ao Evangelho   Sl 84,8

℟. Ale**lui**a, Ale**lui**a, Ale**lui**a.
℣. Mos**trai**-nos, ó S**enhor**, vossa bon**da**de.
e a **vo**ssa salva**ção** nos conce**dei**!   ℟.

EVANGELHO

A vossa libertação está próxima.

✠ Proclamação do Evangelho de Jesus Cristo
segundo Lucas   21,25-28.34-36

Naquele tempo disse Jesus a seus discípulos:
²⁵ "Haverá sinais no sol, na lua e nas estrelas.
Na terra, as nações ficarão angustiadas,
com pavor do barulho do mar e das ondas.

²⁶ Os homens vão desmaiar de medo,
só em pensar no que vai acontecer ao mundo,
porque as forças do céu serão abaladas.
²⁷ Então eles verão o Filho do Homem,
vindo numa nuvem com grande poder e glória.
²⁸ Quando estas coisas começarem a acontecer,
levantai-vos e erguei a cabeça,
porque a vossa libertação está próxima.
³⁴ Tomai cuidado para que vossos corações
não fiquem insensíveis por causa da gula,
da embriaguez e das preocupações da vida,
e esse dia não caia de repente sobre vós;
³⁵ pois esse dia cairá como uma armadilha
sobre todos os habitantes de toda a terra.
³⁶ Portanto, ficai atentos e orai a todo momento,
a fim de terdes força
para escapar de tudo o que deve acontecer
e para ficardes em pé diante do Filho do Homem".

Palavra da Salvação.

2º DOMINGO DO ADVENTO

PRIMEIRA LEITURA

Deus mostrará o teu esplendor.

Leitura do Livro do Profeta Baruc 5,1-9

¹ Despe, ó Jerusalém, a veste de luto e de aflição,
e reveste, para sempre, os adornos da glória
vinda de Deus.
² Cobre-te com o manto da justiça que vem de Deus
e põe na cabeça o diadema da glória do Eterno.
³ Deus mostrará teu esplendor, ó Jerusalém,
a todos os que estão debaixo do céu.
⁴ Receberás de Deus este nome para sempre:
"Paz-da-justiça e glória-da-piedade".
⁵ Levanta-te, Jerusalém, põe-te no alto
e olha para o Oriente!
Vê teus filhos reunidos pela voz do Santo,
desde o poente até o levante,
jubilosos por Deus ter-se lembrado deles.
⁶ Saíram de ti, caminhando a pé,
levados pelos inimigos.
Deus os devolve a ti, conduzidos com honras,
como príncipes reais.
⁷ Deus ordenou que se abaixassem
todos os altos montes e as colinas eternas,
e se enchessem os vales, para aplainar a terra,
a fim de que Israel caminhe com segurança,
sob a glória de Deus.
⁸ As florestas e todas as árvores odoríferas,
darão sombra a Israel, por ordem de Deus.
⁹ Sim, Deus guiará Israel, com alegria,
à luz de sua glória, manifestando a misericórdia
e a justiça que dele procedem.

Palavra do Senhor.

Salmo responsorial Sl 125(126),1-2ab.2cd-3.4-5.6 (℞. 3)

℞. Maravilhas fez conosco o Senhor,
exultemos de alegria!

¹ Quando o Se**nhor** recondu**ziu** nossos ca**ti**vos, *
parecíamos sonhar;
²ᵃ en**cheu**-se de sor**ri**so nossa **bo**ca, *
ᵇ nossos **lá**bios, de can**ções**. ℟.

ᶜ Entre os gen**ti**os se di**zi**a: "Maravi**lhas** *
ᵈ fez com eles o Se**nhor**!"
³ Sim, maravi**lhas** fez co**nos**co o Se**nhor**, *
exul**te**mos de ale**gri**a! ℟.

⁴ Mu**dai** a nossa **sor**te, ó Se**nhor**, *
como tor**ren**tes no de**ser**to.
⁵ Os que **lan**çam as se**men**tes entre **lá**grimas, *
ceifa**rão** com ale**gri**a. ℟.

⁶ Cho**ran**do de tris**te**za sai**rão**, *
espa**lhan**do suas se**men**tes;
can**tan**do de ale**gri**a volta**rão**, *
carre**gan**do os seus **fei**xes! ℟.

SEGUNDA LEITURA

*Ficareis puros e sem defeito
para o dia de Cristo.*

Leitura da Carta de São Paulo aos Filipenses 1,4-6.8-11

Irmãos:
⁴ Sempre em todas as minhas orações
rezo por vós, com alegria,
⁵ por causa da vossa comunhão conosco
na divulgação do Evangelho,
desde o primeiro dia até agora.
⁶ Tenho a certeza de que
aquele que começou em vós uma boa obra,
há de levá-la à perfeição até ao dia de Cristo Jesus.
⁸ Deus é testemunha de que tenho saudade de todos vós,
com a ternura de Cristo Jesus.
⁹ E isto eu peço a Deus:
que o vosso amor cresça sempre mais,
em todo o conhecimento e experiência,
¹⁰ para discernirdes o que é o melhor.

E assim ficareis puros e sem defeito
para o dia de Cristo,
¹¹ cheios do fruto da justiça
que nos vem por Jesus Cristo,
para a glória e o louvor de Deus.

Palavra do Senhor.

Aclamação ao Evangelho   Lc 3, 4.6

℟. Aleluia, Aleluia, Aleluia.
℣. Preparai o caminho do Senhor, endireitai suas veredas.
Toda a carne há de ver, a salvação do nosso Deus.   ℟.

EVANGELHO

Todas as pessoas verão a salvação de Deus.

✠ Proclamação do Evangelho de Jesus Cristo
segundo Lucas   3,1-6

¹ No décimo quinto ano do império de Tibério César,
quando Pôncio Pilatos era governador da Judéia,
Herodes administrava a Galiléia,
seu irmão Filipe, as regiões da Ituréia e Traconítide,
e Lisânias a Abilene;
² quando Anás e Caifás eram sumos sacerdotes,
foi então que a palavra de Deus
foi dirigida a João, o filho de Zacarias, no deserto.
³ E ele percorreu toda a região do Jordão,
pregando um batismo de conversão
para o perdão dos pecados,
⁴ como está escrito
no Livro das palavras do profeta Isaías:
"Esta é a voz daquele que grita no deserto:
'preparai o caminho do Senhor,
endireitai suas veredas.
⁵ Todo vale será aterrado,
toda montanha e colina serão rebaixadas;
as passagens tortuosas ficarão retas
e os caminhos acidentados serão aplainados.
⁶ E todas as pessoas verão a salvação de Deus' ".

Palavra da Salvação.

3º DOMINGO DO ADVENTO

PRIMEIRA LEITURA

*O Senhor, teu Deus, exultará por ti,
entre louvores.*

Leitura da Profecia de Sofonias 3,14-18a

¹⁴ Canta de alegria, cidade de Sião;
rejubila, povo de Israel!
Alegra-te e exulta de todo o coração,
cidade de Jerusalém!
¹⁵ O Senhor revogou a sentença contra ti,
afastou teus inimigos;
o rei de Israel é o Senhor, ele está no meio de ti,
nunca mais temerás o mal.
¹⁶ Naquele dia, se dirá a Jerusalém:
"Não temas, Sião,
não te deixes levar pelo desânimo!
¹⁷ O Senhor, teu Deus, está no meio de ti,
o valente guerreiro que te salva;
ele exultará de alegria por ti,
movido por amor;
exultará por ti, entre louvores,
¹⁸ᵃ como nos dias de festa".

Palavra do Senhor.

Salmo responsorial

Is 12,2-3.4bcd.5-6 (℟. 6)

℟. **Exultai** cantando **alegres**, habi**tan**tes de Sião,
porque é **gran**de em vosso **mei**o o Deus **San**to de Israel!

² Eis o **Deus**, meu Salva**dor**, eu confio e nada **te**mo; *
o Se**nhor** é minha **for**ça, meu lou**vor** e salvação.

³ Com ale**gria** bebe**reis** no mananci**al** da salva**ção**, *
⁴ e di**reis** naquele **dia**: "Dai louvores ao Se**nhor**. ℟.

invo**cai** seu santo **nome**, anunci**ai** suas maravilhas, *
entre os **povos** procla**mai** que seu **nome** é o mais sublime. ℟.

⁵ Louvai cantando ao nosso **Deus**, que fez prodígios e por**ten**tos, *
publi**cai** em toda a **ter**ra suas **gran**des maravilhas!
⁶ Exul**tai** cantando a**le**gres, habi**tan**tes de Sião, *
porque é **grand**e em vosso **mei**o o Deus **San**to de Israel!" ℟.

SEGUNDA LEITURA

O Senhor está próximo.

Leitura da Carta de São Paulo aos Filipenses   4,4-7

Irmãos:
⁴ Alegrai-vos sempre no Senhor;
eu repito, alegrai-vos.
⁵ Que a vossa bondade seja conhecida de todos os homens!
O Senhor está próximo!
⁶ Não vos inquieteis com coisa alguma,
mas apresentai as vossas necessidades a Deus,
em orações e súplicas, acompanhadas de ação de graças.
⁷ E a paz de Deus, que ultrapassa todo o entendimento,
guardará os vossos corações e pensamento
em Cristo Jesus.

Palavra do Senhor.

Aclamação ao Evangelho   Is 61,1 (Lc 4,18)

℟. Ale**lu**ia, Ale**lu**ia, Ale**lu**ia.
℣. O Espírito do **Sen**hor sobre **mim** fez a sua unção;
envi**ou**-me aos **em**pobre**ci**dos a fa**zer** feliz **pro**clamação!   ℟.

EVANGELHO

Que devemos fazer?

✠ Proclamação do Evangelho de Jesus Cristo segundo Lucas 3,10-18

Naquele tempo,
¹⁰ As multidões perguntavam a João:
"Que devemos fazer?"
¹¹ João respondia:
"Quem tiver duas túnicas, dê uma a quem não tem;
e quem tiver comida, faça o mesmo!"
¹² Foram também para o batismo cobradores de impostos,
e perguntaram a João:
"Mestre, que devemos fazer?"
¹³ João respondeu:
"Não cobreis mais do que foi estabelecido".
¹⁴ Havia também soldados que perguntavam:
"E nós, que devemos fazer?"
João respondia:
"Não tomeis à força dinheiro de ninguém,
nem façais falsas acusações;
ficai satisfeitos com o vosso salário!"
¹⁵ O povo estava na expectativa
e todos se perguntavam no seu íntimo
se João não seria o Messias.
¹⁶ Por isso, João declarou a todos:
"Eu vos batizo com água,
mas virá aquele que é mais forte do que eu.
Eu não sou digno
de desamarrar a correia de suas sandálias.
Ele vos batizará no Espírito Santo e no fogo.
¹⁷ Ele virá com a pá na mão:
vai limpar sua eira e recolher o trigo no celeiro;
mas a palha ele a queimará no fogo que não se apaga".
¹⁸ E ainda de muitos outros modos,
João anunciava ao povo a Boa-Nova.

Palavra da Salvação.

4º DOMINGO DO ADVENTO

PRIMEIRA LEITURA

*De ti há de sair aquele
que dominará em Israel.*

Leitura da Profecia de Miquéias 5,1-4a

Assim diz o Senhor:
1 Tu, Belém de Éfrata,
pequenina entre os mil povoados de Judá,
de ti há de sair
aquele que dominará em Israel;
sua origem vem de tempos remotos,
desde os dias da eternidade.
2 Deus deixará seu povo ao abandono,
até ao tempo em que uma mãe der à luz;
e o resto de seus irmãos
se voltará para os filhos de Israel.
3 Ele não recuará, apascentará com a força do Senhor
e com a majestade do nome do Senhor seu Deus;
os homens viverão em paz,
pois ele agora estenderá o poder
até aos confins da terra,
4 e ele mesmo será a Paz.

Palavra do Senhor.

Salmo responsorial Sl 79(80),2ac.3b.15-16.18-19 (℟. 4)

℟. Ilumi**nai** a vossa **face** sobre **nós**,
conver**tei**-nos para **que** sejamos **sal**vos!

2a Ó Pas**tor** de Israel, pres**tai** ou**vidos**. †
c Vós que **so**bre os queru**bins** vos assen**tais**, *
apare**cei** cheio de **gló**ria e esplen**dor**!
3b Desper**tai** vosso po**der**, ó nosso **Deus** *
e vinde **lo**go nos trazer a sal**vação**!   ℟.

15 Vol**tai**-vos para **nós**, Deus do univer**so**! †
Olhai dos altos **céus** e obser**vai**. *
Visi**tai** a vossa **vinha** e prote**gei**-a!

16   Foi a **vossa** mão di**rei**ta que a plan**tou**; *
    prote**gei**-a, e ao re**ben**to que fir**mas**tes!   ℟.

18   Pousai a **mão** por sobre o **vosso** Protegido, *
    o filho do **ho**mem que escol**hes**tes para **vós**!
19   E nunca **mais** vos deixa**re**mos, Senhor **Deus**! *
    Dai-nos **vi**da, e louva**re**mos vosso **no**me!   ℟.

SEGUNDA LEITURA

Eis que eu venho para fazer a tua vontade.

Leitura da Carta aos Hebreus   10,5-10

    Irmãos:
5   Ao entrar no mundo, Cristo afirma:
    "Tu não quiseste vítima nem oferenda,
    mas formaste-me um corpo.
6   Não foram do teu agrado holocaustos
    nem sacrifícios pelo pecado.
7   Por isso eu disse: 'Eis que eu venho.
    No livro está escrito a meu respeito:
    Eu vim, ó Deus, para fazer a tua vontade'".
8   Depois de dizer:
    "Tu não quiseste nem te agradaram vítimas,
    oferendas, holocaustos, sacrifícios pelo pecado"
    – coisas oferecidas segundo a Lei –
9   ele acrescenta: "Eu vim para fazer a tua vontade".
    Com isso, suprime o primeiro sacrifício,
    para estabelecer o segundo.
10 É graças a esta vontade que somos santificados
    pela oferenda do corpo de Jesus Cristo,
    realizada uma vez por todas.

    Palavra do Senhor.

Aclamação ao Evangelho   Lc 1,38

℟. Ale**lu**ia, Ale**lu**ia, Ale**lu**ia.
V. Eis a **ser**va do Sen**hor**;
   cumpra-se em **mim** a tua palavra!   ℟.

EVANGELHO

*Como posso merecer
que a mãe do meu Senhor me venha visitar?*

✠ Proclamação do Evangelho de Jesus Cristo
segundo Lucas   1,39-45

³⁹ Naqueles dias,
Maria partiu para a região montanhosa,
dirigindo-se, apressadamente, a uma cidade da Judéia.
⁴⁰ Entrou na casa de Zacarias e cumprimentou Isabel.
⁴¹ Quando Isabel ouviu a saudação de Maria,
a criança pulou no seu ventre
e Isabel ficou cheia do Espírito Santo.
⁴² Com um grande grito, exclamou:
"Bendita és tu entre as mulheres
e bendito é o fruto do teu ventre!"
⁴³ Como posso merecer
que a mãe do meu Senhor me venha visitar?
⁴⁴ Logo que a tua saudação chegou aos meus ouvidos,
a criança pulou de alegria no meu ventre.
⁴⁵ Bem-aventurada aquela que acreditou,
porque será cumprido, o que o Senhor lhe prometeu".

Palavra da Salvação.

TEMPO DO NATAL

25 de dezembro

NATAL DO SENHOR

Missa da Vigília

(para as missas vespertinas do dia 24, antes ou depois das I Vésperas do Natal do Senhor)

PRIMEIRA LEITURA

O Senhor agradou-se de ti.

Leitura do Livro do Profeta Isaías 62,1-5

¹ Por amor de Sião não me calarei,
por amor de Jerusalém não descansarei,
enquanto não surgir nela, como um luzeiro, a justiça
e não se acender nela, como uma tocha, a salvação.
² As nações verão a tua justiça,
todos os reis verão a tua glória;
serás chamada com um nome novo,
que a boca do Senhor há de designar.
³ E serás uma coroa de glória na mão do Senhor,
um diadema real nas mãos de teu Deus.
⁴ Não mais te chamarão Abandonada,
e tua terra não mais será chamada Deserta;
teu nome será Minha Predileta
e tua terra será a Bem-Casada,
pois o Senhor agradou-se de ti
e tua terra será desposada.
⁵ Assim como o jovem desposa a donzela,
assim teus filhos te desposam;
e como a noiva é a alegria do noivo,
assim também tu és a alegria de teu Deus.

Palavra do Senhor.

Salmo responsorial Sl 88(89),4-5.16-17.27.29 (R. 2a)

℟. Senhor, eu cantarei eternamente o vosso amor!

⁴ "Eu firmei uma Aliança com meu servo, meu eleito, *
e eu fiz um juramento a Davi, meu servidor:

⁵ Para **sem**pre, no teu **tro**no, firma**rei** tua li**nha**gem, *
de ge**ração** em ge**ração** garanti**rei** o teu rei**na**do!" ℟.

¹⁶ Quão fe**liz** é aquele **po**vo que co**nhe**ce a ale**gri**a: *
segui**rá** pelo ca**mi**nho, sempre à **luz** de vossa **fa**ce!
¹⁷ Exulta**rá** de ale**gri**a em vosso **no**me dia a **di**a, *
e com **gran**de entusi**as**mo exalta**rá** vossa jus**ti**ça. ℟.

²⁷ Ele en**tão** me invoca**rá**: 'Ó Se**nhor**, vós sois meu **Pai**, *
sois meu D**eus**, sois meu Ro**che**do onde en**con**tro a sal**va**ção!
²⁹ Guarda**rei** eterna**men**te para **e**le a minha **gra**ça *
e com **e**le firma**rei** minha Ali**an**ça indisso**lú**vel. ℟.

SEGUNDA LEITURA

*Testemunho de Paulo
sobre Cristo, filho de Davi.*

Leitura dos Atos dos Apóstolos 13,16-17.22-25

Tendo chegado a Antioquia da Pisídia,
¹⁶ Paulo levantou-se na sinagoga,
fez um sinal com a mão e disse:
"Israelitas e vós que temeis a Deus, escutai!
¹⁷ O Deus deste povo de Israel
escolheu os nossos antepassados
e fez deles um grande povo
quando moravam como estrangeiros no Egito;
e de lá os tirou com braço poderoso.
²² Em seguida, Deus fez surgir Davi como rei
e assim testemunhou a seu respeito:
'Encontrei Davi, filho de Jessé,
homem segundo o meu coração,
que vai fazer em tudo a minha vontade'.
²³ Conforme prometera, da descendência de Davi
Deus fez surgir para Israel um Salvador,
que é Jesus.
²⁴ Antes que ele chegasse,
João pregou um batismo de conversão
para todo o povo de Israel.
²⁵ Estando para terminar sua missão,
João declarou:

'Eu não sou aquele que pensais que eu seja!
Mas vede: depois de mim vem aquele,
do qual nem mereço desamarrar as sandálias'".

Palavra do Senhor.

Aclamação ao Evangelho

℟. Aleluia, Aleluia, Aleluia.
℣. Amanhã será varrida da terra a iniqüidade
e sobre nós há de reinar o Salvador do mundo.   ℟.

EVANGELHO (mais longo)

Origem de Jesus Cristo, filho de Davi.

✠ Proclamação do Evangelho de Jesus Cristo segundo Mateus   1,1-25

¹ Livro da origem de Jesus Cristo,
  filho de Davi, filho de Abraão.
² Abraão gerou Isaac; Isaac gerou Jacó;
  Jacó gerou Judá e seus irmãos.
³ Judá gerou Farés e Zara, cuja mãe era Tamar.
  Farés gerou Esrom; Esrom gerou Aram;
⁴ Aram gerou Aminadab; Aminadab gerou Naasson;
  Naasson gerou Salmon;
⁵ Salmon gerou Booz, cuja mãe era Raab.
  Booz gerou Jobed, cuja mãe era Rute.
  Jobed gerou Jessé.
⁶ Jessé gerou o rei Davi.
  Davi gerou Salomão,
  daquela que tinha sido a mulher de Urias.
⁷ Salomão gerou Roboão; Roboão gerou Abias;
  Abias gerou Asa;
⁸ Asa gerou Josafá; Josafá gerou Jorão;
  Jorão gerou Ozias;
⁹ Ozias gerou Jotão; Jotão gerou Acaz;
  Acaz gerou Ezequias;
¹⁰ Ezequias gerou Manassés; Manassés gerou Amon;
   Amon gerou Josias.
¹¹ Josias gerou Jeconias e seus irmãos,
   no tempo do exílio na Babilônia.

¹² Depois do exílio na Babilônia,
Jeconias gerou Salatiel; Salatiel gerou Zorobabel;
¹³ Zorobabel gerou Abiud; Abiud gerou Eliaquim;
Eliaquim gerou Azor;
¹⁴ Azor gerou Sadoc; Sadoc gerou Aquim;
Aquim gerou Eliud;
¹⁵ Eliud gerou Eleazar; Eleazar gerou Matã;
Matã gerou Jacó.
¹⁶ Jacó gerou José, o esposo de Maria,
da qual nasceu Jesus, que é chamado o Cristo.
¹⁷ Assim, as gerações desde Abraão até Davi são quatorze;
de Davi até o exílio na Babilônia, quatorze;
e do exílio na Babilônia até Cristo, quatorze.
¹⁸ A origem de Jesus Cristo foi assim:
Maria, sua mãe, estava prometida em casamento a José,
e, antes de viverem juntos,
ela ficou grávida pela ação do Espírito Santo.
¹⁹ José, seu marido, era justo
e, não querendo denunciá-la,
resolveu abandonar Maria, em segredo.
²⁰ Enquanto José pensava nisso,
eis que o anjo do Senhor apareceu-lhe, em sonho,
e lhe disse:
"José, filho de Davi,
não tenhas medo de receber Maria como tua esposa,
porque ela concebeu pela ação do Espírito Santo.
²¹ Ela dará à luz um filho e tu lhe darás o nome de Jesus,
pois ele vai salvar o seu povo dos seus pecados".
²² Tudo isso aconteceu para se cumprir
o que o Senhor havia dito pelo profeta:
²³ "Eis que a virgem conceberá
e dará à luz um filho.
Ele será chamado pelo nome de Emanuel,
que significa: Deus está conosco".
²⁴ Quando acordou,
José fez conforme o anjo do Senhor havia mandado:
aceitou sua esposa.
²⁵ E sem ter relações com ela,
Maria deu à luz um filho.
E José deu ao menino o nome de Jesus.

Palavra da Salvação.

Ou: **EVANGELHO (mais breve)**

Maria dará à luz um filho,
e tu lhe darás o nome de Jesus.

✠ Proclamação do Evangelho de Jesus Cristo
segundo Mateus   1,18-25

¹⁸ A origem de Jesus Cristo foi assim:
Maria, sua mãe, estava prometida em casamento a José,
e, antes de viverem juntos,
ela ficou grávida pela ação do Espírito Santo.
¹⁹ José, seu marido, era justo
e, não querendo denunciá-la,
resolveu abandonar Maria, em segredo.
²⁰ Enquanto José pensava nisso,
eis que o anjo do Senhor apareceu-lhe, em sonho,
e lhe disse:
"José, filho de Davi,
não tenhas medo de receber Maria como tua esposa,
porque ela concebeu pela ação do Espírito Santo.
²¹ Ela dará à luz um filho,
e tu lhe darás o nome de Jesus,
pois ele vai salvar o seu povo dos seus pecados".
²² Tudo isso aconteceu para se cumprir
o que o Senhor havia dito pelo profeta:
²³ "Eis que a virgem conceberá
e dará à luz um filho.
Ele será chamado pelo nome de Emanuel,
que significa: Deus está conosco".
²⁴ Quando acordou,
José fez conforme o anjo do Senhor havia mandado:
aceitou sua esposa.
²⁵ E sem ter relações com ela,
Maria deu à luz um filho.
E José deu ao menino o nome de Jesus.

Palavra da Salvação.

Nas missas que se celebram no dia de Natal, usam-se as leituras aqui indicadas, mas com a possibilidade de escolha de textos mais apropriados de alguma das três missas, conforme a conveniência pastoral de cada assembléia.

Missa da noite

PRIMEIRA LEITURA

Foi-nos dado um filho.

Leitura do Livro do Profeta Isaías 9,1-6

¹ O povo, que andava na escuridão,
viu uma grande luz;
para os que habitavam nas sombras da morte,
uma luz resplandeceu.
² Fizeste crescer a alegria, e aumentaste a felicidade;
todos se regozijam em tua presença
como alegres ceifeiros na colheita,
ou como exaltados guerreiros ao dividirem os despojos.
³ Pois o jugo que oprimia o povo,
– a carga sobre os ombros, o orgulho dos fiscais –
tu os abateste como na jornada de Madiã.
⁴ Botas de tropa de assalto,
trajes manchados de sangue,
tudo será queimado e devorado pelas chamas.
⁵ Porque nasceu para nós um menino,
foi-nos dado um filho;
ele traz aos ombros a marca da realeza;
o nome que lhe foi dado é:
Conselheiro admirável, Deus forte,
Pai dos tempos futuros, Príncipe da paz.
⁶ Grande será o seu reino e a paz não há de ter fim
sobre o trono de Davi e sobre o seu reinado,
que ele irá consolidar e confirmar
em justiça e santidade,
a partir de agora e para todo o sempre.
O amor zeloso do Senhor dos exércitos
há de realizar estas coisas.

Palavra do Senhor.

Salmo responsorial Sl 95(96),1-2a.2b-3.11-12.13 (℟. Lc 2,11)

℟. **Hoje nasceu para nós**
o Salva**dor**, que é **Cris**to, o **Senhor**.

1 Can**tai** ao Senhor **Deus** um canto **no**vo, †
2a can**tai** ao Senhor **Deus**, ó terra in**tei**ra! *
Can**tai** e bendi**zei** seu santo **no**me!   ℟.

b Dia após **dia** anunci**ai** sua salva**ção**, †
3 manifes**tai** a sua **gló**ria entre as na**ções**, *
e entre os **po**vos do uni**ver**so seus pro**dí**gios!   ℟.

11 O **céu** se reju**bi**le e exulte a **ter**ra, *
aplauda o **mar** com o que **vi**ve em suas **á**guas;
12 os **cam**pos com seus **fru**tos reju**bi**lem *
e e**xul**tem as flo**res**tas e as **ma**tas   ℟.

13 na pre**sen**ça do Se**nhor**, pois ele **vem**, *
porque **vem** para jul**gar** a terra in**tei**ra.
Gover**nará** o mundo **to**do com justiça, *
e os **po**vos julga**rá** com leal**da**de.   ℟.

SEGUNDA LEITURA

*Manifestou-se a bondade de
Deus para toda a humanidade.*

Leitura da Carta de São Paulo a Tito   2,11-14

Caríssimo:
11 A graça de Deus se manifestou
trazendo salvação para todos os homens.
12 Ela nos ensina a abandonar a impiedade
e as paixões mundanas e a viver neste mundo
com equilíbrio, justiça e piedade,
13 aguardando a feliz esperança e a manifestação da glória
do nosso grande Deus e Salvador, Jesus Cristo.
14 Ele se entregou por nós, para nos resgatar de toda maldade
e purificar para si um povo que lhe pertença
e que se dedique a praticar o bem.

Palavra do Senhor.

Aclamação ao Evangelho   Lc 2,10-11

℟. Ale**lu**ia, Ale**lu**ia, Aleluia.
℣. Eu vos **tra**go a boa **no**va de uma **gran**de alegria:
é que **ho**je vos nas**ceu** o Salva**dor**, Cristo, o Se**nhor**.   ℟.

EVANGELHO

Hoje, nasceu para vós um Salvador.

✠ Proclamação do Evangelho de Jesus Cristo
segundo Lucas   2,1-14

1. Aconteceu que naqueles dias,
   César Augusto publicou um decreto,
   ordenando o recenseamento de toda a terra.
2. Este primeiro recenseamento foi feito
   quando Quirino era governador da Síria.
3. Todos iam registrar-se cada um na sua cidade natal.
4. Por ser da família e descendência de Davi,
   José subiu da cidade de Nazaré, na Galiléia,
   até a cidade de Davi, chamada Belém, na Judéia,
5. para registrar-se com Maria, sua esposa,
   que estava grávida.
6. Enquanto estavam em Belém,
   completaram-se os dias para o parto,
7. e Maria deu à luz o seu filho primogênito.
   Ela o enfaixou e o colocou na manjedoura,
   pois não havia lugar para eles na hospedaria.
8. Naquela região havia pastores
   que passavam a noite nos campos,
   tomando conta do seu rebanho.
9. Um anjo do Senhor apareceu aos pastores,
   a glória do Senhor os envolveu em luz,
   e eles ficaram com muito medo.
10. O anjo, porém, disse aos pastores:
    "Não tenhais medo!
    Eu vos anuncio uma grande alegria,
    que o será para todo o povo:
11. Hoje, na cidade de Davi, nasceu para vós um Salvador,
    que é o Cristo Senhor.
12. Isto vos servirá de sinal:
    Encontrareis um recém-nascido
    envolvido em faixas e deitado numa manjedoura".
13. E, de repente, juntou-se ao anjo
    uma multidão da coorte celeste.
    Cantavam louvores a Deus, dizendo:
14. "Glória a Deus no mais alto dos céus,
    e paz na terra aos homens por ele amados".

Palavra da Salvação.

Missa da aurora

PRIMEIRA LEITURA

Eis que está chegando o teu Salvador.

Leitura do Livro do Profeta Isaías 62,11-12

¹¹ Eis que o Senhor fez-se ouvir
até as extremidades da terra:
"Dizei à cidade de Sião:
'Eis que está chegando o teu salvador,
com a recompensa já em suas mãos
e o prêmio à sua disposição.
¹² O povo será chamado Povo santo,
os Resgatados do Senhor;
e tu terás por nome Desejada,
Cidade-não-abandonada'".

Palavra do Senhor.

Salmo responsorial Sl 96(97),1.6.11-12

℟. Brilha **ho**je uma **luz** sobre **nós**,
pois nas**ceu** para **nós** o Se**nhor**.

¹ Deus é **Rei**! Exulte a **ter**ra de ale**gri**a, *
e as **i**lhas nume**ro**sas reju**bi**lem!
⁶ E pro**cla**ma o **céu** sua jus**ti**ça, *
todos os **po**vos podem **ver** a sua **gló**ria. ℟.

¹¹ Uma **luz** já se le**van**ta para os **jus**tos, *
e a ale**gri**a para os **re**tos cora**ções**.
¹² Homens **jus**tos, ale**grai**-vos no Se**nhor**, *
cele**brai** e bendi**zei** seu santo **no**me! ℟.

SEGUNDA LEITURA

Ele salvou-nos por sua misericórdia.

Leitura da Carta de São Paulo a Tito   3,4-7

Caríssimo:
4 Manifestou-se a bondade de Deus, nosso Salvador,
e o seu amor pelos homens:
5 Ele salvou-nos, não por causa dos atos de justiça
que tivéssemos praticado, mas por sua misericórdia,
quando renascemos e fomos renovados no batismo
pelo Espírito Santo,
6 que ele derramou abundantemente sobre nós
por meio de nosso Salvador Jesus Cristo.
7 Justificados assim pela sua graça,
nos tornamos na esperança herdeiros da vida eterna.

Palavra do Senhor.

Aclamação ao Evangelho   Lc 2,14

℟. Aleluia, Aleluia, Aleluia.
℣. Glória a Deus nos altos céus,
e paz na terra entre os homens,
que ele ama. Aleluia.   ℟.

EVANGELHO

*Os pastores encontraram
Maria e José e o recém-nascido.*

✠ Proclamação do Evangelho de Jesus Cristo
segundo Lucas   2,15-20

15 Quando os anjos se afastaram, voltando para o céu,
os pastores disseram entre si:
"Vamos a Belém ver este acontecimento
que o Senhor nos revelou".
16 Os pastores foram às pressas a Belém
e encontraram Maria e José,
e o recém-nascido deitado na manjedoura.

¹⁷ Tendo-o visto,
contaram o que lhes fora dito sobre o menino.
¹⁸ E todos os que ouviram os pastores ficaram maravilhados
com aquilo que contavam.
¹⁹ Quanto a Maria, guardava todos esses fatos
e meditava sobre eles em seu coração.
²⁰ Os pastores voltaram, glorificando e louvando a Deus
por tudo o que tinham visto e ouvido,
conforme lhes tinha sido dito.

Palavra da Salvação.

Missa do dia

PRIMEIRA LEITURA

*Todos os confins da terra hão de ver
a salvação que vem do nosso Deus.*

Leitura do Livro do Profeta Isaías   52,7-10

7 Como são belos, andando sobre os montes,
   os pés de quem anuncia e prega a paz,
   de quem anuncia o bem e prega a salvação,
   e diz a Sião: "Reina teu Deus!"
8 Ouve-se a voz de teus vigias, eles levantam a voz,
   estão exultantes de alegria,
   sabem que verão com os próprios olhos
   o Senhor voltar a Sião.
9 Alegrai-vos e exultai ao mesmo tempo,
   ó ruínas de Jerusalém,
   o Senhor consolou seu povo
   e resgatou Jerusalém.
10 O Senhor desnudou seu santo braço
   aos olhos de todas as nações;
   todos os confins da terra hão de ver
   a salvação que vem do nosso Deus.

   Palavra do Senhor.

Salmo responsorial   Sl 97(98),1.2-3ab.3cd-4.5-6 (℞. 3cd)

℞. Os con**fins** do **univer**so contem**pla**ram
    a salva**ção** do nosso **Deus.**

1   Can**tai** ao Senhor **Deus** um canto **no**vo, *
    porque ele fez pro**dí**gios!
    Sua **mão** e o seu **bra**ço forte e **san**to *
    alcançaram-lhe a vi**tó**ria.   ℞.

2   O Se**nhor** fez conhe**cer** a salva**ção**, *
    e às na**ções**, sua jus**ti**ça;
3a recor**dou** o seu **amor** sempre fiel *
 b pela **casa** de Israel.   ℞.

 c Os con**fins** do **univer**so contem**pla**ram *
 d a salva**ção** do nosso **Deus.**

4 Acla**mai** o Senhor **Deus**, ó terra in**tei**ra, *
 ale**grai**-vos e exul**tai**! ℟.

5 Cantai **sal**mos ao Se**nhor** ao som da **har**pa *
 e da **cí**tara suave!
6 Acla**mai**, com os cla**rins** e as trom**be**tas, *
 ao Se**nhor**, o nosso **Rei**! ℟.

SEGUNDA LEITURA

Deus falou-nos por meio de seu Filho.

Leitura da Carta aos Hebreus   1,1-6

¹ Muitas vezes e de muitos modos
 falou Deus outrora aos nossos pais, pelos profetas;
² nestes dias, que são os últimos,
 ele nos falou por meio do Filho,
 a quem ele constituiu herdeiro de todas as coisas
 e pelo qual também ele criou o universo.
³ Este é o esplendor da glória do Pai,
 a expressão do seu ser.
 Ele sustenta o universo com o poder de sua palavra.
 Tendo feito a purificação dos pecados,
 ele sentou-se à direita da majestade divina,
 nas alturas.
⁴ Ele foi colocado tanto acima dos anjos
 quanto o nome que ele herdou supera o nome deles.
⁵ De fato, a qual dos anjos Deus disse alguma vez:
 "Tu és o meu Filho, eu hoje te gerei?"
 Ou ainda: "Eu serei para ele um Pai
 e ele será para mim um filho?"
⁶ Mas, quando faz entrar o Primogênito no mundo,
 Deus diz: "Todos os anjos devem adorá-lo!"

 Palavra do Senhor.

Aclamação ao Evangelho

℟. Ale**lu**ia, Ale**lu**ia, Ale**lu**ia.
℣. Despon**tou** o santo **dia** para **nós**:
 Ó na**ções**, vinde ado**rar** o Senhor **Deus**,
 porque **hoje** grande **luz** brilhou na **ter**ra! ℟.

EVANGELHO (mais longo)

A Palavra se fez carne e habitou entre nós.

✠ Proclamação do Evangelho de Jesus Cristo
segundo João   1,1-18

¹ No princípio era a Palavra,
 e a Palavra estava com Deus;
 e a Palavra era Deus.
² No princípio estava ela com Deus.
³ Tudo foi feito por ela, e sem ela nada se fez
 de tudo que foi feito.
⁴ Nela estava a vida, e a vida era a luz dos homens.
⁵ E a luz brilha nas trevas,
 e as trevas não conseguiram dominá-la.
⁶ Surgiu um homem enviado por Deus;
 seu nome era João.
⁷ Ele veio como testemunha, para dar testemunho da luz,
 para que todos chegassem à fé por meio dele.
⁸ Ele não era a luz, mas veio para dar testemunho da luz:
⁹ daquele que era a luz de verdade,
 que, vindo ao mundo, ilumina todo ser humano.
¹⁰ A Palavra estava no mundo
 – e o mundo foi feito por meio dela –
 mas o mundo não quis conhecê-la.
¹¹ Veio para o que era seu, e os seus não a acolheram.
¹² Mas, a todos que a receberam,
 deu-lhes capacidade de se tornarem filhos de Deus
 isto é, aos que acreditam em seu nome,
¹³ pois estes não nasceram do sangue
 nem da vontade da carne
 nem da vontade do varão,
 mas de Deus mesmo.
¹⁴ E a Palavra se fez carne e habitou entre nós.
 E nós contemplamos a sua glória,
 glória que recebe do Pai como Filho unigênito,
 cheio de graça e de verdade.
¹⁵ Dele, João dá testemunho, clamando:
 "Este é aquele de quem eu disse:
 O que vem depois de mim
 passou à minha frente,
 porque ele existia antes de mim".
¹⁶ De sua plenitude todos nós recebemos graça por graça.
¹⁷ Pois por meio de Moisés foi dada a Lei,

mas a graça e a verdade nos chegaram através de Jesus Cristo.
¹⁸ A Deus, ninguém jamais viu.
Mas o Unigênito de Deus, que está na intimidade do Pai,
ele no-lo deu a conhecer.

Palavra da Salvação.

Ou: EVANGELHO (mais breve)

A Palavra se fez carne e habitou entre nós.

✠ Proclamação do Evangelho de Jesus Cristo
segundo João   1,1-5.9-14

¹ No princípio era a Palavra,
e a Palavra estava com Deus; e a Palavra era Deus.
² No princípio estava ela com Deus.
³ Tudo foi feito por ela e sem ela nada se fez
de tudo que foi feito.
⁴ Nela estava a vida,
e a vida era a luz dos homens.
⁵ E a luz brilha nas trevas,
e as trevas não conseguiram dominá-la.
⁹ Era a luz de verdade,
que, vindo ao mundo,
ilumina todo ser humano.
¹⁰ A Palavra estava no mundo
– e o mundo foi feito por meio dela –
mas o mundo não quis conhecê-la.
¹¹ Veio para o que era seu,
e os seus não a acolheram.
¹² Mas, a todos que a receberam,
deu-lhes capacidade de se tornarem filhos de Deus
isto é, aos que acreditam em seu nome,
¹³ pois estes não nasceram do sangue
nem da vontade da carne
nem da vontade do varão,
mas de Deus mesmo.
¹⁴ E a Palavra se fez carne e habitou entre nós.
E nós contemplamos a sua glória,
glória que recebe do Pai como Filho unigênito,
cheio de graça e de verdade.

Palavra da Salvação.

Domingo na oitava do Natal

SAGRADA FAMÍLIA DE JESUS, MARIA E JOSÉ

PRIMEIRA LEITURA

Quem teme o Senhor, honra seus pais.

Leitura do Livro do Eclesiástico   3,3-7.14-17a (gr. 2-6.12-14)

³ Deus honra o pai nos filhos
  e confirma, sobre eles, a autoridade da mãe.
⁴ Quem honra o seu pai,
  alcança o perdão dos pecados;
  evita cometê-los
  e será ouvido na oração quotidiana.
⁵ Quem respeita a sua mãe
  é como alguém que ajunta tesouros.
⁶ Quem honra o seu pai,
  terá alegria com seus próprios filhos;
  e, no dia em que orar, será atendido.
⁷ Quem respeita o seu pai, terá vida longa,
  e quem obedece ao pai é o consolo da sua mãe.
¹⁴ Meu filho, ampara o teu pai na velhice
  e não lhe causes desgosto enquanto ele vive.
¹⁵ Mesmo que ele esteja perdendo a lucidez,
  procura ser compreensivo para com ele;
  não o humilhes, em nenhum dos dias de sua vida:
  a caridade feita a teu pai não será esquecida,
¹⁶ mas servirá para reparar os teus pecados
¹⁷ᵃ e, na justiça, será para tua edificação.

Palavra do Senhor.

Salmo responsorial   Sl 127(128),1-2.3.4-5 (℟. cf. 1)

℟. Felizes os que **te**mem o Se**nhor** e **tri**lham seus ca**mi**nhos!

¹ Fe**liz** és tu se **te**mes o Se**nhor** *
  e **tri**lhas seus ca**mi**nhos!
² Do tra**ba**lho de tuas **mãos** hás de vi**ver**, *
  serás fe**liz**, tudo irá **bem**!   ℟.

³ A tua es**pos**a é uma vi**dei**ra bem fe**cun**da *
no cora**ção** da tua **cas**a;
os teus **fi**lhos são re**ben**tos de oli**vei**ra *
ao re**dor** de tua **me**sa. ℟.

⁴ Será as**sim** abenço**a**do todo **ho**mem *
que **te**me o Se**nhor**.
⁵ O Se**nhor** te abençoe de Sião, *
cada **dia** de tua **vi**da. ℟.

SEGUNDA LEITURA

A vida da família no Senhor.

Leitura da Carta de São Paulo aos Colossenses 3,12-21

Irmãos:
¹² Vós sois amados por Deus,
sois os seus santos eleitos.
Por isso, revesti-vos de sincera misericórdia,
bondade, humildade, mansidão e paciência,
¹³ suportando-vos uns aos outros
e perdoando-vos mutuamente,
se um tiver queixa contra o outro.
Como o Senhor vos perdoou,
assim perdoai vós também.
¹⁴ Mas, sobretudo, amai-vos uns aos outros,
pois o amor é o vínculo da perfeição.
¹⁵ Que a paz de Cristo reine em vossos corações,
à qual fostes chamados como membros de um só corpo.
E sede agradecidos.
¹⁶ Que a palavra de Cristo, com toda a sua riqueza,
habite em vós.
Ensinai e admoestai-vos uns aos outros
com toda a sabedoria.
Do fundo dos vossos corações, cantai a Deus
salmos, hinos e cânticos espirituais,
em ação de graças.
¹⁷ Tudo o que fizerdes, em palavras ou obras,
seja feito em nome do Senhor Jesus Cristo.
Por meio dele dai graças a Deus, o Pai.
¹⁸ Esposas, sede solícitas para com vossos maridos,
como convém, no Senhor.

¹⁹ Maridos, amai vossas esposas
e não sejais grosseiros com elas.
²⁰ Filhos, obedecei em tudo aos vossos pais,
pois isso é bom e correto no Senhor.
²¹ Pais, não intimideis os vossos filhos,
para que eles não desanimem.

Palavra do Senhor.

Aclamação ao Evangelho Cl 3,15a.16a

℟. Aleluia, Aleluia, Aleluia.
℣. Que a paz de Cristo reine em vossos corações
e ricamente habite em vós sua palavra! ℟.

EVANGELHO

*Jesus foi encontrado por seus pais
no meio dos doutores.*

✠ Proclamação do Evangelho de Jesus Cristo
segundo Lucas 2,41-52

⁴¹ Os pais de Jesus iam todos os anos a Jerusalém,
para a festa da Páscoa.
⁴² Quando ele completou doze anos,
subiram para a festa, como de costume.
⁴³ Passados os dias da Páscoa, começaram a viagem de volta,
mas o menino Jesus ficou em Jerusalém,
sem que seus pais o notassem.
⁴⁴ Pensando que ele estivesse na caravana,
caminharam um dia inteiro.
Depois começaram a procurá-lo
entre os parentes e conhecidos.
⁴⁵ Não o tendo encontrado,
voltaram para Jerusalém à sua procura.
⁴⁶ Três dias depois, o encontraram no Templo.
Estava sentado no meio dos mestres,
escutando e fazendo perguntas.
⁴⁷ Todos os que ouviam o menino estavam maravilhados
com sua inteligência e suas respostas.
⁴⁸ Ao vê-lo, seus pais ficaram muito admirados
e sua mãe lhe disse:

"Meu filho, por que agiste assim conosco?
Olha que teu pai e eu estávamos, angustiados,
à tua procura".
⁴⁹ Jesus respondeu:
"Por que me procuráveis?
Não sabeis que devo estar na casa de meu Pai?"
⁵⁰ Eles, porém, não compreenderam
as palavras que lhes dissera.
⁵¹ Jesus desceu então com seus pais para Nazaré,
e era-lhes obediente.
Sua mãe, porém,
conservava no coração todas estas coisas.
⁵² E Jesus crescia em sabedoria, estatura e graça,
diante de Deus e diante dos homens.

Palavra da Salvação.

Ou, à escolha:

PRIMEIRA LEITURA

Samuel, cuja vida foi pedida ao Senhor.

Leitura do Primeiro Livro de Samuel   1,20-22.24-28

²⁰ Ana concebeu
e, no devido tempo, deu à luz um filho
e chamou-o Samuel,
porque – disse ela –
"eu o pedi ao Senhor".
²¹ Quando seu marido Elcana
subiu com toda a família
para oferecer ao Senhor o sacrifício anual
e cumprir seu voto,
²² Ana não subiu, mas disse ao marido:
"Eu não irei enquanto o menino não for desmamado.
Então o levarei para ser apresentado ao Senhor,
e ali ficará para sempre".
²⁴ Logo que o desmamou,
Ana levou consigo o menino à casa do Senhor em Silo,
e mais um novilho de três anos,
três arrobas de farinha
e um odre de vinho.
O menino, porém, era ainda uma criança.

²⁵ Depois de sacrificarem o novilho,
apresentaram o menino a Eli.
²⁶ E Ana disse-lhe:
"Ouve, meu senhor, por tua vida,
eu sou a mulher que esteve aqui
orando ao Senhor, na tua presença.
²⁷ Eis o menino por quem eu pedi,
e o Senhor ouviu a minha súplica.
²⁸ Portanto, eu também o ofereço ao Senhor,
a fim de que só a ele sirva
em todos os dias da sua vida".
E adoraram o Senhor.

Palavra do Senhor.

Salmo responsorial   Sl 83(84),2-3.5-6.9-10 (℟. cf. 5a)

℟. Felizes os que habitam vossa casa.

² Quão amável, ó Senhor, é vossa casa, *
quanto a amo, Senhor Deus do universo!
³ Minha alma desfalece de saudades *
e anseia pelos átrios do Senhor!
Meu coração e minha carne rejubilam *
e exultam de alegria no Deus vivo!   ℟.

⁵ Felizes os que habitam vossa casa; *
para sempre haverão de vos louvar!
⁶ Felizes os que em vós têm sua força, *
e se decidem a partir quais peregrinos!   ℟.

⁹ Deus do universo, escutai minha oração! *
Inclinai, Deus de Jacó, o vosso ouvido!
¹⁰ Olhai, ó Deus, que sois a nossa proteção, *
vede a face do eleito, vosso Ungido!   ℟.

SEGUNDA LEITURA

Somos chamados filhos de Deus.

Leitura da Primeira Carta de São João   3,1-2.21-24

Caríssimos:
1 Vede que grande presente de amor o Pai nos deu:
de sermos chamados filhos de Deus!
E nós o somos!
Se o mundo não nos conhece,
é porque não conheceu o Pai.
2 Caríssimos, desde já somos filhos de Deus,
mas nem sequer se manifestou o que seremos!
Sabemos que, quando Jesus se manifestar,
seremos semelhantes a ele,
porque o veremos tal como ele é.
21 Caríssimos, se o nosso coração não nos acusa,
temos confiança diante de Deus.
22 E qualquer coisa que pedimos recebemos dele,
porque guardamos os seus mandamentos
e fazemos o que é do seu agrado.
23 Este é o seu mandamento:
que creiamos no nome do seu Filho, Jesus Cristo,
e nos amemos uns aos outros,
de acordo com o mandamento que ele nos deu.
24 Quem guarda os seus mandamentos
permanece com Deus e Deus permanece com ele.
Que ele permanece conosco,
sabemo-lo pelo Espírito que ele nos deu.

Palavra do Senhor.

Aclamação ao Evangelho   cf. At 16,14b

℟. Ale**lu**ia, Ale**lu**ia, Ale**lu**ia.
℣. Ó Se**nhor**, abre o **nos**so cora**ção**,
para aten**der**mos às pa**la**vras de Je**sus**!   ℟.

EVANGELHO
Como acima, Lc 2,41-52, p. 39.

Quando esta festa é celebrada no dia 30 de dezembro, na falta de um domingo entre 25 de dezembro e 1º de janeiro, então, antes do Evangelho escolhe-se uma só das leituras.

1º de janeiro – Oitava do Natal do Senhor
SOLENIDADE DA SANTA MÃE DE DEUS, MARIA

PRIMEIRA LEITURA

Invocarão o meu nome sobre os filhos de Israel, e eu os abençoarei.

Leitura do Livro dos Números   6,22-27

²² O Senhor falou a Moisés, dizendo:
²³ "Fala a Aarão e a seus filhos:
Ao abençoar os filhos de Israel, dizei-lhes:
²⁴ 'O Senhor te abençoe e te guarde!
²⁵ O Senhor faça brilhar sobre ti a sua face,
e se compadeça de ti!
²⁶ O Senhor volte para ti o seu rosto
e te dê a paz!'
²⁷ Assim invocarão o meu nome sobre os filhos de Israel,
e eu os abençoarei".

Palavra do Senhor.

Salmo responsorial   Sl 66(67),2-3.5.6.8 (R. 2a)

℟. Que Deus nos **dê** a sua **graça** e sua **bên**ção.

² Que Deus nos **dê** a sua **graça** e sua **bên**ção, *
e sua **face** resplan**de**ça sobre **nós**!
³ Que na **ter**ra se con**he**ça o seu ca**mi**nho *
e a **sua** salvação por entre os **povos**.   ℟.

⁵ E**xul**te de ale**gri**a a terra in**tei**ra, *
pois jul**gais** o uni**ver**so com jus**ti**ça;
os **po**vos gover**nais** com reti**dão**, *
e gui**ais**, em toda a **ter**ra, as nações.   ℟.

⁶ Que as nações vos glorifiquem, ó Se**nhor**, *
que **to**das as nações vos glorifiquem!
⁸ Que o Se**nhor** e nosso **Deus** nos aben**çoe**, *
e o respei**tem** os con**fins** de toda a **ter**ra!   ℟.

SEGUNDA LEITURA

Deus enviou o seu Filho, nascido de uma mulher.

Leitura da Carta de São Paulo aos Gálatas   4,4-7

Irmãos:
4 Quando se completou o tempo previsto,
   Deus enviou o seu Filho, nascido de uma mulher,
   nascido sujeito à Lei,
5 a fim de resgatar os que eram sujeitos à Lei
   e para que todos recebêssemos a filiação adotiva.
6 E porque sois filhos,
   Deus enviou aos nossos corações o Espírito do seu Filho,
   que clama: Abá – ó Pai!
7 Assim já não és escravo, mas filho;
   e se és filho, és também herdeiro:
   tudo isso por graça de Deus.

Palavra do Senhor.

Aclamação ao Evangelho   Hb 1,1-2

℟. Ale**lu**ia, Ale**lu**ia, Ale**lu**ia.
℣. De muitos **mo**dos, Deus ou**tro**ra nos fa**lou** pelos pro**fe**tas;
   nestes **tem**pos derra**dei**ros, nos fa**lou** pelo seu **Fi**lho.   ℟.

EVANGELHO

Encontraram Maria e José e o recém-nascido.
E, oito dias depois, deram-lhe o nome de Jesus.

✠ Proclamação do Evangelho de Jesus Cristo
   segundo Lucas   2,16-21

Naquele tempo,
16 Os pastores foram às pressas a Belém
   e encontraram Maria e José,
   e o recém-nascido deitado na manjedoura.
17 Tendo-o visto, contaram o que lhes fora dito
   sobre o menino.
18 E todos os que ouviram os pastores
   ficaram maravilhados com aquilo que contavam.

¹⁹ Quanto a Maria, guardava todos esses fatos
e meditava sobre eles em seu coração.
²⁰ Os pastores voltaram, glorificando e louvando a Deus
por tudo que tinham visto e ouvido,
conforme lhes tinha sido dito.
²¹ Quando se completaram os oito dias
para a circuncisão do menino,
deram-lhe o nome de Jesus,
como fora chamado pelo anjo antes de ser concebido.

Palavra da Salvação.

2º DOMINGO DEPOIS DO NATAL

PRIMEIRA LEITURA

A sabedoria de Deus mora no meio do povo escolhido.

Leitura do livro do Eclesiástico   24,1-4.12-16 (gr. 1-2.8-12)

1 A Sabedoria faz o seu próprio elogio,
   e em Deus será honrada
   e no meio do seu povo, glorificada.
2 Abre a boca na assembléia do Altíssimo
   e se exalta diante do Poderoso.
3 É glorificada no meio do seu povo,
   é admirada na grande reunião dos santos.
4 É louvada entre a multidão dos escolhidos,
   é abençoada com os abençoados de Deus.
12 Então o Criador do universo me deu suas ordens.
   Aquele que me criou marcou o lugar da minha casa,
13 e me disse: "Arma tua tenda em Jacó,
   toma posse da tua herança em Israel,
   e no meio do meu povo finca raízes".
14 Desde o princípio, antes de todos os séculos,
   Ele me criou, e nunca mais vou deixar de existir;
15 na santa morada ofereci culto em sua presença,
   assim coloquei minha casa em Sião,
   repousei na Cidade santa,
   e em Jerusalém está a sede do meu poder.
16 Lancei raízes num povo glorioso,
   no domínio do Senhor, na sua herança,
   e fixei minha morada na assembléia dos santos.

   Palavra do Senhor.

Salmo responsorial   Sl 147(148),12-13.14-15.19-20 (R. Jo 1,14)

℟. A Pala**v**ra se fez **car**ne e habi**tou** entre **nós.**

Ou: Ale**lu**ia, Ale**lu**ia, Ale**lu**ia.

12 Glorifica o Se**nhor**, Jerusa**lém**! *
    Ó Sião, canta louvores ao teu **Deus**!

¹³ Pois reforçou com segurança as tuas **por**tas, *
e os teus filhos em teu **sei**o abençoou.   ℟.

¹⁴ A **paz** em teus li**mi**tes garan**tiu** *
e te **dá** como ali**men**to a flor do **tri**go.
¹⁵ Ele en**vi**a suas **or**dens para a **ter**ra, *
e a pala**v**ra que ele **diz** corre ve**loz**.   ℟.

¹⁹ Anun**ci**a a Ja**có** sua pala**v**ra, *
seus pre**cei**tos, suas **leis** a Isra**el**.
²⁰ Nenhum **po**vo rece**beu** tanto carinho, *
a nenhum **ou**tro reve**lou** os seus pre**cei**tos.   ℟.

SEGUNDA LEITURA

*Predestinou-nos para sermos
seus filhos adotivos por Jesus Cristo.*

Leitura da Carta de São Paulo aos Efésios   1,3-6.15-18

³ Bendito seja Deus,
Pai de nosso Senhor Jesus Cristo.
Ele nos abençoou com toda a bênção do seu Espírito
em virtude de nossa união com Cristo, no céu.
⁴ Em Cristo, ele nos escolheu,
antes da fundação do mundo,
para que sejamos santos e irrepreensíveis
sob o seu olhar, no amor.
⁵ Ele nos predestinou para sermos seus filhos adotivos
por intermédio de Jesus Cristo,
conforme a decisão da sua vontade,
⁶ para o louvor da sua glória
e da graça com que ele nos cumulou no seu Bem-amado.
¹⁵ Eis por que eu também,
desde que soube da vossa fé no Senhor Jesus
e do vosso amor para com todos os santos,
¹⁶ não cesso de dar graças a vosso respeito,
quando me lembro de vós em minhas orações.
¹⁷ Que o Deus de nosso Senhor Jesus Cristo,
o Pai a quem pertence a glória,
vos dê um espírito de sabedoria
que vo-lo revele
e faça verdadeiramente conhecer.

¹⁸ Que ele abra o vosso coração à sua luz,
para que saibais
qual a esperança que o seu chamamento vos dá,
qual a riqueza da glória
que está na vossa herança com os santos.

Palavra do Senhor.

Aclamação ao Evangelho cf. 1Tm 3,16

℟. Ale**lu**ia, Ale**lu**ia, Ale**lu**ia.
℣. **Gló**ria a vós, ó **Cris**to, anunci**a**do entre as na**ções**!
Glória a vós, ó **Cris**to, acredi**ta**do em toda a **ter**ra!   ℟.

EVANGELHO (mais longo)

A Palavra se fez carne e habitou entre nós.

✠ Proclamação do Evangelho de Jesus Cristo
segundo João   1,1-18

¹ No princípio era a Palavra,
e a Palavra estava com Deus;
e a Palavra era Deus.
² No princípio ela estava com Deus.
³ Tudo foi feito por ela, e sem ela nada se fez
de tudo que foi feito.
⁴ Nela estava a vida, e a vida era a luz dos homens.
⁵ E a luz brilha nas trevas,
e as trevas não conseguiram dominá-la.
⁶ Surgiu um homem enviado por Deus;
seu nome era João.
⁷ Ele veio como testemunha,
para dar testemunho da luz,
para que todos chegassem à fé por meio dele.
⁸ Ele não era a luz,
mas veio para dar testemunho da luz:
⁹ daquele que era a luz de verdade,
que, vindo ao mundo,
ilumina todo ser humano.
¹⁰ A Palavra estava no mundo
– e o mundo foi feito por meio dela –
mas o mundo não quis conhecê-la.

¹¹ Veio para o que era seu,
e os seus não a acolheram.
¹² Mas, a todos os que a receberam,
deu-lhes capacidade de se tornarem filhos de Deus,
isto é, aos que acreditam em seu nome,
¹³ pois estes não nasceram do sangue
nem da vontade da carne
nem da vontade do varão,
mas de Deus mesmo.
¹⁴ E a Palavra se fez carne e habitou entre nós.
E nós contemplamos a sua glória,
glória que recebe do Pai como Filho unigênito,
cheio de graça e de verdade.
¹⁵ Dele, João dá testemunho, clamando:
"Este é aquele de quem eu disse:
O que vem depois de mim passou à minha frente,
porque ele existia antes de mim".
¹⁶ De sua plenitude todos nós recebemos graça por graça.
¹⁷ Pois, por meio de Moisés foi dada a Lei,
mas a graça e a verdade nos chegaram através de Jesus Cristo.
¹⁸ A Deus, ninguém jamais viu.
Mas o Unigênito de Deus, que está na intimidade do Pai,
ele no-lo deu a conhecer.

Palavra da Salvação.

Ou: EVANGELHO (mais breve)

A Palavra se fez carne e habitou entre nós.

✠ Proclamação do Evangelho de Jesus Cristo
segundo João   1,1-5.9-14

¹ No princípio era a Palavra,
e a Palavra estava com Deus;
e a Palavra era Deus.
² No princípio ela estava com Deus.
³ Tudo foi feito por ela, e sem ela nada se fez
de tudo que foi feito.
⁴ Nela estava a vida, e a vida era a luz dos homens.
⁵ E a luz brilha nas trevas,
e as trevas não conseguiram dominá-la.

9 Era a luz de verdade,
que, vindo ao mundo, ilumina todo ser humano.
10 A Palavra estava no mundo
– e o mundo foi feito por meio dela –
mas o mundo não quis conhecê-la.
11 Veio para o que era seu, e os seus não a acolheram.
12 Mas, a todos os que a receberam,
deu-lhes capacidade de se tornarem filhos de Deus,
isto é, aos que acreditam em seu nome,
13 pois estes não nasceram do sangue
nem da vontade da carne
nem da vontade do varão,
mas de Deus mesmo.
14 E a Palavra se fez carne e habitou entre nós.
E nós contemplamos a sua glória,
glória que recebe do Pai como Filho unigênito,
cheio de graça e de verdade.

Palavra da Salvação.

No domingo entre 2 e 8 de janeiro
EPIFANIA DO SENHOR

PRIMEIRA LEITURA

Apareceu sobre ti a glória do Senhor.

Leitura do Livro do Profeta Isaías 60,1-6

¹ Levanta-te, acende as luzes, Jerusalém,
porque chegou a tua luz,
apareceu sobre ti a glória do Senhor.
² Eis que está a terra envolvida em trevas,
e nuvens escuras cobrem os povos;
mas sobre ti apareceu o Senhor,
e sua glória já se manifesta sobre ti.
³ Os povos caminham à tua luz
e os reis ao clarão de tua aurora.
⁴ Levanta os olhos ao redor e vê:
todos se reuniram e vieram a ti;
teus filhos vêm chegando de longe
com tuas filhas, carregadas nos braços.
⁵ Ao vê-los, ficarás radiante,
com o coração vibrando e batendo forte,
pois com eles virão as riquezas de além-mar
e mostrarão o poderio de suas nações;
⁶ será uma inundação de camelos
e dromedários de Madiã e Efa a te cobrir;
virão todos os de Sabá, trazendo ouro e incenso
e proclamando a glória do Senhor.

Palavra do Senhor.

Salmo responsorial   Sl. 71(72),1-2.7-8.10-11.12-13 (R. cf.11)

℟. As **na**ções de toda a **ter**ra hão de ado**rar**-vos, ó Se**nhor**!

¹ Dai ao **Rei** vossos po**de**res, Senhor **Deus**, *
vossa jus**ti**ça ao descen**den**te da rea**le**za!
² Com jus**ti**ça ele gover**ne** o vosso **po**vo, *
com eqüi**da**de ele **jul**gue os vossos **po**bres.   ℟.

⁷ Nos seus **di**as a jus**ti**ça flori**rá** *
  e grande **paz**, até que a **lua** perca o **bri**lho!
⁸ De mar a **mar** estende**rá** o seu do**mí**nio, *
  e desde o **rio** até os con**fins** de toda a **ter**ra! ℟.

¹⁰ Os reis de **Tár**sis e das **i**lhas hão de **vir** *
   e ofere**cer**-lhe seus pre**sen**tes e seus **dons**;
   e tam**bém** os reis de **Se**ba e de Sa**bá** *
   hão de tra**zer**-lhe ofe**ren**das e tri**bu**tos.
¹¹ Os **reis** de toda a **ter**ra hão de ado**rá**-lo, *
   e **t**odas as na**ções** hão de ser**vi**-lo. ℟.

¹² Liberta**rá** o indi**gen**te que su**pli**ca, *
   e o **po**bre ao qual nin**guém** quer aju**dar**.
¹³ Terá **pe**na do indi**gen**te e do infe**liz**, *
   e a **vi**da dos hu**mil**des salva**rá**. ℟.

SEGUNDA LEITURA

*Agora foi-nos revelado
que os pagãos são co-herdeiros das promessas.*

Leitura da Carta de São Paulo aos Efésios   3,2-3a.5-6

Irmãos:
² Se ao menos soubésseis da graça que Deus me concedeu
  para realizar o seu plano a vosso respeito,
³ᵃ e como, por revelação, tive conhecimento do mistério.
⁵ Este mistério, Deus não o fez conhecer
  aos homens das gerações passadas,
  mas acaba de o revelar agora, pelo Espírito,
  aos seus santos apóstolos e profetas:
⁶ os pagãos são admitidos à mesma herança,
  são membros do mesmo corpo,
  são associados à mesma promessa em Jesus Cristo,
  por meio do Evangelho.

Palavra do Senhor.

Aclamação ao Evangelho   cf. Mt 2,2

℟. Ale**lu**ia, Ale**lu**ia, Ale**lu**ia.
℣. **Vi**mos sua es**tre**la no Ori**en**te
   e viemos ado**rar** o Se**nhor**. ℟.

EVANGELHO

Viemos do Oriente adorar o Rei.

✠ Proclamação do Evangelho de Jesus Cristo
segundo Mateus 2,1-12

¹ Tendo nascido Jesus na cidade de Belém, na Judéia,
no tempo do rei Herodes,
eis que alguns magos do Oriente chegaram a Jerusalém,
² perguntando:
"Onde está o rei dos judeus, que acaba de nascer?
Nós vimos a sua estrela no Oriente e viemos adorá-lo".
³ Ao saber disso, o rei Herodes ficou perturbado.
assim como toda a cidade de Jerusalém.
⁴ Reunindo todos os sumos sacerdotes e os mestres da Lei,
perguntava-lhes onde o Messias deveria nascer.
⁵ Eles responderam: "Em Belém, na Judéia,
pois assim foi escrito pelo profeta:
⁶ 'E tu, Belém, terra de Judá, de modo algum
és a menor entre as principais cidades de Judá,
porque de ti sairá um chefe
que vai ser o pastor de Israel, o meu povo' ".
⁷ Então Herodes chamou em segredo os magos
e procurou saber deles cuidadosamente
quando a estrela tinha aparecido.
⁸ Depois os enviou a Belém, dizendo:
"Ide e procurai obter informações exatas sobre o menino.
E, quando o encontrardes, avisai-me,
para que também eu vá adorá-lo".
⁹ Depois que ouviram o rei, eles partiram.
E a estrela, que tinham visto no Oriente, ia adiante deles,
até parar sobre o lugar onde estava o menino.
¹⁰ Ao verem de novo a estrela,
os magos sentiram uma alegria muito grande.
¹¹ Quando entraram na casa,
viram o menino com Maria, sua mãe.
Ajoelharam-se diante dele, e o adoraram.
Depois abriram seus cofres
e lhe ofereceram presentes: ouro, incenso e mirra.
¹² Avisados em sonho para não voltarem a Herodes,
retornaram para a sua terra, seguindo outro caminho.

Palavra da Salvação.

Domingo entre 9 e 13 de janeiro

BATISMO DO SENHOR

PRIMEIRA LEITURA

Eis o meu servo: nele se compraz minh'alma.

Leitura do Livro do Profeta Isaías   42,1-4.6-7

Assim fala o Senhor:
1 "Eis o meu servo – eu o recebo;
eis o meu eleito – nele se compraz minh'alma;
pus meu espírito sobre ele,
ele promoverá o julgamento das nações.
2 Ele não clama nem levanta a voz,
nem se faz ouvir pelas ruas.
3 Não quebra uma cana rachada
nem apaga um pavio que ainda fumega;
mas promoverá o julgamento para obter a verdade.
4 Não esmorecerá nem se deixará abater,
enquanto não estabelecer a justiça na terra;
os países distantes esperam seus ensinamentos.
6 Eu, o Senhor, te chamei para a justiça
e te tomei pela mão; eu te formei e te constituí
como o centro de aliança do povo, luz das nações,
7 para abrires os olhos dos cegos, tirar os cativos da prisão,
livrar do cárcere os que vivem nas trevas".

Palavra do Senhor.

Salmo responsorial   Sl 28(29),1a.2.3ac-4.3b.9b-10 (R. 11b)

℟. Que o Se**nhor** aben**ç**oe, com a **paz**, o seu **po**vo!

1a Filhos de **Deus**, tribu**tai** ao Se**nhor**, *
tribu**tai**-lhe a **gló**ria e o po**der**!
2 Dai-lhe a **gló**ria de**vi**da ao seu **no**me; *
ado**rai**-o com **san**to orna**men**to!   ℟.

3a Eis a **voz** do Se**nhor** sobre as **á**guas, *
c sua **voz** sobre as **á**guas i**men**sas!
4 Eis a **voz** do Se**nhor** com po**der**! *
Eis a **voz** do Se**nhor** majes**to**sa.   ℟.

³ᵇ Sua **voz** no tro**vão** rebo**an**do! *
⁹ᵇ No seu **tem**plo os fi**éis** bradam: "**Gló**ria!"
¹⁰ É o Se**nhor** que do**mi**na os di**lú**vios, *
o Se**nhor** rei**na**rá para **sem**pre! ℟.

SEGUNDA LEITURA

Foi ungido por Deus com o Espírito Santo.

Leitura dos Atos dos Apóstolos   10,34-38

Naqueles dias:
³⁴ Pedro tomou a palavra e disse:
"De fato, estou compreendendo
que Deus não faz distinção entre as pessoas.
³⁵ Pelo contrário, ele aceita quem o teme
e pratica a justiça,
qualquer que seja a nação a que pertença.
³⁶ Deus enviou sua palavra aos israelitas
e lhes anunciou a Boa-nova da paz,
por meio de Jesus Cristo, que é o Senhor de todos.
³⁷ Vós sabeis o que aconteceu em toda a Judéia,
a começar pela Galiléia,
depois do batismo pregado por João:
³⁸ como Jesus de Nazaré foi ungido por Deus
com o Espírito Santo e com poder.
Ele andou por toda a parte, fazendo o bem
e curando a todos os que estavam dominados pelo demônio;
porque Deus estava com ele".

Palavra do Senhor.

Aclamação ao Evangelho   cf. Mc 9,6

℟. Ale**lu**ia, Ale**lu**ia, Ale**lu**ia.
℣. Abriram-se os **céus** e fez-se ou**vir** a voz do Pai:
Eis meu Filho muito a**ma**do; escu**tai**-o, todos **vós**! ℟.

EVANGELHO

*Jesus recebeu o batismo.
E, enquanto rezava, o céu se abriu.*

✠ Proclamação do Evangelho de Jesus Cristo
segundo Lucas   3,15-16.21-22

Naquele tempo,
15 O povo estava na expectativa
e todos se perguntavam no seu íntimo
se João não seria o Messias.
16 Por isso, João declarou a todos:
"Eu vos batizo com água,
mas virá aquele que é mais forte do que eu.
Eu não sou digno de desamarrar
a correia de suas sandálias.
Ele vos batizará no Espírito Santo e no fogo".
21 Quando todo o povo estava sendo batizado,
Jesus também recebeu o batismo.
E, enquanto rezava, o céu se abriu
22 e o Espírito Santo desceu sobre Jesus
em forma visível, como pomba.
E do céu veio uma voz:
"Tu és o meu Filho amado,
em ti ponho o meu bem-querer".

Palavra da Salvação.

Ou, à escolha:

PRIMEIRA LEITURA

*A glória do Senhor se manifestará
e todos os homens a verão.*

Leitura do Livro do Profeta Isaías   40,1-5.9-11

1 Consolai o meu povo, consolai-o!
– diz o vosso Deus.
2 Falai ao coração de Jerusalém
e dizei em alta voz

que sua servidão acabou
e a expiação de suas culpas foi cumprida;
ela recebeu das mãos do Senhor
o dobro por todos os seus pecados.
³ Grita uma voz:
"Preparai no deserto o caminho do Senhor,
aplainai na solidão
a estrada de nosso Deus.
⁴ Nivelem-se todos os vales,
rebaixem-se todos os montes e colinas;
endireite-se o que é torto
e alisem-se as asperezas:
⁵ a glória do Senhor então se manifestará,
e todos os homens verão juntamente
o que a boca do Senhor falou".
⁹ Sobe a um alto monte,
tu, que trazes a boa-nova a Sião;
levanta com força a tua voz,
tu, que trazes a boa-nova a Jerusalém,
ergue a voz, não temas;
dize às cidades de Judá:
"Eis o vosso Deus,
¹⁰ eis que o Senhor Deus vem com poder,
seu braço tudo domina:
eis, com ele, sua conquista,
eis à sua frente a vitória.
¹¹ Como um pastor, ele apascenta o rebanho,
reúne, com a força dos braços, os cordeiros
e carrega-os ao colo;
ele mesmo tange as ovelhas-mães".

Palavra do Senhor.

Salmo responsorial Sl 103(104),1-2.3-4.24-25.27-28.29-30
(R. 1)

℟. Ben**di**ze, ó minha **al**ma, ao Se**nhor**!

¹ Ben**di**ze, ó minha **al**ma, ao Se**nhor**! *
Ó meu **Deus** e meu Se**nhor**, como sois **gran**de!
² De majes**ta**de e esplen**dor** vos reves**tis** *
e de **luz** vos envol**veis** como num **man**to.   ℟.

³ Esten**deis** qual uma **ten**da o firma**men**to, *
cons**truís** vosso pa**lá**cio sobre as **á**guas;
⁴ dos **ven**tos fazeis **vos**sos mensa**gei**ros, *
do fogo e **cha**ma fazeis **vos**sos servidores.   ℟.

24 Quão numerosas, ó **Senhor**, são vossas **o**bras, †
e **que** sabed**o**ria em todas **e**las! *
Encheu-se a **ter**ra com as **vo**ssas criat**u**ras!

25 Eis o **mar** tão espaçoso e tão i**men**so, †
no **qual** se movem **s**eres incont**á**veis, *
gigan**tes**cos ani**mais** e peque**ni**nos.   ℟.

27 Todos **e**les, ó **Senhor**, de vós es**pe**ram *
que a seu **tem**po vós lhes **deis** o ali**men**to;

28 vós lhes **dais** o que co**mer** e eles re**co**lhem, *
vós **abris** a vossa **mão** e eles se **far**tam.   ℟.

29 Se escon**deis** a vossa **fa**ce, se apa**vo**ram, †
se ti**rais** o seu res**pi**ro, eles pe**re**cem *
e **vol**tam para o **pó** de onde vi**e**ram;

30 envi**ais** o vosso es**pí**rito e re**nas**cem *
e da **ter**ra toda a **fa**ce reno**vais**.   ℟.

SEGUNDA LEITURA

*Fomos salvos mediante o batismo de regeneração
e renovação do Espírito Santo.*

Leitura da Carta de São Paulo a Tito   2,11-14; 3,4-7

Caríssimos:
11 A graça de Deus se manifestou
trazendo salvação para todos os homens.
12 Ela nos ensina a abandonar
a impiedade e as paixões mundanas
e a viver neste mundo com equilíbrio,
justiça e piedade,
13 aguardando a feliz esperança
e a manifestação da glória
do nosso grande Deus e Salvador, Jesus Cristo.
14 Ele se entregou por nós,
para nos resgatar de toda a maldade
e purificar para si um povo que lhe pertença
e que se dedique a praticar o bem.
3,4 Manifestou-se a bondade de Deus, nosso Salvador,
e o seu amor pelos homens:
5 Ele salvou-nos
não por causa dos atos de justiça

que tivéssemos praticado,
mas por sua misericórdia,
quando renascemos e fomos renovados no batismo
pelo Espírito Santo,
⁶ que ele derramou abundantemente sobre nós
por meio de nosso Salvador Jesus Cristo.
⁷ Justificados assim, pela sua graça,
nos tornamos na esperança herdeiros da vida eterna.

Palavra do Senhor.

Aclamação ao Evangelho cf. Lc 3,16

℟. Ale**lu**ia, Ale**lu**ia, Ale**lu**ia.
℣. Virá **aque**le que é mais **for**te do que **eu**.
Ele **vos** batiza**rá** no Es**pí**rito **San**to e no **fo**go. ℟.

EVANGELHO
Como acima Lc 3,15-16.21-22. p. 735.

Nos lugares em que a solenidade da Epifania é transferida para o domingo, e este ocorre no dia 7 ou 8 de janeiro, e a festa do Batismo do Senhor é transferida para a segunda-feira seguinte, escolhe-se somente uma leitura antes do Evangelho.

A partir do domingo depois da festa do Batismo do Senhor, iniciam-se as leituras dos domingos do "Tempo comum", que se encontram à página 879.

TEMPO DA QUARESMA

1º DOMINGO DA QUARESMA

PRIMEIRA LEITURA

Profissão de fé do povo eleito.

Leitura do Livro do Deuteronômio 26,4-10

Assim Moisés falou ao povo:
⁴ "O sacerdote receberá de tuas mãos a cesta
e a colocará diante do altar do Senhor teu Deus.
⁵ Dirás, então, na presença do Senhor teu Deus:
'Meu pai era um arameu errante,
que desceu ao Egito com um punhado de gente
e ali viveu como estrangeiro.
Ali se tornou um povo grande, forte e numeroso.
⁶ Os egípcios nos maltrataram e oprimiram,
impondo-nos uma dura escravidão.
⁷ Clamamos, então, ao Senhor, o Deus de nossos pais,
e o Senhor ouviu a nossa voz e viu a nossa opressão,
a nossa miséria e a nossa angústia.
⁸ E o Senhor nos tirou do Egito
com mão poderosa e braço estendido,
no meio de grande pavor, com sinais e prodígios.
⁹ E conduziu-nos a este lugar
e nos deu esta terra, onde corre leite e mel.
¹⁰ Por isso, agora trago os primeiros frutos da terra
que tu me deste, Senhor'.
Depois de colocados os frutos
diante do Senhor teu Deus,
tu te inclinarás em adoração diante dele".

Palavra do Senhor.

Salmo responsorial Sl 90(91),1-2.10-11.12-13.14-15 (R. cf. 15b)

℟. Em minhas **do**res, ó Se**nhor**, permane**cei** junto de **mim**!

¹ Quem ha**bi**ta ao **a**bri**go** do Al**tís**simo *
e vive à **som**bra do Se**nhor** onipo**ten**te,
² diz ao Se**nhor**: "Sois meu re**fú**gio e prote**ção**, *
sois o meu **Deus**, no qual confio inteira**men**te". ℟.

¹⁰ Nenhum **mal** há de che**gar** perto de **ti**, *
nem a des**gra**ça bate**rá** à tua **por**ta;
¹¹ pois o **Sen**hor deu uma **or**dem a seus **an**jos *
para em **to**dos os ca**min**hos te guar**da**rem. ℞.

¹² Have**rão** de te le**var** em suas **mãos**, *
para o teu **pé** não se fe**rir** nalguma **pe**dra.
¹³ Passa**rás** por sobre **co**bras e ser**pen**tes, *
pisa**rás** sobre le**ões** e outras **fe**ras. ℞.

¹⁴ "Porque a **mim** se confi**ou**, hei de li**vrá**-lo *
e prote**gê**-lo, pois meu **no**me ele con**he**ce.
¹⁵ Ao invo**car**-me hei de ou**vi**-lo e aten**dê**-lo, *
e a seu **la**do eu esta**rei** em suas **do**res. ℞.

SEGUNDA LEITURA

Profissão de fé dos que crêem em Cristo.

Leitura da Carta de São Paulo aos Romanos 10,8-13

Irmãos:
⁸ O que diz a Escritura?
"A palavra está perto de ti,
em tua boca e em teu coração".
Essa palavra é a palavra da fé, que nós pregamos.
⁹ Se, pois, com tua boca confessares Jesus como Senhor
e, no teu coração,
creres que Deus o ressuscitou dos mortos,
serás salvo.
¹⁰ É crendo no coração que se alcança a justiça
e é confessando a fé com a boca
que se consegue a salvação.
¹¹ Pois a Escritura diz:
"Todo aquele que nele crer não ficará confundido".
¹² Portanto, não importa a diferença entre judeu e grego;
todos têm o mesmo Senhor,
que é generoso para com todos os que o invocam.
¹³ De fato,
todo aquele que invocar o Nome do Senhor será salvo.

Palavra do Senhor.

Aclamação ao Evangelho Mt 4,4b

℟. **Lou**vor e **gló**ria a **ti**, se**nhor**, Cristo, Pa**la**vra de **Deus**.
℣. O **ho**mem não **vi**ve so**men**te de **pão**,
mas de **to**da pa**la**vra da **bo**ca de **Deus**. ℟.

EVANGELHO

*Jesus, no deserto, era guiado pelo Espírito
e foi tentado.*

✠ Proclamação do Evangelho de Jesus Cristo
segundo Lucas 4,1-13

Naquele tempo,
¹ Jesus, cheio do Espírito Santo, voltou do Jordão,
e, no deserto, ele era guiado pelo Espírito.
² Ali foi tentado pelo diabo durante quarenta dias.
Não comeu nada naqueles dias
e depois disso, sentiu fome.
³ O diabo disse, então, a Jesus:
"Se és Filho de Deus,
manda que esta pedra se mude em pão".
⁴ Jesus respondeu:
"A Escritura diz:
'Não só de pão vive o homem'".
⁵ O diabo levou Jesus para o alto,
mostrou-lhe por um instante todos os reinos do mundo
⁶ e lhe disse:
"Eu te darei todo este poder e toda a sua glória,
porque tudo isso foi entregue a mim
e posso dá-lo a quem eu quiser.
⁷ Portanto, se te prostrares diante de mim em adoração,
tudo isso será teu".
⁸ Jesus respondeu:
"A Escritura diz:
'Adorarás o Senhor teu Deus, e só a ele servirás'".
⁹ Depois o diabo levou Jesus a Jerusalém,
colocou-o sobre a parte mais alta do Templo,
e lhe disse:
"Se és Filho de Deus,
atira-te daqui abaixo!
¹⁰ Porque a Escritura diz:
'Deus ordenará aos seus anjos a teu respeito,

que te guardem com cuidado!'
11 E mais ainda: 'Eles te levarão nas mãos,
para que não tropeces em alguma pedra'".
12 Jesus, porém, respondeu:
"A Escritura diz:
'Não tentarás o Senhor teu Deus'".
13 Terminada toda a tentação,
o diabo afastou-se de Jesus,
para retornar no tempo oportuno.

Palavra da Salvação.

2º DOMINGO DA QUARESMA

PRIMEIRA LEITURA

Deus fez Aliança com Abrão, homem de fé.

Leitura do Livro do Gênesis 15,5-12.17-18

Naqueles dias,
⁵ o Senhor conduziu Abrão para fora e disse-lhe:
"Olha para o céu e conta as estrelas, se fores capaz!"
E acrescentou:
"Assim será a tua descendência".
⁶ Abrão teve fé no Senhor, que considerou isso como justiça.
⁷ E lhe disse:
"Eu sou o Senhor que te fez sair de Ur dos Caldeus,
para te dar em possessão esta terra".
⁸ Abrão lhe perguntou:
"Senhor Deus, como poderei saber que vou possuí-la?"
⁹ E o Senhor lhe disse:
"Traze-me uma novilha de três anos,
uma cabra de três anos,
um carneiro de três anos,
além de uma rola e de uma pombinha".
¹⁰ Abrão trouxe tudo
e dividiu os animais pelo meio,
mas não as aves,
colocando as respectivas partes uma frente à outra.
¹¹ Aves de rapina se precipitaram sobre os cadáveres,
mas Abrão as enxotou.
¹² Quando o sol já se ia pondo,
caiu um sono profundo sobre Abrão
e ele foi tomado de grande e misterioso terror.
¹⁷ Quando o sol se pôs e escureceu,
apareceu um braseiro fumegante e uma tocha de fogo,
que passaram por entre os animais divididos.
¹⁸ Naquele dia o Senhor fez aliança com Abrão, dizendo:
"Aos teus descendentes darei esta terra,
desde o rio do Egito
até o grande rio, o Eufrates".

Palavra do Senhor.

Salmo responsorial Sl 26(27),1.7-8.9abc.13.14 (℟. 1a)

℟. O Se**nhor** é minha **luz** e salva**ção.**

¹ O Se**nhor** é minha **luz** e salva**ção;** *
 de **quem** eu terei **me**do?
 O Se**nhor** é a prote**ção** da minha **vi**da; *
 perante **quem** eu treme**rei**? ℟.

⁷ Ó Se**nhor**, ouvi a **voz** do meu a**pe**lo, *
 aten**dei** por compai**xão!**
⁸ Meu cora**ção** fala con**vos**co confi**an**te, *
 é vossa **face** que eu pro**cu**ro. ℟.

⁹ᵃ Não afas**teis** em vossa **i**ra o vosso **ser**vo, *
 sois **vós** o meu au**xí**lio!
 ᵇ Não me esque**çais** nem me dei**xeis** aban**do**nado, *
 ᶜ meu **Deus** e Salva**dor!** ℟.

¹³ Sei que a bon**da**de do Se**nhor** eu hei de **ver** *
 na **ter**ra dos vi**ven**tes.
¹⁴ Es**pe**ra no Se**nhor** e tem co**ra**gem, *
 es**pe**ra no Se**nhor**! ℟.

SEGUNDA LEITURA (mais longa)

*Cristo transformará o nosso corpo
e o tornará semelhante ao seu corpo glorioso.*

Leitura da Carta de São Paulo aos Filipenses   3,17-4,1

¹⁷ Sede meus imitadores, irmãos,
 e observai os que vivem
 de acordo com o exemplo que nós damos.
¹⁸ Já vos disse muitas vezes,
 e agora o repito, chorando:
 há muitos por aí que se comportam
 como inimigos da cruz de Cristo.
¹⁹ O fim deles é a perdição,
 o deus deles é o estômago,
 a glória deles está no que é vergonhoso
 e só pensam nas coisas terrenas.

²⁰ Nós, porém, somos cidadãos do céu.
De lá aguardamos o nosso Salvador,
o Senhor, Jesus Cristo.
²¹ Ele transformará o nosso corpo humilhado
e o tornará semelhante ao seu corpo glorioso,
com o poder que tem de sujeitar a si todas as coisas.
⁴,¹ Assim, meus irmãos, a quem quero bem
e dos quais sinto saudade,
minha alegria, minha coroa, meus amigos,
continuai firmes no Senhor.

Palavra do Senhor.

Ou: SEGUNDA LEITURA (mais breve)

*Cristo transformará o nosso corpo
e o tornará semelhante ao seu corpo glorioso.*

Leitura da Carta de São Paulo aos Filipenses 3,20–4,1

Irmãos:
²⁰ Nós, porém, somos cidadãos do céu.
De lá aguardamos o nosso Salvador,
o Senhor, Jesus Cristo.
²¹ Ele transformará o nosso corpo humilhado
e o tornará semelhante ao seu corpo glorioso,
com o poder que tem de sujeitar a si todas as coisas.
⁴,¹ Assim, meus irmãos, a quem quero bem
e dos quais sinto saudade,
minha alegria, minha coroa, meus amigos,
continuai firmes no Senhor.

Palavra do Senhor.

Aclamação ao Evangelho   cf. Lc 9,35

℟. Lou**vor** a **vós**, o **Cristo**, **rei** da e**ter**na **gló**ria.
℣. Numa **nu**vem resplen**den**te fez-se ou**vir** a voz do **Pai**:
Eis meu **Fi**lho muito **a**ma**do**, escu**tai**-o, todos **vós**!   ℟.

EVANGELHO

Enquanto Jesus rezava, seu rosto mudou de aparência.

✠ Proclamação do Evangelho de Jesus Cristo
segundo Lucas — 9,28b-36

Naquele tempo,
^{28b} Jesus levou consigo Pedro, João e Tiago,
e subiu à montanha para rezar.
²⁹ Enquanto rezava, seu rosto mudou de aparência
e sua roupa ficou muito branca e brilhante.
³⁰ Eis que dois homens estavam conversando com Jesus:
eram Moisés e Elias.
³¹ Eles apareceram revestidos de glória
e conversavam sobre a morte,
que Jesus iria sofrer em Jerusalém.
³² Pedro e os companheiros estavam com muito sono.
Ao despertarem, viram a glória de Jesus
e os dois homens que estavam com ele.
³³ E quando estes homens se iam afastando,
Pedro disse a Jesus:
"Mestre, é bom estarmos aqui.
Vamos fazer três tendas:
uma para ti, outra para Moisés e outra para Elias".
Pedro não sabia o que estava dizendo.
³⁴ Ele estava ainda falando,
quando apareceu uma nuvem
que os cobriu com sua sombra.
Os discípulos ficaram com medo
ao entrarem dentro da nuvem.
³⁵ Da nuvem, porém, saiu uma voz que dizia:
"Este é o meu Filho, o Escolhido.
Escutai o que ele diz!"
³⁶ Enquanto a voz ressoava, Jesus encontrou-se sozinho.
Os discípulos ficaram calados
e naqueles dias não contaram a ninguém
nada do que tinham visto.

Palavra da Salvação.

3º DOMINGO DA QUARESMA

PRIMEIRA LEITURA

O "Eu sou" enviou-me a vós.

Leitura do Livro do Êxodo 3,1-8a.13-15

Naqueles dias,
¹ Moisés apascentava o rebanho de Jetro, seu sogro,
sacerdote de Madiã.
Levou um dia, o rebanho deserto adentro
e chegou ao monte de Deus, o Horeb.
² Apareceu-lhe o anjo do Senhor numa chama de fogo,
do meio de uma sarça.
Moisés notou que a sarça estava em chamas,
mas não se consumia, e disse consigo:
³ "Vou aproximar-me desta visão extraordinária,
para ver porque a sarça não se consome".
⁴ O Senhor viu que Moisés se aproximava para observar
e chamou-o do meio da sarça, dizendo: "Moisés! Moisés!"
Ele respondeu: "Aqui estou".
⁵ E Deus disse: "Não te aproximes! Tira as sandálias dos pés,
porque o lugar onde estás é uma terra santa".
⁶ E acrescentou:
"Eu sou o Deus de teus pais, o Deus de Abraão,
o Deus de Isaac e o Deus de Jacó".
Moisés cobriu o rosto, pois temia olhar para Deus.
⁷ E o Senhor lhe disse:
"Eu vi a aflição do meu povo que está no Egito
e ouvi o seu clamor por causa da dureza de seus opressores.
Sim, conheço os seus sofrimentos.
⁸ᵃ Desci para libertá-los das mãos dos egípcios,
e fazê-los sair daquele país
para uma terra boa e espaçosa,
uma terra onde corre leite e mel".
¹³ Moisés disse a Deus:
"Sim, eu irei aos filhos de Israel e lhes direi:
'O Deus de vossos pais enviou-me a vós'".
Mas, se eles perguntarem:
'Qual é o seu nome?' o que lhes devo responder?"

¹⁴ Deus disse a Moisés:
"Eu Sou aquele que sou". E acrescentou:
"Assim responderás aos filhos de Israel.
'Eu sou' enviou-me a vós".
¹⁵ E Deus disse ainda a Moisés:
"Assim dirás aos filhos de Israel:
'O Senhor, o Deus de vossos pais,
o Deus de Abraão, o Deus de Isaac e o Deus de Jacó,
enviou-me a vós'.
Este é o meu nome para sempre,
e assim serei lembrado de geração em geração".

Palavra do Senhor.

Salmo responsorial   Sl 102(130),1-2.3-4.8.11 (R. 8a)

R. O Senhor é bondoso e compassivo.

¹ Bendize, ó minha alma, ao Senhor, *
e todo o meu ser, seu santo nome!
² Bendize, ó minha alma, ao Senhor, *
não te esqueças de nenhum de seus favores!   R.

³ Pois ele te perdoa toda culpa, *
e cura toda a tua enfermidade;
⁴ da sepultura ele salva a tua vida *
e te cerca de carinho e compaixão.   R.

⁸ O Senhor é indulgente, é favorável, *
é paciente, é bondoso e compassivo.
¹¹ Quanto os céus por sobre a terra se elevam *
tanto é grande o seu amor aos que o temem.   R.

SEGUNDA LEITURA

*A vida do povo com Moisés no deserto
foi escrita para ser exemplo para nós.*

Leitura da Primeira Carta de São Paulo aos Coríntios
10,1-6.10-12

¹ Irmãos, não quero que ignoreis o seguinte:
Os nossos pais estiveram todos debaixo da nuvem
e todos passaram pelo mar;

² todos foram batizados em Moisés,
   sob a nuvem e pelo mar;
³ e todos comeram do mesmo alimento espiritual,
⁴ e todos beberam da mesma bebida espiritual;
   de fato, bebiam de um rochedo espiritual
   que os acompanhava – e esse rochedo era Cristo –.
⁵ No entanto, a maior parte deles desagradou a Deus,
   pois morreram e ficaram no deserto.
⁶ Esses fatos aconteceram para serem exemplos para nós,
   a fim de que não desejemos coisas más,
   como fizeram aqueles no deserto.
¹⁰ Não murmureis, como alguns deles murmuraram,
   e, por isso, foram mortos pelo anjo exterminador.
¹² Portanto, quem julga estar de pé
   tome cuidado para não cair.

Palavra do Senhor.

Aclamação ao Evangelho   Mt 4,17

℟. **Glória e lou**v**or a vós, ó Cristo.**
℣. Con**ver**t**ei**-vos, nos **diz** o Se**nhor**,
   porque o **Rei**no dos **céus** está **per**to.   ℟.

EVANGELHO

*Se vós não vos converterdes,
ireis morrer todos do mesmo modo.*

✠ Proclamação do Evangelho de Jesus Cristo
   segundo Lucas   13,1-9

¹ Naquele tempo, vieram algumas pessoas
   trazendo notícias a Jesus
   a respeito dos galileus que Pilatos tinha matado,
   misturando seu sangue com o dos sacrifícios que ofereciam.
² Jesus lhes respondeu:
   "Vós pensais que esses galileus eram mais pecadores
   do que todos os outros galileus,
   por terem sofrido tal coisa?
³ Eu vos digo que não.
   Mas se vós não vos converterdes,
   ireis morrer todos do mesmo modo.

⁴ E aqueles dezoito que morreram,
quando a torre de Siloé caiu sobre eles?
Pensais que eram mais culpados
do que todos os outros moradores de Jerusalém?
⁵ Eu vos digo que não.
Mas, se não vos converterdes,
ireis morrer todos do mesmo modo".
⁶ E Jesus contou esta parábola:
"Certo homem tinha uma figueira
plantada na sua vinha.
Foi até ela procurar figos e não encontrou.
⁷ Então disse ao vinhateiro:
'Já faz três anos que venho procurando figos
nesta figueira e nada encontro.
Corta-a! Por que está ela inutilizando a terra?'
⁸ Ele, porém, respondeu:
'Senhor, deixa a figueira ainda este ano.
Vou cavar em volta dela e colocar adubo.
⁹ Pode ser que venha a dar fruto.
Se não der, então tu a cortarás'".

Palavra da Salvação.

Ou, à escolha: todas as leituras do ano A, p. **113**.

4º DOMINGO DA QUARESMA

PRIMEIRA LEITURA

*O povo de Deus celebra a Páscoa
depois de entrar na Terra Prometida.*

Leitura do Livro de Josué   5,9a.10-12

Naqueles dias,
^{9a} o Senhor disse a Josué:
"Hoje tirei de cima de vós o opróbrio do Egito".
¹⁰ Os israelitas ficaram acampados em Guilgal e
celebraram a Páscoa no dia catorze do mês,
à tarde, na planície de Jericó.
¹¹ No dia seguinte à Páscoa
comeram dos produtos da terra,
pães sem fermento
e grãos tostados nesse mesmo dia.
¹² O maná cessou de cair no dia seguinte,
quando comeram dos produtos da terra.
Os israelitas não mais tiveram o maná.
Naquele ano comeram dos frutos da terra de Canaã.

Palavra do Senhor.

Salmo responsorial   Sl 33(34),2-3.4-5.6-7 (R. 9a)

℟. Provai e **vede** quão su**a**ve é o Se**nhor**!

2 Bendi**rei** o Senhor **Deus** em todo o **tem**po, *
seu lou**vor** estará **sem**pre em minha **bo**ca.
3 Minha **al**ma se gloria no Se**nhor**; *
que **ou**çam os hu**mil**des e se ale**grem**!   ℟.

4 Co**mi**go engrande**cei** ao Senhor **Deus**, *
exal**te**mos todos **jun**tos o seu **no**me!
5 Todas as **ve**zes que o bus**quei**, ele me ou**viu**, *
e de **to**dos os te**mo**res me li**vrou**.   ℟.

6 Contem**plai** a sua **fa**ce e ale**grai**-vos, *
e vosso **ros**to não se **cu**bra de vergo**nha**!
7 Este infe**liz** gritou a **Deus**, e foi ou**vi**do, *
e o Se**nhor** o liber**tou** de toda an**gús**tia.   ℟.

SEGUNDA LEITURA

Por Cristo, Deus nos reconciliou consigo mesmo.

Leitura da Segunda Carta de São Paulo aos Coríntios 5,17-21

Irmãos:
17 Se alguém está em Cristo,
é uma criatura nova.
O mundo velho desapareceu.
Tudo agora é novo.
18 E tudo vem de Deus,
que, por Cristo, nos reconciliou consigo
e nos confiou o ministério da reconciliação.
19 Com efeito, em Cristo, Deus reconciliou o mundo consigo,
não imputando aos homens as suas faltas
e colocando em nós a palavra da reconciliação.
20 Somos, pois, embaixadores de Cristo,
e é Deus mesmo que exorta através de nós.
Em nome de Cristo, nós vos suplicamos:
deixai-vos reconciliar com Deus.
21 Aquele que não cometeu nenhum pecado,
Deus o fez pecado por nós,
para que nele nós nos tornemos justiça de Deus.

Palavra do Senhor.

Aclamação ao Evangelho Lc 15,18

℟. Lou**vor** e **hon**ra a **vós**, Se**nhor** Je**sus**.
℣. Vou levan**tar**-me e **vou** a meu **pai** e lhe di**rei**:
Meu **Pai**, eu pe**quei** contra o **céu** e contra **ti**. ℟.

EVANGELHO

Este teu irmão estava morto e tornou a viver.

✠ Proclamação do Evangelho de Jesus Cristo
segundo Lucas 15,1-3.11-32

Naquele tempo,
1 Os publicanos e pecadores
aproximavam-se de Jesus para o escutar.

² Os fariseus, porém,
e os mestres da Lei criticavam Jesus.
"Este homem acolhe os pecadores
e faz refeição com eles".
³ Então Jesus contou-lhes esta parábola:
¹¹ "Um homem tinha dois filhos.
¹² O filho mais novo disse ao pai:
'Pai, dá-me a parte da herança que me cabe'.
E o pai dividiu os bens entre eles.
¹³ Poucos dias depois, o filho mais novo
juntou o que era seu
e partiu para um lugar distante.
E ali esbanjou tudo numa vida desenfreada.
¹⁴ Quando tinha gasto tudo o que possuía,
houve uma grande fome naquela região,
e ele começou a passar necessidade.
¹⁵ Então foi pedir trabalho a um homem do lugar,
que o mandou para seu campo cuidar dos porcos.
¹⁶ O rapaz queria matar a fome
com a comida que os porcos comiam,
mas nem isto lhe davam.
¹⁷ Então caiu em si e disse:
'Quantos empregados do meu pai têm pão com fartura,
e eu aqui, morrendo de fome.
¹⁸ Vou-me embora, vou voltar para meu pai e dizer-lhe:
Pai, pequei contra Deus e contra ti;
¹⁹ já não mereço ser chamado teu filho.
Trata-me como a um dos teus empregados'.
²⁰ Então ele partiu e voltou para seu pai.
Quando ainda estava longe, seu pai o avistou
e sentiu compaixão.
Correu-lhe ao encontro, abraçou-o,
e cobriu-o de beijos.
²¹ O filho, então, lhe disse:
'Pai, pequei contra Deus e contra ti.
Já não mereço ser chamado teu filho'.
²² Mas o pai disse aos empregados:
'Trazei depressa a melhor túnica para vestir meu filho.
E colocai um anel no seu dedo e sandálias nos pés.
²³ Trazei um novilho gordo e matai-o.
Vamos fazer um banquete.
²⁴ Porque este meu filho estava morto e tornou a viver;
estava perdido e foi encontrado'.
E começaram a festa.

²⁵ O filho mais velho estava no campo.
Ao voltar, já perto de casa,
ouviu música e barulho de dança.
²⁶ Então chamou um dos criados
e perguntou o que estava acontecendo.
²⁷ O criado respondeu:
'É teu irmão que voltou.
Teu pai matou o novilho gordo,
porque o recuperou com saúde'.
²⁸ Mas ele ficou com raiva e não queria entrar.
O pai, saindo, insistia com ele.
²⁹ Ele, porém, respondeu ao pai:
'Eu trabalho para ti há tantos anos,
jamais desobedeci a qualquer ordem tua.
E tu nunca me deste um cabrito
para eu festejar com meus amigos.
³⁰ Quando chegou esse teu filho,
que esbanjou teus bens com prostitutas,
matas para ele o novilho cevado'.
³¹ Então o pai lhe disse:
'Filho, tu estás sempre comigo,
e tudo o que é meu é teu.
³² Mas era preciso festejar e alegrar-nos,
porque este teu irmão estava morto e tornou a viver;
estava perdido, e foi encontrado' ".

Palavra da Salvação.

Ou, à escolha: todas as leituras do Ano A, p. 120.

5º DOMINGO DA QUARESMA

PRIMEIRA LEITURA

*Eis que eu farei coisas novas,
e as darei ao meu povo.*

Leitura do Livro do Profeta Isaías   43,16-21

¹⁶ Isto diz o Senhor,
que abriu uma passagem no mar
e um caminho entre águas impetuosas;
¹⁷ que pôs a perder carros e cavalos,
tropas e homens corajosos;
pois estão todos mortos e não ressuscitarão,
foram abafados como mecha de pano e apagaram-se:
¹⁸ "Não relembreis coisas passadas,
não olheis para fatos antigos.
¹⁹ Eis que eu farei coisas novas,
e que já estão surgindo:
acaso não as reconheceis?
Pois abrirei uma estrada no deserto
e farei correr rios na terra seca.
²⁰ Hão de glorificar-me os animais selvagens,
os dragões e os avestruzes,
porque fiz brotar água no deserto
e rios na terra seca
para dar de beber a meu povo, a meus escolhidos.
²¹ Este povo, eu o criei para mim
e ele cantará meus louvores".

Palavra do Senhor.

Salmo responsorial   Sl 125(126),1-2ab.2cd-3.4-5.6 (℞. 3)

℞. Maravilhas fez conosco o Senhor,
exultemos de alegria!

¹ Quando o Senhor reconduziu nossos cativos, *
parecíamos sonhar;
²ᵃ encheu-se de sorriso nossa boca, *
ᵇ nossos lábios, de canções.   ℞.

^c^ Entre os gen**ti**os se di**zi**a: "Maravi**lh**as *
^d^ fez com **el**es o Se**nh**or!"
³ Sim, maravilhas fez co**no**sco o Se**nh**or, *
exul**te**mos de ale**gri**a! ℟.

⁴ Mu**dai** a nossa **sor**te, ó Se**nh**or, *
como tor**ren**tes no de**ser**to.
⁵ Os que **lan**çam as se**men**tes entre **lá**grimas, *
ceifa**rão** com ale**gri**a. ℟.

⁶ Cho**ran**do de tristeza sai**rão**, *
espa**lhan**do suas se**men**tes;
can**tan**do de ale**gri**a volta**rão**, *
carre**gan**do os seus **fei**xes! ℟.

SEGUNDA LEITURA

*Por causa de Cristo eu perdi tudo,
tornando-me semelhante a ele na sua morte.*

Leitura da Carta de São Paulo aos Filipenses   3,8-14

Irmãos:
⁸ Na verdade, considero tudo como perda
diante da vantagem suprema
que consiste em conhecer a Cristo Jesus, meu Senhor.
Por causa dele eu perdi tudo.
Considero tudo como lixo,
para ganhar Cristo e ser encontrado unido a ele,
⁹ não com minha justiça provindo da Lei,
mas com a justiça por meio da fé em Cristo,
a justiça que vem de Deus, na base da fé.
¹⁰ Esta consiste em conhecer a Cristo,
experimentar a força da sua ressurreição,
ficar em comunhão com os seus sofrimentos,
tornando-me semelhante a ele na sua morte,
¹¹ para ver se alcanço a ressurreição dentre os mortos.
¹² Não que já tenha recebido tudo isso,
ou que já seja perfeito.
Mas corro para alcançá-lo,
visto que já fui alcançado por Cristo Jesus.

¹³ Irmãos, eu não julgo já tê-lo alcançado.
Uma coisa, porém, eu faço:
esquecendo o que fica para trás,
eu me lanço para o que está na frente.
¹⁴ Corro direto para a meta,
rumo ao prêmio,
que, do alto, Deus me chama a receber
em Cristo Jesus.

Palavra do Senhor.

Aclamação ao Evangelho Jl 2,12-13

℟. **Gló**ria a **vós**, ó **Cris**to, **Ver**bo de **Deus**.
℣. Agora, **eis** o que **diz** o Se**nhor**:
De cora**ção** conver**tei**-vos a **mim**,
pois sou **bom**, compassivo e cle**men**te. ℟.

EVANGELHO

*Quem dentre vós não tiver pecado,
seja o primeiro a atirar-lhe uma pedra.*

✠ Proclamação do Evangelho de Jesus Cristo
segundo João 8,1-11

Naquele tempo,
¹ Jesus foi para o monte das Oliveiras.
² De madrugada, voltou de novo ao Templo.
Todo o povo se reuniu em volta dele.
Sentando-se, começou a ensiná-los.
³ Entretanto, os mestres da Lei e os fariseus
trouxeram uma mulher surpreendida em adultério.
Colocando-a no meio deles,
⁴ disseram a Jesus:
"Mestre, esta mulher foi surpreendida em flagrante adultério.
⁵ Moisés na Lei mandou apedrejar tais mulheres.
Que dizes tu?"
⁶ Perguntavam isso para experimentar Jesus
e para terem motivo de o acusar.
Mas Jesus, inclinando-se,
começou a escrever com o dedo no chão.
⁷ Como persistissem em interrogá-lo,
Jesus ergueu-se e disse:

"Quem dentre vós não tiver pecado,
seja o primeiro a atirar-lhe uma pedra".
⁸ E tornando a inclinar-se,
continuou a escrever no chão.
⁹ E eles, ouvindo o que Jesus falou,
foram saindo um a um,
a começar pelos mais velhos;
e Jesus ficou sozinho,
com a mulher que estava lá, no meio do povo.
¹⁰ Então Jesus se levantou e disse:
"Mulher, onde estão eles?
Ninguém te condenou?"
¹¹ Ela respondeu: "Ninguém, Senhor".
Então Jesus lhe disse:
"Eu também não te condeno.
Podes ir, e de agora em diante não peques mais".

Palavra da Salvação.

Ou, à escolha: todas as leituras do ano A, p. 127.

DOMINGO DE RAMOS DA PAIXÃO DO SENHOR

Procissão de Ramos

EVANGELHO

Bendito o que vem em nome do Senhor.

✠ Proclamação do Evangelho de Jesus Cristo segundo Lucas   19,28-40

Naquele tempo,
28 Jesus caminhava à frente dos discípulos,
subindo para Jerusalém.
29 Quando se aproximou de Betfagé e Betânia,
perto do monte chamado das Oliveiras,
enviou dois de seus discípulos, dizendo:
30 "Ide ao povoado ali na frente.
Logo na entrada encontrareis um jumentinho amarrado,
que nunca foi montado.
Desamarrai-o e trazei-o aqui.
31 Se alguém, por acaso, vos perguntar:
'Por que desamarrais o jumentinho?',
respondereis assim: 'O Senhor precisa dele'".
32 Os enviados partiram e encontraram tudo
exatamente como Jesus lhes havia dito.
33 Quando desamarravam o jumentinho,
os donos perguntaram:
"Por que estais desamarrando o jumentinho?"
34 Eles responderam: "O Senhor precisa dele".
35 E levaram o jumentinho a Jesus.
Então puseram seus mantos sobre o animal
e ajudaram Jesus a montar.
36 E enquanto Jesus passava,
o povo ia estendendo suas roupas no caminho.
37 Quando chegou perto da descida do monte das Oliveiras,
a multidão dos discípulos,
aos gritos e cheia de alegria,
começou a louvar a Deus
por todos os milagres que tinha visto.
38 Todos gritavam:
"Bendito o Rei, que vem em nome do Senhor!

Paz no céu e glória nas alturas!"
³⁹ Do meio da multidão, alguns dos fariseus
disseram a Jesus:
"Mestre, repreende teus discípulos!"
⁴⁰ Jesus, porém, respondeu:
"Eu vos declaro:
se eles se calarem, as pedras gritarão".

Palavra da Salvação.

Nas missas deste domingo, recomendam-se as três leituras indicadas, a não ser que razões pastorais solicitem o contrário.
Tendo, porém, em vista a assembléia dos fiéis e o fato de se proclamar a história da Paixão do Senhor, é permitido ao sacerdote escolher uma das leituras que precedem o Evangelho, ou mesmo, ele pode escolher somente a História da Paixão do Senhor, e, se for necessário, em sua forma breve. Isso, porém, somente nas missas celebradas com o povo.

Missa

PRIMEIRA LEITURA

Não desviei meu rosto das bofetadas e cusparadas.
Sei que não serei humilhado.

Leitura do Livro do Profeta Isaías　　　　　　　　　50,4-7

⁴ O Senhor Deus deu-me língua adestrada,
para que eu saiba dizer
palavras de conforto à pessoa abatida;
ele me desperta cada manhã e me excita o ouvido,
para prestar atenção como um discípulo.
⁵ O Senhor abriu-me os ouvidos;
não lhe resisti nem voltei atrás.
⁶ Ofereci as costas para me baterem
e as faces para me arrancarem a barba;
não desviei o rosto de bofetões e cusparadas.
⁷ Mas o Senhor Deus é meu auxiliador,
por isso não me deixei abater o ânimo,
conservei o rosto impassível como pedra,
porque sei que não sairei humilhado.

Palavra do Senhor.

Salmo responsorial Sl 21(22),8-9.17-18a.19-20.23-24 (R. 2a)

℟. Meu **Deus**, meu **Deus**, por **que** me abando**nas**tes?

⁸ Riem de **mim** todos a**que**les que me **vê**em, *
   torcem os **lá**bios e sa**co**dem a ca**be**ça:
⁹ "Ao Se**nhor** se confi**ou**, ele o li**ber**te *
   e agora o **sal**ve, se é ver**da**de que ele o **a**ma!" ℟.

¹⁷ Cães nume**ro**sos me ro**dei**am furi**o**sos, *
   e por um **ban**do de mal**va**dos fui cer**ca**do.
   Transpas**sa**ram minhas **mãos** e os meus **pés** *
¹⁸ e eu **pos**so contar **to**dos os meus **os**sos. ℟.

¹⁹ Eles re**par**tem entre **si** as minhas **ves**tes *
   e sor**tei**am entre **si** a minha **tú**nica.
²⁰ Vós, po**rém**, ó meu Se**nhor**, não fiqueis **lon**ge, *
   ó minha **for**ça, vinde **lo**go em meu so**cor**ro! ℟.

²³ Anuncia**rei** o vosso **no**me a meus ir**mãos** *
   e no **mei**o da assem**bléi**a hei de louv**ar**-vos!
²⁴ Vós que te**meis** ao Senhor **Deus**, dai-lhe louvores, †
   glorifi**cai**-o, descen**den**tes de Ja**có**, *
   e respei**tai**-o, toda a **ra**ça de Israel! ℟.

SEGUNDA LEITURA

*Humilhou-se a si mesmo;
por isso, Deus o exaltou acima de tudo.*

Leitura da Carta de São Paulo aos Filipenses 2,6-11

⁶ Jesus Cristo, existindo em condição divina,
  não fez do ser igual a Deus uma usurpação,
⁷ mas ele esvaziou-se a si mesmo,
  assumindo a condição de escravo
  e tornando-se igual aos homens.
  Encontrado com aspecto humano,
⁸ humilhou-se a si mesmo,
  fazendo-se obediente até a morte, e morte de cruz.

⁹ Por isso, Deus o exaltou acima de tudo
e lhe deu o Nome que está acima de todo nome.
¹⁰ Assim, ao nome de Jesus,
todo o joelho se dobre no céu,
na terra e abaixo da terra,
¹¹ e toda língua proclame :
"Jesus Cristo é o Senhor",
para a glória de Deus Pai.

Palavra do Senhor.

Aclamação ao Evangelho   Fl 2,8-9

℣. Jesus **Cris**to se tor**nou** obedi**en**te
obedi**en**te até a **mor**te numa **cruz**.
Pelo **que** o Senhor **Deus** o exal**tou**,
e deu-lhe um **no**me muito a**ci**ma de outro **no**me.

EVANGELHO (mais longo)

Paixão de Nosso Senhor Jesus Cristo,
segundo Lucas   22,14-23,56

Desejei ardentemente comer convosco esta ceia pascal, antes de sofrer.

¹⁴ Quando chegou a hora,
Jesus pôs-se à mesa com os apóstolos e disse:
¹⁵ "Desejei ardentemente comer convosco esta ceia pascal,
antes de sofrer.
¹⁶ Pois eu vos digo que nunca mais a comerei,
até que ela se realize no Reino de Deus".
¹⁷ Então Jesus tomou um cálice, deu graças e disse:
"Tomai este cálice e reparti entre vós;
¹⁸ pois eu vos digo que, de agora em diante,
não mais beberei do fruto da videira,
até que venha o Reino de Deus".

Fazei isto em memória de mim.

¹⁹ A seguir, Jesus tomou um pão, deu graças,
partiu-o e deu-o aos discípulos, dizendo:
"Isto é o meu corpo, que é dado por vós.
Fazei isto em memória de mim".

²⁰ Depois da ceia,
Jesus fez o mesmo com o cálice, dizendo:
"Este cálice é a nova aliança no meu sangue,
que é derramado por vós".

Mas ai daquele por meio de quem o Filho do Homem é entregue.

²¹ "Todavia, a mão de quem me vai entregar
está comigo, nesta mesa.
²² Sim, o Filho do Homem vai morrer, como está determinado.
Mas ai daquele homem por meio de quem ele é entregue".
²³ Então os apóstolos começaram a perguntar uns aos outros
qual deles haveria de fazer tal coisa.

Eu, porém, estou no meio de vós como aquele que serve.

²⁴ Houve também uma discussão entre eles
sobre qual deles deveria ser considerado o maior.
²⁵ Jesus, porém, lhes disse:
"Os reis das nações dominam sobre elas,
e os que têm poder se fazem chamar benfeitores.
²⁶ Entre vós, não deve ser assim.
Pelo contrário, o maior entre vós seja como o mais novo,
e o que manda, como quem está servindo.
²⁷ Afinal, quem é o maior:
quem está sentado à mesa, ou quem está servindo?
Não é quem está sentado à mesa?
Eu, porém, estou no meio de vós como aquele que serve.
²⁸ Vós ficastes comigo em minhas provações.
²⁹ Por isso, assim como o meu Pai me confiou o Reino,
eu também vos confio o Reino.
³⁰ Vós havereis de comer e beber à minha mesa no meu Reino,
e sentar-vos em tronos
para julgar as doze tribos de Israel.

Tu, uma vez convertido, fortalece os teus irmãos.

³¹ Simão, Simão! Olha que Satanás pediu permissão
para vos peneirar como trigo.
³² Eu, porém, rezei por ti, para que tua fé não se apague.
E tu, uma vez convertido, fortalece os teus irmãos".
³³ Mas Simão disse: "Senhor, eu estou pronto para ir contigo
até mesmo à prisão e à morte!"
³⁴ Jesus, porém, respondeu:
"Pedro, eu te digo que hoje, antes que o galo cante,
três vezes tu negarás que me conheces".

É preciso que se cumpra em mim a palavra da Escritura.

35 E Jesus lhes perguntou: "Quando vos enviei sem bolsa,
sem sacola, sem sandálias, faltou-vos alguma coisa?"
Eles responderam: "Nada".
36 Jesus continuou:
"Agora, porém, quem tiver bolsa, deve pegá-la;
do mesmo modo, quem tiver uma sacola;
e quem não tiver espada,
venda o manto para comprar uma.
37 Porque eu vos digo:
É preciso que se cumpra em mim a palavra da Escritura:
'Ele foi contado entre os malfeitores'.
Pois o que foi dito a meu respeito tem de se realizar".
38 Mas eles disseram: "Senhor, aqui estão duas espadas".
Jesus respondeu: "Basta".

Tomado de angústia, Jesus rezava com mais insistência.

39 Jesus saiu e, como de costume,
foi para o monte das Oliveiras.
Os discípulos o acompanharam.
40 Chegando ao lugar, Jesus lhes disse:
"Orai para não entrardes em tentação".
41 Então afastou-se a uma certa distância
e, de joelhos, começou a rezar:
42 "Pai, se queres, afasta de mim este cálice;
contudo, não seja feita a minha vontade, mas a tua!"
43 Apareceu-lhe um anjo do céu, que o confortava.
44 Tomado de angústia, Jesus rezava com mais insistência.
Seu suor tornou-se como gotas de sangue
que caíam no chão.
45 Levantando-se da oração,
Jesus foi para junto dos discípulos
e encontrou-os dormindo, de tanta tristeza.
46 E perguntou-lhes: "Por que estais dormindo?
Levantai-vos e orai para não entrardes em tentação".

Judas, com um beijo tu entregas o Filho do Homem?

47 Jesus ainda falava, quando chegou uma multidão.
Na frente, vinha um dos Doze, chamado Judas,
que se aproximou de Jesus para beijá-lo.
48 Jesus lhe disse:
"Judas, com um beijo tu entregas o Filho do Homem?"
49 Vendo o que ia acontecer,
os que estavam com Jesus disseram:
"Senhor, vamos atacá-los com a espada?"

⁵⁰ E um deles feriu o empregado do Sumo Sacerdote,
cortando-lhe a orelha direita.
⁵¹ Jesus, porém, ordenou: "Deixai, basta!"
E tocando a orelha do homem, o curou.
⁵² Depois Jesus disse aos sumos sacerdotes,
aos chefes dos guardas do templo e aos anciãos,
que tinham vindo prendê-lo:
"Vós saístes com espadas e paus,
como se eu fosse um ladrão?
⁵³ Todos os dias eu estava convosco no templo,
e nunca levantastes a mão contra mim.
Mas esta é a vossa hora, a hora do poder das trevas".

Pedro saiu para fora e chorou amargamente.

⁵⁴ Eles prenderam Jesus e o levaram,
conduzindo-o à casa do Sumo Sacerdote.
Pedro acompanhava de longe.
⁵⁵ Eles acenderam uma fogueira no meio do pátio
e sentaram-se ao redor.
Pedro sentou-se no meio deles.
⁵⁶ Ora, uma criada viu Pedro sentado perto do fogo;
encarou-o bem e disse:
"Este aqui também estava com ele!"
⁵⁷ Mas Pedro negou: "Mulher, eu nem o conheço!"
⁵⁸ Pouco depois, um outro viu Pedro e disse:
"Tu também és um deles".
Mas Pedro respondeu: "Homem, não sou".
⁵⁹ Passou mais ou menos uma hora, e um outro insistia:
"Certamente, este aqui também estava com ele,
porque é galileu!"
Mas Pedro respondeu:
⁶⁰ "Homem, não sei o que estás dizendo!"
Nesse momento,
enquanto Pedro ainda falava, um galo cantou.
⁶¹ Então o Senhor se voltou e olhou para Pedro.
E Pedro lembrou-se da palavra
que o Senhor lhe tinha dito:
"Hoje, antes que o galo cante, três vezes me negarás".
⁶² Então Pedro saiu para fora e chorou amargamente.

Profetiza quem foi que te bateu?

⁶³ Os guardas caçoavam de Jesus e espancavam-no;
⁶⁴ cobriam o seu rosto e lhe diziam:
"Profetiza quem foi que te bateu?"
⁶⁵ E o insultavam de muitos outros modos.

Levaram Jesus ao tribunal deles.

⁶⁶ Ao amanhecer, os anciãos do povo,
os sumos sacerdotes e os mestres da Lei
reuniram-se em conselho
e levaram Jesus ao tribunal deles.
⁶⁷ E diziam: "Se és o Cristo, dize-nos!"
Jesus respondeu: "Se eu vos disser, não me acreditareis,
⁶⁸ e, se eu vos fizer perguntas, não me respondereis.
⁶⁹ Mas, de agora em diante, o Filho do Homem
estará sentado à direita do Deus Poderoso".
⁷⁰ Então todos perguntaram:
"Tu és, portanto, o Filho de Deus?"
Jesus respondeu:
"Vós mesmos estais dizendo que eu sou!"
⁷¹ Eles disseram:
"Será que ainda precisamos de testemunhas?
Nós mesmos o ouvimos de sua própria boca!"
²³,¹ Em seguida, toda a multidão se levantou
e levou Jesus a Pilatos.

Não encontro neste homem nenhum crime.

² Começaram então a acusá-lo, dizendo:
"Achamos este homem
fazendo subversão entre o nosso povo,
proibindo pagar impostos a César
e afirmando ser ele mesmo Cristo, o Rei".
³ Pilatos o interrogou: "Tu és o rei dos judeus?"
Jesus respondeu, declarando: "Tu o dizes!"
⁴ Então Pilatos disse aos sumos sacerdotes e à multidão:
"Não encontro neste homem nenhum crime".
⁵ Eles, porém, insistiam: "Ele agita o povo,
ensinando por toda a Judéia,
desde a Galiléia, onde começou, até aqui".
⁶ Quando ouviu isto, Pilatos perguntou:
"Este homem é galileu?"
⁷ Ao saber que Jesus estava sob a autoridade de Herodes,
Pilatos enviou-o a este,
pois também Herodes estava em Jerusalém naqueles dias.

Herodes, com seus soldados, tratou Jesus com desprezo.

⁸ Herodes ficou muito contente ao ver Jesus,
pois havia muito tempo desejava vê-lo.
Já ouvira falar a seu respeito
e esperava vê-lo fazer algum milagre.

⁹ Ele interrogou-o com muitas perguntas.
Jesus, porém, nada lhe respondeu.
¹⁰ Os sumos sacerdotes e os mestres da Lei
estavam presentes e o acusavam com insistência.
¹¹ Herodes, com seus soldados, tratou Jesus com desprezo,
zombou dele, vestiu-o com uma roupa vistosa
e mandou-o de volta a Pilatos.
¹² Naquele dia Herodes e Pilatos
ficaram amigos um do outro, pois antes eram inimigos.

Pilatos entregou Jesus à vontade deles.

¹³ Então Pilatos convocou os sumos sacerdotes,
os chefes e o povo, e lhes disse:
¹⁴ "Vós me trouxestes este homem
como se fosse um agitador do povo.
Pois bem! Já o interroguei diante de vós
e não encontrei nele
nenhum dos crimes de que o acusais;
¹⁵ nem Herodes, pois o mandou de volta para nós.
Como podeis ver, ele nada fez para merecer a morte.
¹⁶ Portanto, vou castigá-lo e o soltarei.
¹⁸ Toda a multidão começou a gritar:
"Fora com ele! Solta-nos Barrabás!"
¹⁹ Barrabás tinha sido preso
por causa de uma revolta na cidade e por homicídio.
²⁰ Pilatos falou outra vez à multidão,
pois queria libertar Jesus.
²¹ Mas eles gritavam: "Crucifica-o! Crucifica-o!"
²² E Pilatos falou pela terceira vez:
"Que mal fez este homem?
Não encontrei nele nenhum crime que mereça a morte.
Portanto, vou castigá-lo e o soltarei".
²³ Eles, porém, continuaram a gritar com toda a força,
pedindo que fosse crucificado.
E a gritaria deles aumentava sempre mais.
²⁴ Então Pilatos decidiu
que fosse feito o que eles pediam.
²⁵ Soltou o homem que eles queriam
– aquele que fora preso por revolta e homicídio –
e entregou Jesus à vontade deles.

Filhas de Jerusalém, não choreis por mim!

²⁶ Enquanto levavam Jesus,
pegaram um certo Simão, de Cirene,

que voltava do campo,
e impuseram-lhe a cruz para carregá-la atrás de Jesus.
²⁷ Seguia-o uma grande multidão do povo
e de mulheres que batiam no peito e choravam por ele.
²⁸ Jesus, porém, voltou-se e disse:
"Filhas de Jerusalém, não choreis por mim!
Chorai por vós mesmas e por vossos filhos!
²⁹ Porque dias virão em que se dirá:
'Felizes as mulheres que nunca tiveram filhos,
os ventres que nunca deram à luz
e os seios que nunca amamentaram'.
³⁰ Então começarão a pedir às montanhas:
'Caí sobre nós! e às colinas: 'Escondei-nos!'
³¹ Porque, se fazem assim com a árvore verde,
o que não farão com a árvore seca?"
³² Levavam também outros dois malfeitores
para serem mortos junto com Jesus.

Pai, perdoa-lhes! Eles não sabem o que fazem!

³³ Quando chegaram ao lugar chamado "Calvário",
ali crucificaram Jesus e os malfeitores:
um à sua direita e outro à sua esquerda.
³⁴ Jesus dizia: "Pai, perdoa-lhes! Eles não sabem o que fazem!"
Depois fizeram um sorteio,
repartindo entre si as roupas de Jesus.

Este é o Rei dos Judeus.

³⁵ O povo permanecia lá, olhando.
E até os chefes zombavam, dizendo:
"A outros ele salvou. Salve-se a si mesmo,
se, de fato, é o Cristo de Deus, o Escolhido!"
³⁶ Os soldados também caçoavam dele;
aproximavam-se, ofereciam-lhe vinagre,
³⁷ e diziam: "Se és o rei dos judeus, salva-te a ti mesmo!"
³⁸ Acima dele havia um letreiro:
"Este é o Rei dos Judeus".

Hoje estarás comigo no Paraíso.

³⁹ Um dos malfeitores crucificados o insultava, dizendo:
"Tu não és o Cristo? Salva-te a ti mesmo e a nós!"
⁴⁰ Mas o outro o repreendeu, dizendo:
"Nem sequer temes a Deus,
tu que sofres a mesma condenação?

⁴¹ Para nós, é justo,
porque estamos recebendo o que merecemos;
mas ele não fez nada de mal".
⁴² E acrescentou: "Jesus, lembra-te de mim,
quando entrares no teu reinado".
⁴³ Jesus lhe respondeu: "Em verdade eu te digo:
ainda hoje estarás comigo no Paraíso".

Pai, em tuas mãos entrego o meu espírito.

⁴⁴ Já era mais ou menos meio-dia
e uma escuridão cobriu toda a terra
até às três horas da tarde,
⁴⁵ pois o sol parou de brilhar.
A cortina do santuário rasgou-se pelo meio,
⁴⁶ e Jesus deu um forte grito:
"Pai, em tuas mãos entrego o meu espírito".
Dizendo isso, expirou.

Aqui todos se ajoelham e faz-se uma pausa.

⁴⁷ O oficial do exército romano viu o que acontecera
e glorificou a Deus dizendo:
"De fato! Este homem era justo!"
⁴⁸ E as multidões, que tinham acorrido para assistir,
viram o que havia acontecido,
e voltaram para casa, batendo no peito.
⁴⁹ Todos os conhecidos de Jesus, bem como as mulheres
que o acompanhavam desde a Galiléia,
ficaram à distância, olhando essas coisas.

José colocou o corpo de Jesus num túmulo escavado na rocha.

⁵⁰ Havia um homem bom e justo, chamado José,
membro do Conselho,
⁵¹ o qual não tinha aprovado a decisão
nem a ação dos outros membros.
Ele era de Arimatéia, uma cidade da Judéia,
e esperava a vinda do Reino de Deus.
⁵² José foi ter com Pilatos e pediu o corpo de Jesus.
⁵³ Desceu o corpo da cruz, enrolou-o num lençol
e colocou-o num túmulo escavado na rocha,
onde ninguém ainda tinha sido sepultado.
⁵⁴ Era o dia da preparação da Páscoa,
e o sábado já estava começando.
⁵⁵ As mulheres, que tinham vindo da Galiléia com Jesus,

foram com José, para ver o túmulo
e como o corpo de Jesus ali fora colocado.
⁵⁶ Depois voltaram para casa
e prepararam perfumes e bálsamos.
E, no sábado, elas descansaram,
conforme ordenava a Lei.

Palavra da Salvação.

Ou: **EVANGELHO (mais breve)**

Paixão de Nosso Senhor Jesus Cristo
segundo Lucas   23,1-49

Naquele tempo,
¹ Toda a multidão se levantou
e levou Jesus a Pilatos.

Não encontro neste homem nenhum crime.

² Começaram então a acusá-lo, dizendo:
"Achamos este homem
fazendo subversão entre o nosso povo,
proibindo pagar impostos a César
e afirmando ser ele mesmo Cristo, o Rei".
³ Pilatos o interrogou: "Tu és o rei dos judeus?"
Jesus respondeu, declarando: "Tu o dizes!"
⁴ Então Pilatos disse aos sumos sacerdotes e à multidão:
"Não encontro neste homem nenhum crime".
⁵ Eles, porém, insistiam:
"Ele agita o povo, ensinando por toda a Judéia,
desde a Galiléia, onde começou, até aqui".
⁶ Quando ouviu isto, Pilatos perguntou:
"Este homem é galileu?"
⁷ Ao saber que Jesus estava sob a autoridade de Herodes,
Pilatos enviou-o a este,
pois também Herodes estava em Jerusalém naqueles dias.

Herodes, com seus soldados, tratou Jesus com desprezo.

⁸ Herodes ficou muito contente ao ver Jesus,
pois havia muito tempo desejava vê-lo.
Já ouvira falar a seu respeito
e esperava vê-lo fazer algum milagre.

⁹ Ele interrogou-o com muitas perguntas.
Jesus, porém, nada lhe respondeu.
¹⁰ Os sumos sacerdotes e os mestres da Lei
estavam presentes e o acusavam com insistência.
¹¹ Herodes, com seus soldados, tratou Jesus com desprezo,
zombou dele, vestiu-o com uma roupa vistosa
e mandou-o de volta a Pilatos.
¹² Naquele dia Herodes e Pilatos
ficaram amigos um do outro, pois antes eram inimigos.

Pilatos entregou Jesus à vontade deles.

¹³ Então Pilatos convocou os sumos sacerdotes,
os chefes e o povo, e lhes disse:
¹⁴ "Vós me trouxestes este homem
como se fosse um agitador do povo.
Pois bem! Já o interroguei diante de vós
e não encontrei nele
nenhum dos crimes de que o acusais;
¹⁵ nem Herodes, pois o mandou de volta para nós.
Como podeis ver, ele nada fez para merecer a morte.
¹⁶ Portanto, vou castigá-lo e o soltarei.
¹⁸ Toda a multidão começou a gritar:
"Fora com ele! Solta-nos Barrabás!"
¹⁹ Barrabás tinha sido preso
por causa de uma revolta na cidade e por homicídio.
²⁰ Pilatos falou outra vez à multidão,
pois queria libertar Jesus.
²¹ Mas eles gritavam: "Crucifica-o! Crucifica-o!"
²² E Pilatos falou pela terceira vez:
"Que mal fez este homem?
Não encontrei nele nenhum crime que mereça a morte.
Portanto, vou castigá-lo e o soltarei".
²³ Eles, porém, continuaram a gritar com toda a força,
pedindo que fosse crucificado.
E a gritaria deles aumentava sempre mais.
²⁴ Então Pilatos decidiu
que fosse feito o que eles pediam.
²⁵ Soltou o homem que eles queriam
– aquele que fora preso por revolta e homicídio –
e entregou Jesus à vontade deles.

Filhas de Jerusalém, não choreis por mim!

²⁶ Enquanto levavam Jesus,
pegaram um certo Simão, de Cirene,
que voltava do campo,
e impuseram-lhe a cruz para carregá-la atrás de Jesus.

27 Seguia-o uma grande multidão do povo
e de mulheres que batiam no peito e choravam por ele.
28 Jesus, porém, voltou-se e disse:
"Filhas de Jerusalém, não choreis por mim!
Chorai por vós mesmas e por vossos filhos!
29 Porque dias virão em que se dirá:
'Felizes as mulheres que nunca tiveram filhos,
os ventres que nunca deram à luz
e os seios que nunca amamentaram'.
30 Então começarão a pedir às montanhas:
'Caí sobre nós! e às colinas: 'Escondei-nos!'
31 Porque, se fazem assim com a árvore verde,
o que não farão com a árvore seca?"
32 Levavam também outros dois malfeitores
para serem mortos junto com Jesus.

Pai, perdoa-lhes! Eles não sabem o que fazem!

33 Quando chegaram ao lugar chamado "Calvário",
ali crucificaram Jesus e os malfeitores:
um à sua direita e outro à sua esquerda.
34 Jesus dizia: "Pai, perdoa-lhes! Eles não sabem o que fazem!"
Depois fizeram um sorteio,
repartindo entre si as roupas de Jesus.

Este é o Rei dos Judeus.

35 O povo permanecia lá, olhando.
E até os chefes zombavam, dizendo:
"A outros ele salvou. Salve-se a si mesmo,
se, de fato, é o Cristo de Deus, o Escolhido!"
36 Os soldados também caçoavam dele;
aproximavam-se, ofereciam-lhe vinagre,
37 e diziam:
"Se és o rei dos judeus, salva-te a ti mesmo!"
38 Acima dele havia um letreiro:
"Este é o Rei dos Judeus".

Hoje estarás comigo no Paraíso.

39 Um dos malfeitores crucificados o insultava, dizendo:
"Tu não és o Cristo? Salva-te a ti mesmo e a nós!"
40 Mas o outro o repreendeu, dizendo:
"Nem sequer temes a Deus,
tu que sofres a mesma condenação?

⁴¹ Para nós, é justo,
porque estamos recebendo o que merecemos;
mas ele não fez nada de mal".
⁴² E acrescentou:
"Jesus, lembra-te de mim,
quando entrares no teu reinado".
⁴³ Jesus lhe respondeu:
"Em verdade eu te digo:
ainda hoje estarás comigo no Paraíso".

Pai, em tuas mãos entrego o meu espírito.

⁴⁴ Já era mais ou menos meio-dia
e uma escuridão cobriu toda a terra
até às três horas da tarde,
⁴⁵ pois o sol parou de brilhar.
A cortina do santuário rasgou-se pelo meio,
⁴⁶ e Jesus deu um forte grito:
"Pai, em tuas mãos entrego o meu espírito".
Dizendo isso, expirou.

Aqui todos se ajoelham e faz-se uma pausa.

⁴⁷ O oficial do exército romano viu o que acontecera
e glorificou a Deus dizendo:
"De fato! Este homem era justo!"
⁴⁸ E as multidões, que tinham acorrido para assistir,
viram o que havia acontecido,
e voltaram para casa, batendo no peito.
⁴⁹ Todos os conhecidos de Jesus, bem como as mulheres
que o acompanhavam desde a Galiléia,
ficaram à distância, olhando essas coisas.

Palavra da Salvação.

TRÍDUO PASCAL E TEMPO PASCAL

QUINTA-FEIRA DA SEMANA SANTA

Missa do Crisma

PRIMEIRA LEITURA

*O Senhor me ungiu e enviou-me
para dar a boa-nova aos humildes.*

Leitura do Livro do Profeta Isaías 61,1-3a.6a.8b-9

¹ O Espírito do Senhor Deus está sobre mim,
porque o Senhor me ungiu;
enviou-me para dar a boa-nova aos humildes,
curar as feridas da alma,
pregar a redenção para os cativos
e a liberdade para os que estão presos;
² para proclamar o tempo da graça do Senhor
e o dia da vingança do nosso Deus;
para consolar todos os que choram,
³ᵃ para reservar e dar aos que sofrem por Sião
uma coroa, em vez de cinza,
o óleo da alegria, em vez da aflição.
⁶ᵃ Vós sois os sacerdotes do Senhor,
chamados ministros de nosso Deus.
⁸ᵇ Eu os recompensarei por suas obras segundo a verdade,
e farei com eles uma aliança perpétua.
⁹ Sua descendência será conhecida entre as nações,
e seus filhos se fixarão no meio dos povos;
quem os vir há de reconhecê-los
como descendentes abençoados por Deus.

Palavra do Senhor.

Salmo responsorial Sl 88(89),21-22.25.27 (R. cf. 2a)

℟. **Se**nhor, eu can**ta**rei eterna**men**te o vosso **amor**.

²¹ Encon**trei** e esco**lhi** a Da**vi**, meu servi**dor**, *
e o un**gi**, para ser **rei**, com meu **ó**leo consa**gra**do.
²² Esta**rá** sempre com **e**le minha **mão** onipo**ten**te, *
e meu **bra**ço pode**ro**so há de **ser** a sua **for**ça. ℟.

²⁵ Minha verdade e meu **amor** estar**ão** sempre com **e**le, *
sua **for**ça e seu po**der** por meu **no**me cresce**rão**.
²⁷ Ele, en**tão**, me invocará: 'Ó Se**nhor**, vós sois meu **Pai**, *
sois meu **Deus**, sois meu Ro**che**do onde en**con**tro
a salvação!' ℟.

SEGUNDA LEITURA

*Fez de nós um reino,
sacerdotes para seu Deus e Pai.*

Leitura do Livro do Apocalipse de São João   1,5-8

A vós graça e paz
⁵ da parte de Jesus Cristo,
a testemunha fiel,
o primeiro a ressuscitar dentre os mortos,
o soberano dos reis da terra.
A Jesus, que nos ama,
que por seu sangue nos libertou dos nossos pecados
⁶ e que fez de nós um reino,
sacerdotes para seu Deus e Pai,
a ele a glória e o poder, em eternidade. Amém.
⁷ Olhai! Ele vem com as nuvens,
e todos os olhos o verão'
também aqueles que o traspassaram.
Todas as tribos da terra baterão no peito por causa dele.
Sim. Amém!
⁸ "Eu sou o Alfa e o Ômega", diz o Senhor Deus,
"aquele que é, que era e que vem,
o Todo-poderoso".

Palavra do Senhor.

Aclamação ao Evangelho   Is 61,1 (Lc 4,18)

℟. **Lou**vor e **hon**ra a **vós**, Se**nhor** Je**sus**.
℣. O Es**pí**rito do Se**nhor**
sobre **mim** fez a sua un**ção**,
envi**ou**-me aos em**po**brecidos
a fa**zer** feliz pro**cla**mação!   ℟.

EVANGELHO

O Espírito do Senhor está sobre mim.

✠ Proclamação do Evangelho de Jesus Cristo segundo Lucas   4,16-21

Naquele tempo,
¹⁶ Jesus foi à cidade de Nazaré, onde se tinha criado.
Conforme seu costume, entrou na sinagoga no sábado,
e levantou-se para fazer a leitura.
¹⁷ Deram-lhe o livro do profeta Isaías.
Abrindo o livro,
Jesus achou a passagem em que está escrito:
¹⁸ "O Espírito do Senhor está sobre mim,
porque ele me consagrou com a unção
para anunciar a Boa-nova aos pobres;
enviou-me para proclamar a libertação aos cativos,
e aos cegos a recuperação da vista;
para libertar os oprimidos
¹⁹ e para proclamar um ano da graça do Senhor".
²⁰ Depois fechou o livro,
entregou-o ao ajudante, e sentou-se.
Todos os que estavam na sinagoga
tinham os olhos fixos nele.
²¹ Então começou a dizer-lhes:
"Hoje se cumpriu esta passagem da Escritura
que acabastes de ouvir".

Palavra da Salvação.

Missa da Ceia do Senhor

PRIMEIRA LEITURA

Ritual da ceia pascal.

Leitura do Livro do Êxodo 12,1-8.11-14

Naqueles dias,
1 O Senhor disse a Moisés e a Aarão no Egito:
2 "Este mês será para vós o começo dos meses;
será o primeiro mês do ano.
3 Falai a toda a comunidade dos filhos de Israel,
dizendo:
'No décimo dia deste mês,
cada um tome um cordeiro por família,
um cordeiro para cada casa.
4 Se a família não for bastante numerosa
para comer um cordeiro,
convidará também o vizinho mais próximo,
de acordo com o número de pessoas.
Deveis calcular o número de comensais,
conforme o tamanho do cordeiro.
5 O cordeiro será sem defeito,
macho, de um ano.
Podereis escolher tanto um cordeiro, como um cabrito:
6 e devereis guardá-lo preso
até ao dia catorze deste mês.
Então toda a comunidade de Israel reunida
o imolará ao cair da tarde.
7 Tomareis um pouco do seu sangue
e untareis os marcos e a travessa da porta,
nas casas em que o comerdes.
8 Comereis a carne nessa mesma noite, assada ao fogo,
com pães ázimos e ervas amargas.
11 Assim devereis comê-lo: com os rins cingidos,
sandálias nos pés e cajado na mão.
E comereis às pressas, pois é a Páscoa,
isto é, a 'Passagem' do Senhor!
12 E naquela noite passarei pela terra do Egito
e ferirei na terra do Egito todos os primogênitos,
desde os homens até os animais;
e infligirei castigos contra todos os deuses do Egito,
eu, o Senhor.

¹³ O sangue servirá de sinal nas casas onde estiverdes.
Ao ver o sangue, passarei adiante,
e não vos atingirá a praga exterminadora,
quando eu ferir a terra do Egito.
¹⁴ Este dia será para vós uma festa memorável
em honra do Senhor,
que haveis de celebrar por todas as gerações,
como instituição perpétua".

Palavra do Senhor.

Salmo responsorial Sl 115(116B),12-13.15-16bc.17-18
(℟. cf. 1Cor 10,16)

℟. O **cá**lice por **nós** aben**ço**ado
é a **nos**sa comu**nhão** com o **san**gue do Se**nhor**.

¹² Que pode**rei** retribu**ir** ao Senhor **Deus** *
por tudo a**qui**lo que ele **fez** em meu fa**vor**?
¹³ Elevo o **cá**lice da **mi**nha sal**va**ção, *
invo**can**do o nome **san**to do Se**nhor**.   ℟.

¹⁵ É sentida por de**mais** pelo Se**nhor** *
a **mor**te de seus **san**tos, seus a**mi**gos.
¹⁶ᵇᶜ Eis que **sou** o vosso **ser**vo, ó Senhor, *
mas me que**bras**tes os gri**lhões** da escravi**dão**!   ℟.

¹⁷ Por isso o**fer**to um sacrifício de lou**vor**, *
invo**can**do o nome **san**to do Se**nhor**.
¹⁸ Vou cum**prir** minhas pro**mes**sas ao Se**nhor** *
na pre**sen**ça de seu **po**vo reu**ni**do.   ℟.

SEGUNDA LEITURA

*Todas as vezes que comerdes deste pão
e beberdes deste cálice, proclamais a morte do Senhor.*

Leitura da Primeira Carta de São Paulo aos Coríntios   11,23-26

Irmãos:
²³ O que eu recebi do Senhor,
foi isso que eu vos transmiti:
Na noite em que foi entregue,
o Senhor Jesus tomou o pão

²⁴ e, depois de dar graças, partiu-o e disse:
"Isto é o meu corpo que é dado por vós.
Fazei isto em minha memória".
²⁵ Do mesmo modo, depois da ceia,
tomou também o cálice e disse:
"Este cálice é a nova aliança, em meu sangue.
Todas as vezes que dele beberdes,
fazei isto em minha memória".
²⁶ Todas as vezes, de fato, que comerdes deste pão
e beberdes deste cálice,
estareis proclamando a morte do Senhor,
até que ele venha.

Palavra do Senhor.

Aclamação ao Evangelho   Jo 13,34

℟. **Gló**ria a **vós**, ó **Cris**to, **ver**bo de **Deus**.
℣. Eu vos **dou** este **no**vo Manda**men**to,
nova **or**dem, a**go**ra, vos **dou**,
que, tam**bém**, vos a**meis** uns aos **ou**tros,
como **eu** vos a**mei**, diz o S**e**n**hor**.

EVANGELHO

Amou-os até o fim.

✠ Proclamação do Evangelho de Jesus Cristo
segundo João   13,1-15

¹ Era antes da festa da Páscoa.
Jesus sabia que tinha chegado a sua hora
de passar deste mundo para o Pai;
tendo amado os seus que estavam no mundo,
amou-os até o fim.
² Estavam tomando a ceia.
O diabo já tinha posto
no coração de Judas, filho de Simão Iscariotes,
o propósito de entregar Jesus.
³ Jesus, sabendo que o Pai tinha colocado tudo em suas mãos
e que de Deus tinha saído e para Deus voltava,
⁴ levantou-se da mesa, tirou o manto,
pegou uma toalha e amarrou-a na cintura.
⁵ Derramou água numa bacia
e começou a lavar os pés dos discípulos,
enxugando-os com a toalha com que estava cingido.

⁶ Chegou a vez de Simão Pedro.
Pedro disse:
"Senhor, tu me lavas os pés?"
⁷ Respondeu Jesus:
"Agora, não entendes o que estou fazendo;
mais tarde compreenderás".
⁸ Disse-lhe Pedro:
"Tu nunca me lavarás os pés!"
Mas Jesus respondeu:
"Se eu não te lavar, não terás parte comigo".
⁹ Simão Pedro disse:
"Senhor, então lava não somente os meus pés,
mas também as mãos e a cabeça".
¹⁰ Jesus respondeu:
"Quem já se banhou
não precisa lavar senão os pés, porque já está todo limpo.
Também vós estais limpos, mas não todos".
¹¹ Jesus sabia quem o ia entregar;
por isso disse:
"Nem todos estais limpos".
¹² Depois de ter lavado os pés dos discípulos,
Jesus vestiu o manto e sentou-se de novo.
E disse aos discípulos:
"Compreendeis o que acabo de fazer?
¹³ Vós me chamais Mestre e Senhor,
e dizeis bem, pois eu o sou.
¹⁴ Portanto, se eu, o Senhor e Mestre,
vos lavei os pés,
também vós deveis lavar os pés uns dos outros.
¹⁵ Dei-vos o exemplo,
para que façais a mesma coisa que eu fiz".

Palavra da Salvação.

SEXTA-FEIRA DA PAIXÃO DO SENHOR

PRIMEIRA LEITURA

*Ele foi ferido
por causa de nossos pecados.*

Leitura do Livro do Profeta Isaías   52,13-53,12

¹³ Ei-lo, o meu Servo será bem sucedido;
sua ascensão será ao mais alto grau.
¹⁴ Assim como muitos ficaram pasmados ao vê-lo
– tão desfigurado ele estava que não parecia ser um homem
ou ter aspecto humano –,
¹⁵ do mesmo modo ele espalhará sua fama entre os povos.
Diante dele os reis se manterão em silêncio,
vendo algo que nunca lhes foi narrado
e conhecendo coisas que jamais ouviram.
⁵³,¹ Quem de nós deu crédito ao que ouvimos?
E a quem foi dado reconhecer a força do Senhor?
² Diante do Senhor ele cresceu como renovo de planta
ou como raiz em terra seca.
Não tinha beleza nem atrativo para o olharmos,
não tinha aparência que nos agradasse.
³ Era desprezado como o último dos mortais,
homem coberto de dores, cheio de sofrimentos;
passando por ele, tapávamos o rosto;
tão desprezível era, não fazíamos caso dele.
⁴ A verdade é que ele tomava sobre si nossas enfermidades
e sofria, ele mesmo, nossas dores;
e nós pensávamos fosse um chagado,
golpeado por Deus e humilhado!
⁵ Mas ele foi ferido por causa de nossos pecados,
esmagado por causa de nossos crimes;
a punição a ele imposta era o preço da nossa paz,
e suas feridas, o preço da nossa cura.
⁶ Todos nós vagávamos como ovelhas desgarradas,
cada qual seguindo seu caminho;
e o Senhor fez recair sobre ele
o pecado de todos nós.
⁷ Foi maltratado, e submeteu-se, não abriu a boca;
como cordeiro levado ao matadouro

ou como ovelha diante dos que a tosquiam,
   ele não abriu a boca.
8 Foi atormentado pela angústia e foi condenado.
   Quem se preocuparia com sua história de origem?
   Ele foi eliminado do mundo dos vivos;
   e por causa do pecado do meu povo,
   foi golpeado até morrer.
9 Deram-lhe sepultura entre ímpios,
   um túmulo entre os ricos, porque ele não praticou o mal,
   nem se encontrou falsidade em suas palavras.
10 O Senhor quis macerá-lo com sofrimentos.
   Oferecendo sua vida em expiação,
   ele terá descendência duradoura,
   e fará cumprir com êxito a vontade do Senhor.
11 Por esta vida de sofrimento,
   alcançará luz e uma ciência perfeita.
   Meu Servo, o Justo, fará justos inúmeros homens,
   carregando sobre si suas culpas.
12 Por isso, compartilharei com ele multidões
   e ele repartirá suas riquezas com os valentes seguidores,
   pois entregou o corpo à morte,
   sendo contado como um malfeitor;
   ele, na verdade, resgatava o pecado de todos
   e intercedia em favor dos pecadores.

   Palavra do Senhor.

Salmo responsorial   Sl 30(31),2.6.12-13.15-16.17.25
                                  (℟. Lc 23,46)

℟. Ó **Pai**, em tuas **mãos** eu en**tre**go o meu es**pí**rito.

2 Se**nhor**, eu ponho em **vós** minha espe**ran**ça; *
   que eu não fique envergo**nha**do eterna**men**te!
6 Em vossas **mãos**, Senhor, en**tre**go o meu es**pí**rito, *
   porque **vós** me salva**reis**, ó Deus fi**el**!   ℟.

12 Tor**nei**-me o o**pró**brio do ini**mi**go, *
   o des**pre**zo e zomba**ria** dos vi**zi**nhos,
   e ob**je**to de pa**vor** para os a**mi**gos; *
   fogem de **mim** os que me **vêem** pela **rua**.
13 Os cora**ções** me esqueceram como um **mor**to, *
   e tor**nei**-me como um **vaso** espeda**ça**do.   ℟.

15 A vós, po**rém**, ó meu Se**nhor**, eu me con**fio**, *
   e a**fir**mo que só **vós** sois o meu **Deus**!
16 Eu en**tre**go em vossas **mãos** o meu destino; *
   liber**tai**-me do ini**mi**go e do opres**sor**!   ℟.

¹⁷ Mostrai serena a vossa face ao vosso servo, *
e salvai-me pela vossa compaixão!
²⁵ Fortalecei os corações, tende coragem, *
todos vós que ao Senhor vos confiais! ℞.

SEGUNDA LEITURA

*Ele aprendeu a ser obediente
e tornou-se causa de salvação para todos os que lhe obedecem.*

Leitura da Carta aos Hebreus 4,14-16; 5,7-9

Irmãos:
¹⁴ Temos um sumo, sacerdote eminente,
que entrou no céu, Jesus, o Filho de Deus.
Por isso, permaneçamos firmes na fé que professamos.
¹⁵ Com efeito, temos um sumo-sacerdote
capaz de se compadecer de nossas fraquezas,
pois ele mesmo foi provado em tudo como nós,
com exceção do pecado.
¹⁶ Aproximemo-nos então, com toda a confiança,
do trono da graça,
para conseguirmos misericórdia e alcançarmos
a graça de um auxílio no momento oportuno.
⁵,⁷ Cristo, nos dias de sua vida terrestre,
dirigiu preces e súplicas,
com forte clamor e lágrimas,
àquele que era capaz de salvá-lo da morte.
E foi atendido, por causa de sua entrega a Deus.
⁸ Mesmo sendo Filho, aprendeu o que significa
a obediência a Deus, por aquilo que ele sofreu.
⁹ Mas, na consumação de sua vida,
tornou-se causa de salvação eterna
para todos os que lhe obedecem.

Palavra do Senhor.

Aclamação ao Evangelho Fl 2,8-9

℞. Louvor e honra a vós, Senhor Jesus.
℣. Jesus Cristo se tornou obediente,
obediente até a morte numa cruz,
pelo que o Senhor Deus o exaltou,
e deu-lhe um nome muito acima de outro nome.

EVANGELHO

Paixão de Nosso Senhor Jesus Cristo
segundo João   18,1-19,42

Prenderam Jesus e o amarraram.

Naquele tempo,
1 Jesus saiu com os discípulos
para o outro lado da torrente do Cedron.
Havia aí um jardim, onde ele entrou com os discípulos.
2 Também Judas, o traidor, conhecia o lugar,
porque Jesus costumava reunir-se aí
com os seus discípulos.
3 Judas levou consigo um destacamento de soldados
e alguns guardas dos sumos sacerdotes e fariseus,
e chegou ali com lanternas, tochas e armas.
4 Então Jesus, consciente de tudo o que ia acontecer,
saiu ao encontro deles e disse:
"A quem procurais?"
5 Responderam:
"A Jesus, o Nazareno".
Ele disse:
"Sou eu".
Judas, o traidor, estava junto com eles.
6 Quando Jesus disse: "Sou eu",
eles recuaram e caíram por terra.
7 De novo lhes perguntou:
"A quem procurais?"
Eles responderam:
"A Jesus, o Nazareno".
8 Jesus respondeu:
"Já vos disse que sou eu.
Se é a mim que procurais,
então deixai que estes se retirem".
9 Assim se realizava a palavra que Jesus tinha dito:
'Não perdi nenhum daqueles que me confiaste'.
10 Simão Pedro, que trazia uma espada consigo,
puxou dela e feriu o servo do sumo sacerdote,
cortando-lhe a orelha direita.
O nome do servo era Malco.
11 Então Jesus disse a Pedro:
"Guarda a tua espada na bainha.
Não vou beber o cálice que o Pai me deu?"

Conduziram Jesus primeiro a Anás.

¹² Então, os soldados, o comandante e os guardas dos judeus
prenderam Jesus e o amarraram.
¹³ Conduziram-no primeiro a Anás,
que era o sogro de Caifás,
o Sumo Sacerdote naquele ano.
¹⁴ Foi Caifás que deu aos judeus o conselho:
"É preferível que um só morra pelo povo".
¹⁵ Simão Pedro e um outro discípulo seguiam Jesus.
Esse discípulo era conhecido do Sumo Sacerdote
e entrou com Jesus no pátio do Sumo Sacerdote.
¹⁶ Pedro ficou fora, perto da porta.
Então o outro discípulo,
que era conhecido do Sumo Sacerdote, saiu,
conversou com a encarregada da porta
e levou Pedro para dentro.
¹⁷ A criada que guardava a porta disse a Pedro:
"Não pertences também tu aos discípulos desse homem?"
Ele respondeu: "Não!"
¹⁸ Os empregados e os guardas fizeram uma fogueira
e estavam se aquecendo, pois fazia frio.
Pedro ficou com eles, aquecendo-se.
¹⁹ Entretanto, o Sumo Sacerdote interrogou Jesus
a respeito de seus discípulos e de seu ensinamento.
²⁰ Jesus lhe respondeu:
"Eu falei às claras ao mundo.
Ensinei sempre na sinagoga e no Templo,
onde todos os judeus se reúnem.
Nada falei às escondidas.
²¹ Por que me interrogas? Pergunta aos que ouviram o que falei;
eles sabem o que eu disse".
²² Quando Jesus falou isso, um dos guardas que ali estava
deu-lhe uma bofetada, dizendo:
"É assim que respondes ao Sumo Sacerdote?"
²³ Respondeu-lhe Jesus:
"Se respondi mal, mostra em quê;
mas, se falei bem, por que me bates?"
²⁴ Então, Anás enviou Jesus amarrado para Caifás,
o Sumo Sacerdote.

Não és tu também um dos discípulos dele? Pedro negou: "Não!"

²⁵ Simão Pedro continuava lá, em pé, aquecendo-se.
Disseram-lhe:
"Não és tu, também, um dos discípulos dele?"
Pedro negou: "Não!"

²⁶ Então um dos empregados do Sumo Sacerdote,
parente daquele a quem Pedro tinha cortado a orelha, disse:
"Será que não te vi no jardim com ele?"
²⁷ Novamente Pedro negou.
E na mesma hora, o galo cantou.

O meu reino não é deste mundo.

²⁸ De Caifás, levaram Jesus ao palácio do governador.
Era de manhã cedo.
Eles mesmos não entraram no palácio,
para não ficarem impuros e poderem comer a páscoa.
²⁹ Então Pilatos saiu ao encontro deles e disse:
"Que acusação apresentais contra este homem?"
³⁰ Eles responderam:
"Se não fosse malfeitor, não o teríamos entregue a ti!"
³¹ Pilatos disse:
"Tomai-o vós mesmos e julgai-o de acordo com a vossa lei".
Os judeus lhe responderam:
"Nós não podemos condenar ninguém à morte".
³² Assim se realizava o que Jesus tinha dito,
significando de que morte havia de morrer.
³³ Então Pilatos entrou de novo no palácio,
chamou Jesus e perguntou-lhe:
"Tu és o rei dos judeus?"
³⁴ Jesus respondeu:
"Estás dizendo isso por ti mesmo,
ou outros te disseram isso de mim?"
³⁵ Pilatos falou:
"Por acaso, sou judeu?
O teu povo e os sumos sacerdotes te entregaram a mim.
Que fizeste?"
³⁶ Jesus respondeu:
"O meu reino não é deste mundo.
Se o meu reino fosse deste mundo,
os meus guardas teriam lutado
para que eu não fosse entregue aos judeus.
Mas o meu reino não é daqui".
³⁷ Pilatos disse a Jesus:
"Então, tu és rei?"
Jesus respondeu:
"Tu o dizes: eu sou rei.
Eu nasci e vim ao mundo para isto:
para dar testemunho da verdade.
Todo aquele que é da verdade escuta a minha voz".

³⁸ Pilatos disse a Jesus:
"O que é a verdade?"
Ao dizer isso, Pilatos saiu ao encontro dos judeus, e disse-lhes:
"Eu não encontro nenhuma culpa nele.
³⁹ Mas existe entre vós um costume,
que pela Páscoa eu vos solte um preso.
Quereis que vos solte o rei dos Judeus?"
⁴⁰ Então, começaram a gritar de novo:
"Este não, mas Barrabás!"
Barrabás era um bandido.

Viva o rei dos judeus!

¹⁹,¹ Então Pilatos mandou flagelar Jesus.
² Os soldados teceram uma coroa de espinhos
e a colocaram na cabeça de Jesus.
Vestiram-no com um manto vermelho,
³ aproximavam-se dele e diziam:
"Viva o rei dos judeus!"
E davam-lhe bofetadas.
⁴ Pilatos saíu de novo e disse aos judeus:
"Olhai, eu o trago aqui fora, diante de vós,
para que saibais que não encontro nele crime algum".
⁵ Então Jesus veio para fora,
trazendo a coroa de espinhos e o manto vermelho.
Pilatos disse-lhes:
"Eis o homem!"
⁶ Quando viram Jesus,
os sumos sacerdotes e os guardas começaram a gritar:
"Crucifica-o! Crucifica-o!"
Pilatos respondeu:
"Levai-o vós mesmos para o crucificar,
pois eu não encontro nele crime algum".
⁷ Os judeus responderam: "Nós temos uma Lei,
e, segundo essa Lei, ele deve morrer,
porque se fez Filho de Deus".
⁸ Ao ouvir essas palavras, Pilatos ficou com mais medo ainda.
⁹ Entrou outra vez no palácio
e perguntou a Jesus:
"De onde és tu?"
Jesus ficou calado.
¹⁰ Então Pilatos disse:
"Não me respondes?
Não sabes que tenho autoridade para te soltar
e autoridade para te crucificar?"
¹¹ Jesus respondeu:
"Tu não terias autoridade alguma sobre mim,

se ela não te fosse dada do alto.
Quem me entregou a ti, portanto, tem culpa maior".

Fora! Fora! Crucifica-o!

¹² Por causa disso, Pilatos procurava soltar Jesus.
Mas os judeus gritavam:
"Se soltas este homem, não és amigo de César.
Todo aquele que se faz rei, declara-se contra César".
¹³ Ouvindo essas palavras,
Pilatos levou Jesus para fora e sentou-se no tribunal,
no lugar chamado "Pavimento", em hebraico "Gábata".
¹⁴ Era o dia da preparação da Páscoa,
por volta do meio-dia.
Pilatos disse aos judeus:
"Eis o vosso rei!"
¹⁵ Eles, porém, gritavam:
"Fora! Fora! Crucifica-o!"
Pilatos disse:
"Hei de crucificar o vosso rei?"
Os sumos sacerdotes responderam:
"Não temos outro rei senão César".
¹⁶ Então Pilatos entregou Jesus para ser crucificado,
e eles o levaram.

Ali o crucificaram, com outros dois.

¹⁷ Jesus tomou a cruz sobre si
e saiu para o lugar chamado "Calvário",
em hebraico "Gólgota".
¹⁸ Ali o crucificaram, com outros dois:
um de cada lado, e Jesus no meio.
¹⁹ Pilatos mandou ainda escrever um letreiro
e colocá-lo na cruz; nele estava escrito:
"Jesus Nazareno, o Rei dos Judeus".
²⁰ Muitos judeus puderam ver o letreiro, porque o lugar
em que Jesus foi crucificado ficava perto da cidade.
O letreiro estava escrito em hebraico, latim e grego.
²¹ Então os sumos sacerdotes dos judeus disseram a Pilatos:
"Não escrevas 'O Rei dos Judeus',
mas sim o que ele disse: 'Eu sou o Rei dos judeus' ".
²² Pilatos respondeu:
"O que escrevi, está escrito".

Repartiram entre si as minhas vestes.

²³ Depois que crucificaram Jesus,
os soldados repartiram a sua roupa em quatro partes,

uma parte para cada soldado.
Quanto à túnica, esta era tecida sem costura,
em peça única de alto abaixo.
²⁴ Disseram então entre si:
"Não vamos dividir a túnica.
Tiremos a sorte para ver de quem será".
Assim se cumpria a Escritura que diz:
"Repartiram entre si as minhas vestes
e lançaram sorte sobre a minha túnica".
Assim procederam os soldados.

Este é o teu filho. Esta é a tua mãe.

²⁵ Perto da cruz de Jesus, estavam de pé
a sua mãe, a irmã da sua mãe, Maria de Cléofas,
e Maria Madalena.
²⁶ Jesus, ao ver sua mãe e, ao lado dela, o discípulo
que ele amava, disse à mãe:
"Mulher, este é o teu filho".
²⁷ Depois disse ao discípulo:
"Esta é a tua mãe".
Dessa hora em diante, o discípulo a acolheu consigo.

Tudo está consumado.

²⁸ Depois disso, Jesus, sabendo que tudo estava consumado,
e para que a Escritura se cumprisse até o fim, disse:
"Tenho sede".
²⁹ Havia ali uma jarra cheia de vinagre.
Amarraram numa vara uma esponja embebida de vinagre
e levaram-na à boca de Jesus.
³⁰ Ele tomou o vinagre e disse:
"Tudo está consumado".
E, inclinando a cabeça, entregou o espírito.

Aqui todos se ajoelham e faz-se uma pausa.

E logo saiu sangue e água.

³¹ Era o dia da preparação para a Páscoa.
Os judeus queriam evitar
que os corpos ficassem na cruz durante o sábado,
porque aquele sábado era dia de festa solene.
Então pediram a Pilatos
que mandasse quebrar as pernas aos crucificados
e os tirasse da cruz.
³² Os soldados foram
e quebraram as pernas de um e, depois, do outro
que foram crucificados com Jesus.

³³ Ao se aproximarem de Jesus, e vendo que já estava morto,
não lhe quebraram as pernas;
³⁴ mas um soldado abriu-lhe o lado com uma lança,
e logo saiu sangue e água.
³⁵ Aquele que viu, dá testemunho
e seu testemunho é verdadeiro;
e ele sabe que fala a verdade,
para que vós também acrediteis.
³⁶ Isso aconteceu para que se cumprisse a Escritura,
que diz: "Não quebrarão nenhum dos seus ossos".
³⁷ E outra Escritura ainda diz:
"Olharão para aquele que transpassaram".

Envolveram o corpo de Jesus com aromas, em faixas de linho.

³⁸ Depois disso, José de Arimatéia,
que era discípulo de Jesus
 – mas às escondidas, por medo dos judeus –
pediu a Pilatos para tirar o corpo de Jesus.
Pilatos consentiu.
Então José veio tirar o corpo de Jesus.
³⁹ Chegou também Nicodemos,
o mesmo que antes tinha ido de noite encontrar-se com Jesus.
Levou uns trinta quilos de perfume
feito de mirra e aloés.
⁴⁰ Então tomaram o corpo de Jesus
e envolveram-no, com os aromas, em faixas de linho,
como os judeus costumam sepultar.
⁴¹ No lugar onde Jesus foi crucificado, havia um jardim
e, no jardim, um túmulo novo,
onde ainda ninguém tinha sido sepultado.
⁴² Por causa da preparação da Páscoa,
e como o túmulo estava perto,
foi ali que colocaram Jesus.

Palavra da Salvação.

DOMINGO DA PÁSCOA NA RESSURREIÇÃO DO SENHOR

Vigília pascal na Noite Santa

A liturgia da Vigília pascal contém nove leituras, a saber: sete do Antigo Testamento e duas do Novo Testamento.
Se circunstâncias pastorais o exigirem, pode-se diminuir o número de leituras; haja, porém, sempre, pelo menos, três leituras do Antigo Testamento e, em casos extremos, pelo menos, duas antes da Carta e do Evangelho.
A leitura sobre a passagem do mar Vermelho (a terceira) não seja nunca omitida.

LEITURAS DO ANTIGO TESTAMENTO

PRIMEIRA LEITURA (mais longa)

*Deus viu tudo quanto havia feito
e eis que tudo era muito bom.*

Leitura do Livro do Gênesis   1,1–2,2

¹ No princípio Deus criou o céu e a terra.
² A terra estava deserta e vazia,
as trevas cobriam a face do abismo
e o Espírito de Deus pairava sobre as águas.
³ Deus disse: "Faça-se a luz!" E a luz se fez.
⁴ Deus viu que a luz era boa e separou a luz das trevas.
⁵ E à luz Deus chamou "dia" e às trevas, "noite".
Houve uma tarde e uma manhã: primeiro dia.
⁶ Deus disse: "Faça-se um firmamento entre as águas,
separando umas das outras".
⁷ E Deus fez o firmamento,
e separou as águas que estavam embaixo,
das que estavam em cima do firmamento. E assim se fez.
⁸ Ao firmamento Deus chamou "céu".
Houve uma tarde e uma manhã: segundo dia.
⁹ Deus disse:
"Juntem-se as águas que estão debaixo do céu num só lugar
e apareça o solo enxuto!" E assim se fez.
¹⁰ Ao solo enxuto Deus chamou "terra"
e ao ajuntamento das águas, "mar".
E Deus viu que era bom.

¹¹ Deus disse: "A terra faça brotar vegetação
e plantas que dêem semente, e árvores frutíferas
que dêem fruto segundo a sua espécie,
que tenham nele a sua semente sobre a terra".
E assim se fez.
¹² E a terra produziu vegetação
e plantas que trazem semente segundo a sua espécie,
e árvores que dão fruto tendo nele a semente da sua espécie.
E Deus viu que era bom.
¹³ Houve uma tarde e uma manhã: terceiro dia.
¹⁴ Deus disse:
"Façam-se luzeiros no firmamento do céu,
para separar o dia da noite.
Que sirvam de sinais para marcar as festas,
os dias e os anos,
¹⁵ e que resplandeçam no firmamento do céu
e iluminem a terra". E assim se fez.
¹⁶ Deus fez os dois grandes luzeiros:
o luzeiro maior para presidir o dia, e o luzeiro menor
para presidir à noite, e as estrelas.
¹⁷ Deus colocou-os no firmamento do céu
para alumiar a terra,
¹⁸ para presidir ao dia e à noite e separar a luz das trevas.
E Deus viu que era bom.
¹⁹ E houve uma tarde e uma manhã: quarto dia.
²⁰ Deus disse:
"Fervilhem as águas de seres animados de vida
e voem pássaros sobre a terra,
debaixo do firmamento do céu".
²¹ Deus criou os grandes monstros marinhos
e todos os seres vivos que nadam, em multidão, nas águas,
segundo as suas espécies, e todas as aves,
segundo as suas espécies. E Deus viu que era bom.
²² E Deus os abençoou, dizendo:
"Sede fecundos e multiplicai-vos e enchei as águas do mar,
e que as aves se multipliquem sobre a terra".
²³ Houve uma tarde e uma manhã: quinto dia.
²⁴ Deus disse: "Produza a terra seres vivos
segundo as suas espécies, animais domésticos,
répteis e animais selvagens, segundo as suas espécies".
E assim se fez.
²⁵ Deus fez os animais selvagens,
segundo as suas espécies,
os animais domésticos, segundo as suas espécies
e todos os répteis do solo, segundo as suas espécies.
E Deus viu que era bom.

²⁶ Deus disse: "Façamos o homem à nossa imagem
e segundo a nossa semelhança,
para que domine sobre os peixes do mar,
sobre as aves do céu,
sobre os animais de toda a terra,
e sobre todos os répteis que rastejam sobre a terra".
²⁷ E Deus criou o homem à sua imagem,
à imagem de Deus ele o criou: homem e mulher os criou.
²⁸ E Deus os abençoou e lhes disse:
"Sede fecundos e multiplicai-vos,
enchei a terra e submetei-a!
Dominai sobre os peixes do mar,
sobre os pássaros do céu
e sobre todos os animais que se movem sobre a terra".
²⁹ E Deus disse:
"Eis que vos entrego todas as plantas que dão semente
sobre a terra, e todas as árvores que produzem fruto
com sua semente, para vos servirem de alimento.
³⁰ E a todos os animais da terra,
e a todas as aves do céu, e a tudo o que rasteja sobre a terra
e que é animado de vida,
eu dou todos os vegetais para alimento". E assim se fez.
³¹ E Deus viu tudo quanto havia feito,
e eis que tudo era muito bom.
Houve uma tarde e uma manhã: sexto dia.
²,¹ E assim foram concluídos o céu e a terra
com todo o seu exército.
² No sétimo dia, Deus considerou acabada
toda a obra que tinha feito;
e no sétimo dia descansou de toda a obra que fizera.

Palavra do Senhor.

Ou: PRIMEIRA LEITURA (mais breve)

*Deus viu tudo quanto havia feito,
e eis que tudo era muito bom.*

Leitura do Livro do Gênesis   1,1.26-31a

¹ No princípio Deus criou o céu e a terra.
²⁶ Deus disse:
"Façamos o homem à nossa imagem
e segundo a nossa semelhança,
para que domine sobre os peixes do mar,

sobre as aves do céu,
sobre os animais de toda a terra,
e sobre todos os répteis que rastejam sobre a terra".
²⁷ E Deus criou o homem à sua imagem,
à imagem de Deus ele o criou:
homem e mulher os criou.
²⁸ E Deus os abençoou e lhes disse:
"Sede fecundos e multiplicai-vos,
enchei a terra e submetei-a!
Dominai sobre os peixes do mar,
sobre os pássaros do céu
e sobre todos os animais que se movem sobre a terra".
²⁹ E Deus disse:
"Eis que vos entrego todas as plantas que dão semente
sobre a terra, e todas as árvores que produzem fruto
com sua semente, para vos servirem de alimento.
³⁰ E a todos os animais da terra,
e a todas as aves do céu, e a tudo o que rasteja sobre a terra
e que é animado de vida,
eu dou todos os vegetais para alimento". E assim se fez.
³¹ᵃ E Deus viu tudo quanto havia feito,
e eis que tudo era muito bom.
Houve uma tarde e uma manhã: sexto dia.

Palavra do Senhor.

Salmo responsorial   Sl 103(104),1-2a.5-6.10.12.13-14.24.35c
(℟. cf. 30)

℟. En**vi**ai o **vos**so Es**pí**rito, **Se**nhor,
e da **ter**ra toda a **fa**ce reno**vai**.

¹ Ben**di**ze, ó minha **al**ma, ao Se**nhor**! *
Ó meu **Deus** e meu Se**nhor**, como sois **gran**de!
²ᵃ De majes**ta**de e esplen**dor** vos reves**tis** *
e de **luz** vos envol**veis** como num **man**to.   ℟.

⁵ A **ter**ra vós fir**mas**tes em suas **ba**ses, *
fica**rá fir**me pelos **sé**culos sem **fim**;
⁶ os **ma**res a co**bri**am como um **man**to, *
e as **á**guas envol**vi**am as monta**nhas**.   ℟.

¹⁰ Fazeis bro**tar** em meio aos **va**les as nas**cen**tes *
que **pas**sam serpe**an**do entre as monta**nhas**;
¹² às suas **mar**gens vêm mo**rar** os passari**nhos**, *
entre os **ra**mos eles er**guem** o seu **can**to.   ℟.

¹³ De vossa **ca**sa as montanhas irri**gais**, *
com vossos **fru**tos saci**ais** a terra in**tei**ra;

¹⁴ fazeis cres**cer** os verdes **pas**tos para o **ga**do *
e as **plan**tas que são **ú**teis para o **ho**mem.   ℟.

²⁴ Quão nume**ro**sas, ó S**e**nhor, são vossas **o**bras, *
e **que** sabedoria em todas **e**las!
Encheu-se a **ter**ra com as **vos**sas cri**a**turas! *
³⁵ᶜ Ben**di**ze, ó minha **al**ma, ao Se**nhor**!   ℟.

Ou: Sl 32(33),4-5.6-7.12-13.20.22 (℟. 5b)

℟. Trans**bor**da em toda a **ter**ra a sua **gra**ça!

⁴ **Re**ta é a palavra do Senhor, *
e **tu**do o que ele **faz** merece **fé**.
⁵ Deus **a**ma o di**rei**to e a jus**ti**ça, *
trans**bor**da em toda a **ter**ra a sua **gra**ça.   ℟.

⁶ A palavra do Senhor criou os **céus**, *
e o **so**pro de seus **lá**bios, as es**tre**las.
⁷ Como num **o**dre junta as **á**guas do oceano, *
e man**tém** no seu **li**mite as grandes **á**guas.   ℟.

¹² Feliz o **po**vo cujo **Deus** é o Se**nhor**, *
e a na**ção** que esco**lheu** por sua he**ran**ça!
¹³ Dos altos **céus** o Senhor **o**lha e ob**ser**va; *
ele se in**cli**na para o**lhar** todos os **ho**mens.   ℟.

²⁰ No Se**nhor** nós espe**ra**mos confi**an**tes, *
porque **e**le é nosso au**xí**lio e prote**ção**!
²² Sobre **nós** venha, Se**nhor**, a vossa **gra**ça, *
da mesma **for**ma que em **vós** nós espe**ra**mos!   ℟.

SEGUNDA LEITURA (mais longa)

O sacrifício de nosso pai Abraão.

Leitura do Livro do Gênesis   22,1-18

Naqueles dias,
¹ Deus pôs Abraão à prova. Chamando-o, disse: "Abraão!"
E ele respondeu: "Aqui estou".
² E Deus disse: "Toma teu filho único, Isaac,
a quem tanto amas, dirige-te à terra de Moriá,
e oferece-o ali em holocausto

sobre um monte que eu te indicar".
3 Abraão levantou-se bem cedo,
selou o jumento, tomou consigo dois dos seus servos
e seu filho Isaac.
Depois de ter rachado lenha para o holocausto,
pôs-se a caminho, para o lugar que Deus lhe havia ordenado.
4 No terceiro dia,
Abraão, levantando os olhos, viu de longe o lugar.
5 Disse, então, aos seus servos:
"Esperai aqui com o jumento,
enquanto eu e o menino vamos até lá.
Depois de adorarmos a Deus, voltaremos a vós".
6 Abraão tomou a lenha para o holocausto
e a pôs às costas do seu filho Isaac,
enquanto ele levava o fogo e a faca.
E os dois continuaram caminhando juntos.
7 Isaac disse a Abraão: "Meu pai".
– "Que queres, meu filho?", respondeu ele.
E o menino disse:
"Temos o fogo e a lenha,
mas onde está a vítima para o holocausto?"
8 Abraão respondeu:
"Deus providenciará a vítima
para o holocausto, meu filho".
E os dois continuaram caminhando juntos.
9 Chegados ao lugar indicado por Deus,
Abraão ergueu um altar, colocou a lenha em cima,
amarrou o filho e o pôs sobre a lenha em cima do altar.
10 Depois, estendeu a mão,
empunhando a faca para sacrificar o filho.
11 E eis que o anjo do Senhor gritou do céu,
dizendo: "Abraão! Abraão!"
Ele respondeu: "Aqui estou!"
12 E o anjo lhe disse: "Não estendas a mão
contra teu filho e não lhe faças nenhum mal!
Agora sei que temes a Deus,
pois não me recusaste teu filho único".
13 Abraão, erguendo os olhos, viu um carneiro
preso num espinheiro pelos chifres; foi buscá-lo
e ofereceu-o em holocausto no lugar do seu filho.
14 Abraão passou a chamar aquele lugar:
"O Senhor providenciará". Donde até hoje se diz:
"O monte onde o Senhor providenciará".
15 O anjo do Senhor chamou Abraão,
pela segunda vez, do céu,

^16^ e lhe disse:
"Juro por mim mesmo – oráculo do Senhor –,
uma vez que agiste desse modo
e não me recusaste teu filho único,
^17^ eu te abençoarei
e tornarei tão numerosa tua descendência
como as estrelas do céu
e como as areias da praia do mar.
Teus descendentes conquistarão
as cidades dos inimigos.
^18^ Por tua descendência serão abençoadas
todas as nações da terra, porque me obedeceste".

Palavra do Senhor.

Ou: SEGUNDA LEITURA (mais breve)

O sacrifício de nosso pai Abraão.

Leitura do Livro do Gênesis   22,1-2.9a.10-13.15-18

Naqueles dias,
^1^ Deus pôs Abraão à prova.
Chamando-o, disse:
"Abraão!"
E ele respondeu:
"Aqui estou".
^2^ E Deus disse:
"Toma teu filho único, Isaac, a quem tanto amas,
dirige-te à terra de Moriá,
e oferece-o ali em holocausto
sobre um monte que eu te indicar".
^9a^ Chegados ao lugar indicado por Deus,
Abraão ergueu um altar, colocou a lenha em cima,
amarrou o filho e o pôs sobre a lenha em cima do altar.
^10^ Depois, estendeu a mão,
empunhando a faca para sacrificar o filho.
^11^ E eis que o anjo do Senhor gritou do céu,
dizendo: "Abraão! Abraão!"
Ele respondeu: "Aqui estou!".
^12^ E o anjo lhe disse:
"Não estendas a mão contra teu filho
e não lhe faças nenhum mal!

Agora sei que temes a Deus,
pois não me recusaste teu filho único".
¹³ Abraão, erguendo os olhos, viu um carneiro
preso num espinheiro pelos chifres; foi buscá-lo
e ofereceu-o em holocausto no lugar do seu filho.
¹⁵ O anjo do Senhor chamou Abraão,
pela segunda vez, do céu,
¹⁶ e lhe disse:
"Juro por mim mesmo – oráculo do Senhor –,
uma vez que agiste desse modo
e não me recusaste teu filho único,
¹⁷ eu te abençoarei
e tornarei tão numerosa tua descendência
como as estrelas do céu
e como as areias da praia do mar.
Teus descendentes conquistarão
as cidades dos inimigos.
¹⁸ Por tua descendência serão abençoadas
todas as nações da terra, porque me obedeceste".

Palavra do Senhor.

Salmo responsorial   Sl 15(16),5.8.9-10.11 (℟. 1a)

℟. Guar**dai**-me, ó **Deus**, porque em **vós** me refu**gi**o!

⁵ Ó Se**nhor**, sois minha he**ran**ça e minha **ta**ça, *
   meu des**ti**no está se**gu**ro em vossas **mãos**!
⁸ Tenho **sem**pre o Se**nhor** ante meus **o**lhos, *
   pois se o **te**nho a meu **la**do não va**ci**lo. ℟.

⁹ Eis por**que** meu cora**ção** está em **fes**ta, †
   minha **al**ma reju**bi**la de ale**gri**a, *
   e até meu **cor**po no re**pou**so está tran**qüi**lo;
¹⁰ pois não ha**veis** de me dei**xar** entregue à **mor**te, *
   nem vosso a**mi**go conhe**cer** a corrup**ção**. ℟.

¹¹ Vós me ensi**nais** vosso ca**mi**nho para a **vi**da; †
   junto a **vós**, felici**da**de sem li**mi**tes, *
   de**lí**cia e**ter**na e ale**gri**a ao vosso **la**do! ℟.

TERCEIRA LEITURA

*Os filhos de Israel
entraram pelo meio do mar a pé enxuto.*

Leitura do Livro do Êxodo   14,15-15,1

Naqueles dias,
¹⁵ O Senhor disse a Moisés:
"Por que clamas a mim por socorro?
Dize aos filhos de Israel que se ponham em marcha.
¹⁶ Quanto a ti, ergue a vara,
estende o braço sobre o mar e divide-o,
para que os filhos de Israel caminhem
em seco pelo meio do mar.
¹⁷ De minha parte, endurecerei o coração dos egípcios,
para que sigam atrás deles,
e eu seja glorificado às custas do Faraó
e de todo o seu exército,
dos seus carros e cavaleiros.
¹⁸ E os egípcios saberão que eu sou o Senhor,
quando eu for glorificado às custas do Faraó,
dos seus carros e cavaleiros".
¹⁹ Então, o anjo do Senhor, que caminhava
à frente do acampamento dos filhos de Israel,
mudou de posição e foi para trás deles;
e com ele, ao mesmo tempo, a coluna de nuvem,
que estava na frente, colocou-se atrás,
²⁰ inserindo-se entre o acampamento dos egípcios
e o acampamento dos filhos de Israel.
Para aqueles a nuvem era tenebrosa,
para estes, iluminava a noite.
Assim, durante a noite inteira,
uns não puderam aproximar-se dos outros.
²¹ Moisés estendeu a mão sobre o mar,
e durante toda a noite o Senhor fez soprar sobre o mar
um vento leste muito forte; e as águas se dividiram.
²² Então, os filhos de Israel entraram
pelo meio do mar a pé enxuto,
enquanto as águas formavam como que uma muralha
à direita e à esquerda.
²³ Os egípcios puseram-se a persegui-los,
e todos os cavalos do Faraó,
carros e cavaleiros os seguiram mar adentro.

²⁴ Ora, de madrugada,
o Senhor lançou um olhar, desde a coluna de fogo
e da nuvem, sobre as tropas egípcias e as pôs em pânico.
²⁵ Bloqueou as rodas dos seus carros,
de modo que só a muito custo podiam avançar.
Disseram, então, os egípcios:
"Fujamos de Israel!
Pois o Senhor combate a favor deles, contra nós".
²⁶ O Senhor disse a Moisés:
"Estende a mão sobre o mar,
"Estende a mão sobre o mar, para que as águas se voltem contra
os egípcios, seus carros e cavaleiros".
²⁷ Moisés estendeu a mão sobre o mar
e, ao romper da manhã, o mar voltou ao seu leito normal,
enquanto os egípcios, em fuga,
corriam ao encontro das águas,
e o Senhor os mergulhou no meio das ondas.
²⁸ As águas voltaram e cobriram carros,
cavaleiros e todo o exército do Faraó,
que tinha entrado no mar em perseguição a Israel.
Não escapou um só.
²⁹ Os filhos de Israel, ao contrário,
tinham passado a pé enxuto pelo meio do mar,
cujas águas lhes formavam uma muralha
à direita e à esquerda.
³⁰ Naquele dia,
o Senhor livrou Israel da mão dos egípcios,
e Israel viu os egípcios mortos nas praias do mar,
³¹ e a mão poderosa do Senhor agir contra eles.
O povo temeu o Senhor, e teve fé no Senhor
e em Moisés, seu servo.
¹⁵,¹ Então, Moisés e os filhos de Israel
cantaram ao Senhor este cântico:

Salmo responsorial   Ex 15,1-2.3-4.5-6.17-18 (℞. 1a)

℞. **Cantemos ao Senhor que fez brilhar a sua glória!**

¹ Ao **Se**nhor quero can**tar**, pois fez bri**lhar** a sua gló**ria**: *
   precipi**tou** no mar Ver**me**lho o cava**lo** e o cava**leiro**!
² O Se**nhor** é minha **for**ça, é a ra**zão** do meu can**tar**, *
   pois foi **e**le neste **dia** para **mim** liberta**ção**!   ℞.

Ele é meu **Deus** e o louva**rei**,Deus de meu **pai**, e o honra**rei**.*

3 O Se**nhor** é um Deus guerr**rei**ro o seu **no**me é "Onipo**ten**te":
4 os sol**da**dos e os **car**ros do Faraó jogou no **mar**, *
seus me**lho**res capi**tães** afo**gou** no mar Ver**me**lho, ℟.

5 A**fun**daram como **pe**dras e as **on**das os co**bri**ram. †
6 Ó Se**nhor**, o vosso **bra**ço é duma **for**ça insu**perá**vel! *
Ó Se**nhor**, o vosso **bra**ço esmi**ga**lhou os ini**mi**gos! ℟.

17 Vosso povo leva**reis** e o planta**reis** em vosso **Mon**te, *
no lu**gar** que prepa**ras**tes para a **vos**sa habita**ção**,
no Santu**á**rio constru**í**do pelas **vos**sas próprias **mãos**. *
18 O Se**nhor** há de rei**nar** eterna**men**te, pelos **sé**culos! ℟.

QUARTA LEITURA

*Com misericórdia eterna,
eu o teu Senhor, compadeci-me de ti.*

Leitura do Livro do Profeta Isaías 54,5-14

5 Teu esposo é aquele que te criou,
seu nome é Senhor dos exércitos;
teu redentor, o Santo de Israel,
chama-se Deus de toda a terra.
6 O Senhor te chamou,
como a mulher abandonada e de alma aflita;
como a esposa repudiada na mocidade,
falou o teu Deus.
7 Por um breve instante eu te abandonei,
mas com imensa compaixão volto a acolher-te.
8 Num momento de indignação,
por um pouco ocultei de ti minha face,
mas com misericórdia eterna compadeci-me de ti,
diz teu salvador, o Senhor.
9 Como fiz nos dias de Noé,
a quem jurei nunca mais inundar a terra,
assim juro que não me irritarei contra ti
nem te farei ameaças.
10 Podem os montes recuar e as colinas abalar-se,
mas minha misericórdia não se apartará de ti,

nada fará mudar a aliança de minha paz,
diz o teu misericordioso Senhor.
11 Pobrezinha, batida por vendavais, sem nenhum consolo,
eis que assentarei tuas pedras sobre rubis,
e tuas bases sobre safiras;
12 revestirei de jaspe tuas fortificações,
e teus portões, de pedras preciosas,
e todos os teus muros, de pedra escolhida.
13 Todos os teus filhos serão discípulos do Senhor,
teus filhos possuirão muita paz;
14 terás a justiça por fundamento.
Longe da opressão, nada terás a temer;
serás livre do terror,
porque ele não se aproximará de ti.

Palavra do Senhor.

Salmo responsorial   Sl 29(30),2.4.5-6.11.12a.13b (℟. 2a)

℟. Eu vos exalto, ó Senhor, porque **vós** me li**vras**tes!

2 Eu vos e**xal**to, ó Se**nhor**, pois me li**vras**tes, *
e não dei**xas**tes rir de **mim** meus ini**mi**gos!
4 Vós ti**ras**tes minha **al**ma dos a**bis**mos *
e me sal**vas**tes, quando es**ta**va já mo**rren**do!   ℟.

5 Cantai **sal**mos ao Se**nhor**, povo fi**el**, *
dai-lhe **gra**ças e invo**cai** seu santo **no**me!
6 Pois sua **i**ra dura a**pe**nas um mo**men**to, *
mas sua bon**da**de perma**ne**ce a vida in**tei**ra;
se à **tar**de vem o **pran**to visi**tar**-nos, *
de ma**nhã** vem sau**dar**-nos a ale**gri**a.   ℟.

11 Escu**tai**-me, Senhor **Deus**, tende pie**da**de! *
Sede, Se**nhor**, o meu a**bri**go prote**tor**!
12a Transfor**mas**tes o meu **pran**to em uma **fes**ta, *
13b Senhor meu **Deus**, eterna**men**te hei de lou**var**-vos!   ℟.

QUINTA LEITURA

Vinde a mim, ouvi e tereis vida;
farei convosco um pacto eterno.

Leitura do Livro do Profeta Isaías   55,1-11

Assim diz o Senhor:
1 "Ó vós todos que estais com sede, vinde às águas;
vós que não tendes dinheiro, apressai-vos,
vinde e comei, vinde comprar sem dinheiro,
tomar vinho e leite, sem nenhuma paga.
2 Por que gastar dinheiro com outra coisa que não o pão;
desperdiçar o salário, senão com satisfação completa?
Ouvi-me com atenção, e alimentai-vos bem,
para deleite e revigoramento do vosso corpo.
3 Inclinai vosso ouvido e vinde a mim,
ouvi e tereis vida; farei convosco um pacto eterno,
manterei fielmente as graças concedidas a Davi.
4 Eis que fiz dele uma testemunha para os povos,
chefe e mestre para as nações.
5 Eis que chamarás uma nação que não conhecias,
e acorrerão a ti povos que não te conheciam,
por causa do Senhor, teu Deus,
e do Santo de Israel, que te glorificou.
6 Buscai o Senhor, enquanto pode ser achado;
invocai-o, enquanto ele está perto.
7 Abandone o ímpio seu caminho,
e o homem injusto, suas maquinações;
volte para o Senhor, que terá piedade dele,
volte para o nosso Deus, que é generoso no perdão.
8 Meus pensamentos não são como os vossos pensamentos,
e vossos caminhos não são como os meus caminhos,
diz o Senhor.
9 Estão meus caminhos tão acima dos vossos caminhos
e meus pensamentos acima dos vossos pensamentos,
quanto está o céu acima da terra.
10 Como a chuva e a neve descem do céu
e para lá não voltam mais,
mas vêm irrigar e fecundar a terra,
e fazê-la germinar e dar semente,
para o plantio e para a alimentação,
11 assim a palavra que sair de minha boca:
não voltará para mim vazia;

antes, realizará tudo que for de minha vontade
e produzirá os efeitos que pretendi, ao enviá-la".

Palavra do Senhor.

Salmo responsorial   Is 12,2-3.4bcd.5-6 (℟. 3)

℟. Com alegria bebereis do manancial da salvação.

2   Eis o **Deus**, meu Salva**dor**, eu confio e nada **te**mo; †
    o Se**nhor** é minha **for**ça, meu lou**vor** e salvação. *
3   Com alegria bebereis do manancial da salvação.   ℟.

4b E di**reis** naquele **dia**: "Dai louvores ao Se**nhor**, †
 c invo**cai** seu santo **no**me, anunci**ai** suas maravilhas, *
 d entre os **po**vos procla**mai** que seu **no**me é o mais sublime. ℟

5   Louvai cantando ao nosso **Deus**, que fez prodígios e portentos, *
    publi**cai** em toda a **ter**ra suas **gran**des maravilhas!
6   Exul**tai** cantando alegres, habi**tan**tes de Sião, *
    porque é **gran**de em vosso **mei**o o Deus **San**to de Israel!" ℟.

SEXTA LEITURA

Marcha para o esplendor do Senhor.

Leitura do Livro do Profeta Baruc   3,9-15.32–4,4

9   Ouve, Israel, os preceitos da vida;
    presta atenção, para aprenderes a sabedoria.
10 Que se passa, Israel?
    Como é que te encontras em terra inimiga?
11 Envelheceste num país estrangeiro,
    e te contaminaste com os mortos,
    foste contado entre os que descem à mansão dos mortos.
12 Abandonaste a fonte da sabedoria!
13 Se tivesses continuado no caminho de Deus,
    viverias em paz para sempre.
14 Aprende onde está a sabedoria,
    onde está a fortaleza e onde está a inteligência,
    e aprenderás também onde está a longevidade e a vida,
    onde está o brilho dos olhos e a paz.

¹⁵ Quem descobriu onde está a sabedoria?
Quem penetrou em seus tesouros?
³² Aquele que tudo sabe, conhece-a,
descobriu-a com sua inteligência;
aquele que criou a terra para sempre
e a encheu de animais e quadrúpedes;
³³ aquele que manda a luz, e ela vai,
chama-a de volta, e ela obedece tremendo.
³⁴ As estrelas cintilam em seus postos de guarda
e alegram-se;
³⁵ ele chamou-as, e elas respondem: "Aqui estamos";
e alumiam com alegria o que as fez.
³⁶ Este é o nosso Deus,
e nenhum outro pode comparar-se com ele.
³⁷ Ele revelou todo o caminho da sabedoria
a Jacó, seu servo, e a Israel, seu bem-amado.
³⁸ Depois, ela foi vista sobre a terra
e habitou entre os homens.
⁴,¹ A sabedoria é o livro dos mandamentos de Deus,
é a lei que permanece para sempre.
Todos os que a seguem, têm a vida,
e os que a abandonam, têm a morte.
² Volta-te, Jacó, e abraça-a;
marcha para o esplendor, à sua luz.
³ Não dês a outro a tua glória
nem cedas a uma nação estranha teus privilégios.
⁴ Ó Israel, felizes somos nós,
porque nos é dado conhecer o que agrada a Deus.

Palavra do Senhor.

Salmo responsorial   Sl 18B(19),8.9.10.11   (℞. Jo 6,68c)

℞. Senhor, tens palavras de vida eterna.

⁸ A lei do Senhor Deus é perfeita, *
conforto para a alma!
O testemunho do Senhor é fiel, *
sabedoria dos humildes.   ℞.

⁹ Os preceitos do Senhor são precisos, *
alegria ao coração.
O mandamento do Senhor é brilhante, *
para os olhos é uma luz.   ℞.

¹⁰ É puro o temor do Senhor, *
imutável para sempre.

Os julga**men**tos do **Se**nhor são cor**re**tos *
e **jus**tos igual**men**te.   ℟.

11 Mais dese**já**veis do que o **ou**ro são **e**les, *
do que o **ou**ro refi**na**do.
Suas pa**la**vras são mais **do**ces que o **mel**, *
que o **mel** que sai dos **fa**vos.   ℟.

SÉTIMA LEITURA

*Derramarei sobre vós uma água pura
e dar-vos-ei um coração novo.*

Leitura da Profecia de Ezequiel   36,16-17a.18-28

¹⁶ A palavra do Senhor foi-me dirigida nestes termos:
¹⁷ᵃ "Filho do homem,
os da casa de Israel estavam morando em sua terra.
Mancharam-na com sua conduta e suas más ações.
¹⁸ Então derramei sobre eles a minha ira,
por causa do sangue que derramaram no país
e dos ídolos com os quais o mancharam.
¹⁹ Eu dispersei-os entre as nações,
e eles foram espalhados pelos países.
Julguei-os de acordo com sua conduta e suas más ações.
²⁰ Quando eles chegaram às nações para onde foram,
profanaram o meu santo nome; pois deles se comentava:
'Esse é o povo do Senhor;
mas tiveram de sair do seu país!'
²¹ Então eu tive pena do meu santo nome
que a casa de Israel estava profanando
entre as nações para onde foi.
²² Por isso, dize à casa de Israel:
'Assim fala o Senhor Deus: Não é por causa de vós
que eu vou agir, casa de Israel,
mas por causa do meu santo nome,
que profanastes entre as nações para onde fostes.
²³ Vou mostrar a santidade do meu grande nome,
que profanastes no meio das nações.
As nações saberão que eu sou o Senhor,
 – oráculo do Senhor Deus –
quando eu manifestar minha santidade
à vista delas por meio de vós.

⁲⁴ Eu vos tirarei do meio das nações,
vos reunirei de todos os países,
e vos conduzirei para a vossa terra.
²⁵ Derramarei sobre vós uma água pura,
e sereis purificados.
Eu vos purificarei de todas as impurezas
e de todos os ídolos.
²⁶ Eu vos darei um coração novo
e porei um espírito novo dentro de vós.
Arrancarei do vosso corpo o coração de pedra
e vos darei um coração de carne;
²⁷ porei o meu espírito dentro de vós
e farei com que sigais a minha lei
e cuideis de observar os meus mandamentos.
²⁸ Habitareis no país que dei a vossos pais.
Sereis o meu povo e eu serei o vosso Deus'".

Palavra do Senhor.

Salmo responsorial Sl 41(42),3.5bcd;Sl 42,3.4 (℟. 3a)

℟. A minh'alma tem sede de Deus.

³ A minh'alma tem sede de Deus, *
e deseja o Deus vivo.
Quando terei a alegria de ver *
a face de Deus? ℟.

⁵ Peregrino e feliz caminhando *
para a casa de Deus,
entre gritos, louvor e alegria *
da multidão jubilosa. ℟.

⁴²·³ Enviai vossa luz, vossa verdade: *
elas serão o meu guia;
que me levem ao vosso Monte santo, *
até a vossa morada! ℟.

⁴ Então irei aos altares do Senhor, *
Deus da minha alegria.
Vosso louvor cantarei, ao som da harpa, *
meu Senhor e meu Deus! ℟.

Ou:
Quando há batizados: Is 12, *como acima, depois da 5ª leitura, p. 181.*

Ou ainda: Sl 50(51),12-13.14-15.18-19 (R. 12a)

℟. Criai em **mim** um cora**ção** que seja **pu**ro!

12 Criai em **mim** um cora**ção** que seja **pu**ro, *
dai-me de **no**vo um es**pí**rito deci**di**do.
13 Ó Se**nhor**, não me afas**teis** de vossa **fa**ce, *
nem reti**reis** de mim o **vos**so Santo Espírito! ℟.

14 Dai-me de **no**vo a ale**gri**a de ser **sal**vo *
e confir**mai**-me com es**pí**rito gene**ro**so!
15 Ensina**rei** vosso ca**mi**nho aos peca**do**res, *
e para **vós** se volta**rão** os transvi**a**dos. ℟.

18 Pois não **são** de vosso a**gra**do os sacri**fí**cios, *
e, se o**fer**to um holo**caus**to, o rejei**tais**.
19 Meu sacri**fí**cio é minha **al**ma peni**ten**te, *
não despre**zeis** um cora**ção** arrepen**di**do! ℟.

LEITURAS DO NOVO TESTAMENTO

CARTA

*Cristo ressuscitado dos mortos
não morre mais.*

Leitura da Carta de São Paulo aos Romanos 6,3-11

Irmãos:
3 Será que ignorais que todos nós,
batizados em Jesus Cristo,
é na sua morte que fomos batizados?
4 Pelo batismo na sua morte, fomos sepultados com ele,
para que, como Cristo ressuscitou dos mortos
pela glória do Pai,
assim também nós levemos uma vida nova.
5 Pois, se fomos de certo modo identificados a Jesus Cristo
por uma morte semelhante à sua,
seremos semelhantes a ele também pela ressurreição.
6 Sabemos que o nosso velho homem
foi crucificado com Cristo,
para que seja destruído o corpo de pecado,
de maneira a não mais servirmos ao pecado.
7 Com efeito, aquele que morreu está livre do pecado.

⁸ Se, pois, morremos com Cristo,
cremos que também viveremos com ele.
⁹ Sabemos que Cristo ressuscitado dos mortos
não morre mais;
a morte já não tem poder sobre ele.
¹⁰ Pois aquele que morreu,
morreu para o pecado uma vez por todas;
mas aquele que vive, é para Deus que vive.
¹¹ Assim, vós também considerai-vos mortos para o pecado
e vivos para Deus, em Jesus Cristo.

Palavra do Senhor.

Salmo responsorial   Sl 117(118),1-2.16ab-17.22-23

℟ Ale**lu**ia, Ale**lu**ia, Ale**lu**ia.

¹ Dai **gra**ças ao Se**nhor**, porque ele é **bom**! *
E**ter**na é a **su**a miseri**cór**dia!
² A **ca**sa de Isra**el** agora o **di**ga: *
"E**ter**na é a **su**a miseri**cór**dia!"   ℟.

¹⁶ᵃᵇ A mão di**rei**ta do Se**nhor** fez mara**vi**lhas, †
a mão di**rei**ta do Se**nhor** me levan**tou**, *
a mão di**rei**ta do Se**nhor** fez maravilhas!
¹⁷ Não morre**rei**, mas ao con**trá**rio, vive**rei** *
para can**tar** as grandes **o**bras do Se**nhor**!   ℟.

²² A **pe**dra que os pe**drei**ros rejei**ta**ram, *
tor**nou**-se agora a **pe**dra angu**lar**.
²³ Pelo Se**nhor** é que foi **fei**to tudo **i**sso: *
Que maravilhas ele **fez** a nossos **o**lhos!   ℟.

EVANGELHO

*Por que estais procurando entre os mortos
aquele que está vivo?*

✠ Proclamação do Evangelho de Jesus Cristo
segundo Lucas   24,1-12

¹ No primeiro dia da semana, bem de madrugada,
as mulheres foram ao túmulo de Jesus,
levando os perfumes que haviam preparado.

² Elas encontraram a pedra do túmulo removida.
³ Mas ao entrar,
não encontraram o corpo do Senhor Jesus
⁴ e ficaram sem saber o que estava acontecendo.
Nisso, dois homens com roupas brilhantes
pararam perto delas.
⁵ Tomadas de medo, elas olhavam para o chão,
mas os dois homens disseram:
"Por que estais procurando entre os mortos
aquele que está vivo?
⁶ Ele não está aqui. Ressuscitou!
Lembrai-vos do que ele vos falou,
quando ainda estava na Galiléia:
⁷ 'O Filho do Homem deve ser entregue
nas mãos dos pecadores, ser crucificado
e ressuscitar ao terceiro dia'".
⁸ Então as mulheres se lembraram das palavras de Jesus.
⁹ Voltaram do túmulo
e anunciaram tudo isso aos Onze e a todos os outros.
¹⁰ Eram Maria Madalena, Joana e Maria, mãe de Tiago.
Também as outras mulheres que estavam com elas
contaram essas coisas aos apóstolos.
¹¹ Mas eles acharam que tudo isso era desvario,
e não acreditaram.
¹² Pedro, no entanto, levantou-se e correu ao túmulo.
Olhou para dentro e viu apenas os lençóis.
Então voltou para casa,
admirado com o que havia acontecido.

Palavra da Salvação.

Missa do dia da Páscoa

PRIMEIRA LEITURA

*Comemos e bebemos com ele
depois que ressuscitou dos mortos.*

Leitura dos Atos dos Apóstolos 10,34a.37-43

Naqueles dias,
34a Pedro tomou a palavra e disse:
37 "Vós sabeis o que aconteceu em toda a Judéia,
a começar pela Galiléia,
depois do batismo pregado por João:
38 como Jesus de Nazaré foi ungido por Deus
com o Espírito Santo e com poder.
Ele andou por toda a parte, fazendo o bem
e curando a todos os que estavam dominados
pelo demônio; porque Deus estava com ele.
39 E nós somos testemunhas de tudo o que Jesus fez
na terra dos judeus e em Jerusalém.
Eles o mataram, pregando-o numa cruz.
40 Mas Deus o ressuscitou no terceiro dia,
concedendo-lhe manifestar-se
41 não a todo o povo,
mas às testemunhas que Deus havia escolhido:
a nós, que comemos e bebemos com Jesus,
depois que ressuscitou dos mortos.
42 E Jesus nos mandou pregar ao povo
e testemunhar que Deus o constituiu
Juiz dos vivos e dos mortos.
43 Todos os profetas dão testemunho dele:
'Todo aquele que crê em Jesus
recebe, em seu nome, o perdão dos pecados' ".

Palavra do Senhor.

Salmo responsorial Sl 117(118),1-2.16ab-17.22-23 (R. 24)

℟. Este é o **dia** que o Se**nhor** fez para **nós**:
ale**gre**mos-nos e **ne**le exul**te**mos!

Ou: Aleluia, Aleluia, Aleluia.

¹ Dai **graças** ao **Senhor**, porque ele é **bom**! *
"E**ter**na é a **su**a miseri**cór**dia!
² A **casa** de Isra**el** agora o **diga**: *
"E**ter**na é a **su**a miseri**cór**dia!" ℟.

¹⁶ᵃᵇ A mão di**rei**ta do **Senhor** fez maravilhas, *
a mão di**rei**ta do **Senhor** me levan**tou**,
¹⁷ Não morre**rei**, mas ao con**trá**rio, vive**rei** *
para can**tar** as grandes **o**bras do Senhor! ℟.

²² A **pe**dra que os pe**drei**ros rejeitaram, *
tor**nou**-se agora a **pe**dra angu**lar**.
²³ Pelo Se**nhor** é que foi **fei**to tudo **is**so: *
Que maravilhas ele **fez** a nossos **o**lhos! ℟.

SEGUNDA LEITURA

Esforçai-vos por alcançar
as coisas do alto, onde está Cristo.

Leitura da Carta de São Paulo aos Colossenses 3,1-4

Irmãos:
¹ Se ressuscitastes com Cristo,
esforçai-vos por alcançar as coisas do alto,
² onde está Cristo, sentado à direita de Deus;
aspirai às coisas celestes e não às coisas terrestres.
³ Pois vós morrestes,
e a vossa vida está escondida, com Cristo, em Deus.
⁴ Quando Cristo, vossa vida, aparecer em seu triunfo,
então vós aparecereis também com ele,
revestidos de glória.

Palavra do Senhor.

Ou, à escolha:

Lançai fora o fermento velho,
para que sejais uma massa nova.

Leitura da Primeira Carta de São Paulo aos Coríntios   5,6b-8

Irmãos:
⁶ᵇ Acaso ignorais que um pouco de fermento
leveda a massa toda?
⁷ Lançai fora o fermento velho, para que sejais
uma massa nova, já que deveis ser sem fermento.
Pois o nosso cordeiro pascal, Cristo, já está imolado.
⁸ Assim, celebremos a festa, não com fermento velho,
nem com fermento de maldade ou de perversidade,
mas com os pães ázimos de pureza e de verdade.

Palavra do Senhor.

Seqüência

Cantai, cristãos, afinal:
"Salve, ó vítima pascal!"
Cordeiro inocente, o Cristo
abriu-nos do Pai o aprisco.

Por toda ovelha imolado,
do mundo lava o pecado.
Duelam forte e mais forte:
é a vida que enfrenta a morte.

O rei da vida, cativo,
é morto, mas reina vivo!
Responde pois, ó Maria:
no teu caminho o que havia?

"Vi Cristo ressuscitado,
o túmulo abandonado.
Os anjos da cor do sol,
dobrado ao chão o lençol...

O Cristo, que leva aos céus,
caminha à frente dos seus!"
Ressuscitou de verdade.
Ó Rei, ó Cristo, piedade!

Aclamação ao Evangelho 1Cor 5,7b-8a

℟. Ale**lu**ia, Ale**lu**ia, Ale**lu**ia.
℣. O **nos**so cor**dei**ro pas**cal**,
   Jesus **Cris**to, já **foi** imola**do**.
   Cele**bre**mos, as**sim**, esta **fes**ta,
   na sinceri**da**de e ver**da**de. ℟.

EVANGELHO

Ele devia ressuscitar dos mortos.

✠ Proclamação do Evangelho de Jesus Cristo segundo João 20,1-9

¹ No primeiro dia da semana,
  Maria Madalena foi ao túmulo de Jesus,
  bem de madrugada, quando ainda estava escuro,
  e viu que a pedra tinha sido retirada do túmulo.
² Então ela saiu correndo
  e foi encontrar Simão Pedro e o outro discípulo,
  aquele que Jesus amava, e lhes disse:
  "Tiraram o Senhor do túmulo,
  e não sabemos onde o colocaram".
³ Saíram, então, Pedro e o outro discípulo
  e foram ao túmulo.
⁴ Os dois corriam juntos,
  mas o outro discípulo correu mais depressa que Pedro
  e chegou primeiro ao túmulo.
⁵ Olhando para dentro, viu as faixas de linho no chão,
  mas não entrou.
⁶ Chegou também Simão Pedro, que vinha correndo atrás,
  e entrou no túmulo.
  Viu as faixas de linho deitadas no chão
⁷ e o pano que tinha estado sobre a cabeça de Jesus,
  não posto com as faixas,
  mas enrolado num lugar à parte.
⁸ Então entrou também o outro discípulo,
  que tinha chegado primeiro ao túmulo.
  Ele viu, e acreditou.
⁹ De fato, eles ainda não tinham compreendido a Escritura,
  segundo a qual ele devia ressuscitar dos mortos.

  Palavra da Salvação.

Em lugar desse Evangelho, pode-se proclamar o Evangelho da Vigília pascal Lc 24, 1-12, p. 814.

Nas missas vespertinas do domingo de Páscoa, pode-se também proclamar o Evangelho de Lc 24,13-35:

EVANGELHO

Fica conosco, pois já é tarde.

✠ Proclamação do Evangelho de Jesus Cristo
segundo Lucas   24,13-35

¹³ Naquele mesmo dia, o primeiro da semana,
   dois dos discípulos de Jesus
   iam para um povoado, chamado Emaús,
   distante onze quilômetros de Jerusalém.
¹⁴ Conversavam sobre todas as coisas
   que tinham acontecido.
¹⁵ Enquanto conversavam e discutiam,
   o próprio Jesus se aproximou
   e começou a caminhar com eles.
¹⁶ Os discípulos, porém, estavam como que cegos,
   e não o reconheceram.
¹⁷ Então Jesus perguntou:
   "O que ides conversando pelo caminho?"
   Eles pararam, com o rosto triste,
¹⁸ e um deles, chamado Cléofas, lhe disse:
   "Tu és o único peregrino em Jerusalém
   que não sabe o que lá aconteceu nestes últimos dias?"
¹⁹ Ele perguntou: "O que foi?"
   Os discípulos responderam:
   "O que aconteceu com Jesus, o Nazareno,
   que foi um profeta poderoso em obras e palavras,
   diante de Deus e diante de todo o povo.
²⁰ Nossos sumos sacerdotes e nossos chefes
   o entregaram para ser condenado à morte
   e o crucificaram.
²¹ Nós esperávamos que ele fosse libertar Israel,
   mas, apesar de tudo isso,
   já faz três dias que todas essas coisas aconteceram!
²² É verdade que algumas mulheres do nosso grupo
   nos deram um susto.

Elas foram de madrugada ao túmulo
²³ e não encontraram o corpo dele.
Então voltaram, dizendo que tinham visto anjos
e que estes afirmaram que Jesus está vivo.
²⁴ Alguns dos nossos foram ao túmulo
e encontraram as coisas como as mulheres tinham dito.
A ele, porém, ninguém o viu".
²⁵ Então Jesus lhes disse:
"Como sois sem inteligência
e lentos para crer em tudo o que os profetas falaram!
²⁶ Será que o Cristo não devia sofrer tudo isso
para entrar na sua glória?"
²⁷ E, começando por Moisés e passando pelos Profetas,
explicava aos discípulos
todas as passagens da Escritura
que falavam a respeito dele.
²⁸ Quando chegaram perto do povoado para onde iam,
Jesus fez de conta que ia mais adiante.
²⁹ Eles, porém, insistiram com Jesus, dizendo:
"Fica conosco, pois já é tarde
e a noite vem chegando!"
Jesus entrou para ficar com eles.
³⁰ Quando se sentou à mesa com eles,
tomou o pão, abençoou-o, partiu-o e lhes distribuía.
³¹ Nisso os olhos dos discípulos se abriram
e eles reconheceram Jesus.
Jesus, porém, desapareceu da frente deles.
³² Então um disse ao outro:
"Não estava ardendo o nosso coração
quando ele nos falava pelo caminho,
e nos explicava as Escrituras?"
³³ Naquela mesma hora, eles se levantaram
e voltaram para Jerusalém
onde encontraram os Onze reunidos com os outros.
³⁴ E estes confirmaram:
"Realmente, o Senhor ressuscitou e apareceu a Simão!"
³⁵ Então os dois contaram
o que tinha acontecido no caminho ,
e como tinham reconhecido Jesus ao partir o pão.

Palavra da Salvação.

2º DOMINGO DA PÁSCOA

PRIMEIRA LEITURA

*Multidões cada vez maiores de homens
e mulheres aderiam ao Senhor pela fé.*

Leitura dos Atos dos Apóstolos   5,12-16

¹² Muitos sinais e maravilhas
   eram realizados entre o povo pelas mãos dos apóstolos.
   Todos os fiéis se reuniam, com muita união,
   no Pórtico de Salomão.
¹³ Nenhum dos outros ousava juntar-se a eles,
   mas o povo estimava-os muito.
¹⁴ Crescia sempre mais
   o número dos que aderiam ao Senhor pela fé;
   era uma multidão de homens e mulheres.
¹⁵ Chegavam a transportar para as praças os doentes
   em camas e macas,
   a fim de que, quando Pedro passasse,
   pelo menos a sua sombra tocasse alguns deles.
¹⁶ A multidão vinha até das cidades vizinhas de Jerusalém,
   trazendo doentes
   e pessoas atormentadas por maus espíritos.
   E todos eram curados.

   Palavra do Senhor.

Salmo responsorial: Sl 117(118),2-4.22-24.25-27a   (℟. 1)

℟. Dai **gra**ças ao **Se**nhor, porque Ele é **bom**!
   "E**ter**na é a **su**a miseri**cór**dia!"

Ou: Ale**lu**ia, Ale**lu**ia, Ale**lu**ia.

² A **ca**sa de Isra**el** agora o **di**ga: *
  "E**ter**na é a **su**a miseri**cór**dia!"
³ A **ca**sa de Aa**rão** agora o **di**ga: *
  "E**ter**na é a **su**a miseri**cór**dia!"
⁴ Os que **te**mem o Se**nhor** agora o **di**gam: *
  "E**ter**na é a **su**a miseri**cór**dia!"   ℟.

²² "A **pe**dra que os pe**dreir**os rejei**tar**am, *
  tor**nou**-se agora a **pe**dra angu**lar**.
²³ Pelo Se**nhor** é que foi **fei**to tudo **is**so: *
  Que mara**vi**lhas ele **fez** a nossos **o**lhos!
²⁴ Este é o **dia** que o Se**nhor** fez para **nós**, *
  ale**gre**mo-nos e **ne**le exul**te**mos! ℟.

²⁵ Ó Se**nhor**, dai-nos a **vo**ssa salva**ção**, *
  ó Se**nhor**, dai-nos tam**bém** prosperi**da**de!"
²⁶ Ben**di**to seja, em **no**me do Se**nhor**, *
  a**que**le que em seus **á**trios vai en**tran**do!
  Desta **ca**sa do Se**nhor** vos bendi**ze**mos. *
²⁷ Que o Se**nhor** e nosso **Deus** nos ilu**mi**ne! ℟.

SEGUNDA LEITURA

Estive morto, mas agora estou vivo para sempre.

Leitura do Livro do Apocalipse de São João   1,9-11a.12-13.17-19

⁹ Eu, João,
  vosso irmão e companheiro na tribulação,
  e também no reino e na perseverança em Jesus,
  fui levado à ilha de Patmos,
  por causa da Palavra de Deus
  e do testemunho que eu dava de Jesus.
¹⁰ No dia do Senhor,
  fui arrebatado pelo Espírito
  e ouvi atrás de mim uma voz forte,
  como de trombeta,
¹¹ᵃ a qual dizia:
  "O que vais ver, escreve-o num livro.
¹² Então voltei-me
  para ver quem estava falando;
  e ao voltar-me,
  vi sete candelabros de ouro.
¹³ No meio dos candelabros
  havia alguém semelhante a um "filho de homem",
  vestido com uma túnica comprida
  e com uma faixa de ouro em volta do peito.
¹⁷ Ao vê-lo, caí como morto a seus pés,
  mas ele colocou sobre mim sua mão direita e disse:

"Não tenhas medo.
Eu sou o Primeiro e o Último,
¹⁸ aquele que vive.
Estive morto,
mas agora estou vivo para sempre.
Eu tenho a chave da morte e da região dos mortos.
¹⁹ Escreve pois o que viste,
aquilo que está acontecendo
e que vai acontecer depois.

Palavra do Senhor.

Aclamação ao Evangelho Jo 20,29

℟. Aleluia, Aleluia, Aleluia.
℣. "Acreditaste, Tomé, porque me viste.
Felizes os que creram sem ter visto! ℟.

EVANGELHO

Oito dias depois, Jesus entrou.

✠ Proclamação do Evangelho de Jesus Cristo
segundo João 20,19-31

¹⁹ Ao anoitecer daquele dia, o primeiro da semana,
estando fechadas, por medo dos judeus,
as portas do lugar onde os discípulos se encontravam,
Jesus entrou e pondo-se no meio deles, disse:
"A paz esteja convosco".
²⁰ Depois destas palavras,
mostrou-lhes as mãos e o lado.
Então os discípulos se alegraram
por verem o Senhor.
²¹ Novamente, Jesus disse:
"A paz esteja convosco.
Como o Pai me enviou, também eu vos envio".
²² E depois de ter dito isto,
soprou sobre eles e disse:
"Recebei o Espírito Santo.
²³ A quem perdoardes os pecados
eles lhes serão perdoados;
a quem os não perdoardes, eles lhes serão retidos".
²⁴ Tomé, chamado Dídimo,

que era um dos doze,
não estava com eles quando Jesus veio.
²⁵ Os outros discípulos contaram-lhe depois:
"Vimos o Senhor!".
Mas Tomé disse-lhes:
"Se eu não vir a marca dos pregos em suas mãos,
se eu não puser o dedo nas marcas dos pregos
e não puser a mão no seu lado, não acreditarei".
²⁶ Oito dias depois, encontravam-se os discípulos
novamente reunidos em casa,
e Tomé estava com eles.
Estando fechadas as portas, Jesus entrou,
pôs-se no meio deles e disse:
"A paz esteja convosco".
²⁷ Depois disse a Tomé:
"Põe o teu dedo aqui e olha as minhas mãos.
Estende a tua mão e coloca-a no meu lado.
E não sejas incrédulo, mas fiel".
²⁸ Tomé respondeu:
"Meu Senhor e meu Deus!"
²⁹ Jesus lhe disse:
"Acreditaste, porque me viste?
Bem-aventurados os que creram sem terem visto!"
³⁰ Jesus realizou muitos outros sinais
diante dos discípulos,
que não estão escritos neste livro.
³¹ Mas estes foram escritos para que acrediteis
que Jesus é o Cristo, o Filho de Deus,
e para que, crendo, tenhais a vida em seu nome.

Palavra da Salvação.

3º DOMINGO DA PÁSCOA

PRIMEIRA LEITURA

Disso somos testemunhas, nós e o Espírito Santo.

Leitura dos Atos dos Apóstolos 5,27b-32.40b-41

Naqueles dias,
os guardas levaram os apóstolos
e os apresentaram ao Sinédrio.
²⁷ᵇ O sumo sacerdote começou a interrogá-los, dizendo:
²⁸ "Nós tínhamos proibido expressamente
que vós ensinásseis em nome de Jesus.
Apesar disso, enchestes a cidade de Jerusalém
com a vossa doutrina.
E ainda nos quereis tornar responsáveis
pela morte desse homem!"
²⁹ Então Pedro e os outros apóstolos responderam:
"É preciso obedecer a Deus, antes que aos homens.
³⁰ O Deus de nossos pais ressuscitou Jesus,
a quem vós matastes, pregando-o numa cruz.
³¹ Deus, por seu poder, o exaltou,
tornando-o Guia Supremo e Salvador,
para dar ao povo de Israel a conversão
e o perdão dos seus pecados.
³² E disso somos testemunhas, nós e o Espírito Santo,
que Deus concedeu àqueles que lhe obedecem".
⁴⁰ᵇ Então mandaram açoitar os apóstolos
e proibiram que eles falassem em nome de Jesus,
e depois os soltaram.
⁴¹ Os apóstolos saíram do Conselho, muito contentes,
por terem sido considerados dignos de injúrias,
por causa do nome de Jesus.

Palavra do Senhor.

Salmo responsorial Sl 29(30),2.4.5-6.11.12a.13b (℟. 2a)

℟. Eu vos ex**al**to, ó Se**nhor**, porque **vós** me li**vras**tes.

Ou: Ale**lu**ia, Ale**lu**ia, Ale**lu**ia.

² Eu vos ex**al**to, ó Se**nh**or, pois me li**vras**tes, *
  e não dei**xas**tes rir de **mim** meus ini**mi**gos!
⁴ Vós ti**ras**tes minha **al**ma dos a**bis**mos *
  e me sal**vas**tes, quando es**ta**va já mor**ren**do! ℟.

⁵ Cantai **sal**mos ao Se**nh**or, povo fi**el**, *
  dai-lhe **gra**ças e invo**cai** seu santo **no**me!
⁶ Pois sua **i**ra dura a**pe**nas um mo**men**to, *
  mas sua bon**da**de perma**ne**ce a vida in**tei**ra;
  se à **tar**de vem o **pran**to visi**tar**-nos, *
  de ma**nhã** vem sau**dar**-nos a ale**gri**a. ℟.

¹¹ Escu**tai**-me, Senhor **Deus**, tende pie**da**de! *
   Sede, Se**nh**or, o meu a**bri**go prote**tor**!
¹² Transfor**mas**tes o meu **pran**to em uma **fes**ta, *
¹³ᵇ Senhor meu **Deus**, eterna**men**te hei de lou**var**-vos! ℟.

SEGUNDA LEITURA

*O Cordeiro imolado é digno
de receber o poder e a riqueza.*

Leitura do Livro do Apocalipse de São João   5,11-14

    Eu, João, vi
¹¹ e ouvi a voz de numerosos anjos,
    que estavam em volta do trono,
    e dos Seres vivos e dos Anciãos.
    Eram milhares de milhares, milhões de milhões,
¹² e proclamavam em alta voz:
    "O Cordeiro imolado é digno de receber
    o poder, a riqueza, a sabedoria e a força,
    a honra, a glória e o louvor".
¹³ Ouvi também todas as criaturas
    que estão no céu, na terra, debaixo da terra e no mar,
    e tudo o que neles existe, e diziam:
    "Ao que está sentado no trono e ao Cordeiro,
    o louvor e a honra, a glória e o poder para sempre".
¹⁴ Os quatro Seres vivos respondiam: "Amém",
    e os Anciãos se prostraram em adoração
    daquele que vive para sempre.

    Palavra do Senhor.

Aclamação ao Evangelho

℟. Aleluia, Aleluia, Aleluia.
℣. Jesus Cristo ressurgiu, por quem tudo foi criado;
ele teve compaixão do gênero humano. ℟.

EVANGELHO (mais longo)

*Jesus aproximou-se, tomou o pão e distribuiu-o a eles.
E fez a mesma coisa com o peixe.*

✠ Proclamação do Evangelho de Jesus Cristo
segundo João 21,1-19

Naquele tempo,
¹ Jesus apareceu de novo aos discípulos,
à beira do mar de Tiberíades.
A aparição foi assim:
² Estavam juntos Simão Pedro, Tomé, chamado Dídimo,
Natanael de Caná da Galiléia,
os filhos de Zebedeu
e outros dois discípulos de Jesus.
³ Simão Pedro disse a eles:
"Eu vou pescar".
Eles disseram:
"Também vamos contigo".
Saíram e entraram na barca,
mas não pescaram nada naquela noite.
⁴ Já tinha amanhecido, e Jesus estava de pé na margem.
Mas os discípulos não sabiam que era Jesus.
⁵ Então Jesus disse:
"Moços, tendes alguma coisa para comer?"
Responderam: "Não".
⁶ Jesus disse-lhes:
"Lançai a rede à direita da barca, e achareis".
Lançaram pois a rede
e não conseguiam puxá-la para fora,
por causa da quantidade de peixes.
⁷ Então, o discípulo a quem Jesus amava
disse a Pedro:
"É o Senhor!"
Simão Pedro, ouvindo dizer que era o Senhor,
vestiu sua roupa, pois estava nu, e atirou-se ao mar.

8 Os outros discípulos vieram com a barca,
arrastando a rede com os peixes.
Na verdade, não estavam longe da terra,
mas somente a cerca de cem metros.
9 Logo que pisaram a terra,
viram brasas acesas, com peixe em cima, e pão.
10 Jesus disse-lhes:
"Trazei alguns dos peixes que apanhastes".
11 Então Simão Pedro subiu ao barco
e arrastou a rede para a terra.
Estava cheia de cento e cinqüenta e três grandes peixes;
e apesar de tantos peixes, a rede não se rompeu.
12 Jesus disse-lhes:
"Vinde comer".
Nenhum dos discípulos
se atrevia a perguntar quem era ele,
pois sabiam que era o Senhor.
13 Jesus aproximou-se, tomou o pão e distribuiu-o por eles.
E fez a mesma coisa com o peixe.
14 Esta foi a terceira vez que Jesus,
ressuscitado dos mortos,
apareceu aos discípulos.
15 Depois de comerem,
Jesus perguntou a Simão Pedro:
"Simão, filho de João,
tu me amas mais do que estes?"
Pedro respondeu:
"Sim, Senhor, tu sabes que eu te amo".
Jesus disse:
"Apascenta os meus cordeiros".
16 E disse de novo a Pedro:
"Simão, filho de João, tu me amas?"
Pedro disse:
"Sim, Senhor, tu sabes que eu te amo".
Jesus lhe disse:
"Apascenta as minhas ovelhas".
17 Pela terceira vez, perguntou a Pedro:
"Simão, filho de João, tu me amas?"
Pedro ficou triste,
porque Jesus perguntou três vezes se ele o amava.
Respondeu:
"Senhor, tu sabes tudo;
tu sabes que eu te amo".
Jesus disse-lhe:
"Apascenta as minhas ovelhas.
18 Em verdade, em verdade te digo:

quando eras jovem,
tu te cingias e ias para onde querias.
Quando fores velho,
estenderás as mãos e outro te cingirá
e te levará para onde não queres ir".
¹⁹ Jesus disse isso,
significando com que morte Pedro iria glorificar a Deus.
E acrescentou :
"Segue-me".

Palavra da Salvação.

Ou: EVANGELHO (mais breve)

Jesus aproximou-se, tomou o pão e distribuiu-o a eles.
E fez a mesma coisa com o peixe.

✠ Proclamação do Evangelho de Jesus Cristo
segundo João   21,1-14

Naquele tempo,
¹ Jesus apareceu de novo aos discípulos,
à beira do mar de Tiberíades.
A aparição foi assim:
² Estavam juntos Simão Pedro,
Tomé, chamado Dídimo,
Natanael de Caná da Galiléia,
os filhos de Zebedeu
e outros dois discípulos de Jesus.
³ Simão Pedro disse a eles:
"Eu vou pescar".
Eles disseram:
"Também vamos contigo".
Saíram e entraram na barca,
mas não pescaram nada naquela noite.
⁴ Já tinha amanhecido,
e Jesus estava de pé na margem.
Mas os discípulos não sabiam que era Jesus.
⁵ Então Jesus disse:
"Moços, tendes alguma coisa para comer?"
Responderam: "Não".
⁶ Jesus disse-lhes:
"Lançai a rede à direita da barca, e achareis".

Lançaram pois a rede
e não conseguiam puxá-la para fora,
por causa da quantidade de peixes.
7 Então, o discípulo a quem Jesus amava
disse a Pedro:
"É o Senhor!"
Simão Pedro, ouvindo dizer que era o Senhor,
vestiu sua roupa, pois estava nu, e atirou-se ao mar.
8 Os outros discípulos vieram com a barca,
arrastando a rede com os peixes.
Na verdade, não estavam longe da terra,
mas somente a cerca de cem metros.
9 Logo que pisaram a terra,
viram brasas acesas,
com peixe em cima, e pão.
10 Jesus disse-lhes:
"Trazei alguns dos peixes que apanhastes".
11 Então Simão Pedro subiu ao barco
e arrastou a rede para a terra.
Estava cheia de cento e cinqüenta e três grandes peixes;
e apesar de tantos peixes, a rede não se rompeu.
12 Jesus disse-lhes:
"Vinde comer".
Nenhum dos discípulos
se atrevia a perguntar quem era ele,
pois sabiam que era o Senhor.
13 Jesus aproximou-se,
tomou o pão e distribuiu-o por eles.
E fez a mesma coisa com o peixe.
14 Esta foi a terceira vez que Jesus,
ressuscitado dos mortos,
apareceu aos discípulos.

Palavra da Salvação.

4º DOMINGO DA PÁSCOA

PRIMEIRA LEITURA

Eis que nos voltamos para os pagãos.

Leitura dos Atos dos Apóstolos   13,14.43-52

Naqueles dias, Paulo e Barnabé
¹⁴ partindo de Perge,
chegaram a Antioquia da Pisídia.
E, entrando na sinagoga em dia de sábado, sentaram-se.
⁴³ Muitos judeus e pessoas piedosas
convertidas ao judaísmo seguiram Paulo e Barnabé.
Conversando com eles, os dois insistiam
para que continuassem fiéis à graça de Deus.
⁴⁴ No sábado seguinte, quase toda a cidade se reuniu
para ouvir a palavra de Deus.
⁴⁵ Ao verem aquela multidão,
os judeus ficaram cheios de inveja
e, com blasfêmias, opunham-se ao que Paulo dizia.
⁴⁶ Então, com muita coragem,
Paulo e Barnabé declararam:
"Era preciso anunciar a palavra de Deus primeiro a vós.
Mas, como a rejeitais
e vos considerais indignos da vida eterna,
sabei que vamos dirigir-nos aos pagãos.
⁴⁷ Porque esta é a ordem que o Senhor nos deu:
'Eu te coloquei como luz para as nações,
para que leves a salvação
até os confins da terra'".
⁴⁸ Os pagãos ficaram muito contentes,
quando ouviram isso,
e glorificavam a palavra do Senhor.
Todos os que eram destinados à vida eterna,
abraçaram a fé.
⁴⁹ Desse modo, a palavra do Senhor
espalhava-se por toda a região.
⁵⁰ Mas os judeus
instigaram as mulheres ricas e religiosas,
assim como os homens influentes da cidade,

provocaram uma perseguição contra Paulo e Barnabé
e expulsaram-nos do seu território.
⁵¹ Então os apóstolos sacudiram contra eles a poeira dos pés,
e foram para a cidade de Icônio.
⁵² Os discípulos, porém, ficaram cheios de alegria
e do Espírito Santo.

Palavra do Senhor.

Salmo responsorial Sl 99(100),2.3.5 (℟. 3ac)

℟. Sa**bei** que o Se**nhor**, só ele, é **Deus**,
nós **so**mos seu **po**vo e seu re**ba**nho.

Ou: Ale**lu**ia, Ale**lu**ia, Ale**lu**ia.

² Acla**mai** o Se**nhor**, ó terra in**tei**ra, †
ser**vi** ao Se**nhor** com ale**gri**a, *
ide a **e**le can**tan**do jubi**lo**sos!   ℟.

³ Sa**bei** que o Se**nhor**, só ele, é **Deus**, †
Ele **mes**mo nos **fez**, e somos **seus**, *
nós **so**mos seu **po**vo e seu re**ba**nho.   ℟.

⁵ Sim, é **bom** o Se**nhor** e nosso **Deus**, †
sua bon**da**de per**du**ra para **sem**pre, *
seu **a**mor é **fi**el eterna**men**te!   ℟.

SEGUNDA LEITURA

*O Cordeiro vai apascentá-los e os
conduzirá às fontes da água da vida.*

Leitura do Livro do Apocalipse de São João   7,9.14b-17

Eu, João,
⁹ vi uma multidão imensa
de gente de todas as nações, tribos, povos e línguas,
e que ninguém podia contar.
Estavam de pé diante do trono e do Cordeiro;
trajavam vestes brancas
e traziam palmas na mão.

¹⁴ᵇ Então um dos anciãos me disse:
"Esses são os que vieram da grande tribulação.
Lavaram e alvejaram as suas roupas
no sangue do Cordeiro.
¹⁵ Por isso, estão diante do trono de Deus
e lhe prestam culto, dia e noite, no seu templo.
E aquele que está sentado no trono
os abrigará na sua tenda.
¹⁶ Nunca mais terão fome, nem sede.
Nem os molestará o sol, nem algum calor ardente.
¹⁷ Porque o Cordeiro, que está no meio do trono,
será o seu pastor
e os conduzirá às fontes da água da vida.
E Deus enxugará as lágrimas de seus olhos".

Palavra do Senhor.

Aclamação ao Evangelho   Jo 10,14

℞. Aleluia, Aleluia, Aleluia.
℣. Eu **sou** o bom pa**stor**, diz o **Se**n**hor**;
eu co**nhe**ço as **mi**nhas **ove**lhas
e **e**las me co**nhe**cem a **mim**.   ℞.

EVANGELHO

Eu dou a vida eterna para minhas ovelhas.

✠ Proclamação do Evangelho de Jesus Cristo
segundo João   10,27-30

Naquele tempo, disse Jesus:
²⁷ "As minhas ovelhas escutam a minha voz,
eu as conheço e elas me seguem.
²⁸ Eu dou-lhes a vida eterna
e elas jamais se perderão.
E ninguém vai arrancá-las de minha mão.
²⁹ Meu Pai, que me deu estas ovelhas,
é maior que todos,
e ninguém pode arrebatá-las da mão do Pai.
³⁰ Eu e o Pai somos um".

Palavra da Salvação.

5º DOMINGO DA PÁSCOA

PRIMEIRA LEITURA

*Contaram à comunidade
tudo o que Deus fizera por meio deles.*

Leitura dos Atos dos Apóstolos 14,21b-27

Naqueles dias, Paulo e Barnabé,
²¹ᵇ voltaram para as cidades de Listra, Icônio e Antioquia.
²² Encorajando os discípulos,
eles os exortavam a permanecerem firmes na fé,
dizendo-lhes:
"É preciso que passemos por muitos sofrimentos
para entrar no Reino de Deus".
²³ Os apóstolos designaram presbíteros
para cada comunidade.
Com orações e jejuns, eles os confiavam ao Senhor,
em quem haviam acreditado.
²⁴ Em seguida, atravessando a Pisídia,
chegaram à Panfília.
²⁵ Anunciaram a palavra em Perge,
e depois desceram para Atália.
²⁶ Dali embarcaram para Antioquia,
de onde tinham saído, entregues à graça de Deus,
para o trabalho que haviam realizado.
²⁷ Chegando ali, reuniram a comunidade.
Contaram-lhe tudo o que Deus fizera por meio deles
e como havia aberto a porta da fé para os pagãos.

Palavra do Senhor.

Salmo responsorial   Sl 144(145),8-9.10-11.12-13ab (R. cf.1)

℟. Bendi**rei** o vosso **no**me, ó meu **Deus**,
meu Se**nhor** e meu **Rei** para **sem**pre.

Ou: Ale**lu**ia, Ale**lu**ia, Ale**lu**ia.

⁸ Miseri**cór**dia e pie**da**de é o Se**nhor**, *
ele é **a**mor, é paci**ên**cia, é compai**xão**.
⁹ O Se**nhor** é muito **bom** para com **to**dos, *
sua ter**nu**ra abraça **to**da cria**tu**ra.   ℟.

10 Que vossas **obras**, ó Se**nhor**, vos glori**fi**quem, *
    e os vossos **san**tos com louvo**res** vos ben**di**gam!
11 Narrem a **gló**ria e o esplen**dor** do vosso **rei**no *
    e **sai**bam procla**mar** vosso po**der**!   ℟.

12 Para espa**lhar** vossos pro**dí**gios entre os **ho**mens *
    e o ful**gor** de vosso **rei**no esplen**do**roso.
13a O vosso **rei**no é um **rei**no para **sem**pre, *
  b vosso po**der**, de geração em geração.   ℟.

SEGUNDA LEITURA

Deus enxugará toda lágrima dos seus olhos.

Leitura do Livro do Apocalipse de São João   21,1-5a

Eu, João,
¹ vi um novo céu e uma nova terra.
Pois o primeiro céu e a primeira terra passaram,
e o mar já não existe.
² Vi a cidade santa, a nova Jerusalém,
que descia do céu, de junto de Deus,
vestida qual esposa enfeitada para o seu marido.
³ Então, ouvi uma voz forte
que saía do trono e dizia:
"Esta é a morada de Deus entre os homens.
Deus vai morar no meio deles.
Eles serão o seu povo,
e o próprio Deus estará com eles.
⁴ Deus enxugará toda lágrima dos seus olhos.
A morte não existirá mais,
e não haverá mais luto, nem choro, nem dor,
porque passou o que havia antes".
⁵ Aquele que está sentado no trono disse:
"Eis que faço novas todas as coisas".
Depois, ele me disse:
"Escreve, porque estas palavras
são dignas de fé e verdadeiras".

Palavra do Senhor.

Aclamação ao Evangelho Jo 13,34

℟. Ale**lu**ia, Ale**lu**ia, Ale**lu**ia.
℣. Eu vos **dou** novo pre**cei**to:
que uns aos **ou**tros vos a**meis**,
como **eu** vos tenho a**ma**do. ℟.

EVANGELHO

Eu vos dou um novo mandamento:
amai-vos uns aos outros.

✠ Proclamação do evangelho de Jesus Cristo
segundo João 13,31-33a.34-35

³¹ Depois que Judas saiu do cenáculo,
disse Jesus:
"Agora foi glorificado o Filho do Homem,
e Deus foi glorificado nele.
³² Se Deus foi glorificado nele,
também Deus o glorificará em si mesmo,
e o glorificará logo.
^{33a} Filhinhos,
por pouco tempo estou ainda convosco.
³⁴ Eu vos dou um novo mandamento:
amai-vos uns aos outros.
Como eu vos amei,
assim também vós deveis amar-vos uns aos outros.
³⁵ Nisto todos conhecerão que sois meus discípulos,
se tiverdes amor uns aos outros".

Palavra da Salvação.

6º DOMINGO DA PÁSCOA

Onde no domingo seguinte se celebra a Ascensão do Senhor, como é o caso do Brasil, neste 6º domingo de Páscoa podem ser lidas a 2ª leitura e o Evangelho indicados para o 7º domingo da Páscoa p. 843

PRIMEIRA LEITURA

Decidimos, o Espírito Santo e nós, não vos impor nenhum fardo, além das coisas indispensáveis.

Leitura dos Atos dos Apóstolos   15,1-2.22-29

Naqueles dias,
¹ Chegaram alguns da Judéia
e ensinavam aos irmãos de Antioquia, dizendo:
"Vós não podereis salvar-vos,
se não fordes circuncidados,
como ordena a Lei de Moisés".
² Isto provocou muita confusão, e houve
uma grande discussão de Paulo e Barnabé com eles.
Finalmente, decidiram que Paulo, Barnabé
e alguns outros fossem a Jerusalém,
para tratar dessa questão
com os apóstolos e os anciãos.
²² Então os apóstolos e os anciãos,
de acordo com toda a comunidade de Jerusalém,
resolveram escolher alguns da comunidade
para mandá-los a Antioquia, com Paulo e Barnabé.
Escolheram Judas, chamado Bársabas, e Silas,
que eram muito respeitados pelos irmãos.
²³ Através deles enviaram a seguinte carta:
"Nós, os apóstolos e os anciãos, vossos irmãos,
saudamos os irmãos vindos do paganismo
e que estão em Antioquia
e nas regiões da Síria e da Cilícia.
²⁴ Ficamos sabendo que alguns dos nossos
causaram perturbações com palavras
que transtornaram vosso espírito.
Eles não foram enviados por nós.
²⁵ Então decidimos, de comum acordo,
escolher alguns representantes

e mandá-los até vós,
junto com nossos queridos irmãos Barnabé e Paulo,
²⁶ homens que arriscaram suas vidas
pelo nome de nosso Senhor Jesus Cristo.
²⁷ Por isso, estamos enviando Judas e Silas,
que pessoalmente vos transmitirão a mesma mensagem.
²⁸ Porque decidimos, o Espírito Santo e nós,
não vos impor nenhum fardo,
além destas coisas indispensáveis:
²⁹ abster-se de carnes sacrificadas aos ídolos,
do sangue, das carnes de animais sufocados
e das uniões ilegítimas.
Vós fareis bem se evitardes essas coisas.
Saudações!"

Palavra do Senhor.

Salmo responsorial   Sl 66(67),2-3.5.6.8 (R. 4)

℟. Que as nações vos glorifiquem, ó Senhor,
que todas as nações vos glorifiquem!

Ou: Aleluia, Aleluia, Aleluia.

² Que Deus nos dê a sua graça e sua bênção, *
e sua face resplandeça sobre nós!
³ Que na terra se conheça o seu caminho *
e a sua salvação por entre os povos.   ℟.

⁵ Exulte de alegria a terra inteira, *
pois julgais o universo com justiça;
os povos governais com retidão, *
e guiais, em toda a terra, as nações.   ℟.

⁶ Que as nações vos glorifiquem, ó Senhor, *
que todas as nações vos glorifiquem!
⁸ Que o Senhor e nosso Deus nos abençoe, *
e o respeitem os confins de toda a terra!   ℟.

SEGUNDA LEITURA

Mostrou-me a cidade santa descendo do céu.

Leitura do Livro do Apocalipse de São João   21,10-14.22-23

¹⁰ Um anjo me levou em espírito
a uma montanha grande e alta.
Mostrou-me a cidade santa, Jerusalém,
descendo do céu, de junto de Deus,
¹¹ brilhando com a glória de Deus.
Seu brilho era como o de uma pedra preciosíssima,
como o brilho de jaspe cristalino.
¹² Estava cercada por uma muralha maciça e alta,
com doze portas.
Sobre as portas estavam doze anjos,
e nas portas estavam escritos os nomes
das doze tribos de Israel.
¹³ Havia três portas do lado do oriente,
três portas do lado norte,
três portas do lado sul
e três portas do lado do ocidente.
¹⁴ A muralha da cidade tinha doze alicerces,
e sobre eles estavam escritos
os nomes dos doze apóstolos do Cordeiro.
²² Não vi templo na cidade,
pois o seu Templo é o próprio Senhor,
o Deus Todo-poderoso, e o Cordeiro.
²³ A cidade não precisa de sol,
nem de lua que a iluminem,
pois a glória de Deus é a sua luz
e a sua lâmpada é o Cordeiro.

Palavra do Senhor.

Aclamação ao Evangelho   Jo 14,23

℟. Aleluia, Aleluia, Aleluia.
℣. Quem me ama realmente guardará minha palavra,
e meu Pai o amará, e a ele nós viremos.   ℟.

EVANGELHO

*O Espírito Santo vos recordará
tudo o que eu vos tenho dito.*

✠ Proclamação do Evangelho de Jesus Cristo
segundo João   14,23-29

Naquele tempo, disse Jesus a seus discípulos:
²³ "Se alguém me ama,
guardará a minha palavra,
e o meu Pai o amará,
e nós viremos e faremos nele a nossa morada.
²⁴ Quem não me ama,
não guarda a minha palavra.
E a palavra que escutais não é minha,
mas do Pai que me enviou.
²⁵ Isso é o que vos disse enquanto estava convosco.
²⁶ Mas o Defensor, o Espírito Santo,
que o Pai enviará em meu nome,
ele vos ensinará tudo
e vos recordará tudo o que eu vos tenho dito.
²⁷ Deixo-vos a paz,
a minha paz vos dou;
mas não a dou como o mundo.
Não se perturbe nem se intimide o vosso coração.
²⁸ Ouvistes que eu vos disse:
'Vou, mas voltarei a vós'.
Se me amásseis,
ficaríeis alegres porque vou para o Pai,
pois o Pai é maior do que eu.
²⁹ Disse-vos isto, agora, antes que aconteça,
para que, quando acontecer,
vós acrediteis.

Palavra da Salvação.

ASCENSÃO DO SENHOR

PRIMEIRA LEITURA

Jesus foi levado aos céus, à vista deles.

Leitura dos Atos dos Apóstolos   1,1-11

¹ No meu primeiro livro, ó Teófilo,
 já tratei de tudo o que Jesus fez e ensinou,
 desde o começo,
² até ao dia em que foi levado para o céu,
 depois de ter dado instruções pelo Espírito Santo,
 aos apóstolos que tinha escolhido.
³ Foi a eles que Jesus se mostrou vivo
 depois da sua paixão, com numerosas provas.
 Durante quarenta dias, apareceu-lhes
 falando do Reino de Deus.
⁴ Durante uma refeição, deu-lhes esta ordem:
 "Não vos afasteis de Jerusalém,
 mas esperai a realização da promessa do Pai,
 da qual vós me ouvistes falar:
⁵ 'João batizou com água;
 vós, porém, sereis batizados com o Espírito Santo,
 dentro de poucos dias'".
⁶ Então os que estavam reunidos perguntaram a Jesus:
 "Senhor, é agora que vais restaurar
 o Reino em Israel?"
⁷ Jesus respondeu:
 "Não vos cabe saber os tempos e os momentos
 que o Pai determinou com a sua própria autoridade.
⁸ Mas recebereis o poder do Espírito Santo
 que descerá sobre vós, para serdes minhas testemunhas
 em Jerusalém, em toda a Judéia e na Samaria,
 e até os confins da terra".
⁹ Depois de dizer isto,
 Jesus foi levado ao céu, à vista deles.
 Uma nuvem o encobriu,
 de forma que seus olhos não mais podiam vê-lo.
¹⁰ Os apóstolos continuavam olhando para o céu,
 enquanto Jesus subia.
 Apareceram então dois homens vestidos de branco,

¹¹ que lhes disseram: "Homens da Galiléia,
por que ficais aqui, parados, olhando para o céu?
Esse Jesus que vos foi levado para o céu,
virá do mesmo modo como o vistes partir para o céu".

Palavra do Senhor.

Salmo responsorial Sl 46(47),2-3.6-7.8-9 (℟. 6)

℟. Por **en**tre aclama**ções** Deus se ele**vou**,
o Se**nhor** subiu ao **to**que da trom**be**ta!

Ou: Ale**lu**ia, Ale**lu**ia, Ale**lu**ia.

² Povos **to**dos do uni**ver**so, batei **pal**mas, *
gritai a **Deus** aclama**ções** de ale**gri**a!
³ Porque su**bli**me é o Se**nhor**, o Deus Al**tís**simo, *
o sobe**ra**no que do**mi**na toda a **ter**ra. ℟.

⁶ Por **en**tre aclama**ções** Deus se ele**vou**, *
o Se**nhor** subiu ao **to**que da trombeta.
⁷ Salmodi**ai** ao nosso **Deus** ao som da **har**pa, *
salmodi**ai** ao som da **har**pa ao nosso **Rei**! ℟.

⁸ Porque **Deus** é o grande **Rei** de toda a **ter**ra, *
ao som da **har**pa acompa**nhai** os seus lou**vo**res!
⁹ Deus **rei**na sobre **to**das as nações, *
está sen**ta**do no seu **tro**no glori**o**so. ℟.

SEGUNDA LEITURA

E o fez sentar-se à sua direita nos céus.

Leitura da Carta de São Paulo aos Efésios 1,17-23

Irmãos:
¹⁷ O Deus de nosso Senhor Jesus Cristo,
o Pai a quem pertence a glória,
vos dê um espírito de sabedoria
que vo-lo revele e faça verdadeiramente conhecer.
¹⁸ Que ele abra o vosso coração à sua luz,
para que saibais
qual a esperança que o seu chamamento vos dá,

>   qual a riqueza da glória
>   que está na vossa herança com os santos,
> ¹⁹ e que imenso poder ele exerceu
>   em favor de nós que cremos,
>   de acordo com a sua ação e força onipotente.
> ²⁰ Ele manifestou sua força em Cristo,
>   quando o ressuscitou dos mortos
>   e o fez sentar-se à sua direita nos céus,
> ²¹ bem acima de toda a autoridade, poder, potência,
>   soberania ou qualquer título que se possa mencionar
>   não somente neste mundo, mas ainda no mundo futuro.
> ²² Sim, ele pôs tudo sob os seus pés e fez dele,
>   que está acima de tudo, a Cabeça da Igreja,
> ²³ que é o seu corpo,
>   a plenitude daquele que possui a plenitude universal.
>
>   Palavra do Senhor.

Ou, à escolha:

SEGUNDA LEITURA

Cristo entrou no próprio céu.

Leitura da Carta aos Hebreus 9,24-28; 10,19-23

> ²⁴ De fato,
>   Cristo não entrou num santuário feito por mão humana,
>   imagem do verdadeiro,
>   mas no próprio céu,
>   a fim de comparecer, agora, na presença de Deus,
>   em nosso favor.
> ²⁵ E não foi para se oferecer a si muitas vezes,
>   como o sumo-sacerdote que, cada ano,
>   entra no Santuário com sangue alheio.
> ²⁶ Porque, se assim fosse,
>   deveria ter sofrido muitas vezes,
>   desde a fundação do mundo.
>   Mas foi agora, na plenitude dos tempos,
>   que, uma vez por todas, ele se manifestou
>   para destruir o pecado pelo sacrifício de si mesmo.

²⁷ O destino de todo homem é morrer uma só vez,
e depois vem o julgamento.
²⁸ Do mesmo modo, também Cristo,
oferecido uma vez por todas,
para tirar os pecados da multidão,
aparecerá uma segunda vez, fora do pecado,
para salvar aqueles que o esperam.
¹⁰,¹⁹ Sendo assim, irmãos, temos plena liberdade
para entrar no Santuário, pelo sangue de Jesus.
²⁰ Ele nos abriu um caminho novo e vivo,
através da cortina,
quer dizer, através da sua humanidade.
²¹ Temos um grande sacerdote
constituído sobre a casa de Deus.
²² Aproximemo-nos, portanto,
de coração sincero e cheio de fé,
com coração purificado de toda a má consciência
e o corpo lavado com água pura.
²³ Sem desânimo, continuemos a afirmar a nossa esperança,
porque é fiel quem fez a promessa.

Palavra do Senhor.

Aclamação ao Evangelho   Mt 28,19a.20b

℞. Aleluia, Aleluia, Aleluia.
℣. Ide ao **mun**do, ensi**nai** aos povos **to**dos;
con**vos**co esta**rei**, todos os **di**as,
a**té** o fim dos **tem**pos, diz Je**sus**.   ℞.

EVANGELHO

*Enquanto os abençoava,
afastou-se deles e foi levado para o céu.*

✠ Conclusão do Evangelho de Jesus Cristo
segundo Lucas   24,46-53

Naquele tempo, disse Jesus a seus discípulos:
⁴⁶ "Assim está escrito:
O Cristo sofrerá
e ressuscitará dos mortos ao terceiro dia

⁴⁷ e no seu nome, serão anunciados
a conversão e o perdão dos pecados
a todas as nações, começando por Jerusalém.
⁴⁸ Vós sereis testemunhas de tudo isso.
Eu enviarei sobre vós aquele que meu Pai prometeu.
Por isso, permanecei na cidade,
até que sejais revestidos da força do alto".
⁵⁰ Então Jesus levou-os para fora, até perto de Betânia.
Ali ergueu as mãos e abençoou-os.
⁵¹ Enquanto os abençoava,
afastou-se deles e foi levado para o céu.
⁵² Eles o adoraram.
Em seguida voltaram para Jerusalém, com grande alegria.
⁵³ E estavam sempre no Templo, bendizendo a Deus.

Palavra da Salvação.

7º DOMINGO DA PÁSCOA

PRIMEIRA LEITURA

Estou vendo o Filho do Homem, de pé, à direita de Deus.

Leitura dos Atos dos Apóstolos   7,55-60

Naqueles dias,
⁵⁵ Estêvão, cheio do Espírito Santo,
olhou para o céu e viu a glória de Deus
e Jesus, de pé, à direita de Deus.
⁵⁶ E disse: "Estou vendo o céu aberto,
e o Filho do Homem, de pé, à direita de Deus".
⁵⁷ Mas eles, dando grandes gritos e, tapando os ouvidos,
avançaram todos juntos contra Estêvão;
⁵⁸ arrastaram-no para fora da cidade
e começaram a apedrejá-lo.
As testemunhas deixaram suas vestes
aos pés de um jovem, chamado Saulo.
⁵⁹ Enquanto o apedrejavam, Estêvão clamou dizendo:
"Senhor Jesus, acolhe o meu espírito".
⁶⁰ Dobrando os joelhos, gritou com voz forte:
"Senhor, não os condenes por este pecado".
E, ao dizer isto, morreu.

Palavra do Senhor.

Salmo responsorial   Sl 96(97),1.2b.6.7c.9 (℟. 1a.9a)

℟. Deus é **Rei**, exulte a **ter**ra de ale**gria**,
porque **vós** sois o Al**tís**simo, Se**nhor.**

Ou: Ale**lu**ia, Ale**lu**ia, Ale**lu**ia.

¹ Deus é **Rei**! Exulte a **ter**ra de ale**gria**, †
e as **il**has nume**ro**sas reju**bi**lem! *
²ᵇ O seu **tro**no se a**pói**a na jus**ti**ça e no di**rei**to.   ℟.

⁶ E as**sim** proclama o **céu** sua jus**ti**ça, †
todos os **po**vos podem **ver** a sua **gló**ria. *
⁷ᶜ Aos pés de **Deus** vêm se pros**trar** todos os **deu**ses!   ℟.

⁹ Porque **vós** sois o Al**tís**simo, Se**nhor**, †
  muito a**ci**ma do uni**ver**so que cri**as**tes, *
  e de **mui**to supe**rais** todos os **deu**ses.   ℟.

SEGUNDA LEITURA

Vem, Senhor Jesus!

Leitura do Livro do Apocalipse de São João   22,12-14.16-17.20

Eu, João, ouvi uma voz que dizia:
¹² Eis que venho em breve,
  trazendo comigo a minha recompensa,
  para retribuir a cada um segundo as suas obras.
¹³ Eu sou o Alfa e o Ômega,
  o Primeiro e o Último,
  o Começo e o Fim.
¹⁴ Felizes os que lavam suas vestes,
  assim poderão dispor da árvore da vida
  e entrar na cidade pelas portas.
¹⁶ Eu, Jesus, enviei o meu anjo,
  para vos dar este testemunho sobre as Igrejas.
  Eu sou o rebento e a linhagem de Davi.
  Eu sou a brilhante estrela da manhã".
¹⁷ O Espírito e a Esposa dizem: "Vem!"
  Aquele que ouve esta profecia também diga: "Vem!"
  Quem tem sede, venha,
  e quem quiser, receba de graça a água da vida.
²⁰ Aquele que dá testemunho destas coisas diz:
  "Sim, eu venho em breve".
  Amém! Vem, Senhor Jesus!

Palavra do Senhor.

Aclamação ao Evangelho   cf. Jo 14,18

℟. Ale**lu**ia, Ale**lu**ia, Ale**lu**ia.
℣. **Não** vos dei**xa**rei abando**na**dos.
  Eu **i**rei, mas volta**rei** para **vós**,
  e o **vos**so cora**ção** se alegra**rá**.   ℟.

EVANGELHO

Para que eles cheguem à unidade perfeita.

✠ Proclamação do Evangelho de Jesus Cristo
segundo João   17,20-26

Naquele tempo,
Jesus levantou os olhos ao céu e disse:
"Pai Santo,
20 eu não te rogo somente por eles,
mas também por aqueles
que vão crer em mim pela sua palavra,
21 para que todos sejam um
como tu, Pai, estás em mim e eu em ti,
e para que eles estejam em nós,
a fim de que o mundo creia que tu me enviaste.
22 Eu dei-lhes a glória que tu me deste,
para que eles sejam um, como nós somos um:
23 eu neles e tu em mim,
para que assim eles cheguem à unidade perfeita
e o mundo reconheça que tu me enviaste
e os amaste, como me amaste a mim.
24 Pai, aqueles que me deste,
quero que estejam comigo onde eu estiver,
para que eles contemplem a minha glória,
glória que tu me deste
porque me amaste antes da fundação do universo.
25 Pai justo, o mundo não te conheceu,
mas eu te conheci,
e estes também conheceram que tu me enviaste.
26 Eu lhes fiz conhecer o teu nome,
e o tornarei conhecido ainda mais,
para que o amor com que me amaste esteja neles,
e eu mesmo esteja neles".

Palavra da Salvação.

DOMINGO DE PENTECOSTES

Missa da Vigília

Estas leituras serão usadas na missa da tarde do sábado, antes ou depois dos primeiros vésperas do Domingo de Pentecostes.

PRIMEIRA LEITURA

Foi chamada Babel, porque foi aí que o Senhor confundiu a linguagem de todo o mundo.

Leitura do Livro do Gênesis 11,1-9

1 Toda a terra tinha uma só linguagem
e servia-se das mesmas palavras.
2 E aconteceu que, partindo do oriente,
os homens acharam uma planície na terra de Senaar,
e aí se estabeleceram.
3 E disseram uns aos outros:
"Vamos, façamos tijolos e cozamo-los ao fogo".
Usaram tijolos em vez de pedra,
e betume em lugar de argamassa.
4 E disseram:
"Vamos, façamos para nós uma cidade
e uma torre cujo cimo atinja o céu.
Assim, ficaremos famosos,
e não seremos dispersos por toda a face da terra".
5 Então o Senhor desceu para ver a cidade
e a torre que os homens estavam construindo.
6 E o Senhor disse:
"Eis que eles são um só povo e falam uma só língua.
E isso é apenas o começo de seus empreendimentos.
Agora, nada os impedirá de fazer o que se propuseram.
7 Desçamos e confundamos a sua língua,
de modo que não se entendam uns aos outros".
8 E o Senhor os dispersou daquele lugar
por toda a superfície da terra,
e eles cessaram de construir a cidade.
9 Por isso, foi chamada Babel, porque foi aí que o Senhor
confundiu a linguagem de todo o mundo,
e daí dispersou os homens por toda a terra.

Palavra do Senhor.

Ou, b:

*O Senhor desceu sobre o monte Sinai
diante de todo o povo.*

Leitura do Livro do Êxodo   19,3-8a.16-20b

Naqueles dias,
3 Moisés subiu ao encontro de Deus.
O Senhor chamou-o do alto da montanha, e disse:
"Assim deverás falar à casa de Jacó
e anunciar aos filhos de Israel:
4 Vistes o que fiz aos egípcios,
e como vos levei sobre asas de águia
e vos trouxe a mim.
5 Portanto, se ouvirdes a minha voz
e guardardes a minha aliança,
sereis para mim a porção escolhida
dentre todos os povos, porque minha é toda a terra.
6 E vós sereis para mim um reino de sacerdotes
e uma nação santa.
São estas as palavras
que deverás dizer aos filhos de Israel".
7 Moisés voltou e, convocando os anciãos do povo,
expôs tudo o que o Senhor lhe tinha mandado.
8a E o povo todo respondeu a uma só voz:
"Faremos tudo o que o Senhor disse".
16 Quando chegou o terceiro dia, ao raiar da manhã,
houve trovões e relâmpagos.
Uma nuvem espessa cobriu a montanha,
e um fortíssimo som de trombetas se fez ouvir.
No acampamento o povo se pôs a tremer.
17 Moisés fez o povo sair do acampamento ao encontro de Deus,
e eles pararam ao pé da montanha.
18 Todo o monte Sinai fumegava,
pois o Senhor descera sobre ele em meio ao fogo.
A fumaça subia como de uma fornalha,
e todo o monte tremia violentamente.
19 O som da trombeta ia aumentando cada vez mais.
Moisés falava
e o Senhor lhe respondia através do trovão.
20b O Senhor desceu sobre o monte Sinai
e chamou Moisés ao cume do monte.

Palavra do Senhor.

Ou, C:

Ossos ressequidos, vou fazer entrar um espírito em vós,
e voltareis à vida.

Leitura da Profecia de Ezequiel   37,1-14

Naqueles dias,
1 a mão do Senhor estava sobre mim
e por seu espírito ele me levou para fora
e me deixou no meio de uma planície cheia de ossos
2 e me fez andar no meio deles em todas as direções.
Havia muitíssimos ossos na planície
e estavam ressequidos.
3 Ele me perguntou:
"Filho do homem, será que estes ossos podem voltar à vida?"
E eu respondi: "Senhor Deus, só tu o sabes".
4 E ele me disse:
"Profetiza sobre estes ossos e dize:
'Ossos ressequidos, escutai a palavra do Senhor!'
5 Assim diz o Senhor Deus a estes ossos:
Eu mesmo vou fazer entrar um espírito em vós
e voltareis à vida.
6 Porei nervos em vós, farei crescer carne
e estenderei a pele por cima.
Porei em vós um espírito, para que possais voltar à vida.
Assim sabereis que eu sou o Senhor'".
7 Profetizei como me foi ordenado.
Enquanto eu profetizava,
ouviu-se primeiro um rumor, e logo um estrondo,
quando os ossos se aproximaram uns dos outros.
8 Olhei e vi nervos e carne crescendo sobre os ossos
e, por cima, a pele que se estendia.
Mas não tinham nenhum sopro de vida.
9 Ele me disse:
"Profetiza para o espírito, profetiza, filho do homem!
Dirás ao espírito: 'Assim diz o Senhor Deus:
Vem dos quatro ventos, ó espírito,
vem soprar sobre estes mortos,
para que eles possam voltar à vida'".
10 Profetizei como me foi ordenado,
e o espírito entrou neles.
Eles voltaram à vida e puseram-se de pé:
era uma imensa multidão!

¹¹ Então ele me disse:
"Filho do homem, estes ossos são toda a casa de Israel.
É isto que eles dizem:
'Nossos ossos estão secos, nossa esperança acabou,
estamos perdidos!'
¹² Por isso, profetiza e dize-lhes:
'Assim fala o Senhor Deus:
Ó meu povo, vou abrir as vossas sepulturas
e conduzir-vos para a terra de Israel;
¹³ e quando eu abrir as vossas sepulturas
e vos fizer sair delas, sabereis que eu sou o Senhor.
¹⁴ Porei em vós o meu espírito, para que vivais
e vos colocarei em vossa terra.
Então sabereis que eu, o Senhor, digo e faço,
– oráculo do Senhor –".

Palavra do Senhor.

Ou, d:

Sobre meus servos e servas derramarei o meu espírito.

Leitura da Profecia de Joel   3,1-5

Assim diz o Senhor:
¹ "Derramarei o meu espírito sobre todo ser humano,
e vossos filhos e filhas profetizarão,
vossos anciãos terão sonhos
e vossos jovens terão visões;
² também sobre meus servos e servas,
naqueles dias, derramarei o meu espírito.
³ Colocarei sinais no céu e na terra,
sangue, fogo e rolos de fumaça;
⁴ o sol se transformará em trevas
e a lua, em sangue, antes de chegar o dia do Senhor,
dia grandioso e terrível.
⁵ Então, todo aquele que invocar o nome do Senhor,
será salvo, pois, no monte Sião e em Jerusalém,
haverá salvação, como disse o Senhor,
entre os sobreviventes que o Senhor chamar".

Palavra do Senhor.

Salmo responsorial Sl 103(104),1-2a.24.35c.27-28.29bc-30
(R. 30)

℟. Enviai o vosso Espírito, Senhor,
e da terra toda a face renovai.

Ou: Aleluia, Aleluia, Aleluia.

¹ Bendize, ó minha alma, ao Senhor! *
Ó meu Deus e meu Senhor, como sois grande!
²ᵃ De majestade e esplendor vos revestis *
e de luz vos envolveis como num manto. ℟.

²⁴ Quão numerosas, ó Senhor, são vossas obras, *
e que sabedoria em todas elas!
Encheu-se a terra com as vossas criaturas. *
³⁵ᶜ Bendize, ó minha alma, ao Senhor! ℟.

²⁷ Todos eles, ó Senhor, de vós esperam *
que a seu tempo vós lhes deis o alimento;
²⁸ vós lhes dais o que comer e eles recolhem, *
vós abris a vossa mão e eles se fartam. ℟.

²⁹ᵇᶜ Se tirais o seu respiro, eles perecem *
e voltam para o pó de onde vieram;
³⁰ enviais o vosso espírito e renascem *
e da terra toda a face renovais. ℟.

SEGUNDA LEITURA

*O Espírito intercede em nosso favor
com gemidos inefáveis.*

Leitura da Carta de São Paulo aos Romanos   8,22-27

Irmãos:
²² Sabemos que toda a criação, até ao tempo presente,
está gemendo como que em dores de parto.
²³ E não somente ela, mas nós também,
que temos os primeiros frutos do Espírito,
estamos interiormente gemendo,
aguardando a adoção filial
e a libertação para o nosso corpo.

24 Pois já fomos salvos, mas na esperança.
Ora, o objeto da esperança
não é aquilo que a gente está vendo;
como pode alguém esperar o que já vê?
25 Mas, se esperamos o que não vemos,
é porque o estamos aguardando mediante a perseverança.
26 Também o Espírito vem em socorro da nossa fraqueza.
Pois nós não sabemos o que pedir, nem como pedir;
é o próprio Espírito que intercede em nosso favor,
com gemidos inefáveis.
27 E aquele que penetra o íntimo dos corações
sabe qual é a intenção do Espírito.
Pois é sempre segundo Deus
que o Espírito intercede em favor dos santos.

Palavra do Senhor.

Aclamação ao Evangelho

℟. Aleluia, Aleluia, Aleluia.
℣. Vinde, Espírito Divino,
e enchei com vossos dons os corações dos fiéis;
e acendei neles o amor como um fogo abrasador!   ℟.

EVANGELHO

Jorrarão rios de água viva.

✠ Proclamação do Evangelho de Jesus Cristo segundo João   7,37-39

37 No último dia da festa, o dia mais solene,
Jesus, em pé, proclamou em voz alta:
"Se alguém tem sede, venha a mim, e beba.
38 Aquele que crê em mim, conforme diz a Escritura,
rios de água viva jorrarão do seu interior".
39 Jesus falava do Espírito,
que deviam receber os que tivessem fé nele;
pois ainda não tinha sido dado o Espírito,
porque Jesus ainda não tinha sido glorificado.

Palavra da Salvação.

Missa do dia

PRIMEIRA LEITURA

*Todos ficaram cheios do Espírito Santo
e começaram a falar.*

Leitura dos Atos dos Apóstolos 2,1-11

¹ Quando chegou o dia de Pentecostes,
os discípulos estavam todos reunidos no mesmo lugar.
² De repente, veio do céu um barulho
como se fosse uma forte ventania,
que encheu a casa onde eles se encontravam.
³ Então apareceram línguas como de fogo
que se repartiram e pousaram sobre cada um deles.
⁴ Todos ficaram cheios do Espírito Santo
e começaram a falar em outras línguas,
conforme o Espírito os inspirava.
⁵ Moravam em Jerusalém judeus devotos,
de todas as nações do mundo.
⁶ Quando ouviram o barulho,
juntou-se a multidão, e todos ficaram confusos,
pois cada um ouvia os discípulos
falar em sua própria língua.
⁷ Cheios de espanto e admiração, diziam:
"Esses homens que estão falando não são todos galileus?
⁸ Como é que nós os escutamos na nossa própria língua?
⁹ Nós que somos partos, medos e elamitas,
habitantes da Mesopotâmia, da Judéia e da Capadócia,
do Ponto e da Ásia,
¹⁰ da Frígia e da Panfília,
do Egito e da parte da Líbia próxima de Cirene,
também romanos que aqui residem;
¹¹ judeus e prosélitos, cretenses e árabes, todos nós
os escutamos anunciarem as maravilhas de Deus
na nossa própria língua!"

Palavra do Senhor.

Salmo responsorial Sl 103(104),1ab.24ac.29bc-30.31.34
(℟. cf. 30)

℟. Envia**i** o vosso Es**pí**rito, Se**nhor**,
e da **ter**ra toda a **fa**ce reno**vai**.

Ou: Aleluia, Aleluia, Aleluia.

1a Bendize, ó minha **alma**, ao Se**nhor**! *
 b Ó meu **Deus** e meu Se**nhor,** como sois **gran**de!
24a Quão nume**ro**sas, ó Se**nhor**, são vossas **o**bras! *
 c Encheu-se a **ter**ra com as **vos**sas cria**tu**ras!   ℟.

29b Se ti**rais** o seu res**pi**ro, elas pe**re**cem *
 c e **vol**tam para o **pó** de onde vieram.
30 Envi**ais** o vosso es**pí**rito e re**nas**cem *
 e da **ter**ra toda a **fa**ce reno**vais**.   ℟.

31 Que a **gló**ria do Se**nhor** perdure **sem**pre, *
 e a**le**gre-se o Se**nhor** em suas **o**bras!
34 Hoje **se**ja-lhe agra**dá**vel o meu **can**to, *
 pois o Se**nhor** é a minha **gran**de ale**gria**!   ℟.

SEGUNDA LEITURA

*Fomos batizados num único Espírito,
para formarmos um único corpo.*

Leitura da Primeira Carta de São Paulo aos Coríntios
12,3b-7.12-13

Irmãos:
3b Ninguém pode dizer:
 Jesus é o Senhor, a não ser no Espírito Santo.
4 Há diversidade de dons, mas um mesmo é o Espírito.
5 Há diversidade de ministérios,
 mas um mesmo é o Senhor.
6 Há diferentes atividades, mas um mesmo Deus
 que realiza todas as coisas em todos.
7 A cada um é dada a manifestação do Espírito
 em vista do bem comum.
12 Como o corpo é um, embora tenha muitos membros,
 e como todos os membros do corpo,
 embora sejam muitos, formam um só corpo,
 assim também acontece com Cristo.
13 De fato, todos nós, judeus ou gregos, escravos ou livres,
 fomos batizados num único Espírito,

para formarmos um único corpo,
e todos nós bebemos de um único Espírito.

Palavra do Senhor.

Ou, à escolha:

> Todos aqueles que se deixam conduzir
> pelo Espírito de Deus, são filhos de Deus.

Leitura da Carta de São Paulo aos Romanos 8,8-17

Irmãos:
8 Os que vivem segundo a carne não podem agradar a Deus.
9 Vós não viveis segundo a carne, mas segundo o espírito,
se realmente o Espírito de Deus mora em vós.
Se alguém não tem o Espírito de Cristo,
não pertence a Cristo.
10 Se, porém, Cristo está em vós,
embora vosso corpo esteja ferido de morte
por causa do pecado,
vosso espírito está cheio de vida, graças à justiça.
11 E, se o Espírito daquele
que ressuscitou Jesus dentre os mortos mora em vós,
então aquele que ressuscitou Jesus Cristo dentre os mortos
vivificará também vossos corpos mortais
por meio do seu Espírito que mora em vós.
12 Portanto, irmãos, temos uma dívida,
mas não para com a carne,
para vivermos segundo a carne.
13 Pois, se viverdes segundo a carne, morrereis,
mas se, pelo espírito, matardes o procedimento carnal,
então vivereis.
14 Todos aqueles que se deixam conduzir
pelo Espírito de Deus
são filhos de Deus.
15 De fato, vós não recebestes um espírito de escravos,
para recairdes no medo,
mas recebestes um espírito de filhos adotivos,
no qual todos nós clamamos:
Abá – ó Pai!
16 O próprio Espírito se une ao nosso espírito
para nos atestar que somos filhos de Deus.

¹⁷ E, se somos filhos, somos também herdeiros,
herdeiros de Deus e co-herdeiros de Cristo;
se realmente sofremos com ele,
é para sermos também glorificados com ele.

Palavra do Senhor.

Seqüência

Espírito de Deus,
enviai dos céus
um raio de luz!

Vinde, Pai dos pobres,
dai aos corações
vossos sete dons.

Consolo que acalma,
hóspede da alma,
doce alívio, vinde!

No labor descanso,
na aflição remanso,
no calor aragem.

Enchei, luz bendita,
chama que crepita,
o íntimo de nós!

Sem a luz que acode,
nada o homem pode,
nenhum bem há nele.

Ao sujo lavai,
ao seco regai,
curai o doente.

Dobrai o que é duro,
guiai no escuro,
o frio aquecei.

Dai à vossa Igreja,
que espera e deseja,
vossos sete dons.

Dai em prêmio ao forte
uma santa morte,
alegria eterna.
Amém.

Aclamação ao Evangelho

℟. Aleluia, Aleluia, Aleluia.
℣. Vinde, Espírito Divino,
e enchei com vossos dons os corações dos fiéis;
e acendei neles o amor como um fogo abrasador! ℟.

EVANGELHO

*Assim como o Pai me enviou,
também eu vos envio: Recebei o Espírito Santo!*

✠ Proclamação do Evangelho de Jesus Cristo segundo João   20,19-23

19 Ao anoitecer daquele dia, o primeiro da semana,
estando fechadas, por medo dos judeus,
as portas do lugar onde os discípulos se encontravam,
Jesus entrou e, pondo-se no meio deles,
disse: "A paz esteja convosco".
20 Depois dessas palavras, mostrou-lhes as mãos e o lado.
Então os discípulos se alegraram por verem o Senhor.
21 Novamente, Jesus disse:
"A paz esteja convosco.
Como o Pai me enviou, também eu vos envio".
22 E depois de ter dito isso,
soprou sobre eles e disse:
"Recebei o Espírito Santo.
23 A quem perdoardes os pecados,
eles lhes serão perdoados;
a quem não os perdoardes,
eles lhes serão retidos".

Palavra da Salvação.

Ou, à escolha:

EVANGELHO

O Espírito Santo vos ensinará todas as coisas.

✠ Proclamação do Evangelho de Jesus Cristo
segundo João   14,15-16.23b-26

Naquele tempo, disse Jesus a seus discípulos:
¹⁵ "Se me amais,
guardareis os meus mandamentos,
¹⁶ e eu rogarei ao Pai,
e ele vos dará um outro Defensor,
para que permaneça sempre convosco.
²³ᵇ Se alguém me ama, guardará a minha palavra,
e o meu Pai o amará,
e nós viremos e faremos nele a nossa morada.
²⁴ Quem não me ama,
não guarda a minha palavra.
E a palavra que escutais não é minha,
mas do Pai que me enviou.
²⁵ Isso é o que vos disse enquanto estava convosco,
²⁶ mas o Defensor, o Espírito Santo,
que o Pai enviará em meu nome, ele vos ensinará tudo
e vos recordará tudo o que eu vos tenho dito".

Palavra da Salvação.

SOLENIDADES DO SENHOR QUE OCORREM NO TEMPO COMUM

Domingo depois de Pentecostes
SOLENIDADE DA SANTÍSSIMA TRINDADE

PRIMEIRA LEITURA

*Antes que a terra fosse feita,
a Sabedoria já tinha sido concebida.*

Leitura do Livro dos Provérbios 8,22-31

Assim fala a Sabedoria de Deus:
²² "O Senhor me possuiu como primícia de seus caminhos,
antes de suas obras mais antigas;
²³ desde a eternidade fui constituída,
desde o princípio,
antes das origens da terra.
²⁴ Fui gerada quando não existiam os abismos,
quando não havia os mananciais das águas,
²⁵ antes que fossem estabelecidas as montanhas,
antes das colinas fui gerada.
²⁶ Ele ainda não havia feito as terras e os campos,
nem os primeiros vestígios de terra do mundo.
²⁷ Quando preparava os céus,
ali estava eu,
quando traçava a abóbada sobre o abismo,
²⁸ quando firmava as nuvens lá no alto
e reprimia as fontes do abismo,
²⁹ quando fixava ao mar os seus limites
– de modo que as águas não ultrapassassem suas bordas –
e lançava os fundamentos da terra,
³⁰ eu estava ao seu lado como mestre-de-obras;
eu era seu encanto, dia após dia,
brincando, todo o tempo, em sua presença,
³¹ brincando na superfície da terra,
e alegrando-me em estar com os filhos dos homens".

Palavra do Senhor.

Salmo responsorial
Sl 8,4-5.6-7.8-9 (R. 2a)

℟. Ó **Senhor** nosso **Deus**, como é **gran**de
vosso **no**me por **to**do o univer**so**!

⁴ Contem**plan**do estes **céus** que plas**mas**tes *
e for**mas**tes com **de**dos de ar**tis**ta;
vendo a **lu**a e es**tre**las bri**lhan**tes, *
⁵ pergun**ta**mos: "**Senhor**, que é o **ho**mem,
para **de**le as**sim** vos lem**brar**des *
e o tra**tar**des com **tan**to carinho?" ℟.

⁶ Pouco a**bai**xo de **Deus** o fi**zes**tes, *
coro**an**do-o de **gló**ria e esplen**dor**;
⁷ vós lhe **des**tes po**der** sobre **tu**do, *
vossas obras aos **pés** lhe pu**ses**tes: ℟.

⁸ as ovelhas, os **bois**, os re**ban**hos, *
todo o **ga**do e as **fe**ras da **ma**ta;
⁹ passarinhos e **pei**xes dos **ma**res, *
todo **ser** que se **mo**ve nas **á**guas. ℟.

SEGUNDA LEITURA

*A Deus, por Cristo,
na caridade difundida pelo Espírito.*

Leitura da Carta de São Paulo aos Romanos   5,1-5

Irmãos:
¹ Justificados pela fé,
estamos em paz com Deus,
pela mediação do Senhor nosso, Jesus Cristo.
² Por ele tivemos acesso,
pela fé, a esta graça,
na qual estamos firmes e nos gloriamos,
na esperança da glória de Deus.
³ E não só isso,
pois nos gloriamos também de nossas tribulações,
sabendo que a tribulação gera a constância,
⁴ a constância leva a uma virtude provada,
a virtude provada desabrocha em esperança;
⁵ e a esperança não decepciona,
porque o amor de Deus
foi derramado em nossos corações
pelo Espírito Santo que nos foi dado.

Palavra do Senhor.

Aclamação ao Evangelho cf. Ap 1,8

℟. Aleluia, Aleluia, Aleluia.
℣. Glória ao **Pai**, e ao **Fi**lho, e ao Espírito Divino,
ao Deus que **é**, que **e**ra e que **vem**,
pelos **sé**culos. **Amém**. ℟.

EVANGELHO

*Tudo o que o Pai possui é meu. O Espírito Santo
receberá do que é meu e vo-lo anunciará.*

✠ Proclamação do Evangelho de Jesus Cristo
segundo João 16,12-15

Naquele tempo, disse Jesus a seus discípulos:
12 "Tenho ainda muitas coisas a dizer-vos,
mas não sois capazes de as compreender agora.
13 Quando, porém, vier o Espírito da Verdade,
ele vos conduzirá à plena verdade.
Pois ele não falará por si mesmo,
mas dirá tudo o que tiver ouvido;
e até as coisas futuras vos anunciará.
14 Ele me glorificará,
porque receberá do que é meu
e vo-lo anunciará.
15 Tudo o que o Pai possui é meu.
Por isso, disse que
o que ele receberá e vos anunciará, é meu".

Palavra da Salvação.

Quinta-feira depois da Santíssima Trindade
SOLENIDADE DO SANTÍSSIMO CORPO E SANGUE DE CRISTO

PRIMEIRA LEITURA

Trouxe pão e vinho.

Leitura do Livro do Gênesis   14,18-20

Naqueles dias,
¹⁸ Melquisedec, rei de Salém, trouxe pão e vinho
e como sacerdote do Deus Altíssimo,
¹⁹ abençoou Abrão, dizendo:
"Bendito seja Abrão pelo Deus Altíssimo,
criador do céu e da terra!
²⁰ Bendito seja o Deus Altíssimo, que entregou
teus inimigos em tuas mãos!"
E Abrão entregou-lhe o dízimo de tudo.

Palavra do Senhor.

Salmo responsorial   Sl 109(110),1.2.3.4 (R. 4bc)

R. Tu **és** sacer**do**te eterna**men**te *
se**gun**do a ordem do **rei** Melquise**dec**!

1 **Pa**lavra do Se**nhor** ao meu Se**nhor**: *
"As**sen**ta-te ao **la**do meu di**rei**to
a**té** que eu ponha os inimigos **teus** *
como esca**be**lo por de**bai**xo de teus **pés**!"   R.

2 O Se**nhor** estende**rá** desde Si**ão** †
vosso **ce**tro de po**der**, pois Ele **diz**: *
"**Do**mina com vi**gor** teus ini**mi**gos;   R.

3 tu és **prín**cipe desde o **dia** em que nas**ces**te; †
na **gló**ria e esplen**dor** da santi**da**de, *
como o orvalho, antes da au**ro**ra, eu te ge**rei**!"   R.

4 Jurou o Se**nhor** e mante**rá** sua pa**la**vra: †
"Tu **és** sacer**do**te eterna**men**te, *
se**gun**do a ordem do **rei** Melquise**dec**!"   R.

SEGUNDA LEITURA

*Todas as vezes que comerdes e beberdes,
estareis proclamando a morte do Senhor.*

Leitura da Primeira Carta de São Paulo aos Coríntios 11,23-26

Irmãos:
23 O que eu recebi do Senhor
foi isso que eu vos transmiti:
Na noite em que foi entregue,
o Senhor Jesus tomou o pão
24 e, depois de dar graças, partiu-o e disse:
"Isto é o meu corpo
que é dado por vós.
Fazei isto em minha memória".
25 Do mesmo modo, depois da ceia,
tomou também o cálice e disse:
"Este cálice é a nova aliança, em meu sangue.
Todas as vezes que dele beberdes,
fazei isto em minha memória".
26 Todas as vezes, de fato, que comerdes deste pão
e beberdes deste cálice,
estareis proclamando a morte do Senhor,
até que ele venha.

Palavra do Senhor.

Seqüência

(NA FORMA MAIS LONGA OU NA FORMA ABREVIADA, A PARTIR DE: * * EIS O PÃO...)

Terra, exulta de alegria,
louva teu pastor e guia
com teus hinos, tua voz!

Tanto possas, tanto ouses,
em louvá-lo não repouses:
sempre excede o teu louvor!

Hoje a Igreja te convida:
ao pão vivo que dá vida
vem com ela celebrar!

Este pão, que o mundo o creia!
por Jesus, na santa ceia,
foi entregue aos que escolheu.

Nosso júbilo cantemos,
nosso amor manifestemos,
pois transborda o coração!

Quão solene a festa, o dia,
que da santa Eucaristia
nos recorda a instituição!

Novo Rei e nova mesa,
nova Páscoa e realeza,
foi-se a Páscoa dos judeus.

Era sombra o antigo povo,
o que é velho cede ao novo:
foge a noite, chega a luz.

O que o Cristo fez na ceia,
manda à Igreja que o rodeia
repeti-lo até voltar.

Seu preceito conhecemos:
pão e vinho consagremos
para nossa salvação.

Faz-se carne o pão de trigo,
faz-se sangue o vinho amigo:
deve-o crer todo cristão.

Se não vês nem compreendes,
gosto e vista tu transcendes,
elevado pela fé.

Pão e vinho, eis o que vemos;
mas ao Cristo é que nós temos
em tão ínfimos sinais...

Alimento verdadeiro,
permanece o Cristo inteiro
quer no vinho, quer no pão.

É por todos recebido,
não em parte ou dividido,
pois inteiro é que se dá!

Um ou mil comungam dele,
tanto este quanto aquele:
multiplica-se o Senhor.

Dá-se ao bom como ao perverso,
mas o efeito é bem diverso:
vida e morte traz em si...

Pensa bem: igual comida,
se ao que é bom enche de vida,
traz a morte para o mau.

Eis a hóstia dividida...
Quem hesita, quem duvida?
Como é toda o autor da vida,
a partícula também.

Jesus não é atingido:
o sinal é que é partido;
mas não é diminuído,
nem se muda o que contém.

* * Eis o pão que os anjos comem
transformado em pão do homem;
só os filhos o consomem:
não será lançado aos cães!

Em sinais prefigurado,
por Abraão foi imolado,
no cordeiro aos pais foi dado,
no deserto foi maná...

Bom pastor, pão de verdade,
piedade, ó Jesus, piedade,
conservai-nos na unidade,
extingui nossa orfandade,
transportai-nos para o Pai!

Aos mortais dando comida,
dais também o pão da vida;
que a família assim nutrida
seja um dia reunida
aos convivas lá do céu!

Aclamação ao Evangelho Jo 6,51

℟. Aleluia, Aleluia, Aleluia.
℣. Eu **sou** o pão **vi**vo descido do **céu**;
quem **des**te pão **co**me, sempre, **há** de vi**ver**! ℟.

EVANGELHO

Todos comeram e ficaram satisfeitos.

✠ Proclamação do Evangelho de Jesus Cristo
segundo Lucas 9,11b-17

Naquele tempo,
¹¹ᵇ Jesus acolheu as multidões,
falava-lhes sobre o Reino de Deus
e curava todos os que precisavam.
¹² A tarde vinha chegando.
Os doze apóstolos aproximaram-se de Jesus
e disseram:
"Despede a multidão,
para que possa ir aos povoados e campos vizinhos
procurar hospedagem e comida,
pois estamos num lugar deserto".
¹³ Mas Jesus disse:
"Dai-lhes vós mesmos de comer".
Eles responderam:
'"Só temos cinco pães e dois peixes.
A não ser que fôssemos comprar comida
para toda essa gente".
¹⁴ Estavam ali mais ou menos cinco mil homens.
Mas Jesus disse aos discípulos:
"Mandai o povo sentar-se em grupos de cinqüenta".
¹⁵ Os discípulos assim fizeram, e todos se sentaram.
¹⁶ Então Jesus tomou os cinco pães e os dois peixes,
elevou os olhos para o céu, abençoou-os, partiu-os
e os deu aos discípulos para distribuí-los à multidão.
¹⁷ Todos comeram e ficaram satisfeitos.
E ainda foram recolhidos doze cestos
dos pedaços que sobraram.

Palavra da Salvação.

Sexta-feira após o 2º domingo depois de Pentecostes

SOLENIDADE DO SAGRADO CORAÇÃO DE JESUS

PRIMEIRA LEITURA

Eu mesmo vou apascentar as minhas ovelhas e fazê-las repousar.

Leitura da Profecia de Ezequiel 34,11-16

¹¹ Assim diz o Senhor Deus:
"Vede! Eu mesmo vou procurar minhas ovelhas
e tomar conta delas.
¹² Como o pastor toma conta do rebanho, de dia,
quando se encontra no meio das ovelhas dispersas,
assim vou cuidar de minhas ovelhas
e vou resgatá-las de todos os lugares
em que forem dispersadas
num dia de nuvens e escuridão.
¹³ Vou retirar minhas ovelhas do meio dos povos
e recolhê-las do meio dos países
para conduzi-las à sua terra.
Vou apascentar as ovelhas sobre os montes de Israel,
nos vales dos riachos
e em todas as regiões habitáveis do país.
¹⁴ Vou apascentá-las em boas pastagens
e nos altos montes de Israel estará o seu abrigo.
Ali repousarão em prados verdejantes
e pastarão em férteis pastagens
sobre os montes de Israel.
¹⁵ Eu mesmo vou apascentar as minhas ovelhas
e fazê-las repousar – oráculo do Senhor Deus –.
¹⁶ Vou procurar a ovelha perdida, reconduzir a extraviada,
enfaixar a da perna quebrada,
fortalecer a doente, e vigiar a ovelha gorda e forte.
Vou apascentá-las conforme o direito".

Palavra do Senhor.

Salmo responsorial Sl 22(23),1-3a.3b-4.5.6 (R. 1)

℟. O **Senhor** é o **pastor** que me con**duz**;
não me **falta** coisa al**gu**ma.

1 O **Senhor** é o **pastor** que me con**duz**; *
não me **falta** coisa al**gu**ma.
2 Pelos **pra**dos e cam**pi**nas verde**jan**tes *
ele me **leva** a descan**sar**.
Para as **á**guas repou**san**tes me enca**mi**nha, *
3 e res**tau**ra as minhas **for**ças. ℟.

b Ele me **gui**a no ca**mi**nho mais se**gu**ro, *
pela **hon**ra do seu **no**me.
4 Mesmo que eu **pas**se pelo **va**le tene**bro**so, *
nenhum **mal** eu teme**rei**.
Estais co**mi**go com bas**tão** e com ca**ja**do, *
eles me **dão** a segu**ran**ça! ℟.

5 Prepa**rais** à minha **fren**te uma **me**sa, *
 bem à **vis**ta do ini**mi**go;
com **ó**leo vós un**gis** minha ca**be**ça, *
e o meu **cá**lice trans**bor**da. ℟.

6 Felici**da**de e todo **bem** hão de se**guir**-me, *
por **to**da a minha **vi**da;
e, na **ca**sa do Se**nhor**, habita**rei** *
pelos **tem**pos in**fi**nitos. ℟.

SEGUNDA LEITURA

Deus mostra seu amor para conosco.

Leitura da Carta de São Paulo aos Romanos 5,5b-11

Irmãos:
5b O amor de Deus foi derramado em nossos corações
pelo Espírito que nos foi dado.
6 Com efeito, quando éramos ainda fracos,
Cristo morreu pelos ímpios,
no tempo marcado.
7 Dificilmente alguém morrerá por um justo;
por uma pessoa muito boa,
talvez alguém se anime a morrer.

⁸ Pois bem, a prova de que Deus nos ama
é que Cristo morreu por nós,
quando éramos ainda pecadores.
⁹ Muito mais agora,
que já estamos justificados pelo sangue de Cristo,
seremos salvos da ira por ele.
¹⁰ Quando éramos inimigos de Deus,
fomos reconciliados com ele pela morte do seu Filho;
quanto mais agora, estando já reconciliados,
seremos salvos por sua vida!
¹¹ Ainda mais:
Nós nos gloriamos em Deus,
por nosso Senhor Jesus Cristo.
É por ele que, já desde o tempo presente,
recebemos a reconciliação.

Palavra do Senhor.

Aclamação ao Evangelho — Mt 11,29ab

℟. Ale**lu**ia, Ale**lu**ia, Ale**lu**ia.
℟. To**mai** sobre **vós** o meu **jugo** e de **mim** apren**dei**
que sou de **man**so e hu**mil**de cora**ção**.   ℟.

Ou: Aclamação ao Evangelho — Jo 10,14

℟. Ale**lu**ia, Ale**lu**ia, Ale**lu**ia.
℣. Eu **sou** o bom pas**tor**.
Co**nhe**ço minhas o**vel**has e **e**las me co**nhe**cem.   ℟.

EVANGELHO

Alegrai-vos comigo!
Encontrei a minha ovelha que estava perdida!

✠ Proclamação do Evangelho de Jesus Cristo
segundo Lucas — 15,3-7

Naquele tempo:
³ Jesus contou aos escribas e fariseus esta parábola:
⁴ "Se um de vós tem cem ovelhas e perde uma,
não deixa as noventa e nove no deserto,
e vai atrás daquela que se perdeu, até encontrá-la?

⁵ Quando a encontra,
coloca-a nos ombros com alegria,
⁶ e, chegando a casa, reúne os amigos e vizinhos, e diz:
'Alegrai-vos comigo!
Encontrei a minha ovelha que estava perdida!'
⁷ Eu vos digo:
Assim haverá no céu mais alegria
por um só pecador que se converte,
do que por noventa e nove justos
que não precisam de conversão".

Palavra da Salvação.

TEMPO COMUM

TEMPO COMUM

O primeiro domingo do Tempo comum cede o lugar à festa do Batismo do Senhor.

2º DOMINGO DO TEMPO COMUM

PRIMEIRA LEITURA

A noiva é a alegria do noivo.

Leitura do Livro do Profeta Isaías   62,1-5

¹ Por amor de Sião não me calarei,
   por amor de Jerusalém não descansarei,
   enquanto não surgir nela, como um luzeiro, a justiça
   e não se acender nela, como uma tocha, a salvação.
² As nações verão a tua justiça,
   todos os reis verão a tua glória;
   serás chamada com um nome novo,
   que a boca do Senhor há de designar.
³ E serás uma coroa de glória na mão do Senhor,
   um diadema real nas mãos de teu Deus.
⁴ Não mais te chamarão Abandonada,
   e tua terra não mais será chamada Deserta;
   teu nome será Minha Predileta
   e tua terra será a Bem-Casada,
   pois o Senhor agradou-se de ti
   e tua terra será desposada.
⁵ Assim como o jovem desposa a donzela,
   assim teus filhos te desposam;
   e como a noiva é a alegria do noivo,
   assim também tu és a alegria de teu Deus.

Palavra do Senhor.

Salmo responsorial   Sl 95(96),1-2a.2b-3.7-8a.9-10a.c (R. 1a.3b)

℟. Can**tai** ao Senhor **Deus** um canto **no**vo,
   manifes**tai** os seus pro**dí**gios entre os **po**vos!

¹ Can**tai** ao Senhor **Deus** um canto **no**vo, †
²ᵃ can**tai** ao Senhor **Deus**, ó terra in**tei**ra! *
   Can**tai** e bendi**zei** seu santo **no**me!   ℟.

ᵇ Dia após **dia** anunci**ai** sua salva**ção**, †
³ manifes**tai** a sua **gló**ria entre as na**ções**, *
   e entre os **po**vos do uni**ver**so seus pro**dí**gios!   ℟.

⁷ Ó família das nações, dai ao Senhor, *
ó nações, dai ao Senhor poder e glória,
⁸ dai-lhe a glória que é devida ao seu nome! *
Oferecei um sacrifício nos seus átrios. ℟.

⁹ Adorai-o no esplendor da santidade, *
terra inteira, estremecei diante dele!
¹⁰ Publicai entre as nações: "Reina o Senhor!" *
pois os povos ele julga com justiça. ℟.

SEGUNDA LEITURA

*Estas coisas as realiza um e o mesmo Espírito,
que distribui a cada um conforme seu querer.*

Leitura da Primeira Carta de São Paulo aos Coríntios 12,4-11

Irmãos:
⁴ Há diversidade de dons, mas um mesmo é o Espírito.
⁵ Há diversidade de ministérios, mas um mesmo é o Senhor.
⁶ Há diferentes atividades, mas um mesmo Deus
que realiza todas as coisas em todos.
⁷ A cada um é dada a manifestação do Espírito
em vista do bem comum.
⁸ A um é dada pelo Espírito a palavra da sabedoria.
A outro, a palavra da ciência segundo o mesmo Espírito.
⁹ A outro, a fé no mesmo Espírito.
A outro, o dom de curas no mesmo Espírito.
¹⁰ A outro, o poder de fazer milagres.
A outro, profecia. A outro, discernimento de espíritos.
A outro, falar línguas estranhas.
A outro, interpretação de línguas.
¹¹ Todas estas coisas as realiza um e o mesmo Espírito,
que distribui a cada um conforme quer.

Palavra do Senhor.

Aclamação ao Evangelho cf. 2Ts 2,14

℟. Aleluia, Aleluia, Aleluia.
℣. O Senhor Deus nos chamou, por meio do Evangelho,
a fim de alcançarmos a glória de Cristo ℟.

EVANGELHO

Jesus realizou este início dos sinais em Caná da Galiléia.

✠ Proclamação do Evangelho de Jesus Cristo segundo João 2,1-11

Naquele tempo,
1 Houve um casamento em Caná da Galiléia.
A mãe de Jesus estava presente.
2 Também Jesus e seus discípulos
tinham sido convidados para o casamento.
3 Como o vinho veio a faltar,
a mãe de Jesus lhe disse:
"Eles não têm mais vinho".
4 Jesus respondeu-lhe:
"Mulher, por que dizes isto a mim?
Minha hora ainda não chegou".
5 Sua mãe disse aos que estavam servindo:
"Fazei o que ele vos disser".
6 Estavam seis talhas de pedra colocadas aí
para a purificação que os judeus costumam fazer.
Em cada uma delas cabiam mais ou menos cem litros.
7 Jesus disse aos que estavam servindo:
"Enchei as talhas de água".
Encheram-nas até a boca.
8 Jesus disse:
"Agora tirai e levai ao mestre-sala".
E eles levaram.
9 O mestre-sala experimentou a água,
que se tinha transformado em vinho.
Ele não sabia de onde vinha,
mas os que estavam servindo sabiam,
pois eram eles que tinham tirado a água.
10 O mestre-sala chamou então o noivo e lhe disse:
"Todo mundo serve primeiro o vinho melhor
e, quando os convidados já estão embriagados,
serve o vinho menos bom.
Mas tu guardaste o vinho melhor até agora!"
11 Este foi o início dos sinais de Jesus.
Ele o realizou em Caná da Galiléia
e manifestou a sua glória,
e seus discípulos creram nele.

Palavra da Salvação.

3º DOMINGO DO TEMPO COMUM

PRIMEIRA LEITURA

*Leram o Livro da Lei de Deus
e explicaram seu sentido.*

Leitura do Livro de Neemias 8,2-4a.5-6.8-10

Naqueles dias,
² O sacerdote Esdras apresentou a Lei
diante da assembléia de homens, de mulheres
e de todos os que eram capazes de compreender.
Era o primeiro dia do sétimo mês.
³ Assim, na praça que fica defronte da porta das Águas,
Esdras fez a leitura do livro,
desde o amanhecer até ao meio-dia,
na presença dos homens, das mulheres
e de todos os que eram capazes de compreender.
E todo o povo escutava com atenção
a leitura do livro da Lei.
⁴ᵃ Esdras, o escriba,
estava de pé sobre um estrado de madeira,
erguido para esse fim.
⁵ Estando num lugar mais alto,
ele abriu o livro à vista de todo o povo.
E, quando o abriu, todo o povo ficou de pé.
⁶ Esdras bendisse o Senhor, o grande Deus,
e todo o povo respondeu, levantando as mãos:
"Amém! Amém!"
Depois inclinaram-se
e prostraram-se diante do Senhor, com o rosto em terra.
⁸ E leram clara e distintamente o livro da Lei de Deus
e explicaram seu sentido,
de maneira que se pudesse compreender a leitura.
⁹ O governador Neemias e Esdras, sacerdote e escriba,
e os levitas que instruíam o povo,
disseram a todos:
"Este é um dia consagrado ao Senhor, vosso Deus!
Não fiqueis tristes nem choreis",
pois todo o povo chorava ao ouvir as palavras da Lei.

¹⁰ E Neemias disse-lhes:
"Ide para vossas casas e comei carnes gordas,
tomai bebidas doces
e reparti com aqueles que nada prepararam,
pois este dia é santo para o nosso Senhor.
Não fiqueis tristes,
porque a alegria do Senhor será a vossa força".

Palavra do Senhor.

Salmo responsorial   Sl 18B(19),8.9.10.15 (℟. Jo 6,63c)

℟. Vossas pa**la**vras, Se**nhor**, são es**pí**rito e **vi**da!

⁸ A **lei** do Senhor **Deus** é per**fei**ta, *
conforto para a **al**ma!
O teste**mu**nho do Se**nhor** é fi**el**, *
sabedo**ria** dos hu**mil**des.   ℟.

⁹ Os pre**cei**tos do Se**nhor** são pre**ci**sos, *
ale**gria** ao coração.
O manda**men**to do Se**nhor** é bri**lhan**te, *
para os **olhos** é uma **luz**.   ℟.

¹⁰ É **pu**ro o te**mor** do Se**nhor**, *
imu**tá**vel para **sem**pre.
Os julga**men**tos do Se**nhor** são cor**re**tos *
e **jus**tos igual**men**te.   ℟.

¹⁵ Que vos a**gra**de o can**tar** dos meus **lá**bios *
e a **voz** da minha alma;
que ela **che**gue até **vós**, ó Se**nhor**, *
meu Ro**che**do e Reden**tor**!   ℟.

SEGUNDA LEITURA (mais longa)

*Vós, todos juntos, sois o corpo de Cristo
e, individualmente, sois membros desse corpo.*

Leitura da Primeira Carta de São Paulo aos Coríntios   12,12-30

Irmãos:
¹² Como o corpo é um, embora tenha muitos membros,
e como todos os membros do corpo,
embora sejam muitos, formam um só corpo,
assim também acontece com Cristo.
¹³ De fato, todos nós,
judeus ou gregos, escravos ou livres,
fomos batizados num único Espírito,
para formarmos um único corpo,
e todos nós bebemos de um único Espírito.
¹⁴ Com efeito, o corpo não é feito de um membro apenas,
mas de muitos membros.
¹⁵ Se o pé disser:
"Eu não sou mão, portanto não pertenço ao corpo",
nem por isso deixa de pertencer ao corpo.
¹⁶ E se o ouvido disser:
"Eu não sou olho, portanto não pertenço ao corpo",
nem por isso deixa de pertencer ao corpo.
¹⁷ Se o corpo todo fosse olho, onde estaria o ouvido?
Se o corpo todo fosse ouvido, onde estaria o olfato?
¹⁸ De fato, Deus dispôs os membros
e cada um deles no corpo, como quis.
¹⁹ Se houvesse apenas um membro, onde estaria o corpo?
²⁰ Há muitos membros, e, no entanto, um só corpo.
²¹ O olho não pode, pois, dizer à mão:
"Não preciso de ti".
Nem a cabeça pode dizer aos pés:
"Não preciso de vós".
²² Antes pelo contrário,
os membros do corpo que parecem ser mais fracos
são muito mais necessários do que se pensa.
²³ Também os membros que consideramos menos honrosos,
a estes nós cercamos com mais honra,
e os que temos por menos decentes,
nós os tratamos com mais decência.
²⁴ Os que nós consideramos decentes
não precisam de cuidado especial.

Mas Deus, quando formou o corpo,
deu maior atenção e cuidado
ao que nele é tido como menos honroso,
²⁵ para que não haja divisão no corpo
e, assim, os membros zelem igualmente uns pelos outros.
²⁶ Se um membro sofre, todos os membros sofrem com ele;
se é honrado, todos os membros se regozijam com ele.
²⁷ Vós, todos juntos, sois o corpo de Cristo
e, individualmente, sois membros desse corpo.
²⁸ E, na Igreja, Deus colocou,
em primeiro lugar, os apóstolos;
em segundo lugar, os profetas;
em terceiro lugar, os que têm o dom
e a missão de ensinar;
depois, outras pessoas com dons diversos, a saber:
dom de milagres, dom de curas,
dom para obras de misericórdia,
dom de governo e direção, dom de línguas.
²⁹ Acaso todos são apóstolos?
Todos são profetas?
Todos ensinam?
Todos realizam milagres?
³⁰ Todos têm o dom das curas?
Todos falam em línguas?
Todos as interpretam?

Palavra do Senhor.

Ou: SEGUNDA LEITURA (mais breve)

*Vós, todos juntos, sois o corpo de Cristo
e, individualmente, sois membros desse corpo.*

Leitura da Primeira Carta de São Paulo aos Coríntios

12,12-14.27

Irmãos:
¹² Como o corpo é um, embora tenha muitos membros,
e como todos os membros do corpo,
embora sejam muitos, formam um só corpo,
assim também acontece com Cristo.
¹³ De fato, todos nós,
judeus ou gregos, escravos ou livres,
fomos batizados num único Espírito,

para formarmos um único corpo,
e todos nós bebemos de um único Espírito.
¹⁴ Com efeito, o corpo não é feito de um membro apenas,
mas de muitos membros.
²⁷ Vós, todos juntos, sois o corpo de Cristo
e, individualmente, sois membros desse corpo.

Palavra do Senhor.

Aclamação ao Evangelho Lc 4,18

℟. Aleluia, Aleluia, Aleluia.
℣. Foi o Senhor quem me mandou,
Boas notícias anunciar;
ao pobre, a quem está no cativeiro,
libertação eu vou proclamar! ℟.

EVANGELHO

Hoje se cumpriu esta passagem da Escritura.

✠ Proclamação do Evangelho de Jesus Cristo
segundo Lucas 1,1-4;4,14-21

¹ Muitas pessoas já tentaram escrever a história
dos acontecimentos que se realizaram entre nós,
² como nos foram transmitidos
por aqueles que, desde o princípio,
foram testemunhas oculares e ministros da palavra.
³ Assim sendo, após fazer um estudo cuidadoso
de tudo o que aconteceu desde o princípio,
também eu decidi escrever de modo ordenado
para ti, excelentíssimo Teófilo.
⁴ Deste modo, poderás verificar
a solidez dos ensinamentos que recebeste.
Naquele tempo,
⁴'¹⁴ Jesus voltou para a Galiléia, com a força do Espírito,
e sua fama espalhou-se por toda a redondeza.
¹⁵ Ele ensinava nas suas sinagogas e todos o elogiavam.
¹⁶ E veio à cidade de Nazaré, onde se tinha criado.
Conforme seu costume, entrou na sinagoga no sábado,
e levantou-se para fazer a leitura.

¹⁷ Deram-lhe o livro do profeta Isaías.
Abrindo o livro,
Jesus achou a passagem em que está escrito:
¹⁸ "O Espírito do Senhor está sobre mim,
porque ele me consagrou com a unção
para anunciar a Boa-nova aos pobres;
enviou-me para proclamar a libertação aos cativos
e aos cegos a recuperação da vista;
para libertar os oprimidos
¹⁹ e para proclamar um ano da graça do Senhor".
²⁰ Depois fechou o livro,
entregou-o ao ajudante, e sentou-se.
Todos os que estavam na sinagoga
tinham os olhos fixos nele.
²¹ Então começou a dizer-lhes:
"Hoje se cumpriu esta passagem da Escritura
que acabastes de ouvir".

Palavra da Salvação.

4º DOMINGO DO TEMPO COMUM

PRIMEIRA LEITURA

Eu te consagrei e te fiz profeta das nações.

Leitura do Livro do Profeta Jeremias   1,4-5.17-19

Nos dias de Josias, rei de Judá,
4 foi-me dirigida a palavra do Senhor, dizendo:
5 "Antes de formar-te no ventre materno, eu te conheci;
antes de saíres do seio de tua mãe,
eu te consagrei e te fiz profeta das nações.
17 Vamos, põe a roupa e o cinto,
levanta-te e comunica-lhes
tudo que eu te mandar dizer:
não tenhas medo,
senão, eu te farei tremer na presença deles.
18 Com efeito, eu te transformarei hoje
numa cidade fortificada,
numa coluna de ferro,
num muro de bronze
contra todo o mundo,
frente aos reis de Judá e seus príncipes,
aos sacerdotes e ao povo da terra;
19 eles farão guerra contra ti, mas não prevalecerão,
porque eu estou contigo
para defender-te",
diz o Senhor.

Palavra do Senhor.

Salmo responsorial   70(71),1-2.3-4a.5-6ab.15ab.17 (℟. cf. 15ab)

℟. Minha **bo**ca anuncia**rá** todos os **di**as,
vossas **gra**ças incon**tá**veis, ó Se**nhor**.

1 Eu pro**cu**ro meu re**fú**gio em vós, Se**nhor**: *
que eu não **se**ja envergo**nha**do para **sem**pre!
2 Porque sois **jus**to, defen**dei**-me e liber**tai**-me! *
Es**cu**tai a minha **voz**, vinde sal**var**-me!   ℟.

³ Sede uma **ro**cha prote**to**ra para **mim**, *
um a**bri**go bem se**gu**ro que me **sal**ve!
Porque **sois** a minha **for**ça e meu am**pa**ro, †
o meu re**fú**gio, prote**ção** e segu**ran**ça! *
⁴ᵃ Liber**tai**-me, ó meu **Deus**, das mãos do **ím**pio.   ℟.

⁵ Porque **sois**, ó Senhor **Deus**, minha espe**ran**ça, *
em vós con**fi**o desde a **mi**nha juven**tu**de!
⁶ᵃ Sois meu a**poi**o desde **an**tes que eu nas**ces**se, *
ᵇ desde o **sei**o mater**nal**, o meu am**pa**ro.   ℟.

¹⁵ᵃ Minha **bo**ca anunci**a**rá todos os **di**as *
ᵇ vossa justiça e vossas **gra**ças incon**tá**veis.
¹⁷ Vós me ensi**nas**tes desde a **mi**nha juven**tu**de, *
e até **ho**je canto as **vos**sas maravilhas.   ℟.

SEGUNDA LEITURA (mais longa)

*Permanecem a fé, a esperança e a caridade.
Mas a maior delas é a caridade.*

Leitura da Primeira Carta de São Paulo aos Coríntios
                                                    12,31-13,13

Irmãos:
³¹ Aspirai aos dons mais elevados.
Eu vou ainda mostrar-vos um caminho
incomparavelmente superior.
¹³,¹ Se eu falasse todas as línguas,
as dos homens e as dos anjos,
mas não tivesse caridade,
eu seria como um bronze que soa
ou um címbalo que retine.
² Se eu tivesse o dom da profecia,
se conhecesse todos os mistérios e toda a ciência,
se tivesse toda a fé, a ponto de transportar montanhas,
mas se não tivesse caridade,
eu não seria nada.
³ Se eu gastasse todos os meus bens
para sustento dos pobres,
se entregasse o meu corpo às chamas,
mas não tivesse caridade,
isso de nada me serviria.

⁴ A caridade é paciente, é benigna;
   não é invejosa, não é vaidosa, não se ensoberbece;
⁵ não faz nada de inconveniente, não é interesseira,
   não se encoleriza, não guarda rancor;
⁶ não se alegra com a iniqüidade,
   mas se regozija com a verdade.
⁷ Suporta tudo, crê tudo,
   espera tudo, desculpa tudo.
⁸ A caridade não acabará nunca.
   As profecias desaparecerão,
   as línguas cessarão,
   a ciência desaparecerá.
⁹ Com efeito, o nosso conhecimento é limitado
   e a nossa profecia é imperfeita.
¹⁰ Mas, quando vier o que é perfeito,
   desaparecerá o que é imperfeito.
¹¹ Quando eu era criança, falava como criança,
   pensava como criança, raciocinava como criança.
   Quando me tornei adulto,
   rejeitei o que era próprio de criança.
¹² Agora nós vemos num espelho, confusamente,
   mas, então, veremos face a face.
   Agora, conheço apenas de modo imperfeito,
   mas, então, conhecerei como sou conhecido.
¹³ Atualmente permanecem estas três coisas:
   fé, esperança, caridade.
   Mas a maior delas é a caridade.

Palavra do Senhor.

Ou: SEGUNDA LEITURA (mais breve)

Permanecem a fé, a esperança e a caridade.
Mas a maior delas é a caridade.

Leitura da Primeira Carta de São Paulo aos Coríntios **13,4-13**

Irmãos:
⁴ A caridade é paciente, é benigna;
   não é invejosa, não é vaidosa, não se ensoberbece;
⁵ não faz nada de inconveniente, não é interesseira,
   não se encoleriza, não guarda rancor;

⁶ não se alegra com a iniqüidade,
  mas se regozija com a verdade.
⁷ Suporta tudo, crê tudo,
  espera tudo, desculpa tudo.
⁸ A caridade não acabará nunca.
  As profecias desaparecerão,
  as línguas cessarão,
  a ciência desaparecerá.
⁹ Com efeito, o nosso conhecimento é limitado
  e a nossa profecia é imperfeita.
¹⁰ Mas, quando vier o que é perfeito,
  desaparecerá o que é imperfeito.
¹¹ Quando eu era criança, falava como criança,
  pensava como criança, raciocinava como criança.
  Quando me tornei adulto,
  rejeitei o que era próprio de criança.
¹² Agora nós vemos num espelho, confusamente,
  mas, então, veremos face a face.
  Agora, conheço apenas de modo imperfeito,
  mas, então, conhecerei como sou conhecido.
¹³ Atualmente permanecem estas três coisas:
  fé, esperança, caridade.
  Mas a maior delas é a caridade.

Palavra do Senhor.

Aclamação ao Evangelho   Lc 4,18

℟. Aleluia, Aleluia, Aleluia.
℣. Foi o Senhor, quem me mandou
   Boas notícias anunciar;
   ao pobre, a quem está no cativeiro,
   libertação eu vou proclamar!   ℟.

EVANGELHO

*Jesus, assim como Elias e Eliseu,
não é enviado só aos judeus.*

✠ Proclamação do Evangelho de Jesus Cristo
segundo Lucas   4,21-30

Naquele tempo,
Estando Jesus na sinagoga, começou e dizer:
21 "Hoje se cumpriu esta passagem da Escritura
que acabastes de ouvir".
22 Todos davam testemunho a seu respeito,
admirados com as palavras cheias de encanto
que saíam da sua boca.
E diziam: "Não é este o filho de José?"
23 Jesus, porém, disse:
"Sem dúvida, vós me repetireis o provérbio:
Médico, cura-te a ti mesmo.
Faze também aqui, em tua terra,
tudo o que ouvimos dizer que fizeste em Cafarnaum".
24 E acrescentou:
"Em verdade eu vos digo que nenhum profeta
é bem recebido em sua pátria.
25 De fato, eu vos digo:
no tempo do profeta Elias,
quando não choveu durante três anos e seis meses
e houve grande fome em toda a região,
havia muitas viúvas em Israel.
26 No entanto, a nenhuma delas foi enviado Elias,
senão a uma viúva que vivia em Sarepta, na Sidônia.
27 E no tempo do profeta Eliseu,
havia muitos leprosos em Israel.
Contudo, nenhum deles foi curado,
mas sim Naamã, o sírio".
28 Quando ouviram estas palavras de Jesus,
todos na sinagoga ficaram furiosos.
29 Levantaram-se e o expulsaram da cidade.
Levaram-no até ao alto do monte
sobre o qual a cidade estava construída,
com a intenção de lançá-lo no precipício.
30 Jesus, porém, passando pelo meio deles,
continuou o seu caminho.

Palavra da Salvação.

5º DOMINGO DO TEMPO COMUM

PRIMEIRA LEITURA

Aqui estou, envia-me.

Leitura do Livro do Profeta Isaías   6,1-2a.3-8

¹ No ano da morte do rei Ozias,
 vi o Senhor sentado num trono de grande altura;
 o seu manto estendia-se pelo templo.
²ᵃ Havia serafins de pé a seu lado;
 cada um tinha seis asas.
³ Eles exclamavam uns para os outros:
 "Santo, santo, santo é o Senhor dos exércitos;
 toda a terra está repleta de sua glória".
⁴ Ao clamor dessas vozes,
 começaram a tremer as portas em seus gonzos
 e o templo encheu-se de fumaça.
⁵ Disse eu então: "Ai de mim, estou perdido!
 Sou apenas um homem de lábios impuros,
 mas eu vi com meus olhos o rei,
 o Senhor dos exércitos".
⁶ Nisto, um dos serafins voou para mim,
 tendo na mão uma brasa,
 que retirara do altar com uma tenaz,
⁷ e tocou minha boca, dizendo:
 "Assim que isto tocou teus lábios,
 desapareceu tua culpa,
 e teu pecado está perdoado".
⁸ Ouvi a voz do Senhor que dizia:
 "Quem enviarei? Quem irá por nós?"
 Eu respondi: "Aqui estou! Envia-me".

Palavra do Senhor.

Salmo responsorial   Sl 137(138),1-2a.2bc.3.4-5.7c-8 (R. 1c.2a)

℟. Vou can**tar**-vos, ante os **an**jos, ó Se**nhor,**
 e **an**te o vosso **tem**plo vou pros**trar**-me.

¹ Ó **Se**n**hor**, de co**ração** eu vos dou **graças**, *
porque ou**vis**tes as pa**la**vras dos meus **lá**bios!
Pe**ran**te os vossos **an**jos vou can**tar**-vos *
²ᵃ e **an**te o vosso **tem**plo vou pros**trar**-me.   ℞.

ᵇ Eu agra**de**ço vosso a**mor**, vossa ver**da**de, *
ᶜ porque fi**zes**tes muito **mais** que prome**tes**tes;
³ naquele **dia** em que gri**tei**, vós me escu**tas**tes *
e aumen**tas**tes o vi**gor** da minha **al**ma.   ℞.

⁴ Os **reis** de toda a **ter**ra hão de lou**var**-vos, *
quando ouvirem, ó Se**nhor**, vossa pro**mes**sa.
⁵ Hão de can**tar** vossos ca**mi**nhos e di**rão**: *
"Como a **gló**ria do Se**nhor** é grandiosa!"   ℞.

⁷ᶜ Esten**de**reis o vosso **bra**ço em meu auxílio *
e ha**ve**reis de me sal**var** com vossa **des**tra.
⁸ Comple**tai** em mim a **o**bra come**ça**da; *
ó Se**nhor**, vossa bon**da**de é para **sem**pre!
Eu vos **pe**ço: não dei**xeis** inaca**ba**da *
esta **o**bra que fizeram vossas **mãos**!   ℞.

SEGUNDA LEITURA (mais longa)

É isso o que temos pregado e é isso o que crestes.

Leitura da Primeira Carta de São Paulo aos Coríntios   15,1-11

¹ Quero lembrar-vos, irmãos,
o evangelho que vos preguei e que recebestes,
e no qual estais firmes.
² Por ele sois salvos,
se o estais guardando
tal qual ele vos foi pregado por mim.
De outro modo, teríeis abraçado a fé em vão.
³ Com efeito, transmiti-vos em primeiro lugar,
aquilo que eu mesmo tinha recebido, a saber:
que Cristo morreu por nossos pecados,
segundo as Escrituras;
⁴ que foi sepultado;
que, ao terceiro dia, ressuscitou,
segundo as Escrituras;

⁵ e que apareceu a Cefas e, depois, aos Doze.
⁶ Mais tarde,
apareceu a mais de quinhentos irmãos, de uma vez.
Destes, a maioria ainda vive e alguns já morreram.
⁷ Depois, apareceu a Tiago
e, depois, apareceu aos apóstolos todos juntos.
⁸ Por último, apareceu também a mim, como a um abortivo.
⁹ Na verdade, eu sou o menor dos apóstolos,
nem mereço o nome de apóstolo,
porque persegui a Igreja de Deus.
¹⁰ É pela graça de Deus que eu sou o que sou.
Sua graça para comigo não foi estéril:
a prova é que tenho trabalhado
mais do que os outros apóstolos
– não propriamente eu, mas a graça de Deus comigo.
¹¹ É isso, em resumo, o que eu e eles temos pregado
e é isso o que crestes.

Palavra do Senhor.

Ou: SEGUNDA LEITURA (mais breve)

É isso o que temos pregado e é isso o que crestes.

Leitura da Primeira Carta de São Paulo aos Coríntios   15,3-8.11

Irmãos:
³ O que vos transmiti, em primeiro lugar,
foi aquilo que eu mesmo tinha recebido, a saber:
que Cristo morreu por nossos pecados,
segundo as Escrituras;
⁴ que foi sepultado;
que, ao terceiro dia, ressuscitou,
segundo as Escrituras;
⁵ e que apareceu a Cefas e, depois, aos Doze.
⁶ Mais tarde,
apareceu a mais de quinhentos irmãos, de uma vez.
Destes, a maioria ainda vive e alguns já morreram.
⁷ Depois, apareceu a Tiago
e, depois, apareceu aos apóstolos todos juntos.
⁸ Por último, apareceu também a mim, como a um abortivo.
¹¹ É isso, em resumo, o que eu e eles temos pregado
e é isso o que crestes.

Palavra do Senhor.

Aclamação ao Evangelho   Mt 4,19

℟. Aleluia, Aleluia, Aleluia.
℣. "Vinde após **mim**!" o **Senhor** lhes fa**lou**,
"e vos fa**rei** pesca**dores** de **homens**".   ℟.

EVANGELHO

Deixaram tudo e o seguiram.

✠ Proclamação do Evangelho de Jesus Cristo
segundo Lucas   5,1-11

Naquele tempo,
1 Jesus estava na margem do lago de Genesaré,
e a multidão apertava-se ao seu redor
para ouvir a palavra de Deus.
2 Jesus viu duas barcas paradas na margem do lago.
Os pescadores haviam desembarcado
e lavavam as redes.
3 Subindo numa das barcas, que era de Simão,
pediu que se afastasse um pouco da margem.
Depois sentou-se e, da barca, ensinava as multidões.
4 Quando acabou de falar, disse a Simão:
"Avança para águas mais profundas,
e lançai vossas redes para a pesca".
5 Simão respondeu:
"Mestre, nós trabalhamos a noite inteira
e nada pescamos.
Mas, em atenção à tua palavra, vou lançar as redes".
6 Assim fizeram,
e apanharam tamanha quantidade de peixes
que as redes se rompiam.
7 Então fizeram sinal aos companheiros da outra barca,
para que viessem ajudá-los.
Eles vieram, e encheram as duas barcas,
a ponto de quase afundarem.
8 Ao ver aquilo,
Simão Pedro atirou-se aos pés de Jesus, dizendo:
"Senhor, afasta-te de mim,
porque sou um pecador!"
9 É que o espanto se apoderara de Simão
e de todos os seus companheiros,
por causa da pesca que acabavam de fazer.

¹⁰ Tiago e João, filhos de Zebedeu,
que eram sócios de Simão, também ficaram espantados.
Jesus, porém, disse a Simão:
"Não tenhas medo!
De hoje em diante tu serás pescador de homens".
¹¹ Então levaram as barcas para a margem,
deixaram tudo e seguiram a Jesus.

Palavra da Salvação.

6º DOMINGO DO TEMPO COMUM

PRIMEIRA LEITURA

Maldito o homem que confia no homem;
feliz o homem que confia no Senhor.

Leitura do Livro do Profeta Jeremias   17,5-8

⁵ Isto diz o Senhor:
"Maldito o homem que confia no homem
e faz consistir sua força na carne humana,
enquanto o seu coração se afasta do Senhor;
⁶ como os cardos no deserto,
ele não vê chegar a floração,
prefere vegetar na secura do ermo,
em região salobra e desabitada.
⁷ Bendito o homem que confia no Senhor,
cuja esperança é o Senhor;
⁸ é como a árvore
plantada junto às águas,
que estende as raízes em busca de umidade,
por isso não teme a chegada do calor:
sua folhagem mantém-se verde,
não sofre míngua em tempo de seca
e nunca deixa de dar frutos".

Palavra do Senhor.

Salmo responsorial   Sl 1,1-2.3.4.6 (℟. Sl 39,5a)

℟. É fe**liz** quem a **Deus** se con**fi**a!

¹ Fe**liz** é todo a**que**le que não **an**da *
con**for**me os con**se**lhos dos per**ver**sos;
que não **en**tra no ca**mi**nho dos mal**va**dos, *
nem **jun**to aos zomba**do**res vai sen**tar**-se;
² mas en**con**tra seu pra**zer** na lei de **Deus** *
e a me**di**ta, dia e **noi**te, sem cessar.   ℟.

³ Eis que **e**le é seme**lhan**te a uma **ár**vore, *
que à **bei**ra da tor**ren**te está plan**ta**da;
ela **sem**pre dá seus **fru**tos a seu **tem**po, †

e jamais as suas **fo**lhas vão mur**char**. *
Eis que **tu**do o que ele **faz** vai prospe**rar**. ℟.

4 Mas bem **ou**tra é a **sor**te dos per**ver**sos. †
Ao con**trá**rio, são i**guais** à palha **se**ca *
espa**lha**da e disper**sa**da pelo **ven**to.
6 Pois Deus vi**gia** o ca**mi**nho dos e**lei**tos, *
mas a es**tra**da dos mal**va**dos leva à **mor**te. ℟.

SEGUNDA LEITURA

Se Cristo não ressuscitou, a vossa fé é vã.

Leitura da Primeira Carta de São Paulo aos Coríntios
15,12.16-20

Irmãos:
12 Se se prega que Cristo ressuscitou dos mortos,
como podem alguns dizer entre vós
que não há ressurreição dos mortos?
16 Pois, se os mortos não ressuscitam,
então Cristo também não ressuscitou.
17 E se Cristo não ressuscitou,
a vossa fé não tem nenhum valor
e ainda estais nos vossos pecados.
18 Então, também os que morreram em Cristo pereceram.
19 Se é para esta vida
que pusemos a nossa esperança em Cristo,
nós somos – de todos os homens –
os mais dignos de compaixão.
20 Mas, na realidade, Cristo ressuscitou dos mortos
como primícias dos que morreram.

Palavra do Senhor.

Aclamação ao Evangelho
Lc 6, 23ab

℟. Ale**lu**ia, Ale**lu**ia, Ale**lu**ia.
℣. Fi**cai** muito a**le**gres, sal**tai** de ale**gria**,
pois, **ten**des um **prê**mio bem **gran**de nos **céus**.
Fi**cai** muito a**le**gres, sal**tai** de ale**gria**,
Amém! Ale**lu**ia, Ale**lu**ia! ℟.

EVANGELHO

Bem-aventurados os pobres.
Ai de vós, ricos.

✠ Proclamação do Evangelho de Jesus Cristo
segundo Lucas — 6,17.20-26

Naquele tempo,
17 Jesus desceu da montanha com os discípulos
e parou num lugar plano.
Ali estavam muitos dos seus discípulos
e grande multidão de gente
de toda a Judéia e de Jerusalém,
do litoral de Tiro e Sidônia.
20 E, levantando os olhos para os seus discípulos, disse:
"Bem-aventurados vós, os pobres,
porque vosso é o Reino de Deus!
21 Bem-aventurados, vós que agora tendes fome,
porque sereis saciados!
Bem-aventurados vós, que agora chorais,
porque havereis de rir!
22 Bem-aventurados, sereis,
quando os homens vos odiarem,
vos expulsarem, vos insultarem
e amaldiçoarem o vosso nome,
por causa do Filho do Homem!
23 Alegrai-vos, nesse dia, e exultai
pois será grande a vossa recompensa no céu;
porque era assim
que os antepassados deles tratavam os profetas.
24 Mas, ai de vós, ricos,
porque já tendes vossa consolação!
25 Ai de vós, que agora tendes fartura,
porque passareis fome!
Ai de vós, que agora rides,
porque tereis luto e lágrimas!
26 Ai de vós quando todos vos elogiam!
Era assim que os antepassados deles
tratavam os falsos profetas".

Palavra da Salvação.

7º DOMINGO DO TEMPO COMUM

PRIMEIRA LEITURA

*O Senhor te entregou nas minhas mãos,
mas eu não quis te matar.*

Leitura do Primeiro Livro de Samuel   26,2.7-9.12-13.22-23

Naqueles dias,
² Saul pôs-se em marcha
e desceu ao deserto de Zif.
Vinha acompanhado de três mil homens,
escolhidos de Israel,
para procurar Davi no deserto de Zif.
⁷ Davi e Abisai dirigiram-se de noite até ao acampamento,
e encontraram Saul deitado
e dormindo no meio das barricadas,
com a sua lança à cabeceira, fincada no chão.
Abner e seus soldados dormiam ao redor dele.
⁸ Abisai disse a Davi:
"Deus entregou hoje em tuas mãos o teu inimigo.
Vou cravá-lo em terra com uma lançada,
e não será preciso repetir o golpe".
⁹ Mas Davi respondeu:
"Não o mates!
Pois quem poderia estender a mão
contra o ungido do Senhor,
e ficar impune?"
¹² Então Davi apanhou a lança e a bilha de água
que estavam junto da cabeceira de Saul,
e foram-se embora.
Ninguém os viu,
ninguém se deu conta de nada,
ninguém despertou,
pois todos dormiam um profundo sono
que o Senhor lhes tinha enviado.
¹³ Davi atravessou para o outro lado,
parou no alto do monte, ao longe,
deixando um grande espaço entre eles.
²² E Davi disse:
"Aqui está a lança do rei.
Venha cá um dos teus servos buscá-la!

²³ O Senhor retribuirá a cada um
conforme a sua justiça e a sua fidelidade.
Pois ele te havia entregue hoje em meu poder,
mas eu não quis estender a minha mão
contra o ungido do Senhor.

Palavra do Senhor.

Salmo responsorial   Sl 102(103),1-2.3-4.8.10.12-13 (R̃. 8a)

R̃. O Se**nhor** é bon**do**so e compas**si**vo.

¹ Ben**di**ze, ó minha **al**ma, ao Se**nhor**, *
e **to**do o meu **ser**, seu santo **no**me!
² Ben**di**ze, ó minha **al**ma, ao Se**nhor**, *
não te es**que**ças de ne**nhum** de seus favores! R̃.

³ Pois ele te per**doa** toda **cul**pa, *
e **cu**ra toda a **tu**a enfermi**da**de;
⁴ da sepultura ele **sal**va a tua **vi**da *
e te **cer**ca de carinho e compai**xão**. R̃.

⁸ O Se**nhor** é indul**gen**te, é favo**rá**vel, *
é paci**en**te, é bon**do**so e compas**si**vo.
¹⁰ Não nos **tra**ta como exigem nossas **fal**tas, *
nem nos **pu**ne em propor**ção** às nossas **cul**pas. R̃.

¹² quanto **dis**ta o nas**cen**te do poente, *
tanto a**fas**ta para **lon**ge nossos **cri**mes.
¹³ Como um **pai** se compa**de**ce de seus **fi**lhos, *
o Se**nhor** tem compai**xão** dos que o **te**mem. R̃.

SEGUNDA LEITURA

*E como já refletimos a imagem do homem terrestre,
assim também refletiremos a imagem do homem celeste.*

Leitura da Primeira Carta de São Paulo aos Coríntios   15,45-49

Irmãos:
⁴⁵ O primeiro homem, Adão, "foi um ser vivo".
O segundo Adão é um espírito vivificante.

⁴⁶ Veio primeiro não o homem espiritual,
mas o homem natural;
depois é que veio o homem espiritual.
⁴⁷ O primeiro homem, tirado da terra, é terrestre;
o segundo homem vem do céu.
⁴⁸ Como foi o homem terrestre,
assim também são as pessoas terrestres;
e como é o homem celeste,
assim também vão ser as pessoas celestes.
⁴⁹ E como já refletimos a imagem do homem terrestre,
assim também refletiremos a imagem do homem celeste.

Palavra do Senhor.

Aclamação ao Evangelho Jo 13,34

℟. Ale**lu**ia, Ale**lu**ia, Ale**lu**ia.
℣. Eu vos **dou** este **no**vo manda**men**to,
nova **or**dem, a**go**ra, vos **dou**;
que, tam**bém** vos a**meis** uns aos **ou**tros,
como **eu** vos a**mei**, diz o Se**nhor**. ℟.

EVANGELHO

*Sede misericordiosos,
como também o vosso Pai é misericordioso.*

✠ Proclamação do Evangelho de Jesus Cristo,
segundo Lucas 6,27-38

Naquele tempo, disse Jesus a seus discípulos:
²⁷ "A vós que me escutais, eu digo:
Amai os vossos inimigos
e fazei o bem aos que vos odeiam,
²⁸ bendizei os que vos amaldiçoam,
e rezai por aqueles que vos caluniam.
²⁹ Se alguém te der uma bofetada numa face,
oferece também a outra.
Se alguém te tomar o manto,
deixa-o levar também a túnica.
³⁰ Dá a quem te pedir
e, se alguém tirar o que é teu,
não peças que o devolva.

31 O que vós desejais que os outros vos façam,
fazei-o também vós a eles.
32 Se amais somente aqueles que vos amam,
que recompensa tereis?
Até os pecadores amam aqueles que os amam.
33 E se fazeis o bem somente aos que vos fazem o bem,
que recompensa tereis?
Até os pecadores fazem assim.
34 E se emprestais
somente àqueles de quem esperais receber,
que recompensa tereis?
Até os pecadores emprestam aos pecadores,
para receber de volta a mesma quantia.
35 Ao contrário, amai os vossos inimigos,
fazei o bem e emprestai
sem esperar coisa alguma em troca.
Então, a vossa recompensa será grande,
e sereis filhos do Altíssimo,
porque Deus é bondoso também
para com os ingratos e os maus.
36 Sede misericordiosos,
como também o vosso Pai é misericordioso.
37 Não julgueis e não sereis julgados;
não condeneis e não sereis condenados;
perdoai, e sereis perdoados.
38 Dai e vos será dado.
Uma boa medida, calcada, sacudida, transbordante
será colocada no vosso colo;
porque com a mesma medida com que medirdes os outros,
vós também sereis medidos".

Palavra da Salvação.

8º DOMINGO DO TEMPO COMUM

PRIMEIRA LEITURA

Não elogies a ninguém, antes de ouvi-lo falar.

Leitura do Livro do Eclesiástico 27,5-8 (gr. 4-7)

⁵ Quando a gente sacode a peneira,
  ficam nela só os refugos;
  assim os defeitos de um homem aparecem no seu falar.
⁶ Como o forno prova os vasos do oleiro,
  assim o homem é provado em sua conversa.
⁷ O fruto revela como foi cultivada a árvore;
  assim, a palavra mostra o coração do homem.
⁸ Não elogies a ninguém, antes de ouvi-lo falar:
  pois é no falar que o homem se revela.

Palavra do Senhor.

Salmo responsorial Sl 91(92),2-3.13-14.15-16 (℟. cf. 2a)

℟. Como é **bom** agrade**cer**mos ao Se**nhor**.

² Como é **bom** agrade**cer**mos ao Se**nhor** *
  e cantar **sal**mos de lou**vor** ao Deus Al**tís**simo!
³ Anun**ciar** pela ma**nhã** vossa bon**da**de, *
  e o **vos**so amor **fiel**, a noite in**tei**ra. ℟.

¹³ O **jus**to cresce**rá** como a pal**mei**ra, *
  flori**rá** igual ao **ce**dro que há no **Lí**bano;
¹⁴ na **ca**sa do Se**nhor** estão planta**dos**, *
  nos átrios de meu **Deus** floresce**rão**. ℟.

¹⁵ Mesmo no **tem**po da ve**lhi**ce darão **fru**tos, *
  cheios de **sei**va e de **fo**lhas verde**jan**tes;
¹⁶ e di**rão**: "É justo **mes**mo o Senhor **Deus**: *
  meu Ro**che**do, não e**xis**te nele o **mal**!" ℟.

SEGUNDA LEITURA

A vitória foi-nos dada por Jesus Cristo.

Leitura da Primeira Carta de São Paulo aos Coríntios 15,54-58

Irmãos:
⁵⁴ Quando este ser corruptível
estiver vestido de incorruptibilidade
e este ser mortal estiver vestido de imortalidade,
então estará cumprida a palavra da Escritura:
"A morte foi tragada pela vitória.
⁵⁵ Ó morte, onde está a tua vitória?
Onde está o teu aguilhão?"
⁵⁶ O aguilhão da morte é o pecado,
e a força do pecado é a Lei.
⁵⁷ Graças sejam dadas a Deus
que nos dá a vitória pelo Senhor nosso, Jesus Cristo.
⁵⁸ Portanto, meus amados irmãos,
sede firmes e inabaláveis,
empenhando-vos cada vez mais na obra do Senhor,
certos de que vossas fadigas não são em vão, no Senhor.

Palavra do Senhor.

Aclamação ao Evangelho   Fl 2,15d.16a

℞. Ale**lu**ia, Ale**lu**ia, Ale**lu**ia.
℣. Como **as**tros no **mun**do vós **res**plande**ceis**,
mensagem de **vi**da ao **mun**do anunci**an**do;
da **vi**da a Pa**la**vra, com **fé**, procla**mais**,
quais **as**tros lu**zen**tes no **mun**do bri**lhais**! ℞.

EVANGELHO

A boca fala do que o coração está cheio.

✠ Proclamação do Evangelho de Jesus Cristo
segundo Lucas   6,39-45

Naquele tempo,
³⁹ Jesus contou uma parábola aos discípulos:
"Pode um cego guiar outro cego?
Não cairão os dois num buraco?

⁴⁰ Um discípulo não é maior do que o mestre;
todo discípulo bem formado será como o mestre.
⁴¹ Por que vês tu o cisco no olho do teu irmão,
e não percebes a trave que há no teu próprio olho?
⁴² Como podes dizer a teu irmão:
irmão, deixa-me tirar o cisco do teu olho,
quando tu não vês a trave no teu próprio olho?
Hipócrita! Tira primeiro a trave do teu olho,
e então poderás enxergar bem
para tirar o cisco do olho do teu irmão.
⁴³ Não existe árvore boa que dê frutos ruins,
nem árvore ruim que dê frutos bons.
⁴⁴ Toda árvore é reconhecida pelos seus frutos.
Não se colhem figos de espinheiros,
nem uvas de plantas espinhosas.
⁴⁵ O homem bom tira coisas boas
do bom tesouro do seu coração.
Mas o homem mau tira coisas más do seu mau tesouro,
pois sua boca fala do que o coração está cheio".

Palavra da Salvação.

9º DOMINGO DO TEMPO COMUM

PRIMEIRA LEITURA

Quando um estrangeiro vier rezar no teu Templo, escuta-o.

Leitura do Primeiro Livro dos Reis 8,41-43

Naqueles dias, Salomão rezou no Templo, dizendo:
⁴¹ "Senhor, pode acontecer
que até um estrangeiro
que não pertence a teu povo, Israel,
⁴² escute falar de teu grande nome,
de tua mão poderosa
e do poder de teu braço.
Se, por esse motivo,
ele vier de uma terra distante,
para rezar neste templo,
⁴³ Senhor, escuta então do céu onde moras
e atende a todos os pedidos desse estrangeiro,
para que todos os povos da terra
conheçam o teu nome e o respeitem,
como faz o teu povo Israel,
e para que saibam que o teu nome é invocado
neste templo que eu construí".

Palavra do Senhor.

Salmo responsorial Sl 116(117),1.2 (℟. Mc 16,15)

℟. Ide, **vós**, por este **mun**do a**fo**ra
e procla**mai** o Evan**ge**lho a **to**dos!

Ou: Ale**lu**ia, Ale**lu**ia, Ale**lu**ia.

¹ Cantai louvores ao Se**nhor**, todas as **gen**tes, *
povos **to**dos, feste**jai**-o! ℟.
² Pois compro**va**do é seu a**mor** para co**nos**co, *
para **sem**pre ele é fiel! ℟.

SEGUNDA LEITURA

Se eu ainda estivesse preocupado em agradar aos homens, não seria servo de Cristo.

Início da Carta de São Paulo aos Gálatas   1,1-2.6-10

¹ Eu, Paulo, apóstolo
– não por iniciativa humana,
nem por intermédio de nenhum homem,
mas por Jesus Cristo
e por Deus Pai que o ressuscitou dos mortos –
² e todos os irmãos que estão comigo,
às Igrejas da Galácia.
⁶ Admiro-me de terdes abandonado tão depressa
aquele que vos chamou, na graça de Cristo,
e de terdes passado para um outro evangelho.
⁷ Não que haja outro evangelho,
mas algumas pessoas vos estão perturbando
e querendo mudar o evangelho de Cristo.
⁸ Pois bem, mesmo que nós ou um anjo vindo do céu
vos pregasse um evangelho
diferente daquele que vos pregamos,
seja excomungado.
⁹ Como já dissemos e agora repito:
Se alguém vos pregar um evangelho
diferente daquele que recebestes,
seja excomungado.
¹⁰ Será que eu estou buscando a aprovação dos homens
ou a aprovação de Deus?
Ou estou procurando agradar aos homens?
Se eu ainda estivesse preocupado em agradar aos homens,
não seria servo de Cristo.

Palavra do Senhor.

Aclamação ao Evangelho   Jo 3,16

℟. Ale**lu**ia, Ale**lu**ia, Ale**lu**ia.
℣. Deus o **mun**do tanto **amou**, que seu **Fi**lho entre**gou**!
Quem no **Fi**lho crê e con**fi**a, nele en**con**tra eterna **vi**da!   ℟.

EVANGELHO

Nem mesmo em Israel encontrei tamanha fé.

✠ Proclamação do Evangelho de Jesus Cristo
segundo Lucas   7,1-10

Naquele tempo,
1 Quando acabou de falar ao povo que o escutava,
Jesus entrou em Cafarnaum.
2 Havia lá um oficial romano
que tinha um empregado a quem estimava muito,
e que estava doente, à beira da morte.
3 O oficial ouviu falar de Jesus
e enviou alguns anciãos dos judeus,
para pedirem que Jesus viesse salvar seu empregado.
4 Chegando onde Jesus estava,
pediram-lhe com insistência:
"O oficial merece que lhe faças este favor,
5 porque ele estima o nosso povo.
Ele até nos construiu uma sinagoga".
6 Então Jesus pôs-se a caminho com eles.
Porém, quando já estava perto da casa,
o oficial mandou alguns amigos dizerem a Jesus:
"Senhor, não te incomodes,
pois não sou digno de que entres em minha casa.
7 Nem mesmo me achei digno
de ir pessoalmente ao teu encontro.
Mas ordena com a tua palavra,
e o meu empregado ficará curado.
8 Eu também estou debaixo de autoridade,
mas tenho soldados que obedecem às minhas ordens.
Se ordeno a um : 'Vai!', ele vai;
e a outro: 'Vem!', ele vem;
e ao meu empregado: 'Faze isto!', ele o faz' ".
9 Ouvindo isso, Jesus ficou admirado.
Virou-se para a multidão que o seguia, e disse:
"Eu vos declaro que nem mesmo em Israel
encontrei tamanha fé".
10 Os mensageiros voltaram para a casa do oficial
e encontraram o empregado em perfeita saúde.

Palavra da Salvação.

10º DOMINGO DO TEMPO COMUM

PRIMEIRA LEITURA

Eis aqui, vivo, o teu filho.

Leitura do Primeiro Livro dos Reis   17,17-24

Naqueles dias,
17 Sucedeu que o filho da dona da casa caiu doente,
e o seu mal era tão grave que ele já não respirava.
18 Então a mulher disse a Elias:
"O que há entre mim e ti, homem de Deus?
Porventura vieste à minha casa
para me lembrares os meus pecados
e matares o meu filho?"
19 Elias respondeu-lhe:
"Dá-me o teu filho!"
Tomando o menino do seu regaço,
levou-o ao aposento de cima onde ele dormia,
e o pôs em cima do seu leito.
20 Depois, clamou ao Senhor, dizendo:
"Senhor, meu Deus,
até a viúva, em cuja casa habito como hóspede,
queres afligir, matando-lhe seu filho?"
21 Depois, por três vezes,
ele estendeu-se sobre o menino e suplicou ao Senhor:
"Senhor, meu Deus,
faze, te rogo, que a alma deste menino
volte às suas entranhas".
22 O Senhor ouviu a voz de Elias:
a alma do menino voltou a ele
e ele recuperou a vida.
23 Elias tomou o menino, desceu com ele
do aposento superior para o interior da casa,
e entregou-o à sua mãe, dizendo:
"Eis aqui o teu filho vivo".
24 A mulher exclamou:
"Agora vejo que és um homem de Deus,
e que a palavra do Senhor é verdadeira em tua boca".

Palavra do Senhor.

Salmo responsorial Sl 29(30),2.4.5-6.11.12a.13b (R. 2a.4b)

R. Eu vos exalto, ó Senhor, pois me livrastes,
e preservastes minha vida da morte!

2 Eu vos exalto, ó Senhor, pois me livrastes, *
e não deixastes rir de mim meus inimigos!
4 Vós tirastes minha alma dos abismos *
e me salvastes, quando estava já morrendo! R.

5 Cantai salmos ao Senhor, povo fiel, *
dai-lhe graças e invocai seu santo nome!
6 Pois sua ira dura apenas um momento, *
mas sua bondade permanece a vida inteira;
se à tarde vem o pranto visitar-nos, *
de manhã vem saudar-nos a alegria. R.

11 Escutai-me, Senhor Deus, tende piedade! *
Sede, Senhor, o meu abrigo protetor!
12 Transformastes o meu pranto em uma festa, *
13 Senhor meu Deus, eternamente hei de louvar-vos! R.

SEGUNDA LEITURA

*Dignou-se revelar-me o seu Filho,
para que eu o pregasse entre os pagãos.*

Leitura da Carta de São Paulo aos Gálatas   1,11-19

11 Asseguro-vos, irmãos,
que o evangelho pregado por mim
não é conforme a critérios humanos.
12 Com efeito, não o recebi nem aprendi de homem algum,
mas por revelação de Jesus Cristo.
13 Certamente ouvistes falar
como foi outrora a minha conduta no judaísmo,
com que excessos perseguia e devastava a Igreja de Deus
14 e como progredia no judaísmo
mais do que muitos judeus de minha idade,
mostrando-me extremamente zeloso das tradições paternas.
15 Quando, porém,
aquele que me separou desde o ventre materno
e me chamou por sua graça

16 se dignou revelar-me o seu Filho,
para que eu o pregasse entre os pagãos,
não consultei carne nem sangue
17 nem subi, logo, a Jerusalém
para estar com os que eram apóstolos antes de mim.
Pelo contrário, parti para a Arábia
e, depois, voltei ainda a Damasco.
18 Três anos mais tarde, fui a Jerusalém
para conhecer Cefas
e fiquei com ele quinze dias.
19 E não estive com nenhum outro apóstolo,
a não ser Tiago, o irmão do Senhor.

Palavra do Senhor.

Aclamação ao Evangelho Lc 7,16

℟. Aleluia, Aleluia, Aleluia.
℣. Um **gran**de pro**fe**ta sur**giu** entre **nós**
e **Deus** visi**tou** o seu **po**vo so**fri**do;
um **gran**de pro**fe**ta sur**giu** entre **nós**,
Amém, Ale**lui**a, Ale**lui**a!   ℟.

EVANGELHO

Jovem, eu te ordeno, levanta-te!

✠ Proclamação do Evangelho de Jesus Cristo
segundo Lucas 7,11-17

Naquele tempo,
11 Jesus dirigiu-se a uma cidade chamada Naim.
Com ele iam seus discípulos e uma grande multidão.
12 Quando chegou à porta da cidade,
eis que levavam um defunto, filho único;
e sua mãe era viúva.
Grande multidão da cidade a acompanhava.
13 Ao vê-la, o Senhor sentiu compaixão para com ela
e lhe disse:
"Não chore!"
14 Aproximou-se, tocou o caixão,
e os que o carregavam pararam.
Então, Jesus disse:

"Jovem, eu te ordeno, levanta-te!"
¹⁵ O que estava morto sentou-se e começou a falar.
E Jesus o entregou à sua mãe.
¹⁶ Todos ficaram com muito medo
e glorificavam a Deus, dizendo:
"Um grande profeta apareceu entre nós
e Deus veio visitar o seu povo".
¹⁷ E a notícia do fato espalhou-se pela Judéia inteira,
e por toda a redondeza.

Palavra da Salvação.

11º DOMINGO DO TEMPO COMUM

PRIMEIRA LEITURA

*O Senhor perdoou o teu pecado,
de modo que não morrerás!*

Leitura do Segundo Livro de Samuel   12,7-10.13

Naqueles dias,
⁷ Natã disse a Davi:
"Esse homem és tu!
Assim diz o Senhor, o Deus de Israel:
Eu te ungi como rei de Israel, e salvei-te das mãos de Saul.
⁸ Dei-te a casa do teu senhor
e pus nos teus braços as mulheres do teu senhor,
entregando-te também a casa de Israel e de Judá;
e, se isto te parece pouco,
vou acrescentar outros favores.
⁹ Por que desprezaste a palavra do Senhor,
fazendo o que lhe desagrada?
Feriste à espada o hitita Urias,
para fazer da sua mulher a tua esposa,
fazendo-o morrer pela espada dos amonitas.
¹⁰ Por isso, a espada jamais se afastará de tua casa,
porque me desprezaste e tomaste a mulher do hitita Urias
para fazer dela a tua esposa.
¹³ Davi disse a Natã:
"Pequei contra o Senhor".
Natã respondeu-lhe:
"De sua parte, o Senhor perdoou o teu pecado,
de modo que não morrerás!
Entretanto,
por teres ultrajado o Senhor com teu procedimento
o filho que te nasceu morrerá".

Palavra do Senhor.

Salmo responsorial   Sl 31(32),1-2.5.7.11 (℟. cf 5ad)

℟. Eu confes**sei**, afi**nal**, meu pe**ca**do
    e perdo**as**tes, Se**nhor**, minha **fal**ta.

1. Feliz o **ho**mem que **foi** perdoado *
   e cuja **fal**ta já **foi** enco**ber**ta!
2. Feliz o **ho**mem a **quem** o Senhor †
   não olha m**ais** como **sen**do cul**pa**do, *
   e em cuja **al**ma não **há** falsi**da**de! ℟.

5. Eu confes**sei**, afi**nal**, meu pe**ca**do, *
   e minha **fal**ta vos **fiz** conhe**cer**.
   Disse: "**Eu** irei confes**sar** meu pecado!" *
   E perdoastes, Se**nhor**, minha **fal**ta. ℟.

7. Sois para **mim** proteção e re**fú**gio; †
   na minha an**gús**tia me ha**veis** de sal**var**, *
   e envolve**reis** a minha **al**ma no **go**zo.
11. Regozi**jai**-vos, ó **jus**tos, em **Deus**, †
    e no Se**nhor** exul**tai** de ale**gria**! *
    Co**ra**ções **re**tos, can**tai** jubi**lo**sos! ℟.

SEGUNDA LEITURA

Eu vivo, mas não eu, é Cristo que vive em mim.

Leitura da Carta de São Paulo aos Gálatas   2,16.19-21

Irmãos:
16. Sabendo que ninguém é justificado
    por observar a Lei de Moisés,
    mas por crer em Jesus Cristo,
    nós também abraçamos a fé em Jesus Cristo.
    Assim fomos justificados pela fé em Cristo
    e não pela prática da Lei,
    porque pela prática da Lei ninguém será justificado.
19. Aliás, foi em virtude da Lei que eu morri para a Lei,
    a fim de viver para Deus.
    Com Cristo, eu fui pregado na cruz.
20. Eu vivo, mas não eu, é Cristo que vive em mim.
    Esta minha vida presente, na carne, eu a vivo na fé,
    crendo no Filho de Deus,
    que me amou e por mim se entregou.
21. Eu não desprezo a graça de Deus.
    Ora, se a justiça vem pela Lei,
    então Cristo morreu inutilmente.

Palavra do Senhor.

Aclamação ao Evangelho   1Jo 4,10b

℞. Aleluia, Aleluia, Aleluia.
℣. Tanto amor Deus nos mostrou, que seu Filho entregou,
como vítima expiatória pelas nossas transgressões.   ℞.

EVANGELHO (mais longo)

*Os muitos pecados que ela cometeu estão perdoados,
porque ela mostrou muito amor.*

✠ Proclamação do Evangelho de Jesus Cristo
segundo Lucas   7,36–8,3

Naquele tempo,
36 Um fariseu convidou Jesus
para uma refeição em sua casa.
Jesus entrou na casa do fariseu e pôs-se à mesa.
37 Certa mulher, conhecida na cidade como pecadora,
soube que Jesus estava à mesa, na casa do fariseu.
Ela trouxe um frasco de alabastro com perfume,
38 e, ficando por detrás, chorava aos pés de Jesus;
com as lágrimas começou a banhar-lhe os pés,
enxugava-os com os cabelos, cobria-os de beijos
e os ungia com o perfume.
39 Vendo isso,
o fariseu que o havia convidado
ficou pensando:
"Se este homem fosse um profeta,
saberia que tipo de mulher está tocando nele,
pois é uma pecadora".
40 Jesus disse então ao fariseu:
"Simão, tenho uma coisa para te dizer".
Simão respondeu:
"Fala, mestre!"
41 "Certo credor tinha dois devedores;
um lhe devia quinhentas moedas de prata,
o outro, cinqüenta.
42 Como não tivessem com que pagar,
o homem perdoou os dois.
Qual deles o amará mais?"
43 Simão respondeu:
"Acho que é aquele ao qual perdoou mais".

Jesus lhe disse:
"Tu julgaste corretamente".
⁴⁴ Então Jesus virou-se para a mulher
e disse a Simão:
"Estás vendo esta mulher?
Quando entrei em tua casa,
tu não me ofereceste água para lavar os pés;
ela, porém, banhou meus pés com lágrimas
e enxugou-os com os cabelos.
⁴⁵ Tu não me deste o beijo de saudação;
ela, porém, desde que entrei,
não parou de beijar meus pés.
⁴⁶ Tu não derramaste óleo na minha cabeça;
ela, porém, ungiu meus pés com perfume.
⁴⁷ Por esta razão, eu te declaro:
os muitos pecados que ela cometeu estão perdoados
porque ela mostrou muito amor.
Aquele a quem se perdoa pouco,
mostra pouco amor".
⁴⁸ E Jesus disse à mulher:
"Teus pecados estão perdoados".
⁴⁹ Então, os convidados começaram a pensar:
"Quem é este que até perdoa pecados?"
⁵⁰ Mas Jesus disse à mulher:
"Tua fé te salvou. Vai em paz!"
⁸,¹ Depois disso, Jesus andava por cidades e povoados,
pregando e anunciando a Boa-nova do Reino de Deus.
Os doze iam com ele;
² e também algumas mulheres
que haviam sido curadas de maus espíritos e doenças:
Maria, chamada Madalena,
da qual tinham saído sete demônios;
³ Joana, mulher de Cuza, alto funcionário de Herodes;
Susana, e várias outras mulheres
que ajudavam a Jesus e aos discípulos
com os bens que possuíam.

Palavra da Salvação.

Ou: **EVANGELHO (mais breve)**

Os muitos pecados que ela cometeu estão perdoados,
porque ela mostrou muito amor.

✠ Proclamação do Evangelho de Jesus Cristo
segundo Lucas 7,36-50

Naquele tempo,
³⁶ Um fariseu convidou Jesus
para uma refeição em sua casa.
Jesus entrou na casa do fariseu e pôs-se à mesa.
³⁷ Certa mulher, conhecida na cidade como pecadora,
soube que Jesus estava à mesa, na casa do fariseu.
Ela trouxe um frasco de alabastro com perfume,
³⁸ e, ficando por detrás, chorava aos pés de Jesus;
com as lágrimas começou a banhar-lhe os pés,
enxugava-os com os cabelos, cobria-os de beijos
e os ungia com o perfume.
³⁹ Vendo isso, o fariseu que o havia convidado
ficou pensando:
"Se este homem fosse um profeta,
saberia que tipo de mulher está tocando nele,
pois é uma pecadora".
⁴⁰ Jesus disse então ao fariseu:
"Simão, tenho uma coisa para te dizer".
Simão respondeu:
"Fala, mestre!"
⁴¹ "Certo credor tinha dois devedores;
um lhe devia quinhentas moedas de prata,
o outro, cinqüenta.
⁴² Como não tivessem com que pagar,
o homem perdoou os dois.
Qual deles o amará mais?"
⁴³ Simão respondeu:
"Acho que é aquele ao qual perdoou mais".
Jesus lhe disse:
"Tu julgaste corretamente".
⁴⁴ Então Jesus virou-se para a mulher
e disse a Simão:
"Estás vendo esta mulher?
Quando entrei em tua casa,
tu não me ofereceste água para lavar os pés;

ela, porém, banhou meus pés com lágrimas
e enxugou-os com os cabelos.
⁴⁵ Tu não me deste o beijo de saudação;
ela, porém, desde que entrei,
não parou de beijar meus pés.
⁴⁶ Tu não derramaste óleo na minha cabeça;
ela, porém, ungiu meus pés com perfume.
⁴⁷ Por esta razão, eu te declaro:
os muitos pecados que ela cometeu estão perdoados
porque ela mostrou muito amor.
Aquele a quem se perdoa pouco,
mostra pouco amor".
⁴⁸ E Jesus disse à mulher:
"Teus pecados estão perdoados".
⁴⁹ Então, os convidados começaram a pensar:
"Quem é este que até perdoa pecados?"
⁵⁰ Mas Jesus disse à mulher:
"Tua fé te salvou. Vai em paz!"

Palavra da Salvação.

12º DOMINGO DO TEMPO COMUM

PRIMEIRA LEITURA

Contemplarão aquele a quem transpassaram.

Leitura da Profecia de Zacarias   12,10-11;13,1

Assim diz o Senhor:
¹⁰ "Derramarei sobre a casa de Davi
e sobre os habitantes de Jerusalém
um espírito de graça e de oração;
eles olharão para mim.
Ao que eles feriram de morte,
hão de chorá-lo,
como se chora a perda de um filho único,
e hão de sentir por ele a dor
que se sente pela morte de um primogênito.
¹¹ Naquele dia, haverá um grande pranto em Jerusalém,
como foi o de Adadremon, no campo de Magedo.
¹³,¹ Naquele dia,
haverá uma fonte acessível
à casa de Davi e aos habitantes de Jerusalém,
para ablução e purificação".

Palavra do Senhor.

Salmo responsorial   Sl 62(63),2abcd.2e-4.5-6.8-9 (℟. 2ce)

℟. A minh'**al**ma tem **se**de de **vós**,
como a **ter**ra se**den**ta, ó meu **Deus**!

²ᵃ Sois **vós**, ó Se**nhor**, o meu **Deus**! *
ᵇ Desde a au**ro**ra an**si**oso vos **bus**co!
ᶜ A minh'**al**ma tem **se**de de **vós**, *
ᵈ minha **car**ne tam**bém** vos de**se**ja.   ℟.

²ᵉ Como **ter**ra se**den**ta e sem **á**gua, †
³ venho, as**sim**, contem**plar**-vos no **tem**plo, *
para **ver** vossa **gló**ria e po**der**.
⁴ Vosso a**mor** va**le mais** do que a **vi**da: *
e por **is**so meus **lá**bios vos **lou**vam.   ℟.

5 Quero, **pois** vos lou**var** pela **vi**da, *
e ele**var** para **vós** minhas **mãos**!
6 A minh'**al**ma se**rá** saciada, *
como em **gran**de ban**que**te de **fes**ta;
canta**rá** a ale**gria** em meus **lá**bios, *
ao can**tar** para **vós** meu lou**vor**! ℟.

8 Para **mim** fostes **sem**pre um so**cor**ro; *
de vossas **a**sas à **som**bra eu e**xul**to!
9 Minha **al**ma se a**gar**ra em **vós**; *
com po**der** vossa **mão** me susten**ta**. ℟.

SEGUNDA LEITURA

*Vós todos que fostes batizados em Cristo
vos revestistes de Cristo.*

Leitura da Carta de São Paulo aos Gálatas 3,26-29

Irmãos:
26 Vós todos sois filhos de Deus
pela fé em Jesus Cristo.
27 Vós todos que fostes batizados em Cristo
vos revestistes de Cristo.
28 O que vale não é mais ser judeu nem grego,
nem escravo nem livre,
nem homem nem mulher,
pois todos vós sois um só, em Jesus Cristo.
29 Sendo de Cristo, sois então descendência de Abraão,
herdeiros segundo a promessa.

Palavra do Senhor.

Aclamação ao Evangelho Jo 10,27

℟. Ale**lu**ia, Ale**lu**ia, Ale**lu**ia.
℣. Minhas ovelhas es**cu**tam minha **voz**,
minha **voz** estão **e**las a escu**tar**;
eu co**nhe**ço, en**tão**, minhas o**ve**lhas,
que me **se**guem co**mi**go a cami**nhar**. ℟.

EVANGELHO

Tu és o Cristo de Deus.
O Filho do Homem deve sofrer muito.

✠ Proclamação do Evangelho de Jesus Cristo
segundo Lucas   9,18-24

Certo dia,
18 Jesus estava rezando num lugar retirado,
e os discípulos estavam com ele.
Então Jesus perguntou-lhes:
"Quem diz o povo que eu sou?"
19 Eles responderam:
"Uns dizem que és João Batista;
outros, que és Elias;
mas outros acham
que és algum dos antigos profetas que ressuscitou".
20 Mas Jesus perguntou:
"E vós, quem dizeis que eu sou?"
Pedro respondeu:
"O Cristo de Deus".
21 Mas Jesus proibiu-lhes severamente
que contassem isso a alguém.
22 E acrescentou:
"O Filho do Homem deve sofrer muito,
ser rejeitado pelos anciãos,
pelos sumos sacerdotes e doutores da Lei,
deve ser morto e ressuscitar no terceiro dia".
23 Depois Jesus disse a todos:
"Se alguém me quer seguir, renuncie a si mesmo,
tome sua cruz cada dia, e siga-me.
24 Pois quem quiser salvar a sua vida, vai perdê-la;
e quem perder a sua vida por causa de mim,
esse a salvará".

Palavra da Salvação.

13º DOMINGO DO TEMPO COMUM

PRIMEIRA LEITURA

Eliseu levantou-se e seguiu Elias.

Leitura do Primeiro Livro dos Reis   19,16b.19-21

Naqueles dias,
disse o Senhor a Elias:
¹⁶ᵇ vai e unge a Eliseu, filho de Safat, de Abel-Meula,
como profeta em teu lugar.
¹⁹ Elias partiu dali e encontrou Eliseu, filho de Safat,
lavrando a terra com doze juntas de bois;
e ele mesmo conduzia a última.
Elias, ao passar perto de Eliseu,
lançou sobre ele o seu manto.
²⁰ Então Eliseu deixou os bois
e correu atrás de Elias, dizendo:
"Deixa-me primeiro ir beijar meu pai e minha mãe,
depois te seguirei".
Elias respondeu:
"Vai e volta!
Pois o que te fiz eu?"
²¹ Ele retirou-se,
tomou a junta de bois e os imolou.
Com a madeira do arado e da canga assou a carne
e deu de comer à sua gente.
Depois levantou-se, seguiu Elias
e pôs-se ao seu serviço.

Palavra do Senhor.

Salmo responsorial   Sl 15(16),1-2a.5.7-8.9-10.11 (℟. cf. 5a)

℟. Ó **Se**nhor, sois minha he**ran**ça para **sem**pre!

¹ Guardai-me, ó **Deus**, porque em **vós** me refugio! †
²ᵃ Digo ao Se**nhor**: "Somente **vós** sois meu Se**nhor**: *
nenhum **bem** eu posso a**char** fora de **vós**!"
⁵ Ó Se**nhor**, sois minha he**ran**ça e minha **ta**ça, *
meu des**ti**no está se**gu**ro em vossas **mãos**!   ℟.

7 Eu bendigo o Senhor, que me aconselha, *
e até de noite me adverte o coração.
8 Tenho sempre o Senhor ante meus olhos, *
pois se o tenho a meu lado não vacilo. — R.

9 Eis por que meu coração está em festa, †
minha alma rejubila de alegria, *
e até meu corpo no repouso está tranqüilo;
10 pois não haveis de me deixar entregue à morte, *
nem vosso amigo conhecer a corrupção. — R.

11 Vós me ensinais vosso caminho para a vida; †
junto a vós, felicidade sem limites, *
delícia eterna e alegria ao vosso lado! — R.

SEGUNDA LEITURA

Fostes chamados para a liberdade.

Leitura da Carta de São Paulo aos Gálatas   5,1.13-18

Irmãos:
1 É para a liberdade que Cristo nos libertou.
Ficai pois firmes
e não vos deixeis amarrar de novo ao jugo da escravidão.
13 Sim, irmãos, fostes chamados para a liberdade.
Porém, não façais dessa liberdade um pretexto
para servirdes à carne.
Pelo contrário, fazei-vos escravos uns dos outros, pela caridade.
14 Com efeito,
toda a Lei se resume neste único mandamento:
"Amarás o teu próximo como a ti mesmo".
15 Mas, se vos mordeis e vos devorais uns aos outros,
cuidado para não serdes consumidos uns pelos outros.
16 Eu vos ordeno: Procedei segundo o Espírito.
Assim, não satisfareis aos desejos da carne.
17 Pois a carne tem desejos contra o espírito,
e o espírito tem desejos contra a carne.
Há uma oposição entre carne e espírito,
de modo que nem sempre fazeis o que gostaríeis de fazer.
18 Se, porém, sois conduzidos pelo Espírito,
então não estais sob o jugo da Lei.

Palavra do Senhor.

Aclamação ao Evangelho 1Sm 3,9; Jo 6,68c

℟. Aleluia, Aleluia, Aleluia.
℣. Fala, Senhor, que te escuta teu servo!
Tu tens palavras de vida eterna! ℟

EVANGELHO

*Jesus tomou a firme decisão de partir para Jerusalém.
"Eu te seguirei para onde quer que fores".*

✠ Proclamação do Evangelho de Jesus Cristo
segundo Lucas 9,51-62

⁵¹ Estava chegando o tempo
de Jesus ser levado para o céu.
Então ele tomou a firme decisão
de partir para Jerusalém
⁵² e enviou mensageiros à sua frente.
Estes puseram-se a caminho
e entraram num povoado de samaritanos,
para preparar hospedagem para Jesus.
⁵³ Mas os samaritanos não o receberam,
pois Jesus dava a impressão de que ia a Jerusalém.
⁵⁴ Vendo isso, os discípulos Tiago e João disseram:
"Senhor, queres que mandemos descer fogo do céu
para destruí-los?"
⁵⁵ Jesus, porém, voltou-se e repreendeu-os.
⁵⁶ E partiram para outro povoado.
⁵⁷ Enquanto estavam caminhando,
alguém na estrada disse a Jesus:
"Eu te seguirei para onde quer que fores".
⁵⁸ Jesus lhe respondeu:
"As raposas têm tocas e os pássaros têm ninhos;
mas o Filho do Homem
não tem onde repousar a cabeça".
⁵⁹ Jesus disse a outro:
"Segue-me".
Este respondeu:
"Deixa-me primeiro ir enterrar meu pai".
⁶⁰ Jesus respondeu:

"Deixa que os mortos enterrem os seus mortos;
mas tu, vai anunciar o Reino de Deus".
⁶¹ Um outro ainda lhe disse:
"Eu te seguirei, Senhor,
mas deixa-me primeiro despedir-me dos meus familiares".
⁶² Jesus, porém, respondeu-lhe:
"Quem põe a mão no arado e olha para trás,
não está apto para o Reino de Deus".

Palavra da Salvação.

14º DOMINGO DO TEMPO COMUM

PRIMEIRA LEITURA

Eis que farei correr para ela a paz como um rio.

Leitura do Livro do Profeta Isaías   66,10-14c

¹⁰ Alegrai-vos com Jerusalém e exultai com ela
   todos vós que a amais;
   tomai parte em seu júbilo,
   todos vós que choráveis por ela,
¹¹ para poderdes sugar e saciar-vos
   ao seio de sua consolação,
   e aleitar-vos e deliciar-vos
   aos úberes de sua glória.
¹² Isto diz o Senhor:
   "Eis que farei correr para ela a paz como um rio
   e a glória das nações como torrente transbordante.
   Sereis amamentados, carregados ao colo
   e acariciados sobre os joelhos.
¹³ Como uma mãe que acaricia o filho,
   assim eu vos consolarei;
   e sereis consolados em Jerusalém.
¹⁴ᶜ Tudo isso haveis de ver e o vosso coração exultará,
   e o vosso vigor se renovará como a relva do campo.
   A mão do Senhor se manifestará em favor de seus servos.

   Palavra do Senhor.

Salmo responsorial   Sl 65(66),1-3a.4-5.6-7a.16.20 (℟. 1)

℟. Acla**mai** o Senhor **Deus**, ó terra in**tei**ra,

¹ Acla**mai** o Senhor **Deus**, ó terra in**tei**ra, *
² cantai **sal**mos a seu **no**me glori**o**so,
   dai a **Deus** a mais su**bli**me louva**ção**! *
³ᵃ Dizei a **Deus**: "Como são **gran**des vossas **o**bras!   ℟.

⁴ Toda a **ter**ra vos a**do**re com res**pei**to *
   e procla**me** o lou**vor** de vosso **no**me!"
⁵ Vinde **ver** todas as **o**bras do Se**nhor**: *
   seus pro**dí**gios estu**pen**dos entre os **ho**mens!   ℟.

⁶ O **mar** ele mu**dou** em terra **fir**me, *
e pas**sa**ram pelo **rio** a pé en**xu**to.
E**xul**temos de ale**gri**a no Se**nhor**! *
⁷ Ele do**mi**na para **sem**pre com po**der**!   ℟.

¹⁶ Todos **vós** que a Deus te**meis**, vinde escu**tar**: *
vou con**tar**-vos todo **bem** que ele me **fez**!
²⁰ Ben**di**to **se**ja o Senhor **Deus** que me escu**tou**, †
não rejei**tou** minha ora**ção** e meu cla**mor**, *
nem afas**tou** longe de **mim** o seu a**mor**!   ℟.

SEGUNDA LEITURA

Trago em meu corpo as marcas de Jesus.

Leitura da Carta de São Paulo aos Gálatas   6,14-18

Irmãos:
¹⁴ Quanto a mim, que eu me glorie somente
da cruz do Senhor nosso, Jesus Cristo.
Por ele, o mundo está crucificado para mim,
como eu estou crucificado para o mundo.
¹⁵ Pois nem a circuncisão, nem a incircuncisão têm valor;
o que conta é a criação nova.
¹⁶ E para todos os que seguirem esta norma,
como para o Israel de Deus,
paz e misericórdia.
¹⁷ Doravante, que ninguém me moleste,
pois eu trago em meu corpo as marcas de Jesus.
¹⁸ Irmãos, a graça do Senhor nosso, Jesus Cristo,
esteja convosco. Amém!

Palavra do Senhor.

Aclamação ao Evangelho   Cl 3,15a.16a.

℟. Ale**lu**ia, Ale**lu**ia, Ale**lu**ia.
℣. A paz de **Cris**to reine em **vos**sos corações;
rica**men**te habite em **vós** sua palavra!   ℟.

EVANGELHO (mais longo)

A vossa paz repousará sobre ele.

✠ Proclamação do Evangelho de Jesus Cristo
segundo Lucas   10,1-12.17-20

Naquele tempo,
1 O Senhor escolheu outros setenta e dois discípulos
e os enviou dois a dois, na sua frente,
a toda cidade e lugar aonde ele próprio devia ir.
2 E dizia-lhes:
"A messe é grande, mas os trabalhadores são poucos.
Por isso, pedi ao dono da messe
que mande trabalhadores para a colheita.
3 Eis que vos envio como cordeiros para o meio de lobos.
4 Não leveis bolsa, nem sacola, nem sandálias,
e não cumprimenteis ninguém pelo caminho!
5 Em qualquer casa em que entrardes, dizei primeiro:
'A paz esteja nesta casa!'
6 Se ali morar um amigo da paz,
a vossa paz repousará sobre ele;
se não, ela voltará para vós.
7 Permanecei naquela mesma casa,
comei e bebei do que tiverem,
porque o trabalhador merece o seu salário.
Não passeis de casa em casa.
8 Quando entrardes numa cidade e fordes bem recebidos,
comei do que vos servirem,
9 curai os doentes que nela houver
e dizei ao povo: 'O Reino de Deus está próximo de vós'.
10 Mas, quando entrardes numa cidade
e não fordes bem recebidos,
saindo pelas ruas, dizei:
11 'Até a poeira de vossa cidade,
que se apegou aos nossos pés,
sacudimos contra vós'.
No entanto, sabei que o Reino de Deus está próximo!
12 Eu vos digo que, naquele dia,
Sodoma será tratada com menos rigor do que essa cidade".
17 Os setenta e dois voltaram muito contentes, dizendo:
"Senhor, até os demônios nos obedeceram
por causa do teu nome".
18 Jesus respondeu:
"Eu vi Satanás cair do céu, como um relâmpago.

¹⁹ Eu vos dei o poder
de pisar em cima de cobras e escorpiões
e sobre toda a força do inimigo.
E nada vos poderá fazer mal.
²⁰ Contudo, não vos alegreis
porque os espíritos vos obedecem.
Antes, ficai alegres porque vossos nomes
estão escritos no céu".

Palavra da Salvação.

Ou: EVANGELHO (mais breve)

A vossa paz repousará sobre ele.

✠ Proclamação do Evangelho de Jesus Cristo
segundo Lucas   10,1-9

Naquele tempo,
¹ O Senhor escolheu outros setenta e dois discípulos
e os enviou dois a dois, na sua frente,
a toda cidade e lugar aonde ele próprio devia ir.
² E dizia-lhes:
"A messe é grande, mas os trabalhadores são poucos.
Por isso, pedi ao dono da messe
que mande trabalhadores para a colheita.
³ Eis que vos envio como cordeiros para o meio de lobos.
⁴ Não leveis bolsa, nem sacola, nem sandálias,
e não cumprimenteis ninguém pelo caminho!
⁵ Em qualquer casa em que entrardes, dizei primeiro:
'A paz esteja nesta casa!'
⁶ Se ali morar um amigo da paz,
a vossa paz repousará sobre ele;
se não, ela voltará para vós.
⁷ Permanecei naquela mesma casa,
comei e bebei do que tiverem,
porque o trabalhador merece o seu salário.
Não passeis de casa em casa.
⁸ Quando entrardes numa cidade e fordes bem recebidos,
comei do que vos servirem,
⁹ curai os doentes que nela houver
e dizei ao povo: 'O Reino de Deus está próximo de vós'".

Palavra da Salvação.

15º DOMINGO DO TEMPO COMUM

PRIMEIRA LEITURA

*Esta palavra está bem ao teu alcance,
para que a possas cumprir.*

Leitura do Livro do Deuteronômio   30,10-14

Moisés falou ao povo, dizendo:
¹⁰ Ouve a voz do Senhor teu Deus,
e observa todos os seus mandamentos e preceitos,
que estão escritos nesta lei.
Converte-te para o Senhor teu Deus
com todo o teu coração e com toda a tua alma.
¹¹ Na verdade, este mandamento que hoje te dou
não é difícil demais,
nem está fora do teu alcance.
¹² Não está no céu,
para que possas dizer:
'Quem subirá ao céu por nós para apanhá-lo?
Quem no-lo ensinará para que o possamos cumprir?'
¹³ Nem está do outro lado do mar,
para que possas alegar:
'Quem atravessará o mar por nós para apanhá-lo?
Quem no-lo ensinará para que o possamos cumprir?'
¹⁴ Ao contrário,
esta palavra está bem ao teu alcance,
está em tua boca e em teu coração,
para que a possas cumprir.

Palavra do Senhor.

Salmo responsorial   Sl 68(69),14.17.30-31.33-34.36ab.37
(℟. cf. 33)

℟. Hu**mil**des, bus**cai** a **Deus** e ale**grai**-vos:
o vosso cora**ção** revive**rá**!
¹⁴ Por isso e**le**vo para **vós** minha ora**ção**, *
neste **tem**po favo**rá**vel, Senhor **Deus**!
Respon**dei**-me pelo **vos**so imenso **a**mor, *
pela **vos**sa salva**ção** que nunca **fa**lha!
¹⁷ Senhor, ou**vi**-me pois suave é vossa **gra**ça, *
ponde os **o**lhos sobre **mim** com grande **a**mor!   ℟.

30 Pobre de **mim**, sou in**feliz** e sofre**dor**! *
   Que vosso auxílio me le**van**te, Senhor **Deus**!
31 Can**tan**do eu louva**rei** o vosso **nome** *
   e agrade**ci**do exulta**rei** de ale**gria**!   ℞.

33 Hu**mil**des, vede **is**to e ale**grai**-vos:
   o **vos**so cora**ção** revive**rá**, *
   se procu**rar**des o Senhor continua**men**te!
34 Pois nosso **Deus** atende à **prece** dos seus **pobres**, *
   e não des**preza** o cla**mor** de seus cativos.   ℞.

36a Sim, Deus vi**rá** e salva**rá** Jerusa**lém**, *
  b reconstru**in**do as ci**da**des de Ju**dá**.
37 A descen**dên**cia de seus **ser**vos há de her**dá**-las, †
   e os que **a**mam o santo **nome** do Senhor *
   dentro **de**las fixa**rão** sua mo**ra**da!   ℞.

Ou: Sl 18B (19),8.9.10.11 (℞. 9a)

℞. Os pre**cei**tos do **Senhor** são pre**ci**sos,
   ale**gria** ao cora**ção**.

 8 A **lei** do Senhor **Deus** é per**feita**, *
   con**for**to para a **al**ma!
   O teste**mu**nho do Se**nhor** é fi**el**, *
   sabedo**ria** dos hu**mil**des.   ℞.

 9 Os pre**cei**tos do **Senhor** são pre**ci**sos, *
   ale**gria** ao cora**ção**.
   O manda**men**to do **Senhor** é bri**lhan**te, *
   para os **o**lhos é uma **luz**.   ℞.

10 É **pu**ro o te**mor** do Senhor, *
   imu**tá**vel para **sem**pre.
   Os julga**men**tos do Senhor são cor**re**tos *
   e **jus**tos igual**men**te.   ℞.

11 Mais dese**já**veis do que o **ou**ro são eles, *
   do que o **ou**ro refi**na**do.
   Suas palavras são mais **do**ces que o **mel**, *
   que o **mel** que sai dos **favos**.   ℞.

SEGUNDA LEITURA

Tudo foi criado por meio dele e para ele.

Leitura da Carta de São Paulo aos Colossenses 1,15-20

¹⁵ Cristo é a imagem do Deus invisível,
o primogênito de toda a criação,
¹⁶ pois por causa dele,
foram criadas todas as coisas no céu e na terra,
as visíveis e as invisíveis,
tronos e dominações, soberanias e poderes.
Tudo foi criado por meio dele e para ele.
¹⁷ Ele existe antes de todas as coisas
e todas têm nele a sua consistência.
¹⁸ Ele é a Cabeça do corpo, isto é, da Igreja.
Ele é o Princípio, o Primogênito dentre os mortos;
de sorte que em tudo ele tem a primazia,
¹⁹ porque Deus quis habitar nele com toda a sua plenitude
²⁰ e por ele reconciliar consigo todos os seres,
os que estão na terra e no céu,
realizando a paz pelo sangue da sua cruz.

Palavra do Senhor.

Aclamação ao Evangelho cf. Jo 6,63c.68c

℟. Aleluia, Aleluia, Aleluia.
℣. Ó Senhor, vossas palavras são espírito e vida;
as palavras que dizeis bem que são de eterna vida! ℟.

EVANGELHO

E quem é o meu próximo?

✠ Proclamação do Evangelho de Jesus Cristo
segundo Lucas 10,25-37

Naquele tempo,
²⁵ Um mestre da Lei se levantou
e, querendo pôr Jesus em dificuldade, perguntou:
"Mestre, que devo fazer
para receber em herança a vida eterna?"

²⁶ Jesus lhe disse:
"O que está escrito na Lei?
Como lês?"
²⁷ Ele então respondeu:
"Amarás o Senhor, teu Deus,
de todo o teu coração e com toda a tua alma,
com toda a tua força e com toda a tua inteligência;
e ao teu próximo como a ti mesmo!"
²⁸ Jesus lhe disse:
"Tu respondeste corretamente.
Faze isso e viverás".
²⁹ Ele, porém, querendo justificar-se,
disse a Jesus:
"E quem é o meu próximo?"
³⁰ Jesus respondeu:
"Certo homem descia de Jerusalém para Jericó
e caiu nas mãos de assaltantes.
Estes arrancaram-lhe tudo, espancaram-no,
e foram-se embora deixando-o quase morto.
³¹ Por acaso, um sacerdote
estava descendo por aquele caminho.
Quando viu o homem,
seguiu adiante, pelo outro lado.
³² O mesmo aconteceu com um levita:
chegou ao lugar, viu o homem
e seguiu adiante, pelo outro lado.
³³ Mas um samaritano que estava viajando,
chegou perto dele, viu e sentiu compaixão.
³⁴ Aproximou-se dele e fez curativos,
derramando óleo e vinho nas feridas.
Depois colocou o homem em seu próprio animal
e levou-o a uma pensão, onde cuidou dele.
³⁵ No dia seguinte, pegou duas moedas de prata
e entregou-as ao dono da pensão, recomendando:
"Toma conta dele!
Quando eu voltar,
vou pagar o que tiveres gasto a mais".
E Jesus perguntou:
³⁶ "Na tua opinião, qual dos três foi o próximo do homem
que caiu nas mãos dos assaltantes?"
³⁷ Ele respondeu:
"Aquele que usou de misericórdia para com ele".
Então Jesus lhe disse:
"Vai e faze a mesma coisa".

Palavra da Salvação.

16º DOMINGO DO TEMPO COMUM

PRIMEIRA LEITURA

*Meu Senhor, não prossigas viagem,
sem parar junto a mim, teu servo.*

Leitura do Livro do Gênesis   18,1-10a

Naqueles dias,
1 O Senhor apareceu a Abraão
junto ao carvalho de Mambré,
quando ele estava sentado à entrada da sua tenda,
no maior calor do dia.
2 Levantando os olhos,
Abraão viu três homens de pé, perto dele.
Assim que os viu, correu ao seu encontro
e prostrou-se por terra.
3 E disse:
"Meu Senhor, se ganhei tua amizade,
peço-te que não prossigas viagem,
sem parar junto a mim, teu servo.
4 Mandarei trazer um pouco de água para vos lavar os pés,
e descansareis debaixo da árvore.
5 Farei servir um pouco de pão
para refazerdes vossas forças,
antes de continuar a viagem.
Pois foi para isso mesmo
que vos aproximastes do vosso servo".
Eles responderam:
"Faze como disseste".
6 Abraão entrou logo na tenda,
onde estava Sara e lhe disse:
"Toma depressa três medidas da mais fina farinha,
amassa alguns pães e assa-os".
7 Depois, Abraão correu até o rebanho,
pegou um bezerro dos mais tenros e melhores,
e deu-o a um criado,
para que o preparasse sem demora.
8 A seguir, foi buscar coalhada, leite
e o bezerro assado, e pôs tudo diante deles.
Abraão, porém, permaneceu de pé, junto deles,

debaixo da árvore, enquanto comiam.
⁹ E eles lhe perguntaram:
"Onde está Sara, tua mulher?"
"Está na tenda", respondeu ele.
¹⁰ᵃ E um deles disse:
"Voltarei, sem falta, no ano que vem, por este tempo,
e Sara, tua mulher, já terá um filho".

Palavra do Senhor.

Salmo responsorial   Sl 14(15),2-3ab.3cd-4ab.5 (℟. 1a)

℟. **Se**nhor, quem mora**rá** em vossa **ca**sa?

² É **a**que**le** que ca**mi**nha sem pe**ca**do *
e pra**ti**ca a jus**ti**ça fiel**men**te;
³ᵃ que **pen**sa a ver**da**de no seu **ín**timo *
ᵇ e não **sol**ta em ca**lú**nias sua **lín**gua.   ℟.

ᶜ Que em **na**da preju**di**ca o seu ir**mão**, *
ᵈ nem **co**bre de in**sul**tos seu vizinho;
⁴ᵃ que não **dá** valor al**gum** ao homem **ím**pio, *
ᵇ mas **hon**ra os que res**pei**tam o Se**nhor**;   ℟.

⁵ não em**pres**ta o seu di**nhei**ro com usura, †
nem se **dei**xa subor**nar** contra o ino**cen**te. *
Jamais vacila**rá** quem vive as**sim**!   ℟.

SEGUNDA LEITURA

*O mistério escondido por séculos e gerações,
mas agora revelado aos seus santos.*

Leitura da Carta de São Paulo aos Colossenses   1,24-28

Irmãos:
²⁴ Alegro-me de tudo o que já sofri por vós
e procuro completar na minha própria carne
o que falta das tribulações de Cristo,
em solidariedade com o seu corpo, isto é, a Igreja.
²⁵ A ela eu sirvo,
exercendo o cargo que Deus me confiou
de vos transmitir a palavra de Deus em sua plenitude:

²⁶ o mistério escondido por séculos e gerações,
mas agora revelado aos seus santos.
²⁷ A estes Deus quis manifestar
como é rico e glorioso entre as nações este mistério:
a presença de Cristo em vós,
a esperança da glória.
²⁸ Nós o anunciamos,
admoestando a todos e ensinando a todos,
com toda sabedoria,
para a todos tornar perfeitos em sua união com Cristo.

Palavra do Senhor.

Aclamação ao Evangelho   Lc 8,15

℟. Aleluia, Aleluia, Aleluia.
℣. Felizes os que observam a palavra do Senhor,
de reto coração, e que produzem muitos frutos,
até o fim perseverantes! ℟.

EVANGELHO

Marta recebeu-o em sua casa.
Maria escolheu a melhor parte.

✠ Proclamação do Evangelho de Jesus Cristo
segundo Lucas   10,38-42.

Naquele tempo,
³⁸ Jesus entrou num povoado,
e certa mulher, de nome Marta, recebeu-o em sua casa.
³⁹ Sua irmã, chamada Maria,
sentou-se aos pés do Senhor, e escutava a sua palavra.
⁴⁰ Marta, porém, estava ocupada com muitos afazeres.
Ela aproximou-se e disse:
"Senhor, não te importas que minha irmã
me deixe sozinha, com todo o serviço?
Manda que ela me venha ajudar!"
⁴¹ O Senhor, porém, lhe respondeu:
"Marta, Marta! Tu te preocupas
e andas agitada por muitas coisas.
⁴² Porém, uma só coisa é necessária.
Maria escolheu a melhor parte
e esta não lhe será tirada".

Palavra da Salvação.

17º DOMINGO DO TEMPO COMUM

PRIMEIRA LEITURA

Que o meu Senhor não se irrite, se eu falar.

Leitura do Livro do Gênesis 18,20-32

Naqueles dias,
20 O Senhor disse a Abraão:
"O clamor contra Sodoma e Gomorra cresceu,
e agravou-se muito o seu pecado.
21 Vou descer para verificar
se as suas obras correspondem ou não
ao clamor que chegou até mim".
22 Partindo dali, os homens dirigiram-se a Sodoma,
enquanto Abraão ficou na presença do Senhor.
23 Então, aproximando-se, disse Abraão:
"Vais realmente exterminar o justo com o ímpio?
24 Se houvesse cinqüenta justos na cidade,
acaso irias exterminá-los?
Não pouparias o lugar
por causa dos cinqüenta justos que ali vivem?
25 Longe de ti agir assim,
fazendo morrer o justo com o ímpio,
como se o justo fosse igual ao ímpio.
Longe de ti!
O juiz de toda a terra não faria justiça?"
26 O Senhor respondeu:
"Se eu encontrasse em Sodoma cinqüenta justos,
pouparia por causa deles a cidade inteira".
27 Abraão prosseguiu dizendo:
"Estou sendo atrevido em falar a meu Senhor,
eu que sou pó e cinza.
28 Se dos cinqüenta justos faltassem cinco,
destruirias por causa dos cinco a cidade inteira?"
O Senhor respondeu:
"Não destruiria,
se achasse ali quarenta e cinco justos".
29 Insistiu ainda Abraão e disse:
"E se houvesse quarenta?"
Ele respondeu:
"Por causa dos quarenta, não o faria".

³⁰ Abraão tornou a insistir:
"Não se irrite o meu Senhor, se ainda falo.
E se houvesse apenas trinta justos?".
Ele respondeu:
"Também não o faria, se encontrasse trinta".
³¹ Tornou Abraão a insistir:
"Já que me atrevi a falar a meu Senhor,
e se houver vinte justos?"
Ele respondeu:
"Não a iria destruir por causa dos vinte".
³² Abraão disse:
"Que o meu Senhor não se irrite,
se eu falar só mais uma vez:
e se houvesse apenas dez?"
Ele respondeu:
"Por causa dos dez, não a destruiria".

Palavra do Senhor.

Salmo responsorial Sl 137(138),1-2a.2bc-3.6-7ab.7c.8 (R. 3a)

℟. Naquele dia em que gritei, vós me escutastes, ó Senhor!

¹ Ó Senhor, de coração eu vos dou graças, *
  porque ouvistes as palavras dos meus lábios!
  Perante os vossos anjos vou cantar-vos *
²ᵃ e ante o vosso templo vou prostrar-me.   ℟.

ᵇ Eu agradeço vosso amor, vossa verdade, *
ᶜ porque fizestes muito mais que prometestes;
³ naquele dia em que gritei, vós me escutastes *
  e aumentastes o vigor da minha alma.   ℟.

⁶ Altíssimo é o Senhor, mas olha os pobres, *
  e de longe reconhece os orgulhosos.
⁷ᵃ Se no meio da desgraça eu caminhar, *
  vós me fazeis tornar à vida novamente;
ᵇ quando os meus perseguidores me atacarem *
  e com ira investirem contra mim,
  estendereis o vosso braço em meu auxílio
⁷ᶜ e havereis de me salvar com vossa destra.   ℟.

⁸ Completai em mim a obra começada; *
  ó Senhor, vossa bondade é para sempre!
  Eu vos peço: não deixeis inacabada *
  esta obra que fizeram vossas mãos!   ℟.

SEGUNDA LEITURA

*Deus vos trouxe para a vida, junto com Cristo,
e a todos nós perdoou os pecados.*

Leitura da Carta de São Paulo aos Colossenses 2,12-14

Irmãos:
¹² Com Cristo fostes sepultados no batismo;
com ele também fostes ressuscitados
por meio da fé no poder de Deus,
que ressuscitou a Cristo dentre os mortos.
¹³ Ora, vós estáveis mortos por causa dos vossos pecados,
e vossos corpos não tinham recebido a circuncisão,
até que Deus vos trouxe para a vida, junto com Cristo,
e a todos nós perdoou os pecados.
¹⁴ Existia contra nós uma conta a ser paga,
mas ele a cancelou, apesar das obrigações legais,
e a eliminou, pregando-a na cruz.

Palavra do Senhor.

Aclamação ao Evangelho Rm 8,15bc

℟. Ale**lu**ia, Ale**lu**ia, Ale**lu**ia.
℣. Rece**bes**tes o Es**pí**rito de ado**ção**;
é por **ele** que cla**ma**mos: Abá, **Pai**! ℟.

EVANGELHO

Pedi e recebereis.

✠ Proclamação do Evangelho de Jesus Cristo
segundo Lucas 11,1-13

¹ Jesus estava rezando num certo lugar.
Quando terminou, um de seus discípulos pediu-lhe:
"Senhor, ensina-nos a rezar,
como também João ensinou a seus discípulos".
² Jesus respondeu:
"Quando rezardes, dizei:
'Pai, santificado seja o teu nome.
Venha o teu Reino.

³ Dá-nos a cada dia o pão de que precisamos,
⁴ e perdoa-nos os nossos pecados,
pois nós também perdoamos a todos os nossos devedores;
e não nos deixes cair em tentação'".
⁵ E Jesus acrescentou:
"Se um de vós tiver um amigo
e for procurá-lo à meia-noite e lhe disser:
'Amigo, empresta-me três pães,
⁶ porque um amigo meu chegou de viagem
e nada tenho para lhe oferecer',
⁷ e se o outro responder lá de dentro:
'Não me incomodes! Já tranquei a porta,
e meus filhos e eu já estamos deitados;
não me posso levantar para te dar os pães';
⁸ eu vos declaro:
mesmo que o outro não se levante
para dá-los porque é seu amigo,
vai levantar-se ao menos por causa da impertinência dele
e lhe dará quanto for necessário.
⁹ Portanto, eu vos digo:
pedi e recebereis; procurai e encontrareis;
batei e vos será aberto.
¹⁰ Pois quem pede, recebe; quem procura, encontra;
e, para quem bate, se abrirá.
¹¹ Será que algum de vós que é pai,
se o filho pedir um peixe, lhe dará uma cobra?
¹² Ou ainda, se pedir um ovo, lhe dará um escorpião?
¹³ Ora, se vós que sois maus,
sabeis dar coisas boas aos vossos filhos,
quanto mais o Pai do Céu dará o Espírito Santo
aos que o pedirem!"

Palavra da Salvação.

18º DOMINGO DO TEMPO COMUM

PRIMEIRA LEITURA

Que resta ao homem de todos os seus trabalhos?

Leitura do Livro do Eclesiastes   1,2;2,21-23

² "Vaidade das vaidades, diz o Eclesiastes,
vaidade das vaidades!
Tudo é vaidade".
2,21 Por exemplo:
um homem que trabalhou com inteligência,
competência e sucesso,
vê-se obrigado a deixar tudo em herança a outro
que em nada colaborou.
Também isso é vaidade e grande desgraça.
²² De fato, que resta ao homem
de todos os trabalhos e preocupações
que o desgastam debaixo do sol?
²³ Toda a sua vida é sofrimento,
sua ocupação, um tormento.
Nem mesmo de noite repousa o seu coração.
Também isso é vaidade.

Palavra do Senhor.

Salmo responsorial   Sl 89(90),3-4.5-6.12-13.14.17 (R. 1)

℟. Vós **fos**tes ó Se**nhor**, um re**fú**gio para **nós**.

³ Vós fa**zeis** voltar ao **pó** todo mor**tal**, *
quando di**zeis**: "Voltai ao **pó**, filhos de A**dão**!"
⁴ Pois mil **a**nos para **vós** são como **on**tem, *
qual vi**gí**lia de uma **noi**te que pas**sou**.   ℟.

⁵ Eles **pas**sam como o **so**no da ma**nhã**, *
⁶ são i**guais** à erva **ver**de pelos **cam**pos:
De ma**nhã** ela flo**res**ce vice**jan**te, *
mas à **tar**de é cortada e logo **se**ca.   ℟.

¹² Ensi**nai**-nos a con**tar** os nossos **di**as, *
e dai ao **nos**so cora**ção** sabe**do**ria!

13 Senhor, voltai-vos! Até **quan**do tar**da**reis? *
Tende pie**da**de e compai**xão** de vossos **ser**vos! ℟.

14 Sacia**i**-nos de ma**nhã** com vosso a**mor**, *
e exul**ta**remos de ale**gria** todo o **dia**!
17 Que a bon**da**de do **Se**nhor e nosso **Deus** †
re**pou**se sobre **nós** e nos con**du**za! *
Tornai fe**cun**do, ó **Se**nhor, nosso trabalho. ℟.

SEGUNDA LEITURA

*Esforçai-vos por alcançar as coisas do alto,
onde está Cristo.*

Leitura da Carta de São Paulo aos Colossenses   3,1-5.9-11

Irmãos:
1 Se ressuscitastes com Cristo,
esforçai-vos por alcançar as coisas do alto,
onde está Cristo, sentado à direita de Deus;
2 aspirai às coisas celestes
e não às coisas terrestres.
3 Pois vós morrestes,
e a vossa vida está escondida, com Cristo, em Deus.
4 Quando Cristo, vossa vida, aparecer em seu triunfo,
então vós aparecereis também com ele,
revestidos de glória.
5 Portanto, fazei morrer o que em vós pertence à terra:
imoralidade, impureza,
paixão, maus desejos
e a cobiça, que é idolatria.
9 Não mintais uns aos outros.
Já vos despojastes do homem velho
e da sua maneira de agir
10 e vos revestistes do homem novo,
que se renova segundo a imagem do seu Criador,
em ordem ao conhecimento.
11 Aí não se faz distinção entre grego e judeu,
circunciso e incircunciso,
inculto, selvagem, escravo e livre,
mas Cristo é tudo em todos.

Palavra do Senhor.

18º DOMINGO DO TEMPO COMUM

Aclamação ao Evangelho — Mt 5,3

℟. Aleluia, Aleluia, Aleluia.
℣. Felizes os humildes de espírito,
porque deles é o Reino dos Céus. ℟.

EVANGELHO

E para quem ficará o que tu acumulaste?

✠ Proclamação do Evangelho de Jesus Cristo segundo Lucas — 12,13-21

Naquele tempo,
13 Alguém, do meio da multidão, disse a Jesus:
"Mestre, dize ao meu irmão que reparta a herança comigo".
14 Jesus respondeu:
"Homem, quem me encarregou de julgar
ou de dividir vossos bens?"
15 E disse-lhes:
"Atenção! Tomai cuidado contra todo tipo de ganância,
porque, mesmo que alguém tenha muitas coisas,
a vida de um homem não consiste na abundância de bens".
16 E contou-lhes uma parábola:
"A terra de um homem rico deu uma grande colheita.
17 Ele pensava consigo mesmo:
'O que vou fazer?
Não tenho onde guardar minha colheita'.
18 Então resolveu: 'Já sei o que fazer!
Vou derrubar meus celeiros e construir maiores;
neles vou guardar todo o meu trigo,
junto com os meus bens.
19 Então poderei dizer a mim mesmo:
Meu caro, tu tens uma boa reserva para muitos anos.
Descansa, come, bebe, aproveita!'
20 Mas Deus lhe disse: 'Louco!
Ainda nesta noite, pedirão de volta a tua vida.
E para quem ficará o que tu acumulaste?'
21 Assim acontece com quem ajunta tesouros para si mesmo,
mas não é rico diante de Deus".

Palavra da Salvação.

19º DOMINGO DO TEMPO COMUM

PRIMEIRA LEITURA

Aquilo com que puniste nossos adversários, serviu também para glorificar-nos.

Leitura do Livro da Sabedoria   18,6-9

⁶ A noite da libertação
   fora predita a nossos pais,
   para que, sabendo a que juramento tinham dado crédito,
   se conservassem intrépidos.
⁷ Ela foi esperada por teu povo,
   como salvação para os justos
   e como perdição para os inimigos.
⁸ Com efeito, aquilo com que puniste nossos adversários,
   serviu também para glorificar-nos,
   chamando-nos a ti.
⁹ Os piedosos filhos dos bons
   ofereceram sacrifícios secretamente
   e, de comum acordo, fizeram este pacto divino:
   que os santos participariam solidariamente
   dos mesmos bens e dos mesmos perigos.
   Isso, enquanto entoavam antecipadamente
   os cânticos de seus pais.

Palavra do Senhor.

Salmo responsorial   Sl 32(33),1.12.18-19.20.22 (R. 12b)

℟. Feliz o **po**vo que o Se**nhor** esco**lheu** por sua he**ran**ça!

¹ Ó **jus**tos, ale**grai**-vos no Senhor! *
   aos **re**tos fica **bem** glorificá-lo.
¹² Feliz o **po**vo cujo **Deus** é o **Senhor** *
   e a na**ção** que esco**lheu** por sua he**ran**ça!   ℟.

¹⁸ Mas o Se**nhor** pousa o **olhar** sobre os que o **temem**, *
   e que confiam espe**ran**do em seu **amor**,
¹⁹ para da **mor**te liber**tar** as suas **vidas** *
   e alimen**tá**-los quando é **tempo** de pe**nú**ria.   ℟.

²⁰ No Senhor nós esperamos confiantes, *
porque ele é nosso auxílio e proteção!
²² Sobre nós venha, Senhor, a vossa graça, *
da mesma forma que em vós nós esperamos! ℞.

SEGUNDA LEITURA (mais longa)

*Esperava a cidade que tem Deus mesmo
por arquiteto e construtor.*

Leitura da Carta aos Hebreus　　　　　　　11,1-2.8-19

Irmãos:
¹ A fé é um modo de já possuir o que ainda se espera,
a convicção acerca de realidades que não se vêem.
² Foi a fé que valeu aos antepassados um bom testemunho.
⁸ Foi pela fé que Abraão obedeceu à ordem
de partir para uma terra que devia receber como herança,
e partiu, sem saber para onde ia.
⁹ Foi pela fé que ele residiu
como estrangeiro na terra prometida,
morando em tendas com Isaac e Jacó,
os co-herdeiros da mesma promessa.
¹⁰ Pois esperava a cidade alicerçada
que tem Deus mesmo por arquiteto e construtor.
¹¹ Foi pela fé também que Sara,
embora estéril e já de idade avançada,
se tornou capaz de ter filhos,
porque considerou fidedigno o autor da promessa.
¹² É por isso também que de um só homem,
já marcado pela morte,
nasceu a multidão "comparável às estrelas do céu
e inumerável como a areia das praias do mar".
¹³ Todos estes morreram na fé.
Não receberam a realização da promessa,
mas a puderam ver e saudar de longe
e se declararam estrangeiros e migrantes nesta terra.
¹⁴ Os que falam assim
demonstram que estão buscando uma pátria,
¹⁵ e se se lembrassem daquela que deixaram,
até teriam tempo de voltar para lá.

ⁱ⁶ Mas agora, eles desejam uma pátria melhor,
isto é, a pátria celeste.
Por isto, Deus não se envergonha deles,
ao ser chamado o seu Deus.
Pois preparou mesmo uma cidade para eles.
¹⁷ Foi pela fé que Abraão, posto à prova, ofereceu Isaac;
ele, o depositário da promessa,
sacrificava o seu filho único,
¹⁸ do qual havia sido dito:
"É em Isaac que uma descendência levará o teu nome".
¹⁹ Ele estava convencido de que Deus tem poder
até de ressuscitar os mortos,
e assim recuperou o filho
– o que é também um símbolo.

Palavra do Senhor.

Ou: SEGUNDA LEITURA (mais breve)

*Esperava a cidade que tem Deus mesmo
por arquiteto e construtor.*

Leitura da Carta aos Hebreus 11,1-2.8-12

Irmãos:
¹ A fé é um modo de já possuir o que ainda se espera,
a convicção acerca de realidades que não se vêem.
² Foi a fé que valeu aos antepassados um bom testemunho.
⁸ Foi pela fé que Abraão obedeceu à ordem
de partir para uma terra que devia receber como herança,
e partiu, sem saber para onde ia.
⁹ Foi pela fé que ele residiu
como estrangeiro na terra prometida,
morando em tendas com Isaac e Jacó,
os co-herdeiros da mesma promessa.
¹⁰ Pois esperava a cidade alicerçada
que tem Deus mesmo por arquiteto e construtor.
¹¹ Foi pela fé também que Sara,
embora estéril e já de idade avançada,
se tornou capaz de ter filhos,
porque considerou fidedigno o autor da promessa.
¹² É por isso também que de um só homem,
já marcado pela morte,

nasceu a multidão "comparável às estrelas do céu
e inumerável como a areia das praias do mar".

Palavra do Senhor.

Aclamação ao Evangelho Mt 24,42a.44

℟. Aleluia, Aleluia, Aleluia.
℣. É preciso vigiar e ficar de prontidão;
em que dia o Senhor há de vir, não sabeis não! ℟.

EVANGELHO (mais longo)

Vós também, ficai preparados!

✠ Proclamação do Evangelho de Jesus Cristo segundo Lucas   12,32-48

Naquele tempo, disse Jesus a seus discípulos:
32 "Não tenhais medo, pequenino rebanho,
pois foi do agrado do Pai dar a vós o Reino.
33 Vendei vossos bens e dai esmola.
Fazei bolsas que não se estraguem,
um tesouro no céu que não se acabe;
ali o ladrão não chega nem a traça corrói.
34 Porque onde está o vosso tesouro,
aí estará também o vosso coração.
35 Que vossos rins estejam cingidos e as lâmpadas acesas.
36 Sede como homens que estão esperando
seu senhor voltar de uma festa de casamento,
para lhe abrirem, imediatamente, a porta,
logo que ele chegar e bater.
37 Felizes os empregados que o senhor
encontrar acordados quando chegar.
Em verdade eu vos digo:
Ele mesmo vai cingir-se, fazê-los sentar-se à mesa
e, passando, os servirá.
38 E caso ele chegue à meia-noite ou às três da madrugada,
felizes serão, se assim os encontrar!
39 Mas ficai certos: se o dono da casa
soubesse a hora em que o ladrão iria chegar,
não deixaria que arrombasse a sua casa.

⁴⁰ Vós também, ficai preparados!
Porque o Filho do Homem vai chegar
na hora em que menos o esperardes".
⁴¹ Então Pedro disse:
"Senhor, tu contas esta parábola para nós ou para todos?"
⁴² E o Senhor respondeu:
"Quem é o administrador fiel e prudente
que o senhor vai colocar à frente do pessoal de sua casa
para dar comida a todos na hora certa?
⁴³ Feliz o empregado que o patrão, ao chegar,
encontrar agindo assim!
⁴⁴ Em verdade eu vos digo: o senhor lhe confiará
a administração de todos os seus bens.
⁴⁵ Porém, se aquele empregado pensar:
'Meu patrão está demorando',
e começar a espancar os criados e as criadas,
e a comer, a beber e a embriagar-se,
⁴⁶ o senhor daquele empregado chegará num dia inesperado
e numa hora imprevista,
ele o partirá ao meio
e o fará participar do destino dos infiéis.
⁴⁷ Aquele empregado que, conhecendo a vontade do senhor,
nada preparou, nem agiu conforme a sua vontade,
será chicoteado muitas vezes.
⁴⁸ Porém, o empregado que não conhecia essa vontade
e fez coisas que merecem castigo,
será chicoteado poucas vezes.
A quem muito foi dado, muito será pedido;
a quem muito foi confiado, muito mais será exigido!"

Palavra da Salvação.

Ou: **EVANGELHO (mais breve)**

Vós também, ficai preparados!

✠ Proclamação do Evangelho de Jesus Cristo
segundo Lucas   12,35-40

Naquele tempo, disse Jesus a seus discípulos:
³⁵ Que vossos rins estejam cingidos e as lâmpadas acesas.
³⁶ Sede como homens que estão esperando
seu senhor voltar de uma festa de casamento,

para lhe abrirem, imediatamente, a porta,
logo que ele chegar e bater.
37 Felizes os empregados que o senhor
encontrar acordados quando chegar.
Em verdade eu vos digo:
Ele mesmo vai cingir-se, fazê-los sentar-se à mesa
e, passando, os servirá.
38 E caso ele chegue à meia-noite ou às três da madrugada,
felizes serão, se assim os encontrar!
39 Mas ficai certos: se o dono da casa
soubesse a hora em que o ladrão iria chegar,
não deixaria que arrombasse a sua casa.
40 Vós também ficai preparados!
Porque o Filho do Homem vai chegar
na hora em que menos o esperardes".

Palavra da Salvação.

20º DOMINGO DO TEMPO COMUM

PRIMEIRA LEITURA

Geraste, em todo o país, um homem de controvérsia.

Leitura do Livro do Profeta Jeremias   38,4-6.8-10

Naqueles dias,
4 Disseram os príncipes ao rei:
"Pedimos que seja morto este homem;
ele anda com habilidade lançando o desânimo
entre os combatentes que restaram na cidade
e sobre todo o povo,
dizendo semelhantes palavras;
este homem, portanto,
não se propõe o bem-estar do povo,
mas sim a desgraça".
5 Disse o rei Sedecias:
"Ele está em vossas mãos;
o rei nada vos poderá negar".
6 Agarraram então Jeremias
e lançaram-no na cisterna de Melquias, filho do rei,
que havia no pátio da guarda,
fazendo-o descer por meio de cordas.
Na cisterna não havia água, somente lama;
e assim ia-se Jeremias afundando na lama.
8 Ebed-Melec saiu da casa do rei
e veio ter com ele, e falou-lhe:
9 "Ó rei, meu senhor,
muito mal procederam esses homens
em tudo o que fizeram contra o profeta Jeremias,
lançando-o na cisterna para aí morrer de fome;
não há mais pão na cidade".
10 O rei deu, então, esta ordem
ao etíope Ebed-Melec:
"Leva contigo trinta homens
e tira da cisterna o profeta Jeremias,
antes que morra".

Palavra do Senhor.

Salmo responsorial — Sl 39(40),2.3.4.18 (R. 14b)

℞. Socorrei-me, ó Senhor, vinde logo em meu auxílio!

² Esperando, esperei no Senhor, *
e inclinando-se, ouviu meu clamor. ℞.

³ Retirou-me da cova da morte *
e de um charco de lodo e de lama.
Colocou os meus pés sobre a rocha, *
devolveu a firmeza a meus passos. ℞.

⁴ Canto novo ele pôs em meus lábios, *
um poema em louvor ao Senhor.
Muitos vejam, respeitem, adorem *
e esperem em Deus, confiantes. ℞.

¹⁸ Eu sou pobre, infeliz, desvalido, †
porém, guarda o Senhor minha vida, *
e por mim se desdobra em carinho.
Vós me sois salvação e auxílio: *
vinde logo, Senhor, não tardeis! ℞.

SEGUNDA LEITURA

*Empenhemo-nos com perseverança
no combate que nos é proposto.*

Leitura da Carta aos Hebreus — 12,1-4

Irmãos:
¹ Rodeados como estamos
por tamanha multidão de testemunhas,
deixemos de lado o que nos pesa
e o pecado que nos envolve.
Empenhemo-nos com perseverança
no combate que nos é proposto,
² com os olhos fixos em Jesus,
que em nós começa e completa a obra da fé.
Em vista da alegria que lhe foi proposta,
suportou a cruz, não se importando com a infâmia,
e assentou-se à direita do trono de Deus.

³ Pensai pois naquele que enfrentou
uma tal oposição por parte dos pecadores,
para que não vos deixeis abater pelo desânimo.
⁴ Vós ainda não resististes até ao sangue
na vossa luta contra o pecado.

Palavra do Senhor.

Aclamação ao Evangelho   Jo 10,27

℟. Aleluia, Aleluia, Aleluia.
℣. Minhas ovelhas escutam minha voz,
minha voz estão elas a escutar;
eu conheço, então, minhas ovelhas,
que me seguem, comigo a caminhar.   ℟.

EVANGELHO

Não vim trazer a paz, mas a divisão.

✠ Proclamação do Evangelho de Jesus Cristo
segundo Lucas   12,49-53

Naquele tempo, disse Jesus a seus discípulos:
⁴⁹ Eu vim para lançar fogo sobre a terra,
e como gostaria que já estivesse aceso!
⁵⁰ Devo receber um batismo,
e como estou ansioso até que isto se cumpra!
⁵¹ Vós pensais que eu vim trazer a paz sobre a terra?
Pelo contrário, eu vos digo, vim trazer divisão.
⁵² Pois, daqui em diante,
numa família de cinco pessoas,
três ficarão divididas contra duas
⁵³ e duas contra três; ficarão divididos:
o pai contra o filho e o filho contra o pai;
a mãe contra a filha e a filha contra a mãe;
a sogra contra a nora e a nora contra a sogra".

Palavra da Salvação.

21º DOMINGO DO TEMPO COMUM

PRIMEIRA LEITURA

E reconduzirão, de toda a parte, vossos irmãos.

Leitura do Livro do Profeta Isaías　　　　　　　　　66,18-21

Assim diz o Senhor:
¹⁸ Eu que conheço suas obras e seus pensamentos,
virei para reunir todos os povos e línguas;
eles virão e verão minha glória.
¹⁹ Porei no meio deles um sinal,
e enviarei, dentre os que foram salvos,
mensageiros para os povos de Társis,
Fut, Lud, Mosoc, Ros, Tubal e Javã,
para as terras distantes,
e, para aquelas que ainda não ouviram falar em mim
e não viram minha glória.
Esses enviados anunciarão às nações minha glória,
²⁰ e reconduzirão, de toda parte,
até meu santo monte em Jerusalém,
como oferenda ao Senhor, irmãos vossos,
a cavalo, em carros e liteiras,
montados em mulas e dromedários,
– diz o Senhor –
e como os filhos de Israel, levarão sua oferenda
em vasos purificados para a casa do Senhor.
²¹ Escolherei dentre eles alguns
para serem sacerdotes e levitas, diz o Senhor.

Palavra do Senhor.

Salmo responsorial　　　　　Sl 116(117),1.2 (℟. Mc 16,15)

℟. Procla**mai** o Evan**ge**lho a **to**da cri**atu**ra!

Ou: Ale**lu**ia, Ale**lu**ia, Ale**lu**ia.

¹ Cantai lou**vo**res ao Se**nhor**, todas as **gen**tes, *
　povos **to**dos, feste**jai**-o!　　　　　　　　　℟.

² Pois compro**va**do é seu **amor** para co**nos**co, *
　para **sem**pre ele é fi**el**!　　　　　　　　　℟.

SEGUNDA LEITURA

O Senhor corrige a quem ele ama.

Leitura da Carta aos Hebreus   12,5-7.11-13

Irmãos:
⁵ Já esquecestes as palavras de encorajamento
que vos foram dirigidas como a filhos:
"Meu filho, não desprezes a educação do Senhor,
não desanimes quando ele te repreende;
⁶ pois o Senhor corrige a quem ele ama
e castiga a quem aceita como filho".
⁷ É para a vossa educação que sofreis,
e é como filhos que Deus vos trata.
Pois qual é o filho a quem o pai não corrige?
¹¹ No momento mesmo,
nenhuma correção parece alegrar, mas causa dor.
Depois, porém, produz um fruto de paz e de justiça
para aqueles que nela foram exercitados.
¹² Portanto,
"firmai as mãos cansadas e os joelhos enfraquecidos;
¹³ acertai os passos dos vossos pés",
para que não se extravie o que é manco,
mas antes seja curado.

Palavra do Senhor.

Aclamação ao Evangelho   Jo 14,6

℟. Aleluia, Aleluia, Aleluia.
℣. Eu sou o **Cami**nho, a Ver**da**de e a **Vi**da;
nin**guém** chega ao **Pai** senão por **mim**.   ℟.

EVANGELHO

*Virão do oriente e do ocidente,
e tomarão lugar à mesa no Reino de Deus.*

✠ Proclamação do Evangelho de Jesus Cristo
segundo Lucas   13,22-30

Naquele tempo,
²² Jesus atravessava cidades e povoados,
ensinando e prosseguindo o caminho para Jerusalém.
²³ Alguém lhe perguntou:
"Senhor, é verdade que são poucos os que se salvam?"
Jesus respondeu:
²⁴ "Fazei todo esforço possível
para entrar pela porta estreita.
Porque eu vos digo que muitos tentarão entrar
e não conseguirão.
²⁵ Uma vez que o dono da casa se levantar e fechar a porta,
vós, do lado de fora,
começareis a bater, dizendo:
'Senhor, abre-nos a porta!'
Ele responderá: 'Não sei de onde sois.'
²⁶ Então começareis a dizer:
'Nós comemos e bebemos diante de ti,
e tu ensinaste em nossas praças!'
²⁷ Ele, porém, responderá:
'Não sei de onde sois.
Afastai-vos de mim
todos vós que praticais a injustiça!'
²⁸ Ali haverá choro e ranger de dentes,
quando virdes Abraão, Isaac e Jacó,
junto com todos os profetas no Reino de Deus,
e vós, porém, sendo lançados fora.
²⁹ Virão homens do oriente e do ocidente,
do norte e do sul,
e tomarão lugar à mesa no Reino de Deus.
³⁰ E assim há últimos que serão primeiros,
e primeiros que serão últimos".

Palavra da Salvação.

22º DOMINGO DO TEMPO COMUM

PRIMEIRA LEITURA

Sê humilde, e encontrarás graça diante do Senhor.

Leitura do Livro do Eclesiástico 3,19-21.30-31
(gr. 17-18.20.28-29)

¹⁹ Filho, realiza teus trabalhos com mansidão
e serás amado mais do que um homem generoso.
²⁰ Na medida em que fores grande,
deverás praticar a humildade,
e assim encontrarás graça diante do Senhor.
Muitos são altaneiros e ilustres,
mas é aos humildes que ele revela seus mistérios.
²¹ Pois grande é o poder do Senhor,
mas ele é glorificado pelos humildes.
³⁰ Para o mal do orgulhoso não existe remédio,
pois uma planta de pecado está enraizada nele,
e ele não compreende.
³¹ O homem inteligente
reflete sobre as palavras dos sábios,
e com ouvido atento deseja a sabedoria.

Palavra do Senhor.

Salmo responsorial Sl 67(68), 4-5ac.6-7ab.10-11 (℟. cf. 11b)

℟. Com carinho preparastes uma mesa para o pobre.

⁴ Os justos se alegram na presença do Senhor *
rejubilam satisfeitos e exultam de alegria!
⁵ᵃ Cantai a Deus, a Deus louvai, cantai um salmo a seu nome! *
ᶜ o seu nome é Senhor: exultai diante dele! ℟.

⁶ Dos órfãos ele é pai, e das viúvas protetor: *
é assim o nosso Deus em sua santa habitação.
⁷ᵃ É o Senhor quem dá abrigo, dá um lar aos deserdados, *
ᵇ quem liberta os prisioneiros e os sacia com fartura. ℟.

10 Derramastes lá do **al**to uma **chu**va gene**ro**sa, *
e vossa **ter**ra, vossa he**ran**ça, já cansa**da**, renovastes;
11 e a**li** vosso re**ba**nho encon**trou** sua mo**ra**da; *
com ca**ri**nho prepa**ras**tes essa **ter**ra para o **po**bre.   ℟.

SEGUNDA LEITURA

*Vós vos aproximastes do monte Sião
e da cidade do Deus vivo.*

Leitura da Carta aos Hebreus   12,18-19.22-24a

Irmãos:
¹⁸ Vós não vos aproximastes de uma realidade palpável:
"fogo ardente e escuridão, trevas e tempestade,
¹⁹ som da trombeta e voz poderosa",
que os ouvintes suplicaram não continuasse.
²² Mas vós vos aproximastes do monte Sião
e da cidade do Deus vivo, a Jerusalém celeste;
da reunião festiva de milhões de anjos;
²³ da assembléia dos primogênitos,
cujos nomes estão escritos nos céus;
de Deus, o Juiz de todos;
dos espíritos dos justos, que chegaram à perfeição;
²⁴ᵃ de Jesus, mediador da nova aliança.

Palavra do Senhor.

Aclamação ao Evangelho   Mt 11,29ab

℟. Ale**lu**ia, Ale**lu**ia, Ale**lu**ia.
Tomai meu **ju**go sobre **vós**
e apren**dei** de mim, que **sou**
de manso e hu**mil**de co**ra**ção!   ℟.

EVANGELHO

Quem se eleva, será humilhado,
e quem se humilha, será elevado.

✠ Proclamação do Evangelho de Jesus Cristo
segundo Lucas   14,1.7-14

¹ Aconteceu que, num dia de sábado,
Jesus foi comer na casa de um dos chefes dos fariseus.
E eles o observavam.
⁷ Jesus notou como os convidados
escolhiam os primeiros lugares.
Então contou-lhes uma parábola:
⁸ "Quando tu fores convidado
para uma festa de casamento,
não ocupes o primeiro lugar.
Pode ser que tenha sido convidado
alguém mais importante do que tu,
⁹ e o dono da casa, que convidou os dois,
venha te dizer: 'Dá o lugar a ele'.
Então tu ficarás envergonhado
e irás ocupar o último lugar.
¹⁰ Mas, quando tu fores convidado,
vai sentar-te no último lugar.
Assim, quando chegar quem te convidou,
te dirá: 'Amigo, vem mais para cima'.
E isto vai ser uma honra para ti
diante de todos os convidados.
¹¹ Porque quem se eleva, será humilhado
e quem se humilha, será elevado".
¹² E disse também a quem o tinha convidado:
"Quando tu deres um almoço ou um jantar,
não convides teus amigos, nem teus irmãos,
nem teus parentes, nem teus vizinhos ricos.
Pois estes poderiam também convidar-te
e isto já seria a tua recompensa.
¹³ Pelo contrário, quando deres uma festa,
convida os pobres, os aleijados, os coxos, os cegos.
¹⁴ Então tu serás feliz!
Porque eles não te podem retribuir.
Tu receberás a recompensa na ressurreição dos justos".

Palavra da Salvação.

23º DOMINGO DO TEMPO COMUM

PRIMEIRA LEITURA

Quem pode conhecer os desígnios do Senhor?

Leitura do Livro da Sabedoria　　　　　　9,13-18 (gr.13-18b)

¹³ Qual é o homem que pode conhecer os desígnios de Deus?
   Ou quem pode imaginar o desígnio do Senhor?
¹⁴ Na verdade, os pensamentos dos mortais são tímidos
   e nossas reflexões incertas:
¹⁵ porque o corpo corruptível torna pesada a alma
   e tenda de argila oprime a mente que pensa.
¹⁶ Mal podemos conhecer o que há na terra,
   e com muito custo compreendemos
   o que está ao alcance de nossas mãos;
   quem, portanto, investigará o que há nos céus?
¹⁷ Acaso alguém teria conhecido o teu desígnio,
   sem que lhe desses Sabedoria
   e do alto lhe enviasses teu santo espírito?
¹⁸ Só assim se tornaram retos
   os caminhos dos que estão na terra,
   e os homens aprenderam o que te agrada,
   e pela Sabedoria foram salvos".

Palavra do Senhor.

Salmo responsorial　　　　Sl 89(90),3-4.5-6.12-13.14.17 (R. 1)

℟. Vós **fos**tes, ó Se**nhor,** um re**fú**gio para **nós.**

³ Vós fa**zeis** voltar ao **pó** todo mor**tal,** *
  quando di**zeis**: "Voltai ao **pó,** filhos de A**dão!**"
⁴ Pois mil **a**nos para **vós** são como **on**tem, *
  qual vi**gí**lia de uma **noi**te que pass**ou**.　　℟.

⁵ Eles **pas**sam como o **so**no da man**hã,** *
⁶ são i**guais** à erva **ver**de pelos **cam**pos:
  De man**hã** ela flo**res**ce vice**jan**te, *
  mas à **tar**de é cortada e logo **se**ca.　　℟.

¹² Ensinai-nos a contar os nossos dias, *
e dai ao nosso coração sabedoria!
¹³ Senhor, voltai-vos! Até quando tardareis? *
Tende piedade e compaixão de vossos servos! ℟.

¹⁴ Saciai-nos de manhã com vosso amor, *
e exultaremos de alegria todo o dia!
¹⁷ Que a bondade do Senhor e nosso Deus †
repouse sobre nós e nos conduza! *
Tornai fecundo, ó Senhor, nosso trabalho. ℟.

SEGUNDA LEITURA

*Recebe-o, não mais como escravo
mas como um irmão querido.*

Leitura da Carta de São Paulo a Filêmon 9b-10.12-17

Caríssimo:
⁹ᵇ Eu, Paulo, velho como estou
e agora também prisioneiro de Cristo Jesus,
¹⁰ faço-te um pedido em favor do meu filho
que fiz nascer para Cristo na prisão, Onésimo.
¹² Eu o estou mandando de volta para ti.
Ele é como se fosse o meu próprio coração.
¹³ Gostaria de tê-lo comigo,
a fim de que fosse teu representante para cuidar de mim
nesta prisão, que eu devo ao evangelho.
¹⁴ Mas, eu não quis fazer nada sem o teu parecer,
para que a tua bondade não seja forçada,
mas espontânea.
¹⁵ Se ele te foi retirado por algum tempo,
talvez seja para que o tenhas de volta para sempre,
¹⁶ já não como escravo,
mas, muito mais do que isso, como um irmão querido,
muitíssimo querido para mim
quanto mais ele o fôr para ti,
tanto como pessoa humana quanto como irmão no Senhor.
¹⁷ Assim, se estás em comunhão de fé comigo,
recebe-o como se fosse a mim mesmo.

Palavra do Senhor.

Aclamação ao Evangelho Sl 118,135

℟. Aleluia, Aleluia, Aleluia.
℣. Fazei brilhar vosso semblante ao vosso servo
e ensinai-me vossas leis e mandamentos! ℟.

EVANGELHO

*Qualquer um de vós, se não renunciar a tudo o que tem,
não pode ser meu discípulo!*

✠ Proclamação do Evangelho de Jesus Cristo
segundo Lucas 14,25-33

Naquele tempo,
25 Grandes multidões acompanhavam Jesus.
Voltando-se, ele lhes disse:
26 "Se alguém vem a mim, mas não se desapega
de seu pai e sua mãe, sua mulher e seus filhos,
seus irmãos e suas irmãs e até da sua própria vida,
não pode ser meu discípulo.
27 Quem não carrega sua cruz e não caminha atrás de mim,
não pode ser meu discípulo.
28 Com efeito: qual de vós, querendo construir uma torre,
não se senta primeiro e calcula os gastos,
para ver se tem o suficiente para terminar?
Caso contrário,
29 ele vai lançar o alicerce e não será capaz de acabar.
E todos os que virem isso começarão a caçoar, dizendo:
30 'Este homem começou a construir
e não foi capaz de acabar!'
31 Ou ainda:
Qual o rei que ao sair para guerrear com outro,
não se senta primeiro e examina bem
se com dez mil homens poderá enfrentar o outro
que marcha contra ele com vinte mil?
32 Se ele vê que não pode,
enquanto o outro rei ainda está longe,
envia mensageiros para negociar as condições de paz.
33 Do mesmo modo, portanto, qualquer um de vós,
se não renunciar a tudo o que tem,
não pode ser meu discípulo!"

Palavra da Salvação.

24º DOMINGO DO TEMPO COMUM

PRIMEIRA LEITURA

E o Senhor desistiu do mal que havia ameaçado fazer.

Leitura do Livro do Êxodo   32,7-11.13-14

Naqueles dias,
7 O Senhor falou a Moisés:
"Vai, desce, pois corrompeu-se o teu povo,
que tiraste da terra do Egito.
8 Bem depressa desviaram-se do caminho
que lhes prescrevi.
Fizeram para si um bezerro de metal fundido,
inclinaram-se em adoração diante dele
e ofereceram-lhe sacrifícios, dizendo:
'Estes são os teus deuses, Israel,
que te fizeram sair do Egito!' "
9 E o Senhor disse ainda a Moisés:
"Vejo que este é um povo de cabeça dura.
10 Deixa que minha cólera se inflame contra eles
e que eu os extermine.
Mas de ti farei uma grande nação".
11 Moisés, porém, suplicava ao Senhor seu Deus, dizendo:
"Por que, ó Senhor,
se inflama a tua cólera contra o teu povo,
que fizeste sair do Egito
com grande poder e mão forte?
13 Lembra-te de teus servos Abraão, Isaac e Israel,
com os quais te comprometeste, por juramento,
dizendo: 'Tornarei os vossos descendentes
tão numerosos como as estrelas do céu;
e toda esta terra de que vos falei,
eu a darei aos vossos descendentes
como herança para sempre' ".
14 E o Senhor desistiu do mal
que havia ameaçado fazer ao seu povo.

Palavra do Senhor.

Salmo responsorial Sl 50(51),3-4.12-13.17.19 (R. Lc 15,18)

℟. Vou **a**gora, levan**tar**-me, volto à **ca**sa do meu **pai**.

³ Tende pie**da**de, ó meu **Deus**, misericór**dia**! *
   Na imensi**dão** de vosso **amor**, purificai-me!
⁴ La**vai**-me todo in**tei**ro do pe**ca**do, *
   e apa**gai** completa**men**te a minha **cul**pa! ℟.

¹² Criai em **mim** um cora**ção** que seja **pu**ro, *
   dai-me de **no**vo um es**pí**rito deci**di**do.
¹³ Ó Se**nhor**, não me afas**teis** de vossa **fa**ce, *
   nem reti**reis** de mim o **vos**so Santo Es**pí**rito! ℟.

¹⁷ Abri meus **lá**bios, ó Se**nhor**, para can**tar**, *
   e minha **bo**ca anuncia**rá** vosso lou**vor**!
¹⁹ Meu sacrifício é minha **al**ma peni**ten**te, *
   não despre**zeis** um cora**ção** arrepen**di**do! ℟.

SEGUNDA LEITURA

Cristo veio ao mundo para salvar os pecadores.

Leitura da Primeira Carta de São Paulo a Timóteo   1,12-17

Caríssimo:
¹² Agradeço àquele que me deu força,
   Cristo Jesus, nosso Senhor,
   pela confiança que teve em mim
   ao designar-me para o seu serviço,
¹³ a mim, que antes blasfemava, perseguia e insultava.
   Mas encontrei misericórdia,
   porque agia com a ignorância de quem não tem fé.
¹⁴ Transbordou a graça de nosso Senhor
   com a fé e o amor que há em Cristo Jesus.
¹⁵ Segura e digna de ser acolhida por todos
   é esta palavra:
   Cristo veio ao mundo para salvar os pecadores.
   E eu sou o primeiro deles!
¹⁶ Por isso encontrei misericórdia,
   para que em mim, como primeiro,
   Cristo Jesus demonstrasse

toda a grandeza de seu coração;
ele fez de mim um modelo
de todos os que crerem nele
para alcançar a vida eterna.
¹⁷ Ao Rei dos séculos,
ao único Deus, imortal e invisível,
honra e glória pelos séculos dos séculos. Amém!

Palavra do Senhor.

Aclamação ao Evangelho 2Cor 5,19

℟. Aleluia, Aleluia, Aleluia.
℣. O Senhor reconciliou o mundo em Cristo,
confiando-nos sua Palavra,
a Palavra da reconciliação,
a Palavra que hoje, aqui, nos salva! ℟.

EVANGELHO (mais longo)

*Haverá no céu mais alegria
por um só pecador que se converte.*

✠ Proclamação do Evangelho de Jesus Cristo
segundo Lucas 15,1-32

Naquele tempo,
¹ Os publicanos e pecadores
aproximavam-se de Jesus para o escutar.
² Os fariseus, porém,
e os mestres da Lei criticavam Jesus.
"Este homem acolhe os pecadores
e faz refeição com eles".
³ Então Jesus contou-lhes esta parábola:
⁴ "Se um de vós tem cem ovelhas e perde uma,
não deixa as noventa e nove no deserto,
e vai atrás daquela que se perdeu, até encontrá-la?
⁵ Quando a encontra, coloca-a nos ombros com alegria,
⁶ e, chegando a casa, reúne os amigos e vizinhos,
e diz: 'Alegrai-vos comigo!
Encontrei a minha ovelha que estava perdida!'
⁷ Eu vos digo:
Assim haverá no céu mais alegria
por um só pecador que se converte,

do que por noventa e nove justos
que não precisam de conversão.

⁸ E se uma mulher tem dez moedas de prata e perde uma,
não acende uma lâmpada, varre a casa
e a procura cuidadosamente, até encontrá-la?

⁹ Quando a encontra, reúne as amigas e vizinhas, e diz:
'Alegrai-vos comigo!
Encontrei a moeda que tinha perdido!'

¹⁰ Por isso, eu vos digo,
haverá alegria entre os anjos de Deus
por um só pecador que se converte".

¹¹ E Jesus continuou:
"Um homem tinha dois filhos.

¹² O filho mais novo disse ao pai:
'Pai, dá-me a parte da herança que me cabe'.
E o pai dividiu os bens entre eles.

¹³ Poucos dias depois, o filho mais novo juntou o que era seu
e partiu para um lugar distante.
E ali esbanjou tudo numa vida desenfreada.

¹⁴ Quando tinha gasto tudo o que possuía,
houve uma grande fome naquela região,
e ele começou a passar necessidade.

¹⁵ Então foi pedir trabalho a um homem do lugar,
que o mandou para seu campo cuidar dos porcos.

¹⁶ O rapaz queria matar a fome
com a comida que os porcos comiam,
mas nem isto lhe davam.

¹⁷ Então caiu em si e disse:
Quantos empregados do meu pai têm pão com fartura,
e eu aqui, morrendo de fome.

¹⁸ Vou-me embora, vou voltar para meu pai e dizer-lhe:
Pai, pequei contra Deus e contra ti;

¹⁹ já não mereço ser chamado teu filho.
Trata-me como a um dos teus empregados'.

²⁰ Então ele partiu e voltou para seu pai.
Quando ainda estava longe, seu pai o avistou
e sentiu compaixão.
Correu-lhe ao encontro, abraçou-o,
e cobriu-o de beijos.

²¹ O filho, então, lhe disse:
'Pai, pequei contra Deus e contra ti.
Já não mereço ser chamado teu filho'.

²² Mas o pai disse aos empregados:
'Trazei depressa a melhor túnica para vestir meu filho.
E colocai um anel no seu dedo e sandálias nos pés.

²³ Trazei um novilho gordo e matai-o.
Vamos fazer um banquete.
²⁴ Porque este meu filho estava morto e tornou a viver;
estava perdido e foi encontrado'.
E começaram a festa.
²⁵ O filho mais velho estava no campo.
Ao voltar, já perto de casa,
ouviu música e barulho de dança.
²⁶ Então chamou um dos criados
e perguntou o que estava acontecendo.
²⁷ O criado respondeu:
'É teu irmão que voltou.
Teu pai matou o novilho gordo,
porque o recuperou com saúde'.
²⁸ Mas ele ficou com raiva e não queria entrar.
O pai, saindo, insistia com ele.
²⁹ Ele, porém, respondeu ao pai:
'Eu trabalho para ti há tantos anos,
jamais desobedeci a qualquer ordem tua.
E tu nunca me deste um cabrito
para eu festejar com meus amigos.
³⁰ Quando chegou esse teu filho,
que esbanjou teus bens com prostitutas,
matas para ele o novilho cevado'.
³¹ Então o pai lhe disse:
'Filho, tu estás sempre comigo,
e tudo o que é meu é teu.
³² Mas era preciso festejar e alegrar-nos,
porque este teu irmão estava morto e tornou a viver;
estava perdido, e foi encontrado'".

Palavra da Salvação.

Ou: **EVANGELHO (mais breve)**

*Haverá no céu mais alegria
por um só pecador que se converte.*

✠ Proclamação do Evangelho de Jesus Cristo
segundo Lucas   15,1-10

Naquele tempo,
1 Os publicanos e pecadores
aproximavam-se de Jesus para o escutar.
2 Os fariseus, porém,
e os mestres da Lei criticavam Jesus.
"Este homem acolhe os pecadores
e faz refeição com eles".
3 Então Jesus contou-lhes esta parábola:
4 "Se um de vós tem cem ovelhas e perde uma,
não deixa as noventa e nove no deserto,
e vai atrás daquela que se perdeu, até encontrá-la?
5 Quando a encontra, coloca-a nos ombros com alegria,
6 e, chegando a casa, reúne os amigos e vizinhos,
e diz: 'Alegrai-vos comigo!
Encontrei a minha ovelha que estava perdida!'
7 Eu vos digo:
Assim haverá no céu mais alegria
por um só pecador que se converte,
do que por noventa e nove justos
que não precisam de conversão.
8 E se uma mulher tem dez moedas de prata e perde uma,
não acende uma lâmpada, varre a casa
e a procura cuidadosamente, até encontrá-la?
9 Quando a encontra, reúne as amigas e vizinhas, e diz:
'Alegrai-vos comigo!
Encontrei a moeda que tinha perdido!'
10 Por isso, eu vos digo,
haverá alegria entre os anjos de Deus
por um só pecador que se converte".

Palavra da Salvação.

25º DOMINGO DO TEMPO COMUM

PRIMEIRA LEITURA

Contra aqueles que dominam os pobres com dinheiro.

Leitura da Profecia de Amós   8,4-7

⁴ Ouvi isto, vós que maltratais os humildes
e causais a prostração dos pobres da terra;
⁵ vós que andais dizendo:
"Quando passará a lua nova,
para vendermos bem a mercadoria?
E o sábado, para darmos pronta saída ao trigo,
para diminuir medidas, aumentar pesos,
e adulterar balanças,
⁶ dominar os pobres com dinheiro
e os humildes com um par de sandálias,
e para pôr à venda o refugo do trigo?"
⁷ Por causa da soberba de Jacó, jurou o Senhor:
"Nunca mais esquecerei o que eles fizeram".

Palavra do Senhor.

Salmo responsorial   Sl 112(113), 1-2.4-6.7-8 (℟. cf. 1a.7b)

℟. Louvai o Senhor, que eleva os pobres!

Ou: Aleluia, Aleluia, Aleluia.

¹ Louvai, louvai, ó servos do Senhor, *
louvai, louvai o nome do Senhor!
² Bendito seja o nome do Senhor, *
agora e por toda a eternidade!   ℟.

⁴ O Senhor está acima das nações, *
sua glória vai além dos altos céus.
⁵ Quem pode comparar-se ao nosso Deus, †
ao Senhor, que no alto céu tem o seu trono *
⁶ e se inclina para olhar o céu e a terra?   ℟.

⁷ Levanta da poeira o indigente *
e do lixo ele retira o pobrezinho,

⁸ para fazê-lo assentar-se com os **no**bres, *
assen**tar**-se com **no**bres do seu **po**vo. ℟.

SEGUNDA LEITURA

*Recomendo que se façam orações a Deus por todos os homens.
Deus quer que todos sejam salvos.*

Leitura da Primeira Carta de São Paulo a Timóteo 2,1-8

Caríssimo:
¹ Antes de tudo, recomendo que se façam preces e orações,
súplicas e ações de graças,
por todos os homens;
² pelos que governam e por todos que ocupam altos cargos,
a fim de que possamos levar uma vida tranqüila
e serena, com toda piedade e dignidade.
³ Isto é bom e agradável a Deus, nosso Salvador;
⁴ ele quer que todos os homens sejam salvos
e cheguem ao conhecimento da verdade.
⁵ Pois há um só Deus,
e um só mediador entre Deus e os homens:
o homem Cristo Jesus,
⁶ que se entregou em resgate por todos.
Este é o testemunho dado no tempo estabelecido por Deus,
⁷ e para este testemunho
eu fui designado pregador e apóstolo,
e – falo a verdade, não minto –
mestre das nações pagãs na fé e na verdade.
⁸ Quero, portanto, que em todo lugar
os homens façam a oração,
erguendo mãos santas,
sem ira e sem discussões.

Palavra do Senhor.

Aclamação ao Evangelho 2Cor 8,9

℟. A**le**luia, A**le**luia, A**le**luia.
℣. Jesus **Cris**to, sendo **ri**co, se fez **po**bre, por a**mor**;
para **que** sua po**bre**za nos, as**sim**, enrique**ces**se. ℟.

EVANGELHO (mais longo)

Vós não podeis servir a Deus e ao dinheiro.

✠ Proclamação do Evangelho de Jesus Cristo
segundo Lucas   16,1-13

Naquele tempo,
1 Jesus dizia aos discípulos:
"Um homem rico tinha um administrador
que foi acusado de esbanjar os seus bens.
2 Ele o chamou e lhe disse:
'Que é isto que ouço a teu respeito?
Presta contas da tua administração,
pois já não podes mais administrar meus bens'.
3 O administrador então começou a refletir:
'O senhor vai me tirar a administração.
Que vou fazer?
Para cavar, não tenho forças;
de mendigar, tenho vergonha.
4 Ah! Já sei o que fazer,
para que alguém me receba em sua casa
quando eu for afastado da administração'.
5 Então ele chamou cada um
dos que estavam devendo ao seu patrão.
E perguntou ao primeiro:
'Quanto deves ao meu patrão?'
6 Ele respondeu: 'Cem barris de óleo!'
O administrador disse:
'Pega a tua conta, senta-te, depressa,
e escreve cinqüenta!'
7 Depois ele perguntou a outro:
'E tu, quanto deves?'
Ele respondeu: 'Cem medidas de trigo'.
O administrador disse:
'Pega tua conta e escreve oitenta'.
8 E o senhor elogiou o administrador desonesto,
porque ele agiu com esperteza.
Com efeito, os filhos deste mundo
são mais espertos em seus negócios
do que os filhos da luz.
9 E eu vos digo:
Usai o dinheiro injusto para fazer amigos,
pois, quando acabar,
eles vos receberão nas moradas eternas.

¹⁰ Quem é fiel nas pequenas coisas
também é fiel nas grandes,
e quem é injusto nas pequenas
também é injusto nas grandes.
¹¹ Por isso, se vós não sois fiéis
no uso do dinheiro injusto,
quem vos confiará o verdadeiro bem?
¹² E se não sois fiéis no que é dos outros,
quem vos dará aquilo que é vosso?
¹³ Ninguém pode servir a dois senhores.
porque ou odiará um e amará o outro,
ou se apegará a um e desprezará o outro.
Vós não podeis servir a Deus e ao dinheiro".

Palavra da Salvação.

Ou: EVANGELHO (mais breve)

Vós não podeis servir a Deus e ao dinheiro.

✠ Proclamação do Evangelho de Jesus Cristo
segundo Lucas   16,10-13

Naquele tempo, dizia Jesus a seus discípulos:
¹⁰ "Quem é fiel nas pequenas coisas
também é fiel nas grandes,
e quem é injusto nas pequenas
também é injusto nas grandes.
¹¹ Por isso, se vós não sois fiéis
no uso do dinheiro injusto,
quem vos confiará o verdadeiro bem?
¹² E se não sois fiéis no que é dos outros,
quem vos dará aquilo que é vosso?
¹³ Ninguém pode servir a dois senhores.
porque ou odiará um e amará o outro,
ou se apegará a um e desprezará o outro.
Vós não podeis servir a Deus e ao dinheiro".

Palavra da Salvação.

26º DOMINGO DO TEMPO COMUM

PRIMEIRA LEITURA

Agora o bando dos gozadores será desfeito.

Leitura da Profecia de Amós 6,1a.4-7

Assim diz o Senhor todo-poderoso:
^{1a} Ai dos que vivem despreocupadamente em Sião,
os que se sentem seguros nas alturas de Samaria!
⁴ Os que dormem em camas de marfim,
deitam-se em almofadas,
comendo cordeiros do rebanho
e novilhos do seu gado;
⁵ os que cantam ao som das harpas,
ou, como Davi, dedilham instrumentos musicais;
⁶ os que bebem vinho em taças,
e se perfumam com os mais finos ungüentos
e não se preocupam com a ruína de José.
⁷ Por isso, eles irão agora
para o desterro, na primeira fila,
e o bando dos gozadores será desfeito.

Palavra do Senhor.

Salmo responsorial Sl 145(146),7.8-9a.9bc-10 (℞. 1)

℞. Bend**i**ze, minha **al**ma, e **lou**va ao Se**nhor**!

Ou: Alel**u**ia, Alel**u**ia, Alel**u**ia.

O Se**nhor** é fi**el** para **sem**pre, *
⁷ faz justiça aos que **são** oprim**i**dos;
ele **dá** alim**en**to aos fam**in**tos, *
é o Se**nhor** quem lib**er**ta os cat**i**vos.   ℞.

⁸ O Se**nhor** abre os **o**lhos aos **ce**gos *
o Se**nhor** faz erg**uer**-se o ca**í**do;
o Se**nhor** ama **aque**le que é **jus**to. *
^{9a} É o Se**nhor** quem prot**e**ge o estrang**ei**ro.   ℞.

^bc^ Ele am**pa**ra a vi**ú**va e o **ór**fão *
mas con**fun**de os ca**mi**nhos dos **maus**.
10 O **Se**nhor rei**na**rá para **sem**pre! †
Ó Si**ão**, o teu **Deus** rei**na**rá *
para **sem**pre e por **to**dos os **sé**culos! ℟.

SEGUNDA LEITURA

*Guarda o teu mandato
até a manifestação gloriosa do Senhor.*

Leitura da Primeira Carta de São Paulo a Timóteo   6,11-16

11 Tu que és um homem de Deus,
    foge das coisas perversas,
    procura a justiça, a piedade, a fé,
    o amor, a firmeza, a mansidão.
12 Combate o bom combate da fé,
    conquista a vida eterna,
    para a qual foste chamado
    e pela qual fizeste tua nobre profissão de fé
    diante de muitas testemunhas.
13 Diante de Deus, que dá a vida a todas as coisas,
    e de Cristo Jesus,
    que deu o bom testemunho da verdade
    perante Pôncio Pilatos, eu te ordeno:
14 guarda o teu mandato íntegro e sem mancha
    até a manifestação gloriosa de nosso Senhor Jesus Cristo.
15 Esta manifestação será feita no tempo oportuno
    pelo bendito e único Soberano,
    o Rei dos reis e Senhor dos senhores,
16 o único que possui a imortalidade
    e que habita numa luz inacessível,
    que nenhum homem viu, nem pode ver.
    A ele, honra e poder eterno. Amém.

Palavra do Senhor.

Aclamação ao Evangelho   2Cor 8,9

℟. Ale**lu**ia, Ale**lu**ia, Ale**lu**ia.
℣. Jesus **Cris**to, sendo **ri**co, se fez **po**bre, por a**mor**;
para **que** sua po**bre**za nos, as**sim**, enrique**ces**se. ℟.

EVANGELHO

*Tu recebeste teus bens durante a vida, e Lázaro os males;
agora ele encontra aqui consolo, e tu és atormentado.*

✠ Proclamação do Evangelho de Jesus Cristo
segundo Lucas   16,19-31

Naquele tempo, Jesus disse aos fariseus:
19 "Havia um homem rico,
que se vestia com roupas finas e elegantes
e fazia festas esplêndidas todos os dias.
20 Um pobre, chamado Lázaro, cheio de feridas,
estava no chão à porta do rico.
21 Ele queria matar a fome
com as sobras que caíam da mesa do rico.
E, além disso, vinham os cachorros lamber suas feridas.
22 Quando o pobre morreu,
os anjos levaram-no para junto de Abraão.
Morreu também o rico e foi enterrado.
23 Na região dos mortos, no meio dos tormentos,
o rico levantou os olhos e viu de longe a Abraão,
com Lázaro ao seu lado.
24 Então gritou: 'Pai Abraão, tem piedade de mim!
Manda Lázaro molhar a ponta do dedo
para me refrescar a língua,
porque sofro muito nestas chamas'.
25 Mas Abraão respondeu:
'Filho, lembra-te que tu recebeste teus bens durante a vida
e Lázaro, por sua vez, os males.
Agora, porém, ele encontra aqui consolo
e tu és atormentado.
26 E, além disso, há um grande abismo entre nós:
por mais que alguém desejasse,
não poderia passar daqui para junto de vós,
e nem os daí poderiam atravessar até nós'.
27 O rico insistiu:
'Pai, eu te suplico, manda Lázaro à casa do meu pai,
28 porque eu tenho cinco irmãos.
Manda preveni-los, para que não venham também eles
para este lugar de tormento'.
29 Mas Abraão respondeu:
'Eles têm Moisés e os Profetas, que os escutem!'

30 O rico insistiu:
'Não, Pai Abraão,
mas se um dos mortos for até eles,
certamente vão se converter'.
31 Mas Abraão lhe disse:
'Se não escutam a Moisés, nem aos Profetas,
eles não acreditarão,
mesmo que alguém ressuscite dos mortos' ".

Palavra da Salvação.

27º DOMINGO DO TEMPO COMUM

PRIMEIRA LEITURA

O justo viverá por sua fé.

Leitura da Profecia de Habacuc   1,2-3; 2,2-4

² Senhor, até quando clamarei,
  sem me atenderes?
  Até quando devo gritar a ti: "Violência!",
  sem me socorreres?
³ Por que me fazes ver iniqüidades,
  quando tu mesmo vês a maldade?
  Destruições e prepotência estão à minha frente;
  reina a discussão, surge a discórdia.
²,² Respondeu-me o Senhor, dizendo:
  "Escreve esta visão,
  estende seus dizeres sobre tábuas,
  para que possa ser lida com facilidade.
³ A visão refere-se a um prazo definido,
  mas tende para um desfecho, e não falhará;
  se demorar, espera,
  pois ela virá com certeza, e não tardará.
⁴ Quem não é correto, vai morrer,
  mas o justo viverá por sua fé".
  Palavra do Senhor.

Salmo responsorial   Sl 94(95),1-2.6-7.8-9 (R. 8)

℟. Não fecheis o coração; ouvi vosso Deus!

¹ Vinde, exultemos de alegria no Senhor, *
  aclamemos o Rochedo que nos salva!
² Ao seu encontro caminhemos com louvores, *
  e com cantos de alegria o celebremos!   ℟.

⁶ Vinde adoremos e prostremo-nos por terra, *
  e ajoelhemos ante o Deus que nos criou!
⁷ Porque ele é o nosso Deus, nosso Pastor, †
  e nós somos o seu povo e seu rebanho, *
  as ovelhas que conduz com sua mão.   ℟.

⁸ Oxalá ouvísseis **ho**je a sua **voz**: *
"Não fe**cheis** os cora**ções** como em **Meri**ba,
⁹ como em **Mas**sa, no de**ser**to, aquele **dia**, †
em que ou**tro**ra vossos **pais** me provo**ca**ram, *
ape**sar** de terem **vis**to as minhas **o**bras". ℟.

SEGUNDA LEITURA

Não te envergonhes de dar testemunho de Nosso Senhor.

Leitura da Segunda Carta de São Paulo a Timóteo   1,6-8.13-14

Caríssimo:
⁶ Exorto-te a reavivar a chama do dom de Deus
que recebeste pela imposição das minhas mãos.
⁷ Pois Deus não nos deu um espírito de timidez
mas de fortaleza, de amor e sobriedade.
⁸ Não te envergonhes do testemunho de Nosso Senhor
nem de mim, seu prisioneiro,
mas sofre comigo pelo Evangelho,
fortificado pelo poder de Deus.
¹³ Usa um compêndio
das palavras sadias que de mim ouviste em matéria de fé
e de amor em Cristo Jesus.
¹⁴ Guarda o precioso depósito,
com a ajuda do Espírito Santo que habita em nós.

Palavra do Senhor.

Aclamação ao Evangelho   1Pd 1,25

℟. Ale**lu**ia, Ale**lu**ia, Ale**lu**ia.
℣. A Pa**la**vra do Se**nhor** perma**ne**ce para **sem**pre;
e **es**ta é a Pa**la**vra que vos **foi** anunci**a**da.   ℟.

EVANGELHO

Se vós tivésseis fé!

✠ Proclamação do Evangelho de Jesus Cristo
segundo Lucas   17,5-10

Naquele tempo,
5 Os apóstolos disseram ao Senhor:
"Aumenta a nossa fé!"
6 O Senhor respondeu:
"Se vós tivésseis fé,
mesmo pequena como um grão de mostarda,
poderíeis dizer a esta amoreira:
'Arranca-te daqui e planta-te no mar',
e ela vos obedeceria.
7 Se algum de vós tem um empregado
que trabalha a terra ou cuida dos animais,
por acaso vai dizer-lhe, quando ele volta do campo:
'Vem depressa para a mesa?'
8 Pelo contrário, não vai dizer ao empregado:
'Prepara-me o jantar, cinge-te e serve-me,
enquanto eu como e bebo;
depois disso tu poderás comer e beber?'
9 Será que vai agradecer ao empregado,
porque fez o que lhe havia mandado?
10 Assim também vós:
quando tiverdes feito tudo o que vos mandaram,
dizei:
'Somos servos inúteis;
fizemos o que devíamos fazer' ".

Palavra da Salvação.

28º DOMINGO DO TEMPO COMUM

PRIMEIRA LEITURA

*Naamã voltou para junto do homem de Deus,
e fez sua profissão de fé.*

Leitura do Segundo Livro dos Reis   5,14-17

Naqueles dias,
¹⁴ Naamã, o sírio, desceu e mergulhou sete vezes no Jordão,
conforme o homem de Deus tinha mandado,
e sua carne tornou-se semelhante à de uma criancinha,
e ele ficou purificado.
¹⁵ Em seguida, voltou com toda a sua comitiva
para junto do homem de Deus.
Ao chegar, apresentou-se diante dele e disse:
"Agora estou convencido
de que não há outro Deus em toda a terra,
senão o que há em Israel!
Por favor, aceita um presente de mim, teu servo".
¹⁶ Eliseu respondeu:
"Pela vida do Senhor, a quem sirvo, nada aceitarei".
E, por mais que Naamã insistisse, ficou firme na recusa.
¹⁷ Naamã disse estão:
"Seja como queres.
Mas permite que teu servo leve daqui a terra
que dois jumentos podem carregar.
Pois teu servo já não oferecerá
holocausto ou sacrifício a outros deuses,
mas somente ao Senhor".

Palavra do Senhor.

Salmo responsorial   97(98),1.2-3ab.3cd-4 (℟. cf. 2b)

℟. O Se**nhor** fez conhe**cer a** salva**ção**
e às na**ções** reve**lou** sua justiça.

¹ Can**tai** ao Senhor **Deus** um canto **novo**, *
porque **e**le fez pro**dí**gios!
Sua **mão** e o seu **bra**ço forte e **san**to *
alcançaram-lhe a vi**tó**ria.   ℟.

² O **Senhor** fez conhe**cer** a salva**ção**, *
    e às na**ções**, sua jus**ti**ça;
³ᵃ recor**dou** o seu **amor** sempre fi**el** *
  ᵇ pela **casa** de Isra**el**. ℟.

³ᶜ Os con**fins** do univer**so** contem**pla**ram *
  ᵈ a salva**ção** do nosso **Deus**.
⁴ Acla**mai** o Senhor **Deus**, ó terra in**tei**ra, *
    ale**grai**-vos e exul**tai**! ℟.

SEGUNDA LEITURA

Se com Cristo ficamos firmes, com ele reinaremos.

Leitura da Segunda Carta de São Paulo a Timóteo   2,8-13

Caríssimo:
⁸ Lembra-te de Jesus Cristo, da descendência de Davi,
  ressuscitado dentre os mortos,
  segundo o meu evangelho.
⁹ Por ele eu estou sofrendo até às algemas,
  como se eu fosse um malfeitor;
  mas a palavra de Deus não está algemada.
¹⁰ Por isso suporto qualquer coisa pelos eleitos,
   para que eles também alcancem a salvação,
   que está em Cristo Jesus,
   com a glória eterna.
¹¹ Merece fé esta palavra:
   se com ele morremos, com ele viveremos.
¹² Se com ele ficamos firmes, com ele reinaremos.
   Se nós o negamos, também ele nos negará.
¹³ Se lhe somos infiéis, ele permanece fiel,
   pois não pode negar-se a si mesmo.

Palavra do Senhor.

Aclamação ao Evangelho   1Ts 5,18

℟. Ale**lui**a, Ale**lui**a, Ale**lui**a.
℣. Em **tu**do dai **gra**ças, pois, **es**ta é a vonta**de**
   de **Deus** para con**vos**co em **Cris**to Jesus.   ℟.

EVANGELHO

*Não houve quem voltasse para dar glória a Deus,
a não ser este estrangeiro.*

✠ Proclamação do Evangelho de Jesus Cristo
segundo Lucas   17,11-19

¹¹ Aconteceu que, caminhando para Jerusalém,
Jesus passava entre a Samaria e a Galiléia.
¹² Quando estava para entrar num povoado,
dez leprosos vieram ao seu encontro.
Pararam à distância,
¹³ e gritaram:
"Jesus, Mestre, tem compaixão de nós!"
¹⁴ Ao vê-los, Jesus disse:
"Ide apresentar-vos aos sacerdotes".
Enquanto caminhavam,
aconteceu que ficaram curados.
¹⁵ Um deles, ao perceber que estava curado,
voltou glorificando a Deus em alta voz;
¹⁶ atirou-se aos pés de Jesus, com o rosto por terra,
e lhe agradeceu.
E este era um samaritano.
¹⁷ Então Jesus lhe perguntou:
"Não foram dez os curados?
E os outro nove, onde estão?
¹⁸ Não houve quem voltasse para dar glória a Deus,
a não ser este estrangeiro?"
¹⁹ E disse-lhe:
"Levanta-te e vai! Tua fé te salvou".

Palavra da Salvação.

29º DOMINGO DO TEMPO COMUM

PRIMEIRA LEITURA

E, enquanto Moisés conservava a mão levantada,
Israel vencia.

Leitura do Livro do Êxodo 17,8-13

Naqueles dias,
⁸ Os amalecitas vieram atacar Israel em Rafidim.
⁹ Moisés disse a Josué:
"Escolhe alguns homens e vai combater
contra os amalecitas.
Amanhã estarei, de pé, no alto da colina,
com a vara de Deus na mão".
¹⁰ Josué fez o que Moisés lhe tinha mandado
e combateu os amalecitas.
Moisés, Aarão e Ur subiram ao topo da colina.
¹¹ E, enquanto Moisés conservava a mão levantada,
Israel vencia;
quando abaixava a mão, vencia Amalec.
¹² Ora, as mãos de Moisés tornaram-se pesadas.
Pegando então uma pedra,
colocaram-na debaixo dele para que se sentasse,
e Aarão e Ur, um de cada lado
sustentavam as mãos de Moisés.
Assim, suas mãos não se fatigaram até ao pôr do sol,
¹³ e Josué derrotou Amalec e sua gente a fio de espada.

Palavra do Senhor.

Salmo responsorial Sl 120(121),1-2.3-4.5-6.7-8 (R. cf. 2)

℟. Do **Se**nhor é que me **vem** o meu so**cor**ro,
do **Se**nhor que fez o **céu** e fez a **ter**ra.

¹ Eu le**van**to os meus **o**lhos para os **mon**tes: *
de **on**de pode **vir** o meu so**cor**ro?
² "Do **Se**nhor é que me **vem** o meu so**cor**ro, *
do **Se**nhor que fez o **céu** e fez a **ter**ra!" ℟.

3 Ele não **dei**xa tropeçarem os meus **pés**, *
e não **dor**me quem te **guar**da e te vi**gi**a.
4 Oh! **não**! ele não **dor**me nem cochi**la**, *
aquele que é o **guar**da de Isra**el**! ℟.

5 O Se**nhor** é o teu **guar**da, o teu vi**gi**a, *
é uma **som**bra prote**to**ra à tua di**rei**ta.
6 Não **vai** ferir-te o **sol** durante o **di**a, *
nem a **lu**a atra**vés** de toda a **noi**te. ℟.

7 O Se**nhor** te guarda**rá** de todo o **mal**, *
ele **mes**mo vai cui**dar** da tua **vi**da!
8 Deus te **guar**da na par**ti**da e na che**ga**da. *
Ele te **guar**da desde a**go**ra e para **sem**pre! ℟.

SEGUNDA LEITURA

*O homem de Deus seja perfeito
e qualificado para toda boa obra.*

Leitura da Segunda Carta de São Paulo a Timóteo   3,14-4,2

Caríssimo:
14 Permanece firme naquilo que aprendeste
e aceitaste como verdade;
tu sabes de quem o aprendeste.
15 Desde a infância conheces as Sagradas Escrituras:
elas têm o poder de te comunicar a sabedoria
que conduz à salvação pela fé em Cristo Jesus.
16 Toda a Escritura é inspirada por Deus
e útil para ensinar, para argumentar,
para corrigir e para educar na justiça,
17 a fim de que o homem de Deus seja perfeito
e qualificado para toda boa obra.
4,1 Diante de Deus e de Cristo Jesus,
que há de vir a julgar os vivos e os mortos,
e em virtude da sua manifestação gloriosa
e do seu Reino, eu te peço com insistência:
2 proclama a palavra,
insiste oportuna ou importunamente,
argumenta, repreende, aconselha,
com toda a paciência e doutrina.

Palavra do Senhor.

Aclamação ao Evangelho Hb 4,12

℟. Aleluia, Aleluia, Aleluia.
℣. A Palavra de Deus é viva e eficaz, em suas ações;
penetrando os sentimentos, vai ao íntimo dos corações. ℟.

EVANGELHO

*Deus fará justiça aos seus
escolhidos que gritam por ele.*

✠ Proclamação do Evangelho de Jesus Cristo
segundo Lucas 18,1-8

Naquele tempo,
1 Jesus contou aos discípulos uma parábola,
para mostrar-lhes a necessidade de rezar sempre,
e nunca desistir, dizendo:
2 "Numa cidade havia um juiz que não temia a Deus,
e não respeitava homem algum.
3 Na mesma cidade havia uma viúva,
que vinha à procura do juiz, pedindo:
'Faze-me justiça contra o meu adversário!'
4 Durante muito tempo, o juiz se recusou.
Por fim, ele pensou:
'Eu não temo a Deus, e não respeito homem algum.
5 Mas esta viúva já me está aborrecendo.
Vou fazer-lhe justiça,
para que ela não venha a agredir-me!'"
6 E o Senhor acrescentou:
"Escutai o que diz este juiz injusto.
7 E Deus, não fará justiça aos seus escolhidos,
que dia e noite gritam por ele?
Será que vai fazê-los esperar?
8 Eu vos digo que Deus lhes fará justiça bem depressa.
Mas o Filho do homem, quando vier,
será que ainda vai encontrar fé sobre a terra?"

Palavra da Salvação.

30º DOMINGO DO TEMPO COMUM

PRIMEIRA LEITURA

A prece do humilde atravessa as nuvens.

Leitura do Livro do Eclesiástico 35,15b-17.20-22a
(gr. 12-14.16-18)

¹⁵ᵇ O Senhor é um juiz
que não faz discriminação de pessoas.
¹⁶ Ele não é parcial em prejuízo do pobre,
mas escuta, sim, as súplicas dos oprimidos;
¹⁷ jamais despreza a súplica do órfão,
nem da viúva, quando desabafa suas mágoas.
²⁰ Quem serve a Deus como ele o quer, será bem acolhido
e suas súplicas subirão até as nuvens.
²¹ A prece do humilde atravessa as nuvens:
enquanto não chegar não terá repouso;
e não descansará até que o Altíssimo intervenha,
²²ᵃ faça justiça aos justos e execute o julgamento.

Palavra do Senhor.

Salmo responsorial Sl 33(34),2-3.17-18.19.23 (℟. 7a.23a)

℟. O **po**bre clama a **Deus** e ele es**cu**ta:
o Se**nhor** liberta a **vi**da dos seus **ser**vos.

² Bendi**rei** o Senhor **Deus** em todo o **tem**po, *
seu lou**vor** estará **sem**pre em minha **bo**ca.
³ Minha **al**ma se gloria no Se**nhor**; *
que **ou**çam os hu**mil**des e se ale**grem**! ℟.

¹⁷ Mas ele **vol**ta a sua **fa**ce contra os **maus**, *
para da **ter**ra apa**gar** sua lem**bran**ça.
¹⁸ Clamam os **jus**tos, e o Se**nhor** bondoso escuta *
e de **to**das as an**gús**tias os li**ber**ta. ℟.

¹⁹ Do coração atribu**la**do ele está **per**to *
e con**for**ta os de es**pí**rito aba**ti**do.
²³ Mas o Se**nhor** liberta a **vi**da dos seus **ser**vos, *
e castigado não se**rá** quem nele espera. ℟.

SEGUNDA LEITURA

Agora está reservada para mim a coroa da justiça.

Leitura da Segunda Carta de São Paulo a Timóteo   4,6-8.16-18

Caríssimo:
6 Quanto a mim,
eu já estou para ser oferecido em sacrifício;
aproxima-se o momento de minha partida.
7 Combati o bom combate,
completei a corrida,
guardei a fé.
8 Agora está reservada para mim a coroa da justiça,
que o Senhor, justo juiz, me dará naquele dia;
e não somente a mim,
mas também a todos que esperam com amor
a sua manifestação gloriosa.
16 Na minha primeira defesa, ninguém me assistiu;
todos me abandonaram.
Oxalá que não lhes seja levado em conta.
17 Mas o Senhor esteve a meu lado e me deu forças;
ele fez com que a mensagem
fosse anunciada por mim integralmente,
e ouvida por todas as nações;
e eu fui libertado da boca do leão.
18 O Senhor me libertará de todo mal
e me salvará para o seu Reino celeste.
A ele a glória, pelos séculos dos séculos! Amém.

Palavra do Senhor.

Aclamação ao Evangelho   2Cor 5,19

℟. Aleluia, Aleluia, Aleluia.
℣. O Senhor reconciliou o mundo em Cristo,
confiando-nos sua Palavra;
a Palavra da reconciliação,
a Palavra que hoje, aqui, nos salva.   ℟.

EVANGELHO

*O cobrador de impostos
voltou para casa justificado, o outro não.*

✠ Proclamação do Evangelho de Jesus Cristo
segundo Lucas   18,9-14

Naquele tempo,
9 Jesus contou esta parábola
para alguns que confiavam na sua própria justiça
e desprezavam os outros:
10 "Dois homens subiram ao Templo para rezar:
um era fariseu, o outro cobrador de impostos.
11 O fariseu, de pé, rezava assim em seu íntimo:
'Ó Deus, eu te agradeço
porque não sou como os outros homens,
ladrões, desonestos, adúlteros,
nem como este cobrador de impostos.
12 Eu jejuo duas vezes por semana,
e dou o dízimo de toda a minha renda'.
13 O cobrador de impostos, porém, ficou à distância,
e nem se atrevia a levantar os olhos para o céu;
mas batia no peito, dizendo:
'Meu Deus, tem piedade de mim que sou pecador!'
14 Eu vos digo:
este último voltou para casa justificado,
o outro não.
Pois quem se eleva será humilhado,
e quem se humilha será elevado".

Palavra da Salvação.

31º DOMINGO DO TEMPO COMUM

PRIMEIRA LEITURA

*Senhor, de todos tens compaixão,
porque amas tudo o que existe.*

Leitura do Livro da Sabedoria 11,22–12,2

²² Senhor, o mundo inteiro, diante de ti,
é como um grão de areia na balança,
uma gota de orvalho da manhã que cai sobre a terra.
²³ Entretanto, de todos tens compaixão,
porque tudo podes.
Fechas os olhos aos pecados dos homens,
para que se arrependam.
²⁴ Sim, amas tudo o que existe,
e não desprezas nada do que fizeste;
porque, se odiasses alguma coisa
não a terias criado.
²⁵ Da mesma forma,
como poderia alguma coisa existir,
se não a tivesses querido?
Ou como poderia ser mantida,
se por ti não fosse chamada?
²⁶ A todos, porém, tu tratas com bondade,
porque tudo é teu, Senhor, amigo da vida.
¹²,¹ O teu espírito incorruptível está em todas as coisas!
² É por isso que corriges com carinho os que caem
e os repreendes, lembrando-lhes seus pecados,
para que se afastem do mal
e creiam em ti, Senhor.

Palavra do Senhor.

Salmo responsorial   Sl 144(145),1-2.8-9.10-11.13cd-14 (℟. cf. 1)

℟. Bendi**rei** eterna**men**te vosso **no**me;
para **sem**pre, ó Se**nhor**, o louva**rei**!

¹ Ó meu **Deus**, quero exal**tar**-vos, ó meu **Rei**, *
e bendi**zer** o vosso **no**me pelos **sé**culos.

2 Todos os **di**as have**rei** de bendi**zer**-vos, *
hei de lou**var** o vosso **no**me para **sem**pre.   ℟.

8 Miseri**cór**dia e pie**da**de é o Se**nhor**, *
ele é a**mor**, é paci**ên**cia, é compai**xão**.
9 O Se**nhor** é muito **bom** para com **to**dos, *
sua ter**nu**ra abraça **to**da cria**tu**ra.   ℟.

10 Que vossas **o**bras, ó Se**nhor**, vos glori**fi**quem, *
e os vossos **san**tos com lou**vo**res vos ben**di**gam!
11 Narrem a **gló**ria e o esplen**dor** do vosso **rei**no *
e **sai**bam procla**mar** vosso po**der**!   ℟.

13c O Se**nhor** é amor fi**el** em sua pa**la**vra, *
d é santi**da**de em toda **o**bra que ele **faz**.
14 Ele sus**ten**ta todo a**que**le que va**ci**la *
e le**van**ta todo a**que**le que tom**bou**.   ℟.

SEGUNDA LEITURA

*O nome de nosso Senhor Jesus Cristo
será glorificado em vós, e vós nele.*

Leitura da Segunda Carta de São Paulo aos Tessalonicenses

1,11-2,2

Irmãos:
11 Não cessamos de rezar por vós,
para que o nosso Deus vos faça dignos da sua vocação.
Que ele, por seu poder, realize todo o bem que desejais
e torne ativa a vossa fé.
12 Assim o nome de nosso Senhor Jesus Cristo
será glorificado em vós, e vós nele,
em virtude da graça do nosso Deus
e do Senhor Jesus Cristo.
2,1 No que se refere à vinda de nosso Senhor Jesus Cristo
e à nossa união com ele, nós vos pedimos, irmãos:
2 não deixeis tão facilmente transtornar a vossa cabeça,
nem vos alarmeis por causa de alguma revelação,
ou carta atribuída a nós,
afirmando que o Dia do Senhor está próximo.

Palavra do Senhor.

Aclamação ao Evangelho Jo 3,16

℟. Aleluia, Aleluia, Aleluia.
℣. Deus o mundo tanto amou, que seu Filho entregou!
Quem no Filho crê e confia, nele encontra eterna vida! ℟.

EVANGELHO

*O Filho do Homem veio procurar
e salvar o que estava perdido.*

✠ Proclamação do Evangelho de Jesus Cristo
segundo Lucas 19,1-10

Naquele tempo,
¹ Jesus tinha entrado em Jericó
e estava atravessando a cidade.
² Havia ali um homem chamado Zaqueu,
que era chefe dos cobradores de impostos e muito rico.
³ Zaqueu procurava ver quem era Jesus,
mas não conseguia, por causa da multidão,
pois era muito baixo.
⁴ Então ele correu à frente
e subiu numa figueira para ver Jesus,
que devia passar por ali.
⁵ Quando Jesus chegou ao lugar,
olhou para cima e disse:
"Zaqueu, desce depressa!
Hoje eu devo ficar na tua casa".
⁶ Ele desceu depressa, e recebeu Jesus com alegria.
⁷ Ao ver isso, todos começaram a murmurar, dizendo:
"Ele foi hospedar-se na casa de um pecador!"
⁸ Zaqueu ficou de pé, e disse ao Senhor:
"Senhor, eu dou a metade dos meus bens aos pobres,
e se defraudei alguém, vou devolver quatro vezes mais".
⁹ Jesus lhe disse:
"Hoje a salvação entrou nesta casa,
porque também este homem é um filho de Abraão.
¹⁰ Com efeito, o Filho do Homem
veio procurar e salvar o que estava perdido".

Palavra da Salvação.

32º DOMINGO DO TEMPO COMUM

PRIMEIRA LEITURA

*O Rei do universo nos ressuscitará
para uma vida eterna.*

Leitura do Segundo Livro dos Macabeus   7,1-2.9-14

Naqueles dias,
1 Aconteceu que foram presos
sete irmãos, com sua mãe,
aos quais o rei,
por meio de golpes de chicote e de nervos de boi,
quis obrigar a comer carne de porco,
que lhes era proibida.
2 Um deles, tomando a palavra em nome de todos, falou assim:
"Que pretendes?
E que procuras saber de nós?
Estamos prontos a morrer,
antes que violar as leis de nossos pais".
9 O segundo, prestes a dar o último suspiro, disse:
"Tu, ó malvado, nos tiras desta vida presente.
Mas o Rei do universo nos ressuscitará
para uma vida eterna,
a nós que morremos por suas leis".
10 Depois deste, começaram a torturar o terceiro.
Apresentou a língua logo que o intimidaram
e estendeu corajosamente as mãos.
11 E disse, cheio de confiança:
"Do Céu recebi estes membros;
por causa de suas leis os desprezo,
pois do Céu espero recebê-los de novo".
12 O próprio rei e os que o acompanhavam
ficaram impressionados
com a coragem desse adolescente,
que considerava os sofrimentos como se nada fossem.
13 Morto também este,
submeteram o quarto irmão aos mesmos suplícios,
desfigurando-o.

¹⁴ Estando quase a expirar, ele disse:
"Prefiro ser morto pelos homens
tendo em vista a esperança dada por Deus,
que um dia nos ressuscitará.
Para ti, porém, ó rei,
não haverá ressurreição para a vida!"

Palavra do Senhor.

Salmo responsorial Sl 16(17),1.5-6.8b.15 (R. 15)

℟. Ao despertar, me saciará vossa presença
e verei a vossa face!

¹ Ó Senhor, ouvi a minha justa causa, *
escutai-me e atendei o meu clamor!
Inclinai o vosso ouvido à minha prece, *
pois não existe falsidade nos meus lábios! ℟.

⁵ Os meus passos eu firmei na vossa estrada, *
e por isso os meus pés não vacilaram.
⁶ Eu vos chamo, ó meu Deus, porque me ouvis, *
inclinai o vosso ouvido e escutai-me! ℟.

⁸ Protegei-me qual dos olhos a pupila *
e guardai-me, à proteção de vossas asas.
¹⁵ Mas eu verei, justificado, a vossa face *
e ao despertar me saciará vossa presença. ℟.

SEGUNDA LEITURA

O Senhor vos confirme em toda boa ação e palavra.

Leitura da Segunda Carta de São Paulo aos Tessalonicenses
2,16-3,5

Irmãos:
¹⁶ Nosso Senhor Jesus Cristo
e Deus nosso Pai, que nos amou em sua graça
e nos proporcionou uma consolação eterna
e feliz esperança,
¹⁷ animem os vossos corações
e vos confirmem em toda boa ação e palavra.

³,¹ Quanto ao mais, irmãos, rezai por nós,
para que a palavra do Senhor seja divulgada
e glorificada como foi entre vós.
² Rezai também para que sejamos livres
dos homens maus e perversos
pois nem todos têm a fé!
³ Mas o Senhor é fiel;
ele vos confirmará e vos guardará do mal.
⁴ O Senhor nos dá a certeza
de que vós estais seguindo
e sempre seguireis as nossas instruções.
⁵ Que o Senhor dirija os vossos corações ao amor de Deus
e à firme esperança em Cristo.

Palavra do Senhor.

Aclamação ao Evangelho   Ap 1,5a.6b

℟. Ale**lu**ia, Ale**lu**ia, Ale**lu**ia.
℣. Jesus **Cris**to é o Primo**gê**nito dos **mor**tos;
a ele a **gló**ria e o do**mí**nio para **sem**pre!   ℟.

EVANGELHO (mais longo)

Deus não é Deus dos mortos, mas dos vivos.

✠ Proclamação do Evangelho de Jesus Cristo
segundo Lucas   20,27-38

Naquele tempo,
²⁷ Aproximaram-se de Jesus alguns saduceus,
que negam a ressurreição,
²⁸ e lhe perguntaram:
"Mestre, Moisés deixou-nos escrito:
se alguém tiver um irmão casado
e este morrer sem filhos,
deve casar-se com a viúva
a fim de garantir a descendência para o seu irmão.
²⁹ Ora, havia sete irmãos.
O primeiro casou e morreu, sem deixar filhos.
³⁰ Também o segundo
³¹ e o terceiro se casaram com a viúva.
E assim os sete: todos morreram sem deixar filhos.
³² Por fim, morreu também a mulher.

33 Na ressurreição, ela será esposa de quem?
Todos os sete estiveram casados com ela".
34 Jesus respondeu aos saduceus:
"Nesta vida, os homens e as mulheres casam-se,
35 mas os que forem julgados dignos
da ressurreição dos mortos
e de participar da vida futura,
nem eles se casam nem elas se dão em casamento;
36 e já não poderão morrer, pois serão iguais aos anjos,
serão filhos de Deus, porque ressuscitaram.
37 Que os mortos ressuscitam,
Moisés também o indicou na passagem da sarça,
quando chama o Senhor de 'o Deus de Abraão,
o Deus de Isaac e o Deus de Jacó'.
38 Deus não é Deus dos mortos, mas dos vivos,
pois todos vivem para ele".

Palavra da Salvação.

Ou: **EVANGELHO (mais breve)**

Deus não é Deus dos mortos, mas dos vivos.

✠ Proclamação do Evangelho de Jesus Cristo
segundo Lucas   20,27.34-38

Naquele tempo,
27 Aproximaram-se alguns saduceus,
que negam a ressurreição, e interrogaram a Jesus.
34 Jesus respondeu:
"Nesta vida, os homens e as mulheres casam-se,
35 mas os que forem julgados dignos
da ressurreição dos mortos
e de participar da vida futura,
nem eles se casam nem elas se dão em casamento;
36 e já não poderão morrer, pois serão iguais aos anjos,
serão filhos de Deus, porque ressuscitaram.
37 Que os mortos ressuscitam,
Moisés também o indicou na passagem da sarça,
quando chama o Senhor de 'o Deus de Abraão,
o Deus de Isaac e o Deus de Jacó'.
38 Deus não é Deus dos mortos, mas dos vivos,
pois todos vivem para ele".

Palavra da Salvação.

33º DOMINGO DO TEMPO COMUM

PRIMEIRA LEITURA

Nascerá para vós o sol da justiça.

Leitura da Profecia de Malaquias   3,19-20a

¹⁹ Eis que virá o dia, abrasador como fornalha,
em que todos os soberbos e ímpios serão como palha;
e esse dia vindouro haverá de queimá-los,
diz o Senhor dos exércitos,
tal que não lhes deixará raiz nem ramo.
²⁰ᵃ Para vós, que temeis o meu nome,
nascerá o sol da justiça,
trazendo salvação em suas asas.

Palavra do Senhor.

Salmo responsorial   Sl 97(98),5-6.7-8.9a.9bc (℟. cf. 9)

℟. O Senhor virá julgar a terra inteira;
com justiça julgará.

⁵ Cantai salmos ao Senhor ao som da harpa *
e da cítara suave!
⁶ Aclamai, com os clarins e as trombetas, *
ao Senhor, o nosso Rei!   ℟.

⁷ Aplauda o mar com todo ser que nele vive, *
o mundo inteiro e toda gente!
⁸ As montanhas e os rios batam palmas *
e exultem de alegria.   ℟.

⁹ᵃ Exultem na presença do Senhor, pois ele vem, *
vem julgar a terra inteira.
⁹ᵇ Julgará o universo com justiça *
⁹ᶜ e as nações com eqüidade.   ℟.

SEGUNDA LEITURA

Quem não quer trabalhar, também não deve comer.

Leitura da Segunda Carta de São Paulo aos Tessalonicenses
3,7-12

Irmãos:
7 Bem sabeis como deveis seguir o nosso exemplo,
pois não temos vivido entre vós na ociosidade.
8 De ninguém recebemos de graça o pão que comemos.
Pelo contrário, trabalhamos com esforço e cansaço,
de dia e de noite, para não sermos pesados a ninguém.
9 Não que não tivéssemos o direito de fazê-lo,
mas queríamos apresentar-nos como exemplo a ser imitado.
10 Com efeito, quando estávamos entre vós,
demos esta regra:
"Quem não quer trabalhar, também não deve comer".
11 Ora, ouvimos dizer que entre vós há alguns
que vivem à toa, muito ocupados em não fazer nada.
12 Em nome do Senhor Jesus Cristo,
ordenamos e exortamos a estas pessoas que, que trabalhando,
comam na tranqüilidade o seu próprio pão.

Palavra do Senhor.

Aclamação ao Evangelho   Lc 21,28

℟. Ale**lu**ia, Ale**lu**ia, Ale**lu**ia.
℣. Levan**tai** vossa ca**be**ça e o**lhai**,
pois, a **v**ossa reden**ção** se apro**xi**ma!   ℟.

EVANGELHO

É permanecendo firmes que ireis ganhar a vida!

✠ Proclamação do Evangelho de Jesus Cristo
segundo Lucas   21,5-19

Naquele tempo,
5 Algumas pessoas comentavam a respeito do Templo
que era enfeitado com belas pedras
e com ofertas votivas.

Jesus disse:
6 "Vós admirais estas coisas?
Dias virão em que não ficará pedra sobre pedra.
Tudo será destruído".
7 Mas eles perguntaram:
"Mestre, quando acontecerá isto?
E qual vai ser o sinal
de que estas coisas estão para acontecer?"
8 Jesus respondeu:
"Cuidado para não serdes enganados,
porque muitos virão em meu nome, dizendo:
'Sou eu!' e ainda: 'O tempo está próximo.'
Não sigais essa gente!
9 Quando ouvirdes falar de guerras e revoluções,
não fiqueis apavorados.
É preciso que estas coisas aconteçam primeiro,
mas não será logo o fim".
10 E Jesus continuou:
"Um povo se levantará contra outro povo,
um país atacará outro país.
11 Haverá grandes terremotos,
fomes e pestes em muitos lugares;
acontecerão coisas pavorosas
e grandes sinais serão vistos no céu.
12 Antes, porém, que estas coisas aconteçam,
sereis presos e perseguidos;
sereis entregues às sinagogas e postos na prisão;
sereis levados diante de reis e governadores
por causa do meu nome.
13 Esta será a ocasião
em que testemunhareis a vossa fé.
14 Fazei o firme propósito
de não planejar com antecedência a própria defesa;
15 porque eu vos darei palavras tão acertadas,
que nenhum dos inimigos vos poderá resistir ou rebater.
16 Sereis entregues até mesmo pelos próprios pais,
irmãos, parentes e amigos.
E eles matarão alguns de vós.
17 Todos vos odiarão por causa do meu nome.
18 Mas vós não perdereis
um só fio de cabelo da vossa cabeça.
19 É permanecendo firmes que ireis ganhar a vida!"

Palavra da Salvação.

34º Ou Último Domingo do Tempo Comum

SOLENIDADE DE NOSSO SENHOR JESUS CRISTO, REI DO UNIVERSO

PRIMEIRA LEITURA

Eles ungiram Davi como rei de Israel.

Leitura do Segundo Livro de Samuel 5,1-3

Naqueles dias,
1. Todas as tribos de Israel
   vieram encontrar-se com Davi em Hebron e disseram-lhe:
   "Aqui estamos. Somos teus ossos e tua carne.
2. Tempo atrás, quando Saul era nosso rei,
   eras tu que dirigias os negócios de Israel.
   E o Senhor te disse:
   'Tu apascentarás o meu povo Israel e serás o seu chefe'".
3. Vieram, pois, todos os anciãos de Israel
   até ao rei em Hebron.
   O rei Davi fez com eles uma aliança em Hebron,
   na presença do Senhor, e eles o ungiram rei de Israel.

Palavra do Senhor.

Salmo responsorial 121(122),1-2.4-5 (R. cf.1)

R. Quanta ale**gri**a e felici**d**ade: vamos à **c**asa do Se**n**hor!

1. Que ale**gri**a, quando ou**v**i que me di**ss**eram: *
   "Vamos à **c**asa do Se**n**hor!"
2. E a**g**ora nossos **p**és já se de**têm**, *
   Jerusa**lé**m, em tuas **p**ortas. R.

4. Para **l**á sobem as **tri**bos de Isra**el**, *
   as **tri**bos do Se**n**hor.
   Para lou**v**ar, segundo a **l**ei de Isra**el**, *
   o **n**ome do Se**n**hor.
5. A **s**ede da justiça lá **está** *
   e o **tr**ono de Davi. R.

SEGUNDA LEITURA

Recebeu-nos no reino de seu Filho amado.

Leitura da Carta de São Paulo aos Colossenses 1,12-20

Irmãos:
¹² Com alegria dai graças ao Pai,
que vos tornou capazes de participar da luz,
que é a herança dos santos.
¹³ Ele nos libertou do poder das trevas
e nos recebeu no reino de seu Filho amado,
¹⁴ por quem temos a redenção, o perdão dos pecados.
¹⁵ Ele é a imagem do Deus invisível,
o primogênito de toda a criação,
¹⁶ pois por causa dele foram criadas todas as coisas
no céu e na terra,
as visíveis e as invisíveis,
tronos e dominações, soberanias e poderes.
Tudo foi criado por meio dele e para ele.
¹⁷ Ele existe antes de todas as coisas
e todas têm nele a sua consistência.
¹⁸ Ele é a Cabeça do corpo, isto é, da Igreja.
Ele é o Princípio,
o Primogênito dentre os mortos;
de sorte que em tudo ele tem a primazia,
¹⁹ porque Deus quis habitar nele
com toda a sua plenitude
²⁰ e por ele reconciliar consigo todos os seres,
os que estão na terra e no céu,
realizando a paz pelo sangue da sua cruz.

Palavra do Senhor.

Aclamação ao Evangelho Mc 11,9.10

℟. Ale**lu**ia, Ale**lu**ia, Ale**lu**ia.
℣. É ben**di**to **aque**le que vem **vin**do,
que vem **vin**do, em **no**me do Se**nhor**;
e o **Rei**no que **vem**, seja ben**di**to,
ao que **vem** e a seu **Rei**no, o lou**vor**! ℟.

EVANGELHO

Senhor, lembra-te de mim, quando entrares no teu reinado.

✠ Proclamação do Evangelho de Jesus Cristo segundo Lucas — 23,35-43

Naquele tempo,
35 Os chefes zombavam de Jesus dizendo:
"A outros ele salvou.
Salve-se a si mesmo,
se, de fato, é o Cristo de Deus, o Escolhido!"
36 Os soldados também caçoavam dele;
aproximavam-se, ofereciam-lhe vinagre,
37 e diziam:
"Se és o rei dos judeus,
salva-te a ti mesmo!"
38 Acima dele havia um letreiro:
"Este é o Rei dos Judeus".
39 Um dos malfeitores crucificados o insultava, dizendo:
"Tu não és o Cristo?
Salva-te a ti mesmo e a nós!"
40 Mas o outro o repreendeu, dizendo:
"Nem sequer temes a Deus,
tu que sofres a mesma condenação?
41 Para nós, é justo,
porque estamos recebendo o que merecemos;
mas ele não fez nada de mal".
42 E acrescentou:
"Jesus, lembra-te de mim,
quando entrares no teu reinado".
43 Jesus lhe respondeu:
"Em verdade eu te digo:
ainda hoje estarás comigo no Paraíso".
Palavra da Salvação.

APÊNDICE

SOLENIDADES E FESTAS QUE PODEM OCORRER EM DOMINGO

8 DE DEZEMBRO
IMACULADA CONCEIÇÃO DE NOSSA SENHORA

PRIMEIRA LEITURA

*Porei inimizade entre ti e a mulher,
entre a tua descendência e a dela.*

Leitura do Livro do Gênesis   3,9-15.20

9 O Senhor Deus chamou Adão, dizendo:
"Onde estás?"
10 E ele respondeu:
"Ouvi tua voz no jardim,
e fiquei com medo porque estava nu; e me escondi".
11 Disse-lhe o Senhor Deus:
"E quem te disse que estavas nu?
Então comeste da árvore,
de cujo fruto te proibi comer?"
12 Adão disse:
"A mulher que tu me deste por companheira,
foi ela que me deu do fruto da árvore, e eu comi".
13 Disse o Senhor Deus à mulher:
"Por que fizeste isso?"
E a mulher respondeu:
"A serpente enganou-me e eu comi".
14 Então o Senhor Deus disse à serpente:
"Porque fizeste isso, serás maldita
entre todos os animais domésticos
e todos os animais selvagens!
Rastejarás sobre o ventre
e comerás pó todos os dias da tua vida!
15 Porei inimizade entre ti e a mulher,
entre a tua descendência e a dela.
Esta te ferirá a cabeça
e tu lhe ferirás o calcanhar".
20 E Adão chamou à sua mulher "Eva",
porque ela é a mãe de todos os viventes.

Palavra do Senhor.

Salmo responsorial Sl 97(98),1.2-3ab.3cd-4 (R. 1a)

℟. Can**tai** ao Senhor **Deus** um canto **no**vo,
porque **e**le fez pro**dí**gios!

¹ Can**tai** ao Senhor **Deus** um canto **no**vo, *
porque ele fez pro**dí**gios!
Sua **mão** e o seu **bra**ço forte e **san**to *
alcançaram-lhe a vi**tó**ria.   ℟.

² O Se**nhor** fez conhe**cer** a salva**ção**, *
e às na**ções**, sua justiça;
³ᵃ recor**dou** o seu a**mor** sempre fi**el** *
ᵇ pela **ca**sa de Isra**el**.   ℟.

³ᶜ Os con**fins** do uni**ver**so contem**pla**ram *
ᵈ a salva**ção** do nosso **Deus**.
⁴ Acla**mai** o Senhor **Deus**, ó terra in**tei**ra, *
ale**grai**-vos e exul**tai**!   ℟.

SEGUNDA LEITURA

*Em Cristo, ele nos escolheu,
antes da fundação do mundo.*

Leitura da Carta de São Paulo aos Efésios   1,3-6.11-12

³ Bendito seja Deus,
Pai de nosso Senhor Jesus Cristo.
Ele nos abençoou com toda a bênção do seu Espírito
em virtude de nossa união com Cristo, no céu.
⁴ Em Cristo, ele nos escolheu,
antes da fundação do mundo,
para que sejamos santos e irrepreensíveis
sob o seu olhar, no amor.
⁵ Ele nos predestinou para sermos seus filhos adotivos
por intermédio de Jesus Cristo,
conforme a decisão da sua vontade,
⁶ para o louvor da sua glória
e da graça com que ele nos cumulou no seu Bem-amado.
¹¹ Nele também nós recebemos a nossa parte.
Segundo o projeto daquele

que conduz tudo conforme a decisão de sua vontade,
nós fomos predestinados
¹² a sermos, para o louvor de sua glória,
os que de antemão colocaram a sua esperança em Cristo.

Palavra do Senhor.

Aclamação ao Evangelho cf. Lc 1,28

℟. Ale**lu**ia, Ale**lu**ia, Ale**lu**ia.
℣. Ma**ri**a, a**le**gra-te, ó **chei**a de **gra**ça
o Se**nhor** é con**ti**go! ℟.

EVANGELHO

Alegra-te, cheia de graça, o Senhor está contigo!

✠ Proclamação do Evangelho de Jesus Cristo
segundo Lucas   1,26-38

Naquele tempo,
²⁶ No sexto mês, o anjo Gabriel foi enviado por Deus
a uma cidade da Galiléia, chamada Nazaré,
²⁷ a uma virgem, prometida em casamento
a um homem chamado José.
Ele era descendente de Davi
e o nome da Virgem era Maria.
²⁸ O anjo entrou onde ela estava e disse:
"Alegra-te, cheia de graça, o Senhor está contigo!"
²⁹ Maria ficou perturbada com estas palavras
e começou a pensar
qual seria o significado da saudação.
³⁰ O anjo, então, disse-lhe:
"Não tenhas medo, Maria,
porque encontraste graça diante de Deus.
³¹ Eis que conceberás e darás à luz um filho,
a quem porás o nome de Jesus.
³² Ele será grande, será chamado Filho do Altíssimo,
e o Senhor Deus lhe dará o trono de seu pai Davi.
³³ Ele reinará para sempre sobre os descendentes de Jacó,
e o seu reino não terá fim".
³⁴ Maria perguntou ao anjo:
"Como acontecerá isso,
se eu não conheço homem algum?"

⁣³⁵ O anjo respondeu:
"O Espírito virá sobre ti,
e o poder do Altíssimo te cobrirá com sua sombra.
Por isso, o menino que vai nascer
será chamado Santo, Filho de Deus.
³⁶ Também Isabel, tua parenta,
concebeu um filho na velhice.
Este já é o sexto mês
daquela que era considerada estéril,
³⁷ porque para Deus nada é impossível".
³⁸ Maria, então, disse:
"Eis aqui a serva do Senhor;
faça-se em mim segundo a tua palavra!"
E o anjo retirou-se.

Palavra da Salvação.

2 DE FEVEREIRO
APRESENTAÇÃO DO SENHOR

Quando esta festa não cai em domingo, proclama-se uma das duas leituras antes do Evangelho.

PRIMEIRA LEITURA

O Senhor, a quem buscais, virá ao seu Templo.

Leitura da Profecia de Malaquias 3,1-4

Assim diz o Senhor:
1. Eis que envio meu anjo,
e ele há de preparar o caminho para mim;
logo chegará ao seu templo o Dominador,
que tentais encontrar,
e o anjo da aliança, que desejais.
Ei-lo que vem, diz o Senhor dos exércitos;
2. e quem poderá fazer-lhe frente,
no dia de sua chegada?
E quem poderá resistir-lhe, quando ele aparecer?
Ele é como o fogo da forja
e como a barrela dos lavadeiros;
3. e estará a postos,
como para fazer derreter e purificar a prata:
assim ele purificará os filhos de Levi
e os refinará como ouro e como prata,
e eles poderão assim
fazer oferendas justas ao Senhor.
4. Será então aceitável ao Senhor
a oblação de Judá e de Jerusalém,
como nos primeiros tempos e nos anos antigos.

Palavra do Senhor.

Salmo responsorial — Sl 23(24),7.8.9.10 (℞. 10b)

℞. O Rei da **gló**ria é o **Se**nhor onipo**ten**te!

7. "Ó **por**tas, levan**tai** vossos fron**tões**! †
Ele**vai**-vos bem mais **al**to, antigas **por**tas, *
a fim de **que** o Rei da **gló**ria possa en**trar**!" ℞.

⁸ Dizei-nos: "Quem é **es**te Rei da **gló**ria?" †
"É o Se**nhor**, o valo**ro**so, o onipo**ten**te, *
o Se**nhor**, o pode**ro**so nas ba**tal**has!" ℟.

⁹ "Ó **por**tas, levan**tai** vossos fron**tões**! †
Ele**vai**-vos bem mais **al**to, antigas **por**tas, *
a fim de **que** o Rei da **gló**ria possa en**trar**!" ℟.

¹⁰ Dizei-nos: "Quem é **es**te Rei da **gló**ria?" †
"O Rei da **gló**ria é o Se**nhor** onipo**ten**te, *
o Rei da **gló**ria é o Senhor **Deus** do uni**ver**so". ℟.

SEGUNDA LEITURA

Jesus devia fazer-se em tudo semelhante aos irmãos.

Leitura da Carta aos Hebreus   2,14-18

Irmãos:
¹⁴ Visto que os filhos têm em comum a carne e o sangue,
também Jesus participou da mesma condição,
para assim destruir, com a sua morte,
aquele que tinha o poder da morte,
isto é, o diabo,
¹⁵ e libertar os que, por medo da morte,
estavam a vida toda sujeitos à escravidão.
¹⁶ Pois, afinal, não veio ocupar-se com os anjos,
mas com a descendência de Abraão.
¹⁷ Por isso devia fazer-se em tudo semelhante aos irmãos,
para se tornar um sumo-sacerdote misericordioso
e digno de confiança nas coisas referentes a Deus,
a fim de expiar os pecados do povo.
¹⁸ Pois, tendo ele próprio sofrido ao ser tentado,
é capaz de socorrer os que agora sofrem a tentação.

Palavra do Senhor.

Aclamação ao Evangelho   Lc 2,32

℟. Ale**lu**ia, Ale**lu**ia, Ale**lu**ia.
℣. Sois a **luz** que brilha**rá** para os gen**ti**os,
e para a **gló**ria de Israel, o vosso **po**vo.   ℟.

EVANGELHO (mais longo)

Meus olhos viram a tua salvação.

✠ Proclamação do Evangelho de Jesus Cristo
segundo Lucas   2,22-40

²² Quando se completaram os dias
para a purificação da mãe e do filho,
conforme a Lei de Moisés,
Maria e José levaram Jesus a Jerusalém,
a fim de apresentá-lo ao Senhor.
²³ Conforme está escrito na Lei do Senhor:
"Todo primogênito do sexo masculino
deve ser consagrado ao Senhor".
²⁴ Foram também oferecer o sacrifício
– um par de rolas ou dois pombinhos –
como está ordenado na Lei do Senhor.
²⁵ Em Jerusalém, havia um homem chamado Simeão,
o qual era justo e piedoso,
e esperava a consolação do povo de Israel.
O Espírito Santo estava com ele
²⁶ e lhe havia anunciado que não morreria
antes de ver o Messias que vem do Senhor.
²⁷ Movido pelo Espírito, Simeão veio ao Templo.
Quando os pais trouxeram o menino Jesus
para cumprir o que a Lei ordenava,
²⁸ Simeão tomou o menino nos braços
e bendisse a Deus:
²⁹ "Agora, Senhor, conforme a tua promessa,
podes deixar teu servo partir em paz;
³⁰ porque meus olhos viram a tua salvação,
³¹ que preparaste diante de todos os povos:
³² luz para iluminar as nações
e glória do teu povo Israel".
³³ O pai e a mãe de Jesus estavam admirados
com o que diziam a respeito dele.
³⁴ Simeão os abençoou e disse a Maria, a mãe de Jesus:
"Este menino vai ser causa
tanto de queda como de reerguimento
para muitos em Israel.
Ele será um sinal de contradição.
³⁵ Assim serão revelados
os pensamentos de muitos corações.
Quanto a ti, uma espada te traspassará a alma".

36 Havia também uma profetisa, chamada Ana,
filha de Fanuel, da tribo de Aser.
Era de idade muito avançada;
quando jovem, tinha sido casada
e vivera sete anos com o marido.
37 Depois ficara viúva,
e agora já estava com oitenta e quatro anos.
Não saía do Templo,
dia e noite servindo a Deus com jejuns e orações.
38 Ana chegou nesse momento
e pôs-se a louvar a Deus e a falar do menino
a todos os que esperavam a libertação de Jerusalém.
39 Depois de cumprirem tudo, conforme a Lei do Senhor,
voltaram à Galiléia, para Nazaré, sua cidade.
40 O menino crescia e tornava-se forte,
cheio de sabedoria;
e a graça de Deus estava com ele.

Palavra da Salvação.

Ou: **EVANGELHO (mais breve)**

Meus olhos viram a tua salvação.

✠ Proclamação do Evangelho de Jesus Cristo segundo Lucas 2,22-32

22 Quando se completaram os dias
para a purificação da mãe e do filho,
conforme a Lei de Moisés,
Maria e José levaram Jesus a Jerusalém,
a fim de apresentá-lo ao Senhor.
23 Conforme está escrito na Lei do Senhor:
"Todo primogênito do sexo masculino
deve ser consagrado ao Senhor".
24 Foram também oferecer o sacrifício
– um par de rolas ou dois pombinhos –
como está ordenado na Lei do Senhor.
25 Em Jerusalém, havia um homem chamado Simeão,
o qual era justo e piedoso,
e esperava a consolação do povo de Israel.
O Espírito Santo estava com ele

26 e lhe havia anunciado que não morreria
antes de ver o Messias que vem do Senhor.
27 Movido pelo Espírito, Simeão veio ao Templo.
Quando os pais trouxeram o menino Jesus
para cumprir o que a Lei ordenava,
28 Simeão tomou o menino nos braços
e bendisse a Deus:
29 "Agora, Senhor, conforme a tua promessa,
podes deixar teu servo partir em paz;
30 porque meus olhos viram a tua salvação,
31 que preparaste diante de todos os povos:
32 luz para iluminar as nações
e glória do teu povo Israel".

Palavra da Salvação.

24 DE JUNHO
NATIVIDADE DE SÃO JOÃO BATISTA

Missa da Vigília

PRIMEIRA LEITURA

*Antes de formar-te no ventre materno,
eu te conheci.*

Leitura do Livro do Profeta Jeremias 1,4-10

Nos dias de Josias:
⁴ Foi-me dirigida a palavra do Senhor, dizendo:
⁵ "Antes de formar-te no ventre materno, eu te conheci;
antes de saíres do seio de tua mãe,
eu te consagrei e te fiz profeta das nações".
⁶ Disse eu: "Ah! Senhor Deus,
eu não sei falar, sou muito novo".
⁷ Disse-me o Senhor:
"Não digas que és muito novo;
a todos a quem eu te enviar, irás,
e tudo que eu te mandar dizer, dirás.
⁸ Não tenhas medo deles,
pois estou contigo para defender-te", diz o Senhor.
⁹ O Senhor estendeu a mão, tocou-me a boca e disse-me:
"Eis que ponho minhas palavras em tua boca.
¹⁰ Eu te constituí hoje sobre povos e reinos
com poder para extirpar e destruir,
devastar e derrubar,
construir e plantar".

Palavra do Senhor.

Salmo responsorial Sl 70(71),1-2.3-4a.5-6ab.15ab e 17 (℟. 6b)

℟. Desde o **seio** mater**nal**, sois meu am**pa**ro.

¹ Eu pro**cu**ro meu re**fú**gio em vós, Se**nhor**: *
que eu não **se**ja envergo**nha**do para **sem**pre!
² Porque sois **jus**to, defen**dei**-me e liber**tai**-me! *
Escu**tai** a minha **voz**, vinde sal**var**-me!   ℟.

³ Sede uma **ro**cha prote**to**ra para **mim**, *
um **a**b**ri**go bem se**gu**ro que me **sal**ve!
Porque **sois** a minha **for**ça e meu am**pa**ro, †
o meu re**fú**gio, prote**ção** e segu**ran**ça! *

⁴ᵃ Liber**tai**-me, ó meu **Deus**, das mãos do **ím**pio.   ℟.

⁵ Porque **sois**, ó Senhor **Deus**, minha espe**ran**ça, *
em vós con**fi**o desde a **mi**nha juven**tu**de!

⁶ᵃ Sois meu a**poi**o desde **an**tes que eu nas**ces**se, *
ᵇ desde o **se**io mater**nal**, o meu am**pa**ro.   ℟.

¹⁵ᵃ Minha **bo**ca anunci**a**rá todos os **di**as *
ᵇ vossa jus**ti**ça e vossas **gra**ças incon**tá**veis.

¹⁷ Vós me ensi**nas**tes desde a **mi**nha juven**tu**de, *
e até **ho**je canto as **vos**sas maravi**lhas**.   ℟.

SEGUNDA LEITURA

*Esta salvação tem sido objeto das investigações
e meditações dos profetas.*

Leitura da Primeira Carta de São Pedro   1,8-12

Caríssimos:
⁸ Sem ter visto o Senhor, vós o amais.
Sem o ver ainda, nele acreditais.
Isso será para vós fonte de alegria
indizível e gloriosa,
⁹ pois obtereis aquilo em que acreditais:
a vossa salvação.
¹⁰ Esta salvação tem sido objeto
das investigações e meditações dos profetas.
Eles profetizaram a respeito da graça
que vos estava destinada.
¹¹ Procuraram saber a que época e a que circunstâncias
se referia o Espírito de Cristo, que estava neles,
ao anunciar com antecedência os sofrimentos de Cristo
e a glória conseqüente.
¹² Foi-lhes revelado que, não para si mesmos,
mas para vós, estavam ministrando estas coisas,
que agora são anunciadas a vós
por aqueles que vos pregam o evangelho
em virtude do Espírito Santo, enviado do céu;
revelações essas, que até os anjos desejam contemplar!

Palavra do Senhor.

Aclamação ao Evangelho cf. Jo 1,7; Lc 1,17

℟. Ale**lu**ia, Ale**lu**ia, Ale**lu**ia.
℣. Jo**ão** veio **dar** teste**mu**nho da **Luz**;
a **fim** de prep**arar** um **po**vo bem dis**pos**to,
para a **vinda** do Se**nhor**. ℟.

EVANGELHO

*Tua esposa vai ter um filho,
e tu lhe darás o nome de João.*

✠ Proclamação do Evangelho de Jesus Cristo
segundo Lucas 1,5-17

⁵ Nos dias de Herodes, rei da Judéia,
vivia um sacerdote chamado Zacarias,
do grupo de Abia.
Sua esposa era descendente de Aarão
e chamava-se Isabel.
⁶ Ambos eram justos diante de Deus
e obedeciam fielmente
a todos os mandamentos e ordens do Senhor.
⁷ Não tinham filhos, porque Isabel era estéril,
e os dois já eram de idade avançada.
⁸ Em certa ocasião, Zacarias estava exercendo
as funções sacerdotais no Templo,
pois era a vez do seu grupo.
⁹ Conforme o costume dos sacerdotes,
ele foi sorteado para entrar no Santuário,
e fazer a oferta do incenso.
¹⁰ Toda a assembléia do povo
estava do lado de fora rezando,
enquanto o incenso estava sendo oferecido.
¹¹ Então apareceu-lhe o anjo do Senhor,
de pé, à direita do altar do incenso.
¹² Ao vê-lo, Zacarias ficou perturbado
e o temor apoderou-se dele.
¹³ Mas o anjo disse:
"Não tenhas medo, Zacarias,
porque Deus ouviu tua súplica.
Tua esposa, Isabel, vai ter um filho,
e tu lhe darás o nome de João.

¹⁴ Tu ficarás alegre e feliz,
e muita gente se alegrará com o nascimento do menino,
¹⁵ porque ele vai ser grande diante do Senhor.
Não beberá vinho nem bebida fermentada
e, desde o ventre materno,
ficará repleto do Espírito Santo.
¹⁶ Ele reconduzirá muitos do povo de Israel
ao Senhor seu Deus.
¹⁷ E há de caminhar à frente deles,
com o espírito e o poder de Elias,
a fim de converter os corações dos pais aos filhos,
e os rebeldes à sabedoria dos justos,
preparando para o Senhor um povo bem disposto".

Palavra da Salvação.

Missa do dia

PRIMEIRA LEITURA

Eu te farei luz das nações.

Leitura do Livro do Profeta Isaías   49,1-6

¹ Nações marinhas, ouvi-me,
  povos distantes, prestai atenção:
  o Senhor chamou-me antes de eu nascer,
  desde o ventre de minha mãe
  ele tinha na mente o meu nome;
² fez de minha palavra uma espada afiada,
  protegeu-me à sombra de sua mão
  e fez de mim uma flecha aguçada,
  escondida em sua aljava,
³ e disse-me:
  "Tu és o meu Servo, Israel, em quem serei glorificado".
⁴ E eu disse:
  "Trabalhei em vão,
  gastei minhas forças sem fruto, inutilmente;
  entretanto o Senhor me fará justiça
  e o meu Deus me dará recompensa".
⁵ E agora diz-me o Senhor
  – ele que me preparou desde o nascimento para ser seu Servo –
  que eu recupere Jacó para ele
  e faça Israel unir-se a ele;
  aos olhos do Senhor esta é a minha glória.
⁶ Disse ele:
  "Não basta seres meu Servo
  para restaurar as tribos de Jacó
  e reconduzir os remanescentes de Israel:
  eu te farei luz das nações,
  para que minha salvação
  chegue até aos confins da terra".

Palavra do Senhor.

Salmo responsorial   138(139),1-3.13-14ab.14c-15 (℟. 14a)

℟. Eu vos **lou**vo e vos dou **gra**ças, ó Se**nhor**,
   porque de **mo**do admi**rá**vel me for**mas**tes!

¹ Se**nhor**, vós me son**dais** e conhe**ceis**, †
² sa**beis** quando me **sen**to ou me le**van**to; *
de **lon**ge pene**trais** meus pensa**men**tos;
³ perce**beis** quando me **dei**to e quando eu **an**do, *
os meus ca**mi**nhos vos são **to**dos conhe**ci**dos. ℟.

¹³ Fostes **vós** que me for**mas**tes as en**tra**nhas, *
e no **sei**o de minha **mãe** vós me te**ces**tes.
¹⁴ᵃ Eu vos **lou**vo e vos dou **gra**ças, ó Se**nhor**, *
ᵇ porque de **mo**do admi**rá**vel me for**mas**tes! ℟.

¹⁴ᶜ Até o mais **ín**timo, Se**nhor** me conhe**ceis**; *
¹⁵ nenhuma se**quer** de minhas **fi**bras igno**rá**veis,
quando eu era mode**la**do oculta**men**te, *
era for**ma**do nas en**tra**nhas subter**râ**neas. ℟.

SEGUNDA LEITURA

*Antes que Jesus chegasse,
João pregou um batismo de conversão.*

Leitura dos Atos dos Apóstolos   13,22-26

Naqueles dias, Paulo disse:
²² Deus fez surgir Davi como rei
e assim testemunhou a seu respeito:
'Encontrei Davi, filho de Jessé,
homem segundo o meu coração,
que vai fazer em tudo a minha vontade'.
²³ Conforme prometera, da descendência de Davi
Deus fez surgir para Israel um Salvador,
que é Jesus.
²⁴ Antes que ele chegasse,
João pregou um batismo de conversão
para todo o povo de Israel.
²⁵ Estando para terminar sua missão, João declarou:
'Eu não sou aquele que pensais que eu seja!
Mas vede: depois de mim vem aquele,
do qual nem mereço desamarrar as sandálias'.
²⁶ Irmãos, descendentes de Abraão,
e todos vós que temeis a Deus,
a nós foi enviada esta mensagem de salvação.

Palavra do Senhor.

Aclamação ao Evangelho Lc 1,76

℟. Aleluia, Aleluia, Aleluia.
℣. Serás chamado, ó menino, o profeta do Altíssimo:
irás diante do Senhor, preparando-lhe os caminhos. ℟.

EVANGELHO

João é o seu nome.

✠ Proclamação do Evangelho de Jesus Cristo
segundo Lucas 1,57-66.80

⁵⁷ Completou-se o tempo da gravidez de Isabel,
e ela deu à luz um filho.
⁵⁸ Os vizinhos e parentes ouviram dizer como o Senhor
tinha sido misericordioso para com Isabel,
e alegraram-se com ela.
⁵⁹ No oitavo dia, foram circuncidar o menino,
e queriam dar-lhe o nome de seu pai, Zacarias.
⁶⁰ A mãe, porém, disse:
"Não! Ele vai chamar-se João".
⁶¹ Os outros disseram:
"Não existe nenhum parente teu com esse nome!"
⁶² Então fizeram sinais ao pai,
perguntando como ele queria
que o menino se chamasse.
⁶³ Zacarias pediu uma tabuinha, e escreveu:
"João é o seu nome".
E todos ficaram admirados.
⁶⁴ No mesmo instante, a boca de Zacarias se abriu,
sua língua se soltou, e ele começou a louvar a Deus.
⁶⁵ Todos os vizinhos ficaram com medo,
e a notícia espalhou-se
por toda a região montanhosa da Judéia.
⁶⁶ E todos os que ouviam a notícia, ficavam pensando:
"O que virá a ser este menino?"
De fato, a mão do Senhor estava com ele.
⁸⁰ E o menino crescia e se fortalecia em espírito.
Ele vivia nos lugares desertos,
até ao dia em que se apresentou publicamente a Israel.

Palavra da Salvação.

29 de Junho

SÃO PEDRO E SÃO PAULO, APÓSTOLOS

Missa da Vigília

PRIMEIRA LEITURA

*O que tenho, eu te dou:
em nome de Jesus Cristo, levanta-te e anda.*

Leitura dos Atos dos Apóstolos   3,1-10

Naqueles dias,
1. Pedro e João subiram ao Templo
para a oração das três horas da tarde.
2. Então trouxeram um homem, coxo de nascença,
que costumavam colocar todos os dias
na porta do Templo, chamada Formosa,
a fim de que pedisse esmolas aos que entravam.
3. Quando viu Pedro e João entrando no Templo,
o homem pediu uma esmola.
4. Os dois olharam bem para ele e Pedro disse:
"Olha para nós!"
5. O homem fitou neles o olhar,
esperando receber alguma coisa.
6. Pedro então lhe disse:
"Não tenho ouro nem prata,
mas o que tenho eu te dou:
em nome de Jesus Cristo, o Nazareno,
levanta-te e anda!"
7. E pegando-lhe a mão direita, Pedro o levantou.
Na mesma hora,
os pés e os tornozelos do homem ficaram firmes.
8. Então ele deu um pulo, ficou de pé e começou a andar.
E entrou no Templo junto com Pedro e João,
andando, pulando e louvando a Deus.
9. O povo todo viu o homem andando e louvando a Deus.
10. E reconheceram que era ele o mesmo que pedia esmolas,
sentado na porta Formosa do Templo.
E ficaram admirados e espantados
com o que havia acontecido com ele.

Palavra do Senhor.

Salmo responsorial   Sl 18A(19),2-3.4-5 (℟. 5a)

℟. Seu som ressoa e se espalha em toda terra.

2 Os céus proclamam a glória do Senhor, *
 e o firmamento, a obra de suas mãos;
3 o dia ao dia transmite esta mensagem, *
 a noite à noite publica esta notícia. ℟.

4 Não são discursos nem frases ou palavras, *
 nem são vozes que possam ser ouvidas;
5 seu som ressoa e se espalha em toda a terra, *
 chega aos confins do universo a sua voz. ℟.

SEGUNDA LEITURA

Deus me separou desde o ventre materno.

Leitura da Carta de São Paulo aos Gálatas   1,11-20

Irmãos:
11 Asseguro-vos que o evangelho pregado por mim
 não é conforme a critérios humanos.
12 Com efeito, não o recebi
 nem aprendi de homem algum,
 mas por revelação de Jesus Cristo.
13 Certamente ouvistes falar
 como foi outrora a minha conduta no judaísmo,
 com que excessos perseguia e devastava a Igreja de Deus
14 e como progredia no judaísmo
 mais do que muitos judeus de minha idade,
 mostrando-me extremamente zeloso
 das tradições paternas.
15 Quando, porém,
 aquele que me separou desde o ventre materno
 e me chamou por sua graça
16 se dignou revelar-me o seu Filho,
 para que eu o pregasse entre os pagãos,
 não consultei carne nem sangue,
17 nem subi, logo, a Jerusalém
 para estar com os que eram apóstolos antes de mim.
 Pelo contrário, parti para a Arábia
 e, depois, voltei ainda a Damasco.

¹⁸ Três anos mais tarde, fui a Jerusalém
para conhecer Cefas
e fiquei com ele quinze dias.
¹⁹ E não estive com nenhum outro apóstolo,
a não ser Tiago, o irmão do Senhor.
²⁰ Escrevendo estas coisas,
afirmo diante de Deus que não estou mentindo.

Palavra do Senhor.

Aclamação ao Evangelho Jo 21,17d

℟. Aleluia, Aleluia, Aleluia.
℣. Ó Senhor, tu sabes tudo,
tu bem sabes que eu te amo! ℟.

EVANGELHO

Apascenta os meus cordeiros.
Apascenta as minhas ovelhas.

✠ Proclamação do Evangelho de Jesus Cristo
segundo João 21,15-19

Jesus se manifestou aos seus discípulos
¹⁵ e depois de comer com eles
perguntou a Simão Pedro:
"Simão, filho de João,
tu me amas mais do que estes?"
Pedro respondeu:
"Sim, Senhor, tu sabes que eu te amo".
Jesus disse:
"Apascenta os meus cordeiros".
¹⁶ E disse de novo a Pedro:
"Simão, filho de João, tu me amas?"
Pedro disse:
"Sim, Senhor, tu sabes que eu te amo".
Jesus lhe disse:
"Apascenta as minhas ovelhas".
¹⁷ Pela terceira vez, perguntou a Pedro:
"Simão, filho de João, tu me amas?"
Pedro ficou triste,
porque Jesus perguntou três vezes se ele o amava.

Respondeu:
"Senhor, tu sabes tudo;
tu sabes que eu te amo".
Jesus disse-lhe:
"Apascenta as minhas ovelhas.
18 Em verdade, em verdade te digo:
quando eras jovem,
tu te cingias e ias para onde querias.
Quando fores velho,
estenderás as mãos e outro te cingirá
e te levará para onde não queres ir".
19 Jesus disse isso, significando com que morte
Pedro iria glorificar a Deus.
E acrescentou:
"Segue-me".

Palavra da Salvação.

SÃO PEDRO E SÃO PAULO, APÓSTOLOS

Missa do dia

PRIMEIRA LEITURA

*Agora sei que o Senhor enviou o seu anjo
para me libertar do poder de Herodes.*

Leitura dos Atos dos Apóstolos   12,1-11

Naqueles dias,
1 O rei Herodes
 prendeu alguns membros da Igreja, para torturá-los.
2 Mandou matar à espada Tiago, irmão de João.
3 E, vendo que isso agradava aos judeus,
 mandou também prender a Pedro.
 Eram os dias dos Pães ázimos.
4 "Depois de prender Pedro, Herodes colocou-o na prisão,
 guardado por quatro grupos de soldados,
 com quatro soldados cada um.
 Herodes tinha a intenção de apresentá-lo ao povo,
 depois da festa da Páscoa.
5 Enquanto Pedro era mantido na prisão,
 a Igreja rezava continuamente a Deus por ele.
6 Herodes estava para apresentá-lo.
 Naquela mesma noite, Pedro dormia entre dois soldados,
 preso com duas correntes;
 e os guardas vigiavam a porta da prisão.
7 Eis que apareceu o anjo do Senhor
 e uma luz iluminou a cela.
 O anjo tocou o ombro de Pedro, acordou-o e disse:
 "Levanta-te depressa!"
 As corrrentes caíram-lhe das mãos.
8 O anjo continuou:
 "Coloca o cinto e calça tuas sandálias!"
 Pedro obedeceu e o anjo lhe disse:
 "Põe tua capa e vem comigo!"
9 Pedro acompanhou-o, e não sabia que era realidade
 o que estava acontecendo por meio do anjo,
 pois pensava que aquilo era uma visão.
10 Depois de passarem pela primeira e segunda guarda,
 chegaram ao portão de ferro que dava para a cidade.
 O portão abriu-se sozinho.
 Eles saíram, caminharam por uma rua
 e logo depois o anjo o deixou.

¹¹ Então Pedro caiu em si e disse:
"Agora sei, de fato, que o Senhor enviou o seu anjo
para me libertar do poder de Herodes
e de tudo o que o povo judeu esperava!"

Palavra do Senhor.

Salmo responsorial   Sl 33(34),2-3.4-5.6-7.8-9 (R. 5b)

℞. De **to**dos os te**mo**res me li**vrou** o Senhor **Deus**.

² Bendi**rei** o Senhor **Deus** em todo o **tem**po, *
seu lou**vor** estará **sem**pre em minha **bo**ca.
³ Minha **al**ma se glo**ria** no S**e**nhor; *
que **ou**çam os hu**mil**des e se a**le**grem! ℞.

⁴ Co**mi**go engrande**cei** ao Senhor **Deus**, *
ex**al**temos todos **jun**tos o seu **no**me!
⁵ Todas as **ve**zes que o bus**quei**, ele me ou**viu**, *
e de **to**dos os te**mo**res me li**vrou**. ℞.

⁶ Contem**plai** a sua **fa**ce e ale**grai**-vos, *
e vosso **ros**to não se **cu**bra de vergo**nha**!
⁷ Este infe**liz** gritou a **Deus**, e foi ou**vi**do, *
e o Se**nhor** o liber**tou** de toda an**gús**tia. ℞.

⁸ O **an**jo do Se**nhor** vem acam**par** *
ao re**dor** dos que o **te**mem, e os **sal**va.
⁹ Pro**vai** e **ve**de quão suave é o Se**nhor**! *
Feliz o **ho**mem que tem **ne**le o seu re**fú**gio! ℞.

SEGUNDA LEITURA

Agora está reservada para mim a coroa da justiça.

Leitura da Segunda Carta de São Paulo a Timóteo   4,6-8.17-18

Caríssimo:
⁶ Quanto a mim,
eu já estou para ser derramado em sacrifício;
aproxima-se o momento de minha partida.
⁷ Combati o bom combate,
completei a corrida, guardei a fé.

8 Agora está reservada para mim a coroa da justiça,
que o Senhor, justo juiz, me dará naquele dia;
e não somente a mim,
mas também a todos os que esperam com amor
a sua manifestação gloriosa.
17 Mas o Senhor esteve a meu lado e me deu forças,
ele fez com que a mensagem
fosse anunciada por mim integralmente,
e ouvida por todas as nações;
e eu fui libertado da boca do leão.
18 O Senhor me libertará de todo mal
e me salvará para o seu Reino celeste.
A ele a glória, pelos séculos dos séculos! Amém.

Palavra do Senhor.

Aclamação ao Evangelho   Mt 16,18

℟. Aleluia, Aleluia, Aleluia.
℣. Tu és Pedro e sobre esta pedra eu irei construir minha Igreja;
e as portas do inferno não irão derrotá-la.   ℟.

EVANGELHO

*Tu és Pedro e eu te darei as chaves
do Reino dos Céus.*

✠ Proclamação do Evangelho de Jesus Cristo
segundo Mateus   16,13-19

Naquele tempo,
13 Jesus foi à região de Cesaréia de Filipe
e ali perguntou aos seus discípulos:
"Quem dizem os homens ser o Filho do Homem?"
14 Eles responderam:
"Alguns dizem que é João Batista; outros que é Elias;
Outros ainda, que é Jeremias ou algum dos profetas".
15 Então Jesus lhes perguntou:
"E vós, quem dizeis que eu sou?"
16 Simão Pedro respondeu:
"Tu és o Messias, o Filho do Deus vivo".
17 Respondendo, Jesus lhe disse:
"Feliz es tu, Simão, filho de Jonas,

porque não foi um ser humano que te revelou isso,
mas o meu Pai que está no céu.
¹⁸ Por isso eu te digo que tu és Pedro,
e sobre esta pedra construirei a minha Igreja,
e o poder do inferno nunca poderá vencê-la.
¹⁹ Eu te darei as chaves do Reino dos Céus:
tudo o que tu ligares na terra será ligado nos céus;
tudo o que tu desligares na terra
será desligado nos céus".

Palavra da Salvação.

6 DE AGOSTO
TRANSFIGURAÇÃO DO SENHOR

Quando esta festa não cair em domingo, proclama-se uma das duas leituras antes do Evangelho.

PRIMEIRA LEITURA

Sua veste era branca como neve.

Leitura da Profecia de Daniel   7,9-10.13-14

⁹ Eu continuava olhando
  até que foram colocados uns tronos,
  e um Ancião de muitos dias aí tomou lugar.
  Sua veste era branca como neve
  e os cabelos da cabeça, como lã pura;
  seu trono eram chamas de fogo,
  e as rodas do trono, como fogo em brasa.
¹⁰ Derramava-se aí um rio de fogo que nascia diante dele;
  serviam-no milhares de milhares,
  e milhões de milhões assistiam-no ao trono;
  foi instalado o tribunal e os livros foram abertos.
¹³ Continuei insistindo na visão noturna,
  e eis que, entre as nuvens do céu,
  vinha um como filho de homem,
  aproximando-se do Ancião de muitos dias,
  e foi conduzido à sua presença.
¹⁴ Foram-lhe dados poder, glória e realeza,
  e todos os povos, nações e línguas o serviam:
  seu poder é um poder eterno
  que não lhe será tirado, e seu reino, um reino que não se dissolverá.

Palavra do Senhor.

Salmo responsorial   Sl 96(97),1-2.5-6.9 (℟. 1a.9a)

℟. Deus é **Rei**, é o Al**tís**simo,
   muito **a**cima do uni**ver**so.
¹ Deus é **Rei**! Exulte a **ter**ra de ale**gri**a, *
  e as **i**lhas nume**ro**sas reju**bi**lem!
² Treva e **nu**vem o ro**dei**am no seu **tro**no, *
  que se a**pói**a na jus**ti**ça e no di**rei**to.   ℟.

⁵ As montanhas se derretem como **cera** *
ante a **fa**ce do Se**nhor** de toda a **ter**ra;
⁶ e as**sim** proclama o **céu** sua justiça, *
todos os **po**vos podem **ver** a sua **gló**ria. ℟.

⁹ Porque **vós** sois o Al**tís**simo, Se**nhor**, †
muito a**ci**ma do univer**so** que cri**as**tes, *
e de **mui**to supe**rais** todos os **deu**ses. ℟.

SEGUNDA LEITURA

Esta voz, nós a ouvimos, vinda do céu.

Leitura da Segunda Carta de São Pedro   1,16-19

Caríssimos:
¹⁶ Não foi seguindo fábulas habilmente inventadas
que vos demos a conhecer o poder
e a vinda de nosso Senhor Jesus Cristo,
mas sim, por termos sido testemunhas oculares
da sua majestade.
¹⁷ Efetivamente, ele recebeu honra e glória
da parte de Deus Pai,
quando do seio da esplêndida glória
se fez ouvir aquela voz que dizia:
"Este é o meu Filho bem-amado,
no qual ponho o meu bem-querer".
¹⁸ Esta voz, nós a ouvimos, vinda do céu,
quando estávamos com ele no monte santo.
¹⁹ E assim se nos tornou ainda mais firme
a palavra da profecia,
que fazeis bem em ter diante dos olhos,
como lâmpada que brilha em lugar escuro, até clarear o dia
e levantar-se a estrela da manhã em vossos corações.

Palavra do Senhor.

Aclamação ao Evangelho   Mt 17,5c

℟. Ale**lu**ia, Ale**lu**ia, Ale**lu**ia.
℣. Eis meu **Fi**lho muito a**ma**do,
nele es**tá** meu bem-que**rer**,
escu**tai**-o, todos **vós**! ℟.

Ano A

EVANGELHO

O seu rosto brilhou como o sol.

✠ Proclamação do Evangelho de Jesus Cristo segundo Mateus 17,1-9

Naquele tempo,
¹ Jesus tomou consigo Pedro, Tiago e João, seu irmão,
e os levou a um lugar à parte, sobre uma alta montanha.
² E foi transfigurado diante deles;
o seu rosto brilhou como o sol
e as suas roupas ficaram brancas como a luz.
³ Nisto apareceram-lhes Moisés e Elias,
conversando com Jesus.
⁴ Então Pedro tomou a palavra e disse:
"Senhor, é bom ficarmos aqui.
Se queres, vou fazer aqui três tendas:
uma para ti, outra para Moisés, e outra para Elias".
⁵ Pedro ainda estava falando,
quando uma nuvem luminosa os cobriu com sua sombra.
E da nuvem uma voz dizia:
"Este é o meu Filho amado,
no qual eu pus todo meu agrado.
Escutai-o!"
⁶ Quando ouviram isto,
os discípulos ficaram muito assustados
e caíram com o rosto em terra.
⁷ Jesus se aproximou, tocou neles e disse:
"Levantai-vos, e não tenhais medo".
⁸ Os discípulos ergueram os olhos
e não viram mais ninguém,
a não ser somente Jesus.
⁹ Quando desciam da montanha,
Jesus ordenou-lhes:
"Não conteis a ninguém esta visão
até que o Filho do Homem
tenha ressuscitado dos mortos".

Palavra da Salvação.

Ano B

EVANGELHO

Este é o meu Filho amado.

✠ Proclamação do Evangelho de Jesus Cristo
segundo Marcos   9,2-10

Naquele tempo,
2 Jesus tomou consigo Pedro, Tiago e João,
e os levou sozinhos a um lugar à parte
sobre uma alta montanha.
E transfigurou-se diante deles.
3 Suas roupas ficaram brilhantes e tão brancas
como nenhuma lavadeira sobre a terra poderia alvejar.
4 Apareceram-lhe Elias e Moisés,
e estavam conversando com Jesus.
5 Então Pedro tomou a palavra e disse a Jesus:
"Mestre, é bom ficarmos aqui.
Vamos fazer três tendas:
uma para ti, outra para Moisés e outra para Elias".
6 Pedro não sabia o que dizer,
pois estavam todos com muito medo.
7 Então desceu uma nuvem
e os encobriu com sua sombra.
E da nuvem saiu uma voz:
"Este é o meu Filho amado.
Escutai o que ele diz!"
8 E, de repente, olhando em volta,
não viram mais ninguém,
a não ser somente Jesus com eles.
9 Ao descerem da montanha,
Jesus ordenou que não contassem a ninguém
o que tinham visto,
até que o Filho do Homem
tivesse ressuscitado dos mortos.
10 Eles observaram esta ordem,
mas comentavam entre si,
o que queria dizer "ressuscitar dos mortos".

Palavra da Salvação.

Ano C

EVANGELHO

Moisés e Elias conversavam sobre a morte,
que Jesus iria sofrer.

✠ Proclamação do Evangelho de Jesus Cristo
segundo Lucas — 9,28b-36

Naquele tempo,
²⁸ᵇ Jesus levou consigo Pedro, João e Tiago,
e subiu à montanha para rezar.
²⁹ Enquanto rezava, seu rosto mudou de aparência
e sua roupa ficou muito branca e brilhante.
³⁰ Eis que dois homens estavam conversando com Jesus:
eram Moisés e Elias.
³¹ Eles apareceram revestidos de glória
e conversavam sobre a morte,
que Jesus iria sofrer em Jerusalém.
³² Pedro e os companheiros estavam com muito sono.
Ao despertarem, viram a glória de Jesus
e os dois homens que estavam com ele.
³³ E quando estes homens se iam afastando,
Pedro disse a Jesus:
"Mestre, é bom estarmos aqui.
Vamos fazer três tendas:
uma para ti, outra para Moisés e outra para Elias".
Pedro não sabia o que estava dizendo.
³⁴ Ele estava ainda falando,
quando apareceu uma nuvem que os cobriu com sua sombra.
Os discípulos ficaram com medo
ao entrarem dentro da nuvem.
³⁵ Da nuvem, porém, saiu uma voz que dizia:
"Este é o meu Filho, o Escolhido.
Escutai o que ele diz!"
³⁶ Enquanto a voz ressoava, Jesus encontrou-se sozinho.
Os discípulos ficaram calados
e naqueles dias não contaram a ninguém
nada do que tinham visto.

Palavra da Salvação.

15 DE AGOSTO
ASSUNÇÃO DE NOSSA SENHORA

Missa da Vigília

PRIMEIRA LEITURA

*Introduziram a arca de Deus
e a colocaram no meio da tenda que Davi tinha armado.*

Leitura do Primeiro Livro das Crônicas   15,3-4.15-16; 16,1-2

Naqueles dias,
³ Davi convocou todo o Israel em Jerusalém,
a fim de transportar a arca do Senhor
para o lugar que lhe havia preparado.
⁴ Davi reuniu também os filhos de Aarão e os levitas.
¹⁵ Os filhos de Levi levaram a arca de Deus,
com os varais sobre os ombros,
como Moisés havia mandado,
de acordo com a ordem do Senhor.
¹⁶ Davi ordenou aos chefes dos levitas
que designassem seus irmãos como cantores,
para entoarem cânticos festivos,
acompanhados de instrumentos musicais,
harpas, cítaras e címbalos.
¹⁶,¹ Tendo, pois, introduzido a arca de Deus
e colocado no meio da tenda que Davi tinha armado,
ofereceram na presença de Deus
holocaustos e sacrifícios pacíficos.
² Depois de oferecer os holocaustos
e os sacrifícios pacíficos,
Davi abençoou o povo em nome do Senhor.

Palavra do Senhor.

Salmo responsorial   Sl 131(132),6-7.9-10.13-14 (R. 8)

℟. Subi, Se**nhor**, para o lu**gar** de vosso **pou**so,
su**bi** com vossa **ar**ca pode**ro**sa!

⁶ Nós sou**be**mos que a **ar**ca estava em Éfrata *
   e nos **cam**pos de Iaar a encon**tra**mos:
⁷ En**tre**mos no lu**gar** em que ele ha**bi**ta, *
   ante o esca**be**lo de seus **pés** o ado**re**mos!   ℟.

⁹ Que se **vis**tam de ale**gria** os vossos **san**tos, *
   e os **vos**sos sacer**do**tes, de justiça!
¹⁰ Por **cau**sa de Da**vi**, o vosso **ser**vo, *
   não afas**teis** do vosso Ungido a vossa **fa**ce!   ℟.

¹³ Pois o Se**nhor** quis para **si** Jerusa**lém** *
   e a dese**jou** para que **fos**se sua mora**da**:
¹⁴ "Eis o lu**gar** do meu re**pou**so para **sem**pre, *
   eu fico a**qui**: este é o lu**gar** que pref**eri**!"   ℟.

SEGUNDA LEITURA

Deu-nos a vitória pelo Senhor nosso, Jesus Cristo.

Leitura da Primeira Carta de São Paulo aos Coríntios   15,54-57

Irmãos:
⁵⁴ Quando este ser corruptível
   estiver vestido de incorruptibilidade
   e este ser mortal estiver vestido de imortalidade,
   então estará cumprida a palavra da Escritura:
   "A morte foi tragada pela vitória.
⁵⁵ Ó morte, onde está a tua vitória?
   Onde está o teu aguilhão?"
⁵⁶ O aguilhão da morte é o pecado,
   e a força do pecado é a Lei.
⁵⁷ Graças sejam dadas a Deus
   que nos dá a vitória pelo Senhor nosso, Jesus Cristo.

Palavra do Senhor.

Aclamação ao Evangelho   Lc 11,28

℟. Ale**lu**ia, Ale**lu**ia, Ale**lu**ia.
℣. Felizes a**que**les que **ou**vem
   a pa**la**vra de **Deus** e a **guar**dam!   ℟.

EVANGELHO

Feliz o ventre que te trouxe.

✠ Proclamação do Evangelho de Jesus Cristo
segundo Lucas 11,27-28

Naquele tempo,
²⁷ Enquanto Jesus falava ao povo
uma mulher levantou a voz no meio da multidão
e lhe disse:
"Feliz o ventre que te trouxe
e os seios que te amamentaram".
²⁸ Jesus respondeu:
"Muito mais felizes são aqueles
que ouvem a palavra de Deus
e a põem em prática".

Palavra da Salvação.

Missa do dia

PRIMEIRA LEITURA

*Uma mulher vestida de sol,
tendo a lua debaixo dos pés.*

Leitura do Livro do Apocalipse de São João   11,19a; 12,1.3-6a.
                                                              10ab

¹⁹ᵃ Abriu-se o Templo de Deus que está no céu
e apareceu no Templo a arca da Aliança.
¹²,¹ Então apareceu no céu um grande sinal:
uma mulher vestida de sol,
tendo a lua debaixo dos pés
e sobre a cabeça uma coroa de doze estrelas.
³ Então apareceu outro sinal no céu:
um grande Dragão, cor de fogo.
Tinha sete cabeças e dez chifres
e, sobre as cabeças, sete coroas.
⁴ Com a cauda, varria a terça parte das estrelas do céu,
atirando-as sobre a terra.
O Dragão parou diante da Mulher
que estava para dar à luz,
pronto para devorar o seu Filho, logo que nascesse.
⁵ E ela deu à luz um filho homem,
que veio para governar todas as nações
com cetro de ferro.
Mas o Filho foi levado para junto de Deus e do seu trono.
⁶ᵃ A mulher fugiu para o deserto,
onde Deus lhe tinha preparado um lugar.
¹⁰ᵃᵇ Ouvi então uma voz forte no céu, proclamando:
"Agora realizou-se a salvação,
a força e a realeza do nosso Deus,
e o poder do seu Cristo".

Palavra do Senhor.

Salmo responsorial   Sl 44(45),10bc.11.12ab.16 (R. 10b)

℟. À **vossa** di**rei**ta se en**con**tra a rainha,
com **ves**te esplen**den**te de **ou**ro de Ofir.

¹⁰ᵇ As **fi**lhas de **reis** vêm ao **vosso** en**con**tro, †
ᶜ e à **vossa** di**rei**ta se en**con**tra a rainha *
com **veste** esplen**den**te de **ou**ro de O**fir**. ℟.

¹¹ Escu**tai**, minha **fi**lha, o**lhai**, ouvi **isto**: *
"Esque**cei** vosso **po**vo e a **ca**sa pa**ter**na!
¹²ᵃ Que o **Rei** se en**can**te com **vossa** be**leza**! *
ᵇ Pres**tai**-lhe home**nagem**: é **vosso** Se**nhor**! ℟.

¹⁶ Entre **can**tos de **fes**ta e com **gran**de ale**gria**, *
in**gres**sam, en**tão**, no pa**lácio** re**al**". ℟.

SEGUNDA LEITURA

*Cristo, como primícias;
depois os que pertencem a Cristo.*

Leitura da Primeira Carta de São Paulo aos Coríntios   15,20-27a

Irmãos:
²⁰ Cristo ressuscitou dos mortos
como primícias dos que morreram.
²¹ Com efeito, por um homem veio a morte
e é também por um homem
que vem a ressurreição dos mortos.
²² Como em Adão todos morrem,
assim também em Cristo todos reviverão.
²³ Porém, cada qual segundo uma ordem determinada:
Em primeiro lugar, Cristo, como primícias;
depois, os que pertencem a Cristo,
por ocasião da sua vinda.
²⁴ A seguir, será o fim,
quando ele entregar a realeza a Deus-Pai,
depois de destruir todo principado
e todo poder e força.
²⁵ Pois é preciso que ele reine
até que todos os seus inimigos estejam debaixo de seus pés.
²⁶ O último inimigo a ser destruído é a morte.
²⁷ᵃ Com efeito,
"Deus pôs tudo debaixo de seus pés".

Palavra do Senhor.

Aclamação ao Evangelho

℟. Ale**lu**ia, Ale**lu**ia, Ale**lu**ia.
℣. Ma**ri**a é ele**va**da ao **céu**,
alegram-se os **co**ros dos **an**jos. ℟.

EVANGELHO

O Todo-poderoso fez grandes coisas em meu favor:
elevou os humildes.

✠ Proclamação do Evangelho de Jesus Cristo
segundo Lucas   1,39-56

Naqueles dias,
³⁹ Maria partiu para a região montanhosa,
dirigindo-se, apressadamente,
a uma cidade da Judéia.
⁴⁰ Entrou na casa de Zacarias e cumprimentou Isabel.
⁴¹ Quando Isabel ouviu a saudação de Maria,
a criança pulou no seu ventre
e Isabel ficou cheia do Espírito Santo.
⁴² Com um grande grito, exclamou:
"Bendita és tu entre as mulheres
e bendito é o fruto do teu ventre!"
⁴³ Como posso merecer
que a mãe do meu Senhor me venha visitar?
⁴⁴ Logo que a tua saudação chegou aos meus ouvidos,
a criança pulou de alegria no meu ventre.
⁴⁵ Bem-aventurada aquela que acreditou,
porque será cumprido,
o que o Senhor lhe prometeu".
⁴⁶ Então Maria disse:
"A minha alma engrandece o Senhor,
⁴⁷ e o meu espírito se alegra em Deus, meu Salvador,
⁴⁸ porque olhou para a humildade de sua serva.
Doravante todas as gerações me chamarão bem-aventurada,
⁴⁹ porque o Todo-poderoso
fez grandes coisas em meu favor.
O seu nome é santo,
⁵⁰ e sua misericórdia se estende, de geração em geração,
a todos os que o respeitam.
⁵¹ Ele mostrou a força de seu braço:

dispersou os soberbos de coração.
⁵² Derrubou do trono os poderosos
e elevou os humildes.
⁵³ Encheu de bens os famintos,
e despediu os ricos de mãos vazias.
⁵⁴ Socorreu Israel, seu servo,
lembrando-se de sua misericórdia,
⁵⁵ conforme prometera aos nossos pais,
em favor de Abraão
e de sua descendência, para sempre".
⁵⁶ Maria ficou três meses com Isabel;
depois voltou para casa.

Palavra da Salvação.

14 DE SETEMBRO

EXALTAÇÃO DA SANTA CRUZ

PRIMEIRA LEITURA

*Aquele que for mordido
e olhar para ela, viverá.*

Leitura do Livro dos Números   21,4b-9

Naqueles dias,
4 Os filhos de Israel partiram do monte Hor,
pelo caminho que leva ao mar Vermelho,
para contornarem o país de Edom.
Durante a viagem o povo começou a impacientar-se,
5 e se pôs a falar contra Deus e contra Moisés,
dizendo:
"Por que nos fizestes sair do Egito
para morrermos no deserto?
Não há pão, falta água,
e já estamos com nojo desse alimento miserável".
6 Então o Senhor mandou contra o povo
serpentes venenosas,
que os mordiam;
e morreu muita gente em Israel.
7 O povo foi ter com Moisés e disse:
"Pecamos, falando contra o Senhor e contra ti.
Roga ao Senhor que afaste de nós as serpentes".
Moisés intercedeu pelo povo,
8 e o Senhor respondeu:
"Faze uma serpente de bronze
e coloca-a como sinal sobre uma haste;
aquele que for mordido e olhar para ela viverá".
9 Moisés fez, pois, uma serpente de bronze
e colocou-a como sinal sobre uma haste.
Quando alguém era mordido por uma serpente,
e olhava para a serpente de bronze,
ficava curado.

Palavra do Senhor.

Salmo responsorial　　　Sl 77(78),1-2.34-35.36-37.38 (℟. cf. 7c)

℟. Das obras do Senhor, ó meu povo, não te esqueças!

1. Escuta, ó meu povo, a minha Lei, *
ouve atento as palavras que eu te digo;
2. abrirei a minha boca em parábolas, *
os mistérios do passado lembrarei.　　　　　℟.

34. Quando os feria, eles então o procuravam, *
convertiam-se correndo para ele;
35. recordavam que o Senhor é sua rocha *
e que Deus, seu Redentor, é o Deus Altíssimo.　℟.

36. Mas apenas o honravam com seus lábios *
e mentiam ao Senhor com suas línguas;
37. seus corações enganadores eram falsos *
e, infiéis, eles rompiam a Aliança.　　　　℟.

38. Mas o Senhor, sempre benigno e compassivo, *
não os matava e perdoava seu pecado;
quantas vezes dominou a sua ira *
e não deu largas à vazão de seu furor.　　℟.

SEGUNDA LEITURA

*Humilhou-se a si mesmo:
por isso, Deus o exaltou.*

Leitura da Carta de São Paulo aos Filipenses　　　　2,6-11

6. Jesus Cristo, existindo em condição divina,
não fez do ser igual a Deus uma usurpação,
7. mas ele esvaziou-se a si mesmo,
assumindo a condição de escravo
e tornando-se igual aos homens.
Encontrado com aspecto humano,
8. humilhou-se a si mesmo,
fazendo-se obediente até a morte,
e morte de cruz.
9. Por isso, Deus o exaltou acima de tudo
e lhe deu o Nome que está acima de todo nome.

10 Assim, ao nome de Jesus,
todo joelho se dobre no céu,
na terra e abaixo da terra,
11 e toda lingua proclame :
"Jesus Cristo é o Senhor"
– para a glória de Deus Pai.

Palavra do Senhor.

Aclamação ao Evangelho

℟. Aleluia, Aleluia, Aleluia.
℣. Nós vos adoramos, Senhor Jesus Cristo,
e vos bendizemos, porque pela cruz
remistes o mundo! ℟.

EVANGELHO

*É necessário que o Filho do Homem
seja levantado.*

✠ Proclamação do Evangelho de Jesus Cristo
segundo João 3,13-17

Naquele tempo, disse Jesus a Nicodemos:
13 Ninguém subiu ao céu,
a não ser aquele que desceu do céu,
o Filho do Homem.
14 Do mesmo modo
como Moisés levantou a serpente no deserto,
assim é necessário
que o Filho do Homem seja levantado,
15 para que todos os que nele crerem
tenham a vida eterna.
16 Pois Deus amou tanto o mundo,
que deu o seu Filho unigênito,
para que não morra todo o que nele crer,
mas tenha a vida eterna.
17 De fato, Deus não enviou o seu Filho ao mundo
para condenar o mundo,
mas para que o mundo seja salvo por ele.

Palavra da Salvação.

12 DE OUTUBRO

NOSSA SENHORA DA CONCEIÇÃO APARECIDA

Padroeira do Brasil

PRIMEIRA LEITURA

Concede-me a vida do meu povo – eis o meu desejo!

Leitura do Livro de Ester   5,1b-2; 7,2b-3

¹ᵇ Ester revestiu-se com vestes de rainha
e foi colocar-se no vestíbulo interno do palácio real,
frente à residência do rei.
O rei estava sentado no trono real,
na sala do trono, frente à entrada.
² Ao ver a rainha Ester parada no vestíbulo,
olhou para ela com agrado
e estendeu-lhe o cetro de ouro que tinha na mão,
e Ester aproximou-se para tocar a ponta do cetro.
⁷,²ᵇ Então, o rei lhe disse:
"O que me pedes, Ester; o que queres que eu faça?
Ainda que me pedisses a metade do meu reino,
ela te seria concedida".
³ Ester respondeu-lhe:
"Se ganhei as tuas boas graças, ó rei,
e se for de teu agrado,
concede-me a vida – eis o meu pedido! –
e a vida do meu povo – eis o meu desejo!

Palavra do Senhor.

Salmo responsorial   44(45),11-12a.12b-13.14-15a.15b-16
                                         (℞. 11a.12a)

℞. Escutai, minha filha, olhai, ouvi isto:
que o **Rei** se en**can**te com **vos**sa be**le**za!

11 Escutai, minha filha, olhai, ouvi isto: *
"Esque**cei** vosso **po**vo e a **ca**sa pa**ter**na!
12 Que o **Rei** se en**can**te com **vos**sa be**le**za! *
Pres**tai**-lhe home**na**gem: é vosso Senhor!   ℞.

13 O **po**vo de **Ti**ro vos **traz** seus pre**sen**tes, *
    os **gran**des do **po**vo vos **pe**dem favores.
14 Majes**to**sa, a prin**ce**sa re**al** vem che**gan**do, *
    vestida de **ri**cos bro**ca**dos de **ou**ro.   ℟.

15 Em **ves**tes vis**to**sas ao **Rei** se di**ri**ge, *
    e as **vir**gens a**mi**gas lhe **for**mam cor**te**jo;
16 entre **can**tos de **fes**ta e com **gran**de ale**gri**a, *
    in**gres**sam, en**tão**, no pa**lá**cio re**al**".   ℟.

SEGUNDA LEITURA

Um grande sinal apareceu no céu.

Leitura do Livro do Apocalipse de São João   12,1.5.13a.15-16a

1   Apareceu no céu um grande sinal:
    uma mulher vestida do sol,
    tendo a lua debaixo dos pés
    e sobre a cabeça uma coroa de doze estrelas.
5   E ela deu à luz um filho homem,
    que veio para governar todas as nações
    com cetro de ferro.
    Mas o filho foi levado para junto de Deus
    e do seu trono.
13a Quando viu que tinha sido expulso para a terra,
    o dragão começou a perseguir a mulher
    que tinha dado à luz o menino.
15 A serpente, então,
    vomitou como um rio de água atrás da mulher,
    a fim de a submergir.
16a A terra, porém, veio em socorro da mulher.

    Palavra do Senhor.

Aclamação ao Evangelho   Jo 2,5b

℟. Aleluia, Aleluia, Aleluia.
℣. Disse a **Mãe** de Je**sus** aos ser**ven**tes:
    "fazei **tu**do o que Ele dis**ser**!"   ℟.

EVANGELHO

Fazei o que ele vos disser.

☩ Proclamação do Evangelho de Jesus Cristo segundo João   2,1-11

Naquele tempo,
1 Houve um casamento em Caná da Galiléia.
A mãe de Jesus estava presente.
2 Também Jesus e seus discípulos
tinham sido convidados para o casamento.
3 Como o vinho veio a faltar,
a mãe de Jesus lhe disse:
"Eles não têm mais vinho".
4 Jesus respondeu-lhe:
"Mulher, por que dizes isto a mim?
Minha hora ainda não chegou".
5 Sua mãe disse aos que estavam servindo:
"Fazei o que ele vos disser".
6 Estavam seis talhas de pedra colocadas aí
para a purificação que os judeus costumam fazer.
Em cada uma delas cabiam mais ou menos cem litros.
7 Jesus disse aos que estavam servindo:
"Enchei as talhas de água".
Encheram-nas até a boca.
8 Jesus disse:
"Agora tirai e levai ao mestre-sala".
E eles levaram.
9 O mestre-sala experimentou a água,
que se tinha transformado em vinho.
Ele não sabia de onde vinha,
mas os que estavam servindo sabiam,
pois eram eles que tinham tirado a água.
10 O mestre-sala chamou então o noivo e lhe disse:
"Todo mundo serve primeiro o vinho melhor
e, quando os convidados já estão embriagados,
serve o vinho menos bom.
Mas tu guardaste o vinho melhor até agora!"
11 Este foi o início dos sinais de Jesus.
Ele o realizou em Caná da Galiléia
e manifestou a sua glória,
e seus discípulos creram nele.

Palavra da Salvação.

1º DE NOVEMBRO
TODOS OS SANTOS

(No Brasil, por determinação da CNBB e autorização da Santa Sé, esta solenidade é celebrada no domingo seguinte, caso o dia 1º não caia em domingo. Quando, porém, o dia 2 de novembro cai em domingo, celebra-se a solenidade de Todos os Santos no sábado, dia 1º de novembro).

PRIMEIRA LEITURA

Vi uma multidão imensa de gente de todas as nações, tribos, povos e línguas.

Leitura do Livro do Apocalipse de São João   7,2-4.9-14

Eu, João,
² vi um outro anjo,
que subia do lado onde nasce o sol.
Ele trazia a marca do Deus vivo
e gritava, em alta voz,
aos quatro anjos que tinham recebido o poder
de danificar a terra e o mar,
dizendo-lhes:
³ "Não façais mal à terra, nem ao mar, nem às arvores,
até que tenhamos marcado na fronte
os servos do nosso Deus".
⁴ Ouvi então o número dos que tinham sido marcados:
eram cento e quarenta e quatro mil,
de todas as tribos dos filhos de Israel.
⁹ Depois disso, vi uma multidão imensa
de gente de todas as nações, tribos, povos e línguas,
e que ninguém podia contar.
Estavam de pé diante do trono e do Cordeiro;
trajavam vestes brancas
e traziam palmas na mão.
¹⁰ Todos proclamavam com voz forte:
"A salvação pertence ao nosso Deus,
que está sentado no trono, e ao Cordeiro".
¹¹ Todos os anjos estavam de pé,
em volta do trono e dos Anciãos e dos quatro Seres vivos
e prostravam-se, com o rosto por terra, diante do trono.
E adoravam a Deus, dizendo:
¹² "Amém. O louvor, a glória e a sabedoria,
a ação de graças, a honra, o poder e a força

pertencem ao nosso Deus para sempre. Amém".
¹³ E um dos Anciãos falou comigo e perguntou:
"Quem são esses vestidos com roupas brancas?
De onde vieram?"
¹⁴ Eu respondi:
"Tu é que sabes, meu senhor".
E então ele me disse:
"Esses são os que vieram da grande tribulação.
Lavaram e alvejaram as suas roupas
no sangue do Cordeiro".

Palavra do Senhor.

Salmo responsorial   Sl 23(24),1-2.3-4ab.5-6 (℟. cf. 6)

℟. É assim a geração dos que procuram o Senhor!

¹ Ao Senhor pertence a terra e o que ela encerra, *
  o mundo inteiro com os seres que o povoam;
² porque ele a tornou firme sobre os mares, *
  e sobre as águas a mantém inabalável.   ℟.

³ "Quem subirá até o monte do Senhor, *
  quem ficará em sua santa habitação?"
⁴ᵃ "Quem tem mãos puras e inocente coração *
 ᵇ quem não dirige sua mente para o crime.   ℟.

⁵ Sobre este desce a bênção do Senhor *
  e a recompensa de seu Deus e Salvador".
⁶ "É assim a geração dos que o procuram, *
  e do Deus de Israel buscam a face".   ℟.

SEGUNDA LEITURA

Veremos Deus tal como é.

Leitura da Primeira Carta de São João   3,1-3

Caríssimos:
¹ Vede que grande presente de amor o Pai nos deu:
de sermos chamados filhos de Deus!
E nós o somos!
Se o mundo não nos conhece,
é porque não conheceu o Pai.

² Caríssimos, desde já somos filhos de Deus,
mas nem sequer se manifestou o que seremos!
Sabemos que,
quando Jesus se manifestar,
seremos semelhantes a ele,
porque o veremos tal como ele é.
³ Todo o que espera nele,
purifica-se a si mesmo,
como também ele é puro.

Palavra do Senhor.

Aclamação ao Evangelho   Mt 11,28

℟. Ale**lui**a, Ale**lui**a, Ale**lui**a.
℣. Vinde a **mim**, todos **vós** que estais can**sa**dos
e pe**n**ais a carre**gar** pesado **far**do,
e des**can**so eu vos da**rei**, diz o Se**nhor**.   ℟.

EVANGELHO

*Alegrai-vos e exultai, porque será
grande a vossa recompensa nos céus.*

✠ Proclamação do Evangelho de Jesus Cristo
segundo Mateus   5,1-12a

Naquele tempo,
¹ Vendo Jesus as multidões,
subiu ao monte e sentou-se.
Os discípulos aproximaram-se,
² e Jesus começou a ensiná-los:
³ "Bem-aventurados os pobres em espírito,
porque deles é o Reino dos Céus.
⁴ Bem-aventurados os aflitos,
porque serão consolados.
⁵ Bem-aventurados os mansos,
porque possuirão a terra.
⁶ Bem-aventurados os que têm fome e sede de justiça,
porque serão saciados.
⁷ Bem-aventurados os misericordiosos,
porque alcançarão misericórdia.
⁸ Bem-aventurados os puros de coração,
porque verão a Deus.

⁹ Bem-aventurados os que promovem a paz,
  porque serão chamados filhos de Deus.
¹⁰ Bem-aventurados os que são perseguidos
  por causa da justiça,
  porque deles é o Reino dos Céus.
¹¹ Bem-aventurados sois vós,
  quando vos injuriarem e perseguirem,
  e, mentindo, disserem todo tipo de mal contra vós,
  por causa de mim.
¹²ᵃ Alegrai-vos e exultai,
  porque será grande a vossa recompensa nos céus".

Palavra da Salvação.

2 DE NOVEMBRO

COMEMORAÇÃO DE TODOS OS FIÉIS DEFUNTOS

Leituras próprias à escolha

A) PRIMEIRA LEITURA, DO ANTIGO TESTAMENTO

1. 2Mc 12,43-46

*Ação justa e nobre,
inspirada na sua crença na ressurreição.*

Leitura do Segundo Livro dos Macabeus

Naqueles dias,
43 Judas, mandou fazer uma coleta,
recolhendo cerca de dez mil dracmas,
que enviou a Jerusalém
para que se oferecesse um sacrifício pelo pecado.
Ação justa e nobre,
inspirada na sua crença na ressurreição.
44 Pois, se ele não esperasse
que os soldados mortos haviam de ressuscitar,
teria sido vão e supérfluo rezar por eles.
45 Considerava, porém,
que aos que morrem piedosamente
está reservada uma bela recompensa.
46 Santo e piedoso pensamento,
este de orar pelos mortos.
Por isso ele ofereceu
um sacrifício expiatório pelos defuntos,
para que fossem livres dos seus pecados.

Palavra do Senhor.

2. Jó 19,1.23-27a

Eu sei que o meu Redentor está vivo.

Leitura do Livro de Jó

¹ Jó tomou a palavra e disse:
²³ "Gostaria que minhas palavras fossem escritas
e gravadas numa inscrição
²⁴ com ponteiro de ferro e com chumbo,
cravadas na rocha para sempre!
²⁵ Eu sei que o meu redentor está vivo
e que, por último, se levantará sobre o pó;
²⁶ e depois que tiverem destruído esta minha pele,
na minha carne, verei a Deus.
²⁷ᵃ Eu mesmo o verei,
meus olhos o contemplarão,
e não os olhos de outros".

Palavra do Senhor.

3. Sb 3,1-9 (mais longa)

Foram aceitos como ofertas de holocausto.

Leitura do Livro da Sabedoria

¹ A vida dos justos está nas mãos de Deus,
e nenhum tormento os atingirá.
² Aos olhos dos insensatos parecem ter morrido;
sua saída do mundo foi considerada uma desgraça,
³ e sua partida do meio de nós, uma destruição;
mas eles estão em paz.
⁴ Aos olhos dos homens parecem ter sido castigados,
mas sua esperança é cheia de imortalidade;
⁵ tendo sofrido leves correções,
serão cumulados de grandes bens,
porque Deus os pôs à prova e os achou dignos de si.
⁶ Provou-os como se prova o ouro no fogo
e aceitou-os como ofertas de holocausto;
⁷ no dia do seu julgamento hão de brilhar,
correndo como centelhas no meio da palha;

⁸ vão julgar as nações e dominar os povos,
e o Senhor reinará sobre eles para sempre.
⁹ Os que nele confiam compreenderão a verdade,
e os que perseveram no amor ficarão junto dele,
porque a graça e a misericórdia são para seus eleitos.

Palavra do Senhor.

Ou: Sb 3,1-6.9 (mais breve)

Foram aceitos como ofertas de holocausto.

Leitura do Livro da Sabedoria

¹ A vida dos justos está nas mãos de Deus,
e nenhum tormento os atingirá.
² Aos olhos dos insensatos parecem ter morrido;
sua saída do mundo foi considerada uma desgraça,
³ e sua partida do meio de nós, uma destruição;
mas eles estão em paz.
⁴ Aos olhos dos homens parecem ter sido castigados,
mas sua esperança é cheia de imortalidade;
⁵ tendo sofrido leves correções,
serão cumulados de grandes bens,
porque Deus os pôs à prova e os achou dignos de si.
⁶ Provou-os como se prova o ouro no fogo
e aceitou-os como ofertas de holocausto.
⁹ Os que nele confiam compreenderão a verdade,
e os que perseveram no amor ficarão junto dele,
porque a graça e a misericórdia são para seus eleitos.

Palavra do Senhor.

4. Sb 4,7-15

A verdadeira velhice é uma vida sem mancha.

Leitura do Livro da Sabedoria

⁷ O justo, ainda que morra jovem,
encontrará descanso.
⁸ A honra da velhice não consiste numa longa vida,
e não se mede pelo número de anos;
⁹ mas os cabelos brancos são uma vida sensata,
e a idade avançada, uma vida sem mancha.

¹⁰ O justo agradou a Deus e é amado por ele;
vivia entre pecadores,
e Deus o transferiu para outro lugar;
¹¹ foi arrebatado,
para que a maldade não lhe pervertesse a consciência,
nem o engano seduzisse a sua alma.
¹² Pois a atração dos vícios
obscurece os valores verdadeiros,
e a vertigem das paixões corrompe a mente sem malícia.
¹³ Tendo alcançado em pouco tempo a perfeição,
completou uma longa carreira;
¹⁴ pois sua alma era agradável ao Senhor,
que por isso se apressou em tirá-lo do meio da maldade.
As pessoas vêem isso e não compreendem,
e não lhes vem à mente
¹⁵ que a graça e a misericórdia
são para os eleitos do Senhor,
e que ele intervém em favor dos seus santos.

Palavra do Senhor.

5. Is 25,6a.7-9

O Senhor Deus eliminará para sempre a morte.

Leitura do Livro do Profeta Isaías

Naquele dia,
⁶ᵃ O Senhor dos exércitos dará neste monte,
para todos os povos,
um banquete de ricas iguarias.
⁷ Ele removerá, neste monte,
a ponta da cadeia que ligava todos os povos,
a teia em que tinha envolvido todas as nações.
⁸ O Senhor Deus
eliminará para sempre a morte
e enxugará as lágrimas de todas as faces
e acabará com a desonra do seu povo em toda a terra;
o Senhor o disse.
⁹ Naquele dia, se dirá:
"Este é o nosso Deus,
esperamos nele, até que nos salvou;
este é o Senhor, nele temos confiado:
vamos alegrar-nos e exultar por nos ter salvo".

Palavra do Senhor.

6. Lm 3,17-26

É bom aguardar em silêncio a salvação que vem de Deus.

Leitura do Livro das Lamentações

17 Minha vida distanciou-se da paz,
  estou esquecido de seus bens.
18 Disse para mim mesmo:
  "Acabou-se o meu vigor,
  minha esperança ausentou-se do Senhor".
19 Lembra-te de minha miséria
  e de meus extravios,
  amargos como fel e absinto.
20 Remorde-me a memória,
  vai-se consumindo a minh'alma.
21 Revolverei essas coisas no espírito,
  por isso continuo esperando.
22 É pela bondade do Senhor
  que não fomos destruídos,
  não se esgotou a sua misericórdia;
23 cada manhã ela se renova;
  grande é tua fidelidade, Senhor.
24 Diz minh'alma:
  "O Senhor é minha herança,
  por isso, espero por ele".
25 O Senhor é bondoso para quem nele confia,
  para a alma que o procura.
26 É bom aguardar em silêncio
  a salvação que vem de Deus.

Palavra do Senhor.

7. Dn 12,1-3

Os que dormem no pó da terra, despertarão.

Leitura da Profecia de Daniel

Eu, Daniel, ouvi a palavra do Senhor:
1. Naquele tempo, se levantará Miguel,
o grande príncipe,
defensor dos filhos de teu povo;
e será um tempo de angústia,
como nunca houve até então,
desde que começaram a existir nações.
Mas, nesse tempo, teu povo será salvo,
todos os que se acharem inscritos no livro.
2. Muitos dos que dormem no pó da terra,
despertarão, uns para a vida eterna,
outros para o opróbrio eterno.
3. Mas os que tiverem sido sábios,
brilharão como o firmamento;
e os que tiverem ensinado a muitos homens
os caminhos da virtude,
brilharão como as estrelas,
por toda a eternidade.

Palavra do Senhor.

B) PRIMEIRA LEITURA DO NOVO TESTAMENTO,

NO TEMPO PASCAL

1. At 10,34-43 (mais longa)

É ele quem Deus constituiu
para ser o Juiz dos vivos e dos mortos.

Leitura dos Atos dos Apóstolos

Naqueles dias,
34 Pedro tomou a palavra e disse:
"De fato, estou compreendendo
que Deus não faz distinção entre as pessoas.
35 Pelo contrário, ele aceita quem o teme e pratica a justiça,
qualquer que seja a nação a que pertença.
36 Deus enviou sua palavra aos israelitas
e lhes anunciou a Boa-nova da paz,
por meio de Jesus Cristo, que é o Senhor de todos.
37 Vós sabeis o que aconteceu em toda a Judéia,
a começar pela Galiléia, depois do batismo pregado por João:
38 como Jesus de Nazaré foi ungido por Deus
com o Espírito Santo e com poder.
Ele andou por toda a parte, fazendo o bem e curando a todos
os que estavam dominados pelo demônio;
porque Deus estava com ele.
39 E nós somos testemunhas de tudo o que Jesus fez
na terra dos judeus e em Jerusalém.
Eles o mataram, pregando-o numa cruz.
40 Mas Deus o ressuscitou no terceiro dia,
concedendo-lhe manifestar-se
41 não a todo o povo,
mas às testemunhas que Deus havia escolhido:
a nós, que comemos e bebemos com Jesus,
depois que ressuscitou dos mortos.
42 E Jesus nos mandou pregar ao povo
e testemunhar que Deus o constituiu
Juiz dos vivos e dos mortos.
43 Todos os profetas dão testemunho dele:
'Todo aquele que crê em Jesus
recebe, em seu nome, o perdão dos pecados'".
Palavra do Senhor.

Ou: At 10,34-36.42-43 (mais breve)

*É ele quem Deus constituiu
para ser o Juiz dos vivos e dos mortos.*

Leitura dos Atos dos Apóstolos

Naqueles dias,
34 Pedro tomou a palavra e disse:
"De fato, estou compreendendo
que Deus não faz distinção entre as pessoas.
35 Pelo contrário, ele aceita quem o teme
e pratica a justiça,
qualquer que seja a nação a que pertença.
36 Deus enviou sua palavra aos israelitas
e lhes anunciou a Boa Nova da paz,
por meio de Jesus Cristo, que é o Senhor de todos.
42 E Jesus nos mandou pregar ao povo
e testemunhar que Deus o constituiu
Juiz dos vivos e dos mortos.
43 Todos os profetas dão testemunho dele:
'Todo aquele que crê em Jesus
recebe, em seu nome, o perdão dos pecados' ".

Palavra do Senhor.

2. Ap 14,13

Felizes os que morrem unidos ao Senhor.

Leitura do Livro do Apocalipse de São João

Eu, João,
13 ouvi uma voz vinda do céu, que dizia:
"Escreve:
'Felizes os mortos,
os que desde agora morrem unidos ao Senhor'.
Sim, diz o Espírito,
que eles descansem de suas fadigas,
pois suas obras os acompanham".

Palavra do Senhor.

3. Ap 20,11–21,1

Os mortos foram julgados
de acordo com sua conduta.

Leitura do Livro do Apocalipse de São João

Eu, João,
¹¹ vi ainda um grande trono branco
e aquele que estava sentado nele.
O céu e a terra fugiram da sua presença
e não se achou mais o lugar deles.
¹² Vi também os mortos, os grandes e os pequenos,
em pé diante do trono.
Foram abertos livros,
e mais um outro livro ainda:
o livro da vida.
Então foram julgados os mortos,
de acordo com sua conduta,
conforme está escrito nos livros.
¹³ O mar devolveu os mortos que se encontravam nele.
A morte e a morada dos mortos
entregaram de volta os seus mortos.
E cada um foi julgado conforme sua conduta.
¹⁴ A morte e a morada dos mortos
foram então lançados no lago de fogo.
Esta é a segunda morte:
o lago de fogo.
¹⁵ Quem não tinha o seu nome escrito no livro da vida,
foi também lançado no lago de fogo.
²¹,¹ Vi então um novo céu e uma nova terra.
Pois o primeiro céu e a primeira terra passaram,
e o mar já não existe.

Palavra do Senhor.

4. Ap 21,1-5a.6b-7

A morte não existirá mais.

Leitura do Livro do Apocalipse de São João

Eu, João,
¹ vi um novo céu e uma nova terra.
Pois o primeiro céu e a primeira terra passaram,
e o mar já não existe.
² Vi a cidade santa, a nova Jerusalém,
que descia do céu, de junto de Deus,
vestida qual esposa enfeitada para o seu marido.
³ Então, ouvi uma voz forte
que saía do trono e dizia:
"Esta é a morada de Deus entre os homens.
Deus vai morar no meio deles.
Eles serão o seu povo,
e o próprio Deus estará com eles.
⁴ Deus enxugará toda lágrima dos seus olhos.
A morte não existirá mais,
e não haverá mais luto, nem choro, nem dor,
porque passou o que havia antes".
⁵ᵃ Aquele que está sentado no trono disse:
"Eis que faço novas todas as coisas.
⁶ᵇ Eu sou o Alfa e o Ômega, o Princípio e o Fim.
A quem tiver sede, eu darei, de graça,
da fonte da água viva.
⁷ O vencedor receberá esta herança,
e eu serei seu Deus, e ele será meu filho".

Palavra do Senhor.

SALMO RESPONSORIAL

1. Sl 22(23),1-3.4.5.6 (℟. 1 ou 4a)

℟. O Se**nhor** é o pas**tor** que me con**duz**,
não me **fal**ta coisa al**gu**ma.

Ou: Mesmo que eu **pas**se pelo **va**le tene**bro**so,
nenhum **mal** eu teme**rei**.

1 O Se**nhor** é o pas**tor** que me con**duz**; *
   não me **fal**ta coisa al**gu**ma.
2 Pelos **pra**dos e cam**pi**nas verde**jan**tes *
   ele me **le**va a descan**sar**.   ℟.

   Para as **á**guas repou**san**tes me enca**mi**nha, *
3 e res**tau**ra as minhas **for**ças.
   Ele me **gui**a no ca**mi**nho mais se**gu**ro, *
   pela **hon**ra do seu **no**me.   ℟.

4 Mesmo que eu **pas**se pelo **va**le tene**bro**so, *
   nenhum **mal** eu teme**rei**.
   Estais co**mi**go com bas**tão** e com ca**ja**do, *
   eles me **dão** a segu**ran**ça!   ℟.

5 Prepa**rais** à minha **fren**te uma **me**sa, *
   bem à **vis**ta do ini**mi**go;
   com **ó**leo vós un**gis** minha ca**be**ça, *
   e o meu **cá**lice trans**bor**da.   ℟.

6 Felici**da**de e todo **bem** hão de se**guir**-me, *
   por **to**da a minha **vi**da;
   e, na **ca**sa do Se**nhor**, habita**rei** *
   pelos **tem**pos in**fi**nitos.   ℟.

2. Sl 24(25),6-7bc.17-18.20-21 (℟. 1 ou 3)

℟. Se**nhor** meu **Deus**, a vós elevo a minha **al**ma.

Ou: Não se enver**go**nha quem em **vós** põe a espe**ran**ça.

6 Recor**dai**, Senhor meu **Deus**, vossa ter**nu**ra *
   e a **vos**sa com**pai**xão que são e**ter**nas!

⁷ᵇ De mim lembrai-vos, porque **sois** miseri**cór**dia *
ᶜ e **sois** bon**da**de sem li**mi**tes, ó Se**nhor**! ℟.

¹⁷ Alivi**ai** meu cora**ção** de tanta an**gús**tia, *
e liber**tai**-me das **mi**nhas afli**ções**!
¹⁸ Conside**rai** minha mi**sé**ria e sofri**men**to *
e conce**dei** vosso per**dão** aos meus pe**ca**dos! ℟.

²⁰ Defen**dei** a minha **vi**da e liber**tai**-me; *
em vós con**fio**, que eu não **se**ja envergo**nha**do!
²¹ Que a reti**dão** e a ino**cên**cia me pro**te**jam, *
pois em **vós** eu colo**quei** minha espe**ran**ça! ℟.

3. Sl 26(27), 1.4.7-8b.9a.13-14 (℟ 1a ou 13)

℟. O Se**nhor** é minha **luz** e salva**ção**.

Ou: Sei que a bon**da**de do Se**nhor** eu hei de **ver**
na **ter**ra dos vi**ven**tes.

¹ O Se**nhor** é minha **luz** e salva**ção**; *
de q**uem** eu terei **me**do?
O Se**nhor** é a prote**ção** da minha **vi**da; *
perante **quem** eu treme**rei**? ℟.

⁴ Ao Se**nhor** eu peço a**pe**nas uma **coi**sa, *
e é só **is**to que eu de**se**jo:
habi**tar** no san**tuá**rio do Se**nhor** *
por **to**da a minha **vi**da;
sabore**ar** a suavi**da**de do Se**nhor** *
e contem**plá**-lo no seu **tem**plo. ℟.

⁷ Ó Se**nhor**, ouvi a **voz** do meu a**pe**lo, *
aten**dei** por compai**xão**!
⁸ᵇ É vossa **fa**ce que eu pro**cu**ro. †
⁹ᵃ Não afas**teis** em vossa **i**ra o vosso **ser**vo, *
sois **vós** o meu au**xí**lio! ℟.

¹³ Sei que a bon**da**de do Se**nhor** eu hei de **ver** *
na **ter**ra dos vi**ven**tes.
¹⁴ Es**pe**ra no Se**nhor** e tem co**ra**gem, *
es**pe**ra no Se**nhor**! ℟.

4. Sl 41(42),2.3.5bcd; Sl 42,3.4.5 (℞. 41,3a)

℞. A minh'**al**ma tem **s**ede de **D**eus e de**s**eja o **D**eus **v**ivo.

41,2 As**sim** como a **cor**ça sus**pi**ra *
pelas **á**guas cor**ren**tes,
sus**pi**ra igual**men**te minh'**al**ma *
por **vós**, ó meu **D**eus!   ℞.

3 A minh'**al**ma tem **s**ede de **D**eus, *
e de**s**eja o **D**eus **v**ivo.
Quando te**rei** a ale**gri**a de **v**er *
a **fac**e de **D**eus?   ℞.

5b Pere**gri**no e fe**liz** cami**nhan**do *
para a **ca**sa de **D**eus,
c entre **gri**tos, lou**v**or e ale**gri**a *
d da multi**dão** jubi**lo**sa.   ℞.

42.3 Envi**ai** vossa **luz**, vossa ver**da**de: *
elas se**rão** o meu **gui**a;
que me **l**evem ao **vo**sso Monte **san**to, *
até a **vo**ssa mo**ra**da!   ℞.

4 Então i**rei** aos al**tar**es do Senhor, *
Deus da **mi**nha ale**gri**a.
Vosso lou**v**or canta**rei**, ao som da **har**pa, *
meu Se**nhor** e meu **D**eus!   ℞.

5 Por **que** te entris**t**eces, minh'**al**ma *
a ge**mer** no meu **pei**to?
Es**p**era em **D**eus! Louva**rei** nova**men**te *
o meu **D**eus Salva**dor**!   ℞.

5. Sl 62(63),2.3-4.5-6.8-9 (℞. 2b)

℞. A minh'**al**ma tem **s**ede de **vós**, ó meu **D**eus!

2 Sois **vós**, ó Se**nhor**, o meu **D**eus! *
Desde a au**ro**ra ansi**o**so vos **bus**co!
A minh'**al**ma tem **s**ede de **vós**, †
minha **car**ne tam**bém** vos de**s**eja, *
como **ter**ra se**den**ta e sem **á**gua!   ℞.

³ Venho, assim, contemplar-vos no templo, *
para ver vossa glória e poder.
⁴ Vosso amor vale mais do que a vida: *
e por isso meus lábios vos louvam. ℟.

⁵ Quero, pois vos louvar pela vida, *
e elevar para vós minhas mãos!
⁶ A minh'alma será saciada, *
como em grande banquete de festa;
cantará a alegria em meus lábios, *
ao cantar para vós meu louvor! ℟.

⁸ Para mim fostes sempre um socorro; *
de vossas asas à sombra eu exulto!
⁹ Minha alma se agarra em vós; *
com poder vossa mão me sustenta. ℟.

6. Sl 102(103),8.10.13-14.15-16.17-18 (℟. 8a ou 36,39a)

℟. O Senhor é indulgente, é favorável.

Ou: A salvação dos justos vem de Deus.

⁸ O Senhor é indulgente, é favorável, *
é paciênte, é bondoso e compassivo.
¹⁰ Não nos trata como exigem nossas faltas, *
nem nos pune em proporção às nossas culpas. ℟.

¹³ Como um pai se compadece de seus filhos, *
o Senhor tem compaixão dos que o temem.
¹⁴ Porque sabe de que barro somos feitos, *
e se lembra que apenas somos pó. ℟.

¹⁵ Os dias do homem se parecem com a erva, *
ela floresce como a flor dos verdes campos;
¹⁶ mas apenas sopra o vento ela se esvai, *
já nem sabemos onde era o seu lugar. ℟.

¹⁷ Mas o amor do Senhor Deus por quem o teme *
é de sempre e perdura para sempre;
e também sua justiça se estende *
por gerações até os filhos de seus filhos,
¹⁸ aos que guardam fielmente sua Aliança *
e se lembram de cumprir os seus preceitos. ℟.

7. Sl 114(116A),5.6; Sl 115,10-11.15-16ac (℟. 114,9)

℟. Anda**rei** na pre**sen**ça de **Deus**,
junto a **e**le, na **ter**ra dos **vi**vos.

Ou: Ale**lui**a, Ale**lui**a, Ale**lui**a.

⁵ O Se**nhor** é jus**ti**ça e bon**da**de, *
nosso **Deus** é a**mor**-compai**xão**.
⁶ É o Se**nhor** quem de**fen**de os hu**mil**des: *
eu es**ta**va opri**mi**do, e sal**vou**-me. ℟.

115.
¹⁰ Guar**dei** a minha **fé**, mesmo di**zen**do: *
"É de**mais** o sofri**men**to em minha **vi**da!"
¹¹ Confi**ei**, quando dizia na afli**ção**: *
"Todo **ho**mem é menti**ro**so! Todo **ho**mem!" ℟.

¹⁵ É sen**ti**da por de**mais** pelo Se**nhor** *
a **mor**te de seus **san**tos, seus a**mi**gos.
¹⁶ᵃ Eis que **sou** o vosso **ser**vo, ó Se**nhor** *
 ᶜ mas me que**bras**tes os gri**lhões** da escravi**dão**! ℟.

8. Sl 121(122),1-2.4-5.6-7.8-9 (℟. cf. 1)

℟. Alegres **va**mos, à **ca**sa do Se**nhor**!

¹ Que ale**gri**a, quando ou**vi** que me disseram: *
"Vamos à casa do Senhor!"
² E a**go**ra nossos **pés** já se de**têm**, *
Jerusa**lém**, em tuas **por**tas. ℟.

⁴ Para **lá** sobem as **tri**bos de Israel, *
as **tri**bos do Se**nhor**.
Para lou**var**, segundo a **lei** de Israel, *
o **no**me do Se**nhor**.
⁵ A **se**de da justiça lá está *
e o **tro**no de Da**vi**. ℟.

⁶ Ro**gai** que viva em **paz** Jerusa**lém**, *
em segu**ran**ça os que te **a**mam!
⁷ Que a **paz** habite **den**tro de teus **mu**ros, *
tranqüili**da**de em teus pa**lá**cios! ℟.

⁸ Por **am**or a meus ir**mãos** e meus **am**igos, *
 peço: "A p**az** esteja em **ti**!"
⁹ Pelo **am**or que tenho à **c**asa do Se**nh**or, *
 eu te desejo todo **bem**! ℟.

9. Sl 129(130),1-2.3-4.5-6a.b-7.8 (℟. cf. 1 ou 5)

℟. Das profun**d**ezas eu **cl**amo a vós, Se**nh**or.

Ou: No Se**nh**or ponho a **mi**nha esp**er**ança,
 espero em sua pa**l**avra.

¹ Das profun**d**ezas eu **cl**amo a vós, Se**nh**or, *
² escu**tai** a minha **voz**!
 Vossos ouvidos estejam bem a**ten**tos *
 ao cl**am**or da minha **pre**ce! ℟.

³ Se le**var**des em **con**ta nossas **fal**tas, *
 quem ha**verá** de subsistir?
⁴ Mas em **vós** se en**con**tra o per**dão**, *
 eu vos **te**mo e em vós es**pe**ro. ℟.

⁵ No Se**nh**or ponho a **mi**nha esp**er**ança, *
 espero em sua pa**l**avra.
⁶ᵃ A minh'**al**ma espera no Se**nh**or. ℟.

⁷ Espere Is**ra**el pelo Se**nh**or, *
 mais que o vi**gi**a pela au**ro**ra!
 Pois no Se**nh**or se en**con**tra toda **gra**ça
 e copiosa reden**ção**. ℟.

⁸ Ele **vem** liber**tar** a Is**ra**el *
 de **to**da a sua **cul**pa. ℟.

10. Sl 142(143),1-2.5-6.7ab e 8ab.10 (℟. 1a)

℟. Ó meu **Deus**, aten**dei** minha **sú**plica!

¹ Ó Se**nh**or, escu**tai** minha **pre**ce, *
 ó meu **Deus**, aten**dei** minha **sú**plica!
 Respon**dei**-me, ó **vós**, Deus fiel, *
 escu**tai**-me por **vos**sa justiça!

² Não **chameis** vosso **ser**vo a juízo, †
pois di**an**te da **vos**sa pre**sen**ça *
não é **jus**to ne**nhum** dos vi**ven**tes.   ℟.

⁵ Eu me **lem**bro dos **di**as de ou**tro**ra †
e re**pas**so as **vos**sas ações, *
recor**dan**do os **vos**sos prodígios.
⁶ Para **vós** minhas **mãos** eu es**ten**do; †
minha **al**ma tem **se**de de **vós**, *
como a **ter**ra se**den**ta e sem **á**gua.   ℟.

⁷ᵃ Escu**tai**-me de**pres**sa, **Se**nhor, *
 ᵇ o es**pí**rito em **mim** desfalece!
⁸ᵃ Fazei-me **ce**do sen**tir** vosso a**mor**, *
 ᵇ porque em **vós** colo**quei** a espe**ran**ça!   ℟.

¹⁰ Vossa von**ta**de ensi**nai**-me a cum**prir**, *
porque **sois** o meu **Deus** e **Se**nhor!
Vosso Es**pí**rito **bom** me dirija *
e me **gui**e por **ter**ra bem **pla**na!   ℟.

C) SEGUNDA LEITURA DO NOVO TESTAMENTO

1. Rm 5,5-11

Justificados pelo sangue de Cristo,
seremos salvos da ira por ele.

Leitura da Carta de São Paulo aos Romanos

Irmãos:
5 A esperança não decepciona,
porque o amor de Deus
foi derramado em nossos corações
pelo Espírito Santo que nos foi dado.
6 Com efeito, quando éramos ainda fracos,
Cristo morreu pelos ímpios, no tempo marcado.
7 Dificilmente alguém morrerá por um justo;
por uma pessoa muito boa,
talvez alguém se anime a morrer.
8 Pois bem, a prova de que Deus nos ama
é que Cristo morreu por nós,
quando éramos ainda pecadores.
9 Muito mais agora,
que já estamos justificados pelo sangue de Cristo,
seremos salvos da ira por ele.
10 Quando éramos inimigos de Deus,
fomos reconciliados com ele pela morte do seu Filho;
quanto mais agora, estando já reconciliados,
seremos salvos por sua vida!
11 Ainda mais:
Nós nos gloriamos em Deus,
por nosso Senhor Jesus Cristo.
É por ele que, já desde o tempo presente,
recebemos a reconciliação.

Palavra do Senhor.

2. Rm 5, 17-21

Onde se multiplicou o pecado, aí superabundou a graça.

Leitura da Carta de São Paulo aos Romanos

Irmãos:
17 Por um só homem,
pela falta de um só homem, a morte começou a reinar.
Muito mais reinarão na vida,
pela mediação de um só,
Jesus Cristo, os que recebem
o dom gratuito e superabundante da justiça.
18 Como a falta de um só acarretou condenação
para todos os homens,
assim o ato de justiça de um só trouxe,
para todos os homens,
a justificação que dá a vida.
19 Com efeito,
como pela desobediência de um só homem
a humanidade toda
foi estabelecida numa situação de pecado,
assim também, pela obediência de um só,
toda a humanidade passará para uma situação de justiça.
20 Quanto à Lei, ela interveio
para que se multiplicasse a transgressão.
Porém, onde se multiplicou o pecado,
aí superabundou a graça.
21 Enfim, como o pecado tem reinado pela morte,
que a graça reine pela justiça, para a vida eterna,
por Jesus Cristo, Senhor nosso.

Palavra do Senhor.

3. Rm 6,3-9 (mais longa)

Caminhemos numa vida nova.

Leitura da Carta de São Paulo aos Romanos

Irmãos:
3 Será que ignorais que todos nós,
batizados em Jesus Cristo,
é na sua morte que fomos batizados?

⁴ Pelo batismo na sua morte,
fomos sepultados com ele,
para que, como Cristo ressuscitou dos mortos
pela glória do Pai,
assim também nós levemos uma vida nova.
⁵ Pois, se fomos, de certo modo,
identificados a Jesus Cristo
por uma morte semelhante à sua,
seremos semelhantes a ele também pela ressurreição.
⁶ Sabemos que o nosso velho homem
foi crucificado com Cristo,
para que seja destruído o corpo de pecado,
de maneira a não mais servirmos ao pecado.
⁷ Com efeito, aquele que morreu está livre do pecado.
⁸ Se, pois, morremos com Cristo,
cremos que também viveremos com ele.
⁹ Sabemos que Cristo
ressuscitado dos mortos não morre mais;
a morte já não tem poder sobre ele.

Palavra do Senhor.

Ou: Rm 6,3-4.8-9 (mais breve)

Caminhemos numa vida nova.

Leitura da Carta de São Paulo aos Romanos

Irmãos:
³ Será que ignorais que todos nós,
batizados em Jesus Cristo,
é na sua morte que fomos batizados?
⁴ Pelo batismo na sua morte,
fomos sepultados com ele,
para que, como Cristo ressuscitou dos mortos
pela glória do Pai,
assim também nós levemos uma vida nova.
⁸ Se, pois, morremos com Cristo,
cremos que também viveremos com ele.
⁹ Sabemos que Cristo
ressuscitado dos mortos não morre mais;
a morte já não tem poder sobre ele.

Palavra do Senhor.

4. Rm 8,14-23

Aguardamos a libertação para o nosso corpo.

Leitura da Carta de São Paulo aos Romanos

Irmãos:
¹⁴ Todos aqueles que se deixam conduzir
pelo Espírito de Deus
são filhos de Deus.
¹⁵ De fato, vós não recebestes um espírito de escravos,
para recairdes no medo,
mas recebestes um espírito de filhos adotivos,
no qual todos nós clamamos:
Abá – ó Pai!
¹⁶ O próprio Espírito se une ao nosso espírito
para nos atestar que somos filhos de Deus.
¹⁷ E, se somos filhos, somos também herdeiros
– herdeiros de Deus e co-herdeiros de Cristo; –
se realmente sofremos com ele,
é para sermos também glorificados com ele.
¹⁸ Eu entendo que os sofrimentos do tempo presente
nem merecem ser comparados com a glória
que deve ser revelada em nós.
¹⁹ De fato, toda a criação está esperando ansiosamente
o momento de se revelarem os filhos de Deus.
²⁰ Pois a criação ficou sujeita à vaidade,
não por sua livre vontade,
mas por sua dependência daquele que a sujeitou;
²¹ também ela espera ser libertada da escravidão da corrupção
e, assim, participar da liberdade
e da glória dos filhos de Deus.
²² Com efeito, sabemos que toda a criação,
até ao tempo presente,
está gemendo como que em dores de parto.
²³ E não somente ela, mas nós também,
que temos os primeiros frutos do Espírito,
estamos interiormente gemendo,
aguardando a adoção filial
e a libertação para o nosso corpo.

Palavra do Senhor.

5. Rm 8,31b-35.37-39

Quem nos separará do amor de Cristo?

Leitura da Carta de São Paulo aos Romanos

Irmãos:
- 31b Se Deus é por nós, quem será contra nós?
- 32 Deus que não poupou seu próprio filho,
mas o entregou por todos nós,
como não nos daria tudo junto com ele?
- 33 Quem acusará os escolhidos de Deus?
Deus, que os declara justos?
- 34 Quem condenará?
Jesus Cristo, que morreu, mais ainda, que ressuscitou,
e está, à direita de Deus, intercedendo por nós?
- 35 Quem nos separará do amor de Cristo?
Tribulação? Angústia? Perseguição?
Fome? Nudez? Perigo? Espada?
- 37 Mas, em tudo isso, somos mais que vencedores,
graças àquele que nos amou!
- 38 Tenho a certeza que nem a morte, nem a vida,
nem os anjos, nem os poderes celestiais,
nem o presente nem o futuro,
nem as forças cósmicas,
- 39 nem a altura, nem a profundeza,
nem outra criatura qualquer
será capaz de nos separar do amor de Deus por nós,
manifestado em Cristo Jesus, nosso Senhor.

Palavra do Senhor.

6. Rm 14,7-9.10c-12

Quer vivamos, quer morramos, pertencemos ao Senhor.

Leitura da Carta de São Paulo aos Romanos

Irmãos:
- 7 Ninguém dentre nós vive para si mesmo
ou morre para si mesmo.
- 8 Se estamos vivos, é para o Senhor que vivemos;
se morremos, é para o Senhor que morremos.
Portanto, vivos ou mortos,
pertencemos ao Senhor.

⁹ Cristo morreu e ressuscitou exatamente para isto,
para ser o Senhor dos mortos e dos vivos.
¹⁰ᶜ Pois é diante do tribunal de Deus
que todos compareceremos.
¹¹ Com efeito, está escrito:
"Por minha vida, diz o Senhor,
todo joelho se dobrará diante de mim
e toda língua glorificará a Deus".
¹² Assim, cada um de nós
prestará contas de si mesmo a Deus.

Palavra do Senhor.

7. 1Cor 15,20-24a.25-28 (mais longa)

Em Cristo todos reviverão.

Leitura da Primeira Carta de São Paulo aos Coríntios

Irmãos:
²⁰ Cristo ressuscitou dos mortos
como primícias dos que morreram.
²¹ Com efeito, por um homem veio a morte
e é também por um homem
que vem a ressurreição dos mortos.
²² Como em Adão todos morrem,
assim também em Cristo todos reviverão.
²³ Porém, cada qual segundo uma ordem determinada:
Em primeiro lugar, Cristo, como primícias;
depois, os que pertencem a Cristo,
por ocasião da sua vinda.
²⁴ᵃ A seguir, será o fim,
quando ele entregar a realeza a Deus-Pai.
²⁵ Pois é preciso que ele reine até que
todos os seus inimigos estejam debaixo de seus pés.
²⁶ O último inimigo a ser destruído é a morte.
²⁷ Com efeito, "Deus pôs tudo debaixo de seus pés".
Mas, quando ele disser: "Tudo está submetido",
é claro que estará excluído dessa submissão
aquele que submeteu tudo a Cristo.
²⁸ E, quando todas as coisas estiverem submetidas a ele,
então o próprio Filho se submeterá
àquele que lhe submeteu todas as coisas,
para que Deus seja tudo em todos.

Palavra do Senhor.

Ou: 1Cor 15,20-23 (mais breve)

Em Cristo todos reviverão.

Leitura da Primeira Carta de São Paulo aos Coríntios

Irmãos:
20 Cristo ressuscitou dos mortos
como primícias dos que morreram.
21 Com efeito, por um homem veio a morte
e é também por um homem
que vem a ressurreição dos mortos.
22 Como em Adão todos morrem,
assim também em Cristo todos reviverão.
23 Porém, cada qual segundo uma ordem determinada:
Em primeiro lugar, Cristo, como primícias;
depois, os que pertencem a Cristo,
por ocasião da sua vinda.

Palavra do Senhor.

8. 1Cor 15,51-57

A morte foi tragada pela vitória.

Leitura da Primeira Carta de São Paulo aos Coríntios

Irmãos:
51 Eu vos comunico um mistério:
Nem todos nós morreremos,
mas todos nós seremos transformados.
52 Num instante, num abrir e fechar de olhos,
ao soar da trombeta final – pois a trombeta soará –
não só os mortos ressuscitarão incorruptíveis,
mas nós também seremos transformados.
53 Pois é preciso que este ser corruptível
se vista de incorruptibilidade;
é preciso que este ser mortal se vista de imortalidade.
54 E quando este ser corruptível
estiver vestido de incorruptibilidade
e este ser mortal estiver vestido de imortalidade,
então estará cumprida a palavra da Escritura:
"A morte foi tragada pela vitória.
55 Ó morte, onde está a tua vitória?
Onde está o teu aguilhão?"

⁵⁶ O aguilhão da morte é o pecado,
e a força do pecado é a Lei.
⁵⁷ Graças sejam dadas a Deus
que nos dá a vitória pelo Senhor nosso, Jesus Cristo.

Palavra do Senhor.

9. 2Cor 4,14-5,1

*O que é visível é passageiro,
mas o que é invisível é eterno.*

Leitura da Segunda Carta de São Paulo aos Coríntios

Irmãos:
¹⁴ Estamos certos de que
aquele que ressuscitou o Senhor Jesus
nos ressuscitará também com Jesus
e nos colocará ao seu lado,
juntamente convosco.
¹⁵ E tudo isso é por causa de vós,
para que a abundância da graça
em um número maior de pessoas
faça crescer a ação de graças para a glória de Deus.
¹⁶ Por isso, não desanimamos.
Mesmo se o nosso homem exterior se vai arruinando,
o nosso homem interior, pelo contrário,
vai-se renovando, dia a dia.
¹⁷ Com efeito, o volume insignificante
de uma tribulação momentânea
acarreta para nós uma glória eterna e incomensurável.
¹⁸ E isso acontece,
porque voltamos os nossos olhares para as coisas invisíveis
e não para as coisas visíveis.
Pois o que é visível é passageiro,
mas o que é invisível é eterno.
⁵,¹ De fato, sabemos que,
se a tenda em que moramos neste mundo for destruída,
Deus nos dá uma outra moradia no céu
que não é obra de mãos humanas,
mas que é eterna.

Palavra do Senhor.

10. 2Cor 5,1.6-10

Temos uma moradia eterna no céu.

Leitura da Segunda Carta de São Paulo aos Coríntios

Irmãos:
¹ Sabemos que,
se a tenda em que moramos neste mundo for destruída,
Deus nos dá uma outra moradia no céu
que não é obra de mãos humanas,
mas que é eterna.
⁶ Estamos sempre cheios de confiança
e bem lembrados de que, enquanto moramos no corpo,
somos peregrinos longe do Senhor;
⁷ pois caminhamos na fé e não na visão clara.
⁸ Mas estamos cheios de confiança
e preferimos deixar a moradia do nosso corpo,
para ir morar junto do Senhor.
⁹ Por isso, também nos empenhamos em ser agradáveis a ele,
quer estejamos no corpo,
quer já tenhamos deixado essa morada.
¹⁰ Aliás, todos nós temos de comparecer às claras
perante o tribunal de Cristo,
para cada um receber a devida recompensa
– prêmio ou castigo –
do que tiver feito ao longo de sua vida corporal.

Palavra do Senhor.

11. Fl 3,20-21

Ele transformará o nosso corpo humilhado
e o tornará semelhante ao seu corpo glorioso.

Leitura da Carta de São Paulo aos Filipenses

Irmãos:
²⁰ Nós somos cidadãos do céu.
De lá aguardamos o nosso Salvador,
o Senhor, Jesus Cristo.
²¹ Ele transformará o nosso corpo humilhado
e o tornará semelhante ao seu corpo glorioso,
com o poder que tem de sujeitar a si todas as coisas.

Palavra do Senhor.

12. 1Ts 4,13-18

Estaremos sempre com o Senhor.

Leitura da Primeira Carta de São Paulo aos Tessalonicenses

¹³ Irmãos, não queremos deixar-vos na incerteza
a respeito dos mortos,
para que não fiqueis tristes
como os outros, que não têm esperança.
¹⁴ Se Jesus morreu e ressuscitou
– e esta é nossa fé –
de modo semelhante Deus trará de volta, com Cristo,
os que através dele entraram no sono da morte.
¹⁵ Isto vos declaramos, segundo a palavra do Senhor:
nós que formos deixados com vida para a vinda do Senhor
não levaremos vantagem em relação aos que morreram.
¹⁶ Pois o Senhor mesmo, quando for dada a ordem,
à voz do arcanjo e ao som da trombeta,
descerá do céu
e os que morreram em Cristo ressuscitarão primeiro.
¹⁷ Em seguida, nós que formos deixados com vida
seremos arrebatados com eles nas nuvens,
para o encontro com o Senhor, nos ares.
E assim estaremos sempre com o Senhor.
¹⁸ Exortai-vos, pois, uns aos outros,
com estas palavras.

Palavra do Senhor.

13. 2Tm 2,8-13

Se com ele morremos, com ele viveremos.

Leitura da Segunda Carta de São Paulo a Timóteo

Caríssimo:
⁸ Lembra-te de Jesus Cristo, da descendência de Davi,
ressuscitado dentre os mortos, segundo o meu evangelho.
⁹ Por ele eu estou sofrendo até às algemas,
como se eu fosse um malfeitor;
mas a palavra de Deus não está algemada.
¹⁰ Por isso suporto qualquer coisa pelos eleitos,
para que eles também alcancem a salvação,
que está em Cristo Jesus, com a glória eterna.

¹¹ Merece fé esta palavra:
se com ele morremos, com ele viveremos.
¹² Se com ele ficamos firmes, com ele reinaremos.
Se nós o negamos, também ele nos negará.
¹³ Se lhe somos infiéis, ele permanece fiel,
pois não pode negar-se a si mesmo.

Palavra do Senhor.

14. 1Jo 3,1-2.

Nós o veremos tal como ele é.

Leitura da Primeira Carta de São João

Caríssimos:
¹ Vede que grande presente de amor o Pai nos deu:
de sermos chamados filhos de Deus!
E nós o somos!
Se o mundo não nos conhece,
é porque não conheceu o Pai.
² Caríssimos, desde já somos filhos de Deus,
mas nem sequer se manifestou o que seremos!
Sabemos que, quando Jesus se manifestar,
seremos semelhantes a ele,
porque o veremos tal como ele é.

Palavra do Senhor.

15. 1Jo 3,14-16

*Passamos da morte para a vida,
porque amamos os irmãos.*

Leitura da Primeira Carta de São João

Caríssimos:
¹⁴ Nós sabemos que passamos da morte para a vida,
porque amamos os irmãos.
Quem não ama, permanece na morte.
¹⁵ Todo aquele que odeia o seu irmão é um homicida.
E vós sabeis que nenhum homicida
conserva a vida eterna dentro de si.
¹⁶ Nisto conhecemos o amor:
Jesus deu a sua vida por nós.
Portanto, também nós devemos dar a vida pelos irmãos.

Palavra do Senhor.

ALELUIA E ACLAMAÇÃO AO EVANGELHO

1. cf. Mt 11,25

℟. Aleluia, Aleluia, Aleluia.
℣. Eu te **lou**vo, ó Pai **San**to, Deus do **céu**, Senhor da **ter**ra
os mis**té**rios do teu **Rei**no aos pe**que**nos, Pai, re**ve**las!   ℟.

2. Mt 25,34

℟. Aleluia, Aleluia, Aleluia.
℣. Ben**di**tos do **Pai**, se a**pos**sai-vos do **Rei**no,
que **foi** prepa**ra**do, bem **des**de o começo!   ℟.

3. Jo 3,16

℟. Aleluia, Aleluia, Aleluia.
℣. Deus o **mun**do, tanto **amou**, que seu seu Filho entre**gou**!
Quem no Filho crê e con**fi**a,
nele en**con**tra eterna **vi**da!   ℟.

4. Jo 6,39

℟. Aleluia, Aleluia, Aleluia.
℣. É **es**ta a von**ta**de de **quem** me envi**ou**:
que eu não **per**ca ne**nhum** dos que ele me **deu**,
mas que **eu** os ressuscite no **úl**timo **di**a.   ℟.

5. Jo 6,40

℟. Aleluia, Aleluia, Aleluia.
℣. Quem vê o **Fi**lho e nele **crê** esse **tem** a vida e**ter**na,
e eu o fa**rei** ressusci**tar** n'último **di**a, diz Je**sus**.   ℟.

6. Jo 6,51

℟. Aleluia, Aleluia, Aleluia.
℣. Eu **sou** o pão da **vi**da que, do **céu** desceu ao **mun**do;
quem **co**me deste **pão**, vive**rá** eterna**men**te.   ℟.

7. Jo 11,25a.26

℟. Aleluia, Aleluia, Aleluia.
℣. **Eu** sou a **ressurreição**,
 eu sou a vida, eu **sou**;
 não morrerá para **sempre**
 quem crê em **mim**, seu **Senhor**! ℟.

8. cf. Fl 3,20

℟. Aleluia, Aleluia, Aleluia.
℣. A **nos**sa cidade é nos **céus**
 de **onde**, tam**bém**, esperamos
 o **Cristo Jesus**, Senhor **nos**so. ℟.

9. 2Tm 2,11-12a

℟. Aleluia, Aleluia, Aleluia.
℣. Se com **Cris**to nós morremos com **Cris**to viveremos.
 Se com ele nós sofremos, com ele reinaremos. ℟.

10. Ap 1,5a.6b

℟. Aleluia, Aleluia, Aleluia.
℣. Jesus **Cris**to, o Primogênito dos **mor**tos,
 a ele a **gló**ria e o domínio pelos **sé**culos! ℟.

11. Ap 14,13

℟. Aleluia, Aleluia, Aleluia.
℣. **Bem**-aventura**dos** são os **mor**tos,
 que **morrem** no **Senhor**, desde **agora**;
 pois **hão** de descansar de suas **fadigas**,
 e consigo levarão as suas obras! ℟.

EVANGELHO

1. Mt 5,1-12a

*Alegrai-vos e exultai,
porque será grande a vossa recompensa nos céus.*

☩ Proclamação do Evangelho de Jesus Cristo segundo Mateus

Naquele tempo,
¹ Vendo Jesus as multidões,
subiu ao monte e sentou-se.
Os discípulos aproximaram-se,
² e Jesus começou a ensiná-los:
³ "Bem-aventurados os pobres em espírito,
porque deles é o Reino dos Céus.
⁴ Bem-aventurados os aflitos,
porque serão consolados.
⁵ Bem-aventurados os mansos,
porque possuirão a terra.
⁶ Bem-aventurados os que têm fome e sede de justiça,
porque serão saciados.
⁷ Bem-aventurados os misericordiosos,
porque alcançarão misericórdia.
⁸ Bem-aventurados os puros de coração,
porque verão a Deus.
⁹ Bem-aventurados os que promovem a paz,
porque serão chamados filhos de Deus.
¹⁰ Bem-aventurados os que são perseguidos
por causa da justiça,
porque deles é o Reino dos Céus.
¹¹ Bem-aventurados sois vós,
quando vos injuriarem e perseguirem,
e, mentindo, disserem todo tipo de mal contra vós,
por causa de mim.
¹²ᵃ Alegrai-vos e exultai,
porque será grande a vossa recompensa nos céus.

Palavra da Salvação.

2. Mt 11, 25-30

*Vinde a mim todos vós que estais cansados
e eu vos darei descanso.*

✠ Proclamação do Evangelho de Jesus Cristo
segundo Mateus

²⁵ Naquele tempo, Jesus pôs-se a dizer:
"Eu te louvo, ó Pai, Senhor do céu e da terra,
porque escondeste estas coisas aos sábios e entendidos
e as revelaste aos pequeninos.
²⁶ Sim, Pai, porque assim foi do teu agrado.
²⁷ Tudo me foi entregue por meu Pai,
e ninguém conhece o Filho, senão o Pai,
e ninguém conhece o Pai, senão o Filho
e aquele a quem o Filho o quiser revelar.
²⁸ Vinde a mim todos vós que estais cansados
e fatigados sob o peso dos vossos fardos,
e eu vos darei descanso.
²⁹ Tomai sobre vós o meu jugo e aprendei de mim,
porque sou manso e humilde de coração,
e vós encontrareis descanso.
³⁰ Pois o meu jugo é suave e o meu fardo é leve.

Palavra da Salvação.

3. Mt 25,1-13

O noivo está chegando. Ide ao seu encontro!

✠ Proclamação do Evangelho de Jesus Cristo
segundo Mateus

Naquele tempo, disse Jesus a seus discípulos
esta parábola:
¹ "O Reino dos Céus é como a história das dez jovens
que pegaram suas lâmpadas de óleo
e saíram ao encontro do noivo.
² Cinco delas eram imprevidentes,
e as outras cinco eram previdentes.
³ As imprevidentes pegaram as suas lâmpadas,
mas não levaram óleo consigo.
⁴ As previdentes, porém, levaram vasilhas com óleo
junto com as lâmpadas.

⁵ O noivo estava demorando
e todas elas acabaram cochilando e dormindo.
⁶ No meio da noite, ouviu-se um grito:
'O noivo está chegando. Ide ao seu encontro!'
⁷ Então as dez jovens se levantaram
e prepararam as lâmpadas.
⁸ As imprevidentes disseram às previdentes:
'Dai-nos um pouco de óleo,
porque nossas lâmpadas estão se apagando'.
⁹ As previdentes responderam:
'De modo nenhum,
porque o óleo pode ser insuficiente para nós e para vós.
É melhor irdes comprar aos vendedores'.
¹⁰ Enquanto elas foram comprar óleo, o noivo chegou,
e as que estavam preparadas
entraram com ele para a festa de casamento.
E a porta se fechou.
¹¹ Por fim, chegaram também as outras jovens e disseram:
'Senhor! Senhor! Abre-nos a porta!'
¹² Ele, porém, respondeu:
'Em verdade eu vos digo:
Não vos conheço!'
¹³ Portanto, ficai vigiando,
pois não sabeis qual será o dia, nem a hora".

Palavra da Salvação.

4. Mt 25,31-46

Vinde, benditos de meu Pai!

✠ Proclamação do Evangelho de Jesus Cristo segundo Mateus

Naquele tempo, disse Jesus a seus discípulos:
³¹ Quando o Filho do Homem vier em sua glória,
acompanhado de todos os anjos,
então se assentará em seu trono glorioso.
³² Todos os povos da terra serão reunidos diante dele,
e ele separará uns dos outros,
assim como o pastor separa as ovelhas dos cabritos.
³³ E colocará as ovelhas à sua direita
e os cabritos à sua esquerda.
³⁴ Então o Rei dirá aos que estiverem à sua direita:
'Vinde, benditos de meu Pai!

Recebei como herança o Reino
que meu Pai vos preparou
desde a criação do mundo!
35 Pois eu estava com fome e me destes de comer;
eu estava com sede e me destes de beber;
eu era estrangeiro e me recebestes em casa;
36 eu estava nu e me vestistes;
eu estava doente e cuidastes de mim;
eu estava na prisão e fostes me visitar'.
37 Então os justos lhe perguntarão:
'Senhor, quando foi que te vimos com fome
e te demos de comer?
com sede e te demos de beber?
38 Quando foi que te vimos como estrangeiro
e te recebemos em casa,
e sem roupa e te vestimos?
39 Quando foi que te vimos doente ou preso,
e fomos te visitar?'
40 Então o Rei lhes responderá:
'Em verdade eu vos digo,
que todas as vezes que fizestes isso
a um dos menores de meus irmãos,
foi a mim que o fizestes!'
41 Depois o Rei dirá aos que estiverem à sua esquerda:
'Afastai-vos de mim, malditos!
Ide para o fogo eterno,
preparado para o diabo e para os seus anjos.
42 Pois eu estava com fome e não me destes de comer;
eu estava com sede e não me destes de beber;
43 eu era estrangeiro e não me recebestes em casa;
eu estava nu e não me vestistes;
eu estava doente e na prisão e não fostes me visitar'.
44 E responderão também eles:
'Senhor, quando foi que te vimos com fome, ou com sede,
como estrangeiro, ou nu, doente ou preso,
e não te servimos?'
45 Então o Rei lhes responderá:
'Em verdade eu vos digo,
todas as vezes que não fizestes isso
a um desses pequeninos,
foi a mim que não o fizestes!'
46 Portanto, estes irão para o castigo eterno,
enquanto os justos irão para a vida eterna".

Palavra da Salvação.

5. Mc 15,33-39;16,1-6 (mais longo)

Então Jesus deu um forte grito e expirou.

✠ Proclamação do Evangelho de Jesus Cristo
segundo Marcos 15,33-39;16,1-6

³³ Quando chegou o meio-dia,
houve escuridão sobre toda a terra,
até as três horas da tarde.
³⁴ Pelas três da tarde, Jesus gritou com voz forte:
"Eloí, Eloí, lamá sabactâni?", que quer dizer:
"Meu Deus, meu Deus, por que me abandonaste?"
³⁵ Alguns dos que estavam ali perto, ouvindo-o, disseram:
"Vejam, ele está chamando Elias!"
³⁶ Alguém correu e embebeu uma esponja em vinagre,
colocou-a na ponta de uma vara
e lhe deu de beber, dizendo:
"Deixai! Vamos ver se Elias vem tirá-lo da cruz".
³⁷ Então Jesus deu um forte grito e expirou.
³⁸ Neste momento a cortina do santuário
rasgou-se de alto a baixo, em duas partes.
³⁹ Quando o oficial do exército,
que estava bem em frente dele,
viu como Jesus havia expirado, disse:
"Na verdade, este homem era Filho de Deus!"
^{16,1} Quando passou o sábado,
Maria Madalena e Maria, a mãe de Tiago, e Salomé,
compraram perfumes para ungir o corpo de Jesus.
² E bem cedo, no primeiro dia da semana,
ao nascer do sol, elas foram ao túmulo.
³ E diziam entre si:
"Quem rolará para nós a pedra da entrada do túmulo?"
⁴ Era uma pedra muito grande.
Mas, quando olharam,
viram que a pedra já tinha sido retirada.
⁵ Entraram, então, no túmulo e viram um jovem,
sentado do lado direito, vestido de branco.
E ficaram muito assustadas.
⁶ Mas o jovem lhes disse:
"Não vos assusteis!
Vós procurais Jesus de Nazaré, que foi crucificado?
Ele ressuscitou. Não está aqui.
Vede o lugar onde o puseram".

Palavra da Salvação.

Ou: Mc 15,33-39 (mais breve)

Então Jesus deu um forte grito e expirou.

✠ Proclamação do Evangelho de Jesus Cristo segundo Marcos

³³ Quando chegou o meio-dia,
houve escuridão sobre toda a terra,
até as três horas da tarde.
³⁴ Pelas três da tarde, Jesus gritou com voz forte:
"Eloi, Eloi, lamá sabactâni?",
que quer dizer:
"Meu Deus, meu Deus, por que me abandonaste?"
³⁵ Alguns dos que estavam ali perto, ouvindo-o, disseram:
"Vejam, ele está chamando Elias!"
³⁶ Alguém correu e embebeu uma esponja em vinagre,
colocou-a na ponta de uma vara
e lhe deu de beber, dizendo:
"Deixai! Vamos ver se Elias vem tirá-lo da cruz".
³⁷ Então Jesus deu um forte grito e expirou.
³⁸ Neste momento a cortina do santuário
rasgou-se de alto a baixo, em duas partes.
³⁹ Quando o oficial do exército,
que estava bem em frente dele,
viu como Jesus havia expirado, disse:
"Na verdade, este homem era Filho de Deus!"

Palavra da Salvação.

6. Lc 7,11-17

"Jovem, eu te ordeno, levanta-te!"

✠ Proclamação do Evangelho de Jesus Cristo segundo Lucas

Naquele tempo,
¹¹ Jesus dirigiu-se a uma cidade chamada Naim.
Com ele iam seus discípulos e uma grande multidão.
¹² Quando chegou à porta da cidade,
eis que levavam um defunto, filho único;
e sua mãe era viúva.
Grande multidão da cidade a acompanhava.

¹³ Ao vê-la, o Senhor sentiu compaixão para com ela e lhe disse: "Não chores!"
¹⁴ Aproximou-se, tocou o caixão,
e os que o carregavam pararam.
Então, Jesus disse:
"Jovem, eu te ordeno, levanta-te!"
¹⁵ O que estava morto sentou-se e começou a falar.
E Jesus o entregou à sua mãe.
¹⁶ Todos ficaram com muito medo
e glorificavam a Deus, dizendo:
"Um grande profeta apareceu entre nós
e Deus veio visitar o seu povo".
¹⁷ E a notícia do fato espalhou-se pela Judéia inteira,
e por toda a redondeza.

Palavra da Salvação.

7. Lc 12,35-40

Vós também, ficai preparados!

✠ Proclamação do Evangelho de Jesus Cristo segundo Lucas

Naquele tempo, disse Jesus a seus discípulos:
³⁵ Que vossos rins estejam cingidos e as lâmpadas acesas.
³⁶ Sede como homens que estão esperando
seu senhor voltar de uma festa de casamento,
para lhe abrir em, imediatamente, a porta,
logo que ele chegar e bater.
³⁷ Felizes os empregados
que o senhor encontrar acordados quando chegar.
Em verdade eu vos digo:
Ele mesmo vai cingir-se, fazê-los sentar-se à mesa
e, passando, os servirá.
³⁸ E caso ele chegue à meia-noite ou às três da madrugada,
felizes serão, se assim os encontrar!
³⁹ Mas ficai certos: se o dono da casa
soubesse a hora em que o ladrão iria chegar,
não deixaria que arrombasse a sua casa.
⁴⁰ Vós também, ficai preparados!
Porque o Filho do Homem vai chegar
na hora em que menos o esperardes".

Palavra da Salvação.

8. Lc 23,33.39-43

Ainda hoje estarás comigo no Paraíso.

✠ Proclamação do Evangelho de Jesus Cristo segundo Lucas

³³ Quando chegaram ao lugar chamado "Calvário",
ali crucificaram Jesus e os malfeitores:
um à sua direita e outro à sua esquerda.
³⁹ Um dos malfeitores crucificados o insultava, dizendo:
"Tu não és o Cristo? Salva-te a ti mesmo e a nós!"
⁴⁰ Mas o outro o repreendeu, dizendo:
"Nem sequer temes a Deus,
tu que sofres a mesma condenação?
⁴¹ Para nós, é justo,
porque estamos recebendo o que merecemos;
mas ele não fez nada de mal".
⁴² E acrescentou:
"Jesus, lembra-te de mim,
quando entrares no teu reinado".
⁴³ Jesus lhe respondeu:
"Em verdade eu te digo:
ainda hoje estarás comigo no Paraíso".

Palavra da Salvação.

9. Lc 23,44-46.50.52-53; 24,1-6a (mais longo)

Pai, em tuas mãos entrego o meu espírito.

✠ Proclamação do Evangelho de Jesus Cristo segundo Lucas

⁴⁴ Já era mais ou menos meio-dia
e uma escuridão cobriu toda a terra
até às três horas da tarde,
⁴⁵ pois o sol parou de brilhar.
A cortina do santuário rasgou-se pelo meio,
⁴⁶ e Jesus deu um forte grito:
"Pai, em tuas mãos entrego o meu espírito".
Dizendo isso, expirou.

⁵⁰ Havia um homem bom e justo, chamado José,
 membro do Conselho.
⁵² José foi ter com Pilatos e pediu o corpo de Jesus.
⁵³ Desceu o corpo da cruz, enrolou-o num lençol
 e colocou-o num túmulo escavado na rocha,
 onde ninguém ainda tinha sido sepultado.
²⁴,¹ No primeiro dia da semana, bem de madrugada,
 as mulheres foram ao túmulo de Jesus,
 levando os perfumes que haviam preparado.
² Elas encontraram a pedra do túmulo removida.
³ Mas ao entrar,
 não encontraram o corpo do Senhor Jesus
⁴ e ficaram sem saber o que estava acontecendo.
 Nisso, dois homens com roupas brilhantes
 pararam perto delas.
⁵ Tomadas de medo, elas olhavam para o chão,
 mas os dois homens disseram:
 "Por que estais procurando entre os mortos
 aquele que está vivo?
⁶ᵃ Ele não está aqui. Ressuscitou!"

Palavra da Salvação.

Ou: Lc 23,44-46.50.52-53 (mais breve)

Pai, em tuas mãos entrego o meu espírito.

✠ Proclamação do Evangelho de Jesus Cristo
 segundo Lucas

⁴⁴ Já era mais ou menos meio-dia
 e uma escuridão cobriu toda a terra
 até às três horas da tarde,
⁴⁵ pois o sol parou de brilhar.
 A cortina do santuário rasgou-se pelo meio,
⁴⁶ e Jesus deu um forte grito:
 "Pai, em tuas mãos entrego o meu espírito".
 Dizendo isso, expirou.
⁵⁰ Havia um homem bom e justo, chamado José,
 membro do Conselho.
⁵² José foi ter com Pilatos e pediu o corpo de Jesus.
⁵³ Desceu o corpo da cruz, enrolou-o num lençol
 e colocou-o num túmulo escavado na rocha,
 onde ninguém ainda tinha sido sepultado.

Palavra da Salvação.

10. Lc 24,13-35 (mais longo)

*Será que o Cristo não devia sofrer tudo isso
para entrar na sua glória?*

✠ Proclamação do Evangelho de Jesus Cristo
segundo Lucas

¹³ Naquele mesmo dia, o primeiro da semana,
dois dos discípulos de Jesus
iam para um povoado, chamado Emaús,
distante onze quilômetros de Jerusalém.
¹⁴ Conversavam sobre todas as coisas
que tinham acontecido.
¹⁵ Enquanto conversavam e discutiam,
o próprio Jesus se aproximou
e começou a caminhar com eles.
¹⁶ Os discípulos, porém, estavam como que cegos,
e não o reconheceram.
¹⁷ Então Jesus perguntou:
"O que ides conversando pelo caminho?"
Eles pararam, com o rosto triste,
¹⁸ e um deles, chamado Cléofas, lhe disse:
"Tu és o único peregrino em Jerusalém
que não sabe o que lá aconteceu nestes últimos dias?"
¹⁹ Ele perguntou:
"O que foi?"
Os discípulos responderam:
"O que aconteceu com Jesus, o Nazareno,
que foi um profeta poderoso em obras e palavras,
diante de Deus e diante de todo o povo.
²⁰ Nossos sumos sacerdotes e nossos chefes o entregaram
para ser condenado à morte e o crucificaram.
²¹ Nós esperávamos que ele fosse libertar Israel,
mas, apesar de tudo isso,
já faz três dias que todas essas coisas aconteceram!
²² É verdade que algumas mulheres do nosso grupo
nos deram um susto.
Elas foram de madrugada ao túmulo
²³ e não encontraram o corpo dele.
Então voltaram, dizendo que tinham visto anjos
e que estes afirmaram que Jesus está vivo.
²⁴ Alguns dos nossos foram ao túmulo
e encontraram as coisas como as mulheres tinham dito.

A ele, porém, ninguém o viu".
25 Então Jesus lhes disse:
"Como sois sem inteligência
e lentos para crer em tudo o que os profetas falaram!
26 Será que o Cristo não devia sofrer tudo isso
para entrar na sua glória?"
27 E, começando por Moisés e passando pelos Profetas,
explicava aos discípulos
todas as passagens da Escritura que falavam a respeito dele.
28 Quando chegaram perto do povoado para onde iam,
Jesus fez de conta que ia mais adiante.
29 Eles, porém, insistiram com Jesus, dizendo:
"Fica conosco, pois já é tarde e a noite vem chegando!"
Jesus entrou para ficar com eles.
30 Quando se sentou à mesa com eles,
tomou o pão, abençoou-o, partiu-o e lhes distribuía.
31 Nisso os olhos dos discípulos se abriram
e eles reconheceram Jesus.
Jesus, porém, desapareceu da frente deles.
32 Então um disse ao outro:
"Não estava ardendo o nosso coração
quando ele nos falava pelo caminho,
e nos explicava as Escrituras?"
33 Naquela mesma hora, eles se levantaram
e voltaram para Jerusalém
onde encontraram os Onze reunidos com os outros.
34 E estes confirmaram:
"Realmente, o Senhor ressuscitou e apareceu a Simão!"
35 Então os dois contaram
o que tinha acontecido no caminho,
e como tinham reconhecido Jesus ao partir o pão.

Palavra da Salvação.

Ou: Lc 24,13-16.28-35 (mais breve)

*Será que o Cristo não devia sofrer tudo isso
para entrar na sua glória?*

✠ Proclamação do Evangelho de Jesus Cristo
segundo Lucas

13 Naquele mesmo dia, o primeiro da semana,
dois dos discípulos de Jesus
iam para um povoado, chamado Emaús,
distante onze quilômetros de Jerusalém.

14 Conversavam sobre todas as coisas
que tinham acontecido.
15 Enquanto conversavam e discutiam,
o próprio Jesus se aproximou
e começou a caminhar com eles.
16 Os discípulos, porém, estavam como que cegos,
e não o reconheceram.
28 Quando chegaram perto do povoado para onde iam,
Jesus fez de conta que ia mais adiante.
29 Eles, porém, insistiram com Jesus, dizendo:
"Fica conosco, pois já é tarde e a noite vem chegando!"
Jesus entrou para ficar com eles.
30 Quando se sentou à mesa com eles,
tomou o pão, abençoou-o,
partiu-o e lhes distribuía.
31 Nisso os olhos dos discípulos se abriram
e eles reconheceram Jesus.
Jesus, porém, desapareceu da frente deles.
32 Então um disse ao outro:
"Não estava ardendo o nosso coração
quando ele nos falava pelo caminho,
e nos explicava as Escrituras?"
33 Naquela mesma hora, eles se levantaram
e voltaram para Jerusalém
onde encontraram os Onze reunidos com os outros.
34 E estes confirmaram:
"Realmente, o Senhor ressuscitou e apareceu a Simão!"
35 Então os dois contaram
o que tinha acontecido no caminho,
e como tinham reconhecido Jesus ao partir o pão.

Palavra da Salvação.

11. Jo 5,24-29

*Quem ouve a minha palavra
já passou da morte para a vida.*

✠ Proclamação do Evangelho de Jesus Cristo
segundo João

Naquele tempo, disse Jesus aos judeus:
24 "Em verdade, em verdade vos digo,
quem ouve a minha palavra
e crê naquele que me enviou,
possui a vida eterna.

Não será condenado,
pois já passou da morte para a vida.
²⁵ Em verdade, em verdade, eu vos digo:
está chegando a hora, e já chegou,
em que os mortos ouvirão a voz do Filho de Deus
e os que a ouvirem, viverão.
²⁶ Porque, assim como o Pai possui a vida em si mesmo,
do mesmo modo concedeu ao Filho
possuir a vida em si mesmo.
²⁷ Além disso, deu-lhe o poder de julgar,
pois ele é o Filho do Homem.
²⁸ Não fiqueis admirados com isso,
porque vai chegar a hora,
em que todos os que estão nos túmulos
ouvirão a voz do Filho e sairão:
²⁹ aqueles que fizeram o bem,
ressuscitarão para a vida;
e aqueles que praticaram o mal, para a condenação".

Palavra da Salvação.

12. Jo 6,37-40

*Quem crê no Filho terá a vida eterna,
e eu o ressuscitarei no último dia.*

✠ Proclamação do Evangelho de Jesus Cristo
segundo João

Naquele tempo, disse Jesus às multidões:
³⁷ "Todos os que o Pai me confia virão a mim,
e quando vierem, não os afastarei.
³⁸ Pois eu desci do céu
não para fazer a minha vontade,
mas a vontade daquele que me enviou.
³⁹ E esta é a vontade daquele que me enviou:
que eu não perca nenhum daqueles que ele me deu,
mas os ressuscite no último dia.
⁴⁰ Pois esta é a vontade do meu Pai:
que toda pessoa que vê o Filho e nele crê
tenha a vida eterna.
E eu o ressuscitarei no último dia".

Palavra da Salvação.

13. Jo 6,51-58

*Quem comer deste pão viverá eternamente,
e eu o ressuscitarei no último dia.*

✠ Proclamação do Evangelho de Jesus Cristo
segundo João

Naquele tempo, disse Jesus às multidões:
51 "Eu sou o pão vivo descido do céu.
Quem comer deste pão viverá eternamente.
E o pão que eu darei
é a minha carne dada para a vida do mundo".
52 Os judeus discutiam entre si, dizendo:
"Como é que ele pode dar a sua carne a comer?"
53 Então jesus disse:
"Em verdade, em verdade vos digo,
se não comerdes a carne do Filho do Homem
e não beberdes o seu sangue,
não tereis a vida em vós.
54 Quem come a minha carne
e bebe o meu sangue
tem a vida eterna,
e eu o ressuscitarei no último dia.
55 Porque a minha carne é verdadeira comida
e o meu sangue, verdadeira bebida.
56 Quem come a minha carne
e bebe o meu sangue
permanece em mim e eu nele.
57 Como o Pai, que vive, me enviou,
e eu vivo por causa do Pai,
assim o que me come
viverá por causa de mim.
58 Este é o pão que desceu do céu.
Não é como aquele que os vossos pais comeram.
Eles morreram.
Aquele que come este pão viverá para sempre".

Palavra da Salvação.

14. Jo 11,17-27 (mais longo)

Eu sou a ressurreição e a vida.

✠ Proclamação do Evangelho de Jesus Cristo segundo João

¹⁷ Quando Jesus chegou, a Betânia,
encontrou Lázaro sepultado havia quatro dias.
¹⁸ Betânia ficava a uns três quilômetros de Jerusalém.
¹⁹ Muitos judeus tinham vindo à casa de Marta e Maria
para as consolar por causa do irmão.
²⁰ Quando Marta soube que Jesus tinha chegado,
foi ao encontro dele.
Maria ficou sentada em casa.
²¹ Então Marta disse a Jesus:
"Senhor, se tivesses estado aqui,
meu irmão não teria morrido.
²² Mas mesmo assim, eu sei que
o que pedires a Deus, ele to concederá".
²³ Respondeu-lhe Jesus:
"Teu irmão ressuscitará".
²⁴ Disse Marta:
"Eu sei que ele ressuscitará
na ressurreição, no último dia".
²⁵ Então Jesus disse:
"Eu sou a ressurreição e a vida.
Quem crê em mim,
mesmo que morra, viverá.
²⁶ E todo aquele que vive e crê em mim,
não morrerá jamais.
Crês isto?"
²⁷ Respondeu ela:
"Sim, Senhor,
eu creio firmemente
que tu és o Messias, o Filho de Deus,
que devia vir ao mundo".

Palavra da Salvação.

Ou: Jo 11,21-27 (mais breve)

Eu sou a ressurreição e a vida.

✠ **Proclamação do Evangelho de Jesus Cristo segundo João**

Naquele tempo,
21 Marta disse a Jesus:
"Senhor, se tivesses estado aqui,
meu irmão não teria morrido.
22 Mas mesmo assim, eu sei que
o que pedires a Deus, ele to concederá".
23 Respondeu-lhe Jesus:
"Teu irmão ressuscitará".
24 Disse Marta:
"Eu sei que ele ressuscitará
na ressurreição, no último dia".
25 Então Jesus disse:
"Eu sou a ressurreição e a vida.
Quem crê em mim,
mesmo que morra, viverá.
26 E todo aquele que vive e crê em mim,
não morrerá jamais.
Crês isto?"
27 Respondeu ela:
"Sim, Senhor,
eu creio firmemente
que tu és o Messias, o Filho de Deus,
que devia vir ao mundo".

Palavra da Salvação.

15. Jo 11,32-45

Lázaro, vem para fora!

✠ **Proclamação do Evangelho de Jesus Cristo segundo João**

Naquele tempo, Maria irmã de Lázaro,
32 indo para o lugar onde estava Jesus,
quando o viu, caiu de joelhos diante dele
e disse-lhe:
"Senhor, se tivesses estado aqui,
o meu irmão não teria morrido".

³³ Quando Jesus a viu chorar,
e também os que estavam com ela,
estremeceu interiormente,
ficou profundamente comovido,
³⁴ e perguntou:
"Onde o colocastes?"
Responderam:
"Vem ver, Senhor".
³⁵ E Jesus chorou.
³⁶ Então os judeus disseram:
"Vede como ele o amava!"
³⁷ Alguns deles, porém, diziam:
"Este, que abriu os olhos ao cego,
não podia também ter feito
com que Lázaro não morresse?"
³⁸ De novo, Jesus ficou interiormente comovido.
Chegou ao túmulo.
Era uma caverna, fechada com uma pedra.
³⁹ Disse Jesus:
"Tirai a pedra"!
Marta, a irmã do morto, interveio:
"Senhor, já cheira mal.
Está morto há quatro dias".
⁴⁰ Jesus lhe respondeu:
"Não te disse que, se creres,
verás a glória de Deus?"
⁴¹ Tiraram então a pedra.
Jesus levantou os olhos para o alto e disse:
"Pai, eu te dou graças
porque me ouviste.
⁴² Eu sei que sempre me escutas.
Mas digo isto por causa do povo que me rodeia,
para que creia que tu me enviaste".
⁴³ Tendo dito isso,
exclamou com voz forte:
"Lázaro, vem para fora!"
⁴⁴ O morto saiu,
atado de mãos e pés com os lençóis mortuários
e o rosto coberto com um pano.
Então Jesus lhes disse:
"Desatai-o e deixai-o caminhar!"
⁴⁵ Então, muitos dos judeus que tinham ido à casa de Maria
e viram o que Jesus fizera,
creram nele.

Palavra da Salvação.

16. Jo 12,23-28 (mais longo)

Se o grão de trigo morre, produz muito fruto.

✠ Proclamação do Evangelho de Jesus Cristo segundo João

Naquele tempo disse Jesus a seus discípulos:
²³ "Chegou a hora
em que o Filho do Homem vai ser glorificado.
²⁴ Em verdade, em verdade vos digo:
Se o grão de trigo que cai na terra
não morre,
ele continua só um grão de trigo;
mas se morre,
então produz muito fruto.
²⁵ Quem se apega à sua vida, perde-a;
mas quem faz pouca conta de sua vida neste mundo
conservá-la-á para a vida eterna.
²⁶ Se alguém me quer servir, siga-me,
e onde eu estou estará também o meu servo.
Se alguém me serve,
meu Pai o honrará.
²⁷ Agora sinto-me angustiado.
E que direi?
'Pai, livra-me desta hora!'?
Mas foi precisamente para esta hora que eu vim.
²⁸ 'Pai, glorifica o teu nome!'"
Então, veio uma voz do céu:
"Eu o glorifiquei
e o glorificarei de novo!"

Palavra da Salvação.

Ou: Jo 12,23-26 (mais breve)

Se o grão de trigo morre, produz muito fruto.

✠ Proclamação do Evangelho de Jesus Cristo segundo João

Naquele tempo, disse Jesus a seus discípulos:
²³ "Chegou a hora
em que o Filho do Homem vai ser glorificado.

²⁴ Em verdade, em verdade vos digo:
Se o grão de trigo que cai na terra
não morre,
ele continua só um grão de trigo;
mas se morre,
então produz muito fruto.
²⁵ Quem se apega à sua vida, perde-a;
mas quem faz pouca conta de sua vida neste mundo
conservá-la-á para a vida eterna.
²⁶ Se alguém me quer servir, siga-me,
e onde eu estou estará também o meu servo.
Se alguém me serve,
meu Pai o honrará.

Palavra da Salvação.

17. Jo 14,1-6

Na casa de meu Pai há muitas moradas.

✠ Proclamação do Evangelho de Jesus Cristo segundo João

Naquele tempo, disse Jesus a seus discípulos:
¹ "Não se perturbe o vosso coração.
Tendes fé em Deus,
tende fé em mim também.
² Na casa de meu Pai há muitas moradas.
Se assim não fosse, eu vos teria dito.
Vou preparar um lugar para vós,
³ e quando eu tiver ido preparar-vos um lugar,
voltarei e vos levarei comigo,
a fim de que onde eu estiver
estejais também vós.
⁴ E para onde eu vou,
vós conheceis o caminho".
⁵ Tomé disse a Jesus:
"Senhor, nós não sabemos para onde vais.
Como podemos conhecer o caminho?"
⁶ Jesus respondeu:
"Eu sou o Caminho, a Verdade e a Vida.
Ninguém vai ao Pai senão por mim".

Palavra da Salvação.

18. Jo 17,24-26

Quero que estejam comigo onde eu estiver.

✠ Proclamação do Evangelho de Jesus Cristo
segundo João

Naquele tempo, levantando os olhos para o céu,
Jesus orou, dizendo:
²⁴ "Pai, aqueles que me deste,
quero que estejam comigo onde eu estiver,
para que eles contemplem a minha glória,
glória que tu me deste,
porque me amaste, antes da fundação do universo.
²⁵ Pai justo, o mundo não te conheceu,
mas eu te conheci,
e estes também conheceram que tu me enviaste.
²⁶ Eu lhes fiz conhecer o teu nome,
e o tornarei conhecido ainda mais,
para que o amor com que me amaste esteja neles,
e eu mesmo esteja neles".

Palavra da Salvação.

19. Jo 19,17-18.25-39

E, inclinando a cabeça, entregou o espírito.

✠ Proclamação do Evangelho de Jesus Cristo
segundo João

Naquele tempo,
¹⁷ Jesus tomou a cruz sobre si
e saiu para o lugar chamado "Calvário", em hebraico,
"Gólgota".
¹⁸ Ali o crucificaram, com outros dois:
um de cada lado, e Jesus no meio.
²⁵ Perto da cruz de Jesus, estavam de pé
a sua mãe, a irmã da sua mãe, Maria de Cléofas,
e Maria Madalena.
²⁶ Jesus, ao ver sua mãe
e, ao lado dela, o discípulo que ele amava,
disse à mãe:
"Mulher, este é o teu filho".
²⁷ Depois disse ao discípulo: "Esta é a tua mãe".
Daquela hora em diante, o discípulo a acolheu consigo.

²⁸ Depois disso,
Jesus, sabendo que tudo estava consumado,
e para que a Escritura se cumprisse até o fim, disse:
"Tenho sede".
²⁹ Havia ali uma jarra cheia de vinagre.
Amarraram numa vara uma esponja embebida de vinagre
e levaram-na à boca de Jesus.
³⁰ Ele tomou o vinagre e disse:
"Tudo está consumado".
E, inclinando a cabeça, entregou o espírito.
³¹ Era o dia da preparação para a Páscoa.
Os judeus queriam evitar
que os corpos ficassem na cruz durante o sábado,
porque aquele sábado era dia de festa solene.
Então pediram a Pilatos
que mandasse quebrar as pernas aos crucificados
e os tirasse da cruz.
³² Os soldados foram
e quebraram as pernas de um e depois do outro
que foram crucificados com Jesus.
³³ Ao se aproximarem de Jesus,
e vendo que já estava morto,
não lhe quebraram as pernas;
³⁴ mas um soldado abriu-lhe o lado com uma lança,
e logo saiu sangue e água.
³⁵ Aquele que viu, dá testemunho
e seu testemunho é verdadeiro;
e ele sabe que fala a verdade,
para que vós também acrediteis.
³⁶ Isso aconteceu para que se cumprisse a Escritura,
que diz:
"Não quebrarão nenhum dos seus ossos".
³⁷ E outra Escritura ainda diz:
"Olharão para aquele que transpassaram".
³⁸ Depois disso, José de Arimatéia,
que era discípulo de Jesus
– mas às escondidas, por medo dos judeus –
pediu a Pilatos para tirar o corpo de Jesus.
Pilatos consentiu.
Então José veio tirar o corpo de Jesus.
³⁹ Chegou também Nicodemos,
o mesmo que antes tinha ido a Jesus de noite.
Trouxe uns trinta quilos de perfume
feito de mirra e aloés.

Palavra da Salvação.

9 DE NOVEMBRO
DEDICAÇÃO DA BASÍLICA DO LATRÃO

Quando esta festa não cair em domingo, proclama-se uma das duas leituras antes do Evangelho.

PRIMEIRA LEITURA

*Vi sair água do lado direito do templo,
e todos os que esta água tocou foram salvos.*

Leitura da Profecia de Ezequiel 47,1-2.8-9.12

Naqueles dias,
1 O homem fez-me voltar até a entrada do Templo
e eis que saía água da sua parte subterrânea
na direção leste,
porque o Templo estava voltado para o oriente;
a água corria do lado direito do Templo,
a sul do altar.
2 Ele fez-me sair pela porta que dá para o norte,
e fez-me dar uma volta por fora,
até à porta que dá para o leste,
onde eu vi a água jorrando do lado direito.
8 Então ele me disse:
"Estas águas correm para a região oriental,
descem para o vale do Jordão,
desembocam nas águas salgadas do mar,
e elas se tornarão saudáveis.
9 Onde o rio chegar,
todos os animais que ali se movem poderão viver.
Haverá peixes em quantidade,
pois ali desembocam as águas que trazem saúde;
e haverá vida onde chegar o rio.
12 Nas margens junto ao rio, de ambos os lados,
crescerá toda espécie de árvores frutíferas;
suas folhas não murcharão
e seus frutos jamais se acabarão:
cada mês darão novos frutos,
pois as águas que banham as árvores saem do santuário.
Seus frutos servirão de alimento
e suas folhas serão remédio".

Palavra do Senhor.

Salmo responsorial Sl 45(46),2-3.5-6.8-9 (R. 5)

℞. Os **bra**ços de um **ri**o vêm tra**zer** ale**gri**a
   à Ci**da**de de **Deus**, à mo**ra**da do Al**tís**simo.

2 O Se**nhor** para **nós** é re**fú**gio e vi**gor**, *
   sempre **pron**to, mos**trou**-se um so**cor**ro na an**gús**tia;
3 as**sim** não te**me**mos, se a **ter**ra estre**me**ce, *
   se os **mon**tes de**sa**bam, ca**in**do nos **ma**res,   ℞.

5 Os **bra**ços de um **ri**o vêm tra**zer** ale**gri**a *
   à Ci**da**de de **Deus**, à mo**ra**da do Al**tís**simo.
6 Quem a **po**de aba**lar**? Deus es**tá** no seu **mei**o! *
   Já bem **an**tes da au**ro**ra, ele **vem** aju**dá**-la.   ℞.

8 Co**nos**co es**tá** o Se**nhor** do uni**ver**so! *
   O **nos**so re**fú**gio é o **Deus** de Ja**có**!
9 Vinde **ver**, contem**plai** os pro**dí**gios de **Deus** †
   e a **o**bra estu**pen**da que **fez** no uni**ver**so: *
   re**pri**me as **guer**ras na **fa**ce da **ter**ra.   ℞.

SEGUNDA LEITURA

Sois santuário de Deus.

Leitura da Primeira Carta de São Paulo aos Coríntios
3,9c-11.16-17

Irmãos:
9c Vós sois lavoura de Deus, construção de Deus.
10 Segundo a graça que Deus me deu,
   eu coloquei – como experiente mestre de obra –
   o alicerce, sobre o qual outros se põem a construir.
   Mas cada qual veja bem como está construindo.
11 De fato, ninguém pode colocar outro alicerce
   diferente do que está aí, já colocado:
   Jesus Cristo.
16 Acaso não sabeis que sois santuário de Deus
   e que o Espírito de Deus mora em vós?
17 Se alguém destruir o santuário de Deus,
   Deus o destruirá,
   pois o santuário de Deus é santo,
   e vós sois esse santuário.

Palavra do Senhor.

Aclamação ao Evangelho 2Cr 7,16

℟. Ale**lu**ia, Ale**lu**ia, Ale**lu**ia.
℣. Esta **ca**sa eu esco**lhi** e santifi**quei**,
para **ne**la estar meu **no**me para **sem**pre. ℟.

EVANGELHO

Jesus estava falando do Templo do seu corpo.

✠ Leitura do Evangelho de Jesus Cristo
segundo João 2,13-22

¹³ Estava próxima a Páscoa dos judeus
e Jesus subiu a Jerusalém.
¹⁴ No Templo,
encontrou os vendedores de bois, ovelhas e pombas
e os cambistas que estavam aí sentados.
¹⁵ Fez então um chicote de cordas
e expulsou todos do Templo,
junto com as ovelhas e os bois;
espalhou as moedas
e derrubou as mesas dos cambistas.
¹⁶ E disse aos que vendiam pombas:
"Tirai isto daqui!
Não façais da casa de meu Pai uma casa de comércio!"
¹⁷ Seus discípulos lembraram-se, mais tarde,
que a Escritura diz:
"O zelo por tua casa me consumirá".
¹⁸ Então os judeus perguntaram a Jesus:
"Que sinal nos mostras para agir assim?"
¹⁹ Ele respondeu:
"Destruí, este Templo,
e em três dias o levantarei".
²⁰ Os judeus disseram:
"Quarenta e seis anos foram precisos para a construção
deste santuário e tu o levantarás em três dias?"
²¹ Mas Jesus estava falando do Templo do seu corpo.
²² Quando Jesus ressuscitou,
os discípulos lembraram-se do que ele tinha dito
e acreditaram na Escritura e na palavra dele.

Palavra da Salvação.

ÍNDICE ESCRITURÍSTICO

GÊNESIS

1,1–2,2	167,482,779
2,7-9;3,1-7	105
18-254	655
3,9-15.20	595,1005
9,8-15	427
11,1-9	220,537,850
12,1-4a	110
14,18-20	868
15,1-6;21,1-3	404
5-12.17-18	745
18,1-10a	937
20-32	937
22,1-2.9a.10-13.15-18	430
1-18	172,486,800

ÊXODO

3,1-8a.13-15	749
12,1-8.11-14	154,468,782
14,15–15,1	176,490,804
16,2-4.12-15	624
17,3-7	115
8-13	984
19,2-6a	279
3-8a.16-20b	221,538,851
20,1-17	434
22,20-26	345
24,3-8	554
32,7-11.13-14	964
34,4b-6.8-9	233

LEVÍTICO

13,1-2.44-46	580
19,1-2.17-18	267

NÚMEROS

6,22-27	89,407,722
11,25-29	653
21,4-9	1042

DEUTERONÔMIO

4,1-2.6-8	639
32-34.39-40	551
5,12-15	590
6,2-6	670
7,6-11	242
8,2-3.14b-16a	236
11,18.26-28.32	273
18,15-20	574
26,4-10	741
30,10-14	932

JOSUÉ

5,9a.10-12	753
24,1-2a.15.17.18b	634

1 SAMUEL

1,20-22.24-28	719
3,3b-10.19	567
16,1b.6-7.10-13a	120
26,2.7-9.12-13.22-23	901

2 SAMUEL

5,1-3	1000
7,1-5.8b-12.14a.16	379
12,7-10.13	915

1 REIS

3,5.7-12	302
8,41-43	908
17,10-16	673
17-24	911
19,4-8	628
9a.11-13a	308
16b.19-21	924

2 REIS

4,8-11.14-16a	285
42-44	621
5,9-14	580
14-17	981

1 CRÔNICAS

15,3-4.15-16;16,1-2	1034

2 CRÔNICAS

36,14-16.19-23	439

Neemias

8,2-4a.5-6.8-10	882

Ester

5,1b-2;7,2b-3	1044

2 Macabeus

7,1-2.9-14	993
12,43-46	1051

Jó

3,1-9	1052
7,1-4.6-7	577
19,1.23-27a	1052
38,1.8-11	602

Provérbios

8,22-31	866
9,1-6	631
31,10-13.19-20.30-31	355

Eclesiastes (Coélet)

1,1;2,21-23	943

Sabedoria

1,13-15;2,23-24	605
2,12.17-20	649
3,1-9	1052
4,7-15	1053
6,12-16	351
7,7-11	659
9,13-19	961
11,22-12,2	990
12,13.16-19	297
18,6-9	946

Eclesiástico (Sirácida)

2,1-13	400
3,3-7.14-17a	85,400,716
19-21.30-31	958
15,16-21	262
24,1-4.12-16	92,410,725
27,5-8	905
33-28,9	323
35,15b-17.20-22a	987

Isaías

2,1-5	53
5,1-7	334
6,1-2a.3-8	893
7,10-14	63
8,23b–9,3	252
9,1-6	74,390,706
11,1-10	56
22,19-23	315
25,6a.7-9	1054
6-10a	339
35,1-6a.10	60
4-7a	642
40,1-5.9-11	372,735
42,1-4.6-7	100,418,733
43,16-21	757
18-19.21-22.24b-25	584
45,1.4-6	342
49,1-6	1018
3.5-6	249
14-15	270
50,4-7	134,449,762
5-9a	645
52,7-10	80,396,712
13–53,12	159,472,787
53,10-11	663
54,5-14	178,492,806
55,1-11	180,420-494,808
1-3	305
6-9	328
10-11	291
56,1.6-7	311
58,7-10	260
60,1-6	97,415,730
61,1-3a.6a.8b-9	151,466,779
1-2a.10-11	370
62,1-5	69,385,701,709,879
11-12	77,393,709
63,16b-17.19b;64,2b-7	369
66,10-14c	928
18-21	955

Jeremias

1,1.4-10	1014
4-5.17-19	888
17,5-8	898
20,7-9	317
10-13	282
23,1-6	617
31,7-9	667
31-34	443
33,14-16	687
38,4-6.8-10	952

Lamentações

3,17-26	1055

Baruc

3,9-15.32–4,4	181,495,809
5,1-9	690

Ezequiel

2,2-5	610
17,22-24	599
18,25-28	330
33,7-9	321
34,11-16	874
11-12.15-17	360
36,16-17a.18-28	183,497,811
37,1-14	222,539,852
12-14	127
47,1-2.8-9.12	1102

Daniel

7,9-10.13-14	1029
13-14	680
12,1-3	677,1056

Oséias

2,16b.17b.21-22	587
6,3-6	276
11,1.3-4.8c-9	560

Joel

3,1-5	223,540,853

Amós

6,1a.4-7	974
7,12-15	613
8,4-7	970

Jonas

3,1-5.10	571

Miquéias

5,1-4a	696

Habacuc

1,2-3;2,2-4	978

Sofonias

2,3;3,12-13	256
3,14-18a	693

Zacarias

9,9-10	288
12,10-11–13,1	921

Malaquias

1,14b–2,2b.8-10	348
3,1-4	1009
19-20a	997

Mateus

1,1-25	71,387,703
18-24	73
2,1-12	99,417,732
13-15.19-23	87
3,1-12	58
13-17	102
4,1-11	108
12-25	254
5,1-12	1081
1-12a	258
13-16	261
17-37	265
38-48	269
6,24-34	271
7,21-27	275
9,9-13	278
36–10,8	281
10,26-33	284
37-42	287
11,25-30	290,1082
25-27	244
13,1-23	293
24-43	297
44-52	303
14,13-21	307
22-33	310
15,21-28	313
16,13-20	316
21-27	319
17,1-9	111,1031
13-19	1027
18,15-20	322
21-35	325
20,1-16a	328
21,1-11	133
28-32	333
33-43	336
22,1-14	340
15-21	344
34-40	347
23,1-12	350
24,37-44	55
25,1-13	353,1082
14-30	357
31-46	362,1083
26,14–27,66	136
28,1-10	186
16-20	216,553

Marcos

1,1-8	374
7-11	420
12-15	429
14-20	573
21-28	576
29-39	579
40-45	582
2,1-12	586
18-22	589
23–3,6	592
3,20-35	597
4,26-34	601
35-41	604
5,21-43	607
6,1-6	612
7-13	616
30-34	619
7,1-8.14-15.21-23	640
31-37	644
8,27-35	647
9,2-10	432,1032
30-37	651
38.43.45.47-48	654
10,2-16	657
17-30	660
10,35-45	665
46-52	669
11,1-10	447
12,28b-34	672
38-44	675
13,24-32	679
33-37	371
14,1–**15,**47	451
12-16. 22-26	558
15,33-39;**16,**1-6	1085
16,1-7	500
15-20	531

Lucas

1,1-4	886
26-38	381,1007
39-45	698
39-56	1039
46-56.80	1020
2,1-14	76,392,708
15-20	78,394,710
16-21	90,408,723
22-40	402
41-52	718
3,1-6	692
10-18	695
15-16.21-22	735
4,1-13	743
14-21	886
16-21	153,467,781
21-30	892
5,1-11	896
6,17.20-26	900
27-38	903
39-45	906
7,1-10	910
11-17	913,1086
36–**8,**3	917
9,11b-17	862
18-24	923
28b-36	748,1033
51-62	926
10,1-12.17-20	930
25-37	934
38-42	937
11,1-13	941
27-28	1036
12,13-21	945
32-48	949
35-40	1087
49-53	954
13,1-9	751
22-30	957
14,1.7-14	906
25-33	963
15,1-32	966
1-3.11-32	754
3-7	875
16,1-13	972
19-31	976
17,5-10	980
11-19	983
18,1-8	986
9-14	989
19,1-10	992
28-40	761
20,27-38	995
21,5-19	948
25-28.34-36	688
22,14-**23,**56	764
23,33.39-43	1088
23,35-43	1002
44-46.50.52-53;**24,**1-6	1088
24,1-12	814
13-35	192-200,506,820,1090
35-48	514
46-53	845

João

1,1-18	82,83,398,412,714,727
6-8.19-28	378

29-34	250
35-42	569
2,1-11	881,1046
13-25	437,1104
3,13-17	1043
14-21	442
16-18	235
4,5-42	115
5,24-29	1092
6,1-15	622
24-35	626
37-40	1093
41-51	630
51-58	633,1094
60-69	636
7,37-39	225,542,855
8,1-11	759
9,1-41	122
10,1-10	205
11-18	518
27-30	834
11,1-45	128
17-27	1095
32-45	1096
12,12-16	448
20-33	445
23-28	1098
13,1-15	156,470,784
31-33a.34-35	837
14,1-12	209
1-6	1099
15-21	213
15-16; 23b-26	861
23-29	841
15,1-8	521
9-17	525
26-27;**16**,12-15	547
16,12-15	867
17,1-11a	219
11b-19	535
20-26	849
24-26	1100
18,1–**19**,42	161,475,789
33b-37	682
19,17-18.25-39	1100
31-37	562
20,1-9	191,505,819
19-31	196,510,824
19-23	229,547,860
21,1-19	828
15-19	1023

Atos dos Apóstolos

1,1-11	214,527,842
12-14	217
15-17.20a.20c-26	533
2,1-11	226,543,856
14.22-33	198
14a.36-41	203
42-47	194
3,1-10	1021
13-15.17-19	512
4,8-12	516
32-35	508
5,12-16	823
27b-32.40b-41	826
6,1-7	207
7,55-60	847
8,5-8.14-17	211
9,26-31	519
10,25-26.34-35.44-48	523
34-38	101,419,734
34a.37-43	188,502,816,1057
12,1-11	1025
13,14.43-52	832
16-17.22-25	70,386,702
22,26	1019
14,21b-27	835
15,1-2.22-29	838

Romanos

1,1-7	64
3,21-25a.28	274
4,18-25	277
5,1-2.5-8	114
1-5	866
5b-11	874,1068
6-11	280
12-19	106
12-15	283
17-21	1069
6,3-11	185,499,813,1069
3-4.8-11	286
8,8-11	128
8-17	858
9.11-13	289
14-17	552
14-23	1071
18-23	292
22-27	264,541,854
26-27	297
28-30	302
31b-34	431
35.37-39	306,1072
9,1-5	309
10,8-13	742
11,13-15.29-32	312
33-36	315
12,1-2	318

13,8-10	321	11-19	912
11-14a	54	11-20	1022
14,7-9	324	2,16.19-21	916
7-9.10c-12	1072	3,26-29	922
15,4-9	57	4,4-7	90,408,723
16,25-27	380	5,1.13-18	925
		16-25	545
		6,14-18	929

1 Coríntios

1,1-3	250	**Efésios**	
3-9	370		
17-25	253	1,3-14	614
22-25	436	3-6.11-12	1006
26-31	257	3-6.15-18	93,411,726
2,1-5	260	17-23	215,528,843
6-10	263	2,4-10	441
3,9c-11.16-17	1103	13-18	618
16-23	268	3,2-3a.5-6	98,416,731
4,1-5	271	8-12.14-19	561
5,6b-8	190,504,818	4,1-6	622
6,13c-15a.17-20	568	1-13	529
7,29-31	572	17.20-24	625
32-35	575	30–5,2	629
9,16-19.22-23	578	5,8-14	121
10,1-6.10-12	750	15-20	632
16-17	237	21-32	635
31–11,1	582		
23-26	155,469,783,869	**Filipenses**	
12,3b-7.12-13	227,544,857		
4-11	880	1,4-6.8-11	691
12-30	884	20c-24.27a	328
31–13,13	889	2,1-11	331
15,1-11	894	6-11	135,450,763,1042
12.16-20	899	3,8-14	758
20-24a.25-28	1073	17–4,1	746
20-26.28	361	20-21	1076
20-27a	1038	4,4-7	694
45-49	902	6-9	335
51-57	1074	12-14.19-20	339
54-58	906,1035		

2 Coríntios

		Colossenses	
1,18-22	585	1,12-20	1001
3,1b-6	588	15-20	934
4,6-11	591	24-28	937
13–5,1	596,1075	2,12-14	941
5,6-10	600	3,1-5.9-11	944
6b-8	504,810	1-4	189,401,503,817
14-17	603	12-21	86,401,717
17-21	754		
8,7.9.13-15	606	**1 Tessalonicenses**	
12,7-10	611		
13,11-13	234	1-5b	343
		5c-10	346

Gálatas

		2,7b-9.13	349
1,1-2.6-10	909	3,12–4,2	688

4,13-18	352,1077
5,1-6	356
5,16-24	377

2 Tessalonicenses

1,11–2,2	991
2,16–3,5	994
3,7-12	998

1 Timóteo

1,12-17	965
2,1-8	971
6,11-16	975

2 Timóteo

1,6-8.13-14	979
8b-10	111
2,8-15	1077
8-13	982
3,14-4,2	985
4,6-8.16-18	988,1026

Tito

2,11-14	75,391,707
11-14;3,4-7	737
3,4-7	78,394,710

Filemon

9b-10.12-17	962

Hebreus

1,1-6	81,397,713
2,9-11	656,1010
4,12-13	660
14-16	664
14-16;5,7-9	160,474,788
5,1-6	668
7-9	444
7,23-28	671
9,11-15	555
24-28	674
24-28;10,19-23	844
10,5-10	697
11-14.18	678
11,1-2.8-19	947
8.11-12.17-19	406
12,1-4	953
5-7.11-13	956
18-19.22-24a	959

Carta de São Tiago

1,17-18.21b-22.27	639
2,1-5	643
14-18	646
3,16–4,3	650
5,1-6	653
7-10	61

1 Carta de São Pedro

1,3-9	195
8-12	1015
17-21	200
16-19	1030
2,4-9	208
20b-25	204
3,15-18	212
18-22	428
4,13-16	218

2 Carta de São Pedro

3,8-14	373

1 Carta de São João

2,1-5a	513
3,1-2	517,1078
1-2.21-24	721
14-16	1078
18-24	520
4,7-16	243
7-10	524
11-16	534
5,1-6	509
1-9	422

Apocalipse

1,5-8	152,466,681-780
9-11a.12-13.17-19	823
5,11-14	827
7,2-4.9-14	1047
9.14b-17	833
11,19a;12,1.3-6a.10ab	1037
12,1.5.13a-15-16a	1045
14,13	1058
20,11–21,1	1059
21,1-5a	836
1-5a.6b-7	1060
10-14.22-23	846
22,12-14.16-17.20	848

ÍNDICE GERAL

7   *Apresentação*

ELENCO DAS LEITURAS DA MISSA

PROÊMIO

13 *Capítulo I*
Princípios gerais para celebração litúrgica da palavra de Deus

PRIMEIRA PARTE
A PALAVRA DE DEUS NA CELEBRAÇÃO DA MISSA

18 *Capítulo II*
A celebração da liturgia da palavra na missa

23 *Capítulo III*
Ofícios e ministérios na celebração da liturgia da palavra na missa

SEGUNDA PARTE
ESTRUTURA DO ELENCO DAS LEITURAS DA MISSA

27 *Capítulo IV*
Distribuição geral das leituras da missa

35 *Capítulo V*
Descrição do elenco das leituras da missa

41 *Capítulo VI*
Adaptações, traduções para a língua vernácula e indicações do elenco das leituras da missa

ANO A

TEMPO DO ADVENTO

53 1º Domingo do Advento
56 2º Domingo do Advento
60 3º Domingo do Advento
63 4º Domingo do Advento

TEMPO DO NATAL

69	Natal do Senhor
69	Missa da Vigília
74	Missa da noite
77	Missa da aurora
80	Missa do dia
85	Sagrada Família de Jesus, Maria e José
89	Solenidade da Santa Mãe de Deus, Maria
92	2º Domingo depois do Natal
97	Epifania do Senhor
100	Batismo do Senhor

TEMPO DA QUARESMA

105	1º Domingo da Quaresma
110	2º Domingo da Quaresma
113	3º Domingo da Quaresma
120	4º Domingo da Quaresma
127	5º Domingo da Quaresma
133	Domingo de Ramos da Paixão do Senhor

TRÍDUO PASCAL E TEMPO PASCAL

151	Quinta-feira da Semana Santa
151	Missa do Crisma
154	Missa da Ceia do Senhor
158	Sexta-feira da Paixão do Senhor
168	Domingo da Páscoa na Ressurreição do Senhor
168	Vigília pascal na Noite Santa
188	Missa do dia da Páscoa
194	2º Domingo da Páscoa
198	3º Domingo da Páscoa
203	4º Domingo da Páscoa
207	5º Domingo da Páscoa
211	6º Domingo da Páscoa
214	Ascensão do Senhor
217	7º Domingo da Páscoa
220	Domingo de Pentecostes
220	Missa da Vigília
226	Missa do dia

SOLENIDADES DO SENHOR QUE OCORREM NO TEMPO COMUM

233	Solenidade da Santíssima Trindade
236	Solenidade do Santíssimo Corpo e Sangue de Cristo
242	Solenidade do Sagrado Coração de Jesus

TEMPO COMUM

249	2º Domingo do Tempo comum
252	3º Domingo do Tempo comum
256	4º Domingo do Tempo comum
259	5º Domingo do Tempo comum
262	6º Domingo do Tempo comum
267	7º Domingo do Tempo comum
270	8º Domingo do Tempo comum
273	9º Domingo do Tempo comum
276	10º Domingo do Tempo comum
279	11º Domingo do Tempo comum
282	12º Domingo do Tempo comum
285	13º Domingo do Tempo comum
288	14º Domingo do Tempo comum
291	15º Domingo do Tempo comum
296	16º Domingo do Tempo comum
301	17ª Domingo do Tempo comum
305	18º Domingo do Tempo comum
308	19º Domingo do Tempo comum
311	20º Domingo do Tempo comum
314	21º Domingo do Tempo comum
317	22º Domingo do Tempo comum
320	23º Domingo do Tempo comum
323	24º Domingo do Tempo comum
327	25º Domingo do Tempo comum
330	26º Domingo do Tempo comum
334	27º Domingo do Tempo comum
338	28º Domingo do Tempo comum
342	29º Domingo do Tempo comum
345	30º Domingo do Tempo comum
348	31º Domingo do Tempo comum
351	32º Domingo do Tempo comum
355	33º Domingo do Tempo comum
360	Solenidade de Nosso Senhor Jesus Cristo, Rei do Universo

ANO B

TEMPO DO ADVENTO

369	1º Domingo do Advento
372	2º Domingo do Advento
376	3º Domingo do Advento
379	4º Domingo do Advento

TEMPO DO NATAL

385	Natal do Senhor
385	Missa da Vigília
390	Missa da noite
393	Missa da aurora
396	Missa do dia
400	Sagrada Família de Jesus, Maria e José
407	Solenidade da Santa Mãe de Deus, Maria
410	2º Domingo depois do Natal
415	Epifania do Senhor
418	Batismo do Senhor

TEMPO DA QUARESMA

427	1º Domingo da Quaresma
430	2º Domingo da Quaresma
434	3º Domingo da Quaresma
439	4º Domingo da Quaresma
443	5º Domingo da Quaresma
447	Domingo de Ramos da Paixão do Senhor

TRÍDUO PASCAL E TEMPO PASCAL

463	Quinta-feira da Semana Santa
465	Missa de Crisma
468	Missa da Ceia do Senhor
472	Sexta-feira da Paixão do Senhor
482	Domingo da Páscoa na Ressurreição do Senhor
482	Vigília pascal na Noite Santa
502	Missa do dia da Páscoa
508	2º Domingo da Páscoa
512	3º Domingo da Páscoa
516	4º Domingo da Páscoa
519	5º Domingo da Páscoa
523	6º Domingo da Páscoa
527	Ascensão do Senhor
533	7º Domingo da Páscoa
537	Domingo de Pentecostes
537	Missa da Vigília
543	Missa do dia

SOLENIDADES DO SENHOR QUE OCORREM NO TEMPO COMUM

551	Solenidade da Santíssima Trindade
554	Solenidade do Santíssimo Corpo e Sangue de Cristo
560	Solenidade do Sagrado Coração de Jesus

TEMPO COMUM

567	2º Domingo do Tempo comum
571	3º Domingo do Tempo comum
574	4º Domingo do Tempo comum
577	5º Domingo do Tempo comum
580	6º Domingo do Tempo comum
584	7º Domingo do Tempo comum
587	8º Domingo do Tempo comum
590	9º Domingo do Tempo comum
595	10º Domingo do Tempo comum
599	11º Domingo do Tempo comum
602	12º Domingo do Tempo comum
605	13º Domingo do Tempo comum
610	14º Domingo do Tempo comum
613	15º Domingo do Tempo comum
617	16º Domingo do Tempo comum
621	17º Domingo do Tempo comum
624	18º Domingo do Tempo comum
628	19º Domingo do Tempo comum
631	20º Domingo do Tempo comum
634	21º Domingo do Tempo comum
638	22º Domingo do Tempo comum
642	23º Domingo do Tempo comum
645	24º Domingo do Tempo comum
649	25º Domingo do Tempo comum
652	26º Domingo do Tempo comum
655	27º Domingo do Tempo comum
659	28º Domingo do Tempo comum
663	29º Domingo do Tempo comum
667	30º Domingo do Tempo comum
670	31º Domingo do Tempo comum
673	32º Domingo do Tempo comum
677	33º Domingo do Tempo comum
680	Solenidade de Nosso Senhor Jesus Cristo, Rei do Universo

ANO C

TEMPO DO ADVENTO

- 687   1º Domingo do Advento
- 690   2º Domingo do Advento
- 693   3º Domingo do Advento
- 696   4º Domingo do Advento

TEMPO DO NATAL

- 701   Natal do Senhor
- 701   Missa da Vigília
- 706   Missa da noite
- 709   Missa da aurora
- 712   Missa do dia
- 716   Sagrada Família de Jesus, Maria e José
- 722   Solenidade da Santa Mãe de Deus, Maria
- 725   2º Domingo depois do Natal
- 730   Epifania do Senhor
- 733   Batismo do Senhor

TEMPO DA QUARESMA

- 741   1º Domingo da Quaresma
- 745   2º Domingo da Quaresma
- 749   3º Domingo da Quaresma
- 753   4º Domingo da Quaresma
- 757   5º Domingo da Quaresma
- 761   Domingo de Ramos da Paixão do Senhor

TRÍDUO PASCAL E TEMPO PASCAL

- 779   Quinta-feira da Semana Santa
- 779   Missa do Crisma
- 782   Missa da Ceia do Senhor
- 786   Sexta-feira da Paixão do Senhor
- 796   Domingo da Páscoa na Ressurreição do Senhor
- 796   Vigília pascal na Noite Santa
- 816   Missa do dia da Páscoa
- 822   2º Domingo da Páscoa
- 826   3º Domingo da Páscoa
- 832   4º Domingo da Páscoa
- 835   5º Domingo da Páscoa
- 838   6º Domingo da Páscoa
- 842   Ascensão do Senhor
- 847   7º Domingo da Páscoa

850	Domingo de Pentecostes
850	Missa da Vigília
856	Missa do dia

SOLENIDADES DO SENHOR QUE OCORREM NO TEMPO COMUM

865	Solenidade da Santíssima Trindade
868	Solenidade do Santíssimo Corpo e Sangue de Cristo
873	Solenidade do Sagrado Coração de Jesus

TEMPO COMUM

879	2º Domingo do Tempo comum
882	3º Domingo do Tempo comum
888	4º Domingo do Tempo comum
893	5º Domingo do Tempo comum
898	6º Domingo do Tempo comum
901	7º Domingo do Tempo comum
905	8º Domingo do Tempo comum
908	9º Domingo do Tempo comum
911	10º Domingo do Tempo comum
915	11º Domingo do Tempo comum
921	12º Domingo do Tempo comum
924	13º Domingo do Tempo comum
928	14º Domingo do Tempo comum
932	15º Domingo do Tempo comum
936	16º Domingo do Tempo comum
939	17º Domingo do Tempo comum
943	18º Domingo do Tempo comum
946	19º Domingo do Tempo comum
952	20º Domingo do Tempo comum
955	21º Domingo do Tempo comum
958	22º Domingo do Tempo comum
961	23º Domingo do Tempo comum
964	24º Domingo do Tempo comum
970	25º Domingo do Tempo comum
974	26º Domingo do Tempo comum
978	27º Domingo do Tempo comum
981	28º Domingo do Tempo comum
984	29º Domingo do Tempo comum
987	30º Domingo do Tempo comum
990	31º Domingo do Tempo comum
993	32º Domingo do Tempo comum
997	33º Domingo do Tempo comum
1000	Solenidade de Nosso Senhor Jesus Cristo, Rei do Universo

APÊNDICE
SOLENIDADES E FESTAS QUE PODEM OCORRER EM DOMINGO

1005   8 de Dezembro
Imaculada Conceição de Nossa Senhora

1009   2 de Fevereiro
Apresentação do Senhor

1014   24 de Junho
Natividade de São João Batista

1021   29 de Junho
São Pedro e São Paulo, Apóstolos

1029   6 de Agosto
Transfiguração do Senhor

1034   15 de agosto
Assunção de Nossa Senhora

1041   14 de Setembro
Exaltação da Santa Cruz

1044   12 de Outubro
Nossa Senhora da Conceição Aparecida

1047   1º de Novembro
Todos os Santos

1051   2 de Novembro
Comemoração de todos os Fiéis Defuntos

1102   9 de Novembro
Dedicação da Basílica do Latrão

ISBN 978-85-349-0346-2

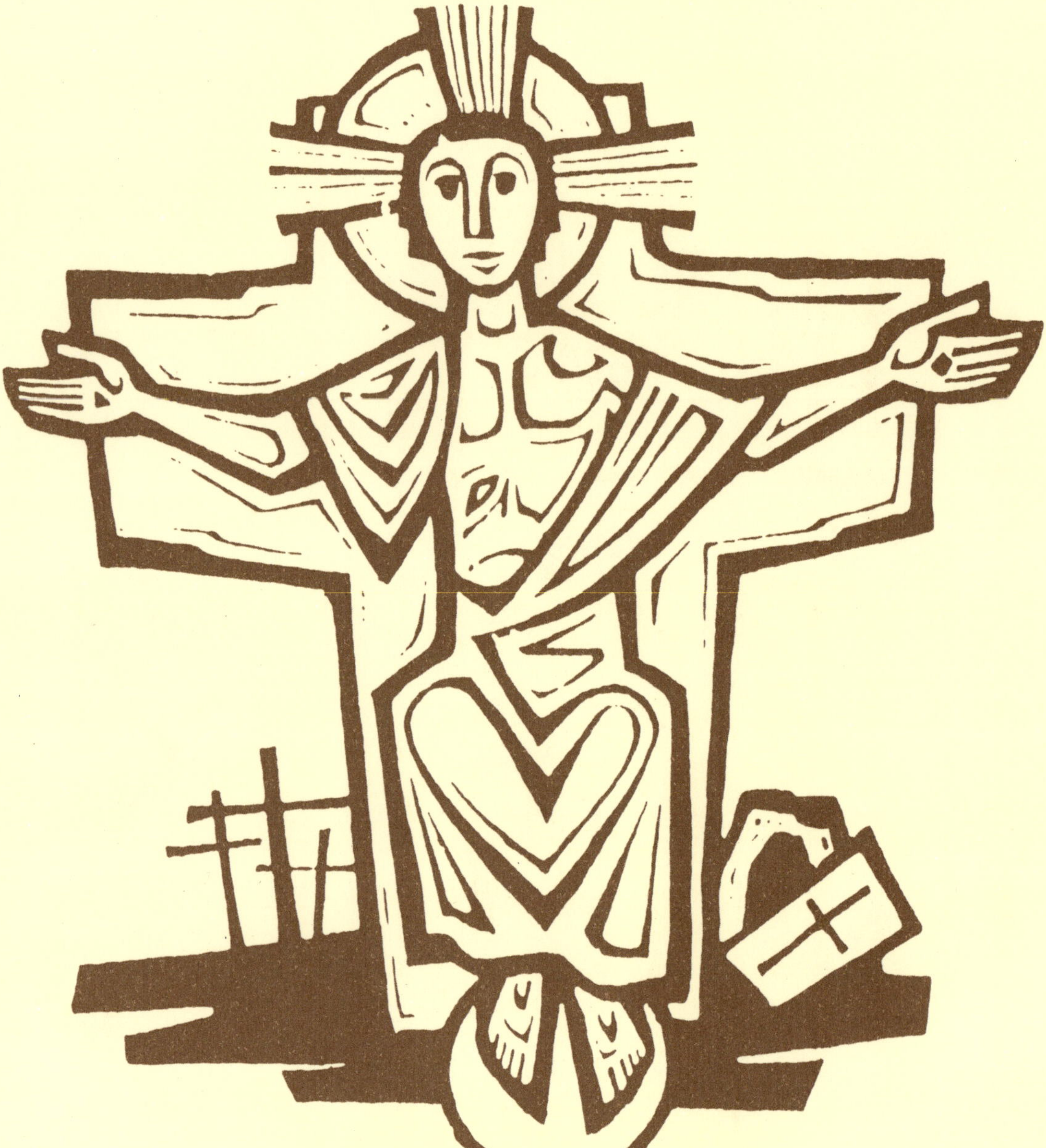